21世纪普通高等院校本科应用型规划教材——教育类

学与教的心理学

曹成刚　编著

西南交通大学出版社
·成都·

内容简介

《学与教的心理学》是高等师范院校教师教育类专业学生公共基础必修课教材，全书以教师教育类学生未来教育教学实践活动为主线，旨在使未来的教师初步掌握中小学教育教学工作必需的心理学知识，以及运用这些知识解决实际教学问题的初步能力，逐步树立热爱教育事业的思想。在编写形式上，本书力求做到图文并茂，增添情趣和可读性。全书共包括心理学与教师教育、认知发展与学习、行为动力与人格发展、学校心理等五编十三章。全书内容丰富，语言流畅，是教师教育类学生学习心理学的入门书，对帮助其掌握心理学基本原理和提高教育教学实践能力具有重要的指导作用。本书适于开设教师教育专业的高校师生作为教授与学习心理学的教材或参考用书，也可供社会各界关注教师教育的爱好心理学的读者朋友阅读。

图书在版编目（CIP）数据

学与教的心理学 / 曹成刚编著. —成都：西南交通大学出版社，2010.8（2013.8 重印）
21 世纪普通高等院校本科应用型规划教材. 教育类
ISBN 978-7-5643-0801-8

Ⅰ. ①学… Ⅱ. ①曹… Ⅲ. ①教育心理学－师范大学－教材 Ⅳ. ①G44

中国版本图书馆 CIP 数据核字（2010）第 162045 号

---

21 世纪普通高等院校本科应用型规划教材——教育类

学与教的心理学

曹成刚　编著

*

责任编辑　秦振秀
封面设计　墨创文化

西南交通大学出版社出版发行
（成都二环路北一段 111 号　邮政编码：610031　发行部电话：028-87600564）
http://press.swjtu.edu.cn
成都蜀通印务有限责任公司印刷

*

成品尺寸：185 mm×260 mm　　印张：23.25
字数：579 千字
2010 年 8 月第 1 版　　2013 年 8 月第 4 次印刷
ISBN 978-7-5643-0801-8
定价：38.50 元

图书如有印装质量问题　本社负责退换
版权所有　盗版必究　举报电话：028-87600562

前 言

随着基础教育新课程改革的不断深化，素质教育的全面推进，多元化师资渠道所形成的教师人才市场的建立，教师岗位竞争的社会化趋势越来越明显，社会对未来中小学教师教书育人的要求越来越高。肩负着培养未来教师基本素质使命的课程之一的心理学，是培养未来中小学教师基本素质的一门重要的公共基础必修课程。新课程改革能否真正落到实处，关键在于教师的观念能否真正转变。而教师观念的转变取决于教师的专业素质中是否具备现代教育理论知识。本书为中小学新课程的实施提供了"学与教"的心理学理论基础。

教材建设是精品课程建设的基本内容之一。改革开放三十多年来，我国高等师范院校的公共课心理学的教学工作发展迅猛，相继出版了众多有关心理学的教科书，取得了很大的成就。另一方面，进入新世纪后，一大批新建地方本科院校如雨后春笋般茁壮成长，经过近十年的跨越式建设和发展，有必要在总结已有教学经验的基础上，重新编写一本符合时代特色的公共课心理学教材。正是在这样的背景下，《学与教的心理学》作为"21世纪普通高等院校本科应用型规划教材"应运而生。而21世纪的中小学教师教育面临新的发展机遇与挑战，如何深化教育教学改革，教育方法和手段如何适应素质教育的发展需要，已成为中小学教师教育理论与实践的重点。在此背景下产生的《学与教的心理学》希望能有所突破和完善。

《学与教的心理学》一书以心理学基础知识的学习及心理学基本规律和原理在教育教学实践中的应用为基本线索，力求反映国内外"学与教"心理学研究的最新成就。本教材建设是重庆市教委重点资助的一个教改项目成果。为了更好地体现与时俱进的精神，使本教材的理论性和实践性同时得到进一步加强，本教材不仅充分反映了作者多年来从事心理学教学的经验积累，而且从结构到内容博采众长，吸收了国内已有的同类教科书的长处以及国外的研究成果，力求在有限的教学时间内最大限度地为教师教育类学生提供必要的心理学知识，以充分凸现该课程的教育实用价值。同时，考虑到公共课心理学这门学科的发展历史和现状，本书兼收并蓄，从心理学的学习和运用这两方面来介绍公共课心理学，使之既具有基础心理学方面的优势，又带有应用心理学方面的特色。

人类的进步、社会的发展不能缺少学生的学和教师的教，"学与教"是一个永恒的话题。"学与教"总是离不开课堂，课堂总是存在着积极的、中性的和消极的三种行为。积极的课堂行为是与课堂教学目标保持一致的；中性的课堂行为是既不促进也不干扰课堂教学的行为；消极的课堂行为是明显干扰课堂教学的行为。因此，教学过程是一个复杂的过程，处理好"学与教"的关系需要教师具备一定的心理素质、职业道德素养和处理课堂与教学关系问题的各种能力，这样才能成为一名受学生、家长和社会欢迎的优秀教师。

本教材分为五编十三章，第一编介绍心理学与教师教育的关系以及个体毕生心理发展与学习的一般问题，共两章；第二编讲述认知发展与学习，介绍最基本的基础理论、知识和方法，注重理论结合实践，便于实际操作，解决实际问题，共四章；第三编概述行为动力与人格发展，着眼于新世纪新课程理念，尽量考虑未来教师适应未来变化的新形势的需要，注重在教材中植入时代气息，共三章；第四编、第五编介绍学校心理，从教师教育类学生的实际出发，深入浅出，通俗易懂，突出重点，以利于未来教师的全面发展和健康成长，共四章。

编写此书是为了呈现关于教师教育类公共基础必修课概念的新认识。这一概念贯穿全书，包含四个重要特征，这使得本教材有别于其他高师公共课心理学的教材。

（1）本教材采用"学与教"双主线结构。"学与教"应是一个不可分离的共同体，优秀的教师既是学科知识的行家，又是学科教学和教育知识的里手。本教材以教师教育类学生未来中小学教育教学实践活动为基准安排心理学基本内容，介绍和剖析"学与教"的重要方面和主要环节的心理学理论与应用，打破传统体系框架，将基础心理学、教育心理学、毕生发展心理学、社会心理学、学校管理学及心理健康心理学等相关知识融为一体，使之整合统一于中小学教育教学的行为环境中，相互衔接，相互补充，组成独特的"学与教"双线结构，避免了若干门学科的简单拼凑。即不局限于以某一心理学科为框架，而是紧紧围绕未来中小学教师应具备的现代心理学知识——"学"和未来中小学教育教学的主要活动——"教"两条主线来组织构建心理学内容，形成一个"学与教"双向发展、相互呼应的结构体系，使本教材的体系具有良好的适应性和可塑性，彰显出浓郁的教师教育特色。

（2）本教材编写十分注重从当代心理科学研究的最新成果中筛选出适合教师教育类学生"公共课"性质与要求的内容和观点，注重新课程精神在教材中的反映，配置一些资料性的图片、表格及链接，使本教材的文本形式活泼生动、美观大方，增强了知识性、趣味性和可读性，充满时代气息和时代特色。

（3）本教材以打造未来教师的心理学基本素养为宗旨，以21世纪中小学教师必须确立的心理学观念为依据，整个教材脉络清晰，且侧重于对心理学规律的掌握和运用。在内容的阐述上，本教材力求做到深入浅出、逻辑清晰；在语言的风格上，追求简洁明了、通俗易懂；在体例架构上，体现学习为本，详略适当，精炼紧凑，检索便捷，为学生进一步学习和发展打下坚实的基础。

（4）本教材十分注重心理学知识在教育教学活动中的实践性和应用性，全书一以贯之地体现心理学与教师教育的相互关系，充分反映心理学对当代教育教学的现实支持以及对未来教师成长发展的积极指导和帮助。在提供广泛基础知识的同时，注意理论与教育教学实践的结合，选择与中小学密切相关的事例，运用心理学知识进行分析，以提高未来教师思考和解决教育教学实际问题的能力。

总的说来，本教材理论深入、系统，案例丰富、典型，注重深入联系教育教学实际，揭示心理学学习的规律和应用心理学原理进行教学的规律，具有较强的实践性，是教师教育类学生从教学新手通向成功的助推器，是教师从单纯的教书先生成长为专家型教师的理论实践平台。

除了所列的参考文献以外，本教材在写作过程中还参阅了许多专家学者的著作、教材和研究成果，并引用了其中的有关内容和文献资料，限于篇幅，没有一一列出。在此，谨向多年来从事公共课心理学教学与研究并取得丰硕成果的国内外专家学者，以及致力于心理学教育教学改革在实践中的应用并且有所成就的人们致以衷心的感谢！同时还要感谢作者所在的重庆文理学院教育科学学院和教学部，以及为本教材出版付出艰辛努力的西南交通大学出版社的大力支持和帮助。

本书可供开设教师教育专业的高校师生作为教授与学习心理学的教材或参考用书，也可供社会各界关注教师教育的爱好心理学的读者朋友阅读。

尽管在编写中做了很大努力，但限于作者的时间和水平，书中恐有疏漏欠妥之处，谨望广大读者批评指正！

正如积极心理学（Positive Psychology）运动的发起者、美国当代著名心理学家马丁·赛里格曼（Martin E. P. Seligman）所说："当代心理学正处在一个新的历史转折时期，心理学家扮演着极为重要的角色和新的使命，那就是如何促进个人与社会的发展，帮助人们走向幸福，使儿童健康成长，使家庭幸福美满，使员工心情舒畅，使公众称心如意。"希望本教材的出版能为"学与教"的心理学的进一步研究和发展提供一些补充、尝试和参考，能促进"学与教"双方的健康成长与幸福生活。

重庆文理学院教育科学学院　曹成刚
2010 年 5 月

目 录

第一编　心理学与教师教育

第一章　走进神奇的心理学 ······ 1
　　第一节　心理学的研究对象与发展历程 ······ 1
　　第二节　心理学的任务及研究方法 ······ 15
　　第三节　心理学对教师教育的意义 ······ 24

第二章　心理的发生发展与学习 ······ 29
　　第一节　人类对心理现象的科学认识 ······ 29
　　第二节　心理活动的神经生理基础 ······ 37
　　第三节　个体毕生心理的发展与学习 ······ 52

第二编　认知发展与学习

第三章　注意规律与教育教学 ······ 63
　　第一节　注意概述 ······ 63
　　第二节　注意的分类与注意的品质 ······ 66
　　第三节　注意规律在教学中的应用 ······ 77

第四章　感知规律与教育教学 ······ 83
　　第一节　感觉和知觉概述 ······ 83
　　第二节　感觉的一般规律 ······ 92
　　第三节　知觉的规律性及其影响因素 ······ 97
　　第四节　感知规律在教学中的应用 ······ 104

第五章　记忆规律与教育教学 ······ 110
　　第一节　记忆概述 ······ 110
　　第二节　记忆过程分析 ······ 114
　　第三节　记忆规律在教学中的应用 ······ 122

第六章　思维、想象规律与教育教学 ······ 128
　　第一节　思维与问题解决 ······ 128
　　第二节　创造与想象 ······ 143
　　第三节　思维与想象规律在教学中的应用 ······ 148

第三编　行为动力与人格发展

第七章　行为动力与教育教学 ······ 154
　　第一节　行为动力概述 ······ 154

第二节 自我意识与师生问题行为调节	160
第三节 情绪、情感与意志行动	167
第四节 情感与意志在学习和教学中的运用	180

第八章 人格发展与教育教学 189
第一节 人格发展概述 189
第二节 气质、性格与教育教学 210
第三节 学生健全人格的养成教育 228

第九章 智能发展与因材施教 238
第一节 智能的发展 238
第二节 能力的测量 248
第三节 学生智能的开发与培养 253

第四编 学校心理（上）

第十章 品德心理与教育教学 259
第一节 品德概述 259
第二节 学生品德的发展 262
第三节 学生不良品德的矫正与优良品德的培养 269

第十一章 学习心理与课堂教学心理 275
第一节 学习心理 275
第二节 课堂教学心理 290

第五编 学校心理（下）

第十二章 学校群体心理 307
第一节 群体心理概述 307
第二节 学校群体心理对个体的影响 311
第三节 学校中的人际关系与教学交往 316

第十三章 学校心理健康教育 325
第一节 学校心理健康教育概述 325
第二节 青少年学生的心理健康 336
第三节 教师的心理健康与调适 350

参考文献 362

第一编 心理学与教师教育

第一章 走进神奇的心理学

【学与教要求】
- 识记：心理学、心理过程、个性心理、系统观察法、实验法等基本概念
- 理解：心理学的研究对象及其内容结构，心理学的研究任务、原则和方法
- 应用：心理学与教育工作者及教育教学的关系

我们在日常谈话中经常使用"心理学"一词，在报纸、杂志上经常可以读到有关心理学的文章，在广播电视节目中也经常可以收听收看到有关心理学的内容，在书店里更经常可以购买到有关心理学的读物……我们正生活在心理学的时代。心理学也许是现代生活与工作中人们最广泛涉及的主题，因为人的生活与工作的各个方面都离不开心理学，都需要心理学的知识和帮助。

下面我们围绕心理学这一个中心问题，从对象、任务、研究方法和历史发展现状等方面走进这神奇的心理世界。

第一节 心理学的研究对象与发展历程

不少人初次听到"心理学"一词，往往好奇地认为，"学了心理学就能知道别人心里想的是什么"，这是由于不了解心理学研究的对象与学科性质所引起的误会。那么，心理学究竟研究什么？它是一门什么样的学问呢？

一、心理学与我们的生活和工作

心理学与我们的日常生活有着密切的联系。可以说，一个正常的人无论在什么时间、什么地方、干什么事情，都离不开对心理学的研究和应用。譬如：我们每个人都在群体中生活，都需要跟别人交往。在人与人相互交往的过程中，人们实际上都在自觉或者不自觉地研究他人的心理。例如，"你""我"两个人谈话时，"你"总在分析"我"心中所"想"的，"我"也在研究"你"内心所"思"的，否则谈话就进行不下去。

我们每个人都生活在家庭中，家庭生活也需要心理学。比如，子女教育的成功、亲子关系的融洽，就需要父母研究和懂得儿童的心理，懂得青少年心理。夫妻之间、婆媳之间要能和睦相处、建立比较理想的关系，也离不开对有关的心理学知识的运用。

我们也都有情感生活。在人生的某一时期，我们还可能经历情绪问题、遭遇心理危机乃至产生严重的心理疾病。无论我们的心理问题是什么性质，也无论这些问题是长期性的还是

暂时性的，心理咨询和心理治疗等都有助于疏导、调节乃至解决这些问题。在今天，一般心理比较健康的人都去寻求心理医生的帮助，为的是使自己能在更高、更健康的水平上生活。目前，在我们国家蓬勃发展的"心理诊所""心理咨询中心""青春热线""心理健康热线"等，足以说明心理学在该领域的作用已日渐为人们所认识和接受。

我们每个人都是消费者。在我们所购买和使用的产品中，从汽车到飞机，很多都是工程心理学家参与设计的，为的是使它们的操纵更容易、更有效。譬如，工程心理学家对现代电话的重新设计，将拨号改为按钮，使打电话所需的时间和错误率大大减少了。再如，我们每天收听、收看、阅读的广告，它们的设计和制作及其对消费者所能产生的广告效应，都与心理学的应用分不开。

我们大多数人都曾在某一时期生过病，或可能生病。医学心理学家对疾病的心理因素与同疾病相联系的个性类型的研究，将有效地促进我们的身心健康。临床实践证明：很多病，如果将药物治疗与心理治疗结合起来进行，效果会更好。

我们每个人都生活在一定的环境中，环境对人的影响很大。环境心理学所关心的就是这方面的问题，它对城市、家庭住宅、普通工作场所以至医院、监狱、审讯室的设计与布置，都做出了卓越的贡献。

学生在学校里既要学习知识、发展能力，也要收获心灵的成长。而掌握并运用一定的心理学知识将有助于促进这一过程的实现。心理学对学生生活的影响，从最直接的意义上说，一是有助于学生的学习，二是有助于学生的自我教育。

……

今天，我们正处在改革和发展的社会巨变之中，心理学已愈来愈多地被应用于社会生活的各个领域——经营管理好企业，离不开心理学；安全地交通运输，需要心理学；学生学习及健康成长，伴随着心理学……心理学普遍地存在于社会生活中，对我们的日常生活产生着广泛而深刻的影响。

二、对心理学的解读

大千世界存在着两种现象：物质现象和精神现象。人们对日月山川、四季更替以及自己的身体状况等具有比较清楚的认识，而对人的精神现象、心理活动则有许多还不能够正确地理解。有人认为心理学玄虚奥妙，深不可测；有的把它和看相、测字、算命、巫术等同起来；有的甚至把它诬蔑为伪科学，将其列为禁区。这些都是对心理学的歪曲和误解。心理现象不同于物理现象、化学现象，它没有形状、颜色、大小，没有气味、重量、体积，看不见、摸不着，因而不容易被人们所了解，显得复杂而神秘。其实，如前所述，对于心理现象，每个人都不陌生，一个人只要活着，就会时时刻刻与其打交道。无论在学习、工作中，还是在娱乐、休息中，每个人都会产生各种各样的心理活动。甚至在睡梦里也有心理活动出现，梦就是一种心理现象。正是在这些心理活动的支配和调节下，我们才能进行各种活动，并实现活动的目的。因此，在一定意义上，心理现象是我们第一个直接接触到的现实。

心理学的对象就是指心理学是研究什么的。心理学的英语单词是"Psychology"，它是由古希腊文字"Psyche"和"Logos"组成。"Psyche"的含义是"心灵"或"灵魂"，"Logos"的含义是"解说"或"阐述"。把"Psyche"和"Logos"合起来即为"对心灵的解说"。它是对心理学的最早的定义，但是这个定义并没有对心理学做出科学的解释。

1879 年，德国哲学家和心理学家冯特在莱比锡大学建立了世界上第一个心理学实验室，从此心理学从哲学中分离出来而成为一门独立的科学。随着心理学研究的深入，人们逐渐对心理学做出了相对统一的定义：心理学是研究人的心理现象的科学，具体来说是研究人的行为和心理活动规律的科学。

人有心理现象，一般动物也有心理现象。心理学既研究人的心理现象，也研究动物的心理现象。研究动物的心理现象，主要是从发生发展上来考察和比较说明人的心理现象。所以"动物心理学"通常也叫"比较心理学"。如蚂蚁能感觉到我们人所感觉不到的紫外线，狗有敏锐的嗅觉并能辨别主人与陌生人，鸽子具有高空知觉与记忆地面轮廓图形的惊人能力，猩猩可以通过"顿悟"解决使用工具取食的问题，狡猾的狐狸能利用地形来躲避追逐者，猫或虎易被激怒，猴子或熊会主动向人做出求食的动作，等等。

大量生动的事实与试验证明，动物具有感觉、知觉、记忆、具体思维、情绪、模仿性的行为学习等心理现象。探明动物产生这些心理与行为的原理和机制是心理学的任务。人们不仅可以利用其规律去训练动物的行为，使之为人类服务，而且可以通过对比来探明其某些与人相似的心理活动的奥秘与规律性，更好地了解人的心理及其特殊性。我们将要学习的心理学，其对象是人的心理现象，其范围是正常人的心理活动及其发生、发展的一般规律。

人的心理比动物的心里更加复杂，两者有着本质的区别。人不仅可以感知、记忆各种事物，有情绪，能运动，而且还能运用一定的词与言语来表达自己的愿望、抽象地思考问题和巩固自己的认识，并通过学习和交往接受人类所积累的知识经验，从而形成丰富多彩的包括信念、观点在内的主观世界及个体意识。人有了意识就会对外界事物产生越来越多的理解、情感与态度，并且可以察觉与调节、控制自己的心理与行为，产生意志与性格，表现出个人的能力，使自己成为现实中有个性的能动的主体。

换句话说，人与动物的根本区别就在于人有意识，有自觉能动性。人的这些心理现象表现在他的各种活动中。就拿我们在课堂中的学习来说，无论是同学还是教师，大家都有着各自的心理现象。比如，开学后同学们坐在教室里等待上第一节课，心想："这门课究竟会讲些什么？老师会是什么样的呢？"于是浮想联翩，满怀期望。不久，见到一位教师走上讲台，看清他的姿容与风度，听到他的讲话声音……从而获得首次知觉印象。如果这个印象跟自己的预想、期望大体一致，就会感到心绪宁静或愉悦，否则就会觉得别扭或心情沮丧。而后，边听、边写、边思考、边想象，时而理解，时而记忆。如果有一些地方听不懂，就会皱起眉头，心烦意乱；如果能触类旁通、心领神会，就会兴味盎然。下课时，觉得有收益，便会感到满意或对老师产生信任感，即使觉得学好这门课还有一些困难，也会暗下决心，从而对学习产生积极的态度。

由于每一个人都有自己独立的经历，有自己特有的能力与性格，因而在同一情境下个人的心理表现并不相同。因此，不同教师在讲课中会表现出自己的心理与特点。这里包括教师上好一节课的自我激励和社会顾虑，对课堂气氛的知觉以及对讲述内容的思索、回忆、联想、灵感，对学生认真听课感到由衷的喜悦，对学生的注意力涣散或骚动感到焦虑，以及依据不同情况作出不同判断，等等。

人在现实生活中之所以能做出各种各样的行为，或建立功勋，或造成过错，都有其深远的社会渊源。但外因必须通过内因而起作用，其中最直接的内部动因就是各种心理活动。心理活动的过程及其规律是别人直接看不到、摸不到的，甚至连人们自己也不一定都能清晰地加以把握，所以许多人常称它为神秘的"暗箱"（Blackbox）。为了打开这个"暗箱"，揭开其奥秘，从而促进人的心理的健全发展，很有必要对它进行专门而长期的研究。探索上述这些心理现象及其活动的规律，并将其研究成果加以体系化的学问，就是心理学。

近百年来，心理学的发展极为迅速，它不仅有了自己的体系、众多的理论和方法，而且分支学科相继出现，其研究成果得到广泛的应用（包括成为信息科学、进行教育改革的依据）。

虽然心理学要达到全面揭开人脑反应机制与心理活动规律的目标还需时日，然而它所取得的成就日益显示出它的重要性，并为越来越多的人所理解、重视。

三、心理学的基本内容与结构体系

人的心理现象是丰富多彩、错综复杂的，表现形式是多种多样、千差万别的。心理学在长期探索心理形式的过程中，依据它的发展逻辑与内在联系逐渐地形成且继续完善着自己的结构体系，并不断充实着学科的内容。根据心理学的长期探索和研究，一般把心理现象概括成既有区别而又紧密联系的心理过程和个性心理两个方面。

（一）心理过程

在心理学上，心理过程（Mental Process）与心理活动这两个术语往往交替使用。心理过程是心理活动的动态过程，是人脑对客观现实的反映过程，是人的心理发生发展的过程。它包括认识过程、情感过程和意志过程。

1. 认识过程

认识过程（Cognitive Process）是人的最基本的心理活动过程。指人认识客观事物的过程，或是对信息进行加工处理的过程，它包括感觉、知觉、记忆、思维、想象和言语等。个人对世界的认识始于感觉和知觉。我们的五官——眼、耳、鼻、嘴和皮肤——是我们与外部世界保持接触的主要感觉系统。在实践过程中，每时每刻都有许多外界事物作用于我们的感觉器官，使我们看到颜色、听到声音、闻到气味、尝到味道，能触摸到物体的软硬，察觉出气温的凉热，感到疼痛或觉得舒适等，这些都是感觉。

感觉是一种简单的心理现象，是对直接作用于感觉器官的事物的个别属性的反映。比如，在一个晴朗的早上，你在郊外跑步锻炼身体。当微风拂面的时候，你会感到凉爽；当你穿过树林的时候，你会嗅到清新的空气，看到五颜六色的花草，还可以听到林中小鸟鸣叫的声音……凉爽、清新、五颜六色、声音等等都是外部世界作用于我们的眼、耳、鼻、舌、身等感觉器官所产生的感觉。感觉是外部世界通向我们主观世界的桥梁或通道，它虽然很简单，却是我们认识的起点和基础。

在感觉基础上，你知道所感觉的东西的意义，如辨别出风的凉爽、空气的清新、花草的颜色和小鸟的声音；你能认识事物的整体及其关系，对事物个别属性的感觉转化为对事物整体的知觉，如一块黑板、一辆小汽车、一幢房子、一个美丽的公园、一群人等。感觉和知觉通常是同时发生的，因而合称为感知。感知是人脑对直接作用于感觉器官的事物的整体反映。

人们不仅能直接感知周围的事物，而且还会在头脑里留下痕迹。当刺激停止和不在眼前时，对于感知过的事物仍能如见其人、如闻其声，这就是记忆。记忆是比感知觉更为复杂的一种心理过程，是过去经验在人脑中的反映。记忆是生活中不可缺少的，所谓"前事不忘，后事之师"就是这个道理。一个人如果没有记忆，他的心理就永远不会成熟。这是因为没有记忆，就没有知识经验的积累，也就没有发展。

人们不仅能直接感知事物，记住已感知过或思考过的事物，还能在头脑中对已有表象进行加工改造，创造新的形象，这就是想象。每个人都有自己的梦想和理想。这些梦想和理想是怎样来到我们心中的呢？是通过我们的想象得来的。想象就是利用我们头脑中已有的事物形象、知识和经验去构造新的事物形象的心理过程。通过想象，我们不仅能设计未来发展的宏图，也可以在大脑中重构几千年前人类生活的图景；不仅可以进行科技上的创造发明，也可以进行文学艺术上美的创造。

人在实践活动中不但通过感知和想象反映事物形象，而且借助于语言符号，通过分析、综合、比较、抽象、概括等方式方法去把握事物的本质和规律。如医生通过望、闻、问、切和生化检验所得到的信息，分析和推断病人的病症；科学家对研究对象追根溯源，进而有所发明和创造；军事家运筹帷幄，决胜于千里之外……这些都是人类思维活动的表现。人类凡是遇到感知和记忆等直接手段找不到答案的情况，其思维活动就会表现出来。想象和思维是一种更为复杂的高级的心理现象。

要保证认识过程的顺利进行，必须专注于一定的事物、问题、任务，这样才能看得清、听得准、记得牢、想得透，这种心理现象就是注意。注意是伴随认识过程的一种心理特征，它是认识事物的必要条件。

感觉、知觉、记忆、想象和思维都属于对客观事物的认识活动，在心理学上被统称为认识过程。

2. 情感过程

情感过程（Emotional Pricess）是指人对客观事物是否满足自身物质和精神上的需要而产生的主观体验，它反映的是客观事物同人的需要之间的关系。在认识过程中，人们并不是淡漠无情的。人在认识客观事物的时候，总会有自己的主观态度和内心体验，或兴奋或沉醉，或愉悦或沮丧。如功成业就使人欣慰，失败挫折令人烦恼；赞美祖国的绮丽河山，欣赏自然的无穷变幻；对敌人咬牙切齿，为国家的蒸蒸日上而欢欣鼓舞等等。由于每个人都以一定的态度对待事物，所以当事物符合自己的心意时，就会感到愉快和满意；当事物违反自己的心意时，就会感到烦恼或不满意。由此，产生喜、怒、哀、惧等情绪以及真善美、爱与恨等情感。这些在心理学上都属于情感过程。情感对人的心理活动具有支配调节的作用。

3. 意志过程

意志过程（Willed Process）是指人自觉地确定目标，克服内部和外部困难并力求实现目标的心理活动过程。人不仅能认识世界，对事物产生某种情绪体验，而且能在自己的活动中有目的、有计划地改造世界，使之为自己服务。为了改造客观事物，就需要提出目标、确定任务、制订计划、选择方式方法、克服内外困难、作出努力、坚持下去，以达到预期目的。在我们学习和工作中，通常都不是一帆风顺的，总会遇到这样那样的困难，所谓"不如意事常八九"。但不能就此半途而废，而应知难而进。人在自己的活动中设置一定的目的，按计划不断地排除各种障碍，力图达到该目的的心理过程就是意志过程。意志是人的心理能动性的重要标志，是人类有别于其他动物的重要标志。

认识、情感和意志过程简称为知、情、意，其都有发生、发展和完成的过程。它们在人的心理活动中并不是单独存在，而是互相联系、相互作用的统一的心理活动过程。一方面，人的认识过程是人的情感和意志产生的基础，没有人的认识活动，人既不会产生喜怒哀乐的情感，也不可能有自觉的、坚强的意志。所谓"知之深，爱之切"就说明认识对情感的影响，而"知识就是力量"则说明认识对意志行动的重要影响，只有认识世界才能改造世界。

另一方面，人的情感和意志也影响认识活动，既可促进认识的发展，又是衡量人的认识水平的重要标志。积极的情感、锐意进取的精神能推动人的认识活动；相反，消极的情感、萎靡不振、畏难苟安就会阻碍人的认识活动。没有人的情感的推动或者缺乏坚强意志，人的认识活动就不可能发展和深入。例如，一个学生对学习有明确的认识，他就会热爱学习，刻苦钻研，这种主动积极的学习，又会促进他更好地掌握知识，提高认识水平。再者，情感和意志也是密切联系、相互作用的。情感既可以成为意志行动的动力，也可以成为意志行动的阻力，而人的意志也可以控制、调节自己的情感。可见，人的认识过程和意志过程中总是伴随着一定的情感活动，意志过程又总是以一定的认识活动为前提,而人的情感和意志活动又促进人的认识的发展。

人的认识过程、情感过程和意志过程都有其发生、发展及其变化的过程,人的心理活动过程发生发展的规律是心理学研究的对象之一。

(二)个性心理

知、情、意的心理过程是普遍的,总是在具体的个人身上进行。但由于各人的先天素质不同,后天的生活条件各异,参与的实践活动不一样,心理活动在每个人身上也就有不同的内容和表现,所谓"人心不同,各如其面"就是指人的个性,即每个人都有与别人不同的心理世界。例如,有的人的认识既深刻又广阔,而有的人的认识既肤浅又狭窄;有的人多愁善感、情感丰富,而有的人无动于衷,情感淡漠;有的人坚忍不拔,意志刚强,而有的人优柔寡断,意志薄弱……这些人与人之间相区别的心理特点在心理学上被称为个性心理。人的个性心理是心理学研究的另一个重要内容。

个性即个体的独特性,指一个人总的心理面貌。它是个人心理活动稳定的心理倾向和心理特征的总和。个性心理结构主要包括个性倾向性和个性心理特征两个方面。

1. 个性倾向性

个性倾向性是指人所具有的意识倾向,它决定着人对现实世界的态度以及对认识活动对象的趋向和选择。

个性倾向性是人进行活动的基本倾向和动力,它制约和调节着人的所有心理活动,是个性体系中最积极最活跃的因素。其主要包括需要、动机、兴趣、理想、信念、世界观。例如,有的人爱好音乐,有的人关心体育活动,有的人热衷于科学研究,这是兴趣的不同;有的人强烈追求金钱和财富,有的人追求权力,有的人追求真善美等精神上的价值,这是需要和动机的不同;这个人坚信这种道理,那个人坚信另一种准则,这是信念上的差异;还有的人具有远大的理想和唯物主义的世界观,而有的人目光短浅、随波逐流、缺乏远大的理想和科学的世界观,这属于理想和世界观的差异。这些心理倾向在整个个性倾向中的地位,随着个人的成熟与发展的阶段而有所不同。例如,在儿童时期,兴趣是支配他们心理活动与行为的主要心理倾向;在青少年时期,理想上升到主导地位;在青年后期和成年期,人生观与世界观则成为主导的心理倾向并支配着人的整个心理活动与行为表现。

人的个性倾向是在社会实践中形成、发展和变化的,它不仅反映了人与客观现实的相互关系,而且反映了一个人的生活经历。个性倾向性对心理活动的影响,主要表现在心理活动的选择性和对事物的不同态度体验和行为模式上。当人的个性倾向性成为稳定而经常的心理特点时,就构成了个性心理特征。

2. 个性心理特征

个性心理特征是指个体身上经常地稳定地表现出来的心理特点,是区别于他人、在不同环境中表现出一贯的、稳定的行为模式的心理特征。能力、气质和性格统称为个性心理特征。例如,能力人人都有,但每个人的能力却有所不同。能力包括一般能力(亦称智力)和特殊能力。有的人观察事物细致,有的人博闻强记;有的人想象丰富,有的人思维敏捷……这就是一般能力上的差异。有的人对音调和节奏的辨别感受能力强,擅长音乐活动;有的人善于绘画,寥寥数笔,惟妙惟肖;有的人动作反应快,爆发力和耐力都很强,擅长于体育活动……这就是特殊能力上的差异。

在性情脾气方面,有的人活泼好动,易变化,反应灵活;有的人反应缓慢,沉默寡言;有的人情绪较稳定,安详不迫;有的人暴躁不安,情绪易兴奋,这些是气质上的差异。文学家笔下的典型人物往往具有鲜明的气质特点，例如，脾气暴躁的猛张飞，多愁善感的林黛玉，嬉闹好动的贾宝玉，沉静坚忍的豹子头林冲。这四个人的典型气质用古希腊名医希波克拉底的提法分别叫做胆汁质、抑郁质、多血质和黏液质。

而在性格方面，有的人大胆勇敢，有的人胆小懦弱，有的人工作认真细致，有的人做事粗枝大叶，这是属于性格上的差异。个性心理特征在不同人身上既有共同性，又有差异。

总之，心理学研究的对象就是心理现象，即心理过程和个性心理。既没有不带个性特征的心理过程，也没有不表现在心理过程之中的个性特征，二者是紧密联系、不可分割的。心理过程是从心理现象的组成来看的，着重于研究心理现象的共同性，是个性心理形成的基础。如果没有对客观现实的认识，没有对外界事物的情感体验，没有对客观现实的积极主动的意志行动，人的性格、能力、信念、世界观是不可能形成的。个性心理是从心理现象的表现来分析的，着重于研究心理现象的差异性，它制约着心理活动的进行，并在心理过程中表现出来，如人们的兴趣动机不同，他们的认识活动也会有所不同。性格不同的人其情绪的表现也不同。心理过程和个性心理既有区别又有联系，并互相制约。所以，要全面深入地了解人的心理，就必须把心理过程和个性心理结合起来进行研究。

个性心理差异与知、情、意三大心理过程合起来就构成了心理学研究的具体内容和主要对象（见图1.1）。

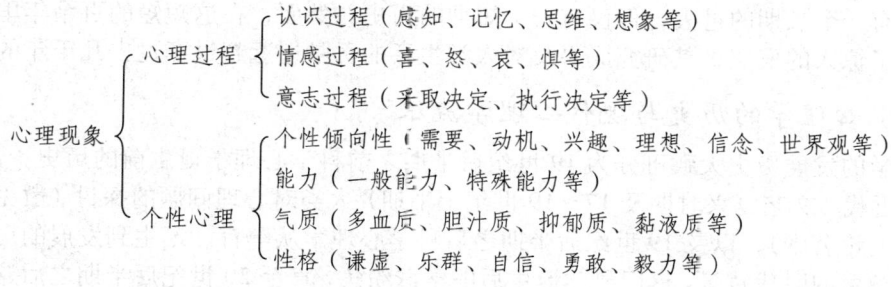

图1.1　心理结构示意图

尽管心理学众多分支学科都各有自己的内容与体系，但又不能完全离开上述构架。这表明科学体系是科学研究对象本身内在逻辑或结构的近似反映。本书是以基础心理学为基本线索，以发展心理学和教育心理学为支撑，同时融进社会心理学主干内容的多分支学科的系统整合。主要是从学生的学和教师的教的角度，把心理学相关分支学科的内容部分地加以融合的一种新的尝试和探索。

任何学科的体系都不是绝对的和固定不变的，它将随着科学研究的进展与人们认识对象的深化而发展。心理学的体系也将按着这个规律而不断地得到完善和发展。

四、心理学的学科性质

从心理学的研究对象和发展历史可知，心理学是一门既具有自然科学性质又具有社会科学性质的中间学科或交叉学科。心理学研究的对象是人的心理现象，心理现象的产生离不开它的物质载体——人脑。人脑的解剖结构、生理机制都是心理产生的自然基础。心理现象产生的另一方面是社会因素，人的社会化过程形成着人心理的社会属性。而人作为一个自然实体，同时又是一个社会实体，人的心理必然要服从于生物、物理等自然规律，同时又要受到政治、经济、文化、教育等社会规律的影响。

苏联著名科学家凯达洛夫在 20 世纪 50 年代提出的"科学三角形"理论认为,心理学在现今 2500 多门学科的科学体系中居于中心地位。如果用一个等边三角形来比喻整个科学体系的话,心理学则处于等边三角形的中心,而等边三角形的三个顶角分别是自然科学、社会科学和思维科学(包括逻辑学和哲学)(见图 1.2)。

由此可以看出,现代心理学是处于自然科学、社会科学和思维科学的结合点上的一门涉及多种学科内容的综合性的交叉学科或边缘学科,它与自然科学、社会科学和思维科学紧密相连,在与这些科学共同发展的同时,也保持着自己独立完整的科学体系。

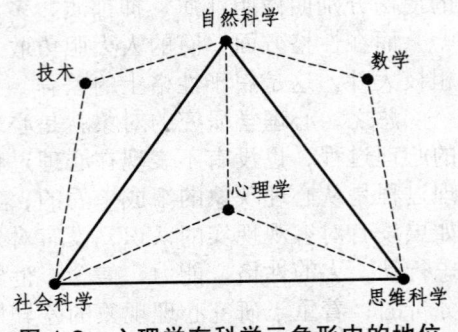

图 1.2 心理学在科学三角形中的地位

五、心理学的过去、现在和未来

心理学是一门古老而又年轻的科学。说它古老,是因为在古代哲学中,包含有丰富的心理学思想,它具有悠久的思想史;说它年轻,是因为现代心理学从哲学中分化独立出来只有一百余年,它只有短暂的科学史。这正如著名心理学家艾宾浩斯(H. Ebbinghaus)所说的:心理学虽有一个长期的过去,但仅有一个短期的历史。然而,在这短短的百余年里,现代心理学获得了惊人的发展,其研究成果及对人类生活的贡献远远超过了过去几千年的总和。

(一)心理学的历史与现代心理学流派

心理学的发展历史大致可分为 19 世纪后半期之前科学心理学诞生前的历史,包括古代、中世纪、近代(文艺复兴时期及 17~19 世纪上半期)人类对心理问题的探讨(散见于思想家和医学家的论著中),以及 19 世纪后半期之后科学心理学从孕育、诞生到发展的历程,包括这门科学孕育的时代背景、这门科学诞生后的学派纷争,直至 20 世纪后半期之后这门科学由学派纷争逐渐走向学派融合的当代心理学现状。

1. 古代心理学思想

(1)我国古代的心理学思想。虽然心理学在我国作为一门科学是由西方传入的,但是,我国古代思想家早就有过许多关于心理问题的论述。例如《尚书·洪范》提出的"五事"说,就论及认识过程的两个阶段:目明耳聪属感知,思睿即思虑。又如《左传·昭公二十五》中明确地把情感划分为六种,即好、恶、喜、怒、哀、乐,并认为是由六气(阴、阳、风、雨、晦、明)的影响所产生的。而《易经》中则有许多对意志品质如有恒、节制等的描述。

春秋末期的思想家、教育家、儒家学说的创始人孔子(前 551—前 479)对人的论述特别可贵。子曰:"仁也者,人也。"孔子对仁的重视,也就是对人的重视。仁的内涵十分丰富,但其核心思想是"爱人",即"己欲立而立人,己欲达而达人"或"己所不欲,勿施于人"。据燕国材(2004)的研究,孔子对人的论述涉及四个方面:① 人是有价值的,不仅人类有价值,个人也有价值;② 人不同于并优于万物(包括动物)的潜能;③ 主张因材施教,发展人的个性;④ 重视意志品质,发挥人的力量。子曰:"三军可夺帅也,匹夫不可夺志也。"认为立志与力行分不开,是相互促进的。战国末期荀况(约前 298—前 238)明确提出了"人贵论":"水火有气而无生,草木有生而无知,禽兽有知而无义,人有气有知亦且有义,故最为天下贵也。"我国古代有着丰富宝贵的心理学思想,我们要珍视、继承并加以发扬光大。

(2)西方古代的心理学思想。西方心理学思想源远流长,可以追溯到古希腊时代。对西方心理学发展影响很大的古希腊哲学家是博学多才的亚里士多德（Aristotle，前384—前322），他对哲学、政治、伦理、逻辑、修辞、美学、心理学及各项自然科学都有论述。亚里士多德著的《灵魂论》被认为是历史上第一部论述心理的专著，但这里所谓的灵魂是指生活的动力，而不单指主观心理的过程。他把心理功能分为认知功能和动求功能：认知功能包括感觉、意象、记忆、概念等过程；动求功能包括感情、欲望、意志、动作等过程。他认为感觉给予人知识，记忆包括保持和被动的再生，回想是主动的再生，回想可以利用相似、相反和相近的关系联想。他还把理性分为被动理性和主动理性：被动理性是身体的功能，身体死亡，则被动理性消灭；主动理性是人体外来的，人死时它不会死，仍归到世界的理性中去。亚里士多德的学说流行了很久，直至近代科学兴起才被动摇。

2. 科学心理学的诞生和发展

在心理学的发展过程中，有人把哲学比喻成心理学的父亲，把生理学比喻成心理学的母亲，把生物学比喻成心理学的媒人。学术界公认，德国心理学家冯特（Wilhelm Wundt，1832—1920）是科学心理学的创始人。他对科学心理学的贡献是多方面的，主要有以下三个方面。

（1）他开创了心理学成为一门独立的实验科学的历史。冯特在海德堡大学任教的10年间，集其研究成果，于1874年出版了《生理心理学原理》。该书被生理学界和心理学界推崇为不朽之作，堪称学术史上的心理学独立宣言。1879年冯特在莱比锡大学创建了世界上第一个心理学实验室。对于这两项历史性贡献，墨菲（Murphy，1949）评价道："在冯特出版他的《生理心理学原理》与创立他的实验室以前，心理学像个流浪儿，一会儿敲敲生理学的门，一会儿敲敲伦理学的门，一会儿敲敲认识论的门。1879年，它才成为一门实验科学。有了一个安身之所和一个名字。"

（2）他创建了科学心理学诞生后的第一个学派——构造主义。

（3）他对以后心理学的发展有着广泛而深远的影响。冯特的心理实验室吸引了来自世界各地的学生，他们对感觉、知觉、注意、反应时间、联想等进行了研究。作为世界上第一个心理学实验室的创始人和心理学研究工作者的导师，冯特对心理学的发展具有巨大的影响。此外，冯特还在情绪、实验精神病理学和民族心理学方面有重要贡献，对以后这些领域的发展有深刻的影响。

3. 现代心理学的学派纷争

（1）结构主义心理学。结构主义心理学的创始人是冯特，后经他的学生铁钦纳（E.Titchenner）在美国宣扬推广。结构主义心理学认为，心理学应该研究人的意识经验，通过内省法来研究个人的直接经验，对经验的研究须从内容、过程和原因三个方面进行。内容是个人所经历的经验，包括感觉、意象和感情；过程是个人经验发生、发展的历程，包括某种经验是如何发生的，各种经验之间是如何联系起来的，原因是探究各种经验产生的缘由，以及它们之间彼此存在的因果关系，以对人的心理现象做出解释。

（2）机能主义心理学。机能主义心理学是作为构造主义心理学的对立面而提出来的。由美国心理学家詹姆斯（William James，1842—1910）和杜威（John Dewey，1859—1952）等人所创立。机能主义主张，心理学应该对个体在适应环境时的心理与意识活动进行了解，这远比研究心理或意识的结构重要。例如，人的知觉活动、思维活动和心智功能等如何与环境事物相互作用，以及它们在人与环境相互影响的过程中起的重要作用。以思维为例，结构主义心理学关心思维是由哪些成分构成，而机能主义心理学则关心思维在人适应环境过程中具有哪些作用。机能主义的研究大大推动了美国心理学面向实际的发展道路。

（3）行为主义心理学。行为主义心理学由美国心理学家华生（J.B.Watson）在1913年创立,是美国20世纪最有影响的心理学派,也是世界心理学中主要学派之一。华生认为,心理学研究的对象应该是可以为他人观察到的外显行为,而并非是看不见、摸不着、无法客观研究的意识。心理学应该遵循刺激—反应的公式,把研究的内容由内隐的意识转向外显的行为。他认为环境因素是行为产生与发展的因素,而遗传的影响可以不必理会。他甚至自信地宣称,社会若需要某类人,他就可以把任何智力与身体正常的人,教导成为其所想要的人,如数学家、文学家、音乐家、律师或军官,也可以使其成为乞丐、流氓或罪犯。

行为主义心理学的主要特征包括：一是强调心理学所研究的对象是能够客观观察与测量的外显行为而不是意识经验；二是强调行为不是由遗传决定的,而是在环境因素的影响下经被动学习后的结果。为此,可以通过制约学习过程使个体的目标行为出现、发展以及变化。

行为主义心理学以客观的、可以验证的试验方法对科学心理学的发展做出了很大的贡献,但由此排斥内省法以及对人的意识经验的研究,使心理学研究的内涵窄化,在一定程度上阻碍了心理学的健康发展。

(4) 格式塔心理学。格式塔心理学由德国心理学家魏特海默 (M. Wertheimer)、科夫卡 (K. Koffka) 和柯勒 (W. Kohler) 所创立。"格式塔"(Gestalt) 在德文中意味着"整体""完形",故又名完形心理学。他们主张应该把人的心理作为一个整体来研究,而不能像结构主义那样把意识分解成元素。认为若把心理或行为分解为部分,心理学研究将变得毫无意义。例如,一支乐曲,对听众来说是一个整体,若把它分拆成各种音符,听众就不会产生听到该曲调的心理感受。

格式塔心理学认为,整体不能还原为各个部分、各种元素；整体先于部分而存在,并且制约着部分的性质与意义；部分相加不等于整体,整体大于部分之和。格式塔心理学在知觉和学习的研究方面具有较大贡献。例如,其在知觉中的相似率、接近率、对比率和学习中的顿悟等方面都有深入研究,促进了认知心理学的兴起。

(5) 精神分析。它产生于20世纪初,由奥地利精神病医生弗洛伊德 (Freud) 所创立,又称弗洛伊德主义。它的理论主要来源于治疗精神病的临床经验。精神分析理论主要由三个部分组成：用潜意识、生本能、死本能和力比多 (Libido) 等观念来解释人的行为动力；用口腔期、肛门期、性器期、潜伏期、性征期以及恋父、恋母情结等来解释人格发展的不同阶段及其特征；用本我、自我、超我来解释人格结构,并以焦虑和各种心理防御机制解释在三个"我"之间的矛盾冲突。

精神分析是一种治疗精神病的技术,用它在临床中寻找患者异常行为产生的根源,是精神病诊治的基本方法之一,也是影响人类文化和心理学发展的一个重要理论。它在心理学方面的影响使心理学从片面的心理现象的探讨,转而趋向内部的、个人整体方面的研究。

弗洛伊德的理论影响最广泛,受到的批评也最多。20世纪30年代以后,一批精神分析学家修正和发展了弗洛伊德的学说,形成了新精神分析学派。可以说,精神分析学派是心理学百余年中唯一经久不衰的派别,它的许多理论至今仍在心理学研究中发挥着重要作用。

(6) 人本主义心理学。人本主义心理学 (Humanistic Psychology) 是20世纪中叶在美国产生和发展起来的一种心理学思潮。它既反对行为主义机械的环境决定论,又反对精神分析本能的生物决定论,强调心理学应该研究人的本性、潜能、尊严和价值,研究对人类进步富有意义的现实问题。人本主义心理学在20世纪60~70年代迅速崛起 (1962年美国人本主义心理学协会正式建立,1970年在荷兰召开了有关人本主义心理学的第一次国际会议),成为继行为主义和精神分析之后西方心理学中的"第三势力"。

人本主义心理学的创立人马斯洛 (Abraham H. Maslow, 1908—1970) 坚决反对心理学中的实证主义和元素主义,主张用现象学方法研究个体自我的内心感受,从而开创了心理学中的整体论传统。人本主义心理学的另一位创始人罗杰斯（Carl Rogers，1902—1987）则用来访者中心治疗的形式，对来访者"无条件地积极关怀"，使来访者"实现自己、维持自己、提高自己"。他们的这些观念和实践都是基于他们的人性观。

人本主义心理学认为，心理学的研究应以正常人为对象，人是最重要的，其本性是善良的，并蕴藏着巨大的、无限的潜力。心理学在研究与了解人的本性的基础上，还要改善环境以及创设条件来充分发展人的潜能，以满足自我实现的需要。人本主义心理学的观点，强调人的社会性特点，并对人的心理本质作了新的诠释，对当今教育心理学、发展心理学、心理咨询和心理治疗等产生了很大影响。

（7）认知心理学。认知心理学是当代心理学研究的一种趋势，是受到多种因素的影响逐渐演变而成的。认知心理学分为广义的和狭义的两种。广义的认知心理学包括对人的感觉、知觉、记忆、思维、想象等心理过程的研究。狭义的认知心理学是指信息加工心理学，研究感官的信息接收、信息的储存、信息的提取和运用等过程。它把人看成一个信息加工系统或信息加工器，认为认知活动就是信息加工。简而言之，认知心理学是研究人们对信息的获得、转换、简约、加工、储存、提取和使用的过程。

认知心理学是心理学的历史发展以及心理学与邻近学科交叉渗透的产物，它既继承了格式塔心理学对内部心理过程的研究成果，以及接受了行为主义心理学中的实验操作方法，又融入了信息论、控制论、系统论和计算机科学等学科的知识内容，力求通过揭示人们获取和利用知识（信息）的机制来探究人类认知活动的规律性。

（二）当代心理学的特点

自20世纪50年代以来，心理学进入一个新的发展时期，在广度和深度上都获得了迅速发展，着重表现在以下几个方面：

1. 多种研究取向的综合

由于心理现象的复杂性，所以心理学中的任何主题都可以从各种不同研究取向加以研究。当代心理学形成了五种主要的研究取向，即生物学取向、行为取向、认知取向、社会文化取向和心理动力取向。这五种研究取向代表了当代心理学的主要理论观点，在探讨人类心理与行为的不同方面，对人类心理与行为的原因作出了不同的解释。① 生物学取向（Biological Perspective）着重从生物、生理、遗传基因的角度研究心理与行为。② 行为取向（Behavioral Perspective）着重研究个体（人或动物）的行为是怎样受环境和经验影响的。行为主义、新行为主义和社会认知学习论是持这种理论观点的代表。③ 认知取向（Cognitive Perspective）主张用信息加工观点来研究人类心理过程和结构。例如，把人的认知加工看作由感觉系统、记忆系统、控制系统和反应系统所构成，每个系统与其他系统相联系并执行某些操作，主张通过可观察的行为来推断人们内部的心理过程。④ 社会文化取向（Sociocultural Perspective）着重研究社会文化怎样影响个体心理与行为。从接吻的方式到用餐的种类和地点等，我们的言谈举止、喜怒哀乐、为人处世，都是受社会背景和文化规范影响的，这一点过去往往被低估。⑤ 心理动力学取向（Psychodynamic Perspective）着重研究个体的心理与行为的动力因素，如本能、内驱力等。对于攻击行为，弗洛伊德认为人类有一种潜意识的死亡本能（Thanatos），这种本能最初的目标是自我毁灭，但它马上改变方向，指向他人。

心理学的五种主要研究取向其实是心理学家从不同的角度来探索人类的心理现象。心理现象是很复杂的。心理学中的许多问题没有一个简单的答案，对于复杂的现象常常会有复杂的解释。从心理学家对攻击行为的解释可以看出，当代心理学家更倾向以多种研究取向整合的观点来探讨复杂的心理现象。

2. 心理学研究队伍蓬勃发展，研究成果极为丰富

据国际心理学联合会的估计，目前世界上心理学家在 5 000 人以上的国家有美国、巴西、西班牙、德国、英国、墨西哥、加拿大、荷兰、日本、阿根廷等。其中，作为世界心理学研究中心的美国，拥有心理学家 15 万人以上，有 3 000 多所大学有心理学学位教育，研究成果涉及生活的方方面面。

3. 分支学科的蓬勃发展与成熟

心理学现已成为一个分支庞大、领域宽广的学科体系。有的心理学家把心理科学比作科学之林中的一棵大树。这棵树的树身最下面的一段是心理学史，接着是普通心理学，然后分成两条主干：一条是个体心理学，在其上面又有生理心理学、实验心理学、发展心理学、医学心理学、临床心理学、心理诊断学、个性心理学等分支；一条是社会心理学，在其上面又有民族心理学、宗教心理学、司法心理学、管理心理学、宣传心理学、教育心理学、劳动心理学等分支。上述分支又可分若干枝杈，如教育心理学可分为教学心理学、德育心理学、教师心理学等；劳动心理学可分为工业心理学、工程心理学、商业心理学、军事心理学、宇航心理学等。分支与分支之间还有许多交叉，并且还将不断出现新的分支。目前，心理学根、干、枝、杈的发展已涉及一百多个不同领域，真可谓枝叶繁茂，五彩缤纷。

心理学发展的一个明显标志就是分支学科的不断出现与成熟，包括基础和应用两大领域，下面简单介绍一下其中的一些分支学科。

（1）基础领域。**普通心理学**（General Psychology）是研究心理现象最一般规律的学科，是心理学的基础学科或总学科。它的主要任务是依据并归纳心理学在各个方面的研究成果，阐明心理现象中各种最基本的事实与最一般的问题，探索心理活动的普遍规律。由于它具有总体性、概括性，所以也就成为各种心理学分支的基础和初学者的入门向导。作为一门课程，它也常被称作"心理学导引"或"心理学概论"，但这不等于说它是一门粗浅的学科。随着对这门学科的深入研究，它已经派生出许多专门的领域，如理论心理学（对心理实质作理论上的专门探讨与对各学派理论进行评析的学科）、生理心理学（对各种心理现象的生理机制进行专门的实验探索的学科）、认知心理学（运用信息论、控制论的观点研究认识过程的学科）、人格心理学（对人格的结构及形成过程作微观与宏观探讨的学科），等等。尽管普通心理学所揭示的知识都具有应用意义，但它更侧重于心理活动的基本事实与理论的探索，所以它是一门理论学科。

实验心理学（Experimental Psychology）是以实验方法来研究心理与行为的规律的学科。它研究心理学领域中进行实验研究的原理、设计、方法、仪器、技术和资料处理等问题。它告诉人们心理学的原理是建立在精细控制的、可重复的实验基础上的。

生理心理学（Physiological Psychology）是依据生物学和神经科学的研究成果来描述和解释心理现象的一个心理学分支学科。

（2）应用领域。心理学的应用领域甚广，可以毫不夸张地说，凡属人类的各种实践活动均涉及人的问题，都是心理学的应用领域。

发展心理学（Developmental Psychology）包括动物心理学与毕生发展心理学两门分学科。前者是研究动物在演化过程中心理发生、发展的实施及其规律的学科。后者是研究人类个体在整个生命历程中心理发展规律的一个心理学分支学科。毕生发展心理学按照人生发展的各个阶段，可分为婴幼儿、儿童、青少年、成年及老年心理学，分别研究人各年龄阶段的心理特点及其形成规律。

教育心理学（Educational Psychology）是研究教育过程中师生互动的心理活动及其规律

的学科，它不仅要从理论上去阐明人类学习的本质、过程与普遍规律，而且也要具体地探索学生掌握知识、发展智能、形成品格的规律和教育者依据这些规律合理地组织教学与教育活动的方法及应有的品质等。它既是一门理论学科，也是一门为人才培养服务，应用最广的学科。

社会心理学（Social Psychology）是研究个体及群体在与社会相互交往中出现的各种社会心理现象及其产生、变化规律的学科。具体地说，它的研究涉及社会认知、社会动机、社会态度、社会情感、团体心理（如民族心理、阶级心理、小团体人际关系心理等）以及时尚、风俗、舆论、流言等社会心理现象。马克思说："人是社会的动物。人为了生活总要和别人结成一定的群体或参与群体去从事各种活动，从而也就形成了人际关系。"[1]人的心理不仅反映着这种关系，受到这种关系的制约与影响，而且也会通过自己的言行去影响别人与社会生活。

应社会客观要求而建立的社会心理学不仅要从理论上去阐明人的种种社会行为的内因与外因、个体社会化的历程与依赖条件，而且还要具体地去探索个体的社会心理（如社会性需要、社会认知、态度、利他性等）和群体的社会心理（如社会助长、从众、去个性化、社会惰化及规范、士气、凝聚力等）的形成及两者相互制约的规律，探索群体的结构、沟通方式及其与工作效率的关系，领导者的心理品质与领导艺术，等等。以科学的哲学思想为指导进行这方面的研究，对于深入理解与发挥人在社会生活中的作用，以及处理由于人际关系所发生的种种问题有着重要的理论意义与实践意义。

——人格心理学（Personality Psychology）是研究人格结构、人格动力、人格发展、人格适应以及人格评鉴技术等内容的一个心理学分支学科。

——比较心理学（Comparative Psychology）或动物心理学是研究动物心理并与人类心理相比较以探求人类心理如何演化而来的一个心理学分支学科。动物心理学研究各种动物的行为，如迁徙、季节适应、觅食、食物储备、交配、哺幼、营巢、自卫、搏斗、合群、通意、鸣叫、游戏等行为的方式和规律。

——变态心理学（Abnormal Psychology）是研究异常心理的类别及其成因的一个心理学分支学科。具体而言，研究涉及行为问题、人格障碍、性变态、适应不良等行为与人格偏离、焦虑症、抑郁症、强迫症、恐惧症等神经症，以及精神病等异常心理现象。

——咨询心理学（Counseling Psychology）是研究心理咨询理论、技术及咨询关系等方面的问题，以帮助生活适应困难或心理异常者重建积极人生的一个心理学分支学科。

——管理心理学（Managerial Psychology）是研究各种管理工作中的心理学问题，促进组织发展，提高工作业绩的一个心理学分支学科。

——工业或组织心理学（Industrial/Organizational Psychology）是研究包括工业和组织的人事行为、人事策略、人类工程学、人的因素、工作绩效、疲劳、工资和效益等领域的一个心理学分支学科。

——消费心理学（Consumer Psychology）是研究顾客的消费行为（包括消费动机、购买认知、消费情感及消费决策等问题）的一个心理学分支学科。

——医学心理学（Medical Psychology）是研究疾病的诊断、治疗、护理、预防中的心理学问题，以促进医疗保健事业健康发展的一个心理学分支学科。

——司法心理学（Forensic Psychology）是研究将心理学知识和原理应用于法制活动的一个心理学分支学科。包括证据的可靠性、目击证言的可靠性、记忆的作用、决策特别是团体决策的心理学问题。

——运动心理学（Sports Psychology）是研究体育运动、组织、训练、竞赛活动中运动员

---

[1] 马克思：《资本论》，第1卷，人民出版社1953年版，第390页。

及教练员培养等问题的一个心理学分支学科。

——军事心理学（Military Psychology）是研究心理学原理在军事活动的特殊环境中的应用，包括战斗时人的行动、指挥员与下属的相互关系、士气、心理战等内容的一个心理学分支学科。

——健康心理学（Health Psychology）是研究保持和促进健康水平、预防和治疗疾病、鉴别病因及相关的功能障碍、改善医疗保障体系等方面的心理学问题的一个心理学分支学科。

心理学门类的众多与迅速发展不仅表明人类对于了解自身的兴趣日益强烈，而且也表明心理学的理论研究与应用研究具有巨大的实践价值。事实上，随着心理科学的发展，众多心理学分支已自成体系，它们共同为人类自身的心理健康，以及解决心理问题努力进行探索与研究。

4. 心理学学派之间兼收并蓄，与相邻学科交叉渗透

20世纪50年代兴起目前正处于高潮的认知心理学和人本主义心理学，是在反对某些传统的心理学思想的斗争中发展起来的，但和历史上的其他学派又有着密切的联系。特别是认知心理学，其既承认中间环节即经验的作用，也考虑认识的能动性，力图探明人类知识的获得、储存、转化直到使用的完整规律。它作为一种范式、一种流派、一种发展方向影响着心理学的各个领域。它的出现表现了当代心理学互相融合的新趋势。而人本主义心理学"扩大了心理学的领域，把从文学、历史和艺术的研究中得到的有价值的内容都包括了进来。心理学因而成了一个更加全面的学科"。在这一基础上，心理学进一步吸取了其他学科尤其是新兴学科的新成果、新技术，并在研究中应用了一些现代尖端技术手段，预示着当代心理学正朝着广度、深度和精度的方向发展。

5. 后现代心理学思想的出现为心理学的进一步发展提供了新的视野

后现代文化思潮介入心理学领域形成了后现代心理学思想。这一思想具有较为浓重的人文科学色彩。它通过理论探讨的方式对科学心理学思想进行了抨击、消解和反叛，摒弃了科学主义心理学的原则立场，对心理学研究提出了一系列新的主张。尽管后现代心理学思想并不是心理学危机时的救世主，况且它还很杂乱、偏激、矛盾，但它对科学心理学的反思无疑有合理的成分，其某些主张也能为21世纪心理学的发展开拓新的视野。

6. 心理学的实际应用日趋广泛，与现代社会生产、生活的结合日益密切

在西方，公司、工厂、学校、政府机构、军队、医院、警察局甚至监狱，都在聘请心理学家。在我国，心理学也已经被应用到许多领域并正在向更多的领域渗透。可以毫不夸张地说，现代心理学的应用触角已触及政治、经济、管理、司法、教育、医学、新闻、艺术、工业、商业、交通、旅游、军事、工程、运动、婚姻、家庭等几乎一切人类活动的领域或部门。心理学家们的工作已经并将继续卓有成效地影响我们的个人生活和整个社会生活。

综上所述，尽管心理学只有一个短期的历史，但它却有一个光明的前景。心理学将成为21世纪的一个前沿学科。许多事实表明，心理学将日益成为科学中的"热门"、学校中的"主课"、生活中的"常识"。

【资料链接】

心理学的应用前景宽广

据美国心理学会最近的一份调查表明，有236个心理学专业领域聘用心理学家。心理学的应用范围很广：以这些专业领域而命名的心理学分支学科如航空心理学、社会心理学、教育心理学、健康心理学、人格心理学、军事心理学、认知心理学、宗教心理学等；以被研究的人群（或个体）而命名的心理学分支学科如动物心理学、工业心理学、儿童心理学、文化

心理学等；以这些心理学从业者而命名的心理学分支学科如临床心理学、咨询心理学、运动心理学等。如图1.3所示，心理学家中有近40%的人在各类学校或学术机构中任职，从事教学、基础研究、咨询或治疗工作。大多数心理学家则从事应用工作，其中临床心理学家和咨询心理学家约占心理学工作者总数的55%。

目前，美国心理学会（American Psychology Association，简称APA）有53个分会，每个分会都代表一个与特定的专业或技术有关的领域。估计在不久的将来，还可能出现更细的专业分工，如离退休后心理问题咨询、体重控制心理咨询、减轻压力心理咨询、行政人员选拔心理咨询、睡眠障碍心理咨询、健全人格养成心理咨询等令人振奋、富有创新的心理学应用新领域都将应运而生。

（三）心理学是一门未来的科学

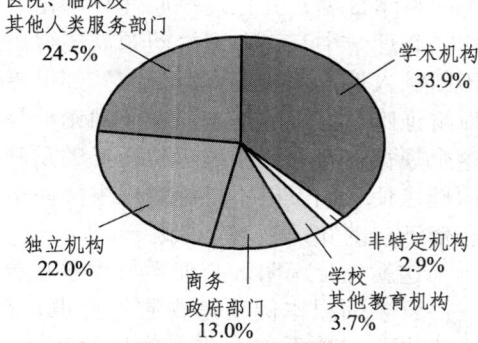

图1.3 心理学家的工作领域

虽然心理学已经发展成为一个较为庞大的学科体系，但是有关人类精神活动的物质本体和精神活动规律的秘密还远远没有被揭开，至今仍是世界三大奥秘之一。心理学是研究人类自身精神活动最复杂的一门学科，据未来学家预测，揭示这个秘密的心理科学是会大有作为的，很可能成为未来的带头学科之一。

（1）这是由物质发展的规律决定的。物质运动是一个由低级向高级发展的过程，如机械的、物理的、化学的、生物的和社会的运动形式。人的心理是社会的运动形式与生命的运动形式相互渗透、相互转换的过程，因此，人类对较低级的物质运动形式有了相当的认识之后，势必会把探索人类心灵的奥秘提上日程。

（2）这是由社会对心理学日益增长的需要决定的。人类正面临着新的技术革命，从某种意义上说，将进入一个信息、知识和智力社会的时代。因此，未来社会对人的精神文明和心理素质提出了更高的要求，如需要教育和培养具有创新性和开拓性的人才。此外，在社会生产的发展中，科学的创造发明、生产技术的革新、劳动效率的提高、科学的组织管理等，都必须通过人的心理活动的能动性才能实现。因此，以心理学为中心的一些科学必将进入一个新的大发展的时期。

（3）这是由科学提供的条件决定的。脑科学、遗传工程、信息加工、人工智能、电子计算机等科学的成熟，为心理学的实验研究提供了条件，心理学与其他科学的协同研究的成果为心理学成长为未来的中心学科奠定了基础。

第二节 心理学的任务及研究方法

一、心理学的任务

科学应社会实践的需要而产生，并在为实践的服务中得到发展。一门科学的任务不外乎两个：一是理论任务，二是实践任务。心理学的存在与迅速扩展正说明了这一事实。心理学既要探讨理论的问题，也要解决实际应用的问题。

（一）心理学的理论任务

从理论上看，心理学是马克思主义哲学的认识论的主要科学基础之一。心理学充分揭示了客观现实对人的主观精神或心理的决定作用,心理与脑的关系,以及人的认识从感觉知觉开始到想象思维的具体过程,等等。这些方面所积累起来的科学事实为马克思主义哲学关于物质与精神的关系、认识与实践的关系以及感性认识与理性认识的关系的基本原理提供了有力的科学证据,并把这些原理具体化。

心理学中有许多理论问题需要解决,而它的最根本的理论任务是通过对自己对象的研究,不断深入地揭示心理、意识与外部世界及脑的关系及其起源的奥秘,从而以最新的科学成就对辩证唯物主义的基本原理起到论证与充实的作用。列宁认为:"承认自然界的客观规律性和这个规律性在人脑中的近似正确的反映,就是唯物主义。"[①] 他还指出:"心理学提供的一些原理已使人们不得不拒绝主观主义而接受唯物主义。"[②] 所以,心理学就是"应当构成认识论和辩证法的知识领域"[③] 之一。

这就充分说明,心理学与哲学有着极其密切的联系。

哲学的根本问题是物质与意识、存在与思维的关系问题。这里存在着两条基本路线。主张世界是物质的,先有物质后有感觉,精神、意识是物质世界的反应与脑(也是物质)的产物,这是从物质到感觉和思想的唯物主义路线;主张意识不依赖于物质而存在,世界先有精神、意识,物质世界是精神、意识的"异在"或产物,这是从思想和感觉到物质的唯心主义路线。在唯物主义中凡是承认意识一经产生或思想一旦反应外界的客观规律,就具有反作用于现实的能动作用的,就是辩证唯物主义;而把思想、意识看做是消极、被动的脑的产物,则是一种机械唯物主义或庸俗唯物主义的观点。哲学上的路线分歧不只是一种认识问题,它也是人们要不要按照自然界与社会的客观规律去推动历史前进的社会实践问题。要论证和解决这个从物质到精神又从精神到物质的理论问题,需要许多科学不断提供事实。对此心理学则责无旁贷。只有当人们弄清从感觉到思维、意识(包括情感、意志)这个复杂而不易捉摸的现象的实质,即它们发生的机制、发展的历程及其与外部世界的相互依赖关系,各种唯心主义、形而上学才会在事实面前显露出反科学性。不管心理学家们是否清晰地意识到这一点,或者由于他们的立场、观点而不赞同给心理学规定这样一个理论任务,但是只要他们忠实于科学事业,其研究结果能近似地反映实际,也都必然地在为完成这个理论任务而起作用。

(二)心理学的应用任务

从实践上看,凡是有人的地方,就有具体的心理问题出现。因此,心理学已经渗透到各行各业,产生了广泛的实际应用价值。

心理学的应用任务主要是要求心理学通过对心理活动及其规律的揭示,去解决各个实践领域中与人的心理活动密切关联的问题,探索和揭露人的心理活动和行为产生的规律,通过描述、解释、预测和控制人的心理和行为,为人类的实践活动服务。

人类认识世界和改造世界的实践活动,都是在人的心理活动的参与下进行的,也都是在人的心理的调节指导下完成的。因此,要把工作和学习任务推向前进,就必须遵循人的心理活动的规律,以提高人的实践活动的效率。

影响人的心理活动的因素很多,概括起来主要有三类:① 环境因素,即人所接触到的周围事物的变化;② 生理因素,如人的体温、高度、饥或渴等;③ 心理因素,即自己的心理

---

① 列宁:《唯物主义和经验批判主义》,人民出版社1960年版,第148页。
②《列宁全集》,第1卷,人民出版社1955年版,第396页。
③ 列宁:《哲学笔记》,人民出版社1956年版,第328页。

活动对心理的影响。心理学就是要探索这三类因素的变化对人的行为和心理活动的影响。为此，心理学有以下三项基本任务：

第一项任务是揭示和描述人的心理现象。

人的心理活动的本质和发展规律若不能被揭露，就不能被理解和控制，有时甚至会被看成是任意发生的、主观自决的、不受因果规律支配的。为此，心理学大量的工作是描述和揭示人的心理活动如何调节和支配人的行为的规律性。报告什么真正发生了，即得到事实和占有材料，主要解决人的心理现象是"什么"的问题；找出出现某种心理现象的原因，主要解决人的心理和行为"为什么"发生的问题。例如，有的小学生在上课期间注意力不易集中，究其原因，其实并不是心理异常，而是符合心理学的规律的：小学生的有意注意的稳定性最长一般不超过20分钟，否则就会开小差。因此，作为教师在一节课内应该有准备地对待学生的这种心理状态。

心理学家通过观察、实验等手段，并借助于语言、文字、图画等客观地描述人类的心理活动，有时还使用一定的测量工具，以寻找人类心理活动的规律性。例如，心理学通过大量测量揭示了人类遗忘的规律，这样就可以理解为什么有的人记得又快又牢固，而有的人则记忆效果差，并提出有助于记忆的方法，控制和避免有损于记忆的因素。

第二项任务是预测和控制人的心理活动。

科学的重要作用在于预测和控制。人们掌握了心理活动的规律，就能根据客观现实的要求去预测和控制心理活动。例如，知道了某个学生的智力水平，就能够比较准确地预测该学生的某些作业成绩；根据一个工人的机械能力测验的分数，就能够预测他在机器装配上的成就。另外，通过一定的手段去影响人的心理与行为。例如，当教师获得有关青春期学生性心理与性行为的描述、解释和预测后，就可以提供一系列针对可能发生的事情的具体教育方法，从而达到对学生青春期性心理及性行为的引导或控制的目的。青春期的学生通过接受青春期教育，也能学习控制自己的冲动，并明了这种自我控制有益于自己和他人。当然，人类行为的控制不同于机械运动的控制，而且也不能指望通过"控制"完全拒绝异端思想和行为。这里所说的控制，是指通过检查行为的原因提供一个线索，使我们预想并设置能改善行为的环境。

第三项任务是理解和说明人的心理活动。

理解和说明人的心理活动，实际上就是找出产生所观察到的某些心理现象的原因。这个过程既包括把已知事实组织起来形成与事实相符的说明，也包括就事件之间的关系提出需要证明的假设。

可见，心理学是一门致力于提高人类福利的极具应用价值的科学，值得我们为之付出努力。

二、心理学研究的基本原则

人的心理现象是宇宙中最复杂的现象之一。要科学地研究人的心理现象，对心理事件、规律、机制和机能进行实证研究，就必须遵循心理学研究的基本原则，针对所要解决的问题，做好研究设计，采用合适的研究方法进行研究。这样才有可能对现今的理论和成果进行检验，并创造出新的科学知识。

辩证唯物主义和历史唯物主义是科学心理学的指导思想和理论基础。因此，在学习和研究心理学时应遵循以下基本研究原则。

1. 客观性原则

这是学习研究心理学应遵循的基本原则。客观性原则（Objectivity Principle）就是按照事物的本来面目进行如实地反映。科学与虚假是不相容的，按照客观事物的本来面目予以揭示而不凭臆断加以歪曲，是一切科学都应遵循的基本原则。坚持客观性原则，就是要在研究中用实事求是的态度去寻找人的心理活动的规律。人的心理现象是复杂的，但它是客观存在的，只有实事求是地考察，才能真正认识其规律。

在心理学研究中坚持客观性原则，就是要采用客观方法，即依据可以观察得到并能加以衡量的外部条件（刺激）和足以表明某种心理变化的客观指标或行为反应之间的关系，去如实地探明现实与心理、心理与行为以及心理的各种形式之间的因果关系（或必然联系）及心理发展的规律。

2. 发展性原则

发展性原则（Principle of Development）要求我们把心理现象看作一个不断发展变化的过程，用发展变化的观点去认识人的心理活动。由于人脑所反映的客观世界是不断发展变化的，人的心理现象和人的生理现象一样也有一个发展变化的过程，因此，我们在研究中必须坚持发展的观点，把人的心理现象放在动态的过程中去反映，才能找出它发展变化的规律。确立了发展的观点，我们就可以了解现在，预测未来，从而创造条件促进人们良好心理品质的形成。这一认识，在教育、管理等各实践领域具有十分重要的意义。

3. 分析与综合的原则

把复杂事件分解为简单的组成部分和把各部分联合成为统一的整体，是任何科学深入认识其对象的有力手段。在心理学研究对象中贯彻分析与综合的原则（Principle of Analysis and Synthesis），至少包括以下两层意思：其一，心理、意识虽然是很复杂的现象，但可以通过剖析将其分解为各种形式进行专门的考察研究，而后通过综合将其看成有机联系的整体加以理解；其二，在研究某一种心理形式与现实条件的依存关系时，也可以分别地考察某一条件在其中所起的作用，而后将其揭示的各种规律加以综合运用。综合的观点在心理学中也可以称之为系统论的观点，因此这个原则也被叫做系统性原则。

4. 教育性原则

教育性原则（Principle of Education）要求从有利于提高教育教学质量，有利于提高学生身心健康的角度来设计和实施研究，不能做有损于学生身心健康发展的事。遵循教育性原则，我们就可以把心理学研究与教书育人密切联系起来，更好地促进学生成长。

研究学生心理是为了更好地教育学生，而不是为研究而研究。因此，进行这方面的研究不仅要在课题上考虑教育意义，使其结果有助于教育教学质量的提高，而且要在研究方案的设计上和实际进行的过程中考虑对学生有良好的教育影响，不做有损学生身心健康发展的事。这个道理很简单，但常为研究者所忽视，因此研究者应时刻记住"自己是教育者"，做到把促进学生成长与研究协调一致。

5. 人文关怀原则

人文关怀原则（Principle of Humanistic Concern）是指心理学研究者在科学研究中应遵守心理学家的职业道德，尊重被试，关爱被试。心理学的研究对象是一个个有生命的、主体性的有机体（人和动物）。在对他们的心理与行为进行科学研究时，必须遵循人文关怀原则，这已成为心理学家工作的一种传统。自1953年以来，美国心理学会定期修订为从业者和研究人员编制的《心理学家道德规范》（APA，1992）。中国心理学会下属的专业委员会也有类似的条例公布。虽然同行专业学会对心理学家职业道德规范的侧重点有所不同，但相关要求是相同的。

在进行以人为被试的研究前，研究人员要有人文关怀精神，仔细评估被试可能面临的风险程度，即实验中被试可能会遇到哪些危及身心健康的潜在因素。即使这种潜在风险微不足道，也必须仔细考虑到。心理学研究人员必须遵循下列职业道德：

（1）确保被试的个人隐私不被泄露。甚至连被试的名字都不能公布，一般以代码标记。无论要求被试做什么或说什么，必须使他们确信除了研究者之外，没有人会知道他们的答案。

（2）被试参与研究是自愿的，不能强迫其参加。即使在实验研究开始之后，被试仍有自由选择退出的权利。

（3）在实验研究开始前要让被试知道实验中将做什么，征得其同意后，才能让他们参加。如果不得已要对被试隐瞒实验的真实意图（即使不是欺骗），在实验结束后应当对全体被试进行解释，说明这项实验的真实目的和基本内容。在可能的情况下给每位被试一份实验结果的复印件。

如果实验被试是动物，研究人员应训练有素且能人道地照料动物，要尽力避免或减少动物可能受到的不安、疾病和疼痛。因为实验目的具有科学和应用上的价值，所以会使动物受到伤害、疼痛或紧张的实验是不可避免的，但所有涉及脊椎动物的实验都必须经过专门委员会的审批。

总之，研究人员高尚的职业道德是顺利进行心理学科学研究的必要条件。

6. 实践性原则

实践性原则（Principle of Practicality）是指人的心理在社会实践中发生、发展。心理学研究，不仅需要在实验室中进行，而且需要在各种实践中进行；既要进行理论研究，也要注重应用研究。

作为科学的心理学，不仅要遵循以上原则，而且要求采用严格的科学方法。科学方法要求对心理现象进行定量分析。研究人员必须不带任何先入之见去观察各种心理现象的客观证据，并对这些证据进行定量分析，从而得出可靠的结论。心理学研究的大体步骤：① 确定所要研究的心理现象；② 积累有关的事实和客观依据；③ 发现事实中存在的某种模式和规律；④ 提出假设来合理地解释这种模式或规律；⑤ 在理解的基础上进行预测；⑥ 用实验研究获得的客观证据来检验这种预测。

遵循上述原则，实际上就是坚持以科学的方法论为心理学研究的指导思想。无论是心理学工作者还是教育工作者，要想使自己成为自觉的研究者，就必须在方法论上下工夫。

研究心理现象，特别是研究教育过程中的心理现象，不仅是心理学专业工作者的职责，也是教育工作者义不容辞的使命。

三、心理学研究的基本方法

学习心理学的研究方法，实际上是要解决心理研究如何进行的问题。不同领域的心理学工作者研究心理的不同方面，所用的方法也不尽相同。就教育工作者来说，主要应掌握如下几种心理学的研究方法。

（一）系统观察法

每个人在日常生活中都会观察别人，也会被别人观察。观察法是在自然情境中对人的行为活动进行的直接观察、记录，必要时还进行分析。它是人与人之间相互交往和沟通所必需的。心理学家也是用这种方法，但他们通常是在预先设置的情景中对可能影响被观测行为的一些变量作适当控制而进行的较为系统的客观观察。我们把这种观察法叫做"系统观察法"（Systematic Observation Method）或"控制观察法"。例如，要了解一个学生是否具有集体主义精神，可以在日常生活中有计划地观察他是否经常关心别人和帮助别人，是否愉快地服从组织领导和自觉地遵守纪律，是否能在必要时以牺牲自己的利益来维护集体的利益等。

成功的观察必须做到：① 观察要有明确的目的、计划和要求，事先写好观察提纲。② 做好全面细致的记录，包括录音和录像。③ 善于分析记录材料，做出符合实际的结论。

④ 必须在不同条件下全面观察。例如，要了解学生的自制能力不仅要观察其在家庭和学校里的表现，还要观察其在其他场所的表现。⑤ 要分析行为和行为动机。动机是行为的内部原因，相同的行为，不同的人可能有不同的动机。例如，两个学生的学习成绩都是 100 分，但动机有可能不同：一个学生可能是为了学得真本领；一个学生可能是为了得到父母和老师的赞许等。

系统观察法的优点在于观察情境的真实性、生活化，因而通过这种方法所得的材料比较符合被观察者的心理实际。在自然条件下观察，容易保持被观察者的自然性，比较自然、真实、可靠。但是，这种观察有一定的被动性、偶然性、片面性和不准确性，也难以做定量分析，过程进展缓慢，难以重复进行，还难以避免观察者的主观和偏见。因此，要使观察取得良好成效，可采取以下措施：

（1）每次只观察被试的某一种行为。比如，在幼儿游戏情境中，选定只观察幼儿之间如何解决争夺玩具的行为表现。

（2）观察前订出详细计划。对所观察的行为特征事先加以明确界定。比如，侵犯行为、同情或友情等行为表现，并随时记录所观察到的事实。

（3）观察时善于捕捉并做好记录。如果有可能，尽量利用有效仪器记录观察到的行为表现，如利用录音、录像等电化手段，以便获得更能反映客观心理事实的资料。

（4）确定观察的时间。为避免偶然性，对同一类行为需作多次重复观察，如每周观察三次，每次半小时；如果观察对象不止一人，还要定出对每个对象观察的具体时间。

由于现代科学技术的发展，观察和记录的技术和手段日益先进，心理学家们越来越多地利用录音机、录像机和计算机等先进设备，因而观察更加客观和精确，取得了更多更好的研究成果。例如，美国一家公司为海军部门研制了一种新型的地对地导弹。海军部门要了解这种导弹从瞄准到发射整个操作过程的每一个步骤是否都是必要的和有效的，因而聘请了工程心理学家进行这方面的研究。他们使用摄影技术和计时器详细地记录了士兵的每一操作步骤和所需时间，观察操作错误和迟缓的因素，并定期向士兵征求操纵上的意见。结果，工程心理学家提出了许多改进导弹发射操作的意见，使操作步骤简化，既缩短了操作时间，又提高了操作的正确性。工程心理学家所采用的研究方法就是观察法。

（二）调查法

调查法（Survey Method）是以提问题的方式，要求被调查者就某个或某些问题说出自己的想法。例如，如果我们想了解受教育水平不同的人对孝道的态度，可以就此问题去调查许多人。我们也可以针对特定的人群（如大学生）对学校心理健康服务体系的现状进行调查。调查法可以用来探讨被调查者的机体变量（如性别、年龄、受教育程度、职业、经济状况等）、反应变量（即他对问题的理解、态度、期望、信念、行为等）以及它们之间的关系。根据研究的需要，可以向被研究者本人作调查，也可以向熟悉被研究者的人作调查。

心理调查是通过当事人的口头报告、其他人的介绍、追述以及周围的事物材料来间接了解被了解者当时心理活动的一种方法，其中包括面谈、家访、访问教师与同学、了解档案、作品分析等等。比如，在超市，一位记者正询问顾客有关购买习惯的问题，问他们在几种牌子的牙膏中更喜欢哪一种；在演播大厅里，节目主持人正拿着麦克风询问观众喜欢收看哪些电视节目；在打开刚买回家的某种口服液的包装盒时，发现里面有一张要你填写的"顾客意见反馈单"……这种就某一（某些）问题要求被调查者提供个人的想法或做法的信息，以此分析、推测团体的心理趋向的研究方法，就是调查法。

调查法可分为问卷调查（Questionnaire Survey）和访问调查（Interview Survey）两种方式。

问卷调查也称问卷法（Questionnaire Method）是目前最常用的心理现象量化的调查方法，是研究者根据研究课题的要求，设计出问题表格让被调查者自行填写以收集资料的一种方法。这种方法是将所要了解的内容（如兴趣、态度、归因倾向、思维方式、创造力水平、价值观等等）及其表现归结为若干有代表性的、要求被试回答的问题或项目，然后依据取得的样本（即被试的回答）进行评分或评级，以了解被试的心理状态或特性。

问卷法具有向许多人同时收集同类资料的优点。其缺点是问卷的回收率若比较低，就会影响结果的普遍性；被调查者的合作不易控制，可能影响结果的真实性。因此，使用问卷法时，一要有足够量的被试对象，并使其消除顾虑，真实回答问题；二要问题简单明确，易于填写；三要注意设问的策略和要求的一致性，以便对答案做统计处理。

访问调查也称晤谈法（Interview Method），是一种以面对面的方式向被调查者提出问题进行调查的方法。要使晤谈法富有成效，首先应创造坦率和信任的良好气氛，使被调查者做到知无不言；同时，研究者应当有良好的准备和训练，以应对晤谈时可能遇到的问题。由于晤谈对象只能限于少数人，费时，口头回答也有不真实的可能性，故要和其他方法配合进行，相互补充和验证，以求得比较准确的结论。

总之，调查法的长处是能够在较短时间内获取大量的有关研究对象的第一手资料，既为分析问题提供依据，又为今后进一步研究提供线索；不足之处在于可能会由于被试者的有意掩盖而失去真实性。

（三）测验法

所谓测验法（Test Method），就是运用测量工具来衡量心理、行为特性的方法。测验的种类繁多。迄今为止，从测验内容看，有智力测验、成就测验、人格测验等；按形式可分为文字测验和非文字测验；按测验规模（或对象）可分为个别测验和整体测验等。用于心理测验的测量工具通常称为量表，如韦氏成人智力量表，明尼苏达多相人格量表等。测验法的使用必须具备两个基本要求：测验的可信度和效度。信度是指一个测验的可靠程度。测验的可靠程度高，同一个人多次接受该测验时，就可得到相同或大致相同的成绩。效度是指某测验有效地测量了所需要的心理品质。一个可实际使用的标准量表还必须具有标准计分方法和可供比较的常模。

测验法经常用来探讨那些难以确定自变量和因变量关系的课题以及复杂的心理社会方面的问题。由于测验法是对个体心理特征和行为表现的量化研究的主要工具之一，因此应用范围很广。测验法的长处是能数量化地反映人的心理发展水平和特点，使研究更趋于精确、科学，而且能因材施教，对人才选拔、职业指导、心理诊断和咨询提供可观资料。不足之处是其有效性很大程度取决于测验量表的可靠性，测验量表编制不好或主持者未经过专业训练，都会影响测验结果。

（四）实验法

实验法（Laboratory Method）是指人为地、有目的地控制和改变某种条件，使被试产生所要研究的某种心理现象，然后进行分析研究，以得出心理现象发生的原因或起作用的规律性的结果。实验法不但要求所研究的问题"是什么"，而且还要进一步探究产生问题的原因"为什么"，是心理学的主要研究方法之一。

实验者在进行实验研究时，必须考虑到三项变量：第一，自变量，即实验者安排的刺激情境或实验情境；第二，因变量，即反应变量，它是实验者预定要观察、记录的变量，是实验者要研究的真正对象；第三，控制变量，即实验变量之外的其他可能影响实验结果的变量。

虽然实验者的目的不是研究它们,但是为了避免它们对结果产生影响,需要设法予以控制。总之,采用实验法研究个体行为时,主要目的是在控制的情境下探索自变量和因变量之间的内在关系。

心理实验有两种主要形式:自然实验法和实验室实验法。

1. 自然实验法

自然实验法(Field Experiment Study)也称现场试验法,是指在日常生活中,由实验者创设或改变某种条件,以引起被试验者某些心理活动进行研究的方法。这是在日常活动的情境中所进行的心理实验,在这种实验条件下,由于被试摆脱了实验可能产生的紧张心理而始终处于自然状态,因此得到的资料比较切合实际。其长处在于,减少人为性,提高实验真实性和被试验者的主动性,它排除了实验室试验明显的人为性质与观察法的被动局面,同时又保留着实验研究所固有的特色,即按照研究目的控制条件,主动引起心理现象进行考察的优点。这个方法在心理学中,特别是在儿童心理学、教育心理学、社会心理学中用得最多。因此,它又被称作"现场试验"或"教学性心理实验"。

美国教育心理学家奥苏贝尔(D. P. Ausubel)等于1957年做过一次"意向对保持学习材料的影响"的实验。教师让两组学生阅读一篇1 400字的论文。在阅读之前,对实验组学生宣告:第一,读完之后将举行一次测验以了解其阅读成绩;第二,两周后将再举行一次测验以了解其记忆的成绩。而对控制组学生只宣告与实验组同样的第一点,同样的第二点待第一次测验后再宣告。结果发现,阅读后的第一次测验成绩,两组几乎相等;而后两周的记忆测验,实验组的成绩远高于控制组。实验表明,在阅读之前有准备长时记忆的意向比阅读之后才出现这种意向会有更好的学习效果。这是在学校教学情境中进行自然实验的一个实例。

但是,自然实验中由于实验情境不易控制,容易受到各种无关变量的干扰而影响实验结果的有效性,因此,在许多情况下还需要用实验室实验来加以验证和补充。

【资料链接】

冬夜拾柴火

苏联心理学家阿格发洛夫做过这样一个实验:他创立了一个让寄宿学生冬夜"拾柴火"的自然情景,他事先把一部分干柴火放在离宿舍不远但需走一段黑路的山谷中,把一部分湿火柴放在离宿舍稍远但一路有灯光的储藏室中。学校要求学生定期在黑夜去拾柴火(可自己选择路线),实验者躲在岔路口的小房内观察学生们的举动。发现学生有以下表现:一小部分学生勇敢地去山谷取火柴,有的边走边埋怨;大部分学生由于怕黑,宁愿走远路而去储藏室取湿柴火。据此,实验者开始分阶段地对学生进行培养责任心与锻炼意志的教育,如进行题为"困难及其克服的必要性"的谈话等。这样,去山谷取柴火的人数逐渐增多了,只有少量学生变化不大。阿格发洛夫采用自然实验法进行研究,不仅了解到学生性格上的差异,而且也检验了某些教育措施的有效性,并于1956年发表了《论困难条件下个性的意志表现》一文。

2. 实验室实验法

实验室实验法(Laboratory Study)是指在对实验条件严格控制的情况下,借助于专门的实验仪器,引起和记录被试的心理现象进行研究的方法。心理学的研究,绝大多数是在实验室进行的,随着科技的发展,实验手段也实现了现代化。其优点在于,可通过实验获得较精确的结果,有助于发现事件的因果关系和对实验结果进行反复验证。另外,由于实验条件严格控制,有助于发现行为和心理活动的因果关系,并可以对实验结果进行反复验证。

由于实验法的主要优点是可以帮助确定因果关系,因而长期以来实验法一直都是心理学研究的一种主要方法。其不足之处是实验情景带有很大的人为性质,被试验者处于这样的情景中，又意识到自己正在接受实验，就有可能降低实验结果的客观性，并影响将实验结果应用于日常生活中的效果。其干扰因素表现在：

（1）期望效应（Expectancy Effect）的干扰。如果被试知道自己是在实验组或在控制组，他们对实验的期望会影响实验结果。这可以用单盲研究（Single-blind Study）加以消除，即不让被试知道自己是在实验组还是控制组。比外，研究者对实验的期望也会有意无意地影响被试的反应。这可以用双盲研究（Double-blind Study）即研究者和被试都不知道被试接受哪一种实验处理来加之消除。

（2）实验中的被试并不总能代表所要研究的总体。在大学里做的心理学实验，被试绝大多数是大学生，并且主要是大学一二年级的学生。他们在许多方面都与校外的人有所不同。

（3）实验情境的人为性，远离了人们的现实生活。为了克服这一缺点，许多心理学家采用现场实验（Field Experiment），即在实际生活情境中对实验条件作适当控制所进行的实验。例如，要研究小学一年级学生普遍存在着的感知算式错误（把加法做成减法，或把减法做成加法）的原因，实验者在一个班里按一定的计划加强实验性训练，对另一平行班则不进行这种实验性训练，只进行正常教学。对研究获得的材料加以整理和分析，就可以找出影响小学一年级学生感知算式错误的原因。现场实验的优点是研究的问题来自于生活实际，具有直接的实践意义；其缺点是容易受无关因素的影响，不容易严密控制实验条件。可见，实验室实验和现场实验的优缺点有互补性。

（五）其他方法

1. 个案分析法

个案分析法（Case Study）是对某个被试进行较长时间的了解，以研究心理的发展和变化的方法。这种方法的特点是收集单个被试各方面的资料以分析其心理特征。通常收集的资料包括个人的生活史、家庭关系、生活环境和人际关系等。根据需要，也常对被试做智力和人格测验，即从熟悉被试的亲近者那里了解情况，或采集和分析被试的书信、日记、自传或他人为被试写的资料（如传记、病历）等。用此种方法进行的研究，不同于用同一种方法或通过对许多被试的调查所收集到的资料进行统计分析得出一般性倾向的研究。例如，教师根据某些学生一年或两年甚至更长期的言行表现，来研究人格的形成发展。

深入的个案研究可以使我们获得有益的启示。皮亚杰（J. Piaget, 1896—1980）基于对他的几个孩子的个案研究提出了认知发展理论，为发展心理学提供了很多有待进一步研究的亮点。但个案研究可能会产生误导，因果也可能只适合于个别情况，因此，个案法通常用于提出理论假说。而要进一步检验这个理论假设，则有赖于其他方法。

2. 作品分析法

作品分析法（Product Analysis Method）是通过分析被试的作品了解其心理活动的方法。如教师通过分析学生的日记、作文、绘画及其他作品来研究学生的心理活动。

3. 经验总结法

经验总结法（Method of Experience Summarization）是指在不受控制的自然条件下，根据教育和教学实践所提供的事实，分析、概括心理现象，使其上升为理论的一种有效方法。它对教师研究学生心理活动具有十分重要的作用。例如，教师可根据自己的教学工作来概括学生掌握知识的心理规律。

总之，心理学研究方法的选择，要根据研究课题的需要和当前的具体条件而定。在实际研究中，虽然可以采用单一的研究方法，但在更多的情况下，在研究复杂的心理现象时，不能单靠一种方法，应当根据研究问题的需要选择合适的方法，把几种方法结合起来使用，互相补充，扬长避短，才能获得全面可靠的材料，解释心理活动的规律。不论使用哪一种或哪几种方法，研究者都必须坚持以唯物辩证法的方法论为指导，坚持如下两种观点：

（1）系统的观点。就是从事物的相互联系和关系中去认识事物。人生活在复杂的环境中，人的任何心理活动的产生，都要受到自然和社会的诸多因素的影响和制约。同时，人体本身又是一个多层次、多因素的极其复杂的系统。因此，对人的心理的研究以及对其结果的分析，不能孤立地进行，必须从各种变量的联系和关系中来加以研究。

（2）发展的观点。就是从事物的发展变化中去认识事物。人的心理是不断发展变化的，即使比较稳固的个性心理，再长时间多种因素的相互作用下，也是会发生变化的。所以，心理学的研究及其结果分析，不仅要着眼于现实的特征，还要看到其发展的前景，要用发展的观点来进行研究、看待研究结果。这也是教师应该持有的正确学生观的一个重要方面。

第三节 心理学对教师教育的意义

一、心理学与教育教学的关系

如果说心理学是教育教学的理论依据之一，那么教育教学也是促进心理学发展的一个主要的动力来源。心理学与教育教学的关系非常密切。随着我国教师专业化的发展，心理学这门课显得尤为重要。心理学是未来从事教书育人工作的师范生的必修课，师范生学好心理学对将来开展教育教学工作具有重要意义。

（一）要提高教育工作的效果，必须了解心理学

教育是教育者创设特定的教育情境和通过师生交流，有计划、有步骤地把人类积累的有用知识、社会规范传授给受教育者，促进其能力和素质的提高，并引导其健康成长的过程。处于发育中的学生不仅有自己心理活动的规律，而且其心理活动还表现出个性差异和年龄阶段的特点。教育者对学生施加影响，包括他所提出的要求、讲授的内容、采取的方式方法等，如果符合学生的需要、心理活动的规律和发展的水平及特点，它就有可能为学生所接受并成为他们自己的东西，从而促进其发展；否则，就会事倍功半，甚至事与愿违。教育者若能了解一些心理学的知识，就可以参照它们分析学生的实际，制订符合学生特点的教育或教学方案，预见后果，总结经验教训，分析存在于学生身上的各种问题，采取对策。这样才会把教育工作做得更自觉而有效。

（二）结合教育实际进行研究，有助于心理学的发展

推动心理学发展的实践因素是多方面的，教育是个重要因素。教育过程中存在着大量涉及心理活动的问题，它要求心理学予以研究并作出解答。心理学正是在积极参与这方面研究的过程中，不断发现学习与个性成长的新规律而得到充实与前进的。

1885年，德国心理学家艾宾浩斯首次采用实验法研究记忆，发现了遗忘曲线与分布复习的规律。这件事之所以在当时具有很大的意义并受到普遍的重视，不仅因为它给科学的心理学开辟了一个新的试验研究的广阔园地，而且在于它直接影响到学习效率的提高。由于记忆与学习关系密切，所以它始终是心理学研究中最活跃的领域，特别是后来的许多心理学家，总是以学生为被试或结合学校中的教学来研究记忆，因而取得的成果更加丰硕而有用。

又比如，怎样去确定儿童的智力水平与促进它的发展是教育领域极为关切的问题。20世

纪初（1905—1908）出现的第一个"智力量表"，是心理学家比内（A. Binet）接受法国教育部门的委托为鉴别哪些儿童应入低能班而创制的。这个量表以及后来不断得到改进的许多智力测验，已发展为考察与探索儿童智力问题的一种可以提供参考数据的量具与研究手段。

心理学适应教育要求而得到发展的重要标志，是教育心理学在20世纪初成为心理学的独立分支及其研究的蓬勃开展。20世纪70年代，人们在应用社会心理学的理论与方法研究教育问题的过程中还形成了一门新兴学科——教育社会心理学（Educational Social Psychology）。所有这些事实表明，深入探索教育中的心理规律已成为当代教育进一步提高质量的客观需要，同时它又促进了心理科学的发展。

二、心理学与当代教学改革

20世纪60年代，世界上一些科技发达的国家（主要是美国与苏联）掀起了教改试验的热潮。众所周知，人类面临着一种新的社会形势，计算机的不断更新引起了科技的迅猛发展及知识量的急剧增长。它要求人们特别是未来一代具有适应信息化社会与创造生活的更强的能力。然而，学校教育仍然是按部就班地让学生过分依赖教室去掌握零散而易老化的知识，而不太重视智力的发展。用这种方法培养出来的人势必难于应付未来生活的挑战。解决这个矛盾的办法之一是进行教学改革。教学改革的核心正如当时所提出的口号——"教会学生学习与思维"。引起人们注意与深思的是，这场教改的主要倡导者与实验者，如美国的布鲁纳（J. S. Bruner）和苏联的赞科夫（Д. B. ЗанКОВ）都是教育心理学家。

布鲁纳的主张称作"课程改革论"。其主要内容是：

（1）任何教学必须使学生掌握该学科的基本结构，即基本的原理、概念、规律与体系，形成并发展其认知结构。他引用心理学的认知规律指出，知识的概括水平越高，就越有利于迁移与应用；知识越简要（理解后归为公式），就越有利于记忆与检索。

（2）任何学科的基础知识（如交换律、守恒、概率、函数、集合论、基本逻辑运算方法等）都可以用适合儿童年龄特点的方式及早地教给儿童，使他们有学习的准备。

（3）提倡发现法，大力发展学生的直觉思维（即创造性思维）。

（4）培养与激发学生的学习兴趣，依靠内部诱因支持学习。

赞科夫进行了"教学新体系"的实验。他根据十几年的教改实效提出了五条与教育心理有关的原则：

（1）以高难度进行教学的原则。即应当向学生提供有可能理解、能满足于求知欲而又有一定难度的教学内容，同时引导学生通过努力去克服障碍，以掌握教学内容。只有这样才会调动学生思维的积极性与精神力量，并促进其智力向"最近发展区"（即将发展的水平）前进。否则，智力、情感与意志将由于缺乏锻炼与正常负担而衰退。

（2）以高速度进行教育的原则。高速度，是指把浪费在反复咀嚼或单调地重复已知材料上的教学时间用来讲清概念，学生懂了就往下进行，让学生在学习新课或使用中自然而然地记住该记的材料，或通过观察、思考与争论去加速扩大知识面。学生有了知识的广度，就有可能更好地去把握事物的联系，形成概念的体系，从而也就更深刻地理解与更加巩固地记住各种知识。

（3）理论知识起主导作用的原则。尽管感性知识、经验是人类认识的出发点，但教材与教学应当引导他们通过抽象的思维迅速形成各种事物的概念与概念体系。学生一旦有了这种概括的结构，就能通过迁移或有意地运用它们去理解其他领域的现象，具备举一反三或科学论证的能力。

(4) 使学生理解学习过程的原则。调动学生学习的自觉性和积极性，不仅要使学生了解学习的目的、意义，而且应当使他们意识到各学科合理的学习过程，即教会学生怎样学习。

(5) 使所有学生（包括后进生）都得到发展的原则。一般说来，优等生中能力属于高水平的较多；而后进生的能力也并非都是低的，即使是低的，经过学习，也同样可以获得进步。所以，任何教改必须致力于使每一个学生都能在发展上尽其最大的可能取得最大的成果。

上述教改试验与主张给人以启发的是，教改势在必行，提出教改方案必须有心理学的依据，而心理学本身也会在教改试验的问题研究中获得进一步发展。

三、心理学对教师教育的意义

心理学是高等师范院校学生的必修课，今天的师范生就是明天的教师，而心理学将服务于师范生未来的教育实践。学好心理学对于未来的人民教师具有重要的理论意义和实践意义。

（一）学习心理学的理论意义

1. 学好心理学有助于树立科学的世界观

世界观是指导人们思想和行为的总"开关"。学好心理学，有助于教师树立科学的世界观——辩证唯物主义世界观。科学世界观的重要内容之一是"物质第一性，意识第二性"。人的心理意识是人脑对客观现实的能动反映。学好心理学有助于正确理解科学世界观的基本命题，正确处理意识和物质的关系，使自己的思想和行为始终有一个正确的方向。

心理学主要是一门关于人的科学。它从人的心理这个侧面探讨和研究人，其研究的成果可以为所有与人有关的科学，如人类学、医学、环境科学、信息与计算机科学、仿生学和工程学等提供参考依据。例如，在教育学领域，心理学中关于学习的理论、心理发展的理论已经成为教育科学的主要理论依据；现代医学的发展吸收了心理学的成果，已经从过去单纯的生物学模式转向生物—心理—社会的综合性的医学模式；现代计算机科学已经与心理学和脑神经科学密切结合，诞生了一门崭新的学科——认知科学……可见，学习心理学的理论意义十分重大。

2. 学好心理学有助于学好教育科学理论

我国高等师范院校的教学计划中都列出了心理学、教育学、学科教学法（学科教育学）和教育实习四门公共必修课。这四门课犹如四级台阶，第一级是心理学，第二级是教育学，第三级是学科教学法，第四级是教育实习。心理学作为先行课，要为其他三门课打好理论基础。如果不学好心理学的基础理论知识，就无法科学地理解教育学和学科教育法的基本概念和基础理论，更无法搞好教育实习。当代教育改革的理论，大部分是心理学家、教育学家根据学生心理发展规律提出来的。不学好心理学的基础理论，就无法理解教育改革理论，更无法参加教改实践。

（二）学好心理学的实践意义

在教育实践领域，心理学的知识显得十分重要。对人的教育和培养，无论是内容的确定、任务的分配、顺序的安排、方法的选择，还是效果的巩固和检验等，都要以学习者的心理活动规律和心理特点为重要依据，违背学习者的心理活动规律和心理特点的做法，势必导致教育和学习的失败。因此，教师和学生懂得一些心理学知识是很有必要的。

1. 有助于师范生更好地认识自我、完善自我、超越自我，具备未来从事教书育人工作的素养

只有认识自我的人，才能把握自己的命运，有效地开发自己的潜能，从而实现自我。心理学就是帮助人们认识自我，加强自我修养、不断进行自我塑造，达到完善自我、超越自我的最有效的科学之一。

心理学通过描述和阐述人的心理现象，使个体科学地了解自己的特点，认识自己的优点与不足。这对将来从事教育工作的师范生来说，显得尤为重要。通过学习心理学知识，我们可以了解自己出现某些行为的原因，以及潜藏在行为背后的心理活动的规律；还可以了解自己在成长过程中受到哪些因素的影响，应该如何去面对。

教师是人类灵魂（心理）的塑造者。为培养人才，教师必须了解人的素质和心理变化的规律与特点，这样才能遵循学生心理发展的规律，利用有效的方法和手段对他们进行教育。否则，教师规划的一切蓝图都不能实现。教师不掌握心理学的知识，教育教学工作就会处于被动。教师只有遵循人的心理变化发展的规律，才能主动地从事教育活动，取得较好的教育教学成绩。著名教育家苏霍姆林斯基说过："教育首先是人学。不了解孩子，不了解孩子的智力发展、思维、兴趣、爱好、能力、禀赋、习气，就没有教育。"学习心理学，可以使师范生具备教书育人的素养，为今后的教师生涯奠定坚实的理论基础。

2. 有助于师范生更好地了解未来教育对象的实际，提高教育教学工作质量

教师教育的目标是培养合格的中小学教师。中小学生不仅有区别于其他年龄阶段个体的心理特点，而且有自己认识问题和体验情感的方式。了解中小学生的心理发展情况和年龄特点，对教师来说十分重要。试想，如果一个教师不了解学生的认知特点，不了解他们的情绪、意志的发展过程，不了解他们的人格特点，怎么能够"遵循学生的心理发展的规律"进行教育教学呢？又怎么谈得上因材施教呢？如果一个教师不了解学生的智力发展规律，又如何去实现"发展学生的能力，开发学生的智力"这一重要的教育目标呢？教育实践证明，学不学心理学，学没学好心理学，对一个教师的工作成效是大有影响的。

应该说，教育教学工作质量的提高一直是教师努力追求的。心理学所揭示的心理过程及个性心理的有关规律等知识，为教师安排教育教学内容、选择教学方法提供了心理规律的依据。比如，教师可以运用注意规律来组织教学；运用观察规律搞好直观教学；运用记忆规律帮助学生识记知识，搞好复习，巩固所学知识；运用思维规律使学生迅速理解概念、发现问题、解决问题，学会创造性地学习。这样，就可以大大提高教学效率，产生较好的教学效果。总之，提高教育教学工作的质量离不开心理学。

3. 有助于提高师范生在未来的教书育人工作中的自觉性、针对性和技巧性

教师的主要任务是教书育人。那么，一个教师怎样才能教好书育好人呢？一个教师如何在新课程背景下做好教书育人工作呢？这当然不是一两个因素决定的，但学习心理学有助于更好地教书育人却是千真万确的。

（1）有助于提高工作的自觉性，克服工作的盲目性。教育教学过程中总是伴随着成功的经验和失败的教训。一般说来，凡是成功的，都是符合学生的心理活动规律的；凡是失败的，都是违反学生的心理活动规律的。因此，学习心理学知识，一方面能根据学生的心理规律进行教书育人，从一开始就增强工作的自觉性；另一方面可以把自己在教育、教学实践中取得的丰富的感性经验，上升到心理学的理论高度加以认识和总结，从而提高以后工作的自觉性。

（2）有助于加强教书育人工作的针对性，做好学生的思想教育工作。教师的基本职责是教书育人，对学生进行思想教育是教师义不容辞的责任。教师要做好学生的思想工作，就需要了解学生个性及其形成规律、影响因素。这样才能提高思想教育工作的实效性，培养学生成为德、智、体、美、劳全面发展的人才。世界上没有两片完全相同的树叶，更没有两个完全一样的人。同一个班级中的学生在心理上存在明显的个别差异。教师只有经常接近学生，了解情况，进行分析，并针对具体情况进行教育，才能取得显著效果。

（3）有助于解决教育教学中的实际问题，提高教书育人工作的技巧性。这种技巧除了有赖于教师的专业知识和各方面的品质外，心理学的素养在其中起着重要的作用。譬如，学生问题行为的矫正、课堂突发事件的处理等，都与心理学知识和原理的应用分不开。同时，心理学的基本任务是探讨人的心理活动的规律，实现对人的心理活动的正确说明、准确预测和有效控制，从而提高实践活动的效率。为此，心理学除了知道"是什么""为什么"的内容外，还了解"怎么样"解决所面临的问题。比如，在学习中应该注意运用记忆规律，采用科学的学习方法，养成良好的学习习惯；如何在考试期间解除焦虑的困扰，维护自己的身心健康，在考试中取得好的成绩；作为教师，在教育教学过程中，如何与学生建立良好的师生关系，教学相长等。

（4）有助于搞好未来的教学改革和教育科研工作。心理学对教育教学改革和进行教育科研都有十分重要的指导作用。教师在做好教书育人工作的同时，在学习吸纳教学改革理论的基础上，结合自身的教育教学实践经验，不断总结、探索、改革、研究，以提高自身的教育科研能力。心理学知识的学习能为师范生未来的教育教学提供理论依据，增强其今后教育科研的能力，使教师向专家型方向发展。

心理学对教育工作的作用和价值，在校的师范生常不易认识到。但经过教育实习的学生，在总结经验时却往往不无遗憾地说："后悔当初没有好好学习教育学、心理学。"因此，师范生应珍惜在校期间学习心理学的机会，系统地掌握心理学的基本知识，为未来的教育实践打下良好的基础。

总之，学习心理学可以了解认知、情感、意志以及个性特征的结构与形成规律，了解学生的心理发展的特点，尤其是能够根据学生的心理活动规律与发展水平及特点，创设优良的学习环境，开发学生潜能，进行有效的教育教学工作，提高教育教学的科创性、创造性、主动性和实效性，提升学生的整体素质。随着心理学的发展，教师工作要从不科学的、凭主观愿望的反思中解脱出来，按照科学的、心理学的规律去培养学生，这样才能达到事半功倍的效果。同时，教师的教育教学工作的改革和教书育人能力的提高，也都与心理科学知识的学习与掌握直接相关。

思考讨论与实践探索

1. 通过本章的学习，你对心理学有哪些新的印象，得到什么启发？
2. 心理学是研究什么的？人的心理现象包括哪些方面？怎样科学地认识人的心理现象？
3. 简述心理活动过程及其相互关系。
4. 个性心理包括哪些结构成分？
5. 心理学有哪些研究领域以及分支学科？
6. 心理学发展过程中的主要学派及其主要观点是什么？
7. 心理学研究的基本原则和基本方法有哪些？通过比较各种心理学研究方法的特点，试草拟一份运用调查法或相关方法研究中小学新课改教育教学中实际问题的方案。
8. 阐述当代心理学的特点。
9. 结合实际，论述师范生学习心理学的意义。

第二章 心理的发生发展与学习

【学与教要求】
- 识记：神经系统、经典条件反射、操作条件反射、相互诱导等基本概念
- 理解：人的心理实质，心理的生理机制，人的心理是在实践活动中产生和发展的
- 应用：个体心理发展的动力，心理发展与人的学习的关系

第一节 人类对心理现象的科学认识

人类对心理现象的认识经历了一个漫长的过程。心理在本质上到底是一种什么样的东西，它是在什么样的情况之下怎么产生的，只有弄清了这个问题，掌握了人的心理规律，才能发展心理学，充分发挥人的心理在实践中的作用，并调节人的实践活动。心理现象是宇宙间最复杂的现象之一，也是人类有史以来就企图认识的重大课题之一。人们为了寻求这个问题的答案，争论了几千年，形成了两种对立的心理观，即唯心主义心理观和唯物主义心理观。

一、唯心主义的心理观

唯心主义心理观认为：人的心理是不依赖于物质而独立存在的、虚无缥缈的、永恒不灭的灵魂。有人把神秘的灵魂凌驾于现实世界之上，将心理看成是第一性的，认为物质世界是第二性的，是由心理或灵魂派生出来的。这就把心理与物质的关系颠倒过来了。有的神秘主义者竟然宣扬"灵魂不死""灵魂转世""灵魂可以升天成神成仙"等封建迷信思想，并以唯心主义心理观愚弄人们，欺骗人们。

【资料链接】

一起特大凶杀案的反思

1980年2月，在贵州省某县发生了一起特大凶杀案。一个凶手杀死十三口人。值得深思的是：被害者是心甘情愿被杀的。凶手谢某是一个骗子，自吹是"叁星"下凡，经常往来于天上人间，向神仙报告人间善恶，胡说能引渡有善缘者升天成仙。某县城关公社秘书张某甲，某地质勘探公司工人张某乙，存有灵魂不死的观念，迷信天上有神仙老祖，梦想升天成仙。二张拜谢某为师，被谢某骗去大量金钱。谢某心虚怕日后被告发，决定杀人灭口，斩草除根。2月15日，谢某欺骗二张说："天上老祖已经同意你们升天，要好好准备。"二张非常高兴。2月21日深夜，谢某在张某甲的主动配合下，在附近山洞里先把张某甲的八个子女杀死，使之"升天"。2月22日深夜，谢与二张"商量"用"水遁法"升天。谢让二张自己搬来石头放在河边。由谢某把张某甲夫妇、张某乙夫妇和两个孩子分别捆在石头上。二张心甘情愿让谢某将其推到大河里淹死。张某乙由于绳子与石头脱开，在水中挣扎。谢某见其未死，恐留后患，立即用石头砸张，妄图打死张。张某乙此时才发现谢某没安好心，只得游到对岸，向政府报案。两个多月后，谢某在四川被逮捕法办。二张之所以上当受骗，心甘情愿被杀，主要原因是其头脑中存有"灵魂不死""除去凡体升天成仙"的迷信思想。

（人民日报，1980年8月）

长期以来，我国古代的思想家们就对神形问题，即心与身的关系问题展开过激烈的争论。其代表学说如下：

（一）灵魂说

在远古时代，由于知识水平的限制，人们对人的感觉、思维、意识等心理现象不能科学地加以解释，从而把它们归之为不可捉摸的灵魂作用，认为人和整个世界都是由一种无形的、超自然的和永存的精神力量所主宰。当时的人们把心理现象看作独立于身体之外的灵魂活动的结果。当人降生时，灵魂就寄居在人体内。人一入睡，灵魂便出了窍，在外面"优哉游哉"。等到人们将醒未醒时，它又会悄悄地进入人体，人就做梦。当人们病危时，灵魂又会逃之夭夭。一旦灵魂永远离去，人也就"呜呼哀哉"了。所以当时的禁忌之一是不得喊叫熟睡的人或移动其位置。人们担心灵魂远游来不及返回，或回来之后找不到躯体。

古希腊哲学家柏拉图（Plato，公元前427—347）就是这个观点的代表。他认为在物质世界之外，还有一个由灵魂组成的"理念世界"，在"理念世界"里人们已经获得了一切知识，只是在投胎人世之时，由于肉体的污浊而遗忘了，因此人的认识、智慧只不过是对灵魂在"理念世界"所获得知识的回忆。他认为万物是由"理念"派生出来的，人的灵魂也同样来自理念。人活着，它支配人的活动；人死后，灵魂还会回到理念世界。所以，人们的灵魂是永存的。灵魂被看成是一种超自然的精神实体，可以永存不朽，也可以轮回转世。许多宗教和封建迷信都是这样进行宣传的，这种把心理看成脱离物质的、虚无缥缈的、灵魂的产物的观点，无疑是唯心主义的，是一种与事实不符的荒谬的认识。

（二）精神决定论

唯心主义哲学断言精神是第一性的，精神先于物质而存在，从而把宇宙万物归结为精神本源。精神决定论认为精神决定客观世界，从而颠倒了心理现象同客观事物的关系，夸大了心理、精神现象的作用。例如，宋代的陆九渊就认为，"宇宙便是吾心，吾心即是宇宙"。明代的王守仁认为："人者，天地万物之心也；心者，天地万物之主也。心即是天，言心则天地万物皆举之矣。""心外无物，心外无事，心外无理，心外无义，心外无善。"认为心理是世界的本源，心理是万物和宇宙的主宰。照此说法，世界上除了心理活动之外，就不存在其他事物了。

（三）心体平行论

心体平行论的观点认为，世界上存在着两种独立的实体，即物质与精神，二者之间的关系不是互相依存，而是相互平行。心理不是脑的功能，也不是脑的产物，而是独立于脑活动之外的东西。这实际上是一种二元论的心理观，持这种观点的代表人物是17世纪法国的哲学家笛卡儿（R. Descartes）。他认为人的身体就是一部机器，其构造和作用可以用机械的原理加以解释，从而提出了"反射"的概念。在对世界的认识上，他认为世界有两个本源，一个是具有广延性的有体积、占有空间的物质，另一个是不占有空间的心灵。人兼有两种实体：由肉体构成的物质实体和由心灵构成的精神实体。二者互不依存，各自独立存在。二元论者认为心理现象不是物质——人脑的产物，而是独立于物质——人脑之外的精神实体，其本质还是唯心主义的。这种观点在国外心理学界曾一度流行过，但最终还是被科学心理学所摒弃。

唯心主义的心理观将心理看做世界的本源，把世界的万事万物看做心理的产物，给心理罩上了一层神秘的面纱，甚至将心理同封建迷信联系在一起，这是没有科学根据的。因此，唯心主义心理观并没有也不可能真正揭示心理的实质，只是对心理的产生作了一些虚幻的、毫无客观依据的猜想而已，其对心理与物质现象关系的认识是错误的。

二、古代朴素的唯物主义心理观

在思维与存在、物质与精神的关系问题上，自古就存在着朴素的自然观。如认为灵魂是一种气体，有一定的存在形式，占有一定的空间等，以后逐渐形成了与唯心主义相对立的唯物主义哲学观。

朴素唯物主义心理观认为：人的心理是人体的一种机能。战国时期荀况在《天论》中说："形具而神生，好恶喜怒哀乐藏焉。"心理现象同物质现象具有直接的依存关系。韩非说："人也者，乘于天明以视，寄于天聪以听，托于天智以思虑。"认为人的感觉和思维必须依赖于感觉器官和思维器官。东汉时的王充说："人之精神载于形体之内。"认为人的精神就藏在形体里面。魏晋南北朝的范缜进一步指出："形者神之质也，神者形之用也。""形存则神存，形谢则神灭。"就是说物质的身体是主体、实体，而精神只是物质的身体的作用，是从属于物质的身体的，这为正确地认识心理与物质的关系奠定了基础。明末清初的王夫之说："形也、神也、物也，三相遇而知觉乃发。"总之，他们都认为物质与心理是不可分的，先有物质的身体，后有心理活动，情感、智慧等心理活动是身体的机能。

荀子等古代唯物主义思想家们有力地驳斥了精神不灭、灵魂不死的唯心主义论。这种心理观在当时是有进步意义的。但由于古代科学水平不高，他们的思想只能是一种朴素的唯物主义心理观。

唯物主义心理观肯定了心理产生于机体的某一特定器官，心理是某种器官的一种机能，但心理究竟产生于哪一种器官呢？在对这一问题的认识过程中，又产生了许多不同的看法，归纳起来具有代表性的有三种观点：

第一种观点认为产生心理的器官是心脏。在古代，由于科学和技术的落后，出现了不正确的认识。许多人认为心脏就是产生精神或心理的器官。因为人死后，心脏停止跳动，精神或心理也随之消失；人们看到动物或人类由于失血过多造成昏迷、神志不清或死亡，而推断心脏是产生心理的器官（亚里士多德就持这种看法）。我国古代哲学家孟轲认为："心之官则思，思则得之，不思者不得也"，把心脏看成思考的器官。人们会感觉到在情绪激动或平静时，心脏跳动的差异等。这些现象使古人把精神或心理与心脏活动联系起来了。这种观点至今在汉语言中还留有痕迹，如人们常说"胸有成竹""满腹经纶""心中有数""计上心来""心爱""心想""心烦""心疼"，等等。在汉字中几乎所有表现心理活动的字都带有心旁，如思、情、意、恶、恨、感、惧、怒等。《说文解字》中，与精神现象有关的字有280个，全部由"心"旁或者"竖心"旁组成，其渊源就在于此。把心理与心脏的活动联系在一起，认为心理是心脏活动的结果，这说明人类早期对于心理现象的认识处于表面肤浅的初始阶段。

第二种观点认为产生心理的器官是肝、胆、脾。认为心理由肝、胆、脾分泌出来，人们常说"胆子小""发脾气""动肝火""肝肠寸断""肺都气炸了"等，就是受到这种观点的影响。

以上两种观点虽然都将心理看作物质——心脏、肝、胆、脾活动的结果，属于唯物论，但对产生心理的器官的看法是不符合事实的，也是错误的。

第三种观点认为产生心理的器官是脑。我国医学早就认识到脑与心理的关系。《黄帝内经·素问》中提出："诸髓者，皆属于脑。"《灵枢》中也提出："髓海有余，则轻劲多力，目过其度，髓海不足，则脑转多鸣，胫酸眩冒，目无所见，懈怠安卧。"清代的医学家王清任在《医林改错》的《脑髓说》一篇中提出了"灵机记性不在心，在脑"的科学论断。

实验发现，人在睡眠和醉酒时，测其心理活动并无异常，但精神状态却大不相同。生理心理学的许多研究证明当脑的某部位受到损伤时，相应器官的活动受阻。比如，大脑皮层的额叶受损，人的活动便会失去方向性，任何偶然的情况都会引起不正确的行为；大脑皮层的顶叶受损，人的活动便会失去均匀性，甚至不能停止已经开始的活动，直到筋疲力尽为止；大脑皮层的枕叶受损，人的视觉便会发生障碍甚至失明等等。又如："无脑儿"由于没有正常的脑髓，因而也就没有正常人的心理活动。

西方古希腊哲学家德谟克利特（Democritos，约公元前460—370）指出，世界万物是原子构成的，灵魂也是原子构成的，他说世界是一团永恒燃烧的活火，灵魂的本质是火，灵魂是由微小的、圆的、光滑的、像最年轻的火原子那样的原子构成的。亚里士多德认为，灵魂依附于肉体，肉体的活动产生了灵魂。

由于科学发展的水平所限，中外古代的唯物主义还具有朴素唯物主义的特点，不能完全正确地阐明心理现象。

【资料链接】

相面和"颅相学"

"相面"在我国流传已久，远在2 000多年前的春秋战国时代，就已经盛行了。经过了历代相士（靠相面骗人的人）的发展，如今已出版了多种出自不同朝代的专讲相面的书。搞相面迷信的人，又按这些相书把人的形象分成许多部位，按照所谓"五官三庭、五山四水、八封九官"等说法，判断这些部位与人生的关系。相面先生借此胡说什么："天庭饱满，地阁方圆，主大福大贵"；"人中宽又长，儿孙站满堂，人中一条纹，有子夜难站"，等等。他们说脸型圆厚、眉清目秀的人是富贵相；脸型尖瘦、二目无神的人是贫贱相。有人甚至还随心所欲地把人脸上或身上长的一些痣和皱纹说得神乎其神。比如，见人耳朵上长个肉瘤，就说这是"拴马桩"，将来必能"高官得做，骏马得骑"；见人脑门上有三条纹就说是王字相，将来必有当大官的希望。其实，相面先生的这一套完全是骗人的把戏。我国有句俗话叫做"人不可貌相，海水不可斗量"，就是对相面的极好批判。人的面貌长相完全是人体生理的自然现象。不同种族的人相貌、肤色都有所不同，这完全是种族遗传造成的，与命运好坏并无关系。若按相面人的话，一个人的容貌改变了，这个人的命运不也就改变了吗？那么，假如我们要求得到一个好命，岂不是只要到医院整一下容就行了吗？这真是荒唐可笑。

无独有偶，在19世纪初的欧洲也曾出现过一种"面术"——"颅相学"，这是一种与相面术表面相似、实则不同的"相术"。它一经产生便流行于世，在大众之中很受欢迎，并一直持续到20世纪初。可是它却始终未能得到学术界的承认，并被许多学者看做"伪科学"。这似乎很矛盾：一方面它为大众所接受，而另一方面却被学术界看成伪科学。这究竟是为什么？下面还是让我们带着这个问题看看"颅相学"到底是什么吧！

颅相学的创始人是德国解剖学家加尔。最初加尔把颅相学称为"面相学"或"头骨学"，颅相学的名称是他的学生施普茨姆提出的。加尔认为大脑是意识的器官，意识活动是大脑的官能。意识活动可以分成多种类型，每种类型的意识活动都可以在大脑占有一个部位，该种意识活动就是大脑这一部位的官能。哪一种意识活动能力强，则相应的大脑部位就发达，与之相应的颅骨（脑壳）部位就会隆起。所以，通过用手摸或用眼看颅骨的外形，就可知道一个人哪种意识活动能力强。当然这些都是主观臆测的，缺乏充分的科学根据。后来的生理学、解剖学的研究表明，头骨的外形与脑的形状不是内外相应的，大脑各部分与各种意识活动之间的关系也并非像加尔所划分的那样。心理学家们也反对把意识活动分解为许多有各自器官的才能。因此，颅相学始终没有得到学术界的承认。而颅相学在大众中一时的广泛传播和被大众所接受，主要是由于如下两个原因：

首先，当时学术界对意识活动对脑的依存关系已经被承认，但是对脑与意识活动的具体关系仍不清楚。颅相学就是企图在这方面前进一步。尽管由于当时脑科学研究水平的限制，它的许多内容后来被证明是错误的，但是它毕竟是朝着科学地解释脑与意识活动关系的方向进行的尝试。这在当时是一种科学努力，所以它能够流行一时。

其次，一些江湖术士利用人们关心自己未来命运的心理，宣扬颅相学对意识进行测验的实用性。例如，在美国就有福勒兄弟到处宣称能够通过相颅告诉人们哪些人可以做好妻子，告诉雇主哪些人可以雇用……还为民众开展性格特征的测定和咨询，博得了天真的公众的欢迎。然而，错误的终究是错误的。尽管颅相学由于人们认识水平的限制而受宠一时，但终究要被科学所否定。20世纪初以后，人们再也难以见到它的踪影，它的短暂经历也成为人类意识探索历程中的一个插曲。

（转引自王益明：《少年哲学向导丛书·灵魂深处的漫游——意识之谜的求解》）

三、西方近代机械唯物主义的心理观

欧洲经历了中世纪扼杀科学的宗教黑暗统治之后，经过文艺复兴时期，自然科学和唯物主义哲学有了很大的发展。17世纪英国的经验论者和18世纪法国的唯物主义者认为，心理现象是神经组织活动的产物，是客观事物与人相互作用的结果。如英国唯物主义哲学家霍布斯（T.Hobbes，1588—1679）摒弃了对灵魂实体的唯心主义思辨，把心理同身体和脑视为不可分割的东西，主张一切心理现象都是物质运动的结果，认为一切知识开始于感觉。认识首先是由外界物体的运动作用于人的感官，引起感官的相应运动，并通过神经运动到脑，引起脑的运动，从而产生了感觉。

洛克是经验论心理学思想的代表，他批判了"天赋观念说"，认为人的全部观念都是通过感官，"归根结底都是导源于经验的"。洛克提出人的心灵好比一块白板，凭借外部和内部经验在白板上留下痕迹就是知觉、思维、信仰、认识、意欲以及人的一切作用。

但他们是机械论者，缺乏正确的发展的观点。他们把人和机器等同看待，认为人的心理活动如同机器的功能一样。法国哲学家、思想家狄德罗（Denes Diderot，1713—1784）曾把人比作有感觉的乐器，认为我们的感觉就是键盘，我们周围的自然界弹它，它自己也常常弹自己。机械唯物主义心理观认为：人的心理是客观事物（刺激物）作用于人的感官和神经系统而引起的反应。典型代表法国机械唯物主义者拉美特利（La Mettrie，1709—1751）说，人不过是一架巨大的、极其精细的钟表。这种心理观虽有科学实验为依据，但由于忽视了人的心理的社会本质和主观能动性，仍不能正确地、科学地解释人的心理的本质是什么。

因此，无论是中外古代朴素的唯物主义，还是西方近代机械的唯物主义，由于缺乏发展的、辩证的观点，不理解人的社会实践的意义，因此都不能正确解释人的心理现象。只是随着自然科学的发展和马克思主义的出现，辩证唯物主义才对心理现象作出唯一正确的解释。

四、科学的心理观——辩证唯物主义心理观

究竟应当怎样科学地认识心理现象呢？辩证唯物主义认为：物质是第一性的，意识是第二性的。从心理产生的物质基础上看，心理是脑的机能；从心理反应的内容上看，心理是人脑对客观现实的主观反映。人的心理，既不能脱离人脑这个自然基础，也不能脱离客观现实这个社会基础，否则，人的心理既不能产生也不能发展。人的心理、意识一经产生和发展，

就能充分发挥其认识世界、创造世界、认识自己、教育自己的巨大的主观能动作用，推动人类发展，推动社会进步。这就是人的心理的本质，就是科学的心理观。

（一）反映是物质的普遍属性

所谓反映是指物质受到外界的影响，并以某种状态的改变来做出回答的过程。世界是物质的，物质是不断运动变化的，物质之间总是以各种形态相互影响和相互作用着。随着物质的不断发展，反映的形式也随之由低级向高级不断发展。

1. 无机物的低级反映形式

当地球上还未出现生物时，就有了无生命物质之间的机械的、物理的、化学的反映形式。如河水冲击石头，使石头变得光滑；木材置于空气中会腐烂；摩擦生热、生电等，都是无机物不同的反映形式。岩石风化或被水冲刷成砂砾是物理的反映形式。铁受潮生锈是化学的反映形式。砂砾和铁锈是两种物质相互作用留下的痕迹，这个痕迹就是简单的反映。

2. 生命现象出现后有了感应性的反映形式

随着有生命物质的出现，便产生了生物的反映形式，这种反映形式叫感应性。所谓感应性是指生物体对于维持生存直接相关的外界影响的反映。它主要是保证生物体能进行正常的新陈代谢，保持与环境的平衡，维持其生存。比如，植物的向光性、生物的同化和异化、生物体保护自身不受伤害的防御反应，都是生物体为了生存所表现出来的反映形式，即感应性。这种反映形式与无机物的反映形式有着本质的区别。感应性表明生物体在一定程度上具有独立的、积极的反映能力，即生物体能够在一定范围内按照环境变化因素和自身的生存关系来调整自己的活动。感应性是一切有机物都有的，然而，感应性还不是心理。

3. 动物进化到一定阶段产生了心理的反映形式

在日益复杂的生活环境的影响下，动物不断由低级向高级发展，动物机体的结构和机能也在不断发展。由单细胞动物发展到多细胞动物，开始出现了神经系统，动物机体不仅能对有生物学意义的刺激作出反应，而且能对无生物意义的刺激做出反应；不仅能对具体的刺激做出反应，而且能对一些刺激的信号作出反应，进而产生了心理的反映形式。心理的发生、发展经历了由低级到高级、有简单到复杂的过程，其发展大致可分为三个阶段。

（1）感觉阶段。这是无脊椎动物的心理阶段。例如，蜜蜂的头部已经有神经节，可以对外界事物的个别属性进行反映，并以感觉来控制行为，应付外界环境。我们常见的一个现象：不同窝的蚂蚁碰到一起便打成一团，但把蚂蚁的触须（嗅觉器官）去掉后，不同窝的蚂蚁则可以相安无事，和平相处。这说明蚂蚁之所以能辨认对方而打架，是由于双方气味不同这一个别属性在起作用。因此，它只能反映当前事物的个别属性，只有感觉。

（2）知觉阶段。这是脊椎动物的心理阶段。爬行动物和鸟类的中枢神经系统已经发展成了脑，有了一定的综合能力，能够知觉事物的整体。例如，鸽子已经有前脑，有了较强的空间知觉能力和运动知觉能力，能够运用知觉来调节运动方向，控制多变的飞行行为；蛇可以凭视、听、嗅、触等多种感官的活动对食物的整体做出反应。

（3）思维萌芽阶段。动物演化成高级哺乳动物，出现了思维的萌芽——动作思维。黑猩猩已经有了发达的大脑皮层，能够进行高级的分析综合，反映事物之间的因果关系。例如，黑猩猩能把嚼碎的树叶当做"海绵"去吸取树洞中的积水来解渴；能用"手"去掉树枝的小枝杈和叶子，制成木棍（工具）插入白蚁洞中粘白蚁吃。海豚的"智慧"越来越引起人们的注意，海豚经过训练可以"跳高""直立""导航"和"在海里救人"。这些都说明高级脊椎动物已经能够对事物之间的关系作出具体形象的反映，以解决较复杂的问题。

4. 人的意识发展的高级阶段

人的心理的发展与人的社会环境和社会实践活动密切相关。人在劳动实践中产生了高级的结构复杂的大脑新皮层，产生了言语器官，在心理功能上就产生了抽象思维能力和言语能力，产生了人的意识。这就使人成了万物之灵，成了地球的主人。人的心理和意识，是既有联系又有区别的两个概念。从哲学上讲，人的心理、意识都是人脑对客观现实的反映。从心理学上讲，意识则是人的心理的高级层次，能够调节、控制和驾驭人的各种心理活动，维持人体诸多要素的统一。由此可见，人的心理、意识是由人脑这个高级物质产生的最高级的反映形式，是动物的脑和动物心理长期发展进化的结果。虽然人的心理是与动物反映形式根本不同的最高级反映形式，但仍然是物质的特性，是脑对客观现实的反映。

（二）人脑是心理的器官，人的心理是人脑的机能

前面提到，在中外历史上，人类有很长一个时期把心理和心脏联系在一起，虽是唯物，却不科学。因为心脏的功能是进行血液循环，维持生命，它与人的心理活动并没有直接的关系。一个人在睡眠和酒醉时，心脏活动并没有什么异常，可精神状态却发生了很大的变化。如果说心脏能产生智慧，那么狮、虎、牛、马的心脏功能都在人之上，岂不是它们比人还聪明？

现代科学以无可辩驳的事实证明，大脑是心理活动的物质基础，心理活动是大脑的功能。人脑产生心理，可以从正反两方面得到证明。前者如双头人的心理有所不同；后者如大脑受到损伤者，其心理活动也要发生相应的变化。可见，心理与脑的活动是直接相关的，产生心理的器官是脑。人脑是"人之所以为人的心灵宝座"，人的一切心理活动都在这里产生、进行和完成。这正如马克思主义经典作家早已论断的："我们的意识和思维，不论它看起来是多么超感觉的，总是物质的、肉体的器官即人脑的产物。""心理的东西、意识等等是物质（即物理的东西）的最高产物，是叫做人脑的这样一块特别复杂的物质的机能。"

（三）心理是人脑对客观现实的主观反映

人的心理活动是人脑的机能，离开了人脑就不可能产生人的心理活动。但是，人脑只是反映客观事物的物质器官，是人的心理活动产生的自然前提。如果没有客观现实，脑就没有反映的对象，人脑自身是不会单独产生心理活动的。客观事物以各种不同形式作用于人脑，通过大脑的加工处理而产生感知觉、表象、记忆、思维等心理活动。人脑类似于"加工厂"，客观现实好像是原材料，如果没有原材料，"加工厂"就无法生产出任何"产品"。这说明客观现实是人的心理活动的源泉和内容，人的一切心理活动都是人脑对客观现实的反映。

1. 客观现实是人的心理活动的源泉和内容

人的心理所反映的内容，无论是简单的还是复杂的，都来源于客观现实。客观现实中有花、草、树、木，人脑中才能有花、草、树、木的映像。客观现实中有汽车、飞机，人脑中才能有汽车、飞机的映像。客观现实存在物理现象，人脑中才能有物理知识。作家创作的神话寓言故事中的典型人物，如孙悟空等，从表面上看似乎在客观现实中是不存在的，但创作的素材却都来源于客观现实。如果现实中不存在人和猿猴，就塑造不出孙悟空的形象。

客观现实有自然现实和社会现实之分。人的心理意识固然要受到自然环境的影响，但主要是受社会环境的影响。社会现实的影响因素十分复杂，包括家庭、学校、政治、经济、文化、历史、民族、风俗习惯等。如家庭中的亲属关系，学校中的师生关系、同学关系，社会发展潮流，社会政治经济制度，社会生产力发展水平，等等。人的心理意识就是在社会现实的许许多多因素的错综复杂的影响之下，在不断社会化的过程中发展的。其中，学校对学生进行的有目的、有计划、有方向的教育，在学生的心理、意识发展中起着主导作用。

【资料链接】

"狼孩"的故事

卡玛拉，女，1912年出生于印度，当年被狼叼走，与狼一起生活了八年。1920年她在加尔各答东北山区被人发现，从狼窝里救回送到附近一个孤儿院，由辛格牧师夫妇抚养。刚进孤儿院的头一年，卡玛拉只有狼的习性而没有人的心理。她不会说话，不会思考，没有感情，用四肢行走，昼伏夜行，睡觉也是一副狼相。卡玛拉常半夜起来在室内外游荡，寻找食物。想要逃跑时，像狼一样嚎叫，吃饭喝水都是在地上舔食。她愿意与猫、狗、羊等动物一起玩，不让人给她穿衣服，不愿意与小孩接近。尽管她每天与人生活在一起，但心理发展极慢，智力低下。

第二年，卡玛拉能用双膝行走，能靠椅子站立，能用双手拿东西吃，对抚养她的辛格夫人能叫"妈"。经过三年多的训练，她才逐步适应人的生活，能够自己站起，让人给她穿衣服，用摇头表示"不"。辛格夫人外出回来，她能表示高兴。入院四年她才能摇摇晃晃地直立行走，吃饭时能说"饭"这个词，她这时的智力水平相当于1岁半的孩子。入院六年时，她能说出30个单词，与别人交往时有了一定的感情，智力达到2岁半孩子的水平。第七年，卡玛拉已基本上改变了狼的习性，能与一般孩子生活在一起，能说出45个单词，能用三言两语表达简单的意思，能够唱简单的歌。她开始注意穿着，不穿好衣服不出屋，有了羞耻心。她能自觉地到鸡窝去捡鸡蛋，受到表扬会非常高兴。

第九年，卡玛拉17岁因尿毒症死去时，智力只有3岁半的孩子的水平。

狼孩卡玛拉尽管生而具有人脑，但由于出生不久就在狼群的自然环境中生活，没有接受社会文化的影响以及家庭和学校的早期教育，以致刚被人抚养时只有兽性，没有人性，没有人的心理。由此可见，人的心理发展主要是受社会现实的影响，具有明显的社会性。

2. 心理是人脑对客观现实的主观反映

人的心理的源泉和内容是客观的，其反映的过程也是客观的，这样就保证了人的心理能真实地反映客观现实。但是，人脑中所形成的客观事物的映像，虽然与客观事物相似，但毕竟不是客观事物本身，正如镜中人并不是人本身一样。因此，列宁把这种映像称为"物的复写、摄影、摹写、镜像"，是一种主观的心理现象。

人的心理活动的内容是客观的，其形式是主观的，因为人对客观事物的反映总是在具体的人的头脑中形成的。由于每个人的经历不同，个人所积累的经验、世界观以及个性不同，甚至当时的心理状态不同，都会使人对同一事物产生不同的反映。因此，从这点来说，心理活动是人脑对客观现实的主观映像，是客观内容和主观形式的辩证统一。

（1）人的心理具有观念性。人的心理虽然离不开物质基础（人脑和客观现实），但心理本身不是物质现象，而是精神现象，具有观念性。例如，楼房可以住人，人脑中的楼房映像是不能住人的。

（2）人的心理具有主观性。首先，人的心理只是主体对客体的近似的映像、近似的反映，而不是与客观现实的原型一模一样的，分毫不差。其次，不同主题的知识经验、人格特征、意识倾向具有明显的个别差异。对同一事物，不同的人在反映的选择性、积极性、反映方式、反映的准确性上，都会有个别差异。例如，同一课堂，听同一老师讲课的不同学生，在学习态度、学习方法、理解深浅上，都会存在个别差异。对同一事物的认识，有人能辩证、全面地思考，有人的理解可能带有片面性和表面性。同一个人，在不同时期，对同一事物也可能有先后不同的看法。幼儿时期人们往往会认为"打架"是勇敢的表现，成人之后对打架行为就会有截然不同的看法。

3. 人的心理是对客观现实的能动的反映

人脑对客观现实的反映，并不像镜子与物体相互作用那样是被动和机械的，而是一种积极的能动的反映过程。人对客观现实的反映是在实践活动过程中发生的，它不仅受到客观事物的影响，而且还积极能动地反作用于客观现实，即主动地把外界事物转化为主观的东西，又通过实践活动使主观见之于客观。随着实践活动的不断深入和发展，人的心理活动日益丰富深化，从对客观事物的表面认识发展到对客观事物的本质认识，并表现出克服困难、达到预定目标的意志行动，从而改造、丰富和发展自己的心理活动，形成自己独特的个性心理。这说明人的整个反映过程都是一种积极能动的过程。人的实践活动是心理产生和发展的基础，同时，人的心理活动又受到实践活动的检验。人在反映客观现实的活动中按照实践是检验认识真理性的标准不断地调整着自己的行动，使反映活动符合客观事物发展的规律。

人的心理的能动性主要表现在以下几个方面：

（1）人的行为具有目的性。目的，是在行动之前对行动结果的预见。目的性就是预见性，是人的心理意识能动性的重要表现之一。人在行动之前会通过思维活动预先确定行动的目的，计划行动的步骤、方法，估计可能产生什么样的结果。而动物的行为是没有目的性的，结果是不能预见的，只能消极地适应自然环境。

（2）人能创造性地认识世界，创造性地改造客观世界。人的心理，通过思维活动可以透过事物的表面现象去认识事物内部的本质和规律，通过语言积累大量的科学文化知识。认识世界的目的在于改造客观世界。人类只有认识世界的规律性，才能避免盲目性，顺利地、有效地改造世界。人在改造客观世界之前，行动目的的确定、行动计划的制订、在执行计划过程中对各种困难的克服，都是以对客观规律的认识为前提的。人类在不断地创造性地认识世界的过程中，为社会的文明进步做出了贡献。

（3）人能认识自己、控制自己、完善自己、超越自己。人的心理的能动性不仅表现在创造性地认识世界、改造世界，而且表现在通过自我意识去认识自己、控制自己、教育自己、完善自己、超越自己。人的自我意识在认识上表现为自我知觉、自我概念、自我评价；在情感上表现为自尊、自信、自爱、自豪；在意志上表现为通过自我意识去监控自己；在人格上表现为自我意识的监控和在自我教育中不断进步、不断发展。

综上所述，脑是心理的器官，心理是脑的机能；心理是脑对客观现实的能动的反映；人的心理是在实践中发生发展起来的。这是辩证唯物主义的心理观，它既同唯心主义观点相对立，又同旧唯物主义有严格区别，它是关于心理实质的唯一正确的科学的观点。

第二节　心理活动的神经生理基础

人的心理活动是观念形态的东西，是极其复杂的精神现象。人的心理是在人脑里产生的。当人脑的某一区域发生病变时，与此区域有关的心理功能也随之发生异常。例如，某人得了脑中风，在大脑皮层说话中枢发生血栓时，其说话功能就会受到影响，严重时可失去说话能力。其实人的一切心理活动与行为都可归结为神经系统的整合活动，人每时每刻都受到脑、神经系统和内分泌系统的调节与控制。要对人的心理活动进行科学理解，必须要对其生理基础有所认识。

一、神经元

（一）神经元的基本结构

人的一切心理活动都要通过神经系统的活动来实现。神经系统被认为是人的心理活动的主要物质基础。神经系统内有大量的神经元。人脑中约有 10^{11} 个神经元，即约有 1 000 亿个神经元。令人惊异的是，每个神经元相互间都能够把信息直接传递给约1 000亿个神经元，就像银河系中的星星那么多。人脑是人的神经系统的最高部位。人的心理活动就是在以人脑为核心的神经系统中实现的。因此，要了解人的心理的生理基础，必先了解神经系统的最小的结构和机能单位——神经元。

神经元就是神经细胞，是构成神经系统的最小的结构和功能单位，其基本功能是接受和传递信息。神经元由细胞体、树突、轴突构成（见图2.1）。

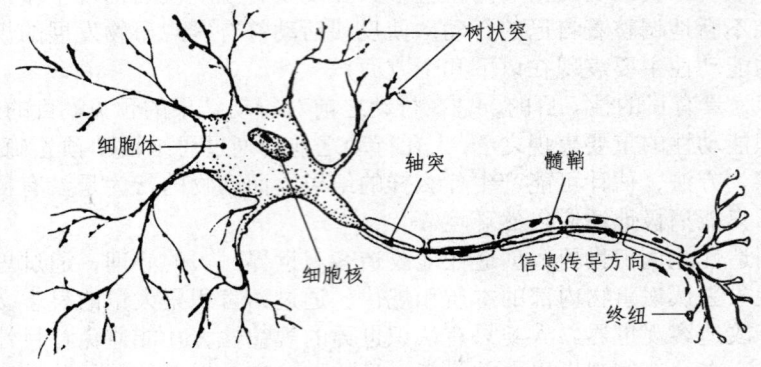

图2.1 神经元

1. 细胞体

细胞体包括细胞核、细胞浆和细胞膜。细胞体内含有维持细胞生存的生物化学物质和遗传物质。

2. 树 突

树突是由细胞体发出的许多较短的树状分支，也叫树状突起，是接受信息的重要部位。

3. 轴 突

轴突是由细胞体发出的一个细长的分支，也叫神经纤维。轴突末端有由分段脂肪包裹起来的髓鞘。髓鞘就像电线的外皮一样有绝缘作用，与周围轴突隔开。髓鞘可以防止神经冲动向周围横向扩散，也可加快神经纤维的传导速度。许多平行的神经纤维聚集成束，叫神经束。

（二）神经元的功能和分类

1. 神经元的基本功能

神经元有接受信息、储存信息、整合信息和传导信息的功能。树突（包括细胞体）接受刺激（信息）之后，立即产生兴奋，表现为神经冲动。一个神经元往往整合不同性质的刺激，面对这些刺激所作的判断（辨别）就是整合。如果接受的刺激兴奋占优势，神经元就由较弱的活动状态转入较强的活动状态；如果接受的刺激抑制占优势，神经元就由较强的活动状态转入较弱的活动状态。整合之后通过轴突把兴奋或抑制传导下去。

2. 神经元的分类

神经元根据功能的不同可分为三类：① 感觉神经元，也叫传入神经元；② 中间神经元，也叫联络神经元，绝大多数在脑和脊髓之中；③ 运动神经元，也叫传出神经元。

神经元传导的一般过程是由感觉神经元传到中间神经元（脑、脊髓），再传到运动神经元。具体地讲：① 感受器官上的感觉神经元，接受客观刺激（信息）而产生神经冲动，经轴突传入大脑部位的中间神经元；② 经过大脑皮层对传入信息进行分析综合，产生心理活动；③ 明确了信息的意义之后，指令运动神经元传出信息到有关效应器官，作出适应性的行为反应。

（三）突触传递

一个神经元之内的传导，是生物电的传导；一个神经元与另一个神经元之间的神经冲动的传递，由于没有细胞浆的联结，是由突触来进行的化学传递。

1. 突　触

突触是神经元之间传递神经冲动的联结机构。突触由三个部分组成（见图2.2）：① 突触前膜。一个神经元的轴突末梢每一分支的末端都有一个球形的突触小体，突触小体内含有大量突触小泡，小泡内贮存着各种化学递质。突触小体的细胞膜叫突触前膜。② 突触后膜。与突触前膜相对应的下一个神经元的细胞膜。③ 突触间隙。突触前膜与突触后膜之间存在一个空隙，叫突触间隙。其中充满液体。

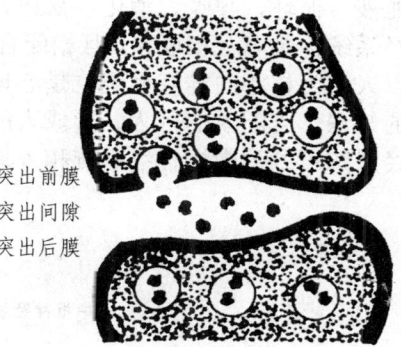

突出前膜
突出间隙
突出后膜

图2.2　突　触

2. 突触联系的方式

神经元之间的突触联系方式是多种多样的，既可以是轴突与树突、轴突与细胞体之间的突触联系，也可以是轴突与轴突、树突与树突、细胞体与细胞体之间的突触联系。这样，一个神经元上就会有成千上万个突触结构，许多神经元之间就形成了密如蛛网的突触联系。整个神经系统就构成了非常庞大的突触网络系统，这个非常庞大的突触网络系统就是神经冲动能够广泛传递的物质基础（见图2.3）。

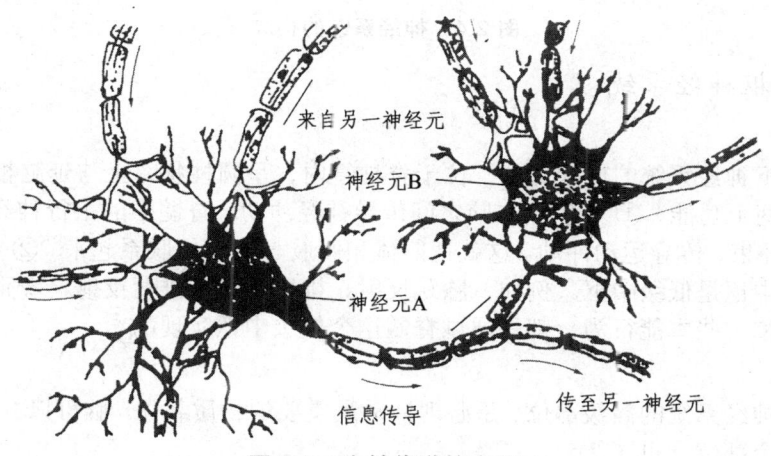

图2.3　突触传递的方向

3. 突触传递

突触传递是在两个以上神经元之间通过突触来进行的化学传递。突触传递过程：上一个神经元的神经冲动传导轴突末梢时，突触前膜的通透性增强，进而破裂，从突触小泡中释放出大量化学递质于突触间隙。这些化学递质有的是兴奋性递质，如乙酰胆碱；有的是抑制性递质，如多巴胺等。化学递质由突触间隙扩散到突触后膜，与后膜上的蛋白质后体结合，就使神经冲动从上一个神经元传递到下一个神经元，使之产生兴奋效应或抑制效应。突触的传递是单向的，从前膜经突触间隙传递到后膜受体，就能够保证信息迅速而有效地传到神经中枢和大脑，产生相应的心理活动。

神经元的各种联系方式是反射活动协调的基础。

二、神经系统

亿万个神经元遍布全身（以至牙髓），构成了庞大的神经系统（见图2.4）。人体有运动、血液、循环、呼吸、消化、泌尿、生殖、神经、感官、内分泌和免疫等系统，这些系统在神经系统控制下互相联系、互相配合，成为一个统一的有机整体。神经系统是人体的"司令部"，以人脑为核心的神经系统也是心理的物质基础。人接受外界信息，加工外界信息，储存获得的知识，支配人的行为，形成人的经验，都是在神经系统之中特别是在人脑之中实现的。神经系统可分为中枢神经系统和外周神经系统。

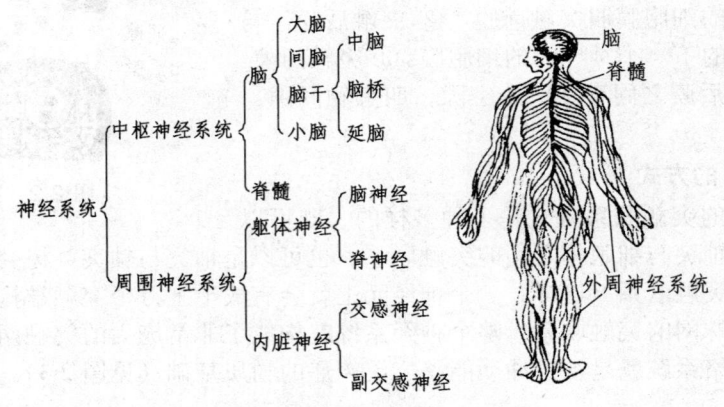

图 2.4 神经系统的构成

（一）中枢神经系统

1. 脊髓

脊髓是中枢神经系统的低级部位，位于脊柱管内，呈圆柱状，上与延脑相连，下到尾椎部位。脊髓有两个功能：① 在躯体与脑之间传导神经冲动，脊髓中的上行神经束，传导感觉冲动，下行神经束，传导运动冲动。这就把躯体和四肢与脑密切联系起来。② 调节反射活动。脊髓中的反射中枢是低级中枢。例如，膝跳反射、排尿反射、排便反射、牵张反射、血管张力等简单反射和一些本能行为，都是通过脊髓这个低级中枢实现的。

2. 脑

脑是中枢神经系统的高级部位，是心理活动最重要的物质载体。脑可以分为脑干、间脑、小脑、大脑四个部位（见图2.5）。

（1）脑干。脑干是脑进化中最古老的部分，在大脑和脊髓之间，呈圆柱形。脑干包括延脑、脑桥、中脑和网状结构。

① 延脑。也称延髓，在脊髓之上。其主要功能有两个方面：一是调节饮食、消化、呼吸、心跳、防御等反射，是生命中枢；二是传导上行下行的神经冲动。

② 脑桥。在延脑之上，中脑之下，是联络小脑和大脑上行下行神经纤维的桥梁。其主要功能表现为：调节面部肌肉运动（眼肌、咀嚼肌、表情肌等）；调节面部的感觉，如肤觉、味觉，嗅觉、听觉和平衡觉等；传导上行下行神经冲动。

③ 中脑。在桥脑上方，是脑的中点。其主要功能有：调节眼球、瞳孔、眼肌、虹膜等的运动；是探究反射中枢；传导上行下行神经冲动。

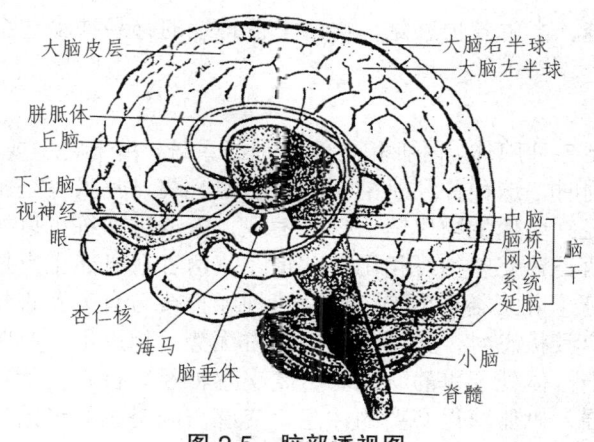

图 2.5 脑部透视图

④ 网状结构。在脑干中央（细长），是由一些散在的神经细胞核团和纵横纤维交织成的神经网络，所以叫网状结构。网状结构有两个对立的调节系统：一是激活系统。上行激活系统向大脑皮层发射兴奋，使大脑皮层处于觉醒状态和警戒状态，引起注意，使意识清晰。同时，也唤醒和激活了情绪的活动。二是抑制系统。可引起大脑皮层活动水平的降低。这两种对立的调节系统维持了大脑和心理的正常运行。

（2）间脑。间脑包括丘脑与下丘脑。

① 丘脑。丘脑的功能包括：一是皮层下的感觉中枢，从眼耳皮肤传来的感觉冲动，经上行神经纤维先到丘脑，然后传到大脑。它是各种感觉的中继站。二是丘脑与下丘脑相互联系，成为多种无条件反射的中枢。

② 下丘脑。在下丘脑下部，体积较小但功能重要。它的功能表现为：大脑皮层以下植物神经系统的高级中枢，主要调节内分泌活动和内脏活动；调节情绪活动；调节体温、水盐代谢、食欲与性行为。

（3）小脑。小脑在延脑和桥脑的后方，有两个小脑半球。其主要功能是：与大脑密切联系，维持身体的平衡，调节肌肉紧张度，协调、保持身体姿势，调节身体的运动。

（4）大脑。（详见后面"大脑的结构和功能"部分。）

（二）外周神经系统

外周神经系统指是中枢神经系统之外的周围神经系统。通常由三个部分组成：脊神经、脑神经和植物性神经。

1. 脊神经

人的脊神经共 31 对，发自脊髓，由脊髓的前、后神经纤维组成。前根纤维为运动性的，后根纤维为感觉性的，它们在椎间孔处混合外走。再分为前后两支，前支分布在身体四肢、两侧肌肉和皮肤中，后支分布在背部的肌肉和皮肤中。所以脊神经兼有感觉和运动机能。31 对脊神经包括颈神经 8 对、胸神经 12 对、腰神经 5 对、骶神经 5 对、尾神经 1 对。

2. 脑神经

脑神经共有 12 对，其中 3 对是感觉神经，5 对是运动神经，4 对是混合神经。脑神经大多由脑干发出，分布在头面部。

脊神经和脑神经所组成的躯体神经，主要接受来自皮肤、肌肉、关节等组织的神经冲动，将其传至中枢神经系统,产生各种感觉;再将中枢神经的神经冲动送至肌肉等组织,对活动进行反馈调节。

3. 植物性神经

植物性神经指控制各种腺体、内脏和血管的神经系统。由于它主要控制内脏活动的功能,所以又叫内脏神经。同时,这种神经所控制的活动如心跳、呼吸等是不受意识支配的,所以又有人称之为自主神经。现代生物反馈的研究发现,人通过训练可以控制内脏的活动。

植物神经可分为两类:交感神经和副交感神经,两者在机能上有拮抗性质。交感神经通过脊椎外神经节链与身体有关器官相连,副交感神经直接与有关器官相连。一般当机体的活动处于强烈的活动或应激状态时,交感神经兴奋占优势,相应出现心跳加快、血压上升等生理状态,准备应激。当机体处于平静状态时,副交感神经兴奋则占优势,心跳减慢,血压下降,消化系统活动加强,机体获得必要的休息。交感与副交感神经的拮抗性质使得机体有张有弛,保证了机体活动的正常进行。

三、大脑的结构和功能

大脑在中枢神经系统的最高部位,是心理活动的主要器官。

(一)大脑的结构

大脑是由左右两个半球构成的,重量1 400克左右,约占人体体重的1/50。大脑有与人的心理活动密切相关的三个重要组成部分。

1. 大脑皮层

大脑两半球的表面是灰色的大脑皮质,也叫灰质。大脑皮层有6层,厚度不一,平均为2.5毫米。大脑皮层上有沟有回,如果把它展开,面积约为2 200平方厘米,相当于一张报纸的大小,其中1/3在皮层沟裂的侧壁和底壁上。

大脑皮质有四个脑叶:额叶、顶叶、颞叶和枕叶(见图2.6)。这四个脑叶上分布着许多心理活动的高级中枢。

2. 边缘系统

大脑两半球内侧面与间脑相连接的边缘叶与附近的有关结构形成边缘系统(其中包括杏仁核和海马等)。边缘系统的功能有:① 调节内脏、内分泌活动;② 杏仁核与情绪活动有关;③ 海马与短时记忆有关;④ 调节寻食、生殖和防御行为。

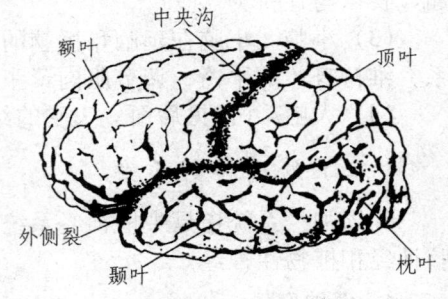

图2.6 大脑皮层

3. 基底神经节

基底神经节在大脑底部,有一些神经和群(灰质),是大脑皮层下的运动中枢。

(二)大脑皮层的功能

大脑皮层包括感觉中枢、运动中枢、言语中枢和联合区。皮层各中枢也叫投射区(见图2.7)。

1. 感觉中枢

(1)视觉中枢。视觉中枢在枕叶后端,是从眼睛传入信息的大脑中枢。

(2)听觉中枢。听觉中枢在颞叶上部,是从内耳传入信息的大脑中枢。

（3）躯体感觉中枢。躯体感觉中枢在顶叶中央后回，它是从躯体、皮肤传入信息的大脑中枢。它是冷觉、温觉、触觉、压觉、痛觉等的大脑中枢，也是运动感觉和平衡觉的大脑中枢。

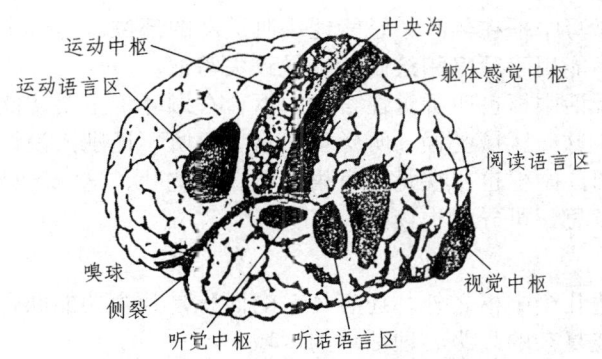

图 2.7　大脑半球的分区功能

2. 运动中枢

运动中枢在大脑皮层的中央前回，是躯体随意运动在皮层上的投射区。身体每一部分的活动，都在皮层上有相应的代表区域（见图 2.7）。运动中枢的投射特点：① 经常性。代表区域面积的大小与运动的经常性有关，经常运动的手、指、口、舌所占的面积比整个下肢都大。② 交叉性。每一半球的运动中枢只控制其对侧的躯体运动，即左半球运动中枢只控制右半身的运动；右半球运动中枢只控制左半身的运动。③ 倒立分布。皮层代表区与某一部分身体运动呈倒立分布（见图 2.8）。

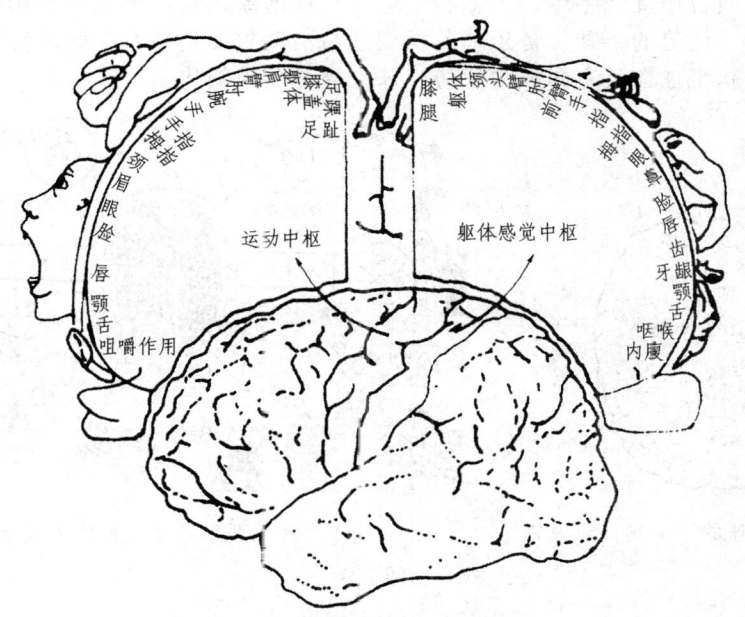

图 2.8　运动中枢与躯体感觉中枢

3. 言语中枢

言语中枢是接受、处理和储存言语信息的中枢，在大脑左半球。言语中枢是人类独有的高级心理活动中枢。有了言语中枢，才能进行抽象思维活动，才能产生人的心理意识。

(1) 说话中枢。说话中枢也叫运动性言语中枢，在额叶，与口舌喉肌配合产生说话的功能。如果说话中枢受到损伤，尽管发音器官完好，也不能说话，或者说不出完整的话，严重的可导致失语症。

(2) 书写中枢。书写中枢在额叶，是管理手肌运动的部位。这一中枢受损，人的其他运动机能虽然正常，但不能用手写字和绘画，可导致失写症。

(3) 听话中枢。听话中枢也叫听觉性言语中枢，在颞叶，主要功能是发展自己的言语听力，理解别人的语言。这一区域受损，听觉虽正常，但听不懂别人说话的意思。

(4) 阅读中枢。阅读中枢也叫视觉性言语中枢，在枕叶，这一区域受损伤，视觉虽然正常，但看不懂文字的意思，可导致失读症。

4. 联合区

大脑皮层除了上述几个中枢之外，还有 4/5 的面积是几个功能联合区，在各中枢之间起联合作用，是调节比较复杂的高级心理活动的区域。

(1) 顶、颞、枕叶联合区（后联合区）。它是组织知觉和记忆的联合区，也是形成人和知识经验的重要区域。

(2) 前额联合区（前联合区）。它是规划、调节、控制复杂心理和行为的联合区。这个区域与注意、记忆、思维有关，可以参与制订规划，控制人的行为，影响人格发展。这个区域发生损伤，就要导致丧失逻辑思维能力，不能规划控制行为，人格变得异常。

5. 大脑两半球的功能分工

(1) 大脑左右两半球功能的不对称性。大脑左右两半球从结构上看似乎是左右对称的，而从功能上讲又是不对称的[见图 2.9（a）（b）]。正常人的大脑左半球是主管言语和抽象思维的功能系统，叫言语优势半球；大脑右半球是主管形象知觉、形象思维和调节感觉的功能系统，是非言语占优势的半球。音乐、美术和创造活动主要是在右半球进行的。这种功能的不对称，使得大脑半球在某方面成为优势半球，被称为单侧化。

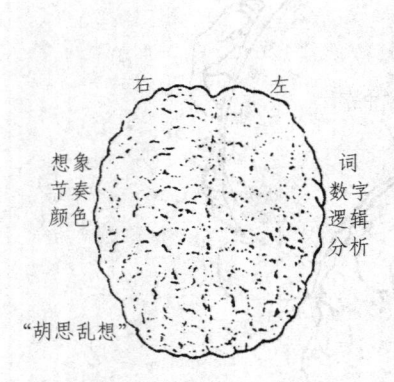
（a）大脑两半球的不同功能示意图

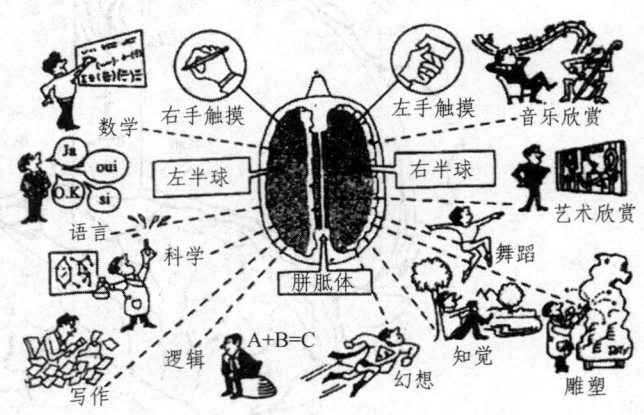
（b）大脑两半球功能的左右侧优势

图 2.9

单侧化的研究首先起于对左利手者和右利手者的探讨，后者通过对割裂脑的研究——即将沟通大脑两半球联系的胼胝体切断的研究而深入。割裂脑的研究发现，用"铅""笔"两字分别投射在病人左、右眼视野内，病人能说出"笔"字，而不能说出"铅"。将一支铅笔交在病人左手，他不能用言语表达它，但可以用动作表示其用途；将铅笔交至右手后，病人就可用言语表达了，可见，大脑两半球具有不同的功能。对正常右利手者实验，分别在左、右视野呈现文字和人像图片，发现文字呈现情况，右视野—左半球比左视野—右半球反应时短且准确性高；而对于人像呈现，右视野—左半球比左视野—右半球反应时长且准确性差。这说明人脑的左半球是言语优势半球，右半球是图像优势半球。进一步研究发现，逻辑分析推理以及对事物的细节知觉，左半球起主要作用；形状知觉、空间知觉等右半球起主要作用。

大脑两半球的单侧化随语言的发展而出现。年龄较小的儿童在单侧化尚未完成时，左半球受损伤后其言语功能可由另一半球代替。男女性别的差异也部分体现在大脑两半球的功能差异上。

（2）大脑左右两半球功能的和谐发展。在正常的学习活动和生活实践中，大脑左右两半球的活动既有分工，也有合作。有时侧重于左半球的活动，有时侧重于右半球的活动，有时则是有节律地、频繁地左右互相转换，使人能有一个统一的思维和意识，有完整的精神生活。只有在大脑损伤时，才能发现大脑功能的不对称性。

教师肩负发展学生智力的重任，对学生智力的发展一定要有一个全面的观点，应有计划地使学生的左右两半球获得和谐的均衡发展。既要注意开发学生言语和抽象思维占优势的左半球，也要注意开发形象知觉、形象思维、创造性思维占优势的右半球。教师在讲课时一定要注意形象生动，要有计划地组织学生到大自然中去观察自然现象，到社会中去做调查；要有意识地去发展学生的形象记忆能力，发展学生的形象思维能力（即想象力）和发散思维能力，引导学生经常使用右脑，努力使学生的智力获得全面发展。

有人认为脑的重量决定智慧的高低。从动物进化的过程来看，脑重的确与智慧有密切的关系（见图2.10）。低等的无脊椎动物，如蚯蚓、蚂蚁等没有脑，只有神经束和神经节结等简单的神经系统，因而它们的心理比较简单，只有感觉和本能等最简单的心理现象。从无脊椎动物到脊椎动物（鱼类、两栖类、鸟类、哺乳类等），开始出现这种较复杂的神经系统。在此基础上，才出现知觉等较复杂的心理现象。动物进化到哺乳类，特别是灵长类动物，如猴子、黑猩猩等，其脑有很大的发展，不仅脑量增加，结构也复杂化，接近于人类。因此，其心理活动水平比较高，不仅有知觉，而且有思维的萌芽、情绪等高级的心理现象。从猿猴进化到人类，人的大脑神经系统高度发展，脑的重量有了很大的增长（人的平均脑重为1 400克，而猩猩的脑重只有400克），高度发达的大脑神经系统使人类具有思维、意识等最高级的心理现象，成为万物之灵。

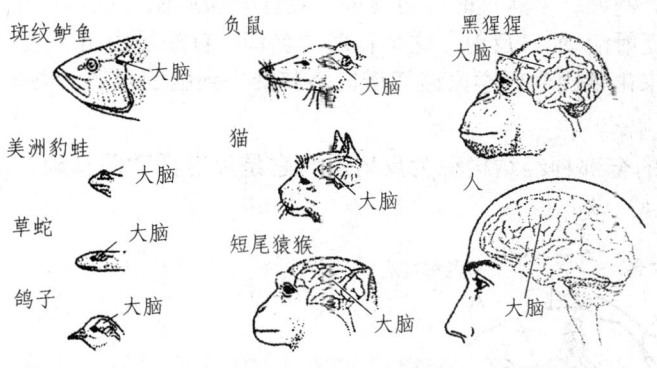

图2.10 脊椎动物脑的进化

从人和动物的脑重和体重上看，脑的重量和体重是成正比的。牛、马和狮等动物的脑比猴子的重，但不能说他们比猴子聪明，因为它们的体重要重得多。因此，荷兰生理学家杜波伊斯按脑重和体重求出脑量系数。一般来说，脑量系数越大，智慧越高。例如，大象的脑量系数是1/560，而人的脑量系数是1/40，因此人比大象聪明得多。这条规律适用于不同种属动物间的比较，但不能用于同一种属动物中不同个体的比较。我们不能因某人的脑比另一个人的脑大，就说前者比后者聪明。有人调查过名人的脑重，发现轻重不一，例如，小说家屠格涅夫的脑重 2 012 克，诗人拜伦的脑重 2 238 克，化学家利比希的脑重 1 352 克，文学家法朗士的脑重仅 1 017 克。可见，脑的形状和大小并不决定一个人的聪明才智。

【资料链接】

人类的大脑

人类智力的产生是否是由于我们比其他动物拥有更多的脑量？如果只是像看甜瓜似的用尺寸的大小来衡量脑，那就有可能产生误导。脑只有外面那一层（大脑皮层）明显地与形成新的联想有关，而脑实体的大部分是绝缘物质，他们将联结大脑各部分的"导线"包裹起来：绝缘越好，信号传递越快。随着动物年龄越来越长，"导线"越来越长，这就需要更好地绝缘来加速信号的传递，并保持较短的反应时间。

甜橙皮只是甜橙的一小部分，而人的大脑皮层甚至比甜橙皮还薄，大约只有 2cm，仅相当于两枚 10 美元硬币的厚度。人的大脑皮层布满了皱褶，但是如果把它剥离下来并将它展平，它的面积大约相当于 4 张打印纸。黑猩猩的大脑皮层只有一张打印纸那么大，猴子的大脑皮层像明信片那么大，老鼠的大脑皮层只有邮票那么大。

那么，什么才是人心理的决定因素呢？根据现代科学，特别是大脑神经科学的研究，决定性的因素是人脑内部的结构和机能。科学家们认为人的大脑皮层是由 140 亿个神经细胞组成的一种物质，在结构上极为复杂，机能上极为灵敏。在整个宇宙已知的东西中没有一个能与之比拟，就是目前最高级的计算机也不能。高度发展的人的心理正是以高度发展的人脑为物质基础。因此，我们可以肯定地说脑是心理的器官，而心理是脑的机能。

四、高级神经活动学说

（一）反射与反射弧

1. 什么是反射

反射是神经系统最基本的活动方式，是在中枢神经系统参与下，有机体对内外部环境刺激作出的规律性反应。例如，手遇火时即可缩回，物体刺激眼睛角膜时产生眨眼，驾车时遇到红灯即停车等，都是反射活动。"反射"这个物理学名词，首先是由笛卡儿在 17 世纪提出用来表示机体活动的。后来由俄国生理学家谢切诺夫将其推广到脑的全部活动和人的生理活动上。

2. 反射弧

实现反射活动的全部神经结构称为反射弧，它是反射活动的基础，是执行反射活动的生理机制[见图 2.11（a）(b)]。

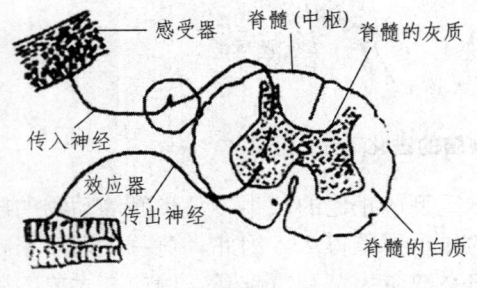

(a) 反射弧的模式图 　　　　　　　　(b) 反射的环形回路图

图 2.11

反射弧包括五个部分：感受器、传入神经、传出神经、神经中枢和效应器。当刺激作用于感受器时，感受器产生兴奋，并以神经冲动的形式由传入神经传至神经中枢，中枢对传入的信息进行整合加工后，再由传出神经传至效应器，支配调节效应器的活动。但反射活动不可能这样简单，否则人类精确复杂的活动是不可想象的。当神经冲动传至效应器引起其活动后，反射并不就此停止。效应器的反应动作又成为机体的新刺激，引起一定的神经冲动，并传向中枢，这个过程称为反馈。所以反射的结构不是一段弧，而是一个环，这样机体的活动才准确、完整。

（二）非条件反射和条件反射

反射根据产生的条件不同可以分为非条件反射和条件反射。巴甫洛夫用条件反射的方法对动物进行系统研究，创立了高级神经活动学说，从宏观上阐明了大脑的活动规律。

1. 非条件反射

非条件反射又称为无条件反射，是机体在种系发展过程中形成而遗传下来的反射。最基本的非条件反射有吸吮反射、抓握反射等。将奶头触碰新生儿的嘴，他就会吸吮奶头；手碰灼热物体会立即缩回，这些都是非条件反射。引起非条件反射的刺激物叫非条件刺激物。非条件反射的神经通路是固定的、与生俱来的，是在种系发展过程中形成而遗传的。

非条件反射活动的调节中枢位于脊髓和脑干等低级中枢，其特点是快速和不随意，这对有机体适应环境有很大的生物学意义。非条件反射可以因第一个反射的反应成为第二个反射的刺激而形成连锁反射。这种连锁反射在种系发展中一旦被固定遗传下来，就成为机体的本能活动。非条件反射和本能活动是机体生长和发育的先天基础。

非条件反射主要有五种：食物反射、内脏反射、防御反射、朝向反射、性反射等。

2. 条件反射

机体只凭借生来具有的非条件反射，如当奶头碰到了嘴才会吸吮，当手碰到了灼热的物体才知道躲避，这是远远不能适应环境而生存下去的。他还需要建立许多新的反射来适应千变万化的周围环境。机体后天学习建立起来的反射叫做条件反射。

（1）巴甫洛夫经典条件反射。巴甫洛夫首先对条件反射进行了研究，之后有不少人在这条道路上继续进行深入探索。

条件反射是在非条件反射的基础上建立的，是暂时性的神经联系。条件反射建立的基本条件是，无关的刺激和非条件刺激在时间上的结合，这个过程称为强化。要形成条件反射除需要多次强化外，还需要神经系统的正常活动。条件反射的经典实验是巴甫洛夫关于狗的食物性条件反射的研究。狗吃食物时引起唾液分泌，这是非条件反射。在每次给狗喂食物之前先打铃，本来铃声对狗来说是无意义的，但当铃声与食物多次结合后，仅仅打铃而不呈现食物，狗也有唾液分泌。

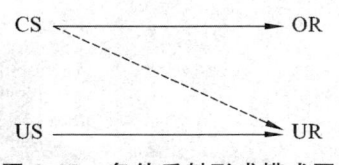

图 2.12 条件反射形成模式图

这样原本无意义的铃声刺激变成了条件刺激物，即成为引起条件反射的刺激物，从而形成条件反射。具体可以用一个模式来描述这一过程（见图2.12）。US代表非条件刺激物，它引起非条件反射UR；CS代表条件刺激物，它本来只引起与它相应的反射OR，但由于条件刺激物CS和非条件刺激物US的多次同时作用，通过强化，条件刺激物便成为非条件刺激物US的信号，当非条件刺激物不出现时，也能引起条件性的非条件反射，即条件反射。直接建立在非条件反射基础上的条件反射，称为一级条件反射。在巩固的一级条件反射的基础上，还可以形成多级条件反射。动物进化水平愈高，形成条件反射时的级数就愈多，但不能离非条件反射的基础太远。

巴甫洛夫认为，条件反射是脑的高级神经活动。根据神经系统的实验研究，他认为条件反射的生理机制是大脑皮层上暂时神经联系的接通。非条件刺激物和无关刺激物分别在大脑皮层上形成两个兴奋点，又叫兴奋灶。其中非条件刺激物所引起的兴奋灶比较强，而无关刺激物所引起的兴奋灶比较弱，这两个刺激物多次结合后，较强的兴奋灶吸引较弱的兴奋灶，在两兴奋灶间形成暂时的功能上的接通，从而无关刺激物变成了条件刺激物，当它单独作用时它引起的兴奋可沿暂时神经联系引起非条件反射皮层区的兴奋，进而引起相应的反射（见图2.13）。

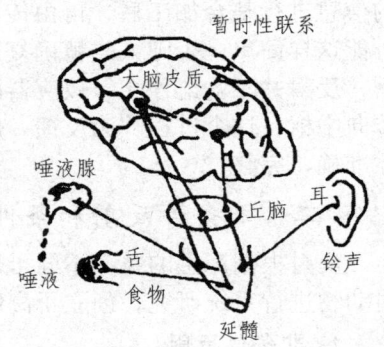

图2.13 经典条件反射形成示意图

条件反射的形成对个体的生存与发展具有重要意义。在实践活动中，如果一个人稳定地从事某种活动，客观刺激按先后与强弱作用于有机体，由于大脑皮层具有系统性机能，把这些刺激有规律地协调成条件反射连锁系统，称为动力定型。动力定型建立后，只要开头刺激物出现，后面的一连串反应就可以自动依次出现，如做早操就是动力定型。动力定型形成后，可以节省时间和精力，减轻个体负担。人们在生活与学习中养成的习惯、机能和生活与学习方式等，在生理机制上都是动力定型的建立。动力定型建立后比较稳固，它既能在一定条件下形成，也可以在新的条件下得到改造与发展。在教育工作中，教师对学生学习习惯的培养和技能的训练，都是帮助学生建立良好动力定型的过程，以促进其智力技能的学习和动作技能的运用。动力定型后一般很难消退，因此，学生一旦形成了不良动力定型，就要花费较多时间给予矫正才能消除。

（2）斯金纳操作条件反射。斯金纳（B.F.Skinner）是美国行为主义心理学家，他发明了著名的"斯金纳箱"对白鼠和鸽子进行实验，提出了操作条件反射，又称工具性条件反射。

斯金纳的实验是将饥饿的白鼠或鸽子放入斯金纳箱。箱内装入按键，白鼠或鸽子如果碰动按键，就会有一粒食丸掉出来。开始白鼠和鸽子是在箱内乱动，偶尔碰到按键，得到食物强化。多次强化之后，白鼠会自动按键，鸽子会用嘴敲击按键以得到食物，在此基础上，还可以进一步训练它们只在特定信号出现后再按键，得到食物强化。这种通过动物自己的某种活动、某种操作才能得到强化而形成的条件反射，叫操作性条件反射（见图2.14）。

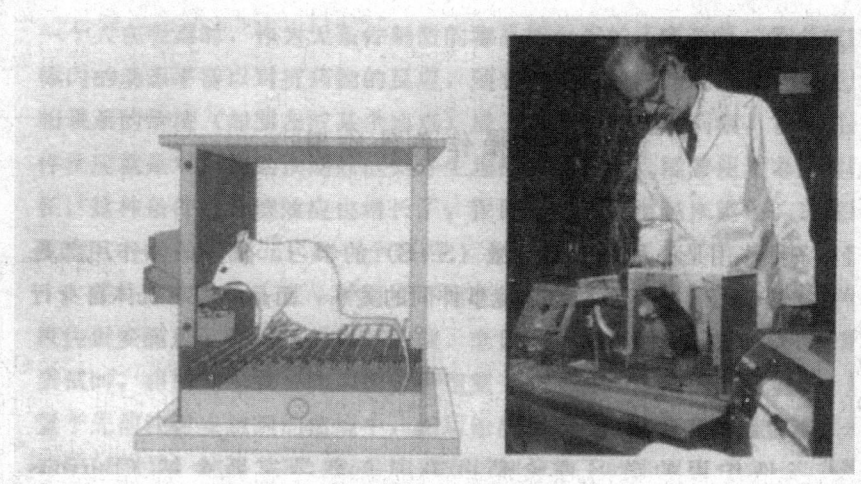

图2.14 斯金纳箱

操作性条件反射和经典条件反射在本质上是相同的，也同样依赖于强化。但操作性条件反射又有其特点，首先，无条件刺激不明确。是什么因素促使白鼠和鸽子去碰动按键？这一点不像经典条件反射是由于食物引起了狗的唾液分泌那样明确，一般认为是机体自身的一些因素促使机体操作动作的。其次，在形成操作条件反射的过程中，动物是自由活动的，通过自身的主动操作来达到目的。而在经典条件反射中，动物往往是被动接受刺激的。最后，在操作条件反射中，非条件反射不是由强化刺激引起的，相反非条件反射引发了强化刺激。动物先碰动按键，之后才得到食物。在经典条件反射中恰恰与此相反。食物引发狗分泌唾液。

斯金纳同巴甫洛夫一样十分重视强化的作用，他发现不同的强化方式效果不同。斯金纳的强化方式主要有每次强化、定比间隔强化、定时间隔强化、不定比间隔强化、不定时间隔强化等五种方式。

操作性条件反射对理解复杂的心理现象有重要意义，在操作条件反射中，机体学会了新的动作，体会出一个学习的过程。斯金纳是一个行为主义者，他认为动物和人的大多数行为都是操作行为，所以他只进行外显的研究，省略了对神经活动的内部因素的研究。

（三）高级神经活动的基本过程和基本规律

1. 高级神经活动的基本过程

高级神经活动的基本过程是兴奋过程和抑制过程。兴奋过程跟有机体的某些活动的发动和加强相联系；抑制过程跟有机体的某些活动的停止或减弱相联系。尽管它们的作用是完全相反对立的，但它们是相互依存、相互转化的。有机体的一切反射活动都是由这两种神经过程的相互关系决定的。

2. 高级神经活动的基本规律

高级神经活动有兴奋和抑制两个基本过程，这两个过程进行着有规律的活动。

（1）兴奋与抑制过程的扩散与集中。在一定条件下，兴奋与抑制在大脑皮层某一部分产生后，并不停留在原发点，而向周围皮层蔓延传播，使得周围部位也产生同样的神经过程，这种现象叫扩散。兴奋性扩散主要通过链锁状的神经元及兴奋性突触实现，抑制性扩散则主要通过链锁状神经元及抑制性突触实现。

与扩散相反，兴奋与抑制过程从扩散开的皮层区域向原发部位靠拢的现象叫集中。兴奋过程的集中，依赖于抑制性突触加强作用；而抑制过程的集中，则依赖于兴奋性突触加强作用。

刺激物所引起神经过程的强弱程度，决定了兴奋和抑制的扩散和集中。当兴奋和抑制的强度过强或过弱时，都易于扩散；兴奋和抑制的程度中等时，则容易集中。很明显，集中的兴奋和抑制，感觉定位才准确。

（2）兴奋和抑制的相互诱导。兴奋和抑制过程总是相互联系、相互制约的。大脑皮层上的一种神经过程引起或加强另一种与之相反的神经过程的现象叫做神经过程的相互诱导。由抑制引起兴奋的诱导叫正诱导。例如，小孩在睡觉前发脾气、扭动身子或哭闹，这就是由于正在发展的睡眠中心的抑制诱导着运动中枢和语言中枢等的兴奋。由兴奋引起抑制的诱导叫负诱导。例如，考生在考前过度兴奋，可拿到考卷后却好像什么都想不起来了，这就是由于兴奋与抑制的负诱导所造成的。正是由于高级神经活动的兴奋与抑制的扩散与集中和相互诱导，才使得脑的活动复杂多变，才能对外界刺激进行深刻的分析和精确的反映。

（四）第一信号系统和第二信号系统

两种信号系统学说是巴甫洛夫在晚年提出的，他将客观环境中所有的刺激分成两种性质不同的信号刺激物，进一步认为存在着两种信号系统：第一信号系统和第二信号系统。用具体事物作为条件刺激而建立的条件反射系统叫做第一信号系统;用语词作为条件刺激而建立的条件反射系统叫做第二信号系统。所谓"望梅止渴",即以眼前见到的梅子作为条件刺激的第一信号系统的活动,而"谈虎色变",则是"虎"这个词作为条件刺激的第二信号系统的活动。

第一信号系统是人与动物共同具有的,依靠它只能对事物做直接反映。人除了具备第一信号系统之外,还具备第二信号系统,因而可以间接而概括地反映现实,反映事物的本质与规律。第二信号系统是人脑高级神经活动的重要特征。

语词是第二信号系统的基础,它与具体刺激相联系,所以语词可以代替条件刺激引起条件反射。语词还可以代替非条件刺激引起作用,而且语词往往比非条件刺激更为有力。

人的两个信号系统是协同活动的。第二信号系统以第一信号系统为基础,第一信号系统又受第二信号系统的调节与支配。通过这两个信号系统密切联系的协调活动,人才得以产生各种复杂的心理活动。

综上所述,心理现象就其产生方式而言是反射(主要是条件反射);要建立条件反射就必须建立暂时神经联系,而暂时神经联系的建立必须通过大脑皮层的兴奋和抑制过程来实现;条件反射是一种信号活动,通过两种信号系统的协同活动产生人的心理。

五、内分泌系统

人的心理的生理基础,除了神经系统之外还有内分泌系统。例如,人在情绪激动时,不仅有神经系统的活动,还有内分泌系统的活动。

(一)内分泌系统的构成

内分泌系统是由若干内分泌腺构成的系统(见图 2.15)。它包括脑垂体、甲状腺、甲状旁腺、肾上腺、胰岛和性腺等。内分泌腺是无管腺,它分泌的化学物质叫激素。激素直接渗入血管而对机体的代谢、生长发育和其他器官起调节作用。

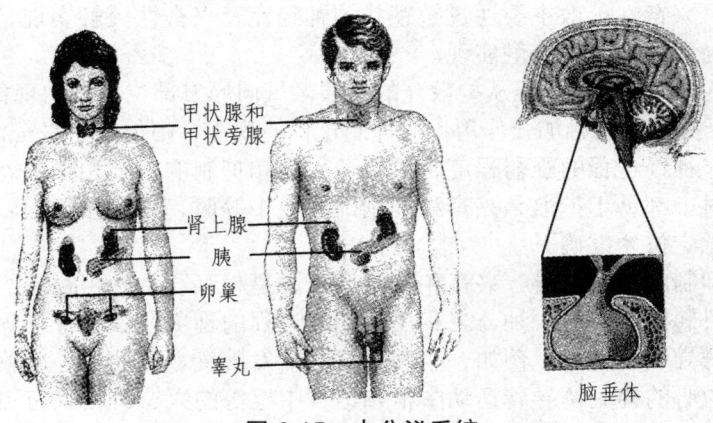

图 2.15　内分泌系统

1. 脑垂体

脑垂体也叫脑垂腺,在下丘脑之下。它本身分泌多种激素,如生长激素、促性腺激素和促肾上腺皮质激素等。由于脑垂体具有控制其他腺体的功能,故称为内分泌主腺。

2. 甲状腺

甲状腺位于喉头之下,气管头之上,分泌甲状腺激素。甲状腺激素是碘的化合物,能促进新陈代谢，维持身体和智力的正常发育。

3. 肾上腺

肾上腺位于肾脏顶端，分内外两层，外层是肾上腺皮质，分泌糖皮质激素、雄性激素和雌性激素等；内层是肾上腺髓质，分泌肾上腺素和去甲肾上腺素，能够兴奋交感神经，加快心跳，增高血压，使肠胃肌肉放松、瞳孔放大。肾上腺与情绪的变化有密切关系。

4. 性　腺

性腺男性为睾丸，女性为卵巢。睾丸分泌睾酮素，功能是促进男性成熟，促进第二性征的发育。卵巢分泌动情激素，可促进女性成熟和月经的周期变化。

内分泌对身心的调节有以下四个特点：① 内分泌激素通过血液、淋巴被运到全身各个器官，对全身都起调节作用；② 影响的速度要比神经系统慢些；③ 影响时间较长；④ 对情绪影响较大。

（二）内分泌受神经调节

内分泌系统的活动要受神经系统的调节和控制，这就是神经体液调节。神经系统调节内分泌有两个途径：① 通过植物神经系统直接影响内分泌。例如，在极度愤怒和应激状态下，植物神经系统直接引起肾上腺皮质激素的分泌，使身体总动员区应付环境发生的重大事件。② 中枢神经通过下丘脑调节脑垂体，去影响其他腺体分泌激素。

内分泌系统对身体的调节与神经系统的调节作用不同。内分泌系统对身体的调节作用范围广泛、比较缓慢，但效果能够持久。神经系统对身体的调节，其作用的范围比较局限，但定位清晰而精确。因此，内分泌腺对于有机体的正常活动具有特定的调节作用。这种调节作用虽然不像神经系统的调节作用那样迅速，但对整个有机体的正常活动存在着重要的依存关系，如果身体内某种内分泌腺的活动失调，就会发生机能不足或功能亢进，有机体的生理和心理活动甚至行为表现会出现相应的变化。表 2.1 是人体主要的内分泌腺体和主要功能。

表 2.1　人体主要内分泌腺及其主要功能

腺体		激素	重要功能
脑垂体		垂体激素	调节许多其他腺体，是身体的控制腺体
前叶		生长激素	促进身体、骨骼生长
		促肾上腺皮质激素	刺激肾上腺皮质激素分泌，和情绪活动有关
		性腺刺激激素	控制睾丸和卵巢的发育和活动
后叶		抗利尿素	通过肾脏阻止水分丧失
甲状腺		抗甲状腺素	影响代谢速度，分泌不足出现"呆小症"
胰腺		胰岛素	影响血糖供应
肾上腺	皮质	肾上腺皮质素	对新陈代谢有各种影响、与性行为和副性征有关及应激功能
	髓质	肾上腺素、去甲肾上腺素	增加肝脏糖的输出，和交感神经起同样作用（如加快、加强心跳等）
性腺	卵巢	雌性激素	促进女性生殖器官的发育和副性征的出现
		孕激素	为受精卵植入子宫准备条件
	睾丸	雄性激素	刺激男性生殖器官和副性征的发育，维持正常性欲

第三节 个体毕生心理的发展与学习

一、人的发展的一般概念

人的发展是指人身心的生长和变化。即个体随着年龄的增长，在相应环境的作用下，整个反应活动不断地得到改造，日趋完善、复杂化的过程，是一种体现在个体内部的连续而又稳定的变化。发展变化从开始到成熟大致体现为：一是反应活动从混沌、未分化向分化、专门化演变；二是反应活动从不随意性、被动性向随意性、主动性演变；三是从认识客体的外部现象向认识事物的内部本质演变；四是对周围事物的态度从不稳定向稳定演变。这里的"发展"不仅有量的变化，更重要的是质的变化。如躯体各部分比例的变化，心理方面如个性结构的变化等等。发展不仅指向前推进的过程，也指衰退消亡的变化。

需要指出的是，发展首先是一系列的变化，但并非所有的变化都可称为发展。例如，由于疾病、疲劳、药物等原因所导致的心理变化就不属于发展，因为这类变化只是一种暂时性的变化，可以通过休息或治疗而得到恢复。因此只有那些有序的、不可逆的、且能保持相当长时间的变化才属于发展。发展通常使个体产生更有适应性、更具组织性、更高效和更复杂的行为。发展从小到老持续于人的一生。

的确，在人的整个一生中，无时无刻不在经历着发展和变化。但是，各个时期发展变化的速度却是不同的，有时会像惊涛骇浪一样奔腾汹涌，而有时则会像涓涓溪流静静地流淌。

二、毕生心理发展的实质及其特点

人的心理发展是人的发展的重要组成部分，尽管心理现象有时非常微妙、复杂多变又不易直接观察得到。人的心理是世界上最复杂的现象之一。人与人之间的心理表现各不相同，每个人自身的心理也在不断变化，在不同的年龄阶段表现出不同的心理特点。但是，心理的发生、发展和衰退，同其他事物一样，都是有规律的、是可以认识的。传统的心理学观点认为，心理的发展主要包含三个方面：其一是动物种系进化过程中心理的发展；其二是指民族心理的发展，即人类历史发展过程中心理的发展；其三是指个体的心理发展，即个体从出生到衰老过程中的心理发展。

我们知道，发展心理学有广义和狭隘之分，前者包含上述三个含义，着重研究上述三个方面心理的发展过程和规律；而后者则主要是指个体发展心理学，是研究个体从出生到衰老的整个过程中的心理发展和变化规律。一般来说，心理的发展是由低级到高级、由简单到复杂的变化过程。从这个观点来看，个体从出生到青年初期这一阶段，是心理发展变化最为明显的时期，因此，这一阶段常常被作为研究个体心理发展的最重要的阶段。对此，传统的心理发展观是这样来理解的：从婴幼儿期到青年初期是个体的形成阶段，成年期是稳定阶段，老年期是衰老和死亡的阶段。然而，实际上心理的发展并非是随着生理的成熟而告终结，心理的发展是从个体出生到成年再到老年的毕生持续过程。尽管在 18 世纪就有人提出了这个观点，但直到 20 世纪 70 年代，心理毕生发展的观点才被人们普遍接受并重视。

从毕生发展角度来理解心理的发展具有以下几个特点：

（1）人生的发展是一个伴随着人的一生的过程。人的行为的变化过程贯穿于从胎儿期到死亡的全部一生中，行为变化过程反映了个体的不同行为表现增强和减退的情况。例如，个体进入老年以后，言语能力往往继续加强，而身体的灵活性却减退了。但是，对那些在不断学习和提高的人来说，当言语和操作结合起来时，灵活性在其一生行为变化中仍然呈普遍增强的趋势。

（2）发展具有多维性和多向性，发展的方向也因发展内容的种类不同而有所不同。这就是说，人的发展的本身需要是多方位的、多样化的。按照最一般的说法，人的发展包括身体发展和心理发展两个方面。而稍作细分，便可见其不仅涉及生理发展、感知发展、智能发展，而且还涉及人格发展、情绪发展、社会性发展、人际关系发展，等等。总之，人的发展，就其本身需要或固有内容而言，是多元的、立体的。

（3）发展由获得和丧失组成，是一个有序变化的过程，并非仅仅意味着增长。获得和丧失、成长和衰退，是心理变化的两种不同方向，发展就是这两种变化的结合。从这个角度讲，即使到了老年期，生理和心理都表现出了衰退，仍然可以理解为发展过程。正如西方学者伯尔玛特和霍尔所指出的，人一生在身体和行为方面的发展、变化，其方向可能是正向的，也可能是负向的，有时甚至还可能是中性的，即既非进展亦非退化而仅仅是一种差异而已。简言之，进步上升和下降退化共同构成了人的毕生发展，并成为人的发展的一大特点。

（4）心理发展存在着很大的个体差异和可塑性，不同的人有不同的形式。发展既有共同规律、又表现出个别差异，即共同性中包含着特殊性，共性是从特殊性中概括出来的。每个人的发展优势（方向）、发展的速度、发展的高度（达到的水平）往往是千差万别的，心理发展达到成熟的时间也是不同的。心理发展的水平，可以相差好几年，有的人早熟、有的人开窍晚。有的儿童2岁时才开始牙牙学语，有的2岁时都能认识很多字了；有的人不到50岁已显得老态龙钟，有的70岁仍然精神饱满。发展水平的差异还表现在某些心理机能的发展，如某种能力的发展水平，有的人可能终生达不到。

（5）心理发展受多种因素影响。个体的发展是年龄阶段、历史阶段和非规范事件等多种影响共同作用的结果。图2.16就表示了传统的发展观与新的毕生发展观的差别。

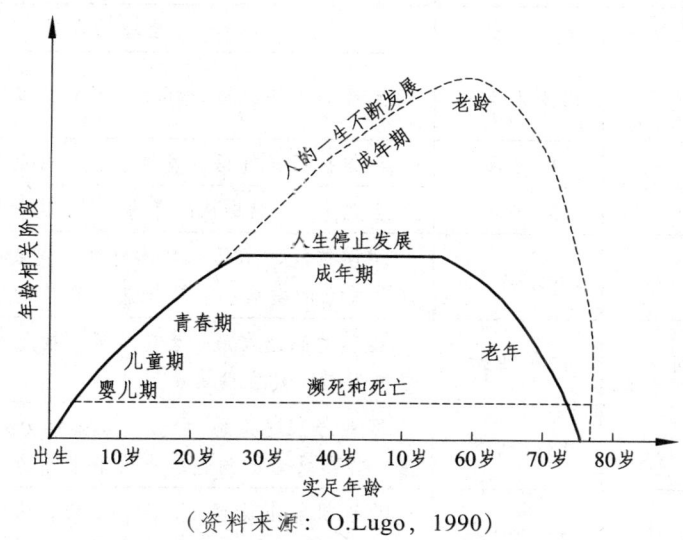

（资料来源：O.Lugo，1990）

图2.16 传统发展观与毕生发展观的差别

三、毕生心理发展的阶段

（一）年龄特征及划分标准问题

个体从出生时的被动脆弱、发展成为独立的社会成员，经历了各个不同的发展阶段。个体心理发展的各个阶段所表现出来的质的特征,称为心理年龄特征。

尽管毕生发展心理学家都承认个体心理发展的阶段性,但由于其各自研究的领域不同,收集和拥有的发展材料不同,因而会从不同的发展维度来看待人生的发展阶段。归纳起来,有这样几类划分比较具有代表性:① 以生理发展作为划分标准,代表人物是柏尔曼(L.Berman)的内分泌腺观点;② 以智力发展作为划分标准,代表人物是皮亚杰的思维发展为基础的理论;③ 以个性发展特征为划分标准,代表人物是埃里克森(E.H.Erikson)对人格发展的划分;④ 以活动特点为划分标准,代表人物是达维多夫(B.B.ДaВИДOВ);⑤ 以教育为划分阶段的着眼点,代表人物是桑代克;⑥ 以人寿保险为划分阶段的指标,代表人物皮尔松(K.Pearson);⑦ 以医疗门诊为划分阶段的依据,代表人物为考得(Could)等。

到目前为止,尽管有上述不同的研究,但如何正确而科学地划分心理发展的年龄阶段问题,还未完全得到解决。一般而言,不管从何种角度来划分,都应看到,个体发展的心理年龄特征总有相当的整体结构,表现在个体成长过程中主导的生活事件和活动形式上、智力与人格发展等方面的特点上,而不是一些无关特征的并列和混合。对此应着重考虑两个基本问题:第一,个体心理发展的每一个时期的重要的特殊的矛盾和质的特点,应该是划分心理年龄阶段的主要依据;第二,在划分心理年龄阶段时,既应该看到重点,又应该看到全面。

由此,心理发展年龄阶段的划分标准可以界定为:在一定的社会和教育条件下,个体心理发展的各个不同时期内的特殊矛盾或质的特点。其中主要表现在个体不同时期的主导活动、智力水平和个性特征以及生理发展和言语发展方面。因此,目前一般的划分情况如表2.2所示。

表2.2 毕生心理发展的阶段及其主要任务和特征

序号	名称	年龄段	主导活动和基本特征
1	产前期(胎儿期)	受孕至出生	生理的发展
2	乳儿期(包括新生儿期)	出生至1岁	生理的发展、适应环境、习得简单的反射
3	婴儿期	1~3岁	动作技巧、言语的发展、社会性的发展、身体的发展
4	幼儿期	3~6岁	自我意识、性别认同感的发展,力量增加,创造力的发展
5	童年期	6~12岁	运动技能的发展、具体思维的发展、书面语言的发展、同伴关系的发展、自我概念和自尊的发展
6	青少年期	12~18岁	生理的高速发展、生殖成熟、抽象思维的发展、人格独立的发展、建立两性关系
7	成年初期	18~35岁	职业与家庭关系的发展,认知能力处于高峰之后逐渐下降,扮演父母的角色和社会职业角色
8	中年期	35~60岁	生理机能出现衰退,活力下降,认知技能复杂化,善于解决实际问题,但学习能力下降,对自我进行重新评价
9	老年期	60岁以上	生理机能衰退、认知技能衰退、反应力减退,享受家庭生活,承担丧失亲人的痛苦,退休,重新适应生活

心理发展年龄阶段的划分是相对而言的,一般说来,在一定的社会影响和教育条件下,个体心理发展的年龄特征具有一定的普遍性和稳定性,显示出阶段的顺序。每一阶段的变化过程和速度大体上是稳定的、共同的。但另一方面,相同的教育条件和社会环境在不同的个

体身上所起的作用也可能是不同的，因而在个体心理发展的过程和速度上，就会形成一定的差距，表现出可变性。随着各种条件的不同，个体心理发展的年龄特征在一定范围内也可以发生一些有限制的变化。

研究个体心理发展年龄阶段的划分和各阶段的主要年龄特征在教育上具有重要意义，教育者通常都要根据个体发展的年龄特征进行教材和教学方法的安排，依据年龄特征来引导个体的发展。个体心理发展的各个相邻的年龄阶段，既是互相区别的，又是互相联系的。而且同一个年龄阶段的开始和结束，也表现出很大的差异，个体心理年龄特征是在一定年龄阶段中个体心理发展的一般特征。除此之外，个体心理发展过程中还具有个别特征，也就是通常所说的个别差异。

（二）有关毕生心理发展的"关键期"问题

所谓"关键期"（Critical Period）或"关键年龄"，是从植物学、生理学和形态学移植过来的。形态学家德·斐利斯（De Vries）发现，只有在植物衍生的某个特定时期，加上某种条件才会产生特定的形态变化，他把这个特定时期称为"敏感期"（Sensitive Period）。也就是说，一个系统在迅速形成时期，对外界的刺激特别敏感。与此相似的是，人类胎儿在胚胎期（2～8周）是有机体体内系统（呼吸系统、消化系统、神经系统等）和器官迅速生长发育的时期。这时的机体对外界的抵抗力十分微弱，如果胎儿受到不良刺激的影响，很容易造成先天缺陷。这个时期就是生长发育的关键期。据研究，许多先天性发育缺陷都是在这个时期形成的。

那么，心理的发展是否存在"关键期"呢？这里的关键期，是指某一心理机能的发展对内外条件极为敏感且发展迅速的时期，错过这一时期或在这一时期受到阻碍，就不容易再出现这样的"好时机"，所造成的发展损失将难以弥补。

对于是否有某个特定的时候使机体最易学习某种行为反应，最早起源于奥地利动物心理学家劳伦兹（K. Z. Lorenz, 1937）对动物印刻（Imprinting）行为的研究。劳伦兹发现鹅、鸭、雁之类动物在刚刚孵化出来时，让其接触其他种类的鸟或会活动的东西（如人、木马、足球等），它们就会把这些东西当做自己的母亲紧紧跟随，而对自己的同类"母亲"无任何依恋。这种现象好似在凝固的蜡上刻上标记一样，故称"印刻"。劳伦兹还认为这种现象只发生在极短暂的特定时刻，一旦错过了这个时机就无法再学会，因此又称关键期为"最佳学习期"。关键期的最基本特征是：它只发生在生命中一个固定的短暂时期，如小鸭的追随行为典型地出现在出生后的 24 小时内，超过这一时间，"印刻"现象就不再明显。劳伦兹在进行这项实验时，让刚刚破壳而出的小鸭不先看到母鸭子，而首先看到劳伦兹自己，于是，有趣的事情发生了。劳伦兹在小鸭子前面走着，身后跟随着一串小鸭子（见图 2.17）。小鸭将劳伦兹当成了自己的母亲。进一步的研究也证实，小鸡、小鸟等辨认自己的母亲

图 2.17　动物的印刻

和同类，都是通过这一过程实现的，而且，这一现象在其他哺乳动物身上也有类似表现。一般说来，小鸡、小鸭的"母亲印刻"的关键期出现在初生后的 10～24 个小时，而小狗的"母亲印刻"关键期出现在初生后的 3～7 周。研究还发现，动物在关键期内不仅可以对自己的妈妈发生"母亲印刻"，而且如果自己的妈妈在小动物出生后不久就离开，它们也可以对其他动

物发生"母亲印刻"。这就是为什么小鸭子追随劳伦兹的原因。

从毕生心理发展的角度来理解关键期,是指人或动物的某些行为与能力的发展有一定的最佳时间,如在此时给予适当的良性刺激,会促使其行为与能力得到更好的发展;反之,则会阻碍其发展甚至导致行为与能力的缺失。一般认为,有四个领域的研究可以证实关键期的存在:鸟类的印刻、恒河猴的社会性发展、人类语言的习得以及哺乳动物的双眼视觉。关键期并不是突然开始和中止的,它逐渐发展到高峰,然后慢慢消退。由于早期心理的迅速发展,揭示并且关注不同领域心理发展的关键期,已成为毕生发展心理学家和教育心理学家共同感兴趣、关心的问题。心理学家们研究发现,在人类个体早期发展过程中,也同样存在着获得某些能力或学会某些行为的关键期。在这期间,个体时刻处在一种积极的准备和接受状态。如果这时能得到适当的刺激和帮助,他的某种能力就会迅速地发展起来。斯拉金(W. Sluckin)在对各种文献作了综合后,认为人类心理也有类似情况。如攻击性行为、音乐学习、人际关系建立、探究行为等,经早期学习会更为有效。其他一些研究也认为,儿童学习语言、听觉、视觉形象有关键期,表 2.3 列举了一些心理发展的关键期。

表 2.3 一些心理发展关键期

年 龄	关键期
1~3 岁	口语学习关键期
4~5 岁	书面语学习关键期
0~4 岁	形象视觉发展的关键期
5 岁左右	掌握数概念的关键期
5 岁以前	音乐学习的关键年龄
10 岁以前	外语学习的关键年龄
10 岁以前	动作机能掌握的关键年龄

对于学习过程中的关键期,可以从大脑神经系统发展的两个方面来加以解释:一方面,可以从影响神经元轴突信号传递速度的因素来解释;另一方面,也可以从神经元之间的连接来进行解释,即从突触方面来解释。在生命的早期,许多神经元尚未被确定今后负责控制什么。在一定的关键期内,脑内的相关功能部分发展迅速,大量的神经元开始有机地组织在一起,形成大脑的特定功能(如语言功能)的基础和基本框架。在不同的关键期,大脑要求一定类型的外界输入信息,以建立和稳定相关的脑结构。神经元的连接是通过外界的刺激而形成的。在学习的关键期内,个体必须受到有效的环境刺激,这意味着,为了培养幼儿的语言理解能力,必须在语言发展关键期与他们多进行交谈;为了提高幼儿的空间或运动能力,必须在相应的关键发展期让他们多跑、多玩;为了使孩子掌握多种语言,必须在语言发展关键期让他们体验新的语言。

需要说明的是,人类心理发展或行为获得是否有关键期还是个争论中的问题。有的认为,这是动物特有的行为特点,人不一定有;有的认为,人类即使有关键期也不一定是那么短暂,甚至是不可逆转的。一般而言,运用关键期这一概念,通常意味着若缺失了关键期内的有效刺激,会导致认知能力、语言能力、社会交往能力低下,且难以通过教育与训练得到改进。众所周知的印度的"狼孩",就是典型的关键期缺损事例。不过,毕生发展的研究者认为,关键期的缺失对人类发展所造成的负面影响,通常只有在极端的情况下才难以弥补,对人类大部分心理功能而言，也许用敏感期这样的概念更为合适。各种心理功能的成长与发展的敏感期不同，在敏感期内个体比较容易接受某些刺激的影响，比较容易进行某些形式的学习。而在这个时期以后，这种心理功能产生和发展的可能性依然存在，个体的潜能仍然可以得到开发，只是困难相对会更大。例如，运动技能的学习关键期在10岁左右结束，如果一个人在此之前学习一种乐器，那么他经过较少的练习就能够演奏这种乐器，并且很容易保持这种技能。然而，如果一个人在10岁以后才学习乐器，那么他仍然可能成为一名出色的演奏家，只是他必须进行更多的练习，付出更大的代价。

总之，对关键期的问题可作进一步的探讨。但有一点是值得注意的，即如果把关键期的重要性强调过头的话，可能使我们坠入新的宿命论陷阱之中。

【资料链接】

实例举证：昔日"猪孩"换新颜

猪孩王显凤1974年出生，其父是聋哑人，母亲中度智残，生活不能自理。父亲出走后，王显凤终日与猪为伍，1983年人们发现了她。可她已经在这种特殊的环境里度过了10年。当时王显凤的智力相当于3岁半的小孩，智商仅为39。为了恢复她的人性，科研人员制定了10年规划：前5年全面提高她的心理素质，克服猪的习性；后5年教她本领，成为一个有用的人。

老师们把她带到新的环境，她不是茫然无知，就是惬意地发出猪的哼哼声。她一进教室，就会惰性十足地趴在桌子上，不消两分钟，就像猪一样酣然入睡。有时还悄悄溜到院子里去啃草皮，或者干脆跳进猪圈亲昵地和猪一起打滚。

全国先进教师姜云香在自己家里给她加了一张折叠床，把她当成自己的孩子。每天都让她背儿歌、唱歌、跳舞。还教她梳头、洗衣服、收拾房间。她身上的猪性越来越少了。

8年过去了，在老师们的辛勤培养下，王显凤认识了一千多个汉字，会100以内的加减乘除法，能写100字左右的记叙文。她的社会交往能力也有了突破性提高：见到陌生人，能按年龄大小和辈分称呼，并能主动问好；看到大个子欺负小孩，她会冲上去把大个子赶跑。

如今，她日常生活能自理，还学会了踩缝纫机，自己能做背包等小物件，学会了织毛衣，成为能为社会服务的人。经测定：王显凤的智力已相当于小学三年级的水平，智商也从39提高到69，接近正常人智商70的最低水平。

（引自《解放日报》，1992年10月15日）

四、毕生心理发展的动因及形成过程

影响心理发展的因素多种多样，且历来有诸多争议。发展心理学家一般通过这些因素对心理发展的作用来探求心理发展过程的实质和规律。

（一）历史上有关影响心理发展因素的理论

1. 遗传决定论

遗传决定论以优生学的创始者高尔顿（F. Galton）为代表。他认为个体的发展及其品性早在生殖细胞的基因中就决定了，发展只是内在因素的自然展开，环境与教育仅起引发作用。他在《天才的遗传》（1869）一书中声言："一个人的能力乃由遗传得来，其受遗传决定的程度如同机体的形态和组织之受遗传决定一样。"他还进行了著名的家谱调查，得出了一条所谓的"遗传定律"，认为人的遗传性1/2来自父母，1/4来自祖父母，1/16来自曾祖父母……

美国心理学家霍尔（G. Hall）也是遗传决定论者，他有句著名的论断："一两的遗传胜过一吨的教育。"他把当时生物学上的复演学说用来解释个体心理的发展，认为个体心理发展是人类进化过程的简单重复,个体心理发展是由种系发展决定的。

可见,这种观点的基本思想就是强调心理发展过程是先天遗传素质的自我发展和自我表露过程,与外界影响、教育无关;外界影响和教育即使对个体心理发展起作用,至多只能促进或延缓遗传素质的自我发展和自我表露,不能改变它的本质。

其实,遗传并不是什么超自然的力量,而是自然发展的结果,是生物的一种性能。遗传素质是有机体和环境长期相互作用的结果,是在种族发展过程中以机能和结构的形式巩固下来的外界影响。遗传素质是必要的,但并不是决定一个人心理发展的唯一因素。

2. 环境决定论

环境决定论以行为主义学派的创始人华生为代表,他有一句名言:"给我一打健康的婴儿和一个我自己可以给予特殊培养的世界。我保证在他们中间任意选择一个,训练成我想要培养的任何一种专家:医生、律师、艺术家、大商人,甚至是乞丐、小偷,而不管他的天赋、爱好、能力、倾向性以及他祖宗的种族和职业。"华生完全否定了儿童的素质、年龄特征以及内部状态的作用。

程序教学理论的创立者,新行为主义的代表人物斯金纳甚至还认为可以通过"操作"和"强化"任意塑造人的行为。他说:"一旦安排好称为强化的特殊形式的后果,我们的技术就容许我们几乎随意塑造一个有机体的行为","正如一个雕刻师塑造一块烂泥一样"。

环境决定论重视环境与教育对个体心理发展的作用,在历史上也起一定的进步作用,但作为一种心理发展观则是不科学的。它片面地强调和机械地看待环境或教育者的作用,这从哲学的基本观点来看,与它所反对的遗传决定论一样都同样陷入了形而上学的泥潭。

3. 共同决定论

为了比较全面地解释个体心理发展的问题,人们提出一些折中的观点来逐渐取代流于片面的极端遗传决定论和极端环境决定论,由此便出现了既承认环境影响,又承认遗传影响的"共同决定论"。其代表人物有美国心理学家吴伟士(R. S. Woodworth),认为个体心理的发展等于遗传和环境的乘积。德国发展心理学家斯腾(Stern W.,1871—1938)在他的《早期儿童心理学》一书中也提出:"心理的发展并非单纯是天赋本能的渐次显现,也非单纯由于受外界影响,而是内在本性和外在条件符合的结果。"

格赛尔(Gesell A.,1880—1961)从另一个角度也认为支配发展的因素有两个:成熟和学习。学习与生理上的"准备状态"有关,在未达到准备状态时,学习不会发生;一旦准备好了,学习就会生效。这就是成熟—学习原则。格赛尔的理论——成熟优势论,主要来自双生子研究。图 2.18 是格赛尔"双胞胎爬楼梯实验"的结果。

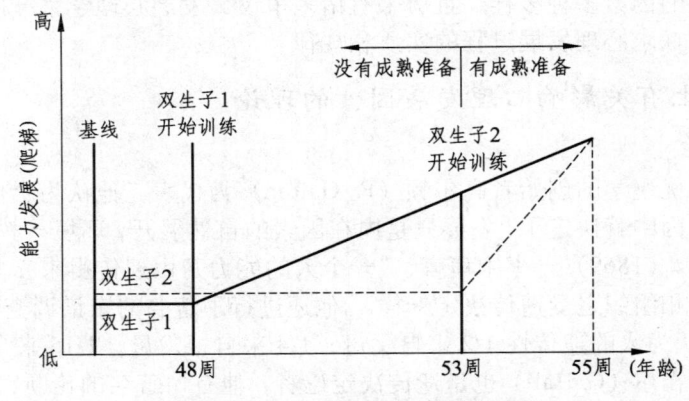

图 2.18 双胞胎训练爬楼梯的结果

在图2.18中，两个双胞胎（同卵）在不同时间开始训练爬楼梯，最后达到的成绩是一样的，说明成熟前的训练不起多大作用。据此，格赛尔提出了等待儿童达到能接受未来学习的水平的观点。可见，他的成熟优势论实质上还是偏向于遗传决定论或内因论。

共同决定论在心理学中至今仍有一定影响。这种理论把遗传和环境看作影响个体心理发展的同等成分，看作两种相互孤立存在的因素，没有揭示出它们之间的复杂的本质关系，因而只能是环境决定论和遗传决定论两者的简单而机械的拼凑，还不能科学地解释心理发展问题。

4. 相互作用论

这是目前影响最大的一种观点，其代表人物除瑞士的皮亚杰外，还有法国的瓦龙（H.wallon）及苏联的维列鲁学派的心理学家。相互作用论的基本论点主要有：① 遗传与环境的作用是互相制约、互相依存的；② 遗传与环境的作用是互相渗透、互相转化的；③ 遗传与环境、成熟与学习对发展的作用是动态的。

由于相互作用论强调主体与客观的交互影响，所以突出了主体的能动性，这是发展观点的重大改革。但遗憾的是，它过多地强调遗传或成熟的影响，而轻视教育的力量。

现代毕生发展心理学家早已走出了极端的环境决定论和遗传决定论的误区，也不再执迷于环境和遗传的作用孰大孰小的疑惑，而是更深入、更细致地关注环境和遗传到底以什么样的方式影响着心理发展的内在机制问题。

（二）遗传、环境和教育与发展的关系

遗传、环境和教育都是个体心理发展的必要的客观条件，它们之间存在着错综复杂的相互影响、相互制约的关系。

1. 遗传和生理成熟是个体心理发展必要的物质前提和基础

（1）什么是遗传。遗传是一种生理现象，是指双亲的身体结构和功能的各种生物特征通过遗传基因传递给下一代的现象。所谓遗传的生物特征，或称遗传素质，主要是指那些与生俱来的有机体的构造、形态、感官和神经系统等方面的解剖生理特征。

个体的发展包括了生理和心理两方面，遗传在生理发展中的作用较明显，是生理发展的决定因素。遗传决定了个体的性别、身高、体型、肤色、血型。生理发育的速度和成熟的时间虽同后天的生活环境有关，但主要也是由遗传决定的。

（2）遗传的作用体现。心理能否遗传？遗传和生理成熟对个体心理的发展到底起什么作用？可从三个方面来认识：

第一，遗传是个体心理发展的潜在基础和自然前提。遗传素质使个体在社会生活条件下可能发展成为一个具有高级心理发展水平的人。而最高等的动物，即使长期与人接触或受到人们对它的专门训练，也不可能具有人的心理发展水平。一个生下来就全色盲的孩子无法辨别颜色，也就无法成为画家或色彩学家。许多智力落后的儿童，特别是比较严重的，常常有遗传上的缺陷。如先天愚型患者，就是因染色体遗传不正常，其中有一对多了一个染色体，故又称"三体病"。中国科学院心理研究所曾调查了22.8万名儿童，发现低能儿和呆傻儿童50%以上是先天因素造成的，其中父母的低能、与近亲结婚而造成呆傻的占相当比例。而这些生下来就有缺陷的婴儿，不可能发展成为一个正常的人，因此也不会有正常人的心理活动。由此可见，没有正常人的遗传素质，就没有正常人的心理。遗传是个体心理发展的物质前提。

第二，遗传素质的个别差异为心理发展的个别差异提供了最初的可能性。这种心理发展的个别差异使得有些人表现出智力的优异或迟钝，有些人容易表现出音乐才能或体育才能，而有些人容易发展数理逻辑思维能力。

第三，生理成熟在一定程度上制约着心理的发展，是心理发展的基础。这里的生理成熟是指机体生长发育的程度或水平，也称之为生理发展。个体出生后身体各部分及其器官的结构和机能还有一个生长、发展的过程，心理的发展是和这些发展过程，特别是大脑的发展密切相关的。同时，生理的发展还有一定的次序和规律，例如，神经系统在出生后最初几年发展很快，以后就逐渐缓慢；生殖系统则相反，开始发展慢，至 11 岁后迅速发育成熟；淋巴系统的发展速度显示出很快上升又很快下降的特点；其他如肌肉、骨骼等一般先快后慢，后来又出现一个迅速成长时期。各个系统的内部，如儿童骨骼的硬化、各部分肌肉的发展等，都有一定的次序和规律。所有这些都将影响个体心理发展的次序和规律。因此，个体心理发展的水平，在一定程度上受生理发展的规律的制约。

2. 在遗传和生理成熟所提供的可能范围内，环境和教育对个体心理发展的现实水平起决定作用

环境是指个体以外一切能影响其身心发展的因素。它包括自然环境和社会环境。自然环境提供个体生存所需的物质条件，如空气、阳光、水分等。个体出生前所处的胎内环境，也可以说是一种自然环境，又叫产前环境。社会环境指个体的社会生活条件，包括社会生产力发展水平、社会制度、文化科学水平、个体所在家庭的社会经济地位、家庭状况、周围的社会气氛、受教育状况等。其中，社会生活条件和教育对个体心理发展的影响最大。

（1）环境和教育使遗传所提供的心理发展的可能性变为现实。动物主要依靠遗传所得的生理解剖结构和机能来获得它适应外部环境的能力，这是动物从上一代获得生存能力的唯一途径。而人类除了通过遗传把特有的生理解剖结构和机能传递给下一代外，还要通过语言文字将人类所积累的物质文明传递给下一代。人类的后代如果不生活在人类社会环境里，那么虽然遗传提供了个体心理发展的可能性，但这种可能性也不会变成现实。例如，野兽抚养大的孩子虽然具有人类的遗传素质，却不具备人的心理。典型的事例如印度"狼孩"卡玛拉和阿玛拉，法国的阿藏龙野男孩，以及近年来发现的印度 10 岁"狼孩"巴斯卡尔，等等，他们都不会直立行走、不能说话、没有人类的动作和情感。这些科学事实说明，具有正常素质的个体，其心理发展受环境的决定性影响。

（2）社会生活条件和教育是制约个体心理发展水平和方向的最重要因素。在同一社会里，个体所处的环境是千差万别的，世界上除了同卵双生子外，没有任何两个个体具有相同的遗传模式，而环境模式的多样化更是超过遗传模式的多样化。即使是一起长大的同卵双生子，各自的环境也有所不同。如在胎内所处的位置、出生的顺序，以及由此引起的成人的不同要求等。尽管这些差别与其他儿童相比要小得多，但也会对其心理发展产生某些影响。

（3）教育作为一种特殊的环境，对心理发展起主导作用。教育是培养人的一种社会活动，是由教育者根据教育目的的要求，组织一定的教育内容，采取一定的教育方法来对个体施加的一种有目的、有计划、有系统的影响。它是个体的社会生活条件中最重要的特殊环境，它比一般环境的自发影响具有更大的效能，能够在最短的时间内把人类积累的科学文化知识、道德行为规范传递给下一代，因而在影响个体心理发展的诸多因素中起主导作用。社会生产越发达，教育对个体心理发展的作用越明显。教育正是通过组织和选择信息、指引并促进个体通过学习而得到心理发展的。

（4）工作群体也是影响心理发展的大环境。工作群体是指个体在成年以后参与社会、接受社会影响的主要场所。宏观的社会影响，包括政治、经济、文化等，通过群体的权威体系、管理方式、工艺技术、工作目标和成员的权利义务等体现出来，并作用于个体，对个体的心理产生广泛的影响。如来自领导和同事的评价、成员之间的相互比较以及个人在群体中的角色和地位等都直接制约着个人的自我意识和对自己事业发展前景的判断。此外，还有群体内的人际气氛、工作压力等等，所有这些最后都以工作积极性的形式表现出来，成为影响成年期心理发展的主要因素。

3. 个体心理发展是遗传与环境相互作用的产物

（1）环境影响着遗传物质因素的变化和生理成熟。在种系发展中遗传的东西并不是一成不变的。人类本身就是在许多世代遗传和变异的辩证统一过程中进化而成的。由于具备了特殊的自然环境条件，有了劳动，人才逐渐形成了高度发达的手和脑。生理成熟主要是按照遗传的程序进行的，但环境对生理成熟也有相当的影响。我国古代就有"胎教说"，要求孕妇要做到清心养性，避免"七情"所伤。现代科学研究也证明，胎内环境对胎儿的生长发育及出生后的发展有重大影响，如母亲缺乏营养，尤其是严重缺乏蛋白质会影响胎儿脑细胞的数量。母亲的食物中严重缺碘，可能会生下患有呆小症的婴儿。此外，母亲的情绪、疾病、不良生活习惯以及药物、辐射等都会影响胎儿的发育，从而影响后代的智力发展。

（2）遗传素质及其后的生理发展制约着环境对个体心理的影响。环境可对遗传产生一定的影响，但是环境不能从根本上改变遗传因素和儿童的生理成熟过程。反过来，遗传的特征对儿童接受环境的影响起着制约作用，最常见的就是儿童的性别、最初的气质特征、某些特殊才能的发展等。这些遗传特征从出生起就影响着儿童对外界刺激做出不同的选择性反应，并进一步影响到成人的教养方式，从而对个体心理发展产生影响。

（3）遗传与环境、成熟与学习对个体心理发展的作用是动态的。不同的心理与行为、不同年龄阶段，遗传和环境的作用大小是不同的。通常是年龄越小，遗传的影响越大；低级的心理机能受环境制约少，受遗传影响大；越是高级的心理机能（如抽象思维、高级情感）受环境的影响也越大。遗传与环境的交互作用大致遵循三大原则：① 个体出生前的发展，主要由遗传因素所决定。② 个体出生后的婴幼儿阶段，属于身体方面的特征，遗传的影响大于环境；属于心理方面的特征，环境的影响大于遗传。③ 当个体发展趋于成熟阶段时，影响个体身心发展的则主要是环境因素。

斯卡尔等（Scarr & Mc Cartney）提出了一种解释遗传与环境之间相互作用关系的理论。其基本观点是：个体的遗传类型（Genotype）将影响其对环境的选择和经验，即虽然环境在个体成长过程中起着非常重要的作用，但是，究竟哪些环境因素会起作用以及怎样起作用，还是要由个体的遗传特征来决定。由图 2.19 可知，儿童的表现既受自身的遗传类型影响，又受其养育环境的影响。与此同时，父母的遗传类型和儿童自身的遗传类型也对儿童生长的环境产生影响。

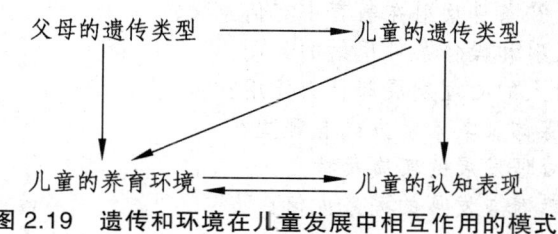

图 2.19 遗传和环境在儿童发展中相互作用的模式

赫罗威兹（Horowitz，1987）也提出了一个描绘机体与环境之间的相互作用方式的模型（见图 2.20）。在该模型中，机体分为健康与脆弱两级（遗传素质高与低），两级之间是连续体。环境变量是从丰富（Facilitative）逐渐过渡到单调（Nonfacilitative）。那些机体健壮的儿童，即使在没有丰富刺激和便利设施的环境中，亦有望得到正常发展。而在丰富环境条件中成长的儿童，即使机体素质较差，其正常发展的可能性仍较大。

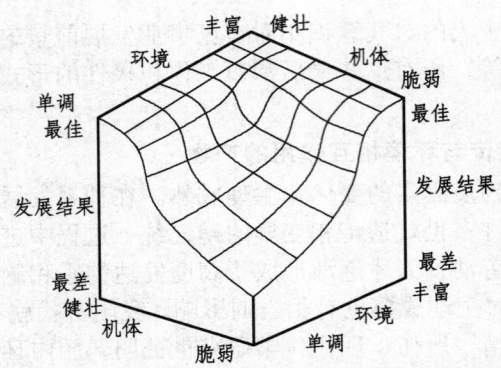

图 2.20 描述机体（遗传）与环境之间相互作用的发展结果模型

总的说来，遗传与环境对心理发展的相互作用可以理解为发展的可能性与现实性之间的辩证关系。个体的生物遗传因素规定了发展的潜在范围，而个体的环境教育条件确定了发展的现实水平。

另外，西方著名的成人社会心理学家伯尼斯·诺嘉顿（Bernice Neugarten）还对人的发展的形成过程进行了具体的论述。他认为，人的发展、变化——生命周期性规律运动是"内源"和"外源"共同作用的结果。所谓内源，即人——主体的内在因素：生理、心理；所谓外源，即客体——环境（特别是社会环境）的外部因素：社会的年龄标准以及各年龄段所规定的行为规范、任务、模式、多种事件和事变等。在诺嘉顿看来，所有这类社会期望、社会准则、行为规范、社会事件均可十分形象地被看做一座"社会钟"（Social Clock），当它变为个体的内部东西时，便调节着个人在生命周期事件中的运动。

思考讨论与实践探索

1. 唯物主义的心理观都能正确地理解心理的实质吗？为什么？
2. 心理的实质是什么？
3. 为什么学习心理学必须了解心理的生理基础？
4. 神经系统包括哪些部分，为什么说脑是神经系统的核心部分？
5. 大脑左右两半球为什么一定要和谐发展？
6. 高级神经活动的基本过程和基本规律是什么？
7. 什么是条件反射？条件反射在教育中有何意义？
8. 比较经典条件反射和操作条件反射的异同。
9. 染色体和基因对人的心理发展起什么作用？
10. 人体的内分泌腺体及其活动方式有哪些？
11. 如何理解毕生心理发展的实质及特点？
12. 遗传、环境和教育与发展的关系如何？

第二编 认知发展与学习

第三章 注意规律与教育教学

【学与教要求】
- 识记：有关注意、注意种类、注意品质特性等概念
- 理解：注意的功能，影响有意注意与无意注意的因素，注意各品质的条件等内容
- 应用：教学活动中怎样组织学生的注意，怎样克服分心，注意的品质及其培养

第一节 注意概述

人们进行任何活动都需要集中注意力，才能达到预期的效果。例如，学生学习时要聚精会神，教师讲课时得排除一切干扰，工人必须毫不分心地开机器，工程师必须全神贯注地进行设计。可见，注意是一种十分普遍而又重要的心理现象。

一、什么是注意

注意是心理活动对一定现象的指向与集中。指向性和集中性是注意的两个基本特点。

注意的指向是指人在某一瞬间他的心理活动选择了某个对象，而忽略了另一些对象。例如，当你正在看书，突然背后有人大叫你的名字，你会马上离开书本，把注意力转向那个人。指向为心理活动选择了目标。人在任何特定的时刻都被无数刺激所围绕，但是人只能对其中的某些刺激发生反应，这就是注意的选择性。

这种选择既可以是外部世界的对象和现象，也可以是我们自己的身体、行为和思想。例如，一个人在剧院里看戏，他的心理活动选择了舞台上演员的台词、动作、表情、服饰，而忽略了剧场里的观众。对前者他看得清、记得牢，而对后者只能留下非常模糊的印象，甚至看完了戏，还不知他邻座的观众是一个什么样的人。因此，注意的指向性是指心理活动在哪个方向上进行活动。指向性不同，人从外界接受的信息也不同。

选择有两种形式：一种是有意的，一种是无意的。无论是哪一种选择形式，在特定的时间内，人对刺激进行有意识的反映能力总是有限的。选择还有不同的程度，只有被注意瞄准的事物，才能清晰地反映。

集中是指人的心理活动在指向的基础上，对某一事物或活动的专注或坚持，即专心致志、聚精会神。它体现了人的心理活动在某一事物或活动上的强度或紧张度。如学生在课堂上全神贯注地听老师讲课，而对讲课之外的其他刺激则视而不见，充耳不闻。这就是注意高度集中的表现。注意高度集中会使人消耗大量脑力。因此，注意越是高度集中，人的心理活动的

强度就越大，紧张度越高。例如，医生在做复杂的外科手术时，他的注意高度集中在病人的病患部位和自己的手术动作上，与手术无关的其他人和物，便排除在他的心理活动之外。

注意的对象既可以是外部世界的物体和事件，也可以是我们自己的行动和观念。如可以专心致志地看小说，也可以陶醉在自己精神世界的沉思中。在同一时间内，人不可能注意所有的对象而只能注意少数对象。这些少数对象就被清晰地意识到，而同时作用的其他对象就没有被意识到或意识得比较模糊。因此，注意总是心理活动对一定对象的指向和集中，指向和集中的对象是注意的中心，而其他对象则处于注意边缘或注意范围之外。

注意是一种意识状态，或者说是一种比较清晰的，比较紧张的意识状态。但是意识状态并不就是注意。有意识而无指向和集中，不能称为注意。比如，一个人在街上漫无目的地散步，其意识不指向和集中于某一特定对象，所以不能说他处于注意状态之中。另外，意识虽有所指向和集中，却不指向和集中于当前应当指向和集中的特定对象，这往往也被认为"没有注意"。

如果说注意的指向性是指心理活动朝向哪个对象，那么集中性就是指心理活动在一定方向上活动的强度或紧张度。心理活动的强度越大，紧张度越高，注意也就越集中。人在高度集中注意时，注意指向的范围就缩小。这时候，他对自己周围的一切就可能"视而不见，听而不闻"。从这个意义上说，注意的指向性和集中性是密不可分的。

二、注意与人的心理过程的关系

注意不是一种独立的心理过程，因为注意本身并不能反映事物的属性，而是伴随心理过程的一种特性或意识状态。它不反映任何事物及其属性，也不揭露对象的意义和作用。只有在具体的心理过程中，它才表现出来。例如，我们平常说"注意"，总是要和"听""看""记忆""思维"等心理过程联系在一起。即"注意听""注意看""注意思维"等。当人在注意着什么的时候，他也就在感知着什么，记忆着什么，思考着什么。我们平常所说的"请注意人家的发言""请注意问题的关键"，并不是说注意本身就能独立地反映过程，而是由于习惯，把"注意听人家的发言"中的"听""思考"，"注意问题的关键"中的"思考"等字省略了，注意离开了"看""听""思考"等心理过程，它自身也就不存在了。

注意是伴随着其他心理过程而存在的一种意识状态，谓之心理特性。注意本身不是一种可以离开认识活动的心理活动，但各种认识活动都既可在注意状态下进行，也可在不注意状态下进行。我们可以注意地听，也可以不注意地听，可以注意地思考，也可以不注意地胡思乱想。但任何心理过程的活动效率，总表现为有注意参加才能实现。人们开始任何一个有目的的活动，必须首先注意。如果没有注意的参与，也就不可能产生对某种事物深刻的感知、记忆和思维，注意是认识过程的必备条件。同样，离开了注意，情感也就无从表现，意志行动也无法实现。总之，注意的自身状态并不反映任何事务及其属性，注意不是独立的心理过程，而是各种心理过程的共同属性，贯穿心理过程的始终，一切心理过程都离不开它。

三、注意的功能

注意在人的心理活动中占据很重要的位置，它是一切心理活动的警卫和门户。外界的一切信息必须通过它的选择才能进行深加工。

（1）注意具有对信息进行选择的基本功能。它使人从一瞬间同时作用于我们的大量刺激中选择出对我们最有意义的、符合当前需要的、与当前任务相一致的刺激，同时，抑制和排除那些无关的刺激。心理活动的选择性可以保证以最小的精力去完成最重要的任务。

如果心理活动没有注意这种选择功能，意识就会处于一种混沌的状态。如不能将大量的信息按轻重缓急加以筛选和过滤，就无法进行信息加工。

（2）注意具有保持的功能。注意的保持功能表现为注意在时间上的延续。即注意在一定时间内始终保持在某一对象或活动上，使人的活动能持续、顺利地进行，直至完成任务为止。在注意的保持功能中人的活动的目的、兴趣、爱好等因素起着较重要的作用。

（3）注意最重要的功能是对活动进行调节与监督。它可以根据活动的需要以及条件的变化而适时分配注意和转移注意。人只有在注意的状态下，才能对信息进行反馈，并相应地调节、监督自己的行为。注意的这种功能有利于心理和行为活动准确和精确地进行，有利于对错误的、不符合目的的活动进行及时的纠正和调节，使心理活动沿着一定的方向和目标进行，并根据需要及时地转移。有些学生作业中的错误，不是由于不懂规则而产生的，而是与心理监督机制形成的不完善有关。这种心理监督技能形成后，可以相当迅速地加以综合、概括，进行转移。

可见，注意对人类具有十分重要的意义，人的一切工作、学习和生活都离不开注意。人的注意是在实践活动中发展起来的，并对实践活动起着重要的作用。注意使人的感受性提高、知觉清晰、思维敏锐，从而使行动及时准确。许多生产事故和车祸的发生，往往是由于注意不集中而造成的。学生的学习活动特别需要注意的维持与组织。只有专心致志地集中注意来进行学习，才能提高学习效率，获得清晰正确的反映；相反，学习不专心，注意涣散和分心常常是学生学习成绩不良的主要原因。

四、注意的理论

不少学者对注意进行了理论探讨，下面从信息加工观点的角度介绍两种注意理论。

（一）过滤说

英国心理学家布罗德本特（Broadbent）提出了解释注意选择作用的一种理论，即过滤学说。他认为神经系统在加工信息的容量方面是有限的。注意就像一个过滤器，对输入的信息进行了认识和筛选。因此，在某一特定时间内，只能有部分信息输入，其他信息就被过滤掉。只有通过过滤器而被输入的信息，才能引起有意识的心理活动。并认为，新的、强烈的刺激最容易通过过滤器。

（二）衰减说

美国心理学家特瑞斯曼（Treisman）提出了衰减说，特瑞斯曼和布罗德本特一样，也把注意看做是一个控制系统。但他认为，这个控制系统不是过滤器，而是衰减器。当信息向大脑输入时，被注意的信息完全被阻断以至于没有输入。衰减说比过滤说更能较正确地说明注意现象。

另外，还有主动加工理论。该理论认为，注意是一个对信息主动加工的过程。他强调知觉的充分分析，反应选择和记忆在信息选择中的作用。因此，有时也叫完善加工理论、反应选择理论或记忆选择理论。

五、注意的外部表现

当人处在注意状态时，总是伴随着特定的外部表现。这些外部表现是判断人的注意状态的重要根据。

1. 适应性的动作

当人们注意听某种声音或注意看某种东西时，其感官总是要朝向所注意的对象。表现为抬头仰望、举目凝视或侧耳倾听。当人们再仔细深入地思考某一问题时，常常紧皱眉头或来回踱步，等等。这些都是人在注意时所产生的适应性动作。

2. 无关动作的停止

当人处于高度注意时，其身体的许多部位都处于紧张状态，常常停止一切无关的动作。比如，当学生对老师的讲课听得入神时，往往注视着老师，一动也不动。

3. 呼吸的变化

当人处于高度注意和紧张状态时，有时会出现一些多余的动作。例如，第一次登上讲台讲课的学生，有的由于高度注意和紧张，往往手足无措，不断地扯衣角、敲桌子或在讲台上不停走动。

以上注意的外部表现，都可以作为我们判断注意的重要依据。但是，人的注意的外部表现和人的注意并非一一对应的关系。如有些学生在课堂上看起来很规矩，一动不动地注视着黑板和老师。但其内心可能在想与讲课无关的其他事情，即貌似听课，实际上心不在焉。所以，判断人的注意是不能只看其外部表现，要仔细全面地观察，认真分析，以便作出更客观的判断。

第二节　注意的分类与注意的品质

一、注意的分类

根据注意产生和保持有无目的，以及是否需要意志的努力，可将注意分为无意注意（不随意注意）、有意注意（随意注意）和有意后注意（随意后注意）三种。

（一）无意注意

无意注意也叫不随意注意，是指没有预定目的，也不需要意志努力，不由自主地发生的注意。对于周围环境中的某一事物，人们实际并没有打算要去注意它，但由于它本身的特点使人们不由自主地去关注它，这就叫无意注意。比如，人们正在电影院里聚精会神地看电影，突然一个人大喊大叫地从门口闯进来，此时此刻，人们会不由自主地把目光转向这个人。在这种情况下，我们对注意的东西没有任何准备，也没有明确的认识任务。这时注意的引起与维持不是依靠意志的努力，而是取决于刺激物本身的性质。可见，无意注意是不受意识控制的。这是人们在某种刺激的直接影响下，自然而然地把感受器官转向特定刺激物的探究定向反射，它是注意的一种初级表现形式。

无意注意主要是由刺激物本身的特点和对人们有直接兴趣的事物引起的。在这个意义上，无意注意是一种消极被动的注意。在这种注意活动中，人的积极性的水平较低。

引起无意注意的原因有两方面：一是客观刺激物的特点，二是人的主观态度。

1. 客观刺激物的特点

（1）刺激物的强度。在一般情况下，强度越大的刺激物越容易使人对他产生注意；反之，则不容易引起注意。比如，一声巨响，一道强光，一种浓烈的气味等强烈的刺激物，都会吸引人不由自主地去关注它。实验也表明，无意注意服从于刺激物的强度法则。有人曾用不同强度的声音刺激被试，并记录由定向反射引起的血管容积的变化。结果发现，用 60 分贝的声音刺激比用50分贝的声音刺激引起了更大的血管反应。这也表明越是强烈的刺激物越容易引起定向反射或无意注意。

当然，刺激物的强度，不仅是指刺激物的绝对强度，也指刺激物的相对强度。即刺激物的强度和周围环境中其他事物的强度的对比情况。在通常情况下，相对强烈的刺激物容易引起无意注意。比如，邻居在房内的说话声，脚步声，室内闹钟的滴答声，在白天也许并不引起人的注意。但在夜深人静时，他们就很容易引起人的注意。另外，某些刺激物与周围其他刺激物对比的反差越大，也越容易引起人的注意。如"万绿丛中一点红"，一位肤色很白的姑娘，她脸上有一颗大黑痣，都会使人不由自主地去注意它。

（2）刺激物间的对比关系。除了刺激物在强度上的对比关系容易引起人们的无意注意外，这种现象还大量存在于刺激物之间在形状、大小、颜色、持续时间及活动和静止等方面的对比关系上。如果刺激物之间在上述方面的对比关系特别明显，对象与背景的差异显著，就容易引起人们的无意注意。例如，"万绿丛中一点红""鹤立鸡群"等。

（3）刺激物的活动变化。活动和变化着的刺激物比相对静止的刺激物更容易引起人们的无意注意。如夜空中的流星，一闪一灭或不停转动着的彩灯等，都容易成为无意注意的对象。教师在讲课时突然停顿，也会马上引起"分心"学生的注意。

（4）刺激物的新异性。新颖的与众不同的事物比千篇一律、多次重复的陈旧事物容易引人注意。一般而言，越是新奇独特的刺激物，越容易使人产生无意注意。比如，商场中款式新颖、设计独特的商品或大街上那些别具一格的广告宣传，很容易引起人们的无意注意。有人曾设计了在新颖性、不一致性和复杂性方面各不相同的各种图形让被试者看，当这些图形由被试自己操作而作短暂呈现时，测定他们注视这些图形的时间，结果发现，新颖的不一致的图形比复杂的图形更经常受到选择注意。可见，刺激的新异性是引起人无意注意的重要原因。

这里的新异性，既包括绝对新异性，又包括相对新异性。绝对新异性是指人们从未感知过的事物及其特征。如一辈子生活在大平原的人，当他第一次进入山区，看一座座雄伟险峻的大山时，会感到新奇，并引起注意。相对新异性是指刺激物熟悉特性的异常变化和各种特性的异常结合。比如，一个平常不爱打扮的人，某一天精心打扮后出现在你面前，你一定感到新奇。因此，无论是刺激物的绝对新异性还是相对新异性，都是影响无意注意的重要因素。

对新异性刺激物的注意和探究称为好奇心，新异刺激物对注意力的吸引和维持，与我们对它的理解程度有关。如果我们对这种新异刺激毫不理解（绝对新异性），虽然它可以引起我们一时的注意，但难以维持长久。如果我们对新异刺激物有一些了解，但又不完全理解（相对新异性），为了求得进一步的理解，就会引起强烈的注意，并能较长时期地维持。实验研究表明，相对新异的刺激物更容易引起无意注意。

2. 人的主观态度

无意注意虽可由刺激物的上述特点所引起，但它也与人自身的状态、需要、情感、兴趣、过去经验等有着密切的联系。同样一些刺激物，由于感知它们的人本身状态不同，可能引起有些人的注意，却不能引起另外一些人的注意。引起无意注意的主观原因主要有：

（1）需要和直接兴趣。需要是人们主动地探索环境的内部原因，也是引起无意注意的重要条件。凡是与人的需要相符合的事物，就容易成为无意注意的对象。无论是与机体的生理需要相联系，还是与社会性需要相联系的事物，都会首先吸引人的注意。

直接兴趣也是引起无意注意的重要原因。如专业兴趣，热爱自己工作的人，对于其工作有关的一切事物都会感兴趣，都能引起他的注意。凡是与一个人已有的知识经验、技能特长或性格特点相联系的，以及能增进一个人新知识的事物，也容易引起人们的兴趣和注意。例如，建筑师由于职业的需要，当他们在外地旅游时，那里各式各样的建筑物都会自然而然地吸引他们。

（2）情绪和精神状态。人在心情愉悦、精神饱满的时候，有机体机能的激活水平高，容易关心、留意周围的事物。而在情绪烦闷、抑郁寡欢时，平时容易引起他注意的事物，此时他也会漠然视之，不容易引起他的注意。还有，一个人对某人或某事有着特殊的情绪和情感，那么凡是与之有关的事物，哪怕是一些微小的变化也会引起他的无意注意。

人在过度疲劳、精神怠倦的状态下，常常不能觉察到那些在精神饱满时容易引起注意的事物。人在精神饱满时最容易对新鲜事物发生注意，注意也容易集中和持久。

（3）期待。期待也是引起不随意注意的重要条件。我们听过一系列"学术讲座"后，由于期待着下一次讲座，因此，有关下一次讲座的通知，就很容易吸引我们的注意。旧小说的作者或者说书人在描写到紧张的情节时，忽然故意停住，并照例添上一句结束语"欲知后事如何，且听下文分解"，目的就是使人们产生对新的章回的期待，以便吸引人们的注意。

以上这些因素，也可以称为刺激物的意义性，即刺激物的客观特性对主体生活的意义。用双耳分听技术进行的实验表明，如果不在要求被试注意的那一侧耳朵播放被试的姓名，或其他有关被试的某些消息，那么被试可以感知到并能正确报告出来，这是因为这些信息对被试具有重要的意义。在人声嘈杂的公共场合，当有人悄悄议论到你的名字时，你会不由自主地注意到他，也是由于刺激物的意义性引起的。正是由于意义性的作用，某些在物理强度上异常微弱的刺激，也能引起人们的无意注意。

无意注意既可帮助人们对新异事物进行定向，使人们获得对事物的清晰认识，但也能使人们从当前进行的活动中被动地离开，干扰他们正在进行的活动，因而具有积极和消极两方面的作用。对教师来说，正确掌握无意注意的规律，对做好教育教学工作是有帮助的。

（二）有意注意

有意注意也称随意注意，是指自觉地、有预定目的的且需要一定意志努力的注意。许多同学为了考研，不分早晚不顾疲倦，甚至不顾疾病地坚持学习，精力高度集中。可见，有意注意是一种自觉的、积极主动的注意。

有意注意是人们向自己提出一定的任务，自觉地把某些刺激物从周围众多刺激物中区分出来，作为注意的对象。例如，当我们确定看书或做作业之后，这时我们所注意的这个刺激物的特点，不论是否强烈、是否新异、是否有趣，我们都必须集中注意，同时排除各种与此事无关的刺激的干扰。因此，有意注意必须付出意志的努力，它是受人的意志自觉调节和支配、主动地服从一定活动任务的注意。它是注意的一种高级形式，也是注意的一种积极、主动的形式。如果说动物也有无意注意的话，那么只有人才有有意注意。因此，在种系发展上，有意注意出现得比较晚。

有意注意是人在社会生活实践中发展起来的。学习和劳动过程中总有一些人不感兴趣而又非做不可的任务，必然有困难和单调的因素，这就要求人们把自己的注意有意识地集中并保持在一定活动上。人就是在这种实践活动中发展了有意注意的能力。在有意注意的过程中，言语起着重要的作用。人能通过语词的作用，按照一定的目的自觉地完成任务，努力集中注意于一定的事物上。即使是在当前没有具体事物存在的情况下，人也能借助语词来实现。例如，人们经常用外部语言或内部语言来提醒自己，维持注意的稳定和集中。

无意注意与有意注意常常处于一种竞争的状态。一方面有些东西要引起我们的无意注意，另一方面又有些东西要求我们有意注意。一般说来，强的有意注意与无意注意如不一致，则随着前者时间的增长而使后者得到强的抑制作用。如果有意注意和无意注意一致，则可以起到相互加强的作用，如有意注意可因新异刺激引起的无意注意的参与而得到加强，而弱的有意注意无论对无意注意的促进作用还是抑制作用都是较弱的。

学习是一种紧张、艰苦和持久性的活动，在任何一种系统科学知识的学习过程中，必然包含着许多困难和枯燥乏味的内容，仅靠无意注意来维持是不可能的，还必须依靠有意注意才能完成。因此，要提高教学效果，必须重视研究如何使学生产生和维持对学习的有意注意。

引起和维持有意注意的条件包括以下几个方面：

1. 明确目的和任务

有意注意是一种有预定目的的注意。因此，主体对目的、任务越明确，理解越清楚，越具体，实现目的、任务的愿望就会越强烈，有意注意就越容易产生和维持；反之则不容易维持注意。大家都知道，有经验的教师常常要求学生上课前进行预习，事先了解这节课要讲的内容，知道哪些地方自己没有看懂，这样做就是为了引起学生的有意注意。学生有了比较明确而具体的听课目的，就能更有效地从课堂上选择信息。

2. 激发和培养间接兴趣

间接兴趣是引起和保持有意注意的重要条件之一。间接兴趣是指人对活动本身和过程暂无兴趣，但因认识到活动结果对自身有重要意义而对之产生的兴趣。如学习对很多学生来说是枯燥的、单调乏味而又艰苦的活动，所以他们的兴趣不大。但考虑到学习的好坏直接影响到自己今后的升学和人生前途，他们仍然埋头苦学，从而对学习产生较浓厚的兴趣。这就是间接兴趣，它能使学生把注意较稳定地集中在学习上。间接兴趣越稳定，就越能对活动的对象产生有意注意。例如，成年人学外语困难很多，背单词、背课文，枯燥乏味，但是不少人认识到掌握外语的重要意义，仍然刻苦攻读。

3. 合理地组织活动，有利于维持有意注意

提出"加强注意"的自我要求，适时地提醒自己"必须注意"，特别是在要求加强注意的紧要关头，运用自我提醒、自我命令对组织注意起着重要的作用；把智力活动和实际操作结合起来，让多种感觉分析器协同活动等等，都有利于引起和保持有意注意。

4. 排除干扰

有意注意是与排除干扰相联系的。人在进行某种活动时，难免不碰到其他诱因或环境的干扰（如疲劳、疾病、情绪等），使注意难以集中。这就需要意志的努力，与干扰作斗争。培养坚强的意志力则有利于克服分心，集中注意。古人为了专心学习而"头悬梁锥刺股"，就生动地说明了这一点。

5. 实际操作

人们在进行智力活动的时候，把头脑中的智力活动同外界的实际操作相结合，这对于保持有意注意是较重要的。比如，在阅读较难的书籍时，在书上画线、做记号或适当做笔记，都是维持有意注意的有效方法。实验也证明，把注意的对象变为实际操作的对象，可以有效地保持有意注意。

（三）有意后注意

无意注意和有意注意是两种最基本的注意形式。在日常生活中，它们是可以互相转化的。即无意注意可以转化为有意注意，有意注意也可以转化为无意注意。当有意注意向无意注意转化时，那就是有意后注意。

有意后注意又叫随意后注意，它是注意的一种特殊形式，也是一种更为高级的注意形式。

它是一种有预定目的，但不需要意志努力的注意。

从特征上讲，有意后注意同时具有有意注意和无意注意的某些特征。它有预定目的，这和有意注意相似；但它不需要意志努力，这又和无意注意相似。例如，一个人开始做某种工作是由于对它不熟悉或不感兴趣，往往需要一定的意志努力才能把自己的注意保持在这种工作上。经过一段时间的努力，对所从事的工作已达到熟练并运用自如而产生了兴趣时，就不需要意志努力而仍然能继续保持注意，从而使有意注意转化为无意注意。这种注意是在有意注意基础上发生的，所以成为"有意后注意"。

有意后注意是一种高级类型的注意，它具有高度的稳定性，是人类从事创造性活动的必要条件。有意后注意服从于当前的活动目的与任务，又能节省意志力，因而对完成长期、持续的任务特别有利。培养有意后注意关键在于发展对活动本身的直接兴趣。当我们完成各种较复杂的智力活动或动作技能的时候，要设法增进对这种活动的了解，让自己逐渐喜欢它，并且自然而然地沉浸在这种活动中。这样，才能在有意后注意的状态下使活动取得更大的成效。

在人的实践活动中，每个人都具有这三种注意类型，并经常处于相互转化的过程中。比如，某人学习外语的开始阶段，主要靠有意注意，因为这时他还不能用外语去办任何事情。在这种情况下他依靠自己的意志努力去坚持学习，这时他对外语的注意就是有意注意。当他达到对这门外语熟练的程度，能够运用它来处理外事工作或学习专业知识，这时他就无需为掌握外语而学外语，他对外语就可以由有意注意转化为无意注意了，这样的无意注意就叫做有意后注意。

不仅有意注意可以转化为有意后注意，有意后注意遇到困难和障碍也可以返回到有意注意，而无意注意也可以在一定条件下转化为有意注意。如某人偶然被某种活动所吸引并参加这种活动，后来才认识到该活动的重大意义，从而自觉地、有目的地去从事这一活动，这就是无意注意转化为有意注意的事例。人们从事任何一种活动，如果经常依靠意志努力来保持注意，往往会造成心理紧张，使人感到疲劳，注意就容易分解，任务也难以完成。如果只凭无意注意去工作，那么，不仅工作会显得杂乱无章、缺乏目的性和计划性，而且难以持久。所以，在实践活动中只有这三种注意协同作用、相互转化，才能更好地认识并改造客观世界。

二、注意的品质及其培养

（一）注意的广度

注意的广度，即"注意的范围"。指人在同一时间内能清楚地觉察到对象的数量。它表现了一个人注意的广阔性，是注意品质的重要方面。1/10秒的时间内，人眼只能知觉对象一次，这段时间人能知觉到课题的数量，就是这人的注意广度。比如，在电子显示屏上给被试一些图形数字，然后马上消失。让被试回答他们所看到的图形或数字的数量。有的被试可能回答的数量多，有的被试可能回答的数量少，这就是注意的广度问题。

注意的广度是心理学中最早进行实验研究的问题之一。早在1830年，哈密顿（W.Hamiltom）第一个做了示范实验。他在地上撒一把石弹子，让被试在一瞬间辨认，结果发现被试很不容易立刻看清六个以上的石子。1871年耶文斯进行了类似的试验，但在实验设计上进行了一定条件的控制。

【资料链接】

一眼能同时看清几个点

抓一把黑豆洒在一个置于黑色背景上的白盘子中，当黑豆撒落时，其中只有一部分豆粒落在盘中，而其余的豆粒则滚落到黑色背景上去了，待盘中的豆粒刚稳定下来，便立即让被试报告所看到盘中的豆粒数。重复了 1000 多次，求出平均数。结果是：豆粒在 4 个以内时，正确率为 100%；5 粒为 95%；6 粒时，正确率已不足 20% 了。这个实验结果表明，豆子越多，正确估计的百分率越小，其情况如图 3.1 所示。

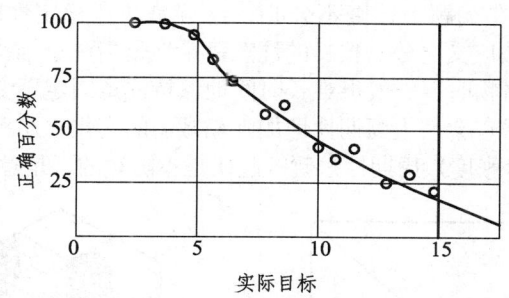

图 3.1　用图解法整理过的 Jevons 的材料

如今，视觉的注意广度实验有了专门的仪器——速示器，这种仪器能在 0.1 秒内把几个客体（如几何图形、符号、汉字、外文字母等）显示出来，其呈现程序可用计算机控制。由于人的视觉注意来不及在短时间内由一个客体转移到另一个客体上，因此这时被试对眼前呈现的刺激物的知觉几乎是同时进行的。在这个时间内，被试所能知觉到的刺激物的数量就可作为他的注意广度。用速示器测量，在 0.1 秒的时间内，成人一般能认清 8~9 个黑色圆点，注意到 4~6 个字。总之，信息量越大，注意的广度就越小，信息量越小，注意广度越大。

影响注意广度的因素有：

1. 知觉对象的特点

在知觉任务相同的情况下，知觉对象的特点不一样，人注意的广度也会有变化。一般而言，注意对象越集中，排列越有规律，相互联系越趋向于成为整体，人注意的范围就越大；反之，注意范围就越小。

2. 个人的知识经验

个人的知识经验越丰富，注意的范围越大。这里因为知觉的对象越是与人过去的知识经验有关，知觉活动越容易，注意到的范围自然越大。另外，知识经验越丰富的人，往往善于把知觉对象组成一个整体来感知，注意的广度越大。比如，一个刚刚开始读书识字的小学生与一个大学生相比，其阅读的速度就有很大的差别。越是我们熟悉的东西，注意的广度就越大。例如，外语知识丰富的人，在阅读时能把单词、词组乃至一个短句组合成一个整体去感知它，因而阅读的速度很快，这时他们的注意范围就大，以至能"一目十行"。初学外语的人在阅读时往往是一个字甚至是一个字母一个字母地去感知，注意的范围相对就很小。

3. 活动的目的与任务

在具体的活动中，人的目的任务越明确，注意的广度越大；反之，注意的广度越小。因为人的目的任务越明确，其知觉活动的主动性自觉性越高，注意到的信息量越大。比如，在课堂上，一个明白该掌握哪些主要内容的学生，比一个盲目听课的学生会获得更多的信息。

注意范围的扩大，在人的生活实践中有重要的意义。如学习，"一目十行"就能在同样的时间内注意到更多的信息，提高学习效率。年龄较小的学生的注意范围不大，经验不足，思维又具有形象性，所以，它们只会罗列概念的一般特征，而不能把它们联系起来，进行综合思维。教师应该帮助他们观察，扩大和丰富他们的知识经验，又有计划地训练学生快速阅读和快速解读的能力，帮助他们安排各种活动和巩固已学过的知识，以扩大学生的注意广度。

（二）注意的稳定性

注意的稳定性即"注意的持久性"，指人把注意长时间地保持在一定的对象活动上。其标志是在某一段时间内注意的高度集中。这是注意在时间上的特征。比如，学生在参加考试时，长时间地把精力全部集中在试题上，毫不分心，这就是注意稳定性的表现。

注意的稳定性有狭义和广义之分。狭义的注意稳定性是指注意维持在同一对象上的时间。但必须指出，人在感知某一事物时，一般很难长时间地保持注意固定不变。也就是说，当人专注某一对象时，视、听感觉等器官会产生周期性地加强和减弱的变化，这种现象称为注意的起伏（见图3.2）。这种注意强度（紧张度）周期性短暂的起伏是不随意的，是意识很难直接控制的。

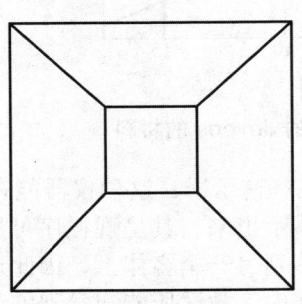 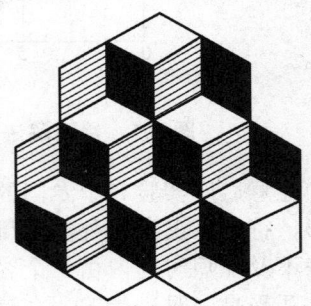

图 3.2　注意的起伏现象

【资料链接】

注意起伏是一种什么样的现象

把一个带黑点的白色圆盘装在混色器上快速转动，就会出现一圈一圈的灰色。由于离圆心近的黑点在其相应的圆圈中所占的比例要大一些，所以靠近圆心的圈的灰色深，越靠近边则灰色越浅。边上的灰圈有时能看见，有时又看不见，因为靠边上的灰色圈太淡。这样，整个圆盘上的灰圈一会儿看见七个，一会儿看见六个，一会儿又只看见四个……这种所看到的灰色圈数量不断变化的情况，表明了注意的起伏现象。实验结果表明，注意每稳定8～10秒钟，就维持不住了。这说明对单调刺激的注意稳定性是很难维持很长时间的（见图3.3）。

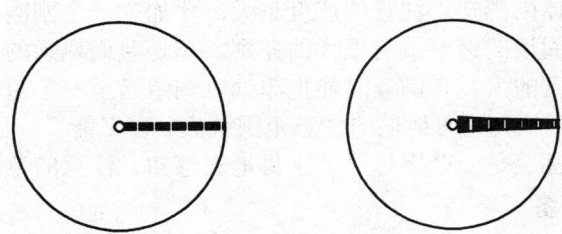

图 3.3　混色轮上用的麦森（Masson）盘

注意起伏的周期一般为2～3秒至12秒。但也有些实验证明，成年人的高度的有意注意最长可维持20分钟。要较长时间地维持注意的稳定性，必须是注意的对象（即刺激）有变化。因为注意对象的变化等于引起了新的注意，或者说等于注意的接力赛，即第一注意状态被第二注意状态所接替。研究表明，对于不同的刺激，注意起伏周期的持续时间是不同的，对声音刺激起伏周期时间最长，其次是视觉刺激，而触觉刺激起伏周期最短。

对注意起伏现象的揭示，有两种理论假设：一种观点认为，注意起伏是感觉器官对单一刺激局部适应的结果；另一种观点认为，注意起伏与有机体一系列机能（如血压、呼吸、神经元以及感觉过滤）的节律性变化有关。

注意起伏是正常的注意现象，它具有防止疲劳、提高注意稳定性的作用。在注意稳定集中的时候，一般情况下，对一些不显著的起伏，人们往往是觉察不到的。只是在要求个人非常迅速地反映某一对象时，才有消极的作用，而对其他许多活动的进行则影响极小。

广义的注意稳定性是指注意保持在对一定活动总的指向上。行动所接触的对象和行动本身虽有变化，但注意的总任务并没有改变。例如，学生钻研某一问题时，一会儿思考，一会儿查资料，一会儿又动笔写写画画，这些接触的事物和从事的活动虽然经常变化着，但都服从于解决某一问题这一总任务，因而可以说他的注意是稳定的。

影响注意稳定性的因素有：

1. 注意对象本身的特征

（1）刺激物的强度和持续时间。在一定程度上，刺激物的强度越大，越有利于注意的稳定。比如，课堂上教师洪亮的声音总是比细小的轻微的声音更能使学生的注意保持稳定。另外，注意的稳定也受刺激物持续时间的影响。有研究表明，信号刺激持续的时间长，信号觉察的百分数高；持续的时间短，信号觉察的百分数随之下降。可见，提高信号刺激的强度和延长信号呈现的时间，将有助于保持注意的稳定性。这在教学工作中可以适当运用。

（2）刺激物在时间和空间上的不确定性。在某一特定时间内，信号刺激出现的数量越大，那么被试对他们出现的时间的不确定性就越小。同样，在同一空间位置上，信号刺激出现的概率越高，被试对他们出现的空间的不确定性就越小。在这种情况下，注意的稳定性容易维持；反之则难以维持。这就表明，信号刺激本身的稳定性对注意的稳定性有重要影响。如果教师在教学中能给学生提供稳定而规则的刺激，则有利于维持学生的注意。

（3）活动内容和活动方式的多样化。通常情况下，相对单调、枯燥和不变化的刺激物，不容易保持注意的稳定，而丰富、新异和富于变化的刺激物容易维持注意的稳定。如给初中生整个上午安排一门功课教学，长时间单调的刺激会引起学生大脑的抑制，使其出现注意的分散，如果安排几门功课相交叉，并把性质不同的文理科及难易程度不同的内容适当地间隔开，使内容更丰富，更富于变化，那么就有利于学生注意的稳定。因此，在复杂而持续时间较长的活动中，要想维持注意的稳定性，就必须变化活动的内容和方式。

2. 了解活动的结果

在活动进行的过程中，主体能及时地了解活动的结果，也有利于维持注意的稳定。因为，这是利用反馈作用引起和保持主体的觉醒状态。在课堂上，如果学生对老师的提问一点也不能回答，他会马上知道自己对某些知识一点也没有掌握，这必然促使他集中精力听课。

3. 主体自身的状态

注意的稳定性和主体自身的内部状态也是有密切关系的。一般来说，一个意志坚强，善于控制自己的人，一个对事物抱有积极态度，对活动有浓厚兴趣，对目的任务十分明确的人，往往能和各种困难和干扰作斗争，使自己的注意长时间地维持在某一对象和活动上；反之，如果一个人意志薄弱，对活动目的不明确，缺乏兴趣或处于身体不适、过度疲劳、情绪不佳等状态，这就难以使注意保持稳定不变。

4. 注意的稳定性与脑神经系统的发育有着密切联系，大脑发育不良、智力低下的学生，注意力很难稳定

学生年龄越小，注意稳定性越差。他们很难持续地在较长时间里把注意集中在同一对象上或活动上。观察表明，一、二年级学生可以连续注意10~15分钟。三、四年级的学生在组织得好的课堂教学中，能连续保持30~40分钟。中学生注意的稳定性和集中性在不断增强，这是和中学生身心发展特别是有意注意的发展相联系的。由于中学生注意能较长时间稳定地集中在课本上，因而课堂教学就不需要再像小学那样，在一节课内变换几种教学形式和方法，只用某种适当的教学形式和方法，也能完成教学任务，保证教学效果。

同注意稳定性相反的状态是注意的分散，即平常所说的"分心"。它是指注意不自觉地离开当前应当指向和集中的客体，而指向无关的其他对象上。它是由无关刺激的干扰或单调刺激的长期作用引起的。

无关刺激对注意的干扰，这既可以是外部的无关刺激，像那些突然的、意外的附加刺激，也可以是内部的无关刺激，如使人感兴趣的、能引起强烈情绪的刺激物都能引起注意的分散。干扰的大小取决于这些刺激的特点以及与注意对象的关系。再有，长时间从事单调工作时，由于疲劳而使附加刺激的作用得到加强。在这种情况下，头脑中可能浮现各种杂念使注意分散。事实上，在外界缺乏刺激的情况下，要保持注意也很困难，因为外界缺乏刺激，大脑的兴奋性就难以维持较高的水平，这样就容易导致注意的分散。一般来说，微弱的无关刺激不仅不会削弱，反而会加强原有的注意。

要提高工作和学习效率就需要有注意的稳定性。这就必须和注意的分散作斗争。教师应力求以丰富、生动的教学内容和方法帮助学生稳定注意、保持平静的心情，因为，对噪音的干扰所产生的烦恼与愤怒的情绪比噪音本身更能分散我们的注意。

（三）注意的紧张性

注意的紧张性是指注意高度集中时的积极状态。这种积极状态，一方面是注意范围的浓缩，另一方面是对集中对象的高度深入。人的注意处于紧张状态时，会完全沉浸于注意的对象，而忘记周围的一切。人的灵感大多产生于这种时候，并且它是注意紧张性的表现和结果。注意的紧张性越强注意的集中性也就越高，人在某一时间内投入在某一对象或活动上的精力就越多；反之，则投入的精力少。注意的紧张性在人的活动中具有重要意义。只有把注意高度集中在当前的对象或活动上，才可能提高学习或工作的效率，保证任务的完成。但是高度的紧张会导致疲劳，甚至导致注意的涣散，所以，人要劳逸结合、一张一弛。总之，注意的紧张性与客观刺激物的特征，以及主体的兴趣、注意对象对主体的意义等有关。

（四）注意的分配

注意的分配是指在同一时间内把注意指向两种或两种以上的对象或者活动上。这就是日常所说的"一心二用"的问题。严格说来，一心不能二用，因为一个人很难同时完成两件要求高度集中注意的事情。但实际生活中，却有许多活动要求人们分配自己的主意。例如，汽车司机在开车时，既要注意行驶方向和路面情况，又要鸣笛报警，还要注意周围的动态以及具体的驾驶操作。几种对象和活动都要同时注意着，这就要求有相当高的注意分配性。又如，学生在课堂上既要听又要记笔记，这也需要注意的分配。注意的分配对人们进行复杂的活动是十分必要的。

【资料链接】

一心能二用吗？

图3.4是一个特制的复合器，它的表面是一个印有一百刻度的刻度盘，有一个指针可以在刻度上迅速移动。复合器内有一个机关，当指针转动到一定刻度时，就把机关带动，出现铃响。被试的任务是指出铃响时指针在刻度盘上的准确度数。结果被试不是把铃响说在这个

度数之前,就是说在这个度数之后。这说明,既要看指针的位置,又要听铃响这两件事同时办不到,即人不能同时注意两件事。这个道理很简单,因为注意是全身状态(全身进行搜索),一个人同时只能有一个全身状态。正像一盘棋,同时只能有一个布局,而不能有两个布局一样。而且根据巴甫洛夫的相互诱因,我们不能同时有高度选择地去进行两种以上的认识活动,从这个意义上说,注意是不能分配的。

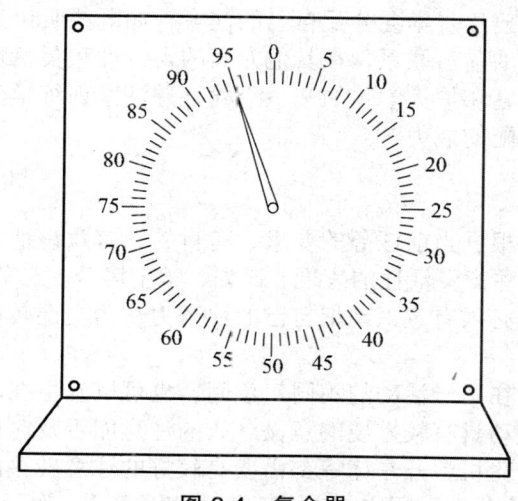

图3 4 复合器

注意分配的条件是:

1. 同时进行的几种活动的熟练程度或自动化程度

其中最重要的是"自动化"了的或"部分自动化"了的活动。人对这种自动化了的活动就不需要分配更多的注意,而把注意的中心集中在比较生疏的活动上。例如,学生上课时边听边记,这是因为对写字已经熟练了,而把大部分注意分配在听课上。一个记录不熟练的人要边听边记是非常困难的。现代认知心理学的研究认为,人脑对信息加工是系列加工,如果要同时做两件事,其中一件必须是已达到熟练程度的"自动化",它不需要意识的控制;而另一件"审慎加工"则需要意识的控制,因人脑在同一时刻信息加工的容量是有限的。同时到达的几个信息只有不超过脑的加工容量时,人才能对几个都做出反应,这时注意的分配才会成为可能。

2. 同时进行的几种活动之间形成了动作系统

同时进行的几种活动之间建立一定的联系,或通过训练使复杂的活动形成一定的反应系统,这样注意的分配就能实现了。如汽车司机在开始学习时,首先是掌握驾驶汽车的复杂动作,这样他就可以把注意分配到注意交通信号、其他车辆、行人等方面,顺利地进行注意的分配。由此可见,注意分配是可以在实践活动的过程中锻炼和培养的。有的人能同时看曲谱、手弹钢琴、口唱歌词。这是因为,此时这几种活动之间已经形成了动作系统,即固定的反应系统,从而保证了注意的分配。

3. 同时进行的几种活动的性质

在大多数情况下,把注意分配在集中动作技能上较容易,而把注意同时分配到几种智力活动上就较困难了。

严格地说,注意的分配并非发生在同一时间之内。一般来讲,注意也是先指向一个客体。也就是说,注意的分配不是生来就有的,而是随着后天的教育和训练逐渐发展起来的。刚开始开车的人，往往手忙脚乱，顾此失彼，随着经验的积累和训练的加强，也就会得心应手了，注意的分配也就能顺利地进行。

年龄较小的学生的注意不善于分配。教师要求低年级的学生同时把注意分配到两种或两种以上的活动时，常常会出现顾此失彼的现象。这是由于学生的学习技能不熟练造成的。随着他们日益形成多种多样的技能和技巧，他们的注意由不善于分配逐渐发展到善于分配。

中学生在学习过程中已逐步学会分配自己的注意，如既能听讲又能抄写，既能注意教师讲解的问题又能注意问题的前后联系，在其他方面的自觉性和灵活性也比小学生有所提高。教师应当通过各种活动丰富和扩大学生的知识经验，并注意训练学生掌握一定的技能和熟练技巧，以培养学生注意分配的能力。

（五）注意的转移

注意的转移，是指人根据当前任务的要求，有目的、有意识地及时把注意从一个对象转移到另一个对象上，它是注意灵活性的表现。比如，学生第一、二节课上的是语文课，第三、四节课上数学课，学生就必须有意识地把自己的注意力从语文课转移到数学课上。这就是注意转移的表现。

注意的转移可以发生在同一活动的不同对象间，也可以发生在不同的活动之间。

注意的转移对人的活动具有较重要的意义。人的注意能否及时地转移，往往影响到新的活动任务能否完成。像开飞机、开车床等都需要有较好的注意转移能力。研究表明，一个飞行员在起飞和降落的5～6分钟时间内，注意转移达200多次，如无良好的注意转移能力，就很难胜任该项工作。所以，培养人的注意转移的品质是非常必要的。

注意的转移和注意的分散是有本质区别的。注意的转移是在新的需求下，主动地把注意从一个对象转向另一个对象上，使一种活动合理地被另一种活动所代替，这是注意的优良品质；注意的分散则是注意离开了不应该离开的对象，这是注意的不良品质。前者对活动是有利的，后者是有害的。

注意的转移与注意的分配是彼此紧密联系的，每一次注意的转移，也必然带来新的注意分配。注意一转移，原来注意中心的对象便移到中心以外，而另外的新对象进入注意中心，整个注意范围的图景便发生了变化。因此，每当注意中心的对象转换以后，必然呈现出新的注意分配的情况。

影响注意转移的条件有：

（1）注意原有的紧张度。如果人在原来的活动中注意的紧张度很高，新的对象又不符合引起注意的条件，转移注意就较困难。比如，人们刚刚看了一部情节生动、惊险、动人心魄的电影，又要马上去学习较枯燥的知识。在这种情况下，注意的转移就比较困难。

（2）新的对象的特征。如果新的对象新奇独特，或者能满足主体的需要，符合主体的兴趣，对主体有重要价值，即使注意原来的紧张度很高，人们也能顺利地实现注意的转移。比如，对一个上进心很强，并且以学习为乐的人来说，即使刚看了一场紧张精彩的球赛，他也能较快地投入学习活动。

（3）人的神经过程的灵活性。神经过程灵活的人，注意的转移比较快；反之，神经过程灵活性较差的人，其注意的转移就要困难些。

（4）注意的转移还与人对完成新活动的自觉状态和自我控制能力相联系。注意转移的测量指标，可以通过计算从一种活动过渡到另一种活动所花费的时间，也可以用单位时间内工作的转换次数和工作的正确性来衡量。例如，放一部很有趣的影片，放到最有趣时停止，让被试做算术题，这些题并不难，但容易出错。可以从计算速度和出错率上看出被试注意转移的能力。

善于主动及时地进行注意的转移，是顺利完成学习任务的必要条件。有的学生在上一节课遇到了不愉快的问题，下一节课也不能把注意集中起来；有的学生听到老师讲有趣的问题，就一直想下去，不再注意教师以后的讲述，这都是不善于转移注意的表现。教师发现这种情况时，要帮助学生进行注意的转移。通过教育与训练，在教师的严格要求下，培养学生注意转移的品质。

上述注意品质在一定程度上反映出一个人在注意力方面的发展水平。这些注意的品质在个体之间存在着一定的差异，这些差异的存在除了与个体的神经生理的特点，如注意的稳定性与神经过程的强度，注意的分配和注意的转移与神经过程的灵活性等有关外，主要还是由于人的不同生活实践的影响，并与活动中的培养训练方式有很大的关系。因此，教师应通过各种活动培养学生广泛的兴趣、良好的注意习惯和坚定的意志，使学生善于控制和调节自己注意的稳定性和紧张度，发展注意的广度和及时地转移、灵活地分配注意的能力，以及学会在完成一定活动时把这些品质正确地结合起来。

第三节　注意规律在教学中的应用

在课堂教学中教师要引导学生注意各个教学环节和各项教学内容，把学生的注意组织到教学上来，这是教学顺利进行和提高教学质量的基本条件之一。

怎样才能有效地组织学生的注意呢？关键在于教师要自觉地掌握、运用注意的规律。

一、课堂上怎样组织学生的注意

（一）无意注意的规律在教学中的应用

无意注意是由客观事物的特点和人的内部状态引起的，它既可以成为顺利进行教学的积极因素，又可以造成学生学习上的分心。因此，教师在教学过程中应尽量防止和排除那些分散学生注意的不利因素，充分利用有利于教学的积极因素。

1. 优化教学环境

在教学过程中，若出现一些与教学无关的刺激物，如教室周围的嘈杂声，音乐课上的歌声，运动场操练的声音，教室窗口有人张望，教室内的装饰和张贴太多，教师的奇装异服及过多的口头禅，过度的表情，直接教具过早地展现，学生迟到等，都容易分散学生学习时的注意力。要防止这些刺激物的出现，必须建立良好的教学环境和教学秩序。

（1）学校应该在远离公路、铁路和闹市的地方，教室要与音乐教室、操场有一定距离，使学生的学习环境尽可能安静，尽可能保持教室周围环境的安静。教室要保持空气新鲜，光线充足，教室内的布置要适当，不要装饰得花花绿绿或张贴过多的图表及作业展览等，这样可以排除干扰因素，避免产生不利于教学的无意注意。

（2）要尽量减少学生上课迟到的现象。如果一节课有几个学生迟到，就会造成一系列新异的变动刺激，从而分散学生对课堂教学的注意力。

（3）教师要维持好课堂秩序，慎重处理好偶发事件。上课时，如果有些学生思想开小差、讲话等，教师可以故意停顿用眼睛注视违反纪律的学生或善意提醒，或用进行提问等方式取代强硬批评等，都有利于使学生将注意转向教学。某些时候，课堂上可能发生争吵、打架等偶发事件，如果教师大动肝火，训斥学生，让他们罚站等，就会造成分散学生注意的新情景，延长秩序混乱的时间。遇到这种情况，教师可以先临时处理，如给争扰的学生调换座位，让大家迅速安静下来继续上课，下课后再对此事作进一步处理，以缩短不利刺激的时间。

(4) 教师的教态要得体。教师上课时如果动作不稳重，表情不适当，或经常错读错写，口语习惯不好，或者衣冠不整，蓬头垢面，或者衣着时髦，发型新异，等等，都会成为干扰因素，影响课堂教学。教师的教态端庄，不仅有利于组织学生的注意，而且在言行仪表方面给学生做出了示范。

2. 教学内容要丰富新颖、系统严密

丰富新颖、系统严密的教学，容易引起和稳定学生兴趣，提高学生的注意力；相反，教学内容枯燥乏味，杂乱无章，只顾赶进度，或不厌其烦地重复等，则容易造成学生分心。教学内容的难易程度要适当，太难太深、太易太浅的内容都不会引起学生的兴趣。

无数事实证明，上课时分心的往往是那些对知识"吃不饱"或"吃不了"的学生。教师的教学应结合学生实际在已有知识经验的基础上，不断增加新的信息和新内容，循序渐进，逐步深入，才容易引起学生的注意。既不要怕学生不懂，不厌其烦地重复，又不能超出学生的接受水平，一味地赶进度，这些做法都无法使学生的注意保持在所学的内容上。经验表明，人们感兴趣的往往是切合人们实际的、对之略有所知却又并不完全了解的东西。

因此，教师必须努力钻研教材，了解学生的实际情况，把学生已有的知识经验联系起来，这对引起学生的注意以及帮助他们理解教材十分重要。对于一些抽象的原理，如果将其与所反映的社会上和自然界中的一些有趣的现象相联系，学生就会对这些抽象枯燥的原理发生兴趣而引起注意。另一方面，教师还可以根据教学的需要，选取一些生动具体的事例、故事等做补充，使教学内容生动有趣。

3. 教学方法要生动活泼、灵活多样，富有启发性

教师上课要尽量防止单调呆板，或教学过程松弛，说话缺乏节奏感。研究表明，长时间用同一种方式进行单调的工作，会引起大脑的疲劳。因此，教师应尽可能利用刺激物的特点来吸引学生对教学内容的注意。讲授重点的地方要加强语气，适当重复，一边讲一边写黑板，以引起学生的注意。把讲述、提问、演示与学生看书、回答、做练习、做实验等各种教学手段有机地结合起来。

启发式教学是引起和保持学生注意的重要手段。教师要善于启发学生动脑思考，激发学生的学习积极性，使学生兴趣盎然。正确而合理地运用直观教具也有助于引起学生的兴趣。教师讲话要生动、形象、有趣，每句话都应该让学生听清、听懂，声音的高低快慢要适度，要有抑扬顿挫的变化。板书要整齐，字迹要工整，这样容易引起学生的无意注意。

4. 教学中要加强与学生的情感交流

在课堂教学过程中，教师要关心全班同学，照顾个别差异，对情绪低落及胆怯的学生及时给予鼓励，给活泼好动、容易分心的学生以更多的任务。教师不能只顾讲课，还要照顾学生做笔记与思考。如用频频颔首配合赞同的眼神表示学生思路的正常，鼓励他们按自己的思维继续思考下去；用全神贯注的表情和惊讶的眼神表示学生思维独特，富有创造性；用摇头配合怀疑的眼神表示学生思路不对，应另寻蹊径。

在课堂上注意和学生的情感交流，往往可以节省时间，激发学生的学习兴趣，使课堂教学充满生机。在课堂教学中，对一个教师来说，占据你注意中心的，将不是关于教材内容的思考，而是你对学生思维情况的关心，这是每一个教师要掌握的教学技巧。

（二）有意注意的规律在教学中的应用

学习是一种紧张艰苦和持久性的活动，会遇到困难和干扰，只依靠无意注意是难以完成

学习任务的。学生要搞好学习必须学习那些没有兴趣但又必须学习的知识，这就得靠有意注意来引起和维持。因此，教师在教学中要注意遵循有意注意的规律去组织教学。

1. 向学生进行学习目的的教育，提高学生学习的自觉性，培养其间接兴趣

在讲授一门新课前，教师要说明它的重要性和学习它的必要性。学生越是明确知识的价值和对未来工作的重要意义，以及学习本学科每一章节的具体要求和任务，就越能唤起有意注意，提高其学习的自觉性。教学活动中要做到"教有方向""学有目标"。特别是对那些学生没有直接兴趣的学科和教材，或者学习中遇到的新问题、新任务、新要求，更要引导学生对学习结果的向往和追求，以引起学生的有意注意。

2. 加强组织纪律教育，建立教学常规，指导学生根据学习的要求锻炼自己的有意注意

俗话说：没有规矩，不成方圆。凡是都要有个"规范"，都要有所遵循，否则，学生就会降低对自己的要求。这方面教师要指导学生跟学习上的干扰现象作斗争，锻炼自己在干扰的情况下仍能稳定情绪，集中注意地学习。这有助于他们有意注意习惯的养成，也有助于意志薄弱的学生借助外因的影响集中有意注意，稳定学生的自制力和注意力。同时，培养学生在家庭、学校和社会生活中严格遵守纪律和作息制度，养成自觉组织和安排学习，休息和娱乐活动的习惯，具有深远的教育意义。这可以养成学生爱惜时间，尊重他人劳动和劳动成果的优良品质，促进有意注意的健康发展。

3. 组织好每一堂课的教学

教学要做到计划周密，环环紧扣，有适当的密度、速度、难度。如果内容太多，进度太快，难度太大，超过学生的接受水平，学生的注意就难以集中；如果内容过少，进度太慢，过于容易，学生无所事事，注意也容易分散。

教学中要善于设立问题情景，引导学生积极地思考，或引起学生的一种期待心理，这都容易唤起学生的有意注意。教师要求学生进行他们力所能及的，但又需要他们做某些努力的思考活动的时候，能使学生更好地保持注意。同时，教师要给予学生正确的评价、及时的反馈，把智力活动和实际操作结合起来。为此，教师在教学过程中要有计划地使学生手脑并用，如加强课堂实验、课堂练习、课堂讨论，要求学生做笔记、做摘要、编提纲等，这些都有助于调动学生的有意注意。

（三）两种注意交替的规律在教学中的应用

学习不能单靠无意注意，因为无意注意缺乏计划性和目的性，而且不能持久和稳定。但也不能全靠有意注意，因为有意注意必须付出很大的意志努力，消耗巨大的能量，容易使人疲劳，从而分散注意。因此，教学中既要反对单纯以学生的兴趣为中心，不考虑教学内容的科学性、系统性，只强调无意注意；又要反对片面要求学生付出意志努力，不考虑教学内容的丰富性和趣味性，只强调有意注意。

在教学中，教师要善于转换两种注意，引导学生使两种注意有节奏地交替轮换，这样才能使注意较为持久地保持在学习上。一般说来，上课之初，学生的注意往往还停留在上一节课或课间活动的有趣的对象或其他操心的问题上，因此需要教师通过组织教学去引起他们对开始上课的有意注意。一些有经验的老师，上课伊始围绕新课程展开趣味小测验，以使学生的注意能迅速转移到课堂上来；接着，就让学生对新课题或新内容发生兴趣，产生无意注意；当逐步进入教材的重点与难点时，又设法使学生加强有意注意，认真思考与理解；在紧张而努力的有意注意之后通过改变教学方式，如适当运用直观材料或趣味性的谈话等使学生转入无意注意……

下课之前，学生的注意最易涣散，所以布置作业时也要求学生有一定的有意注意，必要时可以采取事先向学生提出复述作业等要求的办法。这样一堂课就能够做到注意的松紧交替、有张有弛、不易疲劳，始终保持持久的注意，顺利完成课堂教学任务。当然，使学生的注意做节奏性的变化没有固定模式，这需要教师围绕教学的中心任务，依据教学内容的难度、学生注意力的发展水平与表现情况巧于安排，并对学生的注意力进行培养。

二、课堂上学生的分心与控制

分心是指一个人的心理活动在必要的时间内不能充分地指向和集中，或者完全离开当前指向和集中的事物而转移到无关的事物上去的心理状态。分心是与注意相反的心理特性。

（一）课堂上学生注意力涣散的主要表现及影响因素

1. 在教学过程中，常见的分心有以下几种表现

（1）注意警觉水平降低。思维涣散，认识模糊，对事物和活动不能做出清晰的反映。

（2）时常变换注意对象。心理活动处于频繁的动摇状态，不能长久地指向和集中于应注意的事物或活动上。

（3）注意停留，缺乏灵活性。精神呆滞，不能根据教学需要及时地将注意力转移到当前的活动上。

（4）注意分散，开小差。把心理活动从当前应指向集中的对象上完全离开并指向集中于其他不相干的事物上。

学生注意力涣散可能是偶发的，也可能是经常性的。课堂上学生注意力涣散的原因是多方面的，它可能受家庭或社会因素的影响，可能受自身机体疾病的影响，也可能受教学中的某些因素的影响。

2. 教学上造成注意力涣散的主要原因

（1）刺激过多或过少。教材内容过深或过浅，教师无意义的重复或冗长的言词，都会使学生感到索然无味而产生厌烦，导致注意力涣散，从而寻求其他的刺激。教师讲课声音过高或过低，讲课速度过快或过慢，要么使学生容易疲劳，导致分心；要么由于刺激不够，不能充分占有学生的注意，而使学生注意涣散。

（2）情绪急剧波动。刚上课教师就分发测验卷子或宣布考试的成绩，会使学生情绪特别兴奋或沮丧；开始上课教师就进行测验也会使学生情绪特别紧张。课堂上这类情绪急剧波动的情况使学生难以把注意及时转移到教学中来，因为他们的注意还纠缠在分数或做错的题目上。

（3）反抗或淡漠。教师处理问题不公平会导致师生关系紧张，受不公平待遇的学生可能把不满情绪迁怒到教师讲课上，以不听课或捣乱的方式加以反抗。有的学生或因学业上屡遭失败，或因其他原因屡受挫折。这类挫折一旦超过该生的容忍度，就可能导致其对学业的反抗或淡漠。

（4）寻求注意或承认。有些学业成绩欠佳的学生，或品德、能力欠佳的学生，由于受到人们的忽视、鄙夷或奚落，他们当中的有些人在上课时可能故意搞恶作剧以寻求教师或同学们的注意和承认。

当教师发现学生上课注意力涣散时，应当探究其原因，针对具体情况采取措施。例如，如果学生注意力涣散是教师教学方法不当造成的，则应改革教学方法；如果学生注意力涣散是由长期难以承受的挫折造成的，则应设法消除这种挫折，并向他指出个人的前景，等等。只有从根本上消除了使学生注意力涣散的因素，才能使他们的注意集中到教学中来。

（二）分心的避免与控制

教学过程中学生的分心可能是偶发性的，也可能是经常性的；可能是个别的，也可能是小组或群体的。教师要运用注意的规律及时也根据情况究其原因，消除根源，采取措施，把学生的注意组织到教学活动中来。

1. 创造良好的心理和环境气氛

让学生围绕教学的需要，做好心理和物质上的充分准备，消除不利于学习的心理倾向和环境气氛，可以有效地避免分心。心理方面，教师上课一开始就用热情的态度，期待的心情，严肃、认真的精神，宣布教学的目的要求，使学生感到教师态度和蔼、举止端庄，从而形成发自内心的愿意与教师密切配合完成学习任务的意向。一般不要在课堂前宣布成绩或搞突击测验，以免导致学生情绪波动而分心。物质方面，教育学生养成良好的学习习惯，上课前准备好学习用品，以免临时慌张而分心。

2. 提高教师课堂教学的素养

教学是科学，也是艺术。具有科学性、艺术性的教学最能调动学生注意的积极性，避免其分心。教师的课堂教学素养主要有两个方面：

一是语言素养。包括口头语言、书面语言和体态语言，它们都是教师传授知识的工具，是影响学生最重要的刺激物之一。教师的语言平淡无奇、千篇一律的讲课，会使人兴趣索然；讲课声音太小，毫无表情，也很难从外部吸引和维持学生的注意，从而使学生感到听课是一种负担。教师讲课时要充分发挥语言的魅力，表达要生动形象，简洁流畅，用词要准确明白，能深入浅出，快慢要适中，便于学生理解；要突出重点，加强语气，音调抑扬顿挫，富有情趣，并伴有适当的表情和手势，以增强内容的情绪感染色彩。这种情景很容易引起学生的注意，这时发生的无意注意便是积极的，有利于课堂教学的进行。

二是感情素养。教师要精神振奋，感情充沛，才会引起学生的兴趣，鼓舞学生的积极性，活跃课堂气氛，激发学生心智活动的波涛，产生共鸣，收到良好的教学效果。

3. 控制分心的措施

课堂上教师要根据实际情况，采取恰当的控制措施，消除分心：

（1）超前控制。预先估计可能产生的分心情况和分心的学生，采取预防措施，"打预防针"，减少或消除分心的产生。

（2）信号控制。教师发现学生分心情况，可采取举目凝视，变化语调、语气，做出特定的手势或暂时停止讲课等暗示信号，向分心学生示意，及时制止。这样做可以不中断正常教学进程。

（3）邻近控制。教师一边讲课一边走近分心学生并站在他的身旁，或轻怕其背或加重语气以提醒。

（4）提问控制。教师发现有的学生不注意听课时，可以结合教学内容提出一个问题，然后指名不注意的学生起来回答，以达到控制其分心的目的。提出的问题应与正在进行的教学活动有关，以激发其听课的积极性，切忌提不动脑筋的问题（如"你说对不对呀？"）或招供式的问题（如"你在干啥？""你为什么不注意听讲？"）。

（5）表扬（批评）控制。表扬专心听课的学生，使不注意听讲或违反纪律的学生警觉，从而自我改正错误，自动转入注意听课的状态。当然，采取恰当的批评，指出违反纪律和不注意听课的错误，以控制学生的分心，也是必要的。但应当注意，批评应力求简明扼要、客观，避免唠叨或冤家式指责，更不能侮辱学生的人格，批评最好是在课下进行。

（6）偶发事件的处理。课堂上有时会出现一些意想不到的事件，如外界的干扰、学生的纠纷等。教师应先稳定学生的情绪，然后提问"刚才讲到哪里了？"以此把学生的注意力拉回到所讲的问题上来。

只要教师根据学生注意发展的特点，深入调查研究，设法消除注意分散的原因，巧妙地应用各种教学艺术，持之以恒地对有意注意加以培养，学生良好的注意品质是可以逐步养成的。

思考讨论与实践探索

1. 什么是注意？注意和人的心理过程有什么关系？
2. 什么是无意注意，有意注意，有意后注意？其产生的原因有哪些？
3. 注意的基本品质有哪些？如何培养自己优良的注意品质？
4. 如何运用注意规律组织教学？
5. 引起无意注意的条件有哪些？如何正确地运用无意注意的规律来组织教学？
6. 怎样引起和保持有意注意？
7. 注意的范围和注意的分配，注意的转移和注意的分散意义相同吗？它们之间的主要区别是什么？注意的起伏是否破坏了注意的稳定性？
8. "一心二用"在什么条件下能成立，在什么条件下不能成立？
9. 你能否举出几个例子，分析说明班上同学不注意听课的一些主要原因？如果你是教师，你将怎样解决学生听课"分心"的问题？

第四章　感知规律与教育教学

【学与教要求】
➢ 识记：感知觉、观察、感觉阈限、知觉各类别、知觉各特性等概念
➢ 理解：感知觉之间的关系，感觉的一般规律，知觉的特性及其影响因素
➢ 应用：学生观察力的培养，感知规律在教学及其他实践领域中的应用

第一节　感觉和知觉概述

一、什么是感觉和知觉

（一）什么是感觉

感觉是人脑对直接作用于感觉器官的客观事物的个别属性的反映。所谓客观事物，包括人的机体自身和外界的物质世界所存在的各种物体和现象。世界上任何一种物体和现象都有许多个别属性，如气味、颜色、声音、味道、温度、形状、大小、软硬、光滑、粗糙、质量等。当外界事物的这些个别属性分别直接作用于我们的眼、耳、鼻、舌、皮肤等感觉器官时，就会在大脑中枢引起相应的视觉、听觉、嗅觉、味觉、皮肤觉等各种反映，使人产生不同的感觉。如我们在看电视时，看见了图像的颜色、听到了声音；冬天在火堆旁烤火，看见了火的颜色、感到了火带给我们的温暖；烧烤美味食物引起味觉，气味引起嗅觉等。人的机体状态及其活动，如躯体的位置和运动、内脏器官的状况和变化等，也会在大脑中枢引起相应的反映，使人感到四肢屈伸、饱胀、饥饿、口渴、疼痛和发痒等，所有这些都是感觉。用信息加工的观点解释感觉，感觉就是信息向人脑的传递或人脑接受信息的过程。

要正确理解感觉的含义，必须把握如下几点：
（1）感觉是个体认识事物的一种活动，是脑的功能。
（2）感觉的产生必须具备两个物质条件：感觉器官（眼、耳、鼻）和客观事物（刺激物），而且只有当客观事物直接作用于感觉器官时才能产生。如果只有感觉器官而没有客观事物，或者只有客观事物而没有感觉器官，都不能产生感觉。另外，虽然两者具备，但若两者不发生直接作用，即客观事物不直接刺激感觉器官，也不能产生感觉。感觉器官（以及脑）是感觉产生的生理前提，客观事物则是感觉产生的源泉。
（3）通过感觉，个体可反映事物的各种各样的特性，如颜色、气味、重量、硬度、声音、温度等。另外，感觉所能反映的，不仅是个体身外的各种事物的个别特性，而且包括个体本身的各种特性（如体温、饥饿、疼痛等）。
（4）感觉是一种最简单、最低级的心理现象，是人和动物都具备的。在感觉过程中，个体只能反映事物的个别特征，而不能对事物做整体反映。
（5）一切较高级、较复杂的心理现象都在感觉的基础上产生，所以感觉是个体认识客观世界的开端，是个体关于世界的一切知识的最初源泉。

感觉是最简单、最低级的心理过程。它只是大脑当前客观事物某一单方面属性而非多方

面或全部属性的反映。这就意味着,通过感觉,我们只能知道客观事物的个别属性,还不能知道事物的意义,不能给事物命名,或对事物作出解释。尽管如此,由于感觉器官是外界一切信息进入人类意识的唯一通道,因而感觉是人认识客观世界形成知识的开端。只有在感觉的基础上,人才有可能产生知觉、思维等更为高级的心理过程。相反,如果离开感觉,人们就无法知道"实物的任何形式,也不能知道运动的任何形式"。

感觉对于每个人而言,是正常心理活动和生活的必要条件之一。人的感觉一旦被剥夺,人的认识活动将产生严重障碍,任何人都无法忍受和生活,最终必定导致神经的错乱和精神的失常,乃至生命的终止。下面的"感觉剥夺实验"充分证实了感觉的重要性。

【资料链接】

感觉剥夺(Sensory Deprivation)对行为的影响

20世纪50年代,心理学家在麦克吉尔大学做了许多感觉剥夺的研究(如Heron,1957)。在试验中,把被试置于几乎完全与外界隔绝的特殊房间里(见图4.1)。让被试仰卧在一张专门的床上,眼睛蒙上眼罩,耳朵被东西堵住,手脚戴上剥夺触觉感受性的圆筒套,这样,除进食和排泄外,感觉信息受到最大可能的限制,被试的感觉也就基本上被剥夺了。实验要求被试在上述条件下持续的时间尽量长,然而仅仅几个小时后,被试就感到不安,进入恐慌状态,难以坚持下去,坚决要求停止实验。

在实验期间,被试会表现出一系列不正常的现象,如注意力不能集中,胡思乱想,产生幻觉,不能正常地思考问题,等等,有的甚至变得神经质,神情恍惚。被试受试大约4天后进行心理测验,结果表明他们的各种能力都受到了严重损害,其中有人甚至很多天之后还难以恢复到受试以前的原有正常状态,不能进行正常的学习和工作。

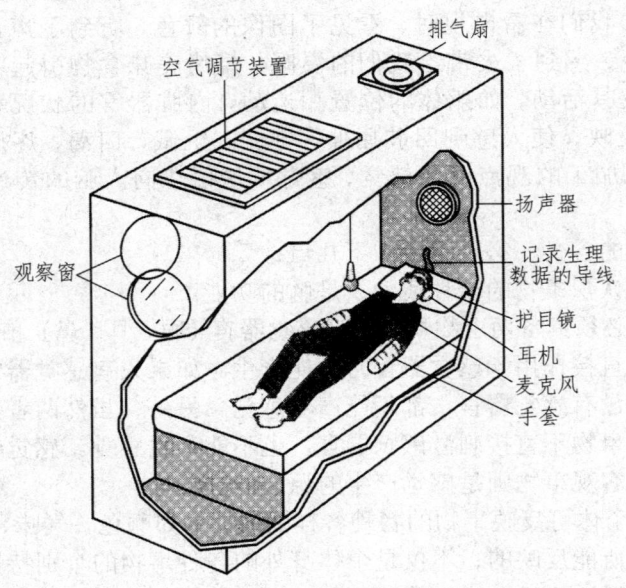

图4.1 感觉剥夺实验装置

感觉剥夺使个体感到疲倦,缺乏休息,急躁并有停止实验的非常强烈的动机。被试常产生幻觉并且其脑电活动出现异常。

由此可见,人的各种感觉器官必须随时与周围世界保持接触和联系,通过这种途径接受外界事物的刺激而产生感觉对每个人都是必不可少的。

（二）什么是知觉

在日常生活中，单纯的感觉是不存在的（除非是新生儿或在特殊条件下），感觉信息一旦通过感官传达到脑，我们所进行的就不仅是感觉活动，而且随之产生了一种复杂的心理现象——知觉。

什么是知觉？所谓知觉，是人脑对直接作用于感觉器官的客观事物的整体反映。通过感觉，我们只知道事物的个别属性，如颜色、形状、气味等；通过知觉，我们才对食物有一个完整的印象，从而知道它是什么，有什么意义。例如，看到一幅画，听到一首乐曲，闻到一种花香，这些便是知觉。

任何一种事物都是由许多个别属性按一定的关系有机结合而构成的。我们的感官同时对某一事物的颜色、气味、味道等属性分别产生感觉，而这些感觉信息在人脑中经过整合的作用，则使人产生知觉。从信息论的角度看，如果说感觉活动是有关客观事物的个别信息输入人脑的过程，那么知觉活动便是人脑对所输入的有关事物的感觉信息进行加工并作出解释的过程。

要正确理解知觉的含义，必须把握如下几点：

（1）知觉和感觉一样，都是刺激物直接作用于感觉器官而产生的，都是客体对客观事物的感性反映形式，所反映的都是事物的外部特性，是人认知世界的低级阶段。

（2）知觉以感觉为基础。知觉的进行以感觉输入为前提，有了感觉输入，才能进行对感觉信息的选择、组织和解释，实现知觉过程。

（3）知觉反映的是事物的整体。个体倾向于将所选择的感觉信息整合、组织起来，形成稳定、清晰的完整映像。但是，知觉所反映的并非感觉信息的简单相加所得的整体。

（三）感觉与知觉的关系

感觉与知觉的共同之处在于，感、知觉同属于认识过程的感性阶段，它们都是对当前事物的直接反映。同时，感觉与知觉之间的联系十分紧密：一方面，感觉是知觉的基础。知觉的产生是以人脑中各种感觉信息的存在为前提的，离开了这些感觉信息，知觉就无从产生，因此，只有对事物个别属性感觉的越丰富、细致，才能对事物知觉的越完整、正确；另一方面，知觉是对感觉的深入。实际上，在日常生活中，我们总是以感觉和知觉的形式共同反映客观事物的，很少产生孤立、单纯的感觉。例如，我们平时看到的总是白色的粉笔、灰色的大楼、绿色的树木，而不是只看到与具体事物分离开的单纯的颜色。因此，它们常常被连在一起，统称为感知觉。

感、知觉尽管联系紧密不可分割，但两者之间又是有区别的。感觉是对事物的个别属性的反映，是一种最简单、低级的心理过程；而知觉是对事物各种不同属性、不同部分及其相互关系的综合反映，是较为复杂的、高于感觉的一种心理活动过程。知觉并不是各种感觉的简单总和，而是认识在本质上提高到一个新的层次。知觉不仅受感觉系统生理因素的影响，并且极大地依赖于一个人过去的知识经验，受人的各种心理特点，如兴趣、动机、情绪、价值、习惯等因素制约。此外，知觉需要并能够调动各种感觉系统进行联合、协同活动。只有在对各种感觉系统的组织活动的基础上，才能产生知觉。

二、感觉和知觉的分类

（一）感觉的种类

人们通过各种不同的感觉器官来获得外界或自身的各种信息。根据客观信息刺激的来源不同，我们可以把感觉分为外部感觉和内部感觉两大类；根据分析器反映的性质和感受反映事物个别属性的特点，又可以把外部感觉和内部感觉分别分成许多种。主要感觉种类见表4.1。

表 4.1 主要感觉种类

分类	种类	适宜刺激	感觉器
外部感觉	视觉	可见光波	眼球视网膜的视细胞
	听觉	可听声波	内耳耳蜗中科蒂氏器中的毛细胞
	嗅觉	有气味的气体物质	鼻腔内黏膜的嗅细胞
	味觉	水溶性化学物质	舌面味蕾中的味细胞
	触压觉、温度觉、痛觉、肤觉	机械性刺激、冷热刺激、伤害性刺激	皮肤的压点、温点、冷点、痛点
内部感觉	平衡觉	身体运动和位置变化的机械刺激	内耳前庭器官的毛细胞
	运动觉	身体运动和位置变化的机械刺激	肌、腱、关节中的神经末梢
	机体觉	机械刺激和化学刺激	内脏器官壁上的神经末梢

1. 外部感觉

外部感觉是接受外部刺激、反映外界客观事物个别属性的感觉。其感受器位于人体表面或接近表面的地方，主要接受来自体外的适宜刺激。这一类感觉包括视觉、听觉、嗅觉、味觉和皮肤觉。其中，视觉是我们认知外部世界的主导感觉，对于人的认识作用最大，人们从外界接受的全部信息中，80%以上是通过视觉获得的。其次，听觉对我们认识世界也很重要，因为听觉与言语信息输入密切联系。

（1）视觉。它是由波长为 380～760 纳米的电磁波（即可见光）作用于视分析器产生的感觉。眼球是视觉器官最主要的部分。眼球中的角膜、晶状体、玻璃体等具有折光和控制光量的功能，它们将外界物体所反射的散光聚集在视网膜上形成一个清晰的映像。视网膜是眼球感受光线最重要的组织。视网膜上的细胞能直接感受光刺激并将其转换成为神经冲动，通过视神经，传送给大脑皮层的视觉中枢（见图 4.2）。

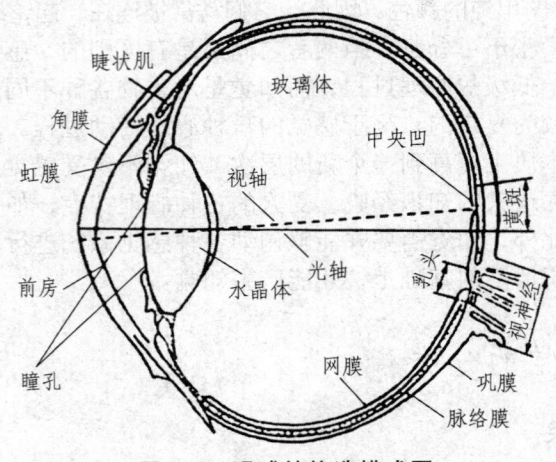

图 4.2 眼球的构造模式图

视觉是人类接受外界信息最重要的通道，它所接受的信息量占人体各种感觉器官接受外界信息总量的 85% 左右。

（2）听觉。它是由频率为 16～20 000 赫兹的声波（即可听音）作用于听分析器所产生的感觉。听觉器官——耳朵由外耳、中耳和内耳三部分组成，其中最重要的部分是内耳的耳蜗（见图 4.3）。听觉的感受器毛细胞就在耳蜗科蒂氏器上，听觉可分为言语听觉、乐音听觉、噪音听觉三种形式。音波的频率、强度（振幅）和波形三种物理特性分别决定我们所听到的声音的音高、音强和音色，使我们能够分辨出高音和低音、强音和弱音，以及不同乐器或多人发出的声音特色。

听觉是人体的一个十分重要的信息通道，它接受人体获得外界信息总量的 10%以上。

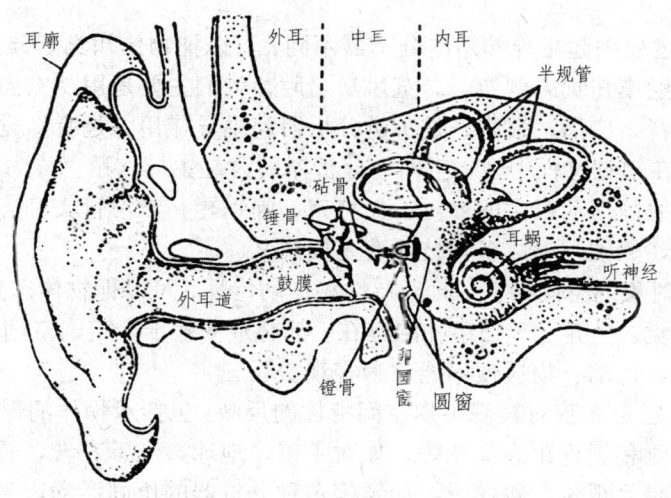

图 4.3　人耳的构造

（3）嗅觉。它是由有气味的挥发性的化学气体作用于嗅分析器而产生的感觉。嗅觉感受器是位于鼻腔上部黏膜中的嗅细胞。人的嗅觉十分敏锐，能闻出成千上万种不同的气味。

（4）味觉。它是由能溶于水、唾液和脂肪的化学物质作用于味分析器时所产生的感觉。味觉感受器是舌头味蕾中的味细胞。基本味觉有酸、甜、苦、咸四种。

（5）肤觉。肤觉分为温觉、冷觉、触觉、痛觉、压觉等几种，其感受器散布于全身体表。肤觉是由外界事物的各种物理特性，如机械特性、温度特性、电的特性等作用于相应的肤觉分析器所产生的感觉。

2. 内部感觉

内部感觉接受机体内部的刺激，是对机体的自身运动和状态的感觉。内部感觉的感受器位于机体的内部，包括运动觉或动觉、平衡觉或静觉以及机体觉或内脏觉。

（1）运动觉也叫动觉，是反映骨骼肌运动和身体位置状态的感觉。它是人的运动器官的运动觉（如肌肉的伸缩、关节转动等）作用于运动分析器所产生的身体各相应部分运动的感觉。

（2）平衡觉也叫静觉，是反映头部运动速率和方向的感觉。它是由头部的位置改变和运动速度作用于平衡分析器所产生的有关身体位置、运动状态、超重和失重等的感觉。

（3）机体觉也叫内脏觉，是反映内脏各器官活动状况的感觉。它是由机体内部各器官、各系统的活动和变化作用于机体分析器时所产生的某一器官的牵拉、疼痛、饥渴、呕吐、麻木、恶心等的感觉。

（二）知觉的种类

根据知觉对象不同，可以把知觉分为物体知觉和社会知觉。社会知觉是对人的知觉，物体知觉是对人以外其他事物的知觉。根据知觉结果是否与知觉对象一致，可分为正确知觉和错觉。

1. 物体知觉

物体知觉是人对客观事物的知觉。其中，根据不同的分类标准，又可以对物体知觉进行以下不同分类：

（1）根据知觉过程中起主导作用的分析器不同，可以把物体知觉划分为视知觉、听知觉、嗅知觉、味知觉和触摸知觉。例如，游览风景名胜，我们主要是用视觉去认知，起主导作用的是视知觉；听录音、广播、报告，是听觉分析器起主导作用，是听知觉；而我们看电影、电视、舞台剧等，在知觉过程中视、听两种分析器同时起主导作用，称为视-听知觉；触摸知觉是手部皮肤觉与协同活动产生的知觉，如打字、弹钢琴、学习盲文等。触摸知觉对于认识物体的大小、形状、软硬与形成多种技能有重要意义。

（2）根据知觉对象的空间特性、时间特性和运动特性，可以把物体知觉划分为空间知觉、时间知觉和运动知觉。世界上一切事物的存在，都必须依赖于一定的空间、时间、运动形式，离开了空间、时间、运动，物质便不能成为客观实在。

① 空间知觉。它是人脑对客观事物空间特性的反映。包括对物体的形状知觉、大小知觉、方位知觉、立体知觉和远近距离知觉等，如对宇宙、地球、上下左右、长宽高三度空间的知觉等等。这些知觉是靠视觉、触摸觉、动觉等多种分析器的协同活动产生的。

进行空间知觉时个体有时以自身的位置为中心（参考系），对其他物体的方位（上下、左右、前后）进行知觉；有时以身体外某物为参考系（东西南北以日出日落的位置或指南针所指的方向，或以特殊的山川、大树、建筑物等为参考）进行知觉。对物体大小、远近、形状等的知觉也有一定的参考系（见图4.4）。以左边第一个圆点为参考系，可知觉到向右边的圆点一个比一个小；以右边第一个圆点为参考系，向左就一个比一个大。如果呈现在个体面前的是6个一样大的球，以看起来最大的一个为参考系，可知觉到其他几个球一个比一个远；反之，以看起来最小的一个为参考系，则可知觉到其他几个球一个比一个近。

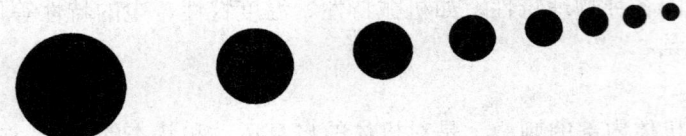

图4.4　空间知觉

② 时间知觉。它是人脑对客观现象的延续性和顺序性的反映，如对年、月、周、日、时、分、秒、朝代、时代、世纪、纪元等时间的知觉。

时间是无始无终的，所以在时间知觉中要以某种客观现象做参考系。时间知觉的参考系有：第一，自然界的周期性现象（太阳的东升西落、月亮的盈亏圆缺、植物的盛衰枯荣、气候的季节变化、潮涨潮落、昼夜的循环交替等）；第二，人体自身的生理节律性活动（心跳、呼吸、"生物钟"等）；第三，人造计时工具（如依靠时钟、日历来判断时间等）。时间知觉对人的生活、学习、工作等实践活动具有重要意义。

③ 运动知觉。个体对事物的静止、运动以及运动速度的知觉是运动知觉（见图 4.5）。运动知觉是很复杂的，反映事物在空间上的位移或位移的快慢。例如，你坐的火车到站停车，另一轨道上的车开动了，你会感到自己坐的车在开动，这涉及运动知觉的参考系。再如，我们在公路上看到人来人往，汽车南来北往，这种运动知觉是以它的背景（地面）的静止为参考系的。

图 4.5　眼动引起的运动知觉

2. 社会知觉

社会知觉是人对人的知觉，也叫社会认知，是个体在社会生活实践过程中建立起的对他人、对群体、对自己以及人与人之间关系的知觉。社会知觉包括的范围很广，主要有以下四种：

（1）对他人的知觉。这是指个体在社会交往中通过一个人的外部特征去认识一个人的内心世界，从而形成对他人的知觉。对他人外部特征的感知包括对他人外表所反映出的一切信息的感知，如面部表情、体态风度、仪表服饰、言行举止、精神面貌等方面的感知；对他人内心世界的认识，包括对他人的个性心理倾向性、情感、意志等诸方面的了解。如果说人的外部特征容易被察觉到，那他人的内心世界很难在较短时间内为人所真正了解，所谓"路遥知马力，日久见人心"。因此，要形成对他人的正确的知觉需要长期、细致、全面的观察，要以发展的眼光去看待他人。

对他人的知觉必然是从第一次见面开始的，因此，第一印象在他人的知觉过程中具有不可忽视的作用。所谓第一印象，亦称首因效应，是两个素不相识的人第一次见面所形成的印象。第一印象主要是获得对方的表情、姿态、身材、仪表、年龄、服装等方面的印象。这种初次的印象在对他人的知觉中起重要作用。第一印象的良好往往成为以后交往的根据；反之，则会阻碍以后的交往。然而第一印象所获得的仅仅是他人的一些表面特征，作为继续交往的基础是不牢固的，所以不要为第一印象所迷惑。事实上，第一印象不是无法改变的，随着时间的推移，交情的增多，对对方心理世界了解的深入，是可以改变第一次见面留下的印象的。有人曾说：人不是因为漂亮而可爱，而是因为可爱才漂亮，正说明了这个道理。

（2）人际知觉。这是个体对人际关系的知觉。人际关系包括自己与他人的关系、他人与他人的关系两方面，因此具体地讲，人际知觉就是个体对自己与他人的关系以及他人与他人的关系的知觉。

所谓人际关系，是指人与人之间心理上的关系，心理上的距离，如亲密友好、疏远冷淡、敌对关系等。人际关系往往带有鲜明的情绪色彩，并受诸多社会因素的制约，如个人心理特点、角色、地位、价值观、权利、社会舆论等因素的制约。人与人之间的关系融洽与否，对人们的学习、工作和生活都有很大影响。人与人之间关系亲密，就会产生一种协调和谐的心理气氛，否则就会出现紧张的气氛。要形成良好的人际知觉，并非简单容易的事，需要知觉者具备良好的修养和心理素质。

（3）自我知觉。这是指个体通过自己的言行举止、心理活动来认识自己，并形成对自己的心理过程、心理状态和个性特征的知觉。个体不仅能够知觉他人、客观事物，而且能够认识自己主观世界各个方面的优缺点，形成对自己的一定的看法，留下一定的印象，从而产生所谓的"自知之明"。

古希腊哲学家苏格拉底有句名言"认识你自己"。个体在自我知觉的基础上，能够用自我理想、信念、意志努力来控制、调节自己的心理和言行，发扬优点、克服缺点，使自我不断完善。因此，个体要真正了解自己、评价自己，形成正确的自我知觉，避免自高自大，或是自卑自贱的心理。要善于"以人为镜"，要善于自我批评和虚心谨慎，客观公正地认知自己。

（4）角色认知。角色，在社会心理学中是指个体在特定的团体和社会中占有适当的位置，以及被该社会和团体所规定的行为模式。"位置"，从社会价值来判断，即社会地位、身份，因此，角色知觉是指个体根据自己、他人所表现出的各种行为（如言语、表情、姿态等）来认识自己或他人的社会地位、身份以及相应的行为规范的知觉。

角色的社会地位、身份和行为规范是社会的客观存在，并不是个体想扮演什么角色就是什么角色。如男、女、医生、经理、董事、处长、局长等角色。同时，个体也只有在自己与他人的角色的相互关系中才能找到明确自己角色的权利、义务和责任，也才会认识到对方的地位，才会采取适当的行为规范和反应方式。如通过母亲与孩子、医生与病人、教师与学生、上级与下级等关系，明确其角色地位，采取适当的角色行为。

影响社会知觉的因素很多，包括主、客观两方面的各种因素，如社会认知对象本身的特点，社会文化背景，当时情境，认知者本身的经验、知识、需要、性格等。

3. 错 觉

错觉是指在客观刺激作用下产生的一种对刺激的主观扭曲的知觉。只要某种客观条件具备，错觉就必然发生，即使经过意志努力也难以避免。最常见的错觉是视错觉、听错觉。其中，几何光学错觉在视错觉中表现最为突出[见图 4.6（a）（b）]。

此外，还有其他感觉通道的错觉，如形重错觉，人们往往产生"一斤铁比一斤棉花重"的错觉；时间错觉，有时因心情、兴趣不同而觉得"光阴似箭"或"度日如年"；以及方位错觉、运动错觉等。

错觉在生活实践中具有重要作用，令人拍手叫绝的魔术常常是利用错觉取得成功的；上前线的士兵身穿"迷彩服"，目的是给敌人造成树木的错觉；影视中的特技，舞台上的布景，使少女变老妇的化妆技巧等，往往是通过错觉而取得的效果。

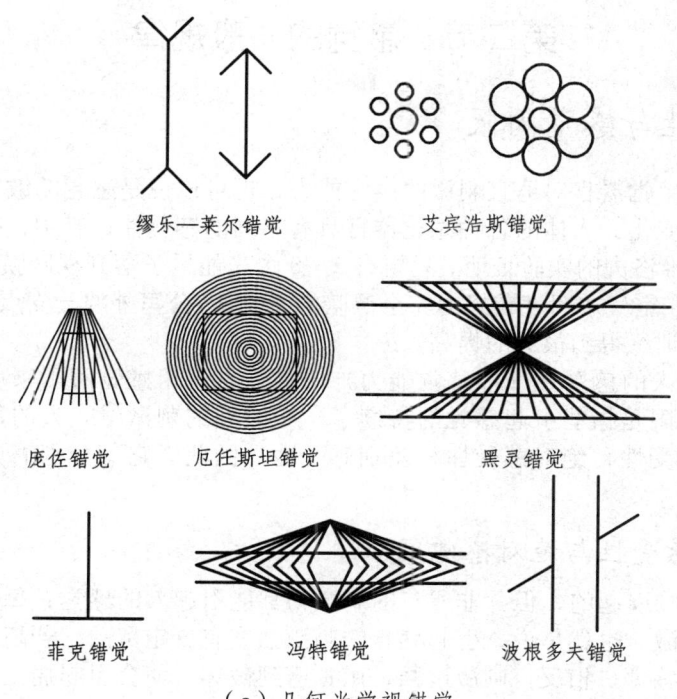

缪乐—莱尔错觉　　　　艾宾浩斯错觉

庞佐错觉　　厄任斯坦错觉　　黑灵错觉

菲克错觉　　冯特错觉　　波根多夫错觉

（a）几何光学视错觉

《乾坤转》：前后伸伸头，左右挪挪头，天哪！图在转！

你看到了一个老人。难道你看不到两个互相接吻的情侣吗？

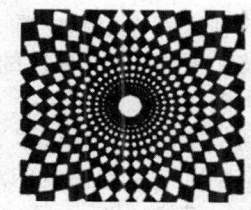

你看见了一个旋涡吗？其实它们是一个个同心圆

图中三个人是一样高的，可我们对他们的知觉不是一样高的

顺差看是个老头，倒过来看却是一个美少女

仔细看，你看见是什么？（那倒过来看又是什么呢？）

（b）有趣的知觉现象

图 4.6

4. 幻　觉

幻觉是在没有外界刺激作用于感官而产生的一种虚幻的知觉。错觉人人都可能发生，只要有客观刺激作用的存在，但身心健康的人一般很少发生幻觉。幻觉一般是心理状态异常的一种表现，是心理疾病的一种症状。幻觉有多种多样，有听幻觉、视幻觉、味幻觉、嗅幻觉等。

第二节 感觉的一般规律

一、感受性与感觉阈限

感受性是人体感觉器官对适宜刺激的感觉能力，也可以说是感觉的敏锐程度。感受性随刺激强度的变化而变化。人体的各种感觉器官具有不同的感受性，其中，视、听感觉器官的感受性特别高。瓦维洛夫的实验证明，只要有2~8个光能量子落到视网膜上，人的眼睛便能够看到他。我们能在空气透明度较好的完全黑暗中看到27公里外的一支点燃的蜡烛。人的感受性可以通过实践训练得到很大的提高。

在心理学上，人的感受性（即感觉能力）的高低可以用感觉阈限来度量。阈限泛指界限或范围，感觉阈限是指能引起感觉的持续了一定时间的刺激量。人的每一种感觉都可以分为两种类型的感受性：绝对感受性和差别感受性。因此，它们分别需要绝对阈限和差别阈限来测定。

（一）绝对感受性与绝对感觉阈限

感觉是由刺激物引起的，但并非所有的刺激物都能引起人的感觉，每一种感觉的产生都必须要有适宜的刺激。也就是说，引起感觉的刺激强度有一定范围，若超出这个范围，刺激太弱，就无法产生感觉；相反，刺激过强，感觉遭到破坏，便会引起痛觉。

一个刺激需要多大才被人看到、听到、尝到、闻到，即感觉到？并不是所有的刺激物对感官的刺激都能引起感觉，如人眼看不见红外线或紫外线，耳听不见高于每秒200 000次的超声波和低于每秒16次的次声波，强度太小的声音人耳感觉不到，落在皮肤上的灰尘人也难以感觉到，一般情况下听不见戴在手腕上的手表的滴答声。要产生感觉，刺激物的刺激至少要达到一定的量度和强度，才能引起我们的感觉。因此，我们把这个刺激强度范围的下限，也就是刚刚能引起感觉的最小刺激强度（最小刺激量）称为绝对感觉阈限（或绝对感觉阈限的下限）。刺激量低于某一关键值，个体就不能觉察到一个刺激的出现。人体刚刚能察觉出最小刺激强度的感受能力（或个体对最小刺激量的感觉能力）叫做绝对感受性。

绝对感受性与绝对感觉阈限在数量上成反比关系：某种感觉的绝对阈限值越小，相应感觉器官的绝对感受性越高；反之绝对感受性越低。例如，一个人能听到比别人弱一半的声音，那么此人听觉阈限比别人小一半，听觉的绝对感受性比别人高一倍。

绝对阈限值的大小随着人的活动性质和年龄、感受器机能的状态以及刺激强度和持续时间等不同条件的改变而改变。我们可以用一只手表或闹钟做实验来理解绝对阈限原理。

【资料链接】

绝对阈限原理

把一只闹钟放在桌上，然后离开，走到听不到闹钟走动声的地方。再一点点走近闹钟，走到某一点处，你便开始听到闹钟的走动声。保持住这个位置，你会注意到有时声音弱多了，要听到必须向前走一点；有时钟声则会增强，往后退一点仍能听到。这个实验显示出感觉阈限经常改变，它并不是一个单一的强度值。如果实验中在各个不同距离的位置上多次问你是否听到了滴答声，就可能出现在每个位置的百分比分布。例如，在离闹钟25米处你可能开始觉察到滴答声，但在此处你不是每次都听到。在远一点的位置根本听不到，近一点的位置有时听到有时听不到，再近一点则可能百分之百都能听到。心理学家们规定绝对阈限是有50%被觉察可能性的刺激量，并通过研究测量出了几种感觉的绝对阈限值（见表4.2）。

表 4.2　五种感觉的大概绝对阈限值

种类	绝 对 阈 限 值
视觉	在黑暗而晴朗的夜晚 30 英里远处的一支蜡烛的光亮
听觉	在寂静条件下 20 米远处一只闹钟的滴答声
味觉	在 2 加仑水中放入一茶匙糖的味道
嗅觉	一滴香水在三个房间里散发开的气味
触觉	一片苍蝇的翅膀从距离 1cm 处落到人的脸上的压力

（二）差别感受性与差别感觉阈限

我们不仅可以研究一个刺激被觉察所需的刺激量，而且可以研究两个刺激差别要多大，人才能觉察其差别。差别阈限是将一个刺激与另一个刺激区别开来所需的最小差别量。例如，两种颜色的波长要有多大的差别我们才能区别开，两种材料的质地应有怎样的差别我们的触觉才能感觉到。在可感觉的刺激强度范围内，感觉随同类刺激强度的增减而发生变化，但刺激强度变化幅度过小则不能被感觉到。因此，差别感受性就是指刚刚能察觉出同类刺激最小差别的强度（或差别量）的感受能力。而刚刚能感觉出的两个同类刺激的最小差别强度，叫差别感觉阈限。

例如，在举重实验中，原刺激强度是 100 克，加 1 克或加 2 克，人体感觉器官察觉不到 100 克与 101 克或 102 克之间有什么重量差别，只有增加 3 克，才能感觉到 103 克与 100 克之间重量有所差别，即才开始感到重量增加了，所以 3 克就是在原重量是 100 克时增加和总量所产生的差别阈限值。实验证明，如果原重量增加为 200 克，就只有增加 6 克才能感觉到重量在增加。以此类推，原重量为 300 克要增加 9 克才能感到重量增加了。可见在中等强度刺激的范围内，原来刺激强度越大，则增加量也应当越大；被机体感受到的刺激强度越大，增加量也应当越大；被机体感觉到的刺激物强度变化与原刺激物强度之比是一个常数。

上述关系由德国生理学家韦伯于 1834 年首先提出。韦伯把它用数学公式表示为：$\triangle I/I=K$，后人称之为韦伯公式或韦伯定律。其中 I 为原刺激强度；$\triangle I$ 为差别感觉阈限值；$\triangle I$ 与 I 的比值是一个常数 K，K 值被称为韦伯常数，由于 K 值总是小于 1，所以也常常称为韦伯分数。不同种类的感觉，K 值不同。对视觉器官来讲，K 值大约是 1/100；对听觉器官来讲，K 值大约是 1/10；对于触觉器官来讲，K 值大约是 1/30。

差别感受性与差别阈限之间的关系成反比：差别阈限越大，差别感受性越低；反之差别感受性越高。

（三）感受性与实践训练

人的感受性并不是固定不变的。实践证明，只要感觉器官健全，各种感觉能力就有高度发展的可能性，但是要把这种可能性转变为现实性，或者说要把这种潜力充分发掘出来，就必须经过相当大的努力，即必须对各种感觉进行有目的、有计划、持之以恒的专门训练，否则人的某种感受性只能停留在普通的水平上。

生活实践中某些专业工作者出于从事某种特殊工作的需要，长期训练和使用某种感觉器官，从而具有高度发达的感觉就是最好的例证。如专门从事品酒、品茶、品烟、调味等职业的人的味觉和嗅觉特别发达。品尝时不仅能精确指出酒的原料、茶叶、烟丝等是什么品种，还能提出它们产于何地，品酒的人甚至还能指出酒酿制的年份，等等。由于绘画对感知所画物体的形状、比例以及色彩关系提出了特殊要求，因而画家在这些方面的视觉能力比一般人要精确得多，甚至能分辨物体大小的 1/40 或 1/50 的变化。雕刻家、外科医生等视觉和触觉估计十分准确，可以说是一杆"活称"。对于丧失了视、听觉的盲、聋人来讲，生活实践则使他们主动地、更多地使用其他健全的感觉器官，从而使其他感觉相应地发展起来，因而有的盲人可以"以耳代目""以鼻代目""以手代目"等等。

感受性和感觉阈限的研究对教育有重要意义，了解、掌握学生的感受性水平及其发展变化规律，对教师组织课堂教学、因材施教和指导其就业都具有积极作用。

在教育教学中，教师应该把发展学生的各种感觉能力作为提高学生的基本素质，促进学生全面发展的一种重要任务，加以重视。一方面，要通过音乐、绘画、雕刻、体育运动等各种丰富的活动，促进学生各种感觉能力的迅速发展，使学生具有良好的身心素质基础；另一方面，教师可让学生通过各种感觉能力的发展促进学习的进步和特殊才能的发展，为学生早日成才、成为专门人才打下良好的基础。

二、感觉的相互作用

感觉并不是孤立的，而是相互作用、相互影响的。对某种刺激物的感受性因其他感觉器官受到刺激而发生变化的现象，叫感觉的相互作用。在一定条件下，各种不同的感觉都可发生相互作用，从而使感受性发生变化。

感觉的相互作用可以分为两种，即同一感觉之内的相互作用和不同感觉之间的相互作用。

（一）同一感觉之内的相互作用

对于某种确定的感官来说，各种刺激的效能在其产生一种统一的经验的过程中是相互影响的。例如，用刀子划玻璃时发出的吱吱声会使不少人的皮肤产生寒冷的感觉；在黑暗中要看到某个小光点，如果视野中还有其他一些小光点，就比较容易看到那个光点，这时其他的光点好像在增强人对那个光点的感觉；如果视野中有强光刺激，就难以看到那个光点，这时强光的刺激好像在削弱对那个光点的感觉。所谓月明星稀，无月之夜则繁星满天，就是此理。下面介绍几种常见的同一感觉相互作用的现象。

1. 视觉中的闪光融合现象

闪光和融合，是同一感觉中的相互作用的一个常见例子。如果我们以 1 秒钟的间隔开灯和关灯，观察者看到的是一系列亮暗的交替；如果我们缩短开关的时间间隔，灯开始闪光；如果开关的时间进一步缩短，闪光就消失，我们看到的就是一个连续的光，成为融合，这时候每一个分开的刺激的后效持续时间之长都足以占满整个间隔期，直到下一次刺激的出现。在中等光强度下，视觉后像保留的时间大约是 0.1 秒，一个闪烁的光源每秒钟闪烁超过 10 次，就会产生闪光融合现象。电影就是利用融合现象制作的。

2. 感觉的适应

由于刺激物对感觉器官的持续作用而使感受性发生变化的现象叫适应。适应既可以引起感受性的提高，也可以引起感受性的降低。在各种感觉中，视觉、嗅觉、味觉、肤觉的适应现象特别明显，在生活中相当普遍。例如，视觉的适应现象分为对暗适应（或暗适应）和对光适应（或明适应）两种。白天从阳光灿烂的大街走进黑暗的电影厅，开始时会什么也看不见，慢慢才能辨认出过道和椅子的轮廓，这是对弱光的适应，称"暗适应"，是弱光的持续作用引起视觉感受性的提高；反之，从黑暗的电影院走出来，强烈的阳光几乎使人睁不开眼，过一会儿才感到不眼花，这是对强光的适应，称"明适应"，是强光的持续作用引起视觉感受性的降低。

适应能力是有机体在长期进化过程中形成的，它对我们感知外界事物、调节自己的行为具有积极的意义。

听觉的适应要比视觉和其他感觉少得多，即使延长一个普通强度的连续的声音的作用，效应也很小。但是，如用较强的连续的声音，像可能作用于一个工厂工人的高音机器声，却会发生适应现象，并且听觉感受器有明显的丧失。

嗅觉的适应最典型的是"入芝兰之室，久不闻其香；入鲍鱼之肆，久不闻其臭"。若把糖果等食物含在口中持续一段时间，它的味觉就会减弱，最后甚至可能完全消失。厨师由于经常品尝，到后来做的菜会越来越咸，这都是味觉适应现象。轻微的东西与皮肤接触，开始会感到他的存在，但很快就不再感觉到。

听觉适应一般较困难，而痛觉则根本不能适应或很难适应，因为痛觉是伤害性刺激信号，如果太容易适应，就会危及有机体的生命。正因为痛觉难适应，它成为伤害刺激的信号，而且有生物学意义，所以它可以防止身体进一步受损害，以确保机体的健康与完整。但是，痛觉难以适应又使痛觉本身具有病理性危害。疼痛如长期持续不断，则失去报警意义，对机体反而成为一种不可忍受的折磨。那些腰痛、三叉神经痛、腿痛的患者，由于病痛的折磨，患者的学习、工作、睡眠、食欲受到了严重的影响，所以临床上必须采取镇痛电疗等措施，甚至采取外科手术切断某些传到痛觉的通路，人为地缓解这种慢性顽痛。

肤觉的适应表现在多方面。温觉的适应倒是一种常见现象，例如，我们在游泳池游泳时，开始觉得水是冷的，经过三四分钟后，就不觉得冷了；同理，在热水中洗澡时，开始觉得水是热的，但过三四分钟后，就不觉得那么热了。从炎热的户外进入有空调的室内时觉得有些凉，但时间长了，凉的感觉就不明显了。触压觉的适应也很明显，只要经过3秒钟左右，触压觉的感受性就下降到约为原始值的25%。如赤足行走，刚开始会觉得地上的石渣刺脚，难以忍受，但走一会儿就不再有刺痛感。有些人把眼镜移到自己额头上后又到处找，"戴着眼镜找眼镜"就是触觉适应现象。

3. 感觉对比

同一感受器接受不同刺激而使感受性发生变化的现象叫感觉对比。它分为同时对比和继时对比（或先后对比）两种。同时对比是由几个刺激物同时作用于同一感受器时所引起的。如在同一张灰色纸上剪下两个小正方形，然后分别将其放在一张黑纸和一张白纸的中央，让人们观察。在大多数观察者看来，黑色背景上的会亮些，白色背景上的会暗些。这种效应就是同时对比（明亮对比）。

继时对比是由不同刺激物先后作用于同一感受器时使感受性发生异变的现象。如刚刷牙后吃苹果，会觉得苹果有种特殊的味道；而吃了糖后紧接着吃葡萄，会觉得葡萄酸；吃了苦药后，接着喝口白开水会觉得水有点甜味等。

生活中，感觉的对比现象十分普遍。研究对比现象，对于正确运用对比规律、提高感觉效果有着十分重要的实践意义。许多行业与对比现象有关，需要对比规律。如建筑设计、广告设计、服装设计、电视电影设计等特别强调视觉效果，所以视觉的对比规律在这些领域"大有作为"；在交通机械设备等方面，出于安全的需要，也特别需要色彩视觉的强烈对比，以便识别。

（二）不同感觉之间的相互作用

对某种刺激物的感受性因其他感觉器官受到刺激而发生变化的现象，叫不同感觉的相互作用。它主要发生在不同感受器同时受到刺激的时候。如感冒鼻塞，会影响嗅觉、味觉，闭眼可以听得更清楚，强光刺激视觉感受器会使听觉感受性降低等。

1. 不同感觉的相互作用

视觉可因其他感觉发生变化。在噪音听觉（飞机发动机的噪音）影响下，视觉的感受性降低到受刺激前的20%；轻微的肌肉运动或凉水擦脸，则可使黄昏视觉感受性提高。

听觉因其他感觉发生变化的最突出例子是，断续的闪光能使声音的响度（如音叉音）产生起伏变化，产生"脉冲"感觉；味觉可因食物的颜色、温度而受影响（冷的糖水似乎比热的糖水甜些）；平衡觉可因摇动的视觉形象的影响而产生晕眩。一个痛觉的刺激可提高视、听、触和温觉的阈限，而痛觉则可因其他感觉得到减轻。颜色视觉可影响温觉，红色使人感到温暖甚至炎热，绿色、海蓝色则可使人感到凉快。

2. 不同感觉的相互补偿

某种感觉系统的机能丧失后可由其他感觉系统的机能来弥补。例如，盲人失去了视觉技能，无法用视觉去识别50元和100元的人民币，但可以通过触觉"阅读"钞票上的盲文数字识别；看不见道路，却可由拐杖产生的动觉和听觉信息辨明方向和可能存在的障碍物；聋哑人则"以目代耳"。

3. 联 觉

在一种感受器受到刺激而产生一种特定感觉的同时又产生另一种不同的感觉的现象叫联觉，即一种感觉兼有另一种感觉的心理现象。色彩视觉引起联觉的现象十分普遍。如红、橙、黄等颜色易引起人们温暖的感觉，因而被称为暖色；蓝、青、紫等颜色易引起人们的冷觉，因而被称为冷色。红、橙、黄还往往使人产生接近感，被称为进色；蓝、青、紫往往使人产生深远感，被称为退色。色调的浓淡也能引起轻重感。黑白两个同样大小、同样质地的球，白色的会使人感觉轻，黑色的会使人感觉重。

此外，不同的色调也会引起不同的心理效应。如红色使人兴奋，蓝色使人镇静，黑色使人感到凝重等。联觉在日常生活中有重要的应用价值。如优美的音乐旋律在引起听觉的同时，还使人感到全身舒畅、放松，或使病人减轻疼痛，或引起味觉，增进食欲。从事音乐的人常常发生视听联觉现象，听到音乐声的同时能产生相应的视觉形象。生活中我们常使用的"甜蜜的声音""苦涩的笑容""喧嚣的色彩""尖酸的语调"等词语也证明了一种感觉会引起另一种感觉。

【资料链接】

室内的色彩

对于色彩，要有整体的观念。色彩的整体，是指室内色彩要有一个主色调（暖或冷），以此为基调，再加一定的补色，这样，色彩就能在协调中丰富起来。

由于红、橙、黄的纯色给人以兴奋感，而且能够使人想到热度，从而产生温暖感，因而被称为"兴奋色"或"暖色"。在室内设计中，我们一般把暖色用于点缀。因为大面积地使用暖色会使人兴奋、狂热、疲劳、暴躁，甚至会使人血压升高。

目前，我国的房间设计多以白色墙面为主。白色是中性色，它能把室内的一些无计划的色彩统一起来，为人们所接受。如果有条件的话，可以将房间内的色度提高一点，如用较为柔和的黄色作墙面，会使你的房间更明亮，更温暖和谐。因为黄色最能发光，能给人以"太阳"与"光明"之感。如果你的家具以红色调为主，那就请你多用深色或黑色与其对比，使室内色彩在黑色搭配下，热烈气氛中显露出稳定感。

蓝、绿色称为沉静色（又称冷色）。它的特点是文静、优雅、沉着，能给人以幻想感。这种色彩对人的影响较大,如对初病的人,多用沉静、稳定的冷色,使他进入一个安静的环境,保证休息。但是,对于一个病后恢复期的人来说,则要多用些带暖色的物品,使其更加热爱生活,增强信心。

当然,有时为了调节一下大脑和情感,一个沉静的人在设计他的居室时,可多用些暖色和带有跳跃感的色彩,这样,他就会随着颜色的起伏而兴奋起来。

曾经有一家人常常舌战不休,原来其室内的色彩杂乱无章,而且兴奋色较多,从而导致烦躁,引起争端。后来更换些比较沉静的冷色,家庭气氛就有所缓和了。这说明色彩对人的情绪的影响。一般来说,患慢性病的人宜用一些较为温和的色彩,如中灰色(即调和色,它的对比较弱),它能使人视觉平衡,情绪安定。

室内的色彩也要随季节的变更而变化,从而求得人对色彩的平衡感。如春天的自然界多呈绿色,室内的色彩最好是暖色调;夏日的自然界一片光亮,室内可以优选蓝色调;秋天的自然界金黄一片,室内可以用绿色作为主色调;冬天室内就宜用暖色调了。这一切,都有益于人的健康。

此外,年龄也会使人对色彩有不同的要求。孩子喜欢对比强烈的色彩;年轻人喜欢美丽明朗的色彩;年长者则喜欢稳重的色彩,应多为他们选用些倾向暖的中灰色,使他们心情更舒畅。

第三节 知觉的规律性及其影响因素

一、知觉的规律性

知觉反映事物的整体,是对事物各属性的综合反映。但知觉不能简单地归结为一些个别感觉的总和,而是新的感性认识阶段,因而有其自身的、与感觉相区别的特点和规律。知觉的规律性表现在以下几个方面:

(一)知觉的选择性

知觉的选择性也称为知觉的对象性。在日常生活中,作用于人的客观事物是十分复杂、纷繁多样的,在一定时间内,人总是有选择地以少数事物作为知觉的对象,把它们从背景中区分出来,对它们作出清晰的反映。知觉的这种特性即为知觉的选择性。例如,学生注视黑板时,黑板上的文字被清晰地知觉到,黑板附近的墙壁、挂图甚至黑板本身的色调等好像退到文字的后面成为模糊的背景。

凡是在某一时间内被清晰地知觉到的事物,便是知觉的对象。与此同时,只被比较模糊地感知的事物,就成为衬托这种对象的背景。知觉的对象,形象鲜明、清楚,好像从其他事物中凸现出来,出现在"前面",而知觉背景则好像退到了它的"后面",变得模糊不清。例如,学生听老师讲课,老师的言语就成为学生知觉的对象,听得很清楚;其余事物,如室外的声音、室内同学的私语等就成为背景,听不清楚。由于知觉的选择性,所以人们能够把注意力集中于少数重要的刺激或刺激的重要方面,从而更有效地认识外界事物,适应外界环境。

要从背景中区分出知觉对象依赖于下列条件:

(1)对象与背景之间的差别。对象与背景之间的差别越大,对象从背景中区分出来就越容易;反之,则越困难。一般来说,强度大的,对比明显的刺激物,如万绿丛中一点红,容易成为知觉对象;教师用红笔批改学生的作业,学生对其能一目了然;如果用蓝黑墨水或蓝圆珠笔批改,学生就很难看清楚。书刊中一些重要文句用黑体字、大号字,或加着重号,就是为了加大知觉对象与背景的差异,让读者能较容易地从大量的背景文字中将它们选择出来作为对象。在空间上接近、连续、形状相似,排列有规律的刺激物,如作业本上书写工整规范、排列整齐的汉字或英文单词比杂乱、潦草的汉字、英文单词更容易成为知觉的对象;在相对静止的背景上运动着的物体容易成为知觉对象。

（2）注意的选择作用。当注意指向某个物体时,该物体成为知觉对象,其他物体成为知觉背景。当注意从一个对象转向另一个对象时,原来的知觉对象就成为背景,知觉对象也就改变了。因此,支配注意选择性的规律,也是知觉对象从背景中区分出来的规律。

（3）知觉者本身的主观因素。如知觉者的兴趣、态度、情绪、知识经验、观察力和分析能力等。另外,它还与知觉的其他特性密不可分,如被选择的对象通常是完整的、相对稳定的和可以理解的。

知觉对象与背景的关系是相互依存、互相转化的。在一种情景下作为知觉的对象,在另一种情境下则有可能成为背景。而背景转换为对象,如图 4.7（a）所示,它既可被知觉为黑色背景上的白色花瓶,也可以被知觉为白色背景上的两个黑色侧面人像剪影;图 4.7（b）是少女老妇双关图,它既可以看做是戴着白色头巾的少女侧面肖像,又可以看做是下巴尖长、鼻梁高挺的老妇肖像。

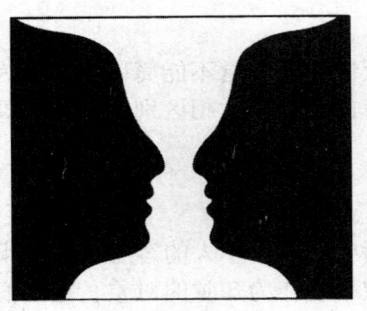
（a）花瓶人头双关图

（b）少女老妇双关图

图 4.7

这种转化,也与上述几个条件有关。知觉环境的改变可能使环境中各部分的强弱发生变化。如在课堂中学生活动任务的改变可使学生的注意从教师的板书转到黑板附近的挂图上,这时挂图就由背景变为对象,黑板上的文字则成为背景。对象与背景的相互转换在双关图形中表现得更为典型。

而知觉中对象和背景的关系,不仅存在于空间的刺激组合中,而且存在于时间系列中。对一个物体的知觉,往往受到前后相继出现的物体的影响。在图 4.8 中,右侧的图形（b）是一张两歧图,既可以看成一张妇女的面孔,也可以看成一位萨克斯管吹奏者。而左侧的图形（a）是没有歧义的。（a）图很容易被看成一位萨克斯管

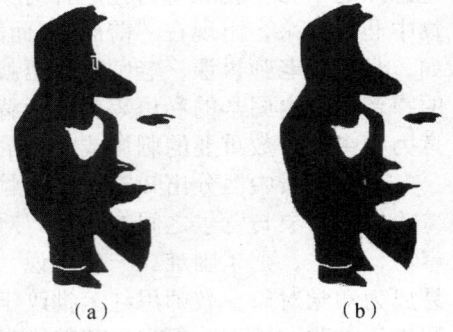
（a）　　　（b）
图 4.8　知觉定式

吹奏者，实验时如果被试先看（a）图，再看（b）图，那么被试容易把（b）图也看成是萨克斯管吹奏者。可见，发生在前面的知觉直接影响后来的知觉，产生了对后续知觉的准备状态，这种现象叫知觉定势。

（二）知觉的整体性

知觉的对象由不同的部分组成，有不同的属性，但我们并不把它感知为个别孤立的部分，而总是把它知觉为一个有机的整体。知觉的这种特性称为知觉的整体性。在图4.9（a）主观轮廓（知觉的整体性）中，人们将几个不相干的图形看成一个整体，从而会看到一个白色的三角形和白色的正方形出现在前方。而在图4.9（b）中看到在黑色单词"stop"上有一个轮廓分明的白色长方形。

（a）主观轮廓（知觉的整体性）

（b）主观轮廓（知觉的整体性）

图4.9

又如，我们在听某段音乐旋律时，虽然在每一时刻只能听到一个音符，然而知觉到的旋律并不是单个音符，而是一系列音符的连续音响，使我们能够感知到旋律的整体结构。

如图4.10（a）（b），我们在看（a）图时并不是把它感知为四条孤立的直线、一些零散的短线段或三个小圆点，而是一开始就把它看成一个四边形。一个由虚线构成的圆形和由三个小圆点标示其顶点的三角形。

知觉对对象的整体反映并非感觉信息简单相加的结果。在这一方面格式塔理论做出了较全面的解释。

格式塔理论不仅发现了"总体大于部分之和"的原理，而且研究了制约整体知觉的因素，总结出了知觉组织的原则。一是接近，在空间上接近的直线被知觉为一个整体；二是封闭，距离较远的直线由于封闭倾向被知觉为一个整体；三是相似，在外表上相似的部分被知觉为整体；四是连续，被分隔开的线段由于连续而被知觉为整体；五是简单化，我们倾向于将对象知觉为由最简单的元素构成的整体[见图4.10（b）]。

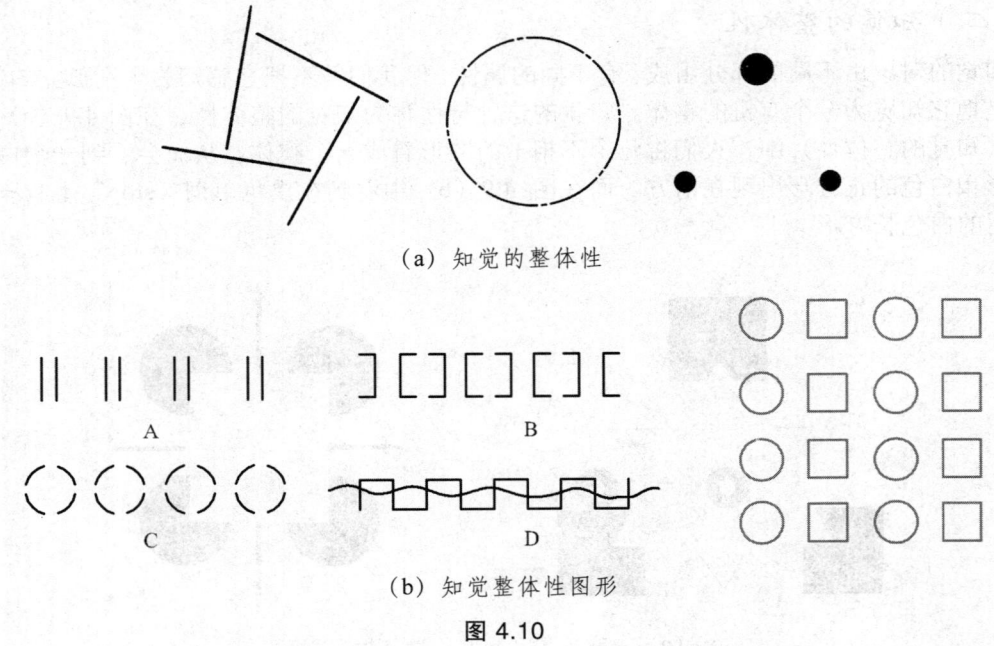

（a）知觉的整体性

（b）知觉整体性图形

图 4.10

另外，个体的定式及经验对知觉的整体性也有影响。

（三）知觉的理解性

知觉是人脑主动活动的过程。人在知觉某一事物时，总是根据已有的知识经验来理解它，并用词把它标志出来。知觉的这种特性，称为知觉的理解性。如图4.11，观察者一定会想"图中画的是什么？"在观察过程中，观察者也许会将图中所画的看作一个人的形象，并以"人"来标示它。

影响知觉理解性的一个因素是语词的指导和补充作用。例如，图4.12（a）（b）中，画面上，虽然只有一些斑点和线条，但人们凭借自己的知识经验，基本上一眼就能看出画的是什么。即使不能看出，只要有人提示"小孩和狗"，就很容易分辨出来。言语的提示唤起了人们过去的知识经验，补充了知觉的内容，增进了对事物的理解。

如图4.12（a），乍一看，很难看出是什么图形，但只要揭示"小孩与狗"，就立刻解释黑斑点——不连续的线条的意义。图4.12（b）也是同样的道理。

可见，知觉的理解性在言语知觉中是明显的。如看到"画"字，个体凭经验将其解释为：这是一个汉字，读音是"hua"，字形由"一""田"两个部分组成，具有特定的意义："用笔或类似笔的东西做出的图形。"教师在教学生认这个字时，有时还根据此字的结构特征及自己的经验将字形作人为的解释，让学生更好地知觉"画"的字形并牢固地记住它。

影响知觉理解性的另一个因素是活动的任务和人对知觉对象的态度，如图4.13，同样的刺激材料，由于任务或知觉态度不同，可以构成不同的知觉模式。图4.13（a）中间的符号可看成英文字母B或数字13，而图4.13（b）中，因被镶嵌在两个单词的中间，同一个字母图形"H"在T、E中间的被看做H，而在C、T之间的则被看成A。

(a)"小孩和狗"　　　　　　(b)你能看出其中的"狗"吗？

图 4.12

$$\begin{matrix} A \\ 12\ 13\ 14 \\ C \end{matrix} \qquad THE\ CAT$$

　　　　(a)　　　　　　　　　(b)

图 4.13　在中间的是什么

心理学家指出，知觉的理解性有助于个体从背景中区分出知觉对象，有助于形成整体知觉，从而扩大了知觉的范围，使知觉更加迅速。

（四）知觉的恒常性

在知觉过程中，当知觉条件（距离、角度、光线明暗等）在一定范围内改变时，知觉的形象仍保持相对不变（见图 4.14）。它使人在丰富多彩的变动的外部世界中仍然保持对周围世界感知的相对稳定性。知觉的这种特性即为知觉的恒常性。知觉的恒常性普遍存在于各种感觉中，在视知觉中表现得最为明显。

图 4.14　知觉的恒常性

例如，站在舞台上看剧场内的观众，尽管远处的面孔在我们眼球上的映象实际上比近处的小得多，但所有的面孔在我们看来几乎是一样大小；看电视的时候，尽管电视画面上的人物的身材比实际的人的身材要小很多倍,但在我们主观上总觉得和实际的人物一样高矮;看同一个人,由于距离远近不同投在视网膜上的视像大小相差很大,但我们总是认为他的高矮没有什么变化;飞机在天上飞,看上去如同蚂蚁一般大小,但我们主观上总觉得飞机是个庞然大物,等等,这些都是大小恒常性。不论坐在教室的哪个座位上,我们总觉得教室是长方形的,不会因观察角度不同造成它在视网膜上成像的不同而认为它是菱形或梯形,这是形状恒常性。无论是在白天正午的强光下还是阴雨天的阴暗的光线下,我们看到的树木总是绿色的,大米麦面总是白色的,国旗总是红色的,煤炭总是黑的,粉笔总是白的,我们感到颜色知觉不会因光照的不同而改变,这是颜色的恒常性。听知觉也同样具有恒常性,如蝉、鸟的鸣叫声离我们很远时,实际声音很小,可能比蚊子在耳边飞的声音还要小,但我们的意识中觉得蝉、鸟的鸣叫声比蚊子的叫声大得多。

心理学家的研究表明,知觉恒常性的发展与个体的成熟和经验的积累有关,有的心理学家则认为主要是过去经验的作用。当外界条件发生一定变化时,变化了的客观刺激物的信息与经验中保持的印象结合起来,人便能在变化的条件下获得近乎于实际的知觉形象。对知觉对象的知识经验越丰富,在一定条件下,就越有助于产生知觉对象的恒常性。

知觉的恒常性在人的生活实践中具有重要意义。它能使人在不同情况下按照事物的实际面貌认知事物,从而使人有可能根据对象的实际情况改造世界。如果知觉不具有恒常性,那么,人就难以适应瞬息万变的外界环境。

二、影响知觉的心理因素

知觉不仅依赖于客观事物本身和知觉者的感觉器官的状况,并且也受知觉者的知识经验、定式和注意状态的影响。

一般来说,对某一事物的知识经验越丰富,个体对它的知觉内容就越丰富。如同样是看一幅绘画作品,知识经验贫乏的门外汉可能就只能知觉到画面上画了些什么东西,而内行人则能从中看出绘画中所蕴涵的意义、绘画的技巧和表现手法、艺术风格、时代特点以及绘画派别,等等。知识经验还能提高知觉的速度、准确性。

定式是指人对活动的特殊的心理准备状态。定式对知觉的影响表现为一个人事先以特殊的心理准备状态来反映刺激物,即在知觉时,个体往往会根据已有的经验加以推测。如在对他人的知觉过程中,若第一印象不好,以后就会以一种先入为主的眼光去知觉那个人。又如Ⅰ这个符号,如果出现在一系列罗马数字中:Ⅳ、Ⅲ、Ⅱ、Ⅰ、…,我们往往把它看做罗马数字Ⅰ;但如果在一系列英文字母中出现:H、I、J、K、L、…,我们则往往把它看做字母I。一般人的经验认为,如果A的特点常伴有B的特点,那么看到某人具有A的特点,往往推测他必有B的特点。如经验认为,容易发脾气的人一定是很顽固的人,那么如果某人易发脾气,即一定会被推测为很顽固的人;一般经验认为"心宽体胖",看到一个很胖的人,就往往会推断他是个"舒舒服服"过日子的人。定式对知觉的影响可以是积极的,使知觉完整和迅速;但也可能是消极的,使知觉发生歪曲。

此外,注意在知觉中的作用表现在知觉的选择性上,知觉对象是什么、内容是什么,是部分是整体,这都是由注意状态决定的。

三、知觉的发展与培养

知觉的发展与个体的成熟和经验的积累有关。新生儿还没有知觉的恒常性。鲍尔在实际中观察到10～12周的婴儿有认识大小和距离的能力。鲍尔证明这种大小恒常性随年龄的增加而增长，2～11岁的儿童很少低估离他们较远的物体的大小。鲍尔对50～60天的婴儿进行了实验，证明其此时已有了形状恒常性。布伦斯维克发现儿童在3～11岁期间亮度恒常性有所发展。

在初中阶段，知觉有下列特点：知觉的有意性和目的性比小学生更加提高；知觉的精确性和概括性在小学的基础上进一步发展；开始出现逻辑性知觉（如把几何图形与几何定理联系起来）。但初中生的知觉仍可能表现出片面、肤浅、不稳定等特性。这些特性表明，初中生知觉的四种基本特性发展到了较高水平。

到了高中阶段，知觉更富有目的性和系统性，不稳定性已很少出现，知觉更加全面而深刻。在思维的参与下，高中生通过知觉能发现对象的本质方面及其因果关系。这表明高中生的知觉特性已发展到相当高的水平。但是，高中生的知觉精确性还不够，做出的判断有时还不够准确，表明其知觉特性并未完善。

当然，中学生知觉特性的发展当然与其生理的成熟有关，但并非单纯地随年龄的增加而增加。要使中学生的知觉特性顺利发展，必须在教育过程中通过各种训练加以培养。培养中学生的知觉特性时，需要考虑下列几点：

（1）向学生明确地提出知觉的选择性。例如，在初中《植物学》"叶子的形态"的教学中，教师指出"叶片的形状是多种多样的，小麦的叶是带形叶，桃的叶是披针形叶，苹果的叶是卵形叶，甘薯的叶是心脏形叶"。教师在指导学生观察时，一定要明确要求学生将自己的知觉指向各种叶的"形状"这一特征上，而不是指向各种叶的图案中的所有细节。学生按照教师的要求，就能准确地将各种叶的"形状"这一特征作为知觉的对象，从整片叶的图案的所有要素中很快地选择出来。通过这种类型的训练，学生知觉的选择性就能顺利地逐步发展，同时，叶的形状反映了叶的整体特征。通过这种训练，学生逐步学会在知觉过程中迅速地把握事物的整体，其知觉的整体性也得到了培养。

在训练过程中，教师还可以要求学生将叶的形状与叶的名称联系起来，在观察了书上的图案后，再去观察教师带来的标本或鲜叶，然后再到野外去观察生长中的叶子。这对学生知觉的理解性与恒常性是一种良好的训练。总之，教师应根据教学的需要，在不同的观察中向学生提出不同的要求，让学生明确知觉活动的目的和任务，通过有效的训练，培养学生的知觉特性。

（2）培养学习兴趣，激发学生的求知欲。

（3）积极促进学生言语能力的发展。知觉的形象通常要用词来表示，第二信号系统的有效参与能增进学生对知觉对象的理解和概括，使学生在知觉活动中能准确而迅速地把握对象的意义，训练知觉的理解性。必须指出，学生言语能力的发展，并非仅是语文教学的任务。

（4）教师在教学中要向学生提供充分的直观材料，尤其要注意正确而充分地运用变式，让学生准确地把握对象的关键特征，从而促进学生知觉理解性和恒常性的发展。如图4.15，如果教师仅提供A，学生在观察B时，就可能难以将B中的图形知觉为直角三角形；如果A和B都有效地提供给了学生，学生对不同方位的直角三角形都能准确地知觉，对知觉恒常性便是一种有效的训练。

（5）为了更好地训练学生的知觉，促进其知觉特性和观察力的发展，教师还应教会学生观察的方法，如设计观察的程序，把握观察的重点，利用已有的知识经验描述观察的结果等。

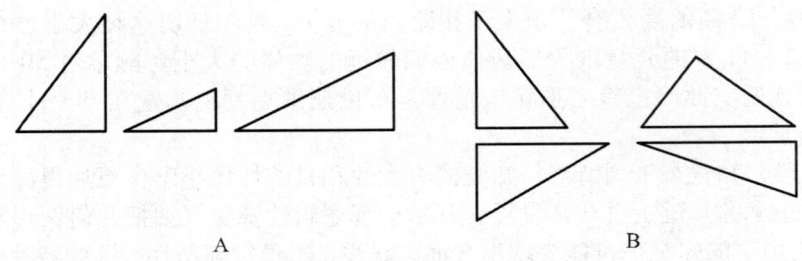

图 4.15　变式的运用

上述四种知觉特性并非是均衡发展的，在发展过程中，有的学生可能整体性强而理解性差些，有的则可能选择性差些，每个学生的具体情况不同。教师应根据学生知觉特性的发展情况，有针对性地加以训练和指导，有时可以突出某种特性的训练，使学生较差的知觉特性也得到良好的培养，并通过训练使四种特性协调地发展，逐步趋于完善。

第四节　感知规律在教学中的应用

人对客观事物的认识起于感知。感知作为认识过程的低级阶段，它为复杂的认识过程提供感性材料。学生掌握科学理论知识，必须获得丰富的感性认识，离不开感知活动；同时，感知作为一切心理活动的基础，感知活动对学生的记忆、想象、思维、情感、意志、性格、能力的发展，理想、信念、世界观的形成有着重要意义。因此，在教育教学过程中，教师必须重视学生的感知活动，充分调动学生的感觉器官，正确运用感知规律，使教育教学取得良好的效果。

一、合理运用直观教学

直观教学是使学生获得感性知识所采取的教学方式。它通过各种直观教学手段，调动学生的眼、耳、鼻、口、手等多种感觉器官直接感知事物，使学生获得丰富的感性经验。直观教学有以下几种基本形式：

（1）实物直观，以实物、标本、演示实验、真人真事、现场参观、戏剧表演等为直观手段。

（2）模像直观，用根据物质特点制成的模型、仪器、图片、图表、塑像等为直观手段。

（3）言语直观，以生动描述事物形象的书面语言或口头语言为直观手段。

（4）电化教学（或视听教学）形式，以电视、录音、录像、电影、幻灯、投影、电脑、多媒体等电化设备为直观手段。

上述各种直观教学手段形式各有其特点，也有其局限性，但总体上讲，它们都在不同程度上，或从不同角度，或以不同形式，使教学内容变"活"了，即真实、生动、鲜明、形象，成为学生获得知识的重要途径。通过直观教学，学生可以获得丰富的感性知识，使抽象的知识以直观的具体形象为学生感知，有利于学生更好地对教学内容进行抽象、概括、分析、综合，从而上升到理性认识。

为使直观教具起到应有的作用，教师要注意以下几方面的问题：

（1）根据教学需要选择适当的教具。每一堂课都有特定的教学目的，直观教具的选择，是为了满足实现教学目的的需要，而不是单纯地为直观而直观，胡乱选择，只要有直观教具就行了。因此，教师首先要对教学工作进行充分的准备，采用的教具应能激起学生的思维，有助于学生系统地掌握教材。在演示时，要让学生充分地感知演示的对象，特别是让他们看清教具中的主要部分。如果教具是在教学过程中为阐述某个问题而使用的，应当在使用的时候展示出来；过早展示，会分散学生的注意，削弱新颖感。教具使用完毕，教师应及时加以收拾，以免影响学生对讲授的注意。笨重的教具一时收拾起来有困难，则可以例外。

（2）以适当方式、在适当时候、适当位置呈现直观教具。直观教具是为实现教学目的的服务的，但是，如果使用不当，就会减弱或失去其作用，甚至干扰教学。例如，教师在刚上课时就将所有直观教具（实物、挂图等）呈现在学生面前，然后才开始上课，学生由于好奇，首先观察各种教具，使得教师的讲授成了背景，等到教师要求学生观察教具时，学生的好奇心没有了，从而没能按教师的要求将教具的关键特征知觉到。这样，直观教具不仅没有加强教学效果，反而成为教学的干扰因素。教师应当根据教学的进程，在要求学生观察时才呈现教具。

（3）使用教具应当符合学生感知的特点。使用直观教具只是手段，而不是目的，这一点每个教师应谨记于心。小学生（尤其是低年级）经验缺乏，认识水平低，观察力不强，尚未掌握良好的观察方法，在教学中应广泛运用直观教具，甚至组织实地观察。在观察中加强方法指导，让每一个学生都获得充分的感知直观教具的机会。到了小学高年级及中学以后，学生观察力发展到了较高水平，掌握了观察方法，教师在选择和使用直观教具时要注意典型性，在使用数量上要适可而止。

（4）把实物（标本）、图像的直观与言语直观有效地结合起来：① 言语在前的形式。教师在呈现教具之前，向学生说明观察的目的，简要讲解其内容，提出一些问题，以引导学生观察时注意教具的主要部分或特点。此时言语主要起动员和提示的作用。② 同时或交错进行的形式。教师边呈现边讲解，告诉学生观察什么，教具的主要特征或主要部分在哪里，教具的特征说明了什么问题等。此时言语不仅起引导观察的作用，而且与直观教具相互补充。③ 言语在后的形式。教师在呈现教具后导出结论或重复呈现中讲解的要点。此时言语主要起概括和强化观察效果的作用。

教师应当根据教学的实际需要，适当选择结合的形式。在许多教学过程中，常综合运用三种形式。

二、正确运用感知规律组织教学

学生的感知活动贯穿于整个教学过程的始终，教师在整个教学活动中应根据教学内容的实际需要，结合学生的年龄特点，正确运用感知规律。

（一）感知与刺激强度相关规律

这条规律表明，在人们感知事物的过程中，一方面，直接作用于感觉器官的刺激物必须达到一定的强度，才能被人清楚地感知到；另一方面，作用于感受器的刺激强度过大，感觉遭到破坏，只会引起痛觉。因此，在制作直观教具时，实物、标本的选择应具有典型性，挂图的制作应在大小、颜色等特性上适应教学需要和学生的特点；演示对象的大小、颜色、声音、光亮度等应考虑到能使全班学生都清楚地感知到，但也要避免音量过大成为噪声，或光亮过强使感知觉遭到破坏。

（二）对比律

这条规律要求教师在制作和使用教具、演示实验、设计板书时，通过颜色、形状、比例等的对比提高学生的感知效果；教师讲课时语调要抑扬顿挫，通过声音的轻、重、缓、急吸引学生的注意力，更好地感知教材。

（三）差异律

这条规律表明，感知对象和背景的差异越大，越容易使对象从背景中区别出来，使对象越容易被感知。所以教师应在教学组织形式、教学方法、教材的处理、直观教具的制作和使用、板书设计、作业批改、课外辅导等方面，注意通过视觉、听觉等各种感觉对比，使对象突出，切忌主次不分，"喧宾夺主"，造成背景"夺目"、对象"逊色"的现象。

（四）活动律

这条规律表明，在相对稳定的背景上，活动的事物比静止不动的事物易于感知，因此，教师要"善假于物"，通过电影、电视、录音、录像等活动性教学手段使教材活生生地呈现在学生面前，使之易于感知和理解，并加深印象。

（五）组合律

这条规律表明，客观刺激物在空间和时间上有规律的组合，容易成为一个知觉对象整体。所以教师在板书时，要注意规范整齐，使学生一目了然。绘画、挂画时要注意布局合理，在放录音、录像、电视、幻灯片以及讲解的过程中，要注意根据教学目的，把内容分为许多"片""段"的教学内容。

（六）多感官协同活动律

这条规律要求，教师应在教学过程中调动学生的多种感觉器官同时参与感知活动，以便学生在大脑中建立更多的暂时神经联系，从而使感知的效率更高。

此外，正确运用视觉的联觉现象布置教学环境。根据红色使人兴奋、蓝色使人安静、绿色使人和缓；多种鲜艳的色彩同时被人感觉会使人产生持久的兴奋，或使人心烦意乱、注意力难以稳定；单调会使人感到压抑等特点，把教室布置得清新、典雅、整洁、舒适，既不把教室的门窗、窗帘、桌椅、墙壁装饰得过分花哨，又要适当点缀，避免过于单调。教学环境应引起学生适当的兴奋，这样有利于学生正确地感知事物。

三、提高师生双方的社会知觉能力

在教育教学过程中，主要的人际关系是师生关系，处理师生关系的基本原则是尊师爱生。由于师生关系是双方相互作用而形成的，因此，为了正确搞好师生关系，提高教育教学效果，应当注意提高师生双方的社会知觉能力。据此，一方面，教师应加强自我修养，提高自己的社会知觉能力，正确对待各种各样的学生，采取正确的教学方法，在处理人际关系方面给学生树立良好的榜样；另一方面，初中学生正处于半幼稚、半成熟的少年期和个体社会化的重要阶段，社会知觉能力还很差，教师要在这方面有意识地加以培养，使他们形成健全的人格和良好的个性心理品质，正确处理与教师的关系，从而促进学习。

在提高社会知觉能力的过程中，教师应注意以下几方面：

（一）正确对待第一印象

对初次见面的陌生人所获得的印象，称为第一印象（Primary Impression）。第一印象在人们的相互关系中具有重要作用。如果一个人在与他人初次见面时给人留下良好的印象，就会影响人们对他今后一系列行为的解释；反之亦然。因此，师生初次会晤时，如果教师能给学生留下良好的印象，受到学生们的喜爱，他今后的教育工作就容易取得成效；反之，则不利于教育工作的进行。

影响第一印象形成的因素很多，归纳起来主要有两个方面：如果对初次见面者事先一无所知，第一印象的形成主要受这个人直接提供的信息的影响；如果在会晤陌生人之前，曾间接地获知关于他的某种信息，这种信息将是构成第一印象的重要因素。了解这些原理，对于教师正确地处理师生的初次会晤，建立良好的师生关系是很有好处的。

教师要注意自己的言行举止、服饰，尤其是教态、教风，以便给学生留下良好的第一印象；而对待学生，则不能单凭第一印象去判断、推测学生的优劣，应当以全面发展的观点对待他们，善于从他们身上不断获得新的信息，并且对全体学生一视同仁。

（二）防止"晕轮效应"

"晕轮效应"是指在人际知觉中，人们常从对方所具有的某个特性而泛化到其他有关的一系列特性上，也就是从所知觉的特征推及未知觉到的特征，从局部信息而形成一个完整的印象。如对成绩好的学生"一俊遮百丑"，让单方面的优点掩盖各种缺点；而认为成绩不好的学生"一坏百坏""一无是处"。因而，教师要实事求是、全面正确地看待学生，防止以偏概全。

（三）防止先入为主的"刻板印象"

即防止对事物产生比较固定的、笼统的看法。如一般人总认为老人是弱不禁风的；山东人豪爽、仗义；上海人机灵等。在教育教学中，教师要避免将顽皮的学生看成不懂事的、难以管教的差学生，而把安静、顺从的学生看成守纪律、听话的好学生；不要认为女生到高年级时成绩就一定会下滑；不要认为男女同学之间交往频繁就一定有问题。教师应注重对学生进行长期、深入细致的观察和了解，针对个体特点进行具体的分析，对学生作出客观、公正、全面的评价。

初中学生由于还没有形成关于自己稳定的形象，强烈地感受和体验着周围人们对自己的态度，所以他们对于教师给予的评价和态度非常敏感。如果教师的社会知觉能力差，在对待学生的态度和评价上出现种种偏差，就会导致学生产生消极情绪，不能正确认识自己的品质，过于低估或抬高自己，这不利于学生的自我教育和自我提高，不利于他们的全面发展和身心的健康成长。因此，教师提高自己的社会知觉能力，并帮助学生形成良好的社会知觉，是使师生之间形成和谐的心理气氛，使学与教产生更大的协同性，从而更好地完成教育教学任务的重要保证。

四、观察及观察力的培养

（一）观察和观察力

观察是指有目的、有计划、有思维活动参加的、比较持久的知觉，是知觉的一种特殊形式。人的知觉有时是有意的，有时是无意的。观察则是有意识、有目的的一种高级的知觉形式,是根据人类实践活动的需要在认识世界和改造世界的过程中形成,其目的是要弄清某种事物是什么,有哪些个别属性,有什么作用和价值。通过观察,人们可以获得比较系统的感性认识,为进一步揭示客观事物的本质属性打下基础。

观察力是人观察事物的能力,它是人的智力结构的重要组成部分,也是人的智力水平的重要表现。观察力的最可贵品质是从平常的现象中发现不平常的东西,从表面上貌似无关的东西中发现相似点或因果关系。人们在观察力的发展水平上有很大的个别差异。凡是在事业上卓有成就的人物,如科学家、发明家、教育家、作家和画家等,他们的观察力发展水平都比平常人高。人们的观察力还在类型上有个别差异。例如,有的人视觉敏锐,有的人听觉敏锐,有的人嗅觉和味觉敏锐等。这种类型上的差异,并不影响他们都有可能成为观察力高度发达的人。

（二）观察的重要作用

观察对人的各种实践活动起着十分重要的作用,它是人们获得信息,认识世界,进行创造性劳动的基础。科学实验、艺术创造、教育实践、生产劳动等都需要对有关的对象进行系统、周密、精确的观察,以便获得第一手资料,探索事物发展变化的规律。离开观察所提供的感性材料,人们就不能从事各种社会实践活动。

同时,观察在学生的学习生活中也起着重要作用,它是学生获得感性认识和积累感性经验的主要途径,也是学生形成劳动技能、绘画技能、写字技能、阅读技能和实验技能的必要条件。国外有些小学的自然课要求学生用80%的时间进行观察,初中和高中的理化、生物课分别要求学生用60%和40%的时间进行观察、实验,可见观察对于学习是很重要的。因此,在教学活动中,要让学生多观察,使其获得丰富的感性经验,这有助于学生对感性经验进行抽象概括,进而上升为理性认识,从而真正理解和掌握知识;同时,学生的读、写、算、实验、体育运动、劳动等基本技能的形成也离不开观察。培养学生的观察力,也是开发学生智力,激发学生的学习热情,启发学生思维的重要条件。

（三）良好的观察品质

(1) 客观性。能正确、实事求是地反映客观事物,防止先入为主等主观经验或臆想的消极影响。

(2) 精确性。能辨别事物之间的细微差别,了解事物发展变化的详细过程。

(3) 全面行。观察细致全面,能从各种可能的方面去观察事物,防止遗漏有关的细节和方面。

(4) 敏捷性。能迅速抓住稍纵即逝的现象,迅速洞察事物的主要特征。

(5) 独立性。善于独立进行观察,不依赖于他人的指导,不为他人意见所左右。

(6) 创造性。能运用新的方法或从新的角度进行观察,能在平常的现象中发现新的问题。

（四）观察力的培养

观察力是每个人都应具备的基本能力。人并非生来就具有良好的观察品质,人的观察力是在生活、学习、工作等各种实践活动中通过培养和锻炼而逐步发展起来的。那么如何培养学生的观察力呢?

(1) 不断向学生提出明确的观察目的、任务和具体观察步骤。观察的效果决定于观察的目的、任务明确到何种程度。观察的目的、任务愈明确,观察者对知觉对象的反映就愈完整、清晰,观察的效果也愈好;反之,观察的目的、任务不明确,学生就会东看看、西望望,抓不住要领,得不到收获。比如,我们每个人都无数次地观察过天安门或它的图片,但如果请你说出城楼上的正面有多少根大立柱，则不少人都说不太准确。这是因为以前谁都没有给自己规定过这方面的观察任务。因此，教师必须预先明确地向学生提出观察的目的、任务，并且根据学生的年龄特点和知识水平尽量把观察的任务提得明确些、具体些。只有这样，才能培养学生观察的主动性，使他们逐步养成经常观察、自觉观察的良好习惯，培养他们独立提出观察目的、任务，制定观察的具体步骤的能力。

（2）培养学生的观察兴趣。在学生的学习活动和现实生活中，观察的领域是十分广阔的，要使学生自觉自愿地进行观察，使观察深入细致，在观察过程中表现出坚韧的毅力，就必须激发学生对事物的好奇心和求知欲，使他们在观察中找到乐趣，甚至对所观察的事物着迷，从而主动创造条件、克服各种困难，深入而持久地进行观察。

如果学生时时处处依赖教师的指示，观察力是培养不起来的。观察兴趣可以通过郊游、参观、访问等多种途径来培养。例如，在郊游、参观、访问的过程中，教师讲解观察到的现象，使学生懂得其中的道理。这就会激起他们的求知欲，使他们对大自然和社会现象产生观察兴趣。

（3）要教育学生在观察之前做好必要的知识准备。观察前的准备知识愈充分，观察的效果就愈好；相反，观察效果一定不好。在组织学生进行观察之前，应先让学生学习有关观察对象的理论知识。如要了解各种植物就必须先学习植物的基本知识，才能使观察在理论的指导下进行，避免观察的盲目性。只有以理论为指导，观察才能深刻、准确，进而洞察事物的主要特征。

（4）要教给学生多种观察方法，逐步培养学生的观察技能。在培养学生观察力的时候，教给他们观察的方法，使他们学会观察，是很重要的。如要训练学生怎样确定观察目的、对象、计划步骤；要教会学生怎样根据不同的观察任务和目的，选择"整体—部分—整体""部分—整体—部分""由远及近""由近及远"等不同的观察顺序和方式；要教会学生调动眼、耳、鼻、手等不同的观察器官参与观察；要训练学生养成边观察、边思考的良好习惯，让学生带着问题去观察，在观察过程中找到问题的答案，并抓住事物的主要特征；要教会学生做好观察记录，在观察之后整理、分析、综合所得到的材料，指导学生做好观察总结。总结的形式有书面的或口头的。通过总结，学生可以检查观察的目的、任务是否完成，这样不仅可以提高观察力，还能提高语言表达能力。

（5）发展学生的言语能力和思维能力，促进其观察力的发展。知觉形象一般是用词语和语句来表达的，因此，要准确记录观察的过程，描述观察对象，就必须借助于准确、恰当、生动、简洁的语言，所以，不可忽视言语表达对观察的重要作用。教师要把言语表达训练和观察训练有机地结合起来，从而促进学生观察力的发展。此外，观察是有思维参加的知觉，思维活动贯穿于整个观察过程，为此，教师要注意发展学生的思维能力。

思考讨论与实践探索

1. 说明感觉和知觉的联系与区别，以及它们在人的心理活动中的作用。
2. 什么是感受性、感觉阈限？二者关系怎样？
3. 感觉、知觉有哪些基本规律？
4. 结合个人实际，谈谈如何正确地认识自我？
5. 什么是观察？观察有何意义？怎样培养学生的观察力？
6. 谈谈你对某位同学（或教师）的第一印象，其中哪些是从直接信息得来的，哪些是从间接信息得来的？分析第一印象与实际情况是否有出入。
7. 根据对一位中（小）学教师课堂教学的观察，分析他在教学中运用感知规律提高教学质量的经验和存在的问题。

第五章　记忆规律与教育教学

【学与教要求】

➢ 识记：记忆、记忆的表象、记忆的分类与品质等概念和特征
➢ 理解：记忆各环节的特点，遗忘曲线，记忆过程的规律
➢ 应用：记忆规律在教学中的应用，学生良好记忆力的培养

第一节　记忆概述

一、记忆的概念及类别

（一）什么是记忆

所谓记忆，就是人脑对过去经历过的事物的反映。按照信息加工理论，记忆就是人脑对所得到的信息进行编码、储存和提取的过程。人们感知过的事物、思考过的问题、体验过的情绪、练习过的动作等，都会在大脑中留下一些痕迹，并在一定条件下重新显现出来。这种人脑对过去经验过的事物的识记、保持、再现的过程，就是记忆。我们每天都在进行大量的记忆活动，上课时，我们要记忆老师讲课的内容；谈话时，要记住对方及自己讲了什么；外出时，要记住自己走过的路，甚至我们要记住几点钟起床，起床后做了什么。

正确理解记忆，必须把握如下几点：

第一，感知过的、思考过的、体验过的事物都可以成为个体的经验，都是记忆的内容。例如，从前见过的人，现在不在眼前，我们能想起他的容貌姿态，见到他时能认得出来。如果你在几个月前思考过当代大学生的价值取向问题，现在你可能还记得自己当时通过思考所得到的结果。高考时的紧张情绪，接到大学生录取通知书时的心情，时至今日记忆犹新。进大学后第一次参加全校性集会的情景，仍然历历在目。在生活实践中见过、学过、想过、做过的事情及体验过的情绪，都可能成为我们的经验而保存在头脑中，在以后的适当时候能回想起来，当它们再度出现时能认出来。

第二，我们并不是把所有的经验都记住，而是记住了其中的一部分。环境中的各种刺激只有在一定条件下才能成为记忆的内容。

第三，记忆不是一下子就完成的，记忆过程有三个基本环节。识记是记忆过程的开端，保持是识记的结果，再现（再认）则是保持效果的体现，也是对保持的检验。从信息加工的观点看，记忆是信息的编码、储存和提取的过程。

第四，记忆以感知为基础，而且是从感性认识过渡到理性认识的桥梁。

记忆在人的生活、学习、工作中有着十分重要的意义。有了记忆，人们才能把过去反映的结果保存在头脑中，从而使当前的反映在过去反映的基础上进行；有了记忆，人类才能积累经验，掌握知识，不断进步，促使人类科学文化的迅速发展。

（二）记忆的种类

记忆是一种复杂的心理现象，可以按照不同的标准将其分为不同的类型。

1. 根据记忆的内容，可以把记忆分为形象记忆、语言—逻辑记忆、情绪记忆和运动记忆

（1）形象记忆。形象记忆是以感知过的事物的具体形象为内容的记忆。这些具体形象可以是视觉形象，也可以是听觉形象、触觉形象或味觉形象等。例如，我们所感知过的物体的颜色、形状，人物的音容笑貌和仪表姿态，音乐的旋律、自然景观、各种气氛和滋味等，以表象的形式储存着，所以又叫表象记忆。在现实生活中，有些人对事物的外部特征、具体形象记得快、保持牢，当回忆某一事物时，头脑中就会显现出该事物的鲜明形象。形象记忆与感知有密切联系，可以说形象记忆是感知结果的记忆。例如，鲁迅在《故乡》中对少年闰土的回忆，就是作家的形象记忆。

（2）语言—逻辑记忆。语言—逻辑记忆也叫意义记忆，它是以语词、概念、判断、推理、公式、定理等为形式，对事物的关系以及事物本身的意义和性质等为内容的记忆。语言—逻辑记忆是人储存知识的最主要的形式，是人类所特有的记忆。属于这种记忆类型的人，最善于记忆语词材料、抽象概念和逻辑规则，即使在观察直观材料时也是如此。语言—逻辑记忆与思维有密切的联系，它是在实践活动中，随着抽象思维能力的发展而发展的，也可以说它是对思维结果的记忆。

（3）情绪记忆。情绪记忆是以体验过的某种情绪或情感为内容的记忆，它所保持的是对过去体验过的情绪情感以及与情感相联系的事物的记忆。每一个人都具有一定的情绪记忆能力，很多人对于曾经唤起自己某种强烈情感的事物，以及对这种情感体验本身常常能够终身不忘。因此，情绪记忆的映像往往比其他记忆的映像表现得更为持久。例如，某人就要与他相爱的人重逢，此刻他沉浸在幸福的回忆中，昔日的愉快、欢乐的情绪油然而生。情绪记忆往往是一次形成，经久不忘的，如对自己刚刚考上大学时的激动、兴奋心情的回忆，想起自己被误解、受委屈时的沮丧、气愤情绪等，都属于情绪记忆。

情绪记忆对人的主观幸福感有影响，积极愉快的情绪记忆可以增强人们的主观幸福感，消极不愉快的情绪记忆会降低人们的主观幸福感。

（4）运动记忆。运动记忆即动作记忆，是以做过的动作或运动为内容的记忆。如对书写、游泳、骑自行车的动作的记忆，都是动作记忆。运动记忆与操作活动密切联系，它是对操作活动结果的记忆。例如，记住汽车驾驶技能操作的各个动作及其顺序，就是属于运动记忆。

从内容上对记忆的这种分类，只是为了研究上的方便。实际日常生活中，上述四种记忆是相互联系的。例如，教师在传授知识的过程中，要求学生既要有语言—逻辑记忆，又要有形象记忆，即不只讲授理论，还在情绪上感染学生，有些课程还要在做实验和操作仪器的过程中使学生形成一些动作记忆，这样的教学比单纯的语词记忆的教学效果要好得多。

2. 根据信息加工与保持时间的长短，可以把记忆分为瞬时记忆、短时记忆和长时记忆

（1）瞬时记忆。瞬时记忆又叫感觉记忆，是指客观刺激物停止作用后，其印象在大脑中保留一瞬间就消失的记忆。

瞬时记忆的特点是：信息的保存具有鲜明形象性，其编码方式是直接以材料的物理特性编码；信息保持的时间很短暂，为 0.25～2 秒钟；储存量很大；瞬时记忆中的信息如不被注意就会迅速消失，如果受到注意就会转入短时记忆。瞬时记忆最明显的例子是视觉后像。电影就是由于视觉后像这种瞬间记忆才使一系列间断的画面被看成是连续的画面的。

（2）短时记忆。短时记忆是处于瞬时记忆和长时记忆之间的一个记忆阶段。短时记忆是指刺激停止作用后，其信息在头脑中保持 1 分钟左右的记忆。短时记忆属于非感觉记忆，属于操作性的。例如，抄写文书或临摹字画；我们打电话记一个电话号码就是短时记忆，拨完了，也就忘了。

短时记忆的主要特点是：① 和感觉记忆的信息容量相比，短时记忆容量有限，其容量为 7±2 个项目（物体、字母或符号等），或称"组块"。组块是指人们生活中熟悉的、并加以组织的记忆单位，它可以是一个数字、一个词，也可以是一组数字、短语或一个句子。例如，呈现一系列的数字"9、7、5、3、6、1、0、3、8、7"给一个人，让他听一遍或读一遍后立刻回忆，只能想起 5~9 个单位。但是，如果你把上边的一系列数字分成三组：975—361—0387，你就有可能会记住更多的数字；同样，如果是有意义的句子和文章，你也能回忆起比无意义的句子和文章更多的文字。所以，短时记忆的容量还是有限的。② 短时记忆信息保存时间也很短。短时记忆中信息的保持时间在无复述的情况下最长也不超过 1 分钟。其原因有两个：一是记忆痕迹衰退，由于没有复述强化而流逝。另一原因是干扰，即后来的信息项目把现有的项目排挤掉了。③ 短时记忆编码方式以听觉为主，也有视觉的和语义的编码。短时记忆中的信息如果不经复述和加工，也会很快消失，如经过复述和加工，则有可能进入长时记忆。

（3）长时记忆。长时记忆是指信息保持 1 分钟以上直至几天、几个月、几年乃至终生的记忆。长时记忆的特点有三：一是信息保持时间长，从 1 分钟以上直至数日、数年，甚至终生。其信息主要来自短时记忆阶段加以复述的内容，也有由于印象深刻而一次形成的。二是信息容量大，似乎是无限的，它的信息是以有组织的状态被储存起来的。三是编码方式以意义编码为主。

从信息加工心理学的观点看，瞬时记忆、短时记忆和长时记忆是不同的信息储存系统，有各自的信息加工特点，但它们又是相互联系的，在时间上是统一过程的三个不同阶段。R.C.阿金逊和 R.M.西费仁提出的三种记忆系统的信息加工模式揭示了三种记忆的内在联系（见图 5.1）。

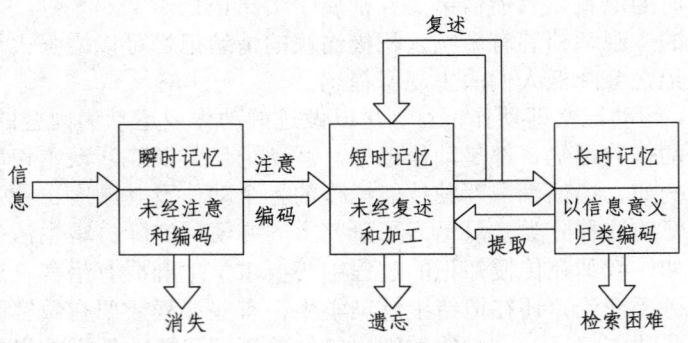

图 5.1 记忆系统模式图

二、记忆表象

（一）什么是记忆表象

记忆表象简称表象，它是指过去感知过的事物不在面前时而在头脑中重现出来的现象。个体感知过的客观事物一旦成为记忆的内容，就以某种具体的形象保存在脑中，来自视知觉的成为视觉表象，来自听知觉的成为听觉表象，来自运动知觉的成为运动表象，等等。例如，去过北京后，当别人一提到"北京"这两个字时，你脑中就会浮现出天安门、人民大会堂、故宫等宏伟壮观景象，这就是记忆表象。表象是以感知为基础的，没有感知，表象就不可能形成。例如，先天失明的人没有颜色表象，先天失聪的人不可能有声音表象。表象是记忆的主要内容。

（二）记忆表象的特征

由于表象的出现不需客观事物的直接作用，可以不受时间和空间的限制，所以它对人类的想象、思维等高级心理活动具有十分重要的意义。记忆表象有直观性和概括性两个特征。

表象和感觉、知觉一样具有直观形象性，是人脑对外界事物的感性反应，但它所反映的通常只是事物的大体轮廓和一些主要特征。表象没有感知所得的形象那样鲜明、完整和稳定。例如，游览过北京天坛的人们虽然对天坛有很清晰的映象，但这种映象总不如正在观看天坛时的知觉形象那样鲜明、完整和稳定。正是由于表象不能反映事物的全部特征，而且不稳定、比较模糊，所以它所反映的一些主要特征就显得突出和直观。

1. 直观性

记忆表象是对事物感知后留下的印象，保留了有关客观事物被感知时的某些特点，比较生动具体，与感觉、知觉一样具有直观形象性的特征。例如，对一棵树的记忆表象，与对树的感知映象一样，反映了树的各部分（树干、树枝、树叶等）的形态和特征。但是，记忆表象往往不如感知映象那样鲜明清晰和完整稳定，通常是较模糊的、片断性的，反映的仅是事物的大体轮廓和一些主要特征。感知映象几乎与感知对象一模一样，在看一片树叶时，每片树叶的形状、大小、颜色、硬度等特性得到了较充分的反映；而记忆表象所反映的则可能仅是其形状、颜色等部分特征，而且对这些特征的反映也可能不够清晰和准确。

2. 概括性

记忆表象舍去了个别事物的次要感性特征，保留了其中常见的形象特点，从而有可能反映一类事物的形象或某一事物在不同知觉条件下的同一形象。我们关于树的记忆表象不像感知映象那样反映某一树林中某一棵特定的树的特征和整体，而是反映所有的树在结构上的共同特征：树根+树干+树枝+树叶=树的整体。它可以代表任何一种树中的任何一棵。如果是关于某一种树的表象，则代表了该种树中的任何一棵。也就是说，记忆表象是对某一类事物的共同的（外部的）特征的概括性反映，常常是综合了多次感知的结果，是对客观事物概括化了的形象的反映，具有很强的概括性。例如，我们对书桌的表象就不一定是特定书桌的表象，而是概括化了的书桌形象。

表象在人的认识活动中具有重要作用。人们能再认或重现过去经历过的事物，主要是依靠表象来实现的。记忆表象的直观性使其与客观世界的各种具体事物紧密联系在一起，而概括性则使其脱离感性世界的具体事物向理性的境界延伸，使人对世界的认识向理性阶段发展，为理性认识活动打下了基础。正由于此，记忆表象不仅使感知的成果得以保存，而且是感性认识向理性认识过渡的桥梁，是从感知向抽象思维过渡的一个必要的中间环节。教师可以通过表象使学生更好地掌握知识和发展智力。

（三）记忆表象的种类

1. 根据表象的感知特点，可分为视觉表象、听觉表象和运动表象

（1）视觉表象是由视觉获得的事物的形象在头脑中的浮现，是比较鲜明、最常发生的表象形式。如事物的颜色、形状、空间、大小等在头脑中的再现。生活中大多数人都能够把看见过的事物的视觉印象保持在头脑中，但这种印象通常是模糊的、抽象的、不具体的。

（2）听觉表象是由听觉器官获得的声音表象，主要有言语听觉表象和音乐听觉表象。言语听觉表象对人们分辨语音、语调等有重要作用，是人们学习和掌握语言的基础。音乐听觉表象能帮助人们更好地掌握歌曲和乐曲，提高人们的音乐鉴赏能力和音乐创作能力。著名的音乐家贝多芬，在双耳失聪后仍能创作出伟大的交响曲，就是来源于他的音乐表象能力。

(3)运动表象是和运动感觉相联系的,在人们头脑中产生的关于动作和动作系统的形象。例如,跑步、调高、游泳、写字、打球等的动作形象。运动表象产生时,可以引起人们相应部位的肌肉和骨骼的微弱运动。

由于人们所从事的社会实践活动的不同,各种表象形式所起的作用也有所侧重。一般而言,画家具有较发达的视觉表象,音乐家的听觉表象较发达,而体操运动员的动觉表象较为丰富。值得注意的是,各种表象形式往往是综合起作用的,如钢琴演奏既需要听觉表象,又需要动觉表象;完成体操动作既需要动觉表象,也需要听觉表象。

2. 根据表象的对象范围和概括程度,可分为个别表象和一般表象

(1)个别表象是在对某一特定对象的感知基础上产生的形象,又称为单一表象。例如,关于某一棵树、某一支笔、某一位老师的表象。

(2)一般表象是在个别表象的基础上产生的关于一类事物的共同的主要特征的形象。例如,我们脑子里的大学生形象反映的是大学生的一般形象。一般表象具有更大的概括性,因为它不是某一特定的事物特征的概括,而是对同一类事物的一般特点和主要特征的概括。

3. 遗觉像

在刺激停止作用后,脑中继续保持的异常清晰、鲜明的表象,称为遗觉像。遗觉像是记忆表象的一种特殊形式,它几乎与感知形象一样鲜明和生动,似乎是介于知觉和幻觉之间的状态。这种特殊的表象形式是心理学家颜许(E. R. Iaensch)首先发现的。

遗觉像是部分学龄儿童所特有的,随着年龄的增长会逐渐消退。据研究,儿童中有40%~70%的人有遗觉像,在11~12岁时最明显。有些儿童能够保持着一种或几种同照片一样清晰的视觉形象,他们只要对一张图画看上半分钟左右,把图画拿走后,仍然能够在摆图画的地方"看见"这一幅画的形象,而且能详细地把它描述出来,甚至画面上最不显眼的细节也能描述得清清楚楚。通常,较为多见的遗觉像是视觉遗觉像,但一些研究也发现了听觉遗觉像、嗅觉遗觉像和味觉遗觉像等。

第二节 记忆过程分析

记忆是一个复杂的心理过程,在发生的时序上是先记而后忆。"记"包括识记和保持,"忆"则指再现。因此,整个记忆过程包括识记、保持、再现三个基本环节。这三个环节组成彼此联系、完整统一的过程。没有识记就谈不上保持,没有保持又无法进行再现。可见,识记和保持是再现的前提,而再现则是识记和保持的结果或表现。

一、识 记

(一)什么是识记

识记就是识别并且记住事物。在记忆的开始阶段,个体将从感知活动中获得的映象转化为经验,成为记忆的内容,这是记忆活动的重要一环。在这一阶段中,个体将知觉映象转化为记忆表象。例如,教师在教学生学习"蜻蜓"是身体细长、胸部的背面有两对队膜状翅膀的昆虫,并呈现一只活蜻蜓让学生观察。在这一活动中,学生通过视觉活动获得了老师写在黑板上的"蜻蜓"两字的字形及活蜻蜓的映象,通过听知觉获得了其读音"qing ting"的映象。知觉活动一结束，知觉映象就可能转化为记忆表象，所得表象与教师写在黑板上的文字图像、活蜻蜓的形象及老师读"qing ting"时声音的形态不是完全一致的。学生获得了表象，便将知觉映象转化成经验的一部分，成为记忆的内容，实现了识记。从信息加工理论观点来看，识记是信息输入和编码的过程。识记是记忆活动的开端，是获得事物映象并成为经验的过程，是其他环节的前提和基础。

（二）识记的分类

1. 按识记时的目的性和意志努力程度的不同，可以将识记分为无意识记和有意识记

（1）无意识记。无意识记是事先没有预定目的，也不需要意志努力的识记。例如，看过某部生动的电影，读过某部有趣的小说，参加某次有意义的活动，虽然当时并没有想记住的意图，但许多东西却被我们记住了，这就是无意识记。学生在学习中，哪些对象能成为其无意识记的内容，取决于对象的特征及识记者的某些主观因素。如喜欢书法的学生一般对每个教师作品的风格印象较深，如果自己有较高的书法修养，还可能对教师书写的利弊得失印象深刻。这是因对书法的兴趣及修养使这个学生对教师的书写印象深刻，成为其无意识记的内容。

（2）有意识记。有意识记是有预定目的，经过一定意志努力的识记。有意识记的进行受活动目的和任务的制约。在教学中，学生的有意识记直接受教师提出的任务和要求的制约，所以学生的识记活动具有高度的一致性：老师强调一定要掌握的重点内容，学生普遍能将其知觉表象转化为记忆表象；没有提出要求的，则多数在知觉结束时便消逝。例如，学生学习科学定义、概念、公式、定理时，不仅需要有明确的目的，而且需要一定的意志努力才能记住，这就是有意识记。

2. 按识记的材料有无意义或者学习是否了解其意义，可以将识记分为机械识记和意义识记

（1）机械识记。机械识记是根据事物的外部联系，依靠简单重复而进行的识记。机械识记分两种情况：一种是材料本身缺乏内在联系，如历史年代、电话号码、统计数字、人名和地名等，这时需要机械识记；另一种是材料本身有内在的联系，但学习者并没有理解，如某些定理、公式等，只有依靠死记硬背，这也是机械识记。学生在刚开始学习英语时，由于没有经验，记单词的方法很简单，只按字母排列的次序机械地背诵，如"English"的识记，一遍一遍地背"E—n—g—l—i—s—h，English"，这样的识记方式就是机械识记。学生在记历史年代、数字、公式等内容时，也经常使用这种方式。

（2）意义识记是指在对材料理解的基础上，根据材料的内在联系，并运用已有的知识经验而进行的识记。

有了一定知识经验后，特别是掌握了英语的读音规则和构词法后，学生记单词的方法就丰富多了。如记"long-distance"（长途的），学生首先将单词分解为"long+distance"，"long"是学过的，不必再以"L—o—n—g，long"的机械方式背诵了，只要记住了"distance"，就记住了"long-distance"。然后，将"distance"分解为"dis+tance"，"dis"是常见的前缀，学生的经验中已有了，所以学习"long-distance"一词，实际上只记"tance"就行了，然后按构词法将整个单词记住。通过进一步学习，学生会发现许多单词都以"ance"为其后缀，如"importance""performance"等，这更有助于对单词的记忆。这种记忆以个体对对象的理解为基础，是意义识记。

从记忆的总体效果上看，有意识记的效果优于无意识记，意义识记的效果优于机械识记，但它们并非相互排斥和绝对对立，而是相互依存和相互补充的。

（三）影响识记效果的条件

1. 目的任务对识记效果的影响

有无明确的识记目的和任务，对识记效果有着极其重要的影响。识记的目的和任务越明确，效果越好。因为有了明确的识记目的和任务后，人们就能把全部的注意集中到识记的对象上去，并采取各种方法去实现它。

彼得逊（L.Peterson）曾对两组被试进行学习16个单词的对比试验。结果表明，有目的组当时记住14个单词，两天后记住9个单词；而无目的组当时记住10个单词，两天后只记住6个单词，前者效果明显比后者好。因此，在一般情况下，有意识记要比无意识记的效果好得多，其基本原因是有意识记在有意注意伴随下进行，个体的心理活动能自觉地指向和集中于识记对象上，并使其一直维持到识记活动完成；无意识记是在无意注意的伴随下进行的，有自发性、偶然性和片断性。识记的内容也可能是零散的，不一定能有效地纳入个体的经验中。

为了让学生明了活动的任务对识记的影响，可以做一个课堂小实验：

教师制作10张卡片，每张卡片上有一个图案和一个英语单词，图案与单词之间没有必然的联系。向学生呈现这10张卡片，要求男生按图案内容进行分类，女生按单词词类进行分类。然后，让10名男生和10名女生回忆卡片的图案和单词，分别统计男生和女生对图案和单词的回忆成绩，进行比较，从而让学生更进一步明了活动的任务对识记的影响。

2. 活动及材料的性质对识记效果的影响

当识记的材料成为人的活动的直接对象时，识记的效果更好。另外，活动积极性和独立性高的，识记效果较好；反之则较差。如果学生积极性高，认真学习，且能独立完成各种作业，对所学内容的识记效果就比听完课后不认真复习、抄袭作业的学生的识记效果好。

从材料的数量来说，要达到同样的识记水平，材料愈多，识记所用的平均时间和次数就愈多。

材料的性质对识记的影响表现在，一般而言，识记直观的、形象的材料比识记抽象的词效果好些，视觉识记比听觉识记效果好些，记忆有意义的材料比识记无意义的材料效果好些。我国心理学工作者对诗歌和散文两种性质不同的材料的识记效果进行了研究，结果见表5.1。

表5.1 各种诗歌与散文的熟记时间和重现数量统计

项 目			结果
白话文	141字	熟记时间 重现百分比（%）	21′5″ 73.39
诗 歌	71字	熟记时间 重现百分比（%）	5′ 74.56
白话文	143字	熟记时间 重现百分比（%）	22′30″ 61.06
散 文	72字	熟记时间 重现百分比（%）	8′23″ 66.14

结果表明，诗歌比散文识记时间短，而且再现的数量多。这说明，诗歌的韵律、节奏有助于形成字词之间、句子之间及段落之间的联系。

3. 识记方法对识记的影响

同样的材料，采用不同的方法识记，效果也会不同。因此，要提高识记的效果，需要有良好的识记方法。识记的方法很多，如直观形象识记法、谐音识记法、特征识记法、歌诀识记法、列表识记法、归类识记法、重点识记法、活动识记法等，都是行之有效的方法。如果能针对不同的识记材料采用与之相适应的方法，并在理解的基础上进行意义识记，效果会更好。

如前所述，有意识记优于无意识记，意义识记优于机械识记，将意义识记与机械识记结合起来，则更好。识记方法可以不同方式运用，不同识记方式的效果存在差异。

莎尔达科夫研究表明，分散识记成绩优于集中识记（见表5.2），部分识记不如整体识记，整体识记又不如综合识记（先整体后部分）（见表5.3）。

表 5.2 分散识记与集中识记比较

熟记方式	熟记诗篇所需平均时间	20天后再现时平均所需提醒次数
集中识记	14′30″	5
分散识记	9′	0.4

表 5.3 三种识记方式比较

熟记方式	效果	
	所需时间	20天后重现时平均需提醒次数
集体识记	8′	4
部分识记	16′	7
综合识记	6′	1.5

伊凡诺娃研究证明，单纯重复的识记与结合重复的识记相比，后者效果好。

二、保持和遗忘

（一）保 持

1. 什么是保持

保持是对识记的内容进行积累、加工和巩固的过程。从信息加工理论的观点看，保持是人脑对信息的储存过程。

保持以识记为前提，其效果又在回忆和再认中得到证明和表现。保持不是被动的过程，随着时间的推移，保持的内容发生数量和性质的变化，从而体现了人脑对识记材料的主动加工。以往的经验和对未来的期望都对保持过程不断发生影响。

2. 保持内容的变化

保持是一个动态的过程。识记过的材料在头脑中的保持并不是固定不变的，而是随着种种因素不断发展变化的，这种变化既体现在数量上，又表现在质量上。

（1）数量的变化。一般而言，随着时间的推移，保持量呈减少的趋势。表 5.4 显示了各种识记材料的保持量随时间推移而减少的情况。

表 5.4 保持与时间的关系

识记方法	数量	当天回忆	三天后回忆
直观材料	10	8	6
词的视觉	10	7	2
词的听觉	10	6	1

此外，有一种特殊的记忆回涨或记忆恢复现象。有时候，记忆某种材料后经过若干时间（一般是数天）测得的保持量大于识记后即时测得的保持量。

对此现象有两种假说。抑制解除说认为识记后即时测验的保持量，其再认或回忆效果会受到识记时积累的抑制作用的损害。若干时间后测验，则累积的抑制作用解除，保持量上升。整体联系说认为，识记之初被识记材料之间尚未建立充分的联系，未能形成一个整体，因而再认或回忆效果差。随着时间推移，材料间的联系日益丰富，整体性加强，便于再认或回忆，保持量随之上升。研究表明，识记材料难度的大小，材料内容意义联系的多少，对识记恢复都有影响。儿童较成人更易出现恢复。

（2）质量的变化。保持内容在质量上的变化可用实验来证明。下面是保持过程中图形的变化的实验。

实验一：这个实验极其简单，但却很能说明问题。Allport（1958）让被试看图 5.2 中的 A，一个月后要求他画出来，他就画成了 B，三个月后再要求他画出来，他就画成了 C。可见被试对图形不是原样保持，而是不断予以主观加工的。

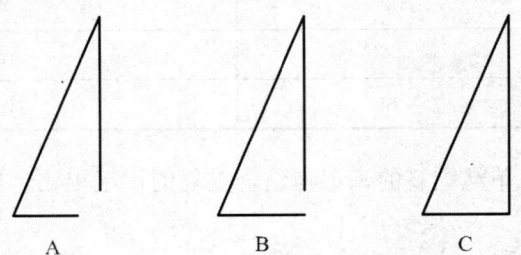

图 5.2 保持过程中图形的变化

实验二：有人用识记图形做实验，把回忆的图形与实际的图形相对照，发现在质的方面有如下一些变化：回忆的图形比识记的图形更概括了、简略了；有的更完整、更合理了；有的更详细、更具体了；有的某些部分更突出了（见图 5.3）

可见，在质的方面，保持可能有如下几种变化：第一，内容简略和概括，不重要的细节趋于消失；第二，内容变得更加完整、更加合理和更有意义；第三，内容变得更具体，或者更为夸张与突出。英国心理学家巴特莱特（F.C.Bartleet）做了如下实验：拿一张画给第一个人看，看后画下来，再把复制品让第二个人看，看后画下来，再把第二个人的复制品拿给第三个

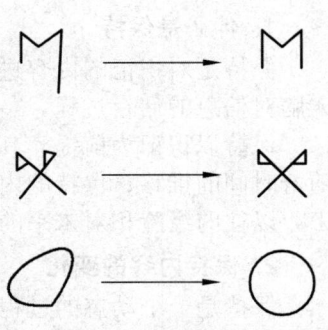

图 5.3 保持过程中图形的变化

人看,看后画下来……这样依次做下去,到第18个人时,结果是图形从一只鸟变成了一只猫,记忆图形发生了质的变化(见图5.4)。

保持时间长短不一,短的转瞬即逝,长的可达终生,这与人脑对材料加工的程度有关。如果不能保持,就产生遗忘。

(二)遗 忘

1. 遗忘的含义

遗忘是指对识记的材料不能再认或回忆,或者表现为错误的再认或回忆。遗忘是与保持相反的过程。遗忘分为暂时性遗忘和永久性遗忘。暂时性遗忘指对识记内容一时想不起来,但在适宜的条件下还能够再现。例如,在考试时考生做不出的题目,可能在他刚出考场时就又想起做题的方法了。永久性遗忘是指对识记的内容永远不能再认或回忆。例如,有人告诉你一个电话号码,隔了一段时间之后,你再也想不起来了。

图 5.4 记忆过程中图形的变化

遗忘的程度根据不同的情况,可以表现在数量或质量上,也可以表现在为了恢复原来达到的掌握程度所需的复习次数或时间上。

2. 遗忘的原因

关于遗忘原因的解释,目前有多种观点,但主要还是消退说和干扰说。

消退说认为遗忘是由于记忆痕迹得不到强化而逐渐减弱、衰退以致最后消失引起的,如果记忆经验不断被提取使用,其痕迹就会因强化而变得更加巩固;干扰说则认为遗忘是由于先前的学习和后来的学习相互干扰造成抑制的结果。

干扰说提出两种抑制现象,即前摄抑制和倒摄抑制。前摄抑制是指先学习的材料对后学习的材料所产生的干扰作用。例如,先学习汉语拼音后学英语,有时会用汉语拼音的发音来代替英语字母的发音,影响对英语字母的记忆;倒摄抑制是指后学习的材料对先学习的材料所产生的干扰作用。例如,学生在回忆以前的公式时,最近学的公式会不断出现,干扰对前者的回忆。

3. 遗忘的规律

遗忘是有规律的。最早对遗忘进行系统研究的是德国心理学家艾宾浩斯。他以自己为被试,用无意义音节为识记材料,学到恰能背诵的程度,经过一定的时间间隔再重新学习,以重学时节省的诵读时间或次数作为记忆的指标,实验结果见表5.5。

表 5.5 不同时间间隔后的保持成绩

时间间隔	重学时节省诵读时间的百分数(%)
20分钟	58.2
1小时	44.2
8~9小时	35.8
1日	33.7
2日	27.8
6日	25.4
31日	21.1

根据表 5.5 的数据画出的曲线（见图 5.5），称为艾宾浩斯遗忘曲线或保持曲线。遗忘曲线揭示了遗忘过程的规律：遗忘过程是不均衡的，在识记之后的最初时间遗忘得最快，之后逐渐减慢，最后几乎不再遗忘，即遗忘速度先快后慢。

继艾宾浩斯之后的许多研究，进一步丰富和揭示了关于遗忘过程的规律，其中包括：① 有意义材料较无意材料遗忘慢；② 运用性记忆在充分巩固后不易遗忘；③ 形象的材料不易遗忘；④ 数量大的有意义材料遗忘较快；⑤ 材料达 150% 的过度学习，记忆效果最佳，超过 150% 则记忆效果不再有明显增加；⑥ 对一种较长的材料，首尾部分遗忘较少，中间部分遗忘较多；⑦ 两种相似的材料，前后间隔时间很短，容易相互干扰而造成遗忘；⑧ 分散复习较集中复习遗忘少。另外，遗忘还具有选择性，在有意识记中，与当前人物关系最密切的材料不易遗忘。识记材料时，与个体认知结构不协调的、缺少重要信息价值的部分遗忘较多；而主要意义则遗忘最少。

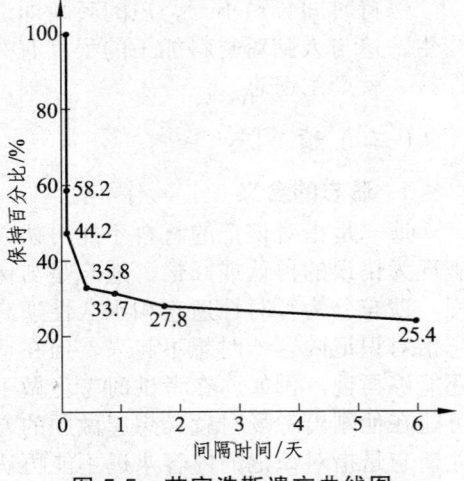

图 5.5 艾宾浩斯遗忘曲线图

三、再认与重现

（一）再 认

1. 什么是再认

再认是指曾经感知过的事物再度呈现时仍能辨认出来。在标准化考试中，有一类题目叫选择题，要求考生从提供的几个备选答案中选择一个正确的答案，考生做此类题目，就是进行再认活动。他乡遇故知，多年不见，一见就能知道他是谁，这也是再认。

一般地说，再认比回忆容易，因为有当前事物做线索。在无意注意伴随下的再认是不随意再认（无意再认），如他乡遇故知时的再认。在有意注意伴随下的再认是随意再认（有意再认），如做选择题时的再认。当再认的事物不够明晰、完整，或对原识记内容保持不牢固时，再认需有目的地通过意志努力和借助追记进行。

2. 再认的条件

再认的速度、确信度和精确度取决于两个条件：第一，对旧事物识记的牢固程度。对旧事物的识记愈牢固、愈熟悉，再认的速度就越快、越准确；反之，则再认速度不仅慢，而且准确性也差；第二，当前呈现的事物与过去识记过事物的相似程度。如果当前出现过的事物与原来识记时的事物非常相似，变化不大，则易于再认；否则，再认就困难。

（二）重 现

1. 什么是重现

重现又称再现、回忆，指经历过的事物不在面前时仍然能在头脑中呈现出来。通常认为，回忆比再认更为困难和复杂，能再认的不一定能回忆，而能回忆的则一定能再认。

2. 重现的种类

重现的种类很多。根据重现的目的是否明确，是否需要意志努力，可以把重现分为无意重现（不随意重现）和有意重现（随意重现）。凡是没有预定目的也不需要意志努力的重现叫无意重现,如"触景生情""每逢佳节倍思亲",故地重游、偶然想起往事等等都是无意重现。凡是有预定目的且需要意志努力的重现叫有意重现,如"冥思苦想""搜肠刮肚",以及复习、考试时的重现等都是有意重现。

根据是否需要中介性联想,重现又可分为直接重现和间接重现。不需要中介性联想而由事物直接唤起旧经验是直接重现,而借助中介性联想唤起旧经验叫间接重现。

重现受到原识记事物在头脑中保持的巩固程度的影响,有时有意重现会因原事物(经验)保持不够牢固而发生困难,需要做一定努力,通过追忆才可实现。通过下列几种方式可使追忆得到帮助。

(1)利用中介性联想。我们可以利用事物的外在联系如相似、对立、接近等进行追忆;有时则可利用事物间的内在联系进行追忆。例如,正方形 $S=a \cdot a$,长方形 $S=a \cdot b$,平行四边形 $S=a \cdot h$。只要记得其中之一,就可以通过相似联想或逻辑推理忆起其他两种图形的面积公式。因为正方形是长方形的特例,平行四边形实际上可由面积相等的长方形变化而来(见图5.6)。

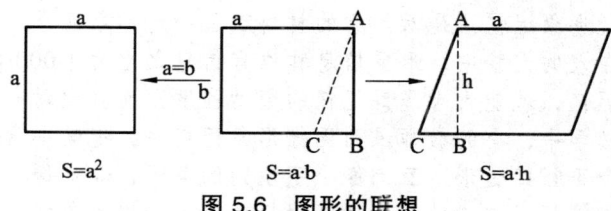

图5.6　图形的联想

(2)利用再认来追忆。最典型的例证是当某人因某种特殊变故(车祸等)丧失记忆时,通过向其提供生活中最熟悉、对他最重要的人或物来让他再认,可以使他由对这些人或物的再认而将有关的事物逐步回忆起来。

(3)暂时中断记忆,使头脑放松一段时间后再进行追忆。学生在考试时经常遇到这种情况,碰到不会做的题目,使劲想也回忆不起学过的有关内容,干脆先不做,等做了其他题后再追忆,往往可以较容易地忆起有关内容。有时甚至在放松过程中自然地就忆起了有关内容。生活中也常有这种情况,有时我们怎么也想不起某个朋友的姓名,过了几天,自然就想起来了。

【资料链接】

常见的记忆术

记忆术是记忆的窍门和方法,是促进人们记忆材料的一种程序。对于一些无意义联系的材料(或项目),赋予某种逻辑的意义或人为的联想结构,也能提高记忆的效果。这就是常用的记忆术。通常较多采用的是:

(1)谐音记忆法。这是根据记忆内容的读音,将其变成另一句读音相同的话,利用二者音调相谐产生的联想来帮助记忆。例如,有人利用谐音来记忆圆周率3.1415926535……编成谐音是:山巅一寺一壶酒,尔乐苦煞吾。这样很容易就能记住圆周率小数点后的10位数字了。犹如马克思生于1818年,卒于1883年,编成谐音是"一爬一爬,一爬爬上山"。这就容易记住,且印象深刻,不易忘记。谐音记忆法可以把"死"变"活",把枯燥乏味的记忆材料变得兴趣盎然。还能化"难"为"易",把晦涩难记的记忆材料变得流畅易记。在记忆数、理、化、史、地和外语单词方面,谐音记忆法有着广阔的用武之地。

(2)算术法。这是通过对一些数字材料进行加、减或相乘来帮助记忆的方法。这个方法对一个历史年代、电话号码记忆是很有效的。如明朝灭亡于1644年,后两位数字的乘积等于前面两位数，这样就容易记住了；秦统一于公元前221年，又知道秦统治只有15年，由此就可以推算秦亡于公元前206年。

（3）口诀法。有些记忆材料可以编成押韵的顺口溜，朗朗上口，易于记忆。例如，我国历代的名称就可编成这样的顺口溜：夏商周秦汉三国，西晋东晋十六国，南朝北朝连隋唐，五代十国北南宋，辽西夏并金，还有元明清。

为记住我国32个省、直辖市和自治区的名称，可编下列口诀：两湖两广两河山（湖南、湖北、广东、广西、河北、河南、山东、山西），五江云贵福吉安（江苏、浙江、江西、黑龙江、新疆、云南、贵州、福建、吉林、安徽），四西二宁青甘陕（四川、西藏、宁夏、辽宁、青海、甘肃、陕西），重上海内台北天（重庆、上海、海南、内蒙古、台湾、北京、天津）。

（4）等距法。即把几个时间差距相等的历史年代联系在一起记忆。像1917年俄国十月革命、1919年五四运动、1921年中国共产党成立，时间间距都是两年。也可以把同一年代里发生的历史事件归并在一起记忆，如重庆谈判、抗日战争胜利、东欧各国解放等事件都发生在1945年。

（5）形象记忆法。形象记忆法是对抽象的材料赋予一定形象而进行记忆的方法。心理学家通过研究后认为，在人的大脑中，形象信息和语言信息之比为1 000∶1。如果将文字性的材料与图像结合起来记忆，就能大大降低记忆的劳动强度，而且生动有趣，记忆效果极佳。例如，在中学地理课教学中，有的教师采用图像形象记忆法，把某一国家或地区画成简单的几何图形，如欧洲像个平行四边形，亚洲像个不规则的菱形，非洲像个三角形加上一个半圆形，澳洲像一个五边形等等。这样就可以提高记忆效果。采用形象记忆法有时会收到奇效。

（6）联想法。根据联想性质的不同，大体上有下列四种联想：① 接近联想。如提到天安门会联想到人民英雄纪念碑，因为两者在空间上接近。② 相似联想。性质、特征类似的事物联系在一起，以后只要提到其中一个就会想起另一个。③ 对比联想。就是把具有相反特点的事物联系起来，从而可以比较容易地从一个事物想起和它相反的另一个事物。④ 关系联想。由事物的因果关系、从属关系等形成的联想。这种联想形成后就会比较容易地由因想到果或由果想到因，由局部想到整体或由整体回忆局部等。

第三节 记忆规律在教学中的应用

一、学生良好记忆品质的标准

要培养记忆力，应该是在保证记忆高度精确的前提下，既识记敏捷，又保持长久，更善于根据当前要求准确及时地把所需信息提取出来解决问题。为使记忆高度发展，培养记忆力应以记忆的基本品质为目标。教师在教学中应有意识地培养学生的良好记忆品质，提高他们的记忆能力。我们不能笼统地评价某个人记忆的好坏，因为记忆的好坏表现在各种不同的品质方面。要想正确地评价一个人的记忆，就得具体分析他的记忆的各种品质。记忆的良好品质表现在以下几方面：

1. 记忆的敏捷性

记忆的敏捷性是指记忆速度的快慢。对同一材料，有的人很快就能记住，有的人却要花相当长的时间。记忆的敏捷性是以单位时间内能记住或回忆事物的多少为标志的。如果在单位时间内能记住或回忆的数量多，则记忆的敏捷性好；反之，记忆的敏捷性就差。记忆的这种品质表现非常明显，有显著差异。有的人具有所谓"过目成诵"的特点，如《三国演义》中的张松就具有把曹操写的《孟德新书》只看一遍就能一字不漏地背出来的惊人记忆速度。而有的人虽然长久而刻苦地学习，但实际效果却不理想；有的人每天熟读百把字都感到吃力，表现出记忆的敏捷性差。记忆的敏捷性还需要与其他品质结合起来，才具有意义。

2. 记忆的持久性

记忆的持久性是指识记的事物在头脑中保持时间的长短。同时记住的事物，在同样的时间间隔后，有的人还记得，甚至终生不忘；有的人则"记性好，忘性大"，识记过的事物保持不了多久。或者有的人记得多，有的人记得少，这些都是记忆持久性的不同表现。

3. 记忆的准确性

记忆的准确性是指对识记的材料记得是否正确，这是记忆品质中最核心、最关键的。没有记忆的精确性，或者精确性不高，记忆的其余品质都将失去应有的意义和实际价值。人与人之间在这方面表现的差异也非常突出。有的人记忆的精确性显著、惊人；有的人记住的事物总是似是而非、错漏严重。如有的仓库保管员在黑暗中可以在库房里准确地发放任何一件物品，可见其记忆之准确性。

4. 记忆的准备性

记忆的准备性是指能否及时地从记忆中提取所需的知识。记忆的目的是为了应用，如果不能及时地把所需的知识提取出来，势必会影响到工作、学习的效率或贻误时机。这方面的个别差异也是显著的。有的人记住的东西并不少，就是需要时不能准确迅速地提取出来；而有的人则能把当前需要的事物准确迅速地提取出来，表现为"对答如流""出口成章""下笔千言""一挥而就"。马克思在这方面的品质最为突出。法拉格在《回忆马克思》中提到："无论何时，无论任何问题，都可以向马克思提出来，都能够得到你所期望的最详尽的回答……他的头脑就像停在军港里生火待发的一艘军舰，准备一接到通知，就开向思想的海洋。"记忆的准备性主要取决于记忆的材料组织是否系统，熟记的程度是否高，以及是否善于运用追忆的方法去寻找线索。

记忆的这四种品质是相互联系、互为补充的。衡量一个人记忆能力的好坏，不能单看某一种品质，要把这四种品质综合起来加以考察。记忆的品质在不同人的身上有独特的结合，形成不同的记忆类型。记忆的品质经过培养是可以改变的，教师应该帮助学生认识自己在记忆上的优缺点，有目的地培养他们良好的记忆品质。

二、提高学生记忆效果的条件

在学与教的过程中，知识的保持主要是通过记忆来实现的。就学生的学习来说，要提高记忆效果，需要具备以下条件：

（1）消除疲劳，头脑清醒。疲劳会大大降低脑细胞的活动能力，随着脑细胞的活动能力降低，记忆力也会降低。考试前夕，有的学生平时不够用功而夜以继日或废寝忘食地拼命学习，弄得精疲力竭，结果考试成绩反而不好。实际上，这样的学生应该在抓紧时间学习的基础上，充分休息，在考试时保持头脑清醒，这样才可能会取得更好的成绩。

（2）增强"记得住"的信心。一般正常人的大脑对信息的储存能力是无穷的，只要不是病理上的原因，人们怀疑自己的记忆力是没有根据的。消极的心理状态反而会抑制脑细胞的活力。如果对自己的记忆力充满自信，树立了"一定能够记住"的信心，就能提高脑细胞的兴奋性，使脑细胞变得活跃起来，就能大大增强记忆力。因此，不管是教师还是学生，都应该以鼓励为主,以增强自信心为主,相信别人能记住的事情自己也一定能记住,如果拥有这样的精神状态,学习成绩肯定能有所提高。

(3) 记忆的目的任务明确。记忆的目的任务是否明确,对记忆效果有着重要的作用。如果目的任务明确,全部的记忆活动就会集中在所要记忆的对象上,效果就好。否则学习活动会漫无目的,或平均使用力气,或边记边忘,造成时间和精力的浪费,影响学习效果。例如,两个专业知识相同的人同去听有关网络技术的报告,要求其中一个人回来后作传达并组织推广,另一个人无确定的任务。听报告时两个人都做了记录。两天之后,让他们回忆报告的内容,结果显示,前者的回忆不仅数量多,而且准确。这两个人在记忆效果上的差异,显然是由于不同识记目的和任务造成的。

(4) 寻找适合自己特点的记忆方法。因人而异的记忆方法是多种多样的。有的人在早晨只需把昨天学过的内容复习一遍,就能很好地记住了;有的人喜欢边听边写,觉得很容易记住;有的人不愿在一个非常安静的地方读书,而宁愿边听音乐边读书,也能很好地记忆……找出适合自己的记忆方式灵活运用,不断实践,这是非常重要的。

三、课堂教学的组织与学生复习的指导

1. 充分利用无意识记的规律组织课堂教学

这是对教师教学艺术上的更高要求,教师要充分利用生动的具体形象和表象进行教学,这更有助于学生的记忆。充分利用无意识记提高各种教学的效果,日益为人们所重视。保加利亚心理学家洛扎诺夫提出的"启发性外语教学法",让成人在听音乐、说笑话、做游戏等这种轻松有趣的情境中学口语、记单词,就是一种尝试。利用无意识记规律组织教学,使学生在轻松、愉快中掌握知识自然是最受学生欢迎的。

2. 教学过程中要注意知识的归纳和系统化

教师教学的主要任务是使学生理解所学内容,建立起多方面的联系而不要死记硬背。教师在教学中应当把讲授的内容进行归纳或系统化,如能把讲述的内容归纳为定理、定义、公式或中心思想等有条理的简化的形式,学生就会产生更好的记忆效果。

3. 教师指导学生复习的基本原则

人们常说"熟能生巧""温故知新"。这两句俗语中包含了一个很重要的道理:要掌握某种知识或技能,一定数量的重复或练习是必要的。现代心理学研究证明,巩固记忆痕迹、防止遗忘的最好方法就是复习。良好的复习效果并不取决于复习次数的多少,而取决于复习方法是否科学。根据识记和遗忘的规律,科学地组织复习应该遵循下面几个原则:

(1) 及时复习。根据遗忘进程先快后慢的规律,学习之后要"趁热打铁",及时复习。所谓及时,就是在初期大量遗忘开始之前就进行复习。通常是在识记后两三天遗忘最多,所以复习要及时。乌申斯基曾指出,我们应当"巩固建筑物",就可收效;而要恢复已经遗忘的东西,就要花去更大力气。可见,及时复习可收到事半功倍之效。心理学实验证明了及时复习对巩固知识的重要作用:给两组被试学习一段课文,甲组在学习后进行了一次复习,乙组没有复习。一天后甲组保持98%,乙组保持58%,一周后甲组保持85%,乙组只保持了33%。

(2) 复习要适量。教师讲授知识后及时地组织学生进行复习和练习是必要的,但复习要适量,不能不考虑学生的年龄特点。过多地布置家庭作业或进行大量的课堂练习,盲目地增多复习量,会使学生课业负担过重,甚至影响学生的健康。教师在教学中更应注意引导学生在学习新课的过程中复习旧课,使学生在短期内获得较多的知识,让学生在掌握知识的基础

上把握、了解事物间的联系，更深地理解知识、巩固知识。

（3）适度的超额学习。所谓超额学习，是指记忆一种材料的学习次数超过那种刚好能回忆起来的程度的次数。例如，记忆一首唐诗需要诵读4遍才能够达到正确回忆，之后多读两遍，可以使材料更加巩固。多读的这两遍就是超额的学习量，在这首唐诗的学习中超额学习的比例是50%。心理学家克鲁格（W. C. F. Krueger, 1929）在研究中用若干字表让受试者练习，将达到刚能背诵字表的练习次数作为100%，再让受试者分别以150%、200%的超额练习次数学习相同难度的字表，分别在相隔一天、一周、二周与四周之后，测量受试者保持材料的成绩，结果如图5.7所示。

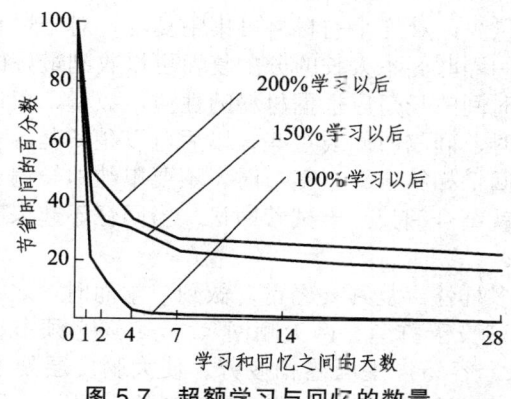

图 5.7　超额学习与回忆的数量

图5.7显示，超额学习的比例在100%～150%的记忆增加量大于150%～200%的增加量，这就是说，超额学习达到50%效果更佳，高于100%的超额学习，其保持的增加量反而会成比例地递减，出现保持效率降低的情况。这是因为不适当的超前学习使学生注意分散，身心疲劳，浪费时间和精力，因此教师要善于正确地组织和安排学生的超额学习活动。

在我国心理学工作者的一个实验中，被试对不同的无意义的音节表经过不同程度的学习，以恰能成诵所需读次数为100%时，4小时后检查回忆的百分率。实验表明（见表5.6），学习程度为150%时，记忆效果最好。但超过150%，效果并不会随之有显著的增长。因此，进行适当的超额学习对记忆的保持是有效的，但要防止大量的超额学习造成的副作用。

表 5.6　学习程度对记忆的影响

学习程度（%）	4小时后回忆出的百分数（%）
150	81.29
100	64.8
33	42.7

（4）分配复习。对复习材料数量、时间要合理安排，同样的复习时间，由于分配方式不同，复习效果也不同。复习时间的分配方式有集中复习和分配复习两种。许多实验证明，在识记数量多的材料时，分配复习的效果优于集中复习，因为分配复习中间有时间间隔，可以防止抑制，有利于知识的巩固。而集中复习材料多、时间长，容易疲劳，甚至降低兴趣，抑制的作用大。例如，在苏联莎尔达科夫的实验中，五年级甲班和乙班成绩大体相同，学习自然时，一学期内甲班在讲完大纲后集中复习5节课，乙班则进行4次单元复习，也用5节课。

在其他条件相同的情况下，两班学习评分结果见表5.7。

表5.7 集中复习和分散复习的效果比较

复习方式	成绩			
	劣	及格	良	优
集中复习（五甲）	6.4%	47.4%	36.6%	9.6%
分散复习（五乙）	—	31.6%	36.8%	31.6%

在组织复习时，对分量少、难度小的材料可集中复习，对分量重、难度大的内容可分配复习。心理学研究指出，间隔时间不太长的分配复习可以收到最好的结果。但是，间隔的时间太短也是不利的。间隔时间的长短应根据材料的性质、数量、识记已经达到的水平等因素而定。例如，刚开始识记时，间隔时间要短些，以后可以稍长些。

（5）反复阅读和尝试回忆相结合。在复习时，不要单纯地一遍一遍地反复阅读，最好在材料还没有完全记住以前就结合阅读，尝试着回忆。当回忆不起来时，再进行阅读，这样容易记住，保持的时间也长。

（6）复习要经常性和多样性。复习要经常，做到"学而时习之"，平时以分散复习为主，再配合阶段总复习，切忌"三天打鱼，两天晒网"。复习还必须多样化，切忌单调重复，这样会使学生感到枯燥无味，容易产生厌倦和疲劳，使大脑皮层处于抑制状态，影响复习效果。学习的材料并不是都以同等的速度被识记和遗忘的，因此总是按照固定的次序从头到尾地去复习是不必要的。我们应当有重点地复习那些难于识记和易于遗忘的材料，可采用"理解法""背诵法""循环记忆法""练习和实验操作法"等方法进行复习。还可编写复习提纲、绘制图表、制作索引、卡片、剪报等，使脑内储存与外部储存结合起来，这有助于记忆内容的系统性。

教师的复习指导也要多样化。教师进行多样化的复习指导不仅使学生感到新颖，有利于调动学生的兴趣和积极性，而且也有利于学生思维的练习和智力的提高。为了促使学生牢固地掌握知识，有时候可全面地复习，按部就班地复习，这种复习可使学生普遍恢复过去形成的联系，有利于发现那些识记不牢固的部分。更重要的是灵活采用各种各样的复习方式，教师可采用提问、做练习、调查、讨论、实验操作或课外小科技活动，甚至可通过专题文艺晚会等各种形式使学生对有关知识进行复习、巩固。在这个过程中，教师应以饱满的热情和认真负责、耐心细致的工作态度给学生以具体指导，这样才能使学生更好地保持所学知识。

（7）要动员多种感官参与复习活动，多通道协同记忆。多种感官参与复习会使复习过程变成听、说、读、写、想的综合活动，信息可以通过多种感觉通道到达大脑皮层，形成广泛的神经联系，有利于知识的巩固。

我国宋朝著名的教育家朱熹也说过："读书有三到，谓心到、眼到、口到。心不在此，则眼看不仔细，心眼既不转移，却只慢朗诵读，决不能记，记已不能久。"朱熹在这里讲到的"三到"，也就是利用各种"联系通道"来增强记忆效果的意思。在记忆时，我们如果利用眼、耳、口、手等多种感知器官，在同一时间内共同参加识记活动，进行综合性的信息传输，就可以起到强化进入大脑的信息的作用，增强记忆的效果。这种记忆方法在听课、复习时都可以采用。听课、认真听、仔细看、用心想、动手写，效果自然会好；复习，念一念、写一些、看一看，眼到、耳到、心到，就会记得更牢。

思考讨论与实践探索

1. 什么是记忆？记忆过程包括哪几个基本环节？
2. 记忆如何分类？
3. 影响识记效果的条件有哪些？
4. 影响遗忘的原因是什么？如何防止遗忘？
5. 如何利用记忆的规律组织教学？
6. 良好的识记方法有哪些？
7. 根据你的学习和实践经验，你认为教师在课内外应该如何组织或训练学生的记忆？
8. 运用所学的知识分析自己记忆的优缺点，找出记不住材料的原因，并提出切实可行的改进措施。

第六章　思维、想象规律与教育教学

【学与教要求】
- 识记：思维、想象、再造及创造想象、定式、原型、创造性思维、思维各品质等概念
- 理解：思维与想象的分类，影响再造想象、创造想象、解决问题的因素和策略等方面的内容
- 应用：综合分析有效解决问题的思维活动、良好思维品质的结构及创造性思维的培养

第一节　思维与问题解决

一、什么是思维

笛卡儿说："我思故我在。"子曰："学而不思则罔。"由此可见，思维在人类生活中的重要意义。从某种意义上说，问题解决就是思维的最终目的，也是教育的最终目的。那么，究竟什么是思维呢？

思维的反映不同于感知觉的反映，它是人脑对客观现实概括的和间接的反映。它可以反映事物的本质属性及其规律联系，属于理性认识。从信息加工的观点看，思维是对信息的深入加工改造并使信息重新改组和建构的过程。思维也是一种探索与发现性的认知活动，它常常需要人们在探索事物的新关系和新特征时，对自己头脑中的知识经验进行更新与改组。因此，思维是一种更为复杂、更高级的认识过程。比如，光的速度是多少？银河系有多大？风是如何生成的？潮汐是如何形成的？对于这些问题，我们无法通过感知来回答。我们需要想一想，思考一番才能正确回答。这里所说的"想一想"和"思考"就是思维活动。

二、思维的基本特征

思维作为认知过程的高级阶段，具有如下两个基本特征：

（一）概括性

思维的概括性是指思维在大量感性材料的基础上，将同类事物共同具有的本质属性和规律性联系抽取出来，并加以概括。思维的概括性使人的认识摆脱了具体事物的局限性与具体事物的直接依赖性，加深了对事物的认识与了解。这表现在以下两个方面：

（1）思维反映的是一类事物共同的、本质的属性。现实中的事物是形形色色、各不相同的。概括在人们的思维活动中有着重要的作用，它使人们的认识活动摆脱具体事物的局限性和对事物的直接依赖关系，这不仅扩大了人们的认识范围，也加深了人们对事物的了解。譬如，我们在感知各种各样的具体的笔（钢笔、铅笔、圆珠笔等）的基础上，能把各种各样的笔的本质属性（写字的工具）抽取并概括出来。因此，思维是通过概念来反映事物本质的，这是感知觉所不能达到的。

（2）思维还可以反映事物的内部联系和规律。通过感知，我们只能认识事物的外部联系，而揭示事物的内部联系和规律，则必须依靠思维。概括水平在一定程度上表现了思维水平，因为概括是随人们认识水平的深入而不断发展的。人们的认识水平越高，对事物的概括水平就越高。比如看到"月晕"会"刮风"，础润""潮湿"会"下雨"，从而得出"月晕而风，础润而雨"的结论。还有，太阳的朝起夕落、月亮的盈亏圆缺、四季的冷暖干湿，这些我们可以直接感知到。但是，人们要了解这些自然现象的产生原因，则必须利用有关宇宙星体运行的知识和观察到的结果，通过深刻的思维活动才能得出结果。

人们对事物内部联系及其规律的认识，使人们更深入全面地反映客观现实，更好地适应和改造人类的生活环境。

（二）间接性

思维的间接性是指思维不是直接地，而是以其他事物为媒介来反映客观事物的。由于客观事物的本质属性和规律并不是表露在外而是蕴涵在事物内部的，因此，思维对事物本质及规律的认识是以其他事物和一定的知识经验为中介，经过分析和综合，通过间接的方式才能去认识和实现的。例如，早晨起来，看到前面房屋的屋顶是潮湿的，便推想昨天夜里下过雨。这里的推想就是思维。"昨天夜里下过雨"这件事并没有被感知到，是以其他事物（屋顶潮湿了）为中介，根据下雨的有关知识经验推论出来的。又比如，内科医生有时不能直接诊断出病情，而要对病人进行验血、透视、超声波、心电图等各项检查得到的数据作为媒介物来进行判断。

思维的间接性不但可以使人认识当前感知不到的事物，也可以预测未来可能发生的事情，使人的认识领域变得非常广阔和深远。学生可以通过书本知识，了解到许多肉眼看不到的星体的变化，了解古代历代王朝的兴衰；考古学家通过化石可以思考古老的过去，复现猿人的形象和生活情景；马克思通过对资本主义社会的分析，预言共产主义社会一定会实现。所有这些都是思维的间接性的具体表现。

思维的概括性与思维的间接性是互相联系的，只有通过间接的途径，才能揭示蕴藏于事物内部的本质和规律，实现对同类事物和现象的概括；同时，只有认识同类事物及其规律，掌握事物的本质和规律，才能运用这些知识间接地认识事物。

二、思维的分类

思维的种类可以根据不同的标准进行划分。

1. 根据思维的抽象水平，可将思维分为动作思维、形象思维和抽象思维

（1）动作思维。动作思维亦称直观动作思维或实践思维。它是指依据实际动作而展开的思维，其基本特点是思维与动作不可分，离开了动作思维就难以进行。动作思维是个体发展早期所具有的一种思维形式，它面临的任务具有直观的形式，解决问题的方式依赖于实际的动作。例如，收音机不响了，要知道出了什么故障，就必须检查收音机的各个部件，才能确定是电源出了问题，还是接收装置出了问题，还是其他部件出了问题。找出故障并进行修理，才能使收音机的功能恢复正常。这种通过实际操作解决直观而具体问题的思维活动，就是直观动作思维。

三岁以前的儿童只能进行直观动作思维，例如，幼儿将玩具拆开，又重新组合起来，动作停止，他们的思维也就停止了。成人有时也可以直观动作思维来解决问题，特别是进行技术操作的专业人员，但这种直观动作思维要比幼儿的直观动作思维水平高。

（2）形象思维。形象思维亦称具体形象思维，是运用头脑中已有的表象进行思维的活动。形象思维的初级形式是具体形象思维，形象思维的高级形式是言语形象思维。人们在布置房间时，首先就会在头脑中出现各种家具及装饰物的形象，并在头脑中对它们的位置进行安排，比较各种可能的安排方式，从而选择最佳的安排方式。

在解决这类问题的思维过程中，主体是利用头脑中的具体形象，通过对各种形象的组合与排列而进行的，因此我们将这种思维的方式叫做具体形象思维。3～7岁的儿童以具体形象思维为主。成人有时也运用具体形象思维解决问题。画家、作家、导演、设计师等则更多地运用具体形象思维进行工作。

（3）抽象思维。抽象思维亦称抽象逻辑思维或语词逻辑思维。当人们面临理论性质的任务，并要运用概念、理论知识来解决问题时，这种思维就称为抽象逻辑思维。它是以抽象的概念、判断和推理为思维的基本形式，以分析、综合、比较、抽象、概括和具体化为思维的基本过程，旨在揭露事物的本质特征和规律性联系的思维活动。例如，学生学习科学知识，科学家进行科学研究，企业家做出某项经营决策，都要使用以语词或符号表示的概念，并进行判断和推理。抽象思维为人类所特有，是人类思维的核心状态和典型形式，是个体思维发展的最高阶段。

一般而言，儿童从7岁开始就能进行语词逻辑思维了，但儿童的语词逻辑思维离不开具体形象的支持，是经验型的语词逻辑思维。例如，7～11岁儿童可以以定义的形式获得一些抽象概念，但这种定义必须与肯定例证相结合，否则就无法理解。如小学生可以通过定义的形式学习"劳动"这个概念，但教师必须举出各种体力劳动和脑力劳动的例子，否则学生就难以理解"劳动"这个概念，或错误地把"劳动"理解为"体力劳动"。

随着年龄的增长、语言的发展和知识经验的增加，人的语词逻辑思维逐步由经验型向理论型发展。到11岁以后，开始能以已有的知识经验为中介，直接从定义来理解概念，从而摆脱具体经验的束缚。应当指出的是，并不是所有人的语词逻辑思维都能达到理论性水平。美国一项研究指出，在美国的教育体制下，只有13.2%的初中生、15%的高中生和22%的大学生达到这种水平。因此，即使到了初中、高中甚至大学，在实际教学中，充分利用具体经验来促进概念的理解都是十分必要的。

2. 根据在问题解决中思维探求问题解决方案有无确定的方向，可以将思维分为集中性思维和发散性思维

（1）集中性思维。集中性思维又叫求同思维或辐合思维、聚合思维。它是指综合思维已有信息，利用熟悉的规则解决问题，朝着同一方向，产生逻辑的结论，得出一个正确答案的思维方式。它是一种有方向、有范围、有条理的思维方式。如考试中的单项选择题，主要是运用集中性思维去解决。运用集中性思维解决问题时，探求解决方案有一定的方向。例如，如果 $A>C$，$A<B$，$B>C$，$B<D$，我们根据不等式的传递性规则，经过推理得出 $D>B>A>C$ 的结论。这个思维过程就是集中性思维。

（2）发散性思维。发散性思维亦称辐射思维、求异思维。它是根据已有的信息，从不同角度、不同方向进行思考，从多方面寻求多样性答案的一种思维活动。发散性思维有三个重要特征，即思维的流畅性（短时间内表达出数量较多的观念的能力）、变通性（随机应变和触类旁通的能力）和独特性（作出不同寻常的反应的能力）。

例如，如何保护城市的生态环境？回答这样的问题人们可以从不同的方向思考。再如，纸通常的用途是供印刷书刊和写字用，但当要求学生说出纸的用途时，学生则会沿着不同方向进行思考，想出剪纸花、糊窗户、引火、制作纸箱等各种用途。

在解决问题的过程中，运用发散思维得出的结论、提出的假设有很多种，究竟哪一个最好，则必须在实践中加以检验。

发散思维是一种重要的思维方式，尤其是在解决复杂问题时，发散思维更为重要。例如案件侦查、新产品研制和广告设计等。

3. 按思维中的主动性和创造性程度的不同，可以把思维分为常规性思维和创造性思维

（1）常规性思维。常规性思维是指人们运用已获得的知识经验，按现成的规律和程序直接去解决问题的思维方式。这种思维是生活、学习中最为常见的，又称为习惯性思维。

（2）创造性思维。创造性思维是指重新组织已有的知识经验，提出新的方案或程序，并创造出新的思维成果的思维方式。创造性思维是人类思维的高级形态，是多种思维方式的综合体现。

三、思维的一般规律

思维过程十分复杂，它是通过分析与综合、比较、抽象与概括、具体化和系统化等活动实现的，其中分析与综合是最基本的过程。

（一）分析与综合

分析是在头脑里把对象由整体分解为部分，或者把整体的个别特征、方面等分解开来的过程。如把一篇文章分成几段，每段分成几句，每句分成几个词；把植物分成根、茎、叶、花等；将一个问题分解成条件和任务两部分；将三角形分为"有三个角"和"有三条互相连接的边"这两个属性。这些过程都是分析。人们对事物的分析往往是从分析事物的特征和属性开始的。

综合是在头脑里把对象的各个组成部分、属性、方面、要素等按照一定的关系联系起来组成一个整体的过程。如把几个单词组合成句，把几个句子组合成段，把几个段落组合成一篇完整的文章；将植物的根、茎、叶、花、果实结合起来，找出它们之间的关系；将问题中的条件与任务结合起来，考察它们之间的关系等，这些都是综合。综合是思维的重要特征，只有把事物的部分、特征、属性等综合起来，才能把握事物的联系和关系，抓住事物的本质。

分析与综合是相反又紧密联系的同一思维过程的不可分割的两个方面，两者相互依存、互为条件，共同构成其他思维过程的基础。

首先，分析必须依据综合。我们将一篇文章分成几个段落，这是分析。这种分析不是任意的，而是依据各段落与整篇文章的关系来进行的；我们将植物分解成根、茎、叶、花、果实，这是根据这些器官在植物体内担负的功能而进行的。因此，分析是把部分作为整体的部分，从它们的相互关系上来进行分析。只有这样，分析才有意义，才有方向。

其次，综合是以分析为基础的，是通过对各部分、各特征的分析来实现的。我们要解决一个问题，总要分析一下组成问题的各个部分，否则就难以了解任务与条件的关系；我们要了解一个学生，就必须对这个学生的各方面情况进行分析，并且在此基础上进行综合。只有这样，才能产生对这个学生的全面的、正确的认识。因此，合理的综合必须依据正确的分析。

分析与综合是同一思维过程的两个方面，在一个比较复杂的思维过程中，往往要经历由综合到分析，再由分析到综合的多次循环，才能形成对事物的正确认识。任何一种思维活动既需要分析，又需要综合。

（二）比　较

比较是在头脑里确定事物之间的共同点和差异的思维过程。为了进一步认识和辨别某一事物，经常需要在分析、综合的基础上，对与这一事物相近似的，甚至对立的其他事物进行比较，通过比较找出它们之间的共性和差别。

比较是分析与综合的一种具体表现。比较是以分析为前提的，只有在思想上把不同对象的各个部分或特征区别开来，才能进行比较。同时，比较还要确定它们之间的关系，所以比较又是一个综合的过程。例如，我们要考察两种学习方法的优劣，就要从以下几个方面考察：学习时间、学习条件、学习成效，还要分别考察这两种学习方法与学生年龄、性别、智力水平、知识水平等因素的关系。这一过程就是分析。然后，还要将两种学习方法的各个方面结合在一起进行考察，这就是综合。通过综合，就可以确定这两种方法的相同点与不同点，以鉴别其优劣。

比较是重要的思维过程，也是重要的思维方法。它在人们的日常生活、学习和研究工作中都有重要的作用。人们常说"没有比较就没有鉴别"，不经过比较就不能将事物区别开来，也就不能认识事物。在教学过程中，比较具有重要的意义，通过同类事物的比较，我们可以将同一类事物的本质属性与非本质属性区别开来，使学生能把握事物的本质。因此，比较是学习概念的基础。

（三）抽象与概括

抽象是在比较的基础上，在头脑中将各种事物的共同的本质属性结合起来，形成概念或理论系统的思维过程。如从钢笔、铅笔、毛笔……中抽取其共同的本质属性——写字的工具，而将颜色、长短、软硬等非本质属性舍掉。在抽象的基础上，人们可以得到对事物的概括的认识。

概括是在头脑中将抽象出来的事物的本质属性结合起来，形成概念或理论系统，并推广到同类事物中去的思维过程。概括也是一种综合，它是对分析、比较、抽象结果的综合。如在抽象的基础上，把各种各样的笔的本质属性概括为：笔是用来书写的工具。又比如，我们分析了各种平行四边形的特点，对它们进行了比较，舍弃了大小、形状等个别属性，抽取出"有四条边"和"对边平行"这两个共同属性。在此基础上，综合平行四边形的两个共同的、本质的属性，并推广到其他平行四边形中去，得到"平行四边形就是对边平行的四边形"，这就形成了"平行四边形"的概念。

概括对于人们的生活、学习、工作有重要作用。它不仅深化了对客观现实的认识，而且它还是人们获得概念、实现知识经验的迁移的重要条件。概括有两种水平，即感性概括和理性概括。感性概括是低级水平的概括，儿童在入学前就能对事物进行概括，了解事物的一些共同属性，产生对事物的初步认识，但往往会将事物的非本质属性当成事物的本质属性。例如，儿童会以为藕是根，这是因为儿童将"植物在土里和水里的部分"作为根的本质特征的缘故。理性概括，是对事物的本质的概括，是概括的高级形式。随着年龄的增长和知识水平的提高，人的概括水平会由低级向高级不断发展。概括水平是思维发展水平的重要标志之一。

抽象和概括是紧密联系的。抽象是概括的基础，概括是对抽象的结果加以综合，形成概念或理论系统。概括能使人的认识由感性上升到理性，由特殊上升到一般。

（四）具体化与系统化

具体化是将已获得的概念或原理运用到实践中去的思维过程。教学中引用具体事例来解释说明理论问题或应用一般原理来解决特殊问题，都是具体化的表现。具体化是重要的认识活动，它将抽象的理论与具体的经验结合起来，以具体的经验加深对理论的理解，又以抽象的理论指导实践活动，达到适应环境、控制环境、改造环境的目的。因此，具体化不仅可以深化人们对客观现实的认识，而且它本身就是认识客观现实的目的。

系统化是指在头脑中把事物或知识要素分门别类地构成一个层次分明的统一的整体系统的过程。如生物学中将所有的动物分为脊椎动物和无脊椎动物，脊椎动物又分为鱼类、两栖类、爬行类、鸟类和哺乳类，无脊椎动物又分为原生动物、肠腔动物、环节动物和节肢动物等。

系统化使人们掌握的知识形成体系，不仅减少了人们记忆的负担，而且加深了对知识的理解。因此，系统化在知识的教学中有重要意义。

四、问题与问题解决

教育心理学家罗伯特·加涅指出："教育的最终目的就是教会学生解决问题——数学或物理问题、健康问题、社会问题以及自我调节问题。"那么，什么是问题和问题的解决呢？我们可以采用什么策略来解决问题呢？

（一）什么是问题和问题解决

我们每天都会遇到各种各样的问题，有的问题是非常直接的，只要我们充分利用已知的信息就能找到一个唯一正确的答案。例如，$98 \times 79 = ?$ 而对于另外一些问题，只依赖已有的信息是不能解决的，还需要我们去寻求更多的信息，并且问题的答案也可能不是唯一的。例如，如何处理与老师、同学的关系？另外还有一些更为复杂的问题，即使我们费尽心血也难以找到一个答案。例如，如何保护生态环境？这些问题之所以成为问题，是因为在我们的记忆中没有现成的答案，需要我们运用已有的概念、概念系统、推理、策略来寻求解答。

因此，所谓问题就是指现有知识经验难以直接解决或应对的事物或情境。当代认知心理学认为，任何问题都包含三个基本成分，即现状、目标和障碍，并由此形成问题的三种状态，即着手解决问题的初始状态，希望达到的目标状态，以及由初始状态转变为目标状态的一系列认知操作的中间状态（问题空间）。而那些比较简单或已经完成的任务，则不需要人们进行复杂的思维活动，只需要回忆一下以往的经验和熟悉的动作，就可以顺利完成。在心理学上，这类任务就不能叫问题，完成这类任务也不是解决问题。

问题解决是由一定的情景引起的，按照一定的目标，应用各种认知活动、机能等，经过一系列的思维操作，使问题得以解决的过程。按当代认知心理学的观点，问题解决具有目标指向性、依靠认知操作和具体操作序列这三个基本特征。问题解决就是从初始状态出发，通过认知操作，一步一步地改变中间状态，最后达到目标状态的心理过程。

（二）问题解决的思维过程

由于所面临的问题的性质和复杂性不同，以及个体的知识经验、个性等方面的差异，人们解决问题的思维活动会表现出不同的特点。有的问题需要经过长期酝酿和多次尝试才能解决，有的问题则可能很快被人们解决。问题解决都要经历提出问题、分析问题、提出假设和验证假设四个相互联系的阶段。

1. 提出问题

提出问题就是发现问题，解决问题是从发现问题开始的，不断地发现并解决这些问题，既是人类社会生活发展的需要，也是个体思维发展的需要。问题广泛存在于人们社会生活的各个方面。有的问题比较明显，易于发现；有的问题是别人已经提出来的，如学生解的各种习题。这些问题比较明确，只需要人们寻找解决问题的方法。但许多问题是比较隐藏的，不易被人们发现。能不能提出问题，直接影响人们能否解决现实生活中的各种矛盾。有人对问题熟视无睹，有人则善于发现问题。"人和动物见到食物会流口水"，这是人们熟知的事实，多少年来没有人对此多加注意。巴甫洛夫正是从这个被人们忽视的现象中发现了条件反射，从而揭示了人和动物的高级神经活动规律。爱因斯坦高度评价了提出问题的重要性，他说："发现问题比解决问题更为重要。"

能否提出问题与人对活动的态度、兴趣以及现有的知识经验密切相关。人对活动的态度越积极，越有兴趣，与之相联系的知识经验越丰富，就越容易提出问题；反之就不易发现和提出问题。

2. 明确问题

明确问题亦即分析问题。日常生活中发现的问题，开始往往是混乱、不系统、不明确的。有时只知道有问题，而问题发生在什么地方却弄不清楚。

任何问题都包括条件和任务两个方面。分析问题就是找出条件和任务之间的联系，把握问题的实质，确定问题解决的方向。

例如，用六根火柴棒摆出四个完全相等的等边三角形。要解决这个问题就要求把任务和条件结合在一起进行分析。组成这样四个相互独立的三角形需要十二根火柴棒，而我们只有六根火柴棒。从而了解到问题的关键在于四个等边三角的每一边都可成为公共边。这样就明确了解决的方向。现实生活中的问题有时是十分复杂的，问题的分析也更加困难，这就要求我们从大量的现象中去粗取精、去伪存真，抓住事物的主要矛盾和矛盾的主要方面。因此，我们不仅要有丰富的知识经验，还应有积极探求真理的态度（见图6.1）。

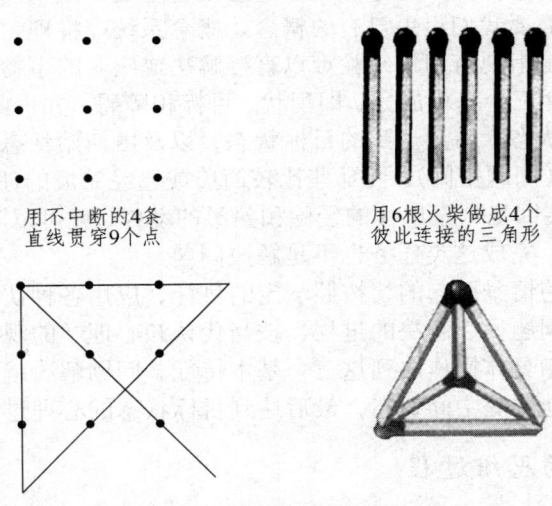

用不中断的4条直线贯穿9个点　　用6根火柴做成4个彼此连接的三角形

图 6.1 两个问题及其解法

明确问题就是抓住问题的核心，找出关键所在，使思维活动具有明确的指向性和方向性，并有选择地再现和运用已有的知识经验来解决面临的问题。

3. 提出假设

解决问题的关键是找出解决问题的方案，也就是确定解决问题的原则、途径和方法。但是解决问题有时不是很容易确定的，而是通过假设的形式慢慢形成的。战役指挥员提出作战方案，医生在手术前提出的手术方案都是提出假设。假设就是问题解决者对问题的结论和解决方式的推测、假定以及设想出的解决问题的途径。

能否提出假设，一方面，依赖于个体在该领域的知识经验。知识经验越丰富，就越容易提出假设。另一方面，依赖于个体思维的灵活性，个体的思维越灵活，提出的方案就越多。例如，七棵树栽六行，每行三棵，如何栽？要解决这个问题，用常规的思维方式是不行的，要把七棵树当成十八棵树来用，就必须考虑每棵树要用几次，灵活地提出几种可能的方案。

总之，假设的提出依赖于许多条件，已有的知识经验、直观的感性形象、尝试性的实际操作、言语表达、创造性的构想等，都对假设的提出有重要影响。

4. 检验假设

解决问题过程中提出的假设是否正确，只有通过实践检验才能证明。

检验假设的方法通常有两个：一条途径是实际操作，即用实验和实践的方法，按假设去具体解决问题。如果问题得到了解决，假设中的方案就是正确的；反之，原来的假设就是完全错误的或存在某种不足。这时，就需要修改假设，或提出新的假设，再进行验证，直到问题得到圆满解决。另一条途径是用思维活动来验证，也就是以原有假设为前提，通过合乎逻辑的推理来验证假设，如果得出的结论符合实际，则原假设可以成立，可以付诸实施；否则原假设就不成立，不能付诸实施。这种检验方式常常用于不能用实际行动来检验问题的假设，如作战方案、重大工程设计、对学生的教育措施等。

解决问题的这四个阶段是有一定先后顺序的，但也不是绝对的，有时需要交错进行。一方面，验证假设时，若发现原假设不能使问题得到顺利解决，就要重新提出假设，甚至重新分析问题；另一方面，在解决比较复杂的问题时，会将问题划分为几个小问题来分别加以解决，这些小问题也要通过提出问题、分析问题、提出假设、验证假设四个阶段来解决。

（三）问题解决的思维模式

思维模式是指解题者由问题条件、性质及自身的个性特点在解题过程中长期形成的相对稳定的思维类型。

1. 直觉式

直觉式指在问题解决的过程中不经过自觉的、有意识的逻辑推理而是凭直觉作出判断的解决问题的思维模式。其特点是速度快、正确性较大。直觉式问题解决的思维模式并非神秘莫测，只不过是其过程中的许多中间环节都被省略了，所以能对问题作出快速的反应和预测。其基础是个人丰富的经验和渊博的知识以及由此而产生的果断的意志品质。战争前线的军人、执行公务的公安刑警、抢救病人的医生等都比较善于运用直觉式思维模式。

2. 分析式

分析式指在解决问题的过程中对事实材料作充分分析，并进行严格的逻辑推理，最后使问题得到解决的思维模式。其特点是分析周密，推理严密，结论科学。但有时该思维模式的步骤显得复杂，耗费时间太多，所以在实际运用中，人们往往给予适当的简化以提高时效。

3. 试误式

试误式是尝试错误式的简称，指在解决问题时，不对解决问题的原则、方法等作周密的思考而用尝试去解决问题的思维模式。其特点是耗时多、成效低、盲目性大、弯路多。不过，在对解决问题的方式、方法进行大致的分析后的高层次的试误式大大克服了以上缺点。

4. 顿悟式

顿悟指突然醒悟明白。顿悟式指在积累了大量材料之后，经过分析、比较、推理都无法解决问题而遇到偶然刺激却突然明白解决问题的途径和方法的思维模式。其特点是不可预测性、自发性、科学性。其赖以产生的前提是：一是大量材料的积累，而是艰苦缜密的思考。

在复杂的社会实践中，人们往往是综合运用几种思维模式，随问题的改变而分别有所侧重。教师在教学中应引导学生正确评价每种思维模式的优缺点，逐步分析自己的思维模式、特征，灵活地综合运用各种思维模式，从而培养自己解决问题的能力，提高学习效率。

（四）问题解决的策略

1. 爬山法

爬山法（Hill Climbing）是问题解决的一种策略，是指采取措施一步一步地降低当前状态与目标状态之间的差异，直至解决问题，如同爬山那样一步一步地爬到山顶。请考虑下面这个问题：假如有 24 个硬币，其中的 23 个的重量相同，只有一个硬币的重量稍重。你还有一个小天平。现在你的任务就是利用天平，用最少的称量次数找出这个重量不同的硬币。

毫无疑问，你会采用爬山法来解决这个问题。首先，将 24 个硬币分成 3 堆，每堆 8 个硬币。将任意 2 堆硬币放到天平上称量。如果其中的 1 堆硬币重于另一堆，那么，重的 1 堆硬币里肯定有那个需要找出来的硬币。如果 2 堆硬币重量相同，那么，那个硬币应该在没有称量的那 1 堆里。然后，将含有不同硬币的那一堆硬币又分成 3 堆，其中 2 堆各有 3 个硬币，另 1 堆为 2 个硬币。将有 3 个硬币的那 2 堆放在天平上称量，如果重量相同，则稍重的那个硬币应该在只有 2 个硬币的那 1 堆里。如果其中 1 堆重于另 1 堆，则它应该在重的那 1 堆里。最后，用前面的方法和推理，再称量 1 次就可以找出那个不同的硬币。

爬山法是一种非常有效的问题解决策略，但是它不适用于解决需要暂时"后退"才能解决的问题。请考虑下面这个问题：一位动物饲养员要将 3 头狮子和 3 头长颈鹿送到河的对岸。他有最多可以装运他自己和 2 只动物的一条船。因此，他不得不运送几次，这造成一些动物在一定的时间里无人照管。但在无人照管的情况下，如果长颈鹿的数量少于狮子，长颈鹿就会被狮子吃掉。请问：这位动物饲养员如何才能将这 6 只动物安全运送到河的对岸？

那位动物饲养员采用的方法是这样的：① 将 2 头狮子运抵对岸，留下 3 头长颈鹿和 1 头狮子；② 坐船单独返回；③ 将 1 头长颈鹿运抵对岸，留下 2 头长颈鹿和 1 头狮子；④ 将那 2 头狮子运回，留下 1 头长颈鹿在对岸；⑤ 将 2 头长颈鹿运抵对岸，留下 3 头狮子；⑥ 坐船单独返回，留下 3 头长颈鹿在对岸；⑦ 将 2 头狮子运抵对岸，留下 1 头狮子；⑧ 坐船单独返回，留下 3 头长颈鹿和 2 头狮子在对岸；⑨ 将剩下的一头狮子运抵对岸。

在解决这个问题的过程中，如果用爬山法就不会考虑到将运送过去的两头狮子又运回（步骤④）。而没有这个"向后"的步骤，就不能解决这个问题。

2. 手段—目标分析法

手段—目标分析（Means-ends Analysis）是问题解决者分析目标状态与初始状态之间的差异，选择能够减少差异的手段，从而解决问题的一种策略。在此过程中，常常需要把大的目标逐次分解为几个小的目标，再采取各种手段逐次实现各个小的目标，从而最终解决问题。下面以著名的河内塔（Tower of Hanoi）问题为例予以说明：

在一块木板上有 1、2、3 三个立柱，在 1 柱上串放着三个圆盘，小的在上面，大的在下面（初始状态）。让被试将 1 柱上的三个圆盘移到 3 柱（目标状态）。条件是：每次只能移动任何一个柱子上面的一个圆盘，但大的圆盘不能放在小的圆盘上（见图 6.2）。

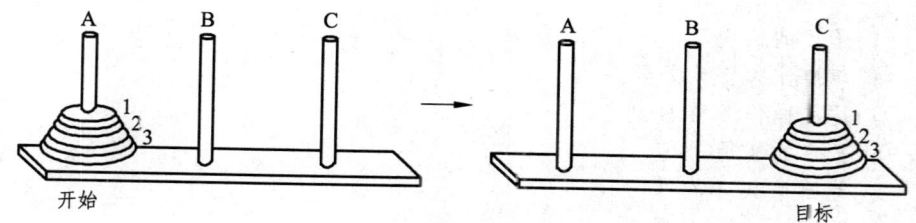

图 6.2　三个圆盘的河内塔问题

用手段—目标分析对这个问题的解决过程如下所示：

1. 目的：移动 A、B、C 到柱 3
2. ：差异是 C 不在 3 上
3. ：子目的：放 C 到 3
4. ：操作是移 C 到 3
5. ：差异是 A 和 B 在 C 上
6. ：子目的：从 C 移走 B
7. ：操作是移 B 到 2
8. ：差异是 A 在 B 上
9. ：子目的：从 B 移走 A
10. ：操作是移 A 到 3
11. ：与操作条件无差异
12. ：运用操作（移 A 到 3）
13. ：子目的实现
14. ：与操作条件无差异
15. ：运用操作（移 B 到 2）
16. ：子目的实现
17. ：差异是 A 在 3 上
18. ：子目的：从 3 移走 A
19. ：操作是移 A 到 2
20. ：与操作条件无差异
21. ：运用操作（移 A 到 2）
22. ：子目的实现
23. ：与操作条件无差异
24. ：运用操作（移 C 到 3）
25. ：子目的实现
26. ：差异是 B 不在 3 上
27. ：子目的：放 B 到 3
28. ：操作是移 B 到 3
29. ：差异是 A 在 B 上
30. ：子目的：从 B 移走 A
31. ：操作是移 A 到 1
32. ：与操作条件无差异
33. ：运用操作（移 A 到 1）

34. ：子目的实现
35. ：与操作条件无差异
36. ：运用操作（移 B 到 3）
37. ：子目的实现
38. ：差异是 A 不在 3 上
39. ：子目的：放 A 到 3
40. ：操作是移 A 到 3
41. ：与操作条件无差异
42. ：运用操作（移 A 到 3）
43. ：子目的实现
44. ：无差异
45. 目的实现

手段—目标分析是人们解决问题的一种常用方法，特别适用于目标状态清晰的情况。但由于问题解决者一时只会注意一个子目标，因而很可能失去对问题全局的把握。

3. 逆向工作法

逆向工作法（Working Backward）则是从目标状态出发，一步一步地按照逻辑顺序回到初始状态。请看下面这个例子：有 15 个 1 分的硬币放在桌子上。你跟另一个人从桌上轮流取走硬币，每次最少 1 个最多 5 个，谁最后将桌上的硬币全部取走谁就获得胜利。如果你最先取硬币，请问是否有一种方法能保证你获胜？

要解决这个问题，必须用逆向工作法。首先你要思考要获胜在最后一轮的桌上应该剩下多少硬币，然后思考在最后一轮的上一轮你应该留给对手多少硬币（答案应该是 6 个）。再往前推，你应该保证留给你的对手 12 个硬币（如果他拿走 1 个，你就取走 5 个；他拿走 2 个，你就取走 4 个。以此类推）。现在答案出来了吗？如果第一轮从你开始，你只需取走 3 个硬币，就能保证你的胜利。

再看下面这个有趣的问题（见图 6.3）：在一个湖上有一朵荷花，每过 24 小时湖上荷花的数量就会加倍增加。比如，第二天湖上就有 2 朵荷花，第三天 4 朵，第四天 8 朵……到第

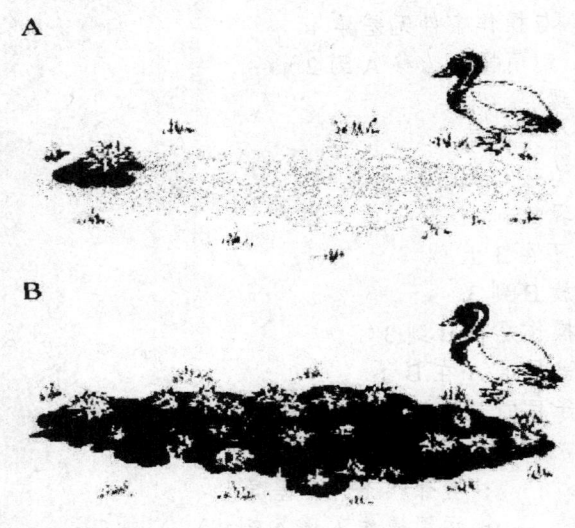

图 6.3 荷花问题

60 天的时候，湖上就布满了荷花。请问在第几天的时候只有半个湖被荷花覆盖？

如果从初始状态 1 朵开始，2 朵、4 朵、8 朵、16 朵……你能解决这个问题吗？试试逆向工作法。

逆向工作法在求解代数和几何证明题时也是一种特别有用的方法。例如下面的几何证明题：已知长方形 ABCD，求证两条对角线 AD＝CB（见图 6.4）。

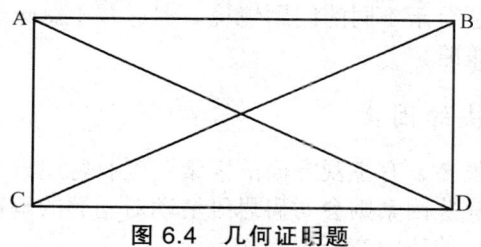

图 6.4　几何证明题

图 6.4 要证明 AD＝CB，从目标出发逆向推理，即首先要证明△ACD 全等于△BCD。要证明这两个三角形全等，就必须从这个子目标出发，搜索证明三角形全等的定理。在这个问题中，可以利用边角边定理解决子目标，然后再进入下一个子目标，把最后一个子目标解决了，整个问题即得到解决。

4. 类比法

请尝试解决如下问题：某患者患有恶性肿瘤，经医生诊断确定，不能开刀切除。唯一可能的治疗方式是用放射线破坏其癌体组织。然而，在采用放射法治疗之前遇到了这样的困境：若放射线强度不够，则不足以破坏癌体组织；若强度足够，则在破坏癌体组织之前，会先行伤害其他部位的健康组织。请问，在此两难的情况下，如何在不伤害患者健康的原则下达到治疗的目的？

如果你解决这个问题有困难，请看下面一段陈述：某军官受命攻击敌军的一个军事要塞，该要塞周围有许多条呈放射状的小路，小路的两边都散居着乡民。军官考虑的问题是：如果集中火力从一条小路去攻击，那么附近的乡民就会受到严重的伤害。于是决定分散兵力，从各条小路进攻，并约定时间，待接近要塞时，火力齐发，合力攻击。结果此计奏效，攻击成功。

现在我们回到前一个肿瘤问题，也许军官攻击敌军要塞的策略能给你启示。许多先阅读了后一段陈述的同学对前一个问题给出了这样的答案：用低强度的放射线从各个不同的方向汇聚于肿瘤处。他们就是在用类比法来解决问题。类比法或类比推理就是由两个（或两类）对象在某些性质上的相同，推出它们在别的性质上也相同的推理形式。这也是一种常见的问题解决策略。

古希腊科学家阿基米德曾经从"智破金冠案"中发现了一个科学基本原理。请看：国王让金匠做了一顶新的纯金王冠，但他怀疑金匠在金冠中掺假了。可是，做好的王冠无论从重量上、外形上都看不出问题。国王把这个难题交给了阿基米德。阿基米德日思夜想。一天，他去澡堂洗澡，当他慢慢坐进澡盆时，水从盆边溢了出来，他望着溢出来的水，突然大叫一声："我知道了！"竟然一丝不挂地跑回家中。原来他想出办法了。阿基米德把金王冠放进一个装满水的缸中，一些水溢出来了。他取了王冠，把水装满，再将一块同王冠一样重的金子放进水里，又有一些水溢出来。他把两次的水加以比较，发现第一次溢出的水多于第二次。于是他断定金冠中掺了银子。经过一番试验，他算出银子的重量。当他宣布他的发现时，金匠目瞪口呆。

阿基米德解决这个难题所用的方法就是类比法。运用类比法解决问题经常能够起到意想不到的作用，但人们却很少使用它。这是因为人们在集中精力解决当前的问题时，很少能够提取出可以类比的情境。因此，在解决一个苦思不得其解的问题时，应该有意识地去寻找可以类比的问题情境。

总之，人们在解决问题时可以选择不同的策略。对于许多问题而言，并不存在一个最佳的解决策略，不同的策略适合于不同的问题情境。但这并不意味着对于特定专业领域的问题解决不存在最有效的解决策略。

（五）影响问题解决的因素

影响问题解决的因素很多，有主观方面的因素，也有客观方面的因素。有些因素会促进思维活动对问题的解决，有些因素则会妨碍思维活动对问题的解决。概括起来有以下几点，希望能对我们提高问题解决的能力有所帮助和启示。

1. 情绪与动机强度

面对问题，人们都会产生各种情绪和动机。而情绪和动机又会直接影响解决的问题。

过度紧张、惶恐、烦躁、压抑等消极情绪，会妨碍问题的顺利解决。例如，有的学生在高考时，由于担心考不好会遭到亲人的责备和别人的白眼，产生了过度焦虑，因而在答题时反应迟钝，思维灵活性降低，使本来容易解决的问题变得难以解决了。甚至有的学生还会出现晕场的现象。积极而冷静的情绪状态则有利于人们打开思路，使问题得以顺利解决。

动机水平的高低对问题的解决也有重要影响。人们对活动的态度、社会责任感、认识兴趣等，都可以成为发现问题的动机，影响到问题解决的效果。动机的强度和解决问题的效率成正比，但动机水平过低则难以激发解决问题的积极性，使人容易被无关刺激所吸引，妨碍问题的解决；动机水平过高，则使人过分注意直接的目的，而忽略可用来解决问题的有关因素，使意识变得狭窄。同时，什么样的动机水平最有利于问题的解决，还取决于问题本身的难度，难度较小的问题，要求的动机水平较高；难度较大的问题，要求的动机水平较低。实验表明，解决问题和动机强度之间的关系呈倒 U 形曲线（参见第七章"动机与人的行为"部分，图 7.3）。由图可以看出，解决问题的效率随动机强度的变化而变化，动机太强或太弱都不利于问题的解决。一般而言，中等水平的动机有利于问题的解决。

2. 问题的本质

曾经有这样一个事例：一个小区的不少业主都向物业管理部门投诉电梯速度太慢。当物管部门找来专家解决这个问题时，却发现这栋楼的电梯并不比一般的电梯慢，而再要提速需不小的花费。后来有一天，该楼的管理人员在巡查的时候发现人们极不耐烦地在等电梯，他意识到不是电梯慢的问题，而是人们在等电梯时无事可做，感到无聊。于是，他们在每个楼层的电梯口安装了一面镜子，就解决了这个问题。

发现和确定问题是问题解决的第一步，也是非常不容易的一步。人们往往"就事论事"，只看到问题的表面，而不多花时间去思考问题的本质，这往往导致问题解决在第一步就迷失了方向。

3. 问题表征

所谓问题表征（Problem Representation），就是在头脑中对问题进行信息记载、理解和表达的方式。有时，找一个有用的问题表征，就意味着找到一个全新的思考问题的方法。请看下面这个著名的"和尚难题"：

一天早晨，就在日出的时候，一个和尚开始爬一座高山。一条狭窄的山路，不超过两米宽，环绕着山盘旋，一直通向山顶上闪闪发光的寺庙。和尚以变化的速度攀登，沿途多次停下来，休息、吃随身携带的干粮。日落之前不久他到了寺庙。几天的禁食和冥想之后，他开始了沿着同样路线的返程旅行，仍然是日出时启程，以变化的速度行走，沿途多次停下来。当然，他的平均下山速度大于平均上山速度。请证明，沿着山路有一个地点，和尚上山和下山的旅途中，恰好在同一时间到达了这个地点。

在你往下阅读之前，请思考几分钟。你做得怎么样？如果"证明"这个词让你想到某些数学上的东西，那么，你可能不会有什么进展。考虑这个问题的一个更好的方法是，想象有两个和尚，一个从山顶出发，另一个从山脚出发。因为一个向上，一个向下，所以他们肯定会在山路上的某个地点相遇。现在用这一个和尚替换两个和尚，你的证明就出来了。使得这个问题变得非常容易的是使用正确的表征，即视觉的形式而非言语的或数学的形式。

除了视觉想象外，还可用其他多种形式表征问题。可以教学生画图表与流程图、写提纲、做摘要和描述问题的关键特征等表征问题的方法。

4. 思维定式

思维定式也称心理定式或心向，是指由先前心理活动形成的准备状态决定并影响着后继同类心理活动的趋向。当某些策略和规则在过去成功后，往往就成为一种习惯性的心理定式（Mental Set），即试图用相同程序来解决新问题的倾向。心理定式使人们能高效地学习和解决问题，但当一个问题的解决需要新的见识和方法时，心理定势就成为前进的阻力，使思维受到束缚而缺乏灵活性，不能够得到更佳、更准确和更快速的答案，发现不了新的更好的解决问题的方法，因而不利于解决变通性问题。这种思想的僵化是有效思维的一个主要障碍。

最早进行定式研究的是迈尔（N. R. F. Maier, 1930）。他在一项问题解决的试验中，对实验组的被试用对解决问题有指向性的指导语进行暗示，而对控制组则不加以任何暗示。结果发现，实验组问题解决的成绩大大优于控制组。这说明定式有促进问题解决的一面。

陆钦斯（A.S.Luchins, 1942）通过"量水实验"揭示了定式对问题解决的阻碍作用。其实验程序见表6.1。

在实验中，告诉被试有三个大小不同的杯子，要求被试利用这三个杯子量出一定量的水。被试分两组，实验组（79人）做第1~7题，控制组（57人）只做6、7两题。结果发现，实验组有64人在做6、7题是采用了B－A－2C的方法完成量水任务，只有少数人用A－C和A+C这样两种相对简单的方法。控制组的被试在做6、7两题时，都采用A－C和A+C这样两种相对简单的方法来完成量水任务。这是由于实验组的被试在解决1~5题的问题时，形成了利用B－A－2C这个公式的定式，使得他们在解决6、7两个问题也采用相同的方法。

表6.1 陆钦斯的定式实验

序列	三个杯的容量			要求量出水的容量
	A	B	C	
1	21	127	3	100
2	14	163	25	99
3	18	43	10	5
4	9	42	6	21
5	20	59	4	31
6	23	49	3	20
7	15	39	3	18

实验结果表明，通过序列 1~5 的实验，由于被试形成了利用 B−A−2C 这个公式的定式，结果对序列 6 和序列 7 也用同样方式加以解决。其实，对 6、7 这两个序列完全可以用简单的办法（即 A−C 和 A+C）去解决。定式使问题解决的思维活动刻板化。

定式虽然有时可以促进问题的解决，但从总体上来说是消极的，它使问题解决的思维活动变得呆板。当定式阻碍问题解决时，应注意暂时停下来，休息一下或进行一些别的工作，过一会儿，定式会自然消除。

5. 功能固着

任何事物都有一定的功能。功能固着（Functional Fixedness）是一种特殊类型的定式，指熟悉事物的通常用途占据了思维的核心位置，一时难以想到它的其他功能，从而干扰问题解决的心理现象。心理学家邓克（K.Duncker，1945）做了一个有趣的试验，让被试用五种熟悉的工具解决五个新问题。实验组的被试在解决问题前，进行了这些工具的习惯用途的训练，以此来加强功能固着的倾向，而控制组的被试则直接解决问题。结果显示，实验组的成绩大大低于控制组（见表6.2）。

表6.2 功能固着对问题解决的影响

组别	工具	练习工作	解决新问题	参加人数	成绩（%）
实验组	钻子	钻洞	支撑绳索	14	71
	箱子	盛物	做垫脚台	7	43
	钳子	打开铁丝结	支撑木板	9	44
	秤锤	称重量	做钉锤用	12	75
	回形针	夹纸	做挂钩用	7	57
控制组	同实验组		同实验组	10	100
				7	100
				15	100
				12	100
				7	86

由于被试只看到自己熟悉的工具的通常用途，而很难发现这种工具的其他用途，结果影响到其灵活地运用这些工具。实验表明，物体的某种功能越重要，人们对该功能越熟悉，该功能的固着性就越大。在日常生活中我们经常碰到这种现象，如硬币好像只有一种用途，很少想到它还能用于导电；衣服好像也只有一种用途，很少想到它可用于灭火。这类现象使我们趋向于以习惯的方式运用物品，从而妨碍了以新的方式去运用它解决问题。

这说明，功能固着也是思维活动刻板化现象，对解决新问题有很大的阻碍作用。人们能否改变事物的固有功能，适应解决新问题的需要，往往成为解决问题的关键。

6. 迁移的作用

迁移是指已获得的知识、技能、学习方法或学习态度，对学习新知识、新技能和解决新问题所产生的一种影响。迁移有正迁移和负迁移之分。会骑自行车的人很容易学会骑摩托车，但会骑自行车的人一下子却很难骑好三轮车，这就是正、负迁移的表现。

7. 个性差异

能否顺利地解决问题与个体的个性特点尤其是性格特点有关。心理学研究表明，解决问题特别是发明创造，要借助良好的个性心理品质。一个具有谨慎、细致、顽强、坚忍、进取、创新、自信、自制等个性心理品质的人，要比粗暴、畏缩、怯懦、自负、自卑的人解决问题的成功率高得多。

8. 人际关系

人处在一个复杂的社会中，解决问题不仅受到人心理因素的影响，也受到人们之间相互关系的影响。例如，人在解决问题时，往往要求与周围的人方式一致，这种现象称为从众现象。团体内的相互协作和相互帮助，是使问题得以迅速解决的积极因素；相反，相互不信任、人际关系紧张则会妨碍问题的解决。

第二节　创造与想象

一、创造与创造性思维

（一）什么是创造

创造是一种探索性的特殊的社会实践活动。发明家发明一种新机器，科学家提出一种新理论，艺术家创作出一项艺术作品等，都属于创造。创造区别于一般活动的一个重要特点是它的新颖性。创造为人类提供了新颖的、首创性的社会产品。这些产品可以是物质产品，如一种新仪器、一种新药等；也可以是精神产品，如一幅画、一篇小说、一首诗歌等。创造促进了社会的文明与进步，是人类生活的重要财富。因此，心理学上将创造定义为"提供了新颖的、首创性的、有社会价值的产品的活动"。

（二）什么是创造性思维

创造性思维是有创见的思维。所谓创造性思维（Creativity Thinking），是指一种新颖的、独特的并具有社会价值意义的思维活动，它是创造活动中的一种特殊的高级的思维形式。通过这种思维，人们可以在事物的现状和科学的现有成果的基础上，揭示事物或现象的本质特征及其规律性，形成新的认识结构，并使认识超出现有水平，从而达到探索未知、创造新知的境界。它是人类思维能力的最高体现。科学中新概念、新理论的提出，新机器的发明，文学艺术作品的创作，新颖的问题解决方式，等等，都是不同实践领域中的创造活动。新颖独特是与众不同或前所未有的意思。但是，即使是新颖独特的产物，也不一定都是创造。因为新颖独特的东西也可能会毫无社会价值，与客观规律相违背。例如，精神病人的胡言乱语是独特的，却不能把这些东西说成是创造性的。因此，某产物是否是创造，不仅要有新颖独特性，而且必须符合客观规律，具有社会价值。

创造性思维是在一般思维的基础上发展起来的。与一般思维相比，创造性思维最突出的特征是首创性和新颖性。这是因为，创造性思维不仅遵循事物发展的最普遍、最一般的规律，而且要另辟蹊径，超越甚至否定传统的思维模式，冲破旧观念的束缚，异乎寻常地提出具有重大社会价值、前所未有的思维成果。如哥白尼的"太阳中心说"、伽利略的"自由落体运动"以及达尔文的"生物进化学说"等划时代的理论，都体现了创造性思维这一基本特征。

一个创造性思维的全过程,往往要经过从发散思维到集中思维,再从集中思维到发散思维的多次循环才能完成,因此,任何创造性思维都离不开发散思维和集中思维的有机结合。

(三)创造性思维的基本过程

创造性思维伴随着创造过程。在创造活动中,人们要对已有的经验进行改组和重建,在头脑中形成新思想和新形象,就必须应用新方案或新程序,进行复杂的思维活动。创造性思维是一个极其复杂的心理活动过程,在它的运行中有其独特的思维活动程序和规律。而对创造性思维过程的分析,最有影响的是英国心理学家沃拉斯(Wallas,1926),他研究了各种类型的创造经验,并将创造过程中的思维活动划分为四个阶段,即准备期、酝酿期、豁朗期、验证期,反映了创造性思维的基本活动程序。

1. 准备期

准备期(Preparation)是指创造性思维形成之前,对问题相关知识的理解与积累。这是创造活动的第一个阶段。在这一阶段,最重要的任务是明确创造目的,积累丰富的经验,收集广泛的知识和掌握必要的技能。创造活动的准备不仅包括特定领域的知识准备,而且包括一般的基础性的知识准备。因此,准备期往往很长。例如,爱因斯坦写作《相对论》只花了五周时间,却准备了七年之久。在准备阶段应努力创造条件,广泛收集资料,有目的、有计划地为所规划的创造项目作充分的准备。收集资料越丰富、越充分,越有利于开阔思路,从而受到启发,发现和找出问题的关键所在,顺利解决问题。诗圣杜甫有言:"读书破万卷,下笔如有神",由此可知创造前准备的重要性。

2. 酝酿期

酝酿期(Incubation)是在准备期收集到的信息的基础上,在头脑中对问题和资料进行周密细致的探索和思考,力图找到问题解决的途径和方法的阶段。在酝酿过程中,往往百思不得其解。这是因为,长期的思考造成的精神紧张会影响思维的灵活性。因此,这时可以暂时将思考的问题放一放。摆脱长期思考的紧张状态,收集到的资料则可能在不知不觉中重新进行组织和加工,进而产生新思想、新形象。这一阶段从外表上看没有明显的活动,创造者的观念处于"冬眠"状态,但实际上在潜意识中断断续续地进行着思维活动,有时可在从事的一些无关活动中受到启示,使问题获得创造性地解决。如瓦特是在看到水开时水蒸气顶开壶盖而发明蒸汽机的。

3. 豁朗期

豁朗期(Illumination)是指经过潜伏性酝酿期之后,由于某种机遇,新思想、新观念、新形象在脑中会突然浮现出来,使人茅塞顿开,豁然开朗,也就是常说的灵感(Inspiration),从而使问题有可能得到顺利解决的阶段。这时,事物间的各种联系和关系意想不到地、闪电般地联系起来,思考似乎从"踏破铁鞋无觅处"的困境中摆脱出来,有一种"得来全不费功夫"的感觉,并显示出极大的创造性。这是对问题经过全力以赴的钻研之后涌现出来的灵感状态,是艰辛劳动的结晶。正如柴可夫斯基所说的一样:"灵感是这样一位客人,他不爱拜访懒惰者。"出现灵感是豁朗期的主要特点,因此,豁朗期又叫灵感阶段。灵感可遇不可求,它是创造性思维导向创造结果的关键。

4. 验证期

验证期(Verification)就是对豁朗期产生的想法给予评价、检验或修正,使其趋于完善的阶段。验证期的任务就是通过逻辑推理和实践操作,对新思想和新形象进行评价和检验,经过在理论和实践上的多次反复论证和修改,无数次地劣汰存优,使创造性活动获得圆满的结果。

(四)创造者的思维特点

1. 思维的流畅性

思维的流畅性也叫思维的丰富性,是指在限定时间内产生观念数量的多少。在短时间内产生的观念多,则思维流畅性大;反之,思维缺乏流畅性。吉尔福德(Guilford,1967)把思维的流畅性分为四种形式:① 用词的流畅性,是指一定时间内能产生含有规定的字母或字母组合的词汇量的多少;② 联想的流畅性,是指在限定的时间内能够从一个指定的词当中产生同义词(或反义词)数量的多少;③ 表达的流畅性,是指按句子结构要求能够排列词汇的数量的多少;④ 观念的流畅性,即能够在限定的时间内产生满足一定要求的观念的多少,也就是提出解决问题答案的多少。前三种流畅性必须依靠语言,后一种既可借助语言,也可借助动作。

2. 思维的变通性

思维的变通性也叫思维的灵活性,是指摈弃旧的习惯思维方法开创不同方向的能力。例如,让被试"尽可能多地举出报纸的用途",他会有"学习用""包东西""当坐垫""折玩具""剪成碎片扬着玩""裹在身上取暖""用来引火"等各种各样的答案。富有创造力的人的思维比一般人的思维出现的想法散布的方面广、范围宽,而缺乏创造力的人的思维通常只想到一个方面或缺乏灵活性。

3. 思维的独特性

思维的独特性,是指产生不寻常的反应和不落常规的能力以及重新定义或按新的方式对所见所闻加以组织的能力。例如,请给下面的故事加上标题:

一位哑巴妻子被医治好了,丈夫却为妻子变得唠叨而苦恼,从而想让医生把自己变成听不到妻子唠叨的聋子。

结果富有创造力的人给出了一些独特、新颖的标题,比如"聋夫哑妻""无声幸福""开刀安心"等。

4. 思维的敏感性

思维的敏感性,是指及时把握住独特新颖观念的能力。创造性观念并不是处于我们随心所欲地控制之中,它要求我们有敏感的感受性。独特新颖的观念就如歌德所说的那样,"像一位陌生的客人"来到思想者身边。思维的敏感性就是对这位"陌生的客人"的评价并及时加以把握的能力。富有创造力的人的思维具有高度的敏感性。

总之,我们可以通过思维的流畅性、变通性、独特性以及敏感性来测量人们的创造性。创造性思维与想象有十分密切的关系,研究思维时有必要了解一下想象。

二、什么是想象

想象(Imagination)是在人脑中对已有表象进行加工改造、重新组合,形成新形象的心理过程。我们没有见过宇宙飞船,但可以通过科技书籍的介绍,在头脑中形成宇宙飞船的形象;建筑设计师在设计一个新建筑以前,脑子里就已经有了新建筑的形象;教师在学生毕业前,往往会设想自己的学生毕业后可能走的若干条生活道路并在头脑里描绘出他们未来生活的图景。这些都是想象。

想象并不是凭空产生的，是以过去感知过的现实中存在的事物的形象，即记忆表象（Memory Image）为原材料加工改造而成的。例如，我们读唐朝张继的《枫桥夜泊》——"月落乌啼霜满天，江枫渔火对愁眠。姑苏城外寒山寺，夜半钟声到客船"时，尽管我们没有到过苏州，头脑中也会出现一副深秋夜晚旅客寄宿城外舟中的图景。这幅我们过去从未感知过的图景，就是用我们熟悉的"月落""乌啼""江枫""渔火""古寺""钟声""客船"等表象构成的。想象过程所产生的新形象称为想象表象（Imaginative Image）。

人对自己活动结果的意识，有两种超前系统：组织起来的形象系统和组织起来的概念系统。想象是以组织起来的形象系统的形式对客观现实进行超前反映的，乍看起来似乎是"超现实"的，其实，任何想象都不是凭空产生的，构成新形象的材料都来自生活，取自过去的经验，不可能无中生有。天生的聋子决不能想象出优美的音乐，天生的盲人也想象不出春天的美景。思维则以组织起来的概念系统的形式进行超前反映。这两种系统相互联系着，例如，设计师根据力学的原理、使用的要求、美观和经济的原则设计一座新的建筑物，而想象则显现出这座建筑物的形象。借助于想象，认知活动不仅可以驰骋于广阔无际的世界，而且可以展望引人入胜的未来，在人们认识世界和改造世界的活动中起着重要作用。

人类劳动与动物本能行为的根本区别在于人能够借助想象力产生他所预期的劳动结果的表象。马克思在《资本论》中写道："蜘蛛的活动与织工的活动相似，蜜蜂建筑蜂房的本领使人间许多建筑师感到惭愧。但是，最蹩脚的建筑师从一开始就比最灵巧的蜜蜂高明的地方，是他在用蜂蜡建筑蜂房以前，已经在自己的头脑中把它建成了。劳动过程结束时得到的结果，在这个过程开始时就已经在劳动者的表象中存在着，即已经观念地存在着。"

想象所产生的新形象是想象者本人没有感知过的或现实生活中还不存在的事物的形象。从这一点说，想象在一定程度上是"超脱"现实的。但这并不意味着它和现实无关。想象实质上仍然和其他心理过程一样，是客观现实的反映，这不仅由于想象的原材料——记忆表象是现实事物的反映，而且由于人的想象一般总是受需要与动机的推动，受思想、意图和目的的调节，而个人的需要、动机、思想、意图则受社会生活条件的制约，是社会生活要求的反映。因此人的想象的内容和水平也总要受社会历史条件、社会生产力和科学技术发展水平的制约。

三、想象的分类

根据有无目的性和自觉性，想象可以分为无意想象和有意想象。

（一）无意想象

无意想象（不随意想象）是指事先没有预定的目的，也不需要做出意志努力，不自觉地进行的想象。如把天上的白云想成是草原上的羊群、连绵起伏的山峦；听别人讲故事，会不由自主地想象出故事中的情景；儿童看到竹竿，会将竹竿想象成一匹马等。另外，人在意识减弱、昏昏欲睡、激情和睡眠做梦等状态时，头脑中往往会不随意地出现许多形象，它们奇怪地变化着、彼此偶然地结合着。当人们长久地进行机械、枯燥的活动，注意力不集中时，如冗长的会议、长久地躺在草地上休息，某种想象形象就可能不经意地浮现在眼前。这些都是无意想象。

无意想象的一个极端状态就是梦。梦是人们既熟悉而又感兴趣的一种现象。自古以来，人们就对梦有着种种猜测和解释。现代科学研究证明，梦是人睡眠后出现的一种心理活动，是心理生活中的正常现象。梦对人不仅无害，而且有益，做梦有助于恢复大脑细胞的功能，有助于调节人的心理平衡，甚至还有助于问题的解决。必须指出，梦并不是超现实的，不管梦竟多么新奇，甚至荒诞不经，它仍然是客观现实的反映，是以已有表象为基础的，正因为如此，梦才显得非常逼真。

（二）有意想象

有意想象（随意想象）是指事先有预定的目的，在想象过程中自觉地、需要做出意志努力的想象。有意想象按其新颖性、独立性和创造性的不同，可以再分为再造想象和创造想象。

1. 再造想象

再造想象（Reproductive Imagination）是根据语言的描述或图样的示意，在人脑中形成相应的新形象的过程。建筑工人看到工程图纸，就会在头脑中形成新建筑物的形象；歌唱家看到一首歌的歌谱，就能在头脑中形成这首歌的旋律；在阅读小说时所想象的有关人物和情景等。这些都是再造想象。

再造想象在人类生活中有重要意义，人类的各种活动，如科学研究、技术革新、工程施工、教学工作等都需要听取别人的叙述或阅读有关的资料，也就是说，都需要再造想象的参加。它是开展学习、发展智力、欣赏文化、交流经验和相互了解必不可少的条件。

要形成正确的再造想象，必须具备两个条件：一是要正确理解词与事物标志的意义。不能正确理解语言描述、图样、模型和各种符号的意义，就不能正确地想象出人物形象、地理风貌、机器结构等；二是必须要有丰富的表象储备。表象是想象的基本材料，表象储备越多，再造想象的内容也就越丰富。缺乏相应的表象，再造想象将无法进行。因此，教师在教学中应该帮助学生真正弄懂描述中关键性词句和符号的含义，同时采取必要的措施充实他们的表象储备。

2. 创造想象

创造想象（Creative Imagination）是根据一定的任务，不依据现成的描述而独立地创造出事物新形象的过程。新颖、独创、奇特是创造想象的特点。作曲家在谱曲时，头脑中出现新旋律的音乐形象；工程师在设计机器时，头脑中出现新机器的形象等，就是创造想象。创造想象以其独特的灵活性摆脱了事物固有属性对人们思想的束缚，启发人们以新的思路思考问题。如作家在头脑中进行艺术表达的过程，科学家在头脑中形成新假设的过程，建筑师在头脑里酝酿建筑结构的过程，都是创造想象的过程。许多发明创造都是受了创造想象的启发而产生的。

创造想象的产生，除了丰富的知识和表象储备外，还依赖以下三个条件：一是要有创造欲望和动机，这是创造想象的动力和首要条件。二是原型启发。所谓原型（Prototype），就是带有一类事物的典型特征，并起启发作用的事物。人的创造发明，创立新事物的形象，常常受类似事物或模型的启发。传说鲁班是从手被草叶割破的事实，联想到将铁片制成齿状可以切割木料，最终发明了锯子。蝙蝠通过口发出超声波来辨别前方的物体，以避开障碍捕食猎物，科学家受此启发发明了雷达。无论是科学家还是艺术家，他们的创造都离不开一定事物的启发，这种起启发作用的事物就是原型。原型越多，越有利于创造。飞机的发明、轮船的制造、雷达的设计都是原型启发的结果。三是积极的思维活动。创造想象是一种严密的构思过程，虽然也建立在已有表象的基础上，却不是已有表象的简单叠加，而是在积极思维的参与下，对原有表象进行分析、综合、加工改造，才能创造出符合客观规律的新形象。

创造想象对已有表象的加工主要有黏合、夸张、典型化三种方式。所谓黏合，就是将现实生活中从未结合在一起的部分和属性连在一起，产生新形象的过程。文学作品中"美人鱼"的形象就是将人的形象和鱼的形象结合起来形成的；水陆两栖坦克的形象就是坦克的形象和船的形象的结合。所谓夸张，是指强调甚至夸大事物某方面的特点，从而创造新形象的过程。所谓典型化，是通过对同类事物的分析，找出其最典型、最具代表性的特征，在某一形象中表现出来的想象方式。典型化是艺术创造中常用的手法。鲁迅笔下的祥林嫂、阿Q的形象，装饰图案中的花瓣、树叶等形象，都是经过典型化的想象产生的。

3. 幻 想

幻想（Fantasy）是创造想象的特殊形式，它是指向未来并与个人的愿望相联系的想象。神话、童话故事中的形象都属于幻想。幻想可分为科学幻想、理想、空想三种形式。

科学幻想是科学预见的一种形式，是创造想象的准备阶段和发展的推动力，是具有进步意义和现实可能的积极幻想。如，一个多世纪前人们作出的到天空翱翔、到海洋畅游等的科学幻想在今天已经变成了现实。科学幻想常常是发明创造的先行者。

理想是符合事物发展规律、有实现可能的积极幻想。例如，有的少年希望成为宇航员；有的青年幻想自己将来成为一名生物工程学的学者，去创造出有益于人民的动植物新品种。理想是人们战胜困难，探求真理的精神动力。人们是依靠理想投身历史的洪流，推动社会发展的。正因为人能够在他将要开始或刚开始从事某种工作的时候，就能在想象中看到自己成就的图景，所以他才有足够的力量和信心去进行各种艰苦的劳动并坚持到底。

空想是违背事物发展的客观规律和不能够实现的消极幻想。有些人的幻想是违背社会要求，指向错误方向的幻想。例如，有人想不劳而获，通过不正当手段去满足个人的欲望，这是危险的幻想；有些人沉溺于幻想，以幻想代替实际行动，实际上是在幻想中躲避困难，这种幻想对人是无益的。空想则使人丧失斗志。一个人如果长期陷入空想，往往碌碌无为，一事无成。

幻想和理想是在人类社会中产生的，它推动人们为更美好的生活而奋斗。当旧的幻想和理想实现后，人们又会产生新的幻想，并为实现它们而努力。为了发展积极有益的幻想，消除消极无益的幻想，必须加强对学生崇高的理想及正确的价值观、世界观和人生观的培养。

第三节 思维与想象规律在教学中的应用

一、思维能力的培养

思维能力就是人们认识事物的本质和规律，解决各种问题的能力。

思维能力是人类最重要的认识事物的能力，人的思维能力越强，就越能透过各种表面想象抓住事物的实质，预见事物的发展趋势，主动地适应环境。思维能力是人的智力的核心。培养学生的思维能力是教师教学工作的中心任务。

思维能力的形成和发展受多方面因素的制约。遗传素质是思维能力形成和发展的生物前提，教育与环境是思维能力形成和发展的决定因素，其中教育起主导作用。由于每个人的遗传素质、所受教育和生活环境不同，人的思维能力表现出个别差异。思维品质就是思维能力的个别差异在个体的思维活动中的表现。因此，思维品质是衡量思维能力强弱的重要标志。培养良好的思维品质是形成思维能力的根本途径。

二、注意培养学生良好的思维品质

每个人的思维都带有个人的特点，这些特点就是思维的品质。学生良好的思维品质主要包括思维的广阔性、思维的深刻性、思维的独立性、思维的批判性、思维的逻辑性、思维的灵活性、思维的敏捷性等。

1. 思维的广阔性

思维的广阔性是指一个人在思维过程中思路开阔，能从事物多种多样的联系和关系中去认识事物，善于全面地思考问题。思维的广阔性以一个人已有的知识经验为基础，是思维在广度上的特点。思维广阔的学生能够避免对问题认识的片面性和狭隘性。他们不仅能把握事物的整体，抓住事物的基本特征，而且不忽视重要的细节和特殊的因素，在学习中，能进行周密的思考，善于进行分析与综合，既考虑整体，又考虑部分。思维的广阔性是以丰富的知识经验为依据的。因此，思维的广阔性是学习系统的科学知识、解决复杂问题必备的思维品质。

2. 思维的深刻性

思维的深刻性是指能深入地思考问题，善于透过事物的表面现象抓住事物的实质，揭露事物之间的内在联系，预见事件发展的进程和后果。思维的深刻性是思想家、政治家、科学家最突出的思维特征，他们能在最平凡的事物中发现重大问题，揭露事物的发展规律。牛顿从苹果落地想到宏观物体之间都存在着引力，经过测量和计算，推导出万有引力定律。马克思透过资本主义灯红酒绿、繁荣昌盛的表面现象，在全面分析资本主义社会基本矛盾的基础上，合乎逻辑地预见资本主义必然灭亡，共产主义社会必然在全世界取得胜利。这些都是思维的深刻性的具体表现。

思维的广阔性与思维的深刻性是相互联系的。思维的深刻性是以思维的广阔性为基础的，没有对事物的各种属性的全面认识，就无法进行深入思考，揭示事物的本质和规律；同时，思维的广阔性又离不开思维的深刻性，没有"去粗取精""去伪存真""由表及里"的深入思考，就不能打开思路，发现事物的各种属性和联系。

3. 思维的独立性

思维的独立性是指不依赖于现成的方法和结论，不盲从别人的意见，不受他人的暗示，也不武断和一意孤行，能独立地发现问题、思考问题和解决问题。善于独立思考的学生一般不主动要求或不依赖别人的帮助，不期望得到现成的答案。他们喜欢独立地、创造性地去认识事物，善于独立地提出问题，探索解决问题的新途径。

亚里士多德早就认为，重的物体比轻的物体下落得快。这种观点一直被奉为经典。但伽利略不迷信权威，因为亚里士多德并未提出实验证明。伽利略大胆设想，重的物体和轻的物体下落得一样快，并通过实验证实了自己的假设。这是思维的独立性的典范。

4. 思维的批判性

思维的独立性与思维的批判性联系密切。思维的批判性是指善于根据客观标准，从实际出发，冷静而客观地评价和自觉地控制自己的思维活动，明辨是非，不易受自己的情绪和偏爱的影响。善于自我批判是思维批判性的主要特点。具有思维批判性的学生思考问题时不受别人暗示的影响，能严格而客观地评价、检查思维的结果，冷静地分析一种思想、一种决定的对错和利弊。

5. 思维的逻辑性

思维的逻辑性是指考虑和解决问题时思路清晰，条理清楚，能严格遵循逻辑规律，不模棱两可，推理严谨，层次分明，证据确凿，论证有条理，结论正确而肯定、有说服力。思维逻辑强的学生能够自觉地服从思维逻辑规律，使自己的思想首尾一贯、不相矛盾、根据充足，从而得出正确的结论。

6. 思维的灵活性

思维的灵活性是指善于根据事物发展的具体情况随机应变，及时地提出符合实际的新的假设和方案，不固执己见，不拘泥于陈旧的方案。它表现为能从不同角度、运用不同方法思考问题；在条件发生变化时，能随机应变，及时地改变原有计划、方案，寻找新的解决问题的途径。具有思维的灵活性的学生，能举一反三、由此及彼，善于从新的观点、新的角度去思考问题，摆脱偏见和早已过时的处理问题的方法。

7. 思维的敏捷性

思维的敏捷性是指人们善于迅速而又正确地发现和解决问题，它表现在用词的流畅性、观念的流畅性、表达的流畅性和联想的流畅性等方面。思维的敏捷性与轻率迥然不同，它不仅要求思维速度快，而且要求思维的正确性高。

思维的敏捷性强的学生能迅速准确地认识事物的本质和规律，能对事实材料迅速进行分析、综合、比较、抽象和概括等思维活动，果断地进行判断、推理，得出结论，因而能迅速有效地理解知识和解决问题。

三、教育教学中对学生创造性思维的培养

创造性思维在人类的创造活动中起着重要作用。培养大批有创造性思维的人才，是教育教学工作的一项经常性任务。"为创造性而教"是社会向教师提出的一个要求和挑战。教育教学过程中应注意从以下几个方面培养学生的创造性思维。

1. 学生创造性人格的养成

除了智力因素外，各种人格特质都与创造性思维能力有关。不墨守成规、独立性、自信、好奇心、坚持不懈是创造性个体显著的人格特征。因此，教师要特别注意培养学生独立思考问题的能力和科学的怀疑精神，启发、鼓励学生独立思考问题，质疑、挑战权威和书本。爱因斯坦就是通过对传统的"绝对时空观"的质疑，才创立了"相对论"。当然，独立思考和怀疑应该建立在扎实的基础知识和专业知识之上，建立在理性思维的基础之上，否则就会走向盲目怀疑的泥淖。

富有创造性的人通常是自信的，他们既不害怕失败也不高估成功，喜欢迎接复杂的、模糊的或困难的问题的挑战。并且，他们对于问题的解绝不是靠一时的热情，而是持之以恒、坚持不懈。正如爱迪生所说："天才是 1% 的灵感加上 99% 的汗水。"因此，教师应该不时地向学生提出一些具有较高难度的问题，并鼓励他们坚持不懈地寻求答案。

2. 保护学生的好奇心，激发其求知欲

好奇心是人对新异事物产生诧异并进行探究的一种心理倾向。求知欲是好奇心的升华，是人渴望获得知识的一种心理状态。好奇心和求知欲是人们主动积极地去观察世界，进行创造性思维的内部动因。具有强烈好奇心和求知欲的人，对事物有着执著的追求与迷恋，不会感到学习和创造是一种负担，能在活动中获得极大的精神鼓舞和情感满足。许多著名的科学家如爱迪生、爱因斯坦、达尔文等，也是因为从小到大始终保持着强烈的好奇心、求知欲，他们才克服困难、不懈追求，取得了举世瞩目的成就。

在教学中，教师应通过启发式教学或创设问题情境，使学生面临疑难，产生求知的需要

和探索的欲望，主动提问和质疑。要有意识地强化学生对一切事物的兴趣，以保护他们的好奇心和求知欲，使学生的学习过程变成其积极主动的探索过程。有位物理老师在讲"阿基米德定律"时，先向学生提出一个问题："木块放在水里为什么总是浮在水面上？铁块放在水里为什么总是下沉？"学生说："因为铁重。"教师接着问："那么一斤重的铁和一斤重的木块都放在水里，为什么铁块沉下去了，而木块却浮在水面上呢？""钢铁的巨轮很重，为什么能够浮在水面上呢？"这一问，学生就对"因为铁重而下沉"产生了怀疑。由于教师在讲这个定律之前，启发学生产生了疑问，激发了学生的求知欲，学生开始积极思考，寻求答案。这时老师再进行演示实验和讲解，学生就能很快地理解和掌握阿基米德定律。

3. 培养学生多种思维形式

（1）加强发散思维与聚合思维的训练。发散思维是创造性思维的主要成分，因此，发展发散思维对培养创造性思维有着重要作用。科学实验证明，通过有目的、有意识的训练，可以发展学生思维的流畅性、变通性和独特性。教师在教学中要经常为学生提供训练其发散思维的机会，善于引导他们从不同角度思考问题，鼓励学生对解决问题提出尽可能多的设想和方法。可以进行一题多解、一题多问的练习，给一篇文章尽可能多地配上合适的标题或设想各种不同结尾；可以进行扩写、改写训练，将同一题目写成多种体裁的文章或以同一文体、同一素材表现不同主题；对某一物品提出尽可能多的不同用途等。

此外，通过课外活动也可以发展学生的发散思维。例如，可以给学生提供原材料和原部件，鼓励他们按自己的设计进行组装活动；也可以在课外文学小组活动中，鼓励学生进行填对联和猜谜语的活动等。这些方式都有助于培养学生的发散思维能力。

尽管发散思维对培养学生的创造性思维有很重要的作用，但发散思维与聚合思维不是非此即彼的，而是紧密联系的。在一项创造性活动中，我们往往需要从发散思维到聚合思维，又从聚合思维到发散思维，经过多次循环往复才能完成。

（2）不要忽视对学生逆向思维的训练。逆向思维是颠倒常规的思维方向，从对立的方面去寻找解决问题的办法。一般来说，人们思考问题习惯于沿着传统方向"顺推"，忽视从逆向去思考问题。由于事物之间常常是互为因果，具有双向性和可逆性，因此，利用逆向思维有时可以帮助摆脱常规思维的窠臼，创造性地解决问题。例如，有一场特殊的比慢不比快的骑马比赛，白衣选手骑白马，红衣选手骑红马，看谁的马最后到达终点。比赛开始后，两人骑马缓慢前行，最后竟然都停在中途不动了，比赛无法进行下去。你有办法让比赛进行下去吗？有人提议两人换马，换马后两人突然都扬鞭策马，唯恐落后。显然，这是由于骑的是对方的马，只要让对方的马先到达目的地，就意味着自己的马获胜了。

4. 丰富学生的知识经验和培养学生的创造想象能力

丰富的知识经验和想象力是产生创造性思维的重要条件。各种创造的念头似乎是从头脑中涌现出来的，其实，它们绝非无中生有。创造性思维过程是对头脑中已有经验的调遣、重组过程。有时以从未有过的组合形式表现出来，但任何形式的组合都不会脱离一个人已有的知识经验的范围。一个对某一活动领域知识、技能一无所知的人，不可能产生与该活动领域有关的创造性思维。但是，并不是知识经验丰富的人都有创造力，有的人尽管在某一领域中有丰富的知识经验，却拿不出任何富于创造性的思维成果，只能重复别人的办法，照搬现成经验。这是因为他不善于调用和重组头脑中储存的材料，缺乏高水平的表象建造能力。因此，想象力是创造活动中不可缺少的心理因素。

创造活动由于有了创造想象的参与，才能结合以往的经验，根据预定的目的和计划将概念和形象、具体和抽象、现实与未来有机地结合起来形成创造性的新形象，勾画出劳动的最终或中间产品的立体表象模型。没有创造想象，技术发明、科学研究、艺术创造等一切创造活动都无法顺利进行。教学中，教师应在丰富学生知识经验的基础上加强想象力训练，在学生的作文、绘画、解题和实习等创造活动中正确运用启发教学法，创造问题情境诱导学生自己去发现问题、解决问题，鼓励其大胆想象，敢于"异想天开"，创新进取。这是培养学生创造想象能力的一种重要途径。

5. 培养学生优良的个性品质

创造性思维的发展不仅和智力因素有关，而且和一系列非智力因素有密切的联系。实验研究发现，有创造力的儿童富有责任感，热情，有毅力，勤奋，富于想象，依赖性小，喜欢自学，勇于克服困难，好冒险，有强烈的好奇心；能自我观察，有较强的独立性，兴趣广泛，爱好沉思，不盲从等。因此，要培养学生的创造力，应结合教学实际，加强对学生独立性、勤奋、自信和坚持、有恒心等优良个性特征的培养。

6. 几种常见的创造性思维训练方法

（1）头脑风暴法。头脑风暴法（Brain-storming）是一种集体式创造性解决问题的方法，是指将少数人召集在一起以会议的形式，对某一个问题进行自由地思考和联想，提出各自的设想和提案，主持人不对其正确性或准确性进行任何评价。它是一种能够在最短时间里获得最多的思想和观点的工作方法。它被广泛应用于教学、企业管理和科研工作中，其核心思想是把产生想法和评价这种想法区分开来。

在教育教学中对头脑风暴法的应用通常是，教师先提出问题，然后鼓励学生寻找尽可能多的答案，不必考虑答案是否正确，教师也不做评价，一直到所有可能想到的答案都提出来为止。这时才对这些想法进行评价、讨论和批评。这种方法可以互相启发新的思想观念，更为重要的是，人们不会因为害怕受到批评而不敢提出自己的意见，从而可以避免那些看似荒谬而实际上具有创造性的想法被扼杀，并且也许可以综合各种想法而产生一个创造性的答案。

（2）吉尔福德的创造性思维训练法。吉尔福德在总结了大量的有关培养创造性思维的文献和实验的基础上，提出了一套前后有序的培养创造性思维的策略：

① 拓宽问题。例如，我们不应该问"如何改进灭蚊器"，而应该问"怎样才能消灭蚊子"，这样才能寻找到更多更好的办法。

② 分解问题。问题越具体、越明确，就越有可能为我们提供提取信息的线索，从而增加问题解决的机会。

③ 常打问号。在整个问题解决的过程中，创造性思维的一个特征是不断发出疑问，通过训练，人们可以养成提问的习惯，并且应该在问题解决的不同阶段提出不同特征的问题。

④ 快速联想与中止评判。这种策略实际上就是"头脑风暴法"。要鼓励学生"自由放任"地提出自己的看法，重点在观念的数量而非质量。产生的观念的数量越多，形成好观念的机会越大。事实上，人们在后面形成的观念在质量上一般要优于前面所提的观念。

⑤ 延长努力。产生观念的努力不应过快地终止。由于观念产生的速度是刚开始最快，然后随着时间的推移而减慢，而后面产生的观念的质量要更高些，因此应该尽最大的努力继续思考新的观念。

⑥ 列举属性。采用列举属性的策略可以对事物重新进行分类，从而使它们更便于使用，更适合于不同寻常的场合。

⑦ 形成联系。获得新奇观念的一种可能的途径是迫使自己把两种完全不同的事物联系起来，这种联系是自己以前从未听到过的。如带橡皮的铅笔就是橡皮与铅笔的组合。

⑧ 尝试灵感。这也就是前面所提到过的酝酿，先暂停工作，但仍保持解决问题的愿望，而得到的往往是灵感。

思考讨论与实践探索

1. 什么是思维？思维有哪些特点？思维的一般过程有哪些？
2. 简述思维与想象的分类。
3. 什么是问题解决？影响问题解决的因素有哪些？
4. 试述问题解决的思维模式与思维策略。
5. 思维的品质有哪些？
6. 什么是创造性思维？教学中如何培养学生的创造性思维？
7. 什么是想象？试述创造想象的条件和加工方式。

第三编 行为动力与人格发展

第七章 行为动力与教育教学

【学与教要求】
- 识记：行为、需要、动机、自我意识、情绪情感及意志品质等概念
- 理解：阐述需要的层次和发展，情绪与情感的种类，意志的过程与结构等
- 应用：情绪的自我调节与控制，情绪与情感在学习和教学中的作用，意志的发展与培养等

第一节 行为动力概述

一、行为与行为类型

（一）什么是行为

一种行为是如何产生的，在心理学界可有多种解释。精神分析学派将人的某种行为的产生归因于潜意识，认为是潜意识中的本能、欲望、信念等促成了人的行为；行为主义观点认为，行为是建立在条件反射基础上，由外在的环境和情境刺激决定的。那么，究竟什么是行为呢？一般认为，行为是个体为了维护自己的生存和种族延续，适应不断变化的复杂环境所作出的各种反应，包括身体活动和心理活动方面。行为的产生既有一定的环境基础，同时又有促发其产生的内在因素，主要表现为人的需要和动机。

（二）行为类型

人类的行为纷繁复杂、多姿多彩，从不同的角度可以将行为分成不同的类型，如生理性行为与社会性行为，亲社会行为与反社会行为，正常行为与异常行为，个体行为与团体行为，等等。这里主要谈谈与学校教育教学有关的亲社会行为和攻击行为。

1. 亲社会行为

亲社会行为是指那些对他人有益或对社会有积极影响的行为，如谦让、合作、共享、帮助等。20世纪80年代中期，美国心理学家艾森伯格对亲社会行为的发生、发展的心理机制进行了全面、深刻的剖析，将亲社会行为的产生分为三个阶段：对他人需要的注意阶段、确定助人意图阶段、意图和行为相联系阶段。亲社会行为实施后会增强助人者关于助人形

象的自我认知和利他性的内部归因,并能改变个体有关的道德价值观,提高个体的角色选择能力,增强个体的自我效能感等。同时,亲社会行为物质的、社会的或情感的报偿会强化亲社会行为。

要培养学生的亲社会行为,除了着重培养学生高尚的道德品质,提高其移情能力外,还应在社会上广泛宣传亲社会的道德风尚,营造实施亲社会行为的氛围。例如,号召大家向雷锋同志学习就是培养人的高尚的道德品质,培养亲社会行为的一种重要形式。

2. 攻击行为

攻击行为是故意伤害他人身心健康的行为。心理学家对攻击行为有多种解释,弗洛伊德认为人有生的本能和死的本能,这两种作用始终存在冲突,冲突的后果是自我的能量改变方向,产生对他人的攻击。洛伦兹认为,人类的攻击行为依赖于攻击能量的积累,当积累的攻击能量遇到适宜的外界刺激时,就会释放出来,从而表现出攻击行为。

影响攻击行为的因素可以归纳为生物因素、社会因素和心理因素三大类:

首先,科学家对人类基因进行了研究,发现在人类进化的过程中,强攻击性的人容易在生存和繁衍后代的过程中打败对手,将其基因传给后代。研究表明,对于攻击行为,同卵双生子比异卵双生子有更高程度的相关。同时,激素对攻击行为也有影响,有学者将雄性动物的激素注射入雌性动物的体内,发现雌性动物的攻击水平提高了。

其次,在不同文化背景下,人的攻击性是不同的,比如,世界上的一些原始部落,有的部落争强好斗,有的部落则崇尚合作。

除文化作用外,一个人所处的家庭环境、工作环境以及社会媒体也会对攻击行为发生一定的作用。如果家庭、工作场所充满了"火药味",大家常以攻击的办法解决人际冲突,那么身处其中的人也会受影响而具有较强的攻击性。现今网络、电视等社会媒体的影响十分广泛,攻击性极强的网络游戏、电视里的暴力镜头常叫人分不清现实与虚幻世界,容易将虚拟世界的行为方式带到现实生活中。这在儿童和青少年群体中表现得较为明显,他们往往模仿游戏或电视里的暴力行为。一名少年犯在看守所中对记者说:"我就喜欢看打打杀杀的镜头,真刺激!"所以,教育工作者应注意教育学生正确使用网络、正确对待媒体的信息。

最后,不同人格特质的人的攻击行为会表现出很大的差异。泰勒的研究发现,有些人对社会认可有高度的需要,对他人的指责或批评容易产生焦虑心理,从而显示出较低的攻击水平。

3. 学校教育中控制攻击行为的几种方法

(1) 宣泄法。宣泄法依据的是弗洛伊德本能论的观点,认为随着攻击冲动的表达,人的攻击行为会减少。为此,有些心理学工作者就教孩子将怒气发泄在玩具娃娃身上,以减少其实际的攻击行为。但单纯通过发泄怒气来控制攻击行为的效果不尽理想,更好的方法是采用社会能容忍的其他有效方式,如参加体育和娱乐活动、学习幽默、广交朋友等,用良好的心态来减少攻击冲动,降低攻击行为发生的概率。

(2) 消除攻击行为的强化源。这种方法是通过消除支持攻击行为的"奖励"来降低攻击行为发生的可能性的,具体可以分为两种:一是"不一致反应"法,即忽视学生的敌意表现而强化与攻击不一致的行为,如亲社会行为;二是"终止程序",即教师打断或阻止学生的攻击行为,继而采用"爱的收回"使其攻击行为无法得到强化。

(3) 用同情心来制止攻击行为。具有强烈同情心的学生攻击行为较少,而较冷漠的学生攻击行为较多。在日常教育中,教师可以通过训练学生的移情能力、培养他们的同情心来控制其攻击行为。

二、需要与人的行为

"民以食为天"是一句中国人耳熟能详的俗语,它简练而形象地道出了"食"的需要是人的第一需要这个简单的真理。人类的一切活动,无不是在满足这种需要的基础上产生和发展起来的。可见,需要与人的行为的发生有着密切的关系。

(一)什么是需要

需要是人脑对生理和社会要求的反映,是人的行为的内部动力。人必须通过一定的行为来满足自身的需求。例如,进食的时间到了或延迟了,人就会感到饥饿,产生进食的需要;社会的变化发展常常使人感到自己某方面的不足,从而产生求知学习的需要。如果某种欠缺是个体意识不到的,则不会引起其相应的需要,如体内维生素的缺乏或个人修养的缺乏。人类的一切活动都是为了满足各种各样的需要,因此,需要也就成为个体积极活动的最基本的动力源泉。

个体通过需要和满足需要的活动,使自身和外部环境保持平衡,以维持其生存与发展。需要是对现实要求的反映,为了维持自身的生命和延续种系,生物都有补充养料、求得安全和繁衍后代的客观要求。这些来自机体内部的要求,反映在头脑中并为主体所感受,就成了求食、防御和性方面的需要。这类生理的需要是人和动物所共有的。人是社会的成员,社会生活的诸多方面对社会成员提出了相应的要求,这些客观要求为人们所反映,就形成了人们对工作、劳动、学习、交际、娱乐等社会方面的需要。社会性需要是人所独有的。人的需要是无止境的。

(二)需要的种类

1. 从起源上可以把需要分为生理需要和社会需要

生理需要又称原发性需要,是指与保障个体生命安全和种族延续相联系的需要,这是最基本的对人的生存和繁衍具有重要意义的需要,是人和动物共有的。包括:① 维持机体内部平衡的需要,如饮食、呼吸、睡觉、运动等;② 回避伤害的需要,如对有害或引起不愉快的刺激进行回避或防御;③ 性的需要;④ 内发性需要,如好奇、探究反应等(见图7.1)。

图7.1 猴子的好奇行为

不过,人和动物的生理需要是有本质区别的:人是社会性动物,其生理需要和社会密切相连。受社会文化的调节,人可以通过自己的劳动来满足生理需要,而动物只能通过大自然的恩赐来满足其生理需要。

社会需要是对社会需求的反映，如交往、归属、尊重等。这是人所特有的高级需要，它反映了社会对人的各种要求。以交往需要为例，人需要与他人产生一定的社会接触来获得他人的注意或赞赏、情感支持等。

2. 从需要的对象上可以将需要分为物质需要和精神需要

物质需要是对物质产品如食物、空气、水、生活用品等的需要；精神需要是人类特有的即对社会精神生活及其产品的需要，如交往需要、认知需要、审美需要、创造需要、自我实现的需要等。人的精神需要若得不到满足，就会产生精神上的空虚感，甚至诱发精神疾病。

物质需要和精神需要既有联系又有区别。一方面，精神需要的满足必定要通过某种物质需要的满足来获得。如追求一种信仰（精神需要），就要学习有关的知识体系，产生对书本、导师的物质需要；一个人要显示自己优越的社会地位（精神需要），大宴亲朋时，就会选择豪华的酒店而不是一般的小饭馆。另一方面，物质需要和精神需要又不是完全等同的。富足的物质生活条件并不能保证精神需要的满足，匮乏的物质生活也并非不能满足精神需要。

（三）马斯洛的需要层次论

人的各种需要不是同时出现和发展的。有些需要在个体发展中出现较早，与生理的要求关系比较密切，有些则出现较晚，与社会的要求关系较为密切。美国心理学家马斯洛就明确地概括出七种不同水平的需要：生理需要、安全需要、归属和爱的需要、尊重需要、认知需要、审美需要和自我实现的需要。

生理需要是与生存直接关系的需要，是最原始、最基本的需要，具有自我保存和种族保全的意义。它包括对食物、空气、水、性、排泄、睡眠等的需要，是在一切需要中最优先产生的。安全需要指的是避免危险和保障生活，包括生命、财产的安全，工作岗位稳定，有一定的积蓄、社会安定和平等。例如，儿童到了陌生的环境中会害怕，这是安全需要没有得到满足的表现。归属和爱的需要指的是人要依附于一定组织、接受他人的爱以及给予他人爱。这种爱指的是人与人之间相互关心、相互尊重、相互爱护。如果没有归属感，人会感到空虚孤独。尊重需要指的是人要受到别人的尊重以及自尊。这种需要的满足可以增强人的自信和自我价值感；如果受挫，则会对自己失去信心，从而产生自卑、无能的心理。认知需要指的是人要解决问题、克服障碍。审美需要是人对秩序、对称、完整结构以及存在于多数儿童和某些成年人身上的对行为完美的需要。自我实现的需要是人最高层次的需要，是个体创造和实现自我理想的需要。

马斯洛认为，人的需要是相互联系的，可以排成由低到高的层次。马斯洛将七种需要排成了一个梯次等级，如图7.2所示。

马斯洛需要层次理论表明：第一，作为一种基本动力，需要推动着人在获得低一层次需要的满足之后继续寻求高一层次需要的满足，即低层次需要的满足是高层次需要产生的基础。第二，越是低层次的需要，越为大多数人所共有，且这类需要也较容易获得满足。如"饥不择食"，饥饿时只要有东西充饥，即可满足这种生理需要。第三，对于高层次的需要来说，不但真正能产生这种需要的人很少，而且其满足的相对程度也较小。如"学无止境"，即表明了人对学识、修养等自我发展方面的永不满足。

图7.2 马斯洛的需要层次模式

马斯洛的需要层次论注重正常人的社会需要，反映了一定的客观现实，在各行各业中得到广泛的应用，它对教育有很大的启示：首先，它向教育提供了内容框架，即学校除了要向学生提供安全保障、教授知识、培养能力，满足其安全需要、认知需要、审美需要等之外，还要让学生在教育中体验归属感、感受爱、学会爱人、学会尊重自己和他人。其次，它构建了一个人性化的教育氛围，为新型师生关系提供了借鉴。每个学生都希望被同龄团体、被老师所接受和认可，希望得到同学和老师的爱。再次，每个学生渴望他人的尊重并以此来巩固自己的自尊。亲密、友谊、师爱、自尊会使学生的心理健康发展，对其认知和个性发展具有重要意义。当然，马斯洛的需要层次论也有局限性，比较机械，缺乏实验依据和客观测量指标等。如人在某些特定的情境中，即使低级需要没有得到满足，也会产生高级需要。

（四）需要的发展与培养

1. 个体需要在社会生活实践中发展

人的需要虽然有一个从低级到高级的发展序列，但这个过程不是自然完成的。离开了人的社会活动，人的需要就难以超越动物本能需要的范畴而如此丰富、复杂地发展起来。个体在成长过程中的每一阶段的生活实践，都有力地促进着他们各种需要的发展。尤其是青少年学生，由于生理上的接近成熟和社会生活经验的逐渐丰富，他们会产生独立自主的需要及自尊的需要，这些新需要使青少年更乐于参加集体活动，更易于接受同龄人的舆论影响，而不惜与成人、父辈发生冲突。随着年龄的增长，个体更深入、广泛地参与社会生活，对社会上人的各种要求（如学识、修养、地位、经济、相貌等）会有更深刻的体会，因而会产生提高自己、完善自己的强烈需要，从而自觉地学习、锻炼，以期在各方面达到社会的要求。由于每个人对一定的社会环境和社会要求会有不同的认识和选择，因而形成了人们不同的需要内容或需要层次。

2. 个体需要的培养和引导

需要是一切行为的根本动因，要培养一个人良好的社会行为，首先就要引导他的需要，使之建立起合理、高尚的需要结构。具体地说，合理、高尚的需要结构至少应具备以下两个条件：

（1）个人的需要必须符合个人的具体生活状况，不与个人实际相脱离。个人的主导需要应与个人在各个不同年龄阶段的主要发展任务相一致。每个人在人生的不同阶段都有不同的发展任务，如中学时期以学习为主，学生的主要发展任务是完成学业、品德优良；成人期的主要发展任务是承担家庭和社会责任，成为合格的父母和公民。如果一个中学生无心向学，整天沉迷于游戏或早恋之中；如果一个成人好逸恶劳，不务正业，那么，他们的需要显然就不是合理的需要，硬要满足这些需要就会导致其不良行为。

（2）个人需要的满足应该建立在可能的、现实的基础上。需要是一种主观状态，个人对需要的种类和满足程度具有很大的伸缩性。如吃饭，可以是粗茶淡饭，也可以是"满汉全席"。我们应该创造条件以社会认同、接受的方式去满足自己的合理需要，而不应在条件尚未具备时就强行满足自己的需要。

3. 积极发展高层次的需要

现代社会对人的身体素质、心理素质、学识水平和个性修养等各方面提出了全方位的要求，个人的需要应适应社会的发展要求，向高层次、高水平的需要发展。

（1）在个人的物质需要与精神需要之间应建立起健康、明智的和谐关系。过分追求物质需要的满足，会导致一个人精神上的贫乏和空虚。大多数犯罪的青少年都有单纯追求物质享受和精神空虚的特点。

（2）努力通过学习和工作促进"自我实现"需要的产生和发展。自我实现的需要并不是每个人都必然产生的，关键在于个体对事物的不同价值取向。因此，在学校教育中教师应让学生感受和品尝学习与工作的乐趣，使他们在学习和工作中获得成就感和满足感，并转变成新的需要，从而不断发展进步。

三、动机与人的行为

高尔基曾说，在生活中，没有任何东西比人的行动的动机更重要、更珍奇的了。的确，动机与行为以及行为结果的关系十分密切。一种行为可以由一种或几种动机引发，一种动机可以引发多种行为，相同的行为可以由不同的动机引起。例如，一个学生想取得好成绩，他可能非常用功地学习，可能积极地向老师同学请教，也可能想在考试中作弊；一个学生努力学英语，可能是想考好大学，或者是为了得到父母、老师的表扬等。

（一）动机的含义

动机是在需要刺激下直接推动人进行活动以达到一定目的的内部动力。动机的产生取决于两个条件：一是某种需要必须成为个体的强烈愿望，迫切地要求得到满足；二是客观上存在着满足这种需要的具体对象，使之有满足的可能性。例如，人有社交的需要，但若身在孤岛，缺乏交往的具体对象，这种需要就无法转化为动机，而只能以静态的形式潜存着，人就不会有任何实际的社交行动。只有生活在人类社会中，人才会产生交往的动机，进行社交活动。因此，动机是在需要的基础上产生的，犹如人类活动的发动机、助推器，对人的行动具有激起、调节、指引和激励功能。

（二）动机的种类与影响因素

人的动机是多种多样的，可以从不同的角度和侧面进行分类。

从动机的起源看，有生理性动机与社会性动机。它们分别对人的生理性行为和社会性行为起推动作用。

从动机影响范围的大小看，有一般的、概括的动机与特殊的、具体的动机。如求知欲是比较广泛的动机，对所有知识的探求都有推动作用。而立志钻研文学、化学或计算机等专业学科，则是具体的动机，它们只对某一方面知识的探求有推动作用。

从动机持续作用的时间来看，有长远的动机与短暂的动机。长远的动机持续作用较大，具有稳定性，不受偶然情境变化的影响；而短暂的动机恰好相反。如一个学生立志要在数学研究上取得一些成就，他就不仅会在求学期间认真学习，而且在以后长期的生活中也会自觉、不懈地努力；如果他只想在某次数学考试中得到高分，那么，考试结束，他的学习活动也就停止了。

从动机所起作用的主次、大小看，有主导动机与辅助动机。人的复杂活动中往往存在着多种动机，所起作用较为强烈、稳定，处于支配地位的动机就是主导动机；所起作用较弱、较不稳定，处于次要地位的动机就是辅助动机。这两种动机在一定条件下是可以相互转化的。

一般说来，动机对行为结果的影响取决于两个因素：一是动机的强弱，二是行为本身的质量。耶基斯和多德森曾在老鼠身上进行过研究。让老鼠完成各种难度的任务，动机水平由变化的电击强度来控制。实验发现，动机水平与成绩水平之间并不呈正比关系，而是呈另一种倒"U"形的关系：当动机水平中等时，成绩最好；动机过弱或过强都不利于取得好成绩（见图7.3）。这就是著名的耶基斯-多德森定律。当然，最佳的动机水平与任务难度也有关系，当任务较容易时，行为效果会随着动机的增强而提高；当任务较难时，行为效果会随着动机的增强而降低。

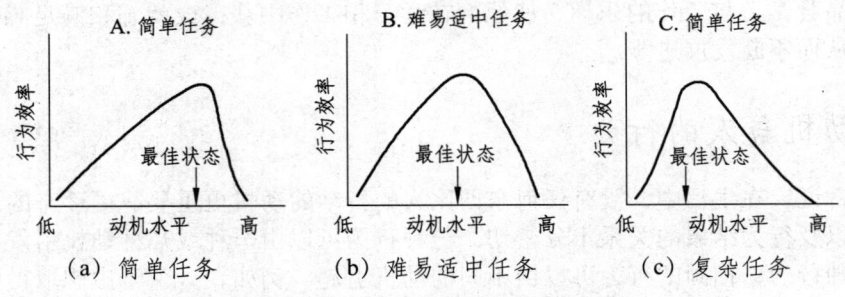

(a) 简单任务　　(b) 难易适中任务　　(c) 复杂任务

图7.3　耶基斯-多德森定律

此外，行为本身的质量也会影响动机与行为结果之间的关系。动机很弱的人即使有高质量的行为，也不会产生最佳的行为效果；而达到最佳动机水平的人，若行为质量不高，也不会产生最佳的行为效果。例如，如果一个学生的学习动机最佳，可他的学习方法不正确、学习基础差，他也无法取得好成绩。因此，在行为辅导中，教师在注重激发学生行为动机的同时，也要考虑对学生行为质量进行辅导，使其动机和行为质量保持一致，才能充分提高学生行为的效果。

第二节　自我意识与师生问题行为调节

一、自我意识

（一）什么是自我意识

自我意识是指一个人对自己及其与相关事件的关系及意义的认识。自我意识不同于思维，它不是中性的对事物普遍意义和规律的认识，而是带有一种强烈倾向性的、对事物间特定关系及意义的认识——个体总是在不同的自我意识水平条件下认识与自我有关的事件的意义，并从维护或发展自我价值的立场出发，选择适合于自身的价值取向和行为表现。

自我意识包括自我观察、自我体验、自我监督、自我教育和自我控制等形式。

（二）自我意识的作用

（1）自我意识是认识外界客观事物的条件。当一个人还不知道自己，因而无法把自己与周围事物相区别的时候，他是不可能认识外界客观事物的，如婴儿。

（2）自我意识是行为选择的重要依据。人们的价值取向和行为选择都以维护或发展自我价值为出发点，因此，自我意识与行为选择之间有着密切的关系。例如，一个高中生是积极举手发言，还是想发言而不敢，或是不屑一顾，无不与他们对自己能力的评价及所认为的问题的难易度有关。自认为能力强的学生会不屑于回答他们认为太简单的问题，因为这不足以反映他们的水平，而一些对答案感到没有把握的学生则不敢举手。

自我意识能促进自我监督、自我教育。人只有在意识到自己是谁、应该做什么的时候，才会自觉地去行动，并通过自我监督、自我教育不断提高和完善自己。例如，个体意识到自己是个有文化、有修养的人，就会自觉约束自己不随地吐痰、不打人骂人等。因此，自我意识影响着人的道德判断和个性形成。许多事例表明，青少年的性格缺陷、犯罪和精神疾病往往与其自我意识有关。

（三）学生良好自我意识的培养

培养学生良好的自我意识，最重要的有两点：一是使其树立自信心，二是使其正视自己的优缺点。为此，教师应注意从以下几方面把握：

1. 正确地评价和对待学生

教师正确地评价和对待学生，会使学生对自己有一个较为明确、稳定的认识，其自我意识的形成和发展就有了一个良好的开端。若教师对学生有所偏爱或歧视，或态度反复无常，时而把他们捧上天，时而将其贬得一钱不值，学生就无法掌握标准，导致认识混乱，自我意识容易出现偏差。

2. 坚持正面教育，使学生接纳自己

教师要善于发现学生的优点，让学生知道自己的可贵可取之处。一些儿童、青少年行为顽劣，屡教不改，就与成人对他们的厌恶、嫌弃态度有关。所以，"最需要爱的孩子，正是那些不讨人爱的孩子"。教师要喜欢学生、肯定学生，才能使学生接受自己，悦纳自己，发展其良好的自我意识。

3. 导学生在活动中认识自我

俗话说"金无足赤，人无完人"，只有认识到自己的长处和短处，才能扬长避短，发挥优势，获取成功，建立自信。学生通过参加各种形式的活动认识自我，如学习、歌舞表演、运动技艺、书法绘画、科技创新、人际交往等活动，既为个人施展才能、挖掘潜力提供了广阔的天地，有利于增强信心，又为其检验自我意识的正确与否提供了条件。

二、师生问题行为的控制与矫正

（一）课堂问题行为及其产生的原因

1. 课堂问题行为的类型

问题行为是指那些干扰教师教学，影响学生有效学习，甚至使教学活动不得不中断的消极行为。另外，那些虽然没有干扰课堂教学活动，但却妨碍其本身学习的行为，如心不在焉、打瞌睡、窃窃私语等中性行为也应看做是课堂问题行为。

中小学生的课堂问题行为可分为四种类型：① 过失型。这种类型一般表现为违反课堂纪律或一般行为准则，大都具有偶发性、情境性、盲目性等特点。② 品德不良型。这种类型一般表现为违反纪律和道德规范，如偷窃、勒索、损坏公物、欺骗、抄袭、威胁等，一般具有经常性、倾向性、有意性等特点。③ 攻击型。这是为了消减由愤怒情绪造成的内心紧张而产生的问题行为，主要表现为以发泄的方式对特定的对象进行对抗、报复、迁怒等，一般带有公开性、爆发性等特点。④ 压抑型。这是为了消减由焦虑造成的内心紧张，主要表现为逃避问题，如不参加讨论、不举手发言，对学习任务消极应付，对自己的学习前途悲观失望等，一般带有隐匿性、持续性的特点。

2. 课堂问题行为产生的原因

课堂上产生问题行为的原因是多方面的，既有主观的原因，也有客观的原因，既有外部原因，又有内部原因。归结起来，主要有以下几个方面：

（1）学生对教学产生厌烦情绪，寻求其他的刺激而违反课堂纪律。

（2）学生因学习过于紧张、困难较多、害怕失败等而产生挫折与焦虑情绪，为寻求发泄的途径而违反课堂纪律。

（3）个别学生因成绩较差，但又希望老师与同学注意自己，承认自己的存在，不惜以身试"法"，违反课堂纪律，以吸引他人注意力。

（4）社会、家庭因素。现在的学生大多是独生子女，不少家长在教育子女的方法上存在误区；同时，涉世未深的学生也容易受到社会上一些不良风气的影响，从而对读书生活产生厌恶、蔑视等态度而违反课堂纪律。

（5）教师的教育教学方法存在缺陷，或简单粗暴、强制命令，不尊重关怀学生；或无视学生的身心特点，采用成人化的教育方式；或不能客观公正地对待学生等，都会诱发学生在课堂上的问题行为。

（二）教师对学生问题行为的处置与矫正

对学生问题行为的处置和矫正之所以是教师们最关心的事之一，不仅因为问题行为对学生个人发展有极大的危害性，而且因为所有问题行为都会妨碍课堂教学，影响学生本人和其他学生的正常学习。因此，教师及时处置和矫正学生问题行为是非常必要的。

1. 教师无条件地积极关注

无条件地积极关注以平等为基本前提，以无条件地理解和尊重为处置双方关系的基本态度，设身处地为学生着想，不强制也不急于要求学生按照教师的意愿改变自己。这种对人性的基本态度和原则同样适用于学校教育过程。它与新课程背景下教师角色行为特点相吻合，对教师课堂教学行为的立足点的确立具有很大的启发作用。

新课程背景下的教学改革，首先是教师职业职能观念的改变。新课程改革要求教师尊重学生，理解学生，做学生发展的促进者，做学生学习和成长的伙伴。要实现这些目标，教师必须放下架子，放下传统意义上的师道尊严，理解尊重学生，做学生的朋友。这样才能深入学生内心世界，最终完成促进学生改变和成长的教育教学任务。无条件积极关注既可以作为教师工作的基本原则，也可作为一种具体工作方法。

2. 善于借助团体的力量改变问题行为

学生的大多数问题行为，如果能放在团体的背景下，利用团体的力量，则可以使问题的解决变得容易且有效许多。那么，教师在利用团体力量解决学生问题行为时应掌握哪些技术要点呢？

（1）及时形成良好的团体规范。许多有经验的老师指出，如果要在班级中建立良好的学习氛围和行为标准，必须在班级团体规范未形成前，在各种非正式的小团体的消极行为未产生影响前，就重视建构良好的团体规范。否则，一旦团体进为形成了某种不良导向，再去改变就困难了。因此，"及时"是教师工作的基本态度和技术。

（2）运用合作的态度与行为引导团体成员承担义务。合作要求班级中大多数或全部成员都参加，这会有助于班级新的人际关系的建立。当教师以合作的态度引导所有成员共同提出解决问题的方案时，多数人都会感受到自己对班级和同学负有的责任。即使有时学生提出的并不是最好的方案，但如果它能够为团体成员接受，其效果也会远远大于一个高质量的由教师提出但不被成员接受的解决办法。

（3）提出合适的能让成员团体去解决的问题。这主要是指与学生自身有关的问题，或者是对于学生生活具有重要意义的问题。如教室内的物质设施和环境的管理与使用，教学使用的各种书籍或其他材料，分发并收回学生在课堂中完成的作业，其他涉及课堂教学的现象或事件等。这些问题可以以团体共同参与的方式解决。这样做有助于改善课堂气氛和学习条件，发展班级稳定的内部状态。

（4）解决问题之前，要对团体状况有所了解和把握。如存在于课堂中的各种正式或非正式的小团体的状况，学生彼此之间以及学生与教师之间的关系，非正式小团体之间及其与班级团体或年级之间关系，学生个人与其家庭的关系等。这些信息不能仅靠偶然机会或主观判断得出，而应通过一些较客观的方法获得。比如通过课堂作文、学生自传、对学生自由活动时的观察以及家访等。

3. 努力取得家长的合作

教师在与家长的合作中，可以从家长那里获得大量有关信息，如学生的成长经历，日常生活中对社会规范和学校压力的反应，喜欢或厌恶的人，模仿或崇拜的偶像等，这些都是教师开展工作的极好资料。教师可以通过各种渠道与家长联系，如上门访谈，请家长到学校座谈，通过电话或网络沟通等。

要取得家长的合作，教师的沟通技巧十分重要。一般来说，教师应以开放的、热情的、坦率的、真诚的态度与家长交流。这种态度可以通过教师的细微之处传递给家长，如教师待人接物时的姿态动作、面部表情、眼神等。在与家庭交流时，教师的语言中不允许使用带责难、轻蔑、厌恶等消极情绪的词语，应使用不同文化程度的家长都能够理解的概念，尽量少用学术或专业性的词汇。

教师在与家长合作的过程中，在从家长处获取学生信息的同时，还有责任向家长灌输科学的教育观念与教育方法，帮助家长改变错误的教育观等。

4. 对课堂问题行为的调控措施

在课堂教学中，教师对问题行为进行处理和调控时，应尽量使用积极性的语言，并善于细心观察分析，在此基础上对问题行为进行正确归因，根据学生的个别差异因材施教。在矫正问题行为时，除可采用说服教育、行为训练的方式，以端正学生的认识、调节学生的情绪、矫正学生的行为外，还可采用以下技巧，以制止短暂性课堂问题行为。

（1）信号中止。在问题行为刚刚开始时，教师可使用凝视、摇头、叹息、静场数秒、小声咳嗽等信号示意学生停止。

（2）邻近控制。可通过走近有问题行为的学生或站在他身旁，或用手轻拍其背，或轻声提醒，或提问此学生的同桌等方式控制其行为。

（3）提高兴趣。即找出与教育有关的问题向有关学生提问，以提高他们的学习兴趣。

（4）使用幽默。使用幽默纠正不良行为，可以缓和课堂气氛，不会使学生产生反感，效果颇佳。

（5）移除诱因。对分散学生注意力的书籍、玩物可以暂时拿掉，以消除诱因，对上课时爱在一起说悄悄话的同学，可通过调座位把注意力容易分散的学生安排在教师易于控制的位置，以防出现问题行为。

（6）提出要求。为维持课堂秩序，在必要时也可公开提出要求，以统一课堂行为，但应尽量避免训斥、谴责式的批评。

（7）另开"小灶"。对反应快、智力优、成绩好的学生，给他们额外安排一些感兴趣的难度稍大的作业，让他们感到课堂教学的充实，不使其在课堂上因无事可做而发生违反纪律的行为。

(8)"冷处理"。当个别学生在课堂上因各种原因情绪冲动、怒不可遏时，可劝离课堂"冷处理"，待其情绪稳定后再予以分析解决。但教师必须使学生明白，劝离课堂并非单纯惩罚，而是等待有效处理的时机。所以，在学生需要回到课堂时，教师应允许其返回课堂。

对课堂问题行为的调控与处理，除运用上述方法与技巧外，必要时还可采用个别谈话、停止学习等方法，但不论使用哪种方法，都应该注意对事不对人。课堂上各种问题行为的处理与调控都应基于对学生的关心、尊重与爱护，其主旨是启发学生自觉遵守自律，避免压制和惩罚，因为后者往往会使问题行为异化变得更加难以处理。

三、教师问题行为的控制与矫正

1. 什么是教师问题行为

有关"教师问题行为"目前尚未形成一致的观点。有的研究者认为，教师问题行为是指教师在教书育人的过程中表现出来的违反教师职业道德或有违教育教学规律，影响学生、教师自身的身心健康，甚至造成严重伤害的教师的不良或过错行为。有的认为，教师问题行为指教师身上出现的不符合教育教学规律，违反教师职业道德，不利于学生全面发展及教师自身心理健康的不正确的认识、情感及相应的行为。虽然提法多样，但归纳起来不难发现，所谓"教师问题行为"，首先是指与教书育人这一教师职业要求相违背的行为，即背离教师职业角色、背离教师职业道德的行为。其次，指与教育教学规律相违背，没有将教育教学建立在学习规律和学生发展规律之上的行为。再次，指影响和损害学生和教师自身健康发展的行为。因此，教师问题行为是一个相对的概念，既有类型的差异，也存在着程度的差异。

2. 教师常见问题行为的表现

教师问题行为的表现形式是复杂多样、五花八门的，基本可分为以下几类：

（1）教学中的行为不适当。教师课堂中的问题行为表现在：备课准备不够充分，在教学过程中缺乏必要的组织能力，或因为自身的表达能力不够而造成教学失误等。例如，教师在教学过程中对学生要求过高或过低；教学从一个活动跳跃到下一个活动时缺乏顺利"过渡"的环节，使学生无法参与教学过程，结果使学生学习效果不理想。

（2）班级中的管理不适当。这可能是教师引起课堂问题行为的最主要因素。这方面最突出的问题是教师对学生的问题行为反应过激，滥用惩罚手段。例如，有些教师对学生的个别不良行为经常作出过激反应，动辄中断教学大加训斥，有的甚至不惜花费整堂课时间进行冗长的训斥。这种失当的管理方法往往会激化矛盾，使个别学生的问题行为扩散开来，产生"病原体传染"效应。还有些教师过于相信惩罚。有研究发现，滥用惩罚手段特别是体罚或变相体罚学生，不仅不能很好地维持课堂秩序，还会大大降低教师的威信，甚至引起学生对教师的怨恨情绪，诱发学生攻击性的课堂问题行为。

（3）教师自身丧失威信。在学生心目中失去威信的教师是很难管好课堂和学生的。向学生许愿，但总是不兑现；缺乏自我批评精神，明知错了，也要强词夺理。这些做法会使学生不信任教师，长此以往，教师在学生心中的威信就会下降，导致教师难以管理学生与班级。

（4）教师的冷漠行为。教师没有认识到建立良好的师生关系的重要性，在工作中缺乏热情和人文关怀，对学生的态度不冷不热，对学生的想法不闻不问，教师与学生之间仅仅维持冷漠的、肤浅的、公式化的工作关系，缺乏了解，缺乏情感上的沟通和深层次的交流。具有此行为的教师往往情绪低落，缺乏爱心，常常以机械的、冷冰冰的方式教育学生，在心理上对学生有一种冷漠感和疏远感；虽然他们对学生不打不骂，且有一定威慑力，但学生对其敬而远之，不愿与其交流，不愿就某一问题与教师交换看法，不愿请求教师帮助，更不愿向教师倾吐内心秘密，师生关系显得沉闷压抑。这种行为不仅会导致教师因不能掌握学生的情况而产生工作上的失误，也会对学生形成健康的社会情感产生极大的阻碍作用，而且会造成学生对教师所教学科的逆反心理，甚至导致学生萌生厌学情绪。

（5）教师的偏爱行为。与教师的冷漠行为相反的就是教师的偏爱行为。偏爱行为是日常教学中常见的一种教师问题行为，可以从简单直观的座位排列、课堂提问到复杂隐秘的教师态度等各种教学活动中体现出来。如片面地关注一些学生，有意地忽视另一些学生的不健康行为。有些偏爱是不容易避免的，比如罗森塔尔效应所表现出来的教师偏爱，它往往不是有意的，是教师不自觉的行为。有些偏爱是可以避免的，比如排座位，把"好学生"安排在前面或中间等"黄金地段"，而把"差生"安排在最后面等。

偏爱使教师只看到"好学生"的优点，看不到缺点；对于"差学生"则反之，教师在处理一些问题时就会出现偏差。比如同一行为，一个"调皮鬼"这样做，教师认为是"故意捣乱"，一名"好学生"这样做，教师便认为"有创造性"，进而对前者批评，对后者表扬。这种处理结果会使学生感到教师对某些学生故意挑剔，而对另一些学生有意偏袒，教师是不公正的。在教学中形成以培养"好学生"为中心的教学目标，使教育为少数人服务，严重背离了素质教育的精神，同时伤害了大多数学生的自尊心，这样就降低了教师在学生心目中的威信，使师生关系紧张、疏远、对立，从而破坏教育教学环境，甚至导致学生集体的分化与瓦解。这类偏爱行为是与教师职业道德要求的教师平等待人、一视同仁相背离的。这类可以避免的、消极的偏爱行为是教学中常见的教师问题行为。

（6）教师的猜疑行为。教师在教学和管理过程中产生的不尊重、不信任学生的行为，即教师的猜疑行为。比如，男女同学的正常交往被教师怀疑为有"早恋"倾向，教师常以"关心学生"为借口私自扣留、拆看学生的信件；面对不守纪律的学生常怀疑其故意捣乱；当学习不好的学生得到好成绩时怀疑其有作弊之嫌等。教师的上述行为常常会在无意中挫伤学生的自尊心，造成学生心理失衡和产生不安全感，从而使师生之间、同学之间互不信任，进而影响学生的健康成长。

（7）教师的权压行为。教师的权压行为是指教师在批评学生的过程中面对学生的"屡教不改"，多次说服教育不能奏效，于是失去耐性，以种种"神圣"的理由，心安理得地公然贬低、侮辱学生的人格，或使用恐吓、威胁等手段管理学生、压服学生的行为。具有此行为的教师工作作风生硬，做法简单，用居高临下的指责甚至谩骂取代平等的对话、交流和疏导。

在实际的教育教学中，有的教师面对表现差或成绩不好的学生，往往难以控制自己的情绪，更难以用教师的职业道德来规范自己，而常常用一些刻薄的言语来讽刺挖苦学生，或给学生取一些带有歧视性、侮辱性的绰号，如"白痴""弱智"等。有些教师在处理"差生"时，懒于耐心教育，总是用一些让学生害怕的人或事进行恐吓，如"小心我叫你家长来""再犯错误就开除你"等，以此使学生服从自己，维护自己家长式的权威。这种建立在专制主义师生关系基础上的教师行为，其实质是发生在师生之间的一种不平等、不人道的教师行为，它是以扼杀学生的人性为代价的一种霸权教育。

（8）体罚或变相体罚行为。在我国传统教育中，体罚或变相体罚行为一直被视为一种行之有效的教育方法而被广泛地使用。教师在课堂上打学生耳光、用脚踢学生、用教鞭抽打学生等的现象时有发生。有些教师并不直接责打学生，而是让班级干部对违纪学生实施体罚，或让违纪学生相互打耳光，或让学生自罚。这样的体罚后果甚至比教师直接实施体罚更为严重。有的让学生罚站、罚跑、罚值日、赶出教室、放学后留校等。有的罚学生超量做作业，将未写的作业写几十遍，出错的作业写几百遍等。

苏霍姆林斯基说："体罚不仅是对人肉体的暴行，而且是对人精神的摧残，皮带不仅会使脊背失去知觉，而且会使心灵和情感麻木不仁。"直到今天，尽管有关教育法律法规早已明确禁止对学生进行任何形式的体罚或变相体罚，但这种现象在全国范围内仍有相当程度的存在。有些还引起了教师与学生及家长的法律纠纷，牵动了学校、社会方方面面的精力，给学生、教师、学校和社会造成了巨大损失。

（9）教师向家长告状。学校教育要取得良好的效果，需要家长的密切配合，要求教师与家长进行沟通和交流，定期进行家访，约请家长，召开家长会等。但是，有些教师把双向的交流和探讨学生的思想情况变成了简单地向家长"告状"，面对家长也没有好的言语，有的教师就干脆向家长施加压力，把在学生身上受到的委屈一股脑地推给家长，有的甚至让家长去"教育好自己的孩子"。这种不考虑后果的做法不仅会引起家长的不满情绪，而且容易导致学生对教师的怨恨，使师生关系紧张和对立，使学校教育和家庭教育脱节。

（10）弄虚作假，贪图名利。有些学校和教师为了追求升学率或在某项考试中取得好名次，使出了各种招数：把"差生"撵回家或劝其退学；找高年级学生代考，"偷梁换柱"；纵容学生作弊甚至泄密露题，私改分数等。这样的行为难以使学生信服，而且会影响学生的品德和未来的发展，后果十分严重。

教师的问题行为还表现在其他方面：与同事闹矛盾并暴露在学生面前；迁怒于学生，不服从领导管理等等。教师的这些行为有的轻微，也有的较严重；有表层的问题，也有深层的问题；有自身通过努力和斗争能克服的，也有非得借助外力才能消除的。

3. 控制和矫正教师问题行为的措施

降低或消除教师课堂教学行为问题，可以通过多种途径来实现，从而实现教师的健康成长。

（1）社会支持系统的建构。社会支持系统是个人应对压力的重要资源，其积极作用已被充分证明。教师的社会支持系统主要包括社会体制层面所提供的支持和保障，如维护教师的合法权益，改善教师物质待遇，提高教师社会地位，在教师培训、教师职业资格认定和教师职业化上建立起完整的制度，向教师提供来自同行以及学校行政部门的信息支持（比如提供定期的学习培训）、实践支持（比如支持其完成教改工作任务）和情感支持（比如增强教师对工作表现情况的控制）等。这些都有助于提高教师个人成就感和工作表现能力，减少和消除行为问题。

（2）多层次的认知重建。如果经常处于教学挫折或强大压力之中，教师可能会产生各种消极的自我认知，比如对自我能力或职业选择的否定。认知重建有助于重塑和恢复教师对职业角色的荣誉感、成就感以及职业自信心。认知重建包括对职业的认知重建，对自我职业能力的认知重建，对教学行为的认知重建。认知重建可以通过各种方式进行，如积极的自我暗示、自我表扬与鼓励、经常性的自我提示等。

（3）教学实践中的自我反思。自我反思是指在教学实践中通过自我反省，调整自我认识和教育行为，从而促进教学能力提高的过程。反思不仅指简单的反省，还指一些思考教育问题的方式。它要求教师作出理性选择，并有对这些选择承担责任的能力。波斯纳曾提出教师成长的公式：成长=经验+反思。如果一个教师只满足于获得经验而不对经验进行深入的反思，那么，他将永远停留在新手型教师的水平。具体地说，反思训练包括每天记录自己在教学工作中获得的经验、心得，并与指导教师共同分析，与专家型教师相互观摩彼此的课，课后交换看法，对课上遇到的问题进行调查研究等。通过反思能有效提高教师的职业能力，促进教师积累教学经验，减少和避免教学行为中的错误和挫折。

（4）加强自我的放松训练。这是降低心理压力最简便易行的方法，在这里既指一种心理辅导技术，也指通过各种身体锻炼、户外活动、培养业余爱好等方式来舒缓紧张的神经。心理辅导的放松训练方法有许多种，如深呼吸放松法、全身放松法等。

4. 教师问题行为的预防和调适

苏霍姆林斯基说过："创造人，培养人的职能、情感、意志、性格、道德美和人性美，是一项最高尚的工作，这是人最大的幸福。"教育是神圣崇高的职业，它播撒着人类文明和文化的种子。教师是肩负教育重任的群体，为了更好地履行自己的教育职责，应该特别注意提高下面几方面的意识：

（1）热爱你的学生。教师对学生的爱，是一种比母爱更为宽广、更深刻的爱，因为教师受社会和人民的委托，要把学生培养成对社会有用的人才。

教师要满怀激情地热爱和关心学生，首先，教师要从传授知识的角度体现对学生的关爱，平时要培养自己从学生的角度去思考问题，了解学生的思维方式，这样才能使学生更好地接受知识。在学生表现出对知识的疑问的时候，教师要做到诲人不倦，对学生提出的问题要做到耐心地解答。其次，教师要从生活中体现对学生的关爱，在学生感到苦恼和焦虑的时候，要主动开导学生，让他们把自己的喜怒哀乐尽情地表达出来，做学生的知心朋友，用真诚平等的态度与他们相处，在师生之间架起一座友谊的桥梁。

（2）把教育当成一个幸福的职业。教师这个行业中之所以会出现"灰色收入"和对学生不负责任的现象，不仅是因为教师缺乏自我使命感和责任感，最重要的是教师缺乏对这个职业的喜爱和对它的奉献精神。如果你是一位教师，当你每天因平凡劳累的工作倦怠时，请你将你的教育事业当成世间最阳光幸福的职业。教育是一种高尚的奉献，从每天的工作和孩子们的笑脸中教师能感觉到生命的充实和生活的乐趣；同时，教育也是一种神奇的创造，它能将一张张白纸画出色彩斑斓的图画。你所创造的和你所感动的都会使你感到你是最幸福的人，每天上班之前对镜子里的自己微笑，每天对课堂里那一双双渴求知识的眼睛微笑，让自己懂得幸福，便会感到幸福。

（3）不断地为自己"充电"。教师作为科学文化知识的传播者，拥有充分的知识储备是作为教师最起码的条件。现代社会科学技术非常发达，已经不存在百科全书式的人物了。同时，各个学科不仅内容更加丰富，而且出现了边缘学科。中小学新课程改革就体现了多种学科的结合和应用。这些都要求教师在现有知识的基础上不断地为自己"充电"，以适应社会的需要。

教师首先要在本学科上苦下工夫，这是最基本的要求。其次还要多学习和本学科相关的学科。例如，作为一名数学教师，要多注意学习与之相关的如物理、化学和生物等其他学科的综合知识和应用题目。最后还要用教育科学知识来武装自己，平时注意多阅读一些关于教育学、心理学的书籍，比如《教师学与教学论》《教育心理学》《青少年心理学》等。教师还要注意分析总结自己和他人的教育经验，"充电"的同时不忘反思，这样才不至于成为"教书匠"。

第三节 情绪、情感与意志行动

一、情绪与情感

（一）什么是情绪与情感

人非草木，孰能无情。诗人歌德说过：少年男子谁个不善钟情，妙龄女子谁个不善怀春。其实岂止青年男女感情丰富，就是三岁的小孩、白发老翁，也都有丰富的情感。人们有喜有怒，有恩有怨，形成五彩缤纷的心理世界。那么，究竟什么是情绪、情感呢？

情绪与情感是指人对于客观事物是否符合自己的需要而产生的态度体验。人们在认识世界和改造世界时，不是无动于衷的，总是伴随着一定的态度。有的事物让人感到幸福，有的事物让人感到兴奋，有的事物让人无比气愤，也有的事物让人感到悲伤……这些都是情绪、情感，都是客观事物符合或没有符合我们的要求而产生的感受。当客观的事物或情境符合主体的需要和愿望时，就会对它产生积极的、肯定的态度，从而引起人的爱、尊敬、满意、愉快、欢乐等内心体验；当客观的事物或情境不符合主体的需要和愿望时，就会产生消极的、否定的态度，从而引起恨、不满意、不愉快、痛苦、忧愁、恐惧、羞耻、愤怒、悲哀等内心体验。这些内心体验并不反映事物本身的属性，而是反映具有一定需要的主体与客观事物之间的关系。

客观现实是人的情绪、情感产生的源泉，这是由人的本质属性以及客观现实的相互关系所决定的。人只有在丰富多彩的客观世界中，在客观事物的刺激和影响下，才能产生主观感受和态度的体验。

情绪与情感的产生是以需要为中介的。情绪与情感是人的一种主观的感受和态度的体验。同样的事物可能会引起不同的体验，产生的情绪、情感也会有所不同。人们的需要又受民族习俗、传统文化、政治经济等因素的影响，在不同的历史时期、文化背景下，人们的情绪与情感是截然不同的。因此，情绪与情感有很强的社会性。

（二）情绪与情感的区别和联系

1. 情绪与情感的区别

情绪与情感的区别主要表现在以下几方面：

（1）情绪的生理性和情感的社会性。情绪特别是原始情绪，常常是与维持有机体生存的自然需要相联系的主观体验，通常把那些与生理需要（如安全、饮食、性生活等）相联系的内心体验称为情绪，例如，由于饮食的需要是否满足而引起的惬意或愁怀，由于安全是否受到威胁而引起的恐怖感或安全感等。而情感是在人类社会的形成和发展中，伴随着人的社会性需要而形成的，如学习的成功会带来愉快，学习的失败会带来沮丧。这种与社会需要（如交往、文娱、教育、道德、劳动等）相联系的内心体验，即谓之情感，如爱情、友谊、荣誉感、责任感、热爱集体、爱国主义等。

（2）在个体发展和人类进化的过程中，情绪发生早，代表了感情的种系发展的原始方面，是人和动物尤其是高等动物所共有的；而情感发生晚，经常用来描述那些具有稳定的、深刻的社会意义的感情，具有较大的稳定性、深刻性和持久性。如爱国，不会以国家的一时盛衰而改变对他的赤子之心。因此，情感是只有人才有的。比如，人和小狗都会有愤怒的情绪，但只有人才会有人道主义的情感。

（3）情绪有很强的情境性、激动性和暂时性，总是与具体情境相联系，而"事过境迁"后，情绪又会随之减弱或消失；而情感是与特定事物联系在一起的，始终处于意识支配的范围内。如母亲看到孩子贪玩不做作业而生气、发脾气，也会因为孩子及时改正错误变得和颜悦色，因为生气只是一种短暂的情绪，而母爱这种情感就具有较强的稳定性和持久性。同时，情绪可以是由于对事物单纯的感受或者知觉所直接引起的。如幽香的气味使人舒畅，腐臭的气味使人感到窒息；红色使人感到热烈，灰色使人感到阴沉等。情感则是由于对事物复杂意义的理解所引起的，如明确了自己工作的重大意义而产生的责任感，了解某人的高尚品质而产生的深厚情谊等。

（4）情绪带有很强的外显性，常常伴有明显的外部表现，如暴跳如雷、欣喜若狂、手舞足蹈、怒不可遏等。而情感则比较内隐和深沉，常常以内心体验的形式存在，其生理变化也不明显。

2. 情绪与情感的联系

情绪和情感又是互相联系、不可分离的，主要表现在两个方面：其一，情绪是情感的基础，情感的产生会伴有情绪反应。情绪是情感的活动过程，人的情感总是在不断变动的情绪中得到表现，离开了具体的情绪，人的情感及特点就无从表现，不带情绪的情感是不存在的。其二，情绪的变化又受情感的支配，情感是情绪的社会内容。情感的深度决定着情绪表现的强度，情感的性质决定了在一定情境下情绪表现的形式。情绪在发生过程中包含着情感的因素，情感作为比较稳定、深刻的态度体验，它从根本上影响着情绪的表现。

总之，情绪与情感都是主体的需要是否得到满足所产生的体验，情绪是情感的表现形式，情感是情绪的本质内容。所以把情绪与情感统称为感情，并不严格区分，可以相互通用。

（三）情绪与情感的机体变化

情绪和情感发生时，通常会引起有机体的一系列变化，这些变化表现为内部的生理变化和外部的表情变化两方面。

1. 机体内部的生理变化

（1）呼吸系统。在某些情绪状态下，呼吸的频率、深浅、快慢等都会发生变化。如突然惊恐时，呼吸会暂时中断；狂喜或悲痛时，呼吸会发生痉挛现象。

（2）循环系统。在情绪发生时，循环系统会发生变化，如心率的快慢、血管的舒缩、血压的升降、血糖的增减，等等。

（3）消化系统。肯定性情绪体验通常会促进胃液、唾液、胆汁等消化液的分泌；而否定性情绪体验常常会抑制消化腺的活动，从而使食欲减退，导致消化功能失调。

（4）脑电波。在不同的情绪状态下，脑电波会发生变化。通常，人体处于清醒、安静状态时，脑电波呈现出α波，而在紧张焦虑状态下则出现高频率、低振幅的β波。

2. 机体外部的变化——表情

表情是指情绪和情感在有机体身上的外在显露，包括面部表情、身段表情和言语表情。

（1）面部表情。面部表情亦称脸部表情，是情绪在脸部肌肉活动上的表现，包括眼睛、眉毛、鼻嘴等的变化。面部表情是人类表达情绪情感的主要形式。例如，欢喜时脸部的肌肉舒展，双眉展开，两眼放光，嘴角上翘，眉梢上扬，上唇提升，所谓"眉开眼笑"；惊奇时，眼睛睁大，嘴巴张开，所谓"目瞪口呆"；忧愁时，眉头紧锁，双目无光，嘴角下挂，所谓"愁容满面"；困惑与怀疑时，双眉紧蹙等（见图 7.4、7.5）。

图 7.4　倒过来看看

图 7.5　丰富的面部表情

（2）身段表情。身段表情或动作表情，这是情绪和情感在身体姿态和动作方面的表现。例如，高兴时手舞足蹈，愤怒时摩拳擦掌，失望时低头丧气，不耐烦时坐立不安，悔恨时顿足捶胸，惧怕时手足无措，虔诚时肃立低头，等等。

（3）言语表情。言语表情是情绪和情感在语言的音调、节奏和速度等方面的表现。言语不仅是交流思想的工具，而且也是传达情绪和情感信息的手段。例如，人在高兴时音调轻快，悲哀时声音缓慢、低沉而且说话不成句子，愤怒时声音粗大而且语句短促，忧郁时声音微弱而且不愿说话等。

所有情绪的外部表现，都是与有机体内部的一系列变化有着密切关系的，是相一致的。当然，人也可以努力控制自己的外部表现，即所谓的"喜怒不形于色"。所以要真正了解一个人的情绪、情感，单凭外部表现是很不够的，必须通过长期、全面的了解，才能通过表情正确判断一个人的真实情感。

（四）情绪与情感的主要功能

情绪和情感在人类的心理生活和社会实践中有着非常重要的作用，其功能主要表现在以下几个方面：

1. 信号交际功能

情绪和情感是人对客观事物的体验，这种体验往往会通过表情动作表达出来，从而在人与人之间传递信息、沟通思想。这就是情绪和情感的信号交际功能。特别是在言语彼此不通的情况下，通过表情双方也可以相互了解，达到交往的目的。所谓"酒逢知己千杯少，话不投机半句多"就充分说明了情绪、情感在人际交往中的作用。人们通过觉察对方的情绪，可以调整自己与他人交往的内容和方式。例如，交往中发现别人不喜欢、不感兴趣的话题时就尽量避免，教师通过微笑表达对学生的赞许等。

2. 调节功能

情绪和情感对人们的认知和行为以及生理与心理状态起着重要的调节作用，帮助人适应不断变化的环境。例如，当人们面临危险时，就会产生应激的情绪，使人体在生理上发生一系列的变化，产生较多的能量，以应付当前的危险。又如，教师关心学生、爱护学生，师生关系融洽，学生就愿意学习该教师所教的课程；反之，如果师生关系紧张，学生得不到教师的关怀与帮助，就会对其所教学科产生厌倦情绪，甚至导致学习上的失败。

一般说来，引起愉快感受的事件，人们往往愿意尝试、模仿、重复，而那些引起不愉快情绪的事件，人们就会逃避它。如在学习中，旺盛的求知欲能够保证学生有充足的学习劲头；对成功的渴望能够使人把注意力放在与任务紧密相关的活动上，并持之以恒；羞惭心和内疚能够使一个人把自己的行为控制在一定的道德底线上。所以，情绪和情感在一定程度上调节着人们的工作、学习和生活。

3. 感染功能

人的情绪和情感具有弥漫性、感染性的功能。人们之间感情的沟通正是由于情绪和情感的易感性功能，因而人才能以情动情、以情感人。文学、艺术等就是以情感人、以情动人、以情育人。现实中，一个人的情绪体验能够被他人觉察与感受到，而且容易引起他人产生相似的感受和体验。尤其是一个人的负性情绪不仅会影响自己的生活，还会影响自己周围的人，有的心理学家将这种情况诙谐地称为"情绪污染"。因此，在教育和教学中，教师要注意运用自己的情绪和情感去感染学生、影响和教育学生。

4. 动力功能

如果人们在理性的支配下使自己的情感服从于理智的知识，那么就可以给情绪这匹烈马套上缰绳，成为人们学习、事业上的巨大动力；相反，如果认识局限、狭隘，那么就可能使人在丧失理智的行为中，随着情绪的宣泄，造成不可挽回的结局。

5. 迁移功能

成语"爱屋及乌"，就生动而典型地概括了这一独特的情感现象。一个人对他人有好感，那么这种好感就会扩散到他人所接触的人和物上去，并变成个体积极行动的动力。

【资料链接】

心情与结果

在一所肺结核专科医院里住着两个病人，小张的肺结核比较轻微，经过一段时间的治疗已经基本痊愈；小李的结核病很严重，医院已经没有什么办法了，只好让他回家休养。

这两个病人同一天出院，由于医院工作人员的疏忽，出院时把两份病情通知单颠倒了。病已基本痊愈的小张接到的是病重尚未痊愈，要加强营养，注意休息的通知。看到通知小张便紧张起来，忧虑重重，认为医生从前对他隐瞒了病情，病是无法治好了。结果出院后病情一天天加重，并有恶化的趋势，没过多久又住进了医院。而那位病情严重的小李看到出院通知上写着病情基本痊愈，心情顿时轻松起来，回到依山傍水的农村，坚持吃药，经常食用新鲜蔬菜、水果，经常散步，再加上心情舒畅，精神愉快，被认为治不好的严重肺结核竟然痊愈了。

现代医学认为，良好的情绪可使机体生理机能处于最佳状态，使免疫抗病系统发挥最大效应，抗拒疾病的袭击。许多医学家认为，躯体本身就是良医，85%的疾病可以自我控制。

因此，有的心理学家把情绪称为"生命的指挥棒""健康的寒暑表"。

（五）情绪与情感的分类

1. 情绪的基本形式

按照不同的分类标准，可以对情绪进行多种分类，我国古人把情绪分为喜、怒、哀、乐、爱、恶、惧七种，谓之七情。现在心理学界一般根据主体与客体之间需求关系的不同，把人的基本情绪又称为人的原始情绪，分为快乐、愤怒、悲哀、恐惧四种形式。而常说的"啼笑皆非""哭笑不得""又惊又喜"等现象则充分说明了情绪的复杂性。

（1）快乐。快乐按照强度大小分为狂喜、兴奋、喜悦、愉快等，是指主体所需要的或期望的目标实现之后而产生的情绪体验。快乐的程度取决于需要的强度、实现目标的大小、个体的努力程度和意外程度等。如果目的实现与否是无足轻重的，那么即便实现了目的，引起的快乐也是微小的；如果个体盼望已久的目的实现了，则引起的快乐是巨大的。

（2）愤怒。愤怒是指由于事物和对象的妨碍及干扰，使主体的愿望难以实现或不能实现而产生的情绪体验。愤怒的程度取决于妨碍干扰的大小及违背愿望的程度，同时也受人的个性影响。根据程度的大小，愤怒可细分为不满、生气、恼怒、愤慨、狂怒等。如果在实现目的的过程中不顺利，总是受到某种阻碍，就会产生挫折感。特别是，如果这种挫折被认为是人为的、恶意的，那可能就特别愤怒。

（3）悲哀。悲哀从强度上可分为遗憾、失望、难过、悲伤和极度伤痛等不同程度的消极体验，是由于失去了所追求的事物或有价值的东西所引起的情绪体验。其程度取决于失去对象对主体的重要性和价值的大小，也依赖于主体的意识倾向性和个性特征。如果你感到悲哀，则肯定失去了什么：可能是朋友离你而去，失去了友谊；可能是考试名落孙山，失去了荣誉等。

（4）恐惧。恐惧的情绪体验往往会使人感到高度紧张、焦虑。适度的恐惧有利于人类躲避伤害，适应环境；但过度的恐惧会使人认知狭隘、思维刻板、行动迟缓。这是由于缺乏准备，不能处理、控制或摆脱某种危险情景时产生的情绪体验，包括不安、担心、害怕、恐慌、极度恐惧等。突然的变化、陌生的而又可怕的事物突然出现、突然而来的巨大响声、身体突然失去平衡等，都有可能引起人的恐惧感。

在这四种最基本情绪的基础上，还可派生出多种其他复合的情绪形式，比如，与接近外界事物的愿望有关的惊奇、兴趣、厌恶，与自我评价有关的害羞、骄傲、自信、自卑、罪过，与他人有关的热爱、怨恨、羡慕、嫉妒等体验。

2. 情绪状态

根据情绪发生时的强弱程度和持续时间的长短，情绪可分为三种状态：心境、激情和应激。

（1）心境。心境是一种微弱而持久的情绪状态，具有弥散性的特点。心境构成了人的心理活动的背景。心境是一种情绪体验，喜、怒、哀、乐、惧等各种情绪都可能以心境的形式表现，犹如给人的各种心理生活蒙上一层淡淡的色彩，不经意地会影响到这个人生活的方方面面。比如"人逢喜事精神爽"，愉快的情绪可使人一连数天心情舒畅；而恐惧的情绪则会使人处处"草木皆兵"，天天宛如"惊弓之鸟"。

影响心境的原因主要有身体健康状况、工作顺利与否、人际关系好坏、气候变化等。但在很多情况下，人并不能意识到引起心境的原因，如人们常说的"我也不知道为什么，最近几天就是烦"。不过，总的说来心境还是受人的主观意识所支配和调节，一个人形成什么样的主导心境，主要与自己的人格特征密切相关，如有的人开朗乐观、积极向上，有的人总是郁郁寡欢、忧伤失望。

心境对人的生活、学习、工作有很大的影响，有积极和消极之分。愉快、满意的心境可以提高人的积极性，提高工作效率，提高健康水平，而忧郁、悲观的心境则会降低人的积极性，降低工作效率，甚至影响身体健康。因此，我们要善于调节和控制自己的心境，保持积极、良好的心境。

（2）激情。激情是一种猛烈的、持续时间短、有明显外部表现的爆发式的情绪状态。比如：狂喜、暴怒、剧烈的悲痛，极度的恐惧等都是激情状态。当由于重大事件的刺激作用引起人的激情发生时，人大脑皮层下的中枢神经活动过分兴奋，使得大脑皮层的调节、控制作用降低，主体往往伴随明显的生理和外部表情变化，如心跳加快、血压升高、呼吸急促、大发雷霆、怒发冲冠等。

激情也有积极和消极之分。积极的激情能够激发人积极向上，行为符合社会要求，它与冷静的理智和坚强的意志相联系，能激励人们克服险阻、攻克难关，坚定不移地去实现自己的目的；消极的激情具有严重的危害性，对机体有极大的摧残作用，能使人的心跳加快、血压升高，从而诱发高血压、脑出血等病症；严重时会导致认识范围狭窄、自控能力降低，导致"意识狭隘"。这时人很容易冲动，外部行为处于失控状态，从而失去理智，干出种种蠢事，酿成一幕幕悲剧。《三国演义》中王郎被诸葛亮阵前痛骂，气得大叫一声坠马而死；范进因中举狂喜而疯；程咬金百岁之年大笑而亡。这些都是处于激情状态下的不同结果。我们要极力避免消极激情的产生，充分发挥积极激情的作用。对于自己的情绪，我们要学会理性控制、正确疏导、恰当宣泄。不管是兴奋、愉快，还是悲伤和痛苦，都可以把它变成推动人积极行动的力量。

（3）应激。应激是指在出乎意料的紧急情况下所引发的急促而高度紧张的情绪状态。人在工作和生活中，有时会遇到突发事件或危险，这时就要调动整个机体的潜能、集中全部的智慧和力量来应付。人处在应激状态时，其生理状态会发生一系列变化，身体的各系统开始紧急动员，肾上腺素分泌增加，使身体处于充分动员的状态，表现为血压升高、心跳加快、呼吸急促、肌肉紧张、血液循环加快，这样可增加活动力量，以应对突如其来的紧急情况。但应激状态如果延续时间过长，剧烈的生理变化使人体能量大量消耗，机体容易受感染，容易发生病变。

在应激状态中，人可能有两种行为反应：一种是积极的应激状态。在这种状态下，人虽然身心紧张，但精力旺盛，思维敏捷，活动量增强，能更好地利用过去的经验和生理激活状态，急中生智，摆脱困境，化险为夷。积极的应激状态能够最大限度地使机体处于动员状态，发挥出潜能，使人的思维敏捷、行动果断，顺利渡过危机。另一种是消极的应激状态。它使人认识中断、手足无措、目瞪口呆、肌肉僵直、忙中生错、陷入困境，不能准确地采取符合当时目的的行为。同时，由于意识的自觉性降低，人还会出现思维混乱、分析判断力减弱、感知和记忆力下降、注意力分配与转移困难等现象。

生活中应该尽量减少和避免不必要的应激状态。如果经常处于应激状态，或应激状态延续时间过长，对人的身心健康都十分不利。

3. 情感的分类

情感是同人的社会性需要相联系的主观体验。它和人的社会观念及评价系统是分不开的，反映着个体与社会的一定关系，体现出人的精神面貌，主要包括道德感、理智感和美感等。这是人类所特有的高级情感。

(1) 道德感。道德感是指人对自己和别人的思想言论、行为举止是否符合社会道德标准而产生的情感体验。在社会生活中，人从小就受到某种社会行为标准的要求，符合社会要求的行为受到肯定、赞扬和奖励，不符合社会要求的行为受到否定、批评和惩罚。这样，人从小就会逐渐形成遵守社会行为规范，以求得到人们的肯定和认同的需要。当这种需要得到满足时，人就会产生相应的道德感，否则就会内疚、不安甚至受到良心的谴责。如对勤奋工作的人的敬仰，对见义勇为行为的钦佩，做了好事的自豪感等。这是符合道德标准，满足了道德需要而产生的积极的道德感；相反，对欺凌弱小的人的鄙视、对腐化堕落官员的痛恨，犯错误后的愧疚、后悔等，则是不符合道德标准产生的消极的道德感。

道德感的内容很广泛，涉及社会生活的各个方面，包括：助人利他行为互助感，遵守纪律的纪律感，爱护他人和集体的爱护感，对自己祖国的自豪感和尊严感，对国家和民族的敌人的仇恨感，对社会和公益事业的义务感，对他人、集体、国家的责任感等。如岳飞精忠报国表现了他的爱国主义情感；白衣战士王晶在"非典"威胁着生命时，忘我地抢救病人体现了高度的责任感；在人民的好公仆孔繁森身上体现了高尚的道德情感。

道德感的形成要以道德认识为基础，是人们把自己的或别人的行为与已有的社会行为规范加以比较的结果，体现了客观事物与主体的道德需要之间的关系。道德感是在道德信念和世界观指导下，在社会生活实践中潜移默化地形成的。由于道德标准有社会历史性和主观性，个体产生的道德需要也必定会受社会历史条件和个体主观的影响。因此，不同时代、不同社会、不同的人产生的道德感是不同的。我国正处于社会转型时期，各种良莠观念并存，非常需要形成积极的、符合社会进步和主流文化的道德感。

(2) 理智感。理智感是个体在追求知识、认识和探求真理的智力活动过程中所产生的情感体验。它与人们的好奇心、求知欲、认识兴趣、追求真理的需要相联系。例如，科学家在创造发明过程中的喜悦感和成功感，人们在认识某些不解现象时的疑惑感等。理智感与人的认知活动、求知欲、认识兴趣以及价值观密切联系。

人的认知活动越深刻，求知欲望越强烈，追求真理的情趣越浓厚，则人的理智情感就越深厚。当个体在认识客观世界时，发现了矛盾，就会产生怀疑；当认识到自己的推测、判断证据不足时，会觉得不安；当成功地解决了难题时，便会产生喜悦、兴奋和满足感。这些都是理智感的表现，都是人们的求知需要是否得到满足时产生的态度体验。可见，理智感是推动人们探索、追求真理的强大动力。阿基米德在解决王冠掺假的问题时，百思不得其解，而他在洗澡池中一下子领悟到了其中的秘密时的那种兴奋，就是理智感的体验。

学生在学习过程中的理智感表现在：对知识的强烈兴趣，学到知识时的兴奋和愉快，有疑问时的烦躁、不安及取得成绩时的自豪。教师要注意保护好儿童的好奇心和求知欲，从小培养他们的理智感。

(3) 美感。美感是人们在感知和欣赏事物时所体验到的优美的情感，这是一种关于事物的美与丑的情操。美感包括自然美感、社会美感和艺术美感三类。凡是符合个人美的需要的对象都能引起美的体验，如对祖国山河的赞美、对自然景色的欣赏、对艺术作品的鉴赏等，都是美感的体验和表现。人总是倾向于美好的事物，追求完善是人的天性。人从这种爱美求美的需要出发，不断地去发现自然中的美，去创造劳动、生活中的美，这种发现和创造给人带来的愉悦和享受，就是美感体验。

美感要受社会生活条件的制约。不同历史时期、不同民族、不同阶层、不同风俗习惯的人对美的评价标准不尽相同，对美的体验自然也不同。同时，美感还随性别、场合、职业等的不同而不同。女性走路轻盈是美，男性就不然；穿漂亮的泳衣在游泳池是美的，走到街上就不是。因此，审美教育应该包括审美意识的培养、审美标准的引导、对美的感受和领悟，以及表现美的能力等方面。

道德感、理智感和美感都是在社会实践和教育影响下形成和发展的，三者密切联系，相互交织。人们通常说的高尚的情操就是三者融为一体的结果。

【资料链接】

什么是爱情

爱情是人类最美好的而深沉的情感，然而，这种曾引得多少哲人为之沉思、多少诗人为之讴歌的情感，在心理学领域却长期受到冷落。20世纪60年代以后，随着西方人本主义心理学的兴起，它才逐渐成为社会心理学的严肃而正规的主题之一。

目前社会心理学家有关爱情的研究中，美国心理学家鲁宾的研究最负盛名。他认为喜欢与爱慕不同。爱慕并不是加强了的极端的喜欢。爱是一个人对另外一个特定人物所持有的一种态度，并以特殊的方式表达自己对爱慕对象的思想、感情和行为。

爱情有三个主要特征：① 亲近和依赖的需要；② 欲帮助对方的倾向；③ 独占性和排他性。而喜欢的特征主要有两个：一是彼此间怀有同感；二是对对方的积极评价和尊重。

此外，鲁宾还发现喜欢的程度往往随着交往双方互动机会的增加而增加，但爱慕（尤其是罗曼蒂克式的爱）则会随着时间的延续而逐渐淡漠。这说明虽然强烈的性爱往往是婚姻的先导，但如果双方并不具有相互喜欢的因素——如共同的态度、价值观和相互间的尊重，那么这种婚姻往往是不会幸福的。

关于爱情的种类，学者们各抒己见。加拿大社会学家李约翰的理论较有影响。他认为爱情主要可分为六种：

（1）情欲之爱。这是建立在理想化的外形美和对另一方占有的欲望之上的。

（2）游戏之爱。把获得对方的青睐当成一种挑逗性的游戏。恋爱者往往表现得漫不经心，避免自我情感的真实投入，而且喜欢更换恋爱对象。

（3）友谊之爱。由于长期相处而自然形成的亲若姐妹或挚友的恋爱关系，如青梅竹马、两小无猜的恋人。

（4）狂爱。这是一种病态的情感，即恋人对感情的需要达到了强迫性的程度。狂爱者往往有人格缺陷，如钟情妄想者。马斯洛曾形象地称狂爱为"匮乏之爱"。

（5）现实之爱。即霍曼斯的社会交往理论所称的"理性爱"。该理论认为，人们往往倾向于选择那些能给自己带来报酬而减少成本的对象。

（6）利他主义之爱。认为爱是一种自我牺牲，是一种感情的奉献。因此，这种爱情若有第三者出现，其中一方常常会慷慨主动地退出。

二、意志过程与意志品质

（一）什么是意志

意志是人自觉地确立目的，并根据目的组织、调节自己的行为，克服困难，以实现目的的心理过程。它是人类特有的心理现象，是人对客观现实的积极性和能动性反映的集中表现。例如，同学们为了成为一名合格的人民教师，努力学习，克服学习中的种种困难，使自己在德、智、体几方面都有所发展。这是师范生意志过程的表现。

意志活动是有目的的活动。能够自觉地确立目的，是人的行为特征。动物的行为不能达到自觉意识的水平。有些动物的动作十分精巧，如蜘蛛结网；有些高级动物的某些行为甚至好像带有某种目的性，但从根本上说，动物不能意识到自己行为的目的和后果，因此，动物的行为不能达到自觉意识的水平，只是极简单的、偶然性的行为。

人的一切行动并非都是意志行动，只有刻意的或自觉的行动才可能成为意志行动。例如，打喷嚏、无意识的手脚动作、受突然刺激的反射活动等都不是意志行动。意志行动的重要特征是有明确的预定目的，并以随意运动为基础。随意运动是一种受意志调节的、具有一定的目的和方向的运动，如举手发言、老师在黑板上板书、工人操作机器等属于随意运动。

意志活动总是和克服困难相联系，克服困难是意志的本质特征。意志虽然以随意运动为基础，但不是所有的具有自觉性或随意运动的行动都带有意志努力的特点。自觉的有目的的活动如果不需克服困难，如平时我们走路，就不是意志活动。饥饿时想吃饼干充饥，从家里的柜子里取出饼干就行了。这种行动是有意识的、有目的的，但无需意志努力，就不是意志活动。在学生的学习生活中，很多行为都带有内心意志努力的特点。如上课时不东张西望而认真听老师讲课，回家后及时完成家庭作业，考试时即使不会答题也绝不作弊等。意志行动因困难的程度不同而有简单、复杂的区别。越在困难的情境中，意志行动越难进行。一个失去双臂的残疾人用脚学写字就比正常人学写字需要付出更多的意志努力。所以，意志必然与克服困难相连，没有困难的行动是无意志可言的，意志的强弱主要以克服困难的大小来衡量。

（二）意志行动中的期望和抱负水平

意志行动的目的总是由一定的动机产生的。期望也是一种动机，是主观上对于某一事件发生的希望。人的期望和人的需要是一致的，因此，期望会带来心理上的满足和情绪上的好感，是激发人产生积极行动的力量源泉。人的需要是多种多样的，期望也是多种多样的，甚至有些期望是相互矛盾、不可能同时实现的。期望的结果就是意志行动所要达到的目的。有时，人的行为的结果和期望并不一致，此时就要对期望或行动的方案作一些调整。一个人有怎样的期望和他的抱负水平有着极为密切的关系。

每个人在实际做某件事情之前都会对自己所能取得的成就有所估计和要求，这种自我估计和要求的成就目标就是一个人的抱负水平或志向水平。一个人的抱负水平越高，他的期望也越高。

一个人的抱负水平不是与生俱来的，也不是一成不变的，主要受下列因素的影响和制约：

1. 个人的性格特征

个人的性格特征对抱负水平有影响。在生活中表现出争强好胜、不甘人后，有恒心、坚忍不拔、有自信心的性格特征的人一般抱负水平较高；而在生活中表现出优柔寡断、半途而废、缺乏坚持性、缺乏自信心的性格特征的人一般抱负水平较低。

2. 个人的成败经验

研究表明，个人的成功经验一般能提高他的抱负水平，而失败的经验则会降低他的抱负水平（见图7.6）。

3. 团体的成败经验

人们的抱负水平还受团体成败经验的影响。研究表明，人在确定抱负水平的过程中，如果缺乏直

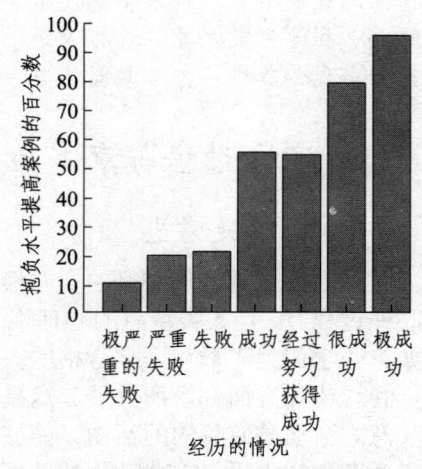

图 7.6 成功和失败对抱负水平的影响

接的成败经验,就会以他人或团体的成败经验为抱负水平的定位点(Anchoring Point)。

(三)意志行动的过程分析

意志行动的过程是一个复杂的心理过程。一个完整的意志行动过程由做出决定和执行决定这两个阶段构成。做出决定是意志行动的开始阶段,是行动前在头脑中确立目标、考虑计划并影响行动的一种酝酿活动,它决定着意志行动的方向及意志行动的原因;执行决定是意志行动的完成阶段,它使头脑里的意图、愿望、计划和措施在行动中具体化,从而达到预定目的,它是意志行动的关键。

1. 做出决定阶段

意志行动是有目的、有计划的行动,因此,做出决定阶段包括确定目的、制订计划等环节。这一阶段决定了整个意志行动的方向。这个阶段包括开展动机斗争、确定行动目的和选择达到目的的策略和方法等。

1)开展动机斗争

意志行动是有目的方向性的活动过程,总是由一定的动机引起。当动机发生矛盾冲突时,便产生动机的斗争。根据动机冲突的形式和内容的不同,可以对动机冲突进行分类。

(1)从形式上看,可以把动机冲突分为以下几类:

① 双趋冲突。当一个人以同样强度的两个动机去追求两个并存的目的,但又不能同时达到时产生的心理矛盾称为双趋冲突。"鱼和熊掌二者不可兼得"的心理便属于此类。例如,学生在高考填报志愿时,既想报清华又想报北大,就是一种双趋冲突。有时候,可供选择的目的不止一个,而且每个目的都可以满足人不同的需要,此时,对目的的选择就会引起内心的冲突。比如,学生在选择专业时,是选择自己真正感兴趣但不是很热门的专业,还是选择自己并不真正感兴趣但是热门的专业呢?面对这样的两难境地,必须有意志努力才能做出抉择。

② 双避冲突。当一个人同时遇到两种具有威胁性而又都想回避的目标,但又不能都避开时的心理矛盾称为双避冲突。例如,某学生犯了个比较严重的错误,想去向教师坦白认错,但怕受批评丢脸;不去坦白,又怕被揭发后受到更大的处分。这位学生希望逃避但又必须选择其中之一时产生的此种心理冲突,便属于双避冲突。又比如,小朋友生病了,他既害怕打针,也讨厌吃药,可是为了治好病,非打针或者吃药不可。这时候,小朋友面临的就是双避冲突。

③ 趋避冲突。当一个人面临着一个同时具有吸引力和排斥力的目标时的心理冲突称为趋避冲突。例如,女孩子喜欢吃巧克力,可又怕吃了以后会长胖;到了冬天,想穿久违的裙子,可又担心受冻感冒;一个学生既想提高自己的学习成绩,又觉得学习特别辛苦,不愿意学习等。这种对同一目标兼具好恶的矛盾心理状态称为趋避冲突。又如遇见歹徒,既想奋不顾身,挺身而出,又怕歹徒铤而走险,行凶杀人。是趋是避,不同的人有不同的选择,但都是趋避斗争的结果。

④ 多重趋避冲突。个人面临着两个或两个以上的目标,而每个目标又同时具有吸引力和排斥力时的心理冲突称为多重趋避冲突。如一个人想换一个新的工作单位,可以有较高的经济收入和良好的住房条件,但不适应新的工作和生活环境。而在原单位,有熟习的工作和生活环境,以及较好的人际关系,但收入、住房条件差。这种复杂的心理就是多重趋避冲突。

(2)从内容上看,动机冲突可分为原则性冲突和非原则性冲突。

① 原则性冲突。原则性冲突是个人愿望与社会道德标准相矛盾的动机冲突。例如,学生在考试时碰到不会做的题目,是遵守考场纪律还是趁老师不注意的时候作弊呢?再比如,有些学生迷恋上网,是去上课还是逃学去上网呢?这类心理冲突就属于原则性冲突。面对原则

性的心理冲突，意志坚定的人能坚决按照社会道德标准、国家的法律法规要求自己；而意志薄弱者就不能使自己的行动服从社会道德标准、国家的法律法规，更有甚者会走向违法犯罪的深渊。

② 非原则性冲突。非原则性冲突是不与社会道德标准相矛盾仅指个人兴趣爱好方面的矛盾冲突。例如，星期天是待在家里，还是去同学家玩呢？如果待在家里，是看电视还是玩游戏机呢？如果去同学家，穿红衣服还是花衣服呢？周末晚上是看电影还是看小说或看球赛呢？等等。面对非原则性的心理冲突，意志坚定者能迅速地做出符合实际的选择，而意志薄弱者往往犹豫不决，一筹莫展。所以冲突的解决也表现了一个人的意志水平。

2）确定行动目的

通过动机斗争，行动的目的就可以确定下来。但行动的目的是有层次的，远大的目的确定后，还要通过一个个近期目的依次实现，才能实现最终目的。一般说来，行动目的的社会价值越高、越明确，对人的激励、鞭策作用越大，实现目的的决心和意志就越强。

例如，做一个道德好、专业基础扎实的教师，这是师范院校的学生学习的远期目的，而在学校的学习中提高自己的思想觉悟水平，学好各门课程，锻炼好身体，这又是比前一目的具体而较近的目的。为实现这个德、智、体全面发展的目的，可以规定每一项更为具体、更近期的目的。可见，行动的目的是存在不同层次的。但是，眼前的目的任务必须从属于更长远的宏伟目标，其间必须保持一致，才能取得成功。

3）选择达到目的的行动方法

行动目的确定后，下一步就必须考虑达到这个目的的策略和方法。通常，实现目的的方法不止一种，这就需要经过反复思考、多方比较，选择最有效、最经济、最优化的方法。在选择时，要根据客观事物的发展规律、客观上可能出现的困难、社会道德规范、社会需要和自己的主观条件等，去选择有效的方法。

4）正式做出决定

确定了行动的目的，又制订了行动的计划，选择了正确的途径和方法之后，接下来就要做出决定，即按照一定的标准从若干个方案中选择出一个最佳的或最满意的方案。做出决定也会有反复，如果做出的决定是经过深思熟虑、有充分根据的，反复的可能性就不大。如果没有经过仔细权衡，或者是由于随大流，或是自己一时冲动而做出的决定，就很容易反复。因为这样的决定是没有多少根据的，往往是一个人意志薄弱的表现。

2. 执行决定阶段

执行决定阶段是使行动按照明确的目的和预定方向进行的过程，它是意志行动的中心环节，是意志努力的集中表现。但要实现计划，达到最终目的，还需要付出艰苦的努力去实施。否则，虽然目的明确、计划完善，也只能是意志薄弱的表现。

在执行决定的过程中，有时个体会受到其他行动目的的干扰而影响到意志行动的进行，已经确立起来的决心和信心也可能会发生动摇。通常有以下几种情况：

（1）执行决定时遇到困难，要付出较大的努力，这与自己的兴趣爱好或习惯矛盾，从而决心动摇。

（2）在做出决定时虽然选择了一种目的，其他目的仅受到暂时的压抑，但仍然很有吸引力，在执行决定的过程中，暂时受到压抑的期望又重新抬头，产生新的心理冲突。

（3）在执行决定的过程中，产生了新的期望、意图或方法，也可能会与预定的目标计划发生矛盾。

（4）有时在做出决定时没有充分考虑到各种主客观条件，或没有预见到事物的发展变化，在执行过程中遇到难以应付的新情况和新问题，从而动摇自己的信心。

以上几种情况表明人在执行决定的过程中会受到来自外部和自己内部的种种干扰和阻碍。例如，一个本来立志于学理科的学生，因为喜爱文学又想改学文科，此时，他原来的意志行动的实施就受到干扰了。能否迅速地调整自我，及时做出目的选择也是一个人意志是否坚强的表现。客观环境、条件的改变也会给决定的执行带来困难。如学生转学，或者喜爱的老师调走了。这时，意志薄弱的人可能会放弃执行计划，而意志坚强的人则会根据客观环境的改变修正计划，面对各种干扰和阻碍而毫不动摇，想方设法朝着既定的目标继续努力。

（三）意志品质的基本特征

人们的意志品质是指构成人的意志的某些比较稳定的方面，是衡量个体意志发展水平的重要标志，是个人的比较稳定的意志特点。由于生活实践和所受教育的不同，人们的意志品质既有共同性，也存在着差异。人主要的意志品质有自觉性、坚定性、果断性和自制力。

1. 自觉性

自觉性是指一个人对行动的目的和意义有充分的自觉认识，并随时控制自己的行动，使之符合正确的目的和社会要求的意志品质。自觉性贯穿于意志行动的始终，也是产生坚强意志的源泉，它使人能够独立主动地调节自己的行动，而不是靠外力的监督和管理。

与自觉性相反的是盲从性和独断性。盲从性指易受外界影响，盲目地接受他人的暗示，屈从别人的影响，轻易改变行为目的，缺乏原则性，对别人的思想和行为不加批评地接受。独断性是指既未掌握客观规律，又不听别人的忠告，盲目排斥他人的意见和劝告，武断地作出决定并一意孤行的倾向。盲从和独断表面上不同，实质上都是对事物缺乏深刻认识的结果，都是缺乏自觉性的表现。

2. 坚定性

坚定性是指完成艰巨任务时坚持不懈地克服困难的意志品质。高度坚定的人，有顽强的毅力，在意志行动过程中能长久地保持旺盛的精力和胜利的信心，在困难面前不退缩，在压力面前不屈服，在引诱面前不动摇，锲而不舍，始终如一，不达目的誓不罢休。

与坚定性相反的意志品质是动摇性和刚愎自用、执拗。动摇性是一遇到困难就放弃或改变自己的决定，见异思迁、虎头蛇尾，碰到挫折就打退堂鼓。而刚愎自用、执拗是对自己的行为不作理智的评价，不知变通，明知行不通仍然我行我素，一意孤行，总是特定独行，固执到底。这种人不能客观地认识形势，尽管事实证明他的行为是错误的，但他仍然不改变，自以为是。动摇性和刚愎自用、执拗表面上不同，实质上都是对待困难的错误态度，是消极的意志品质。

3. 果断性

果断性是指一个人善于适时而合理地采取决定并执行决定的品质。果断不同于轻率，它是以周密考虑和勇气为前提的。具有果断性的人有较强的综合判断能力和决策能力，对行动的目的、达到目的的方法、行动的可能结果都有全面而深刻的认识，即使在面对复杂、剧烈的内心斗争时也能果断、机智地做出决策。当事态发展到最紧急的关头时，能当机立断，及时行动，毫不动摇退缩；当不需要立即行动或情况发生变化时，又能立即停止执行或改变已做出的决定。果断性以自觉为前提，以大胆勇敢和深思熟虑为条件。

与果断性相反的意志品质是优柔寡断和草率从事。优柔寡断的人在采取和执行决定时总是出现无休止的动机冲突，在采取决定时，迟疑不决，三心二意，没有力量克服困难的思想和感情，患得患失，前怕狼后怕虎，踌躇不前，迟迟做不出取舍；到了紧急关头，只好不假思索，不考虑主、客观条件，也不考虑后果，贸然抉择，草率仓促决定；做出决定后又后悔，甚至开始行动了还怀疑自己决定的正确性。优柔寡断者缺乏勇气、缺乏主见。草率从事则是一种对事物发展缺乏分析和思考，仅凭一时冲动而仓促决定、鲁莽行事、不顾后果的不良品质。两者皆是意志薄弱的表现。

4. 自制力

自制力是指善于控制和调节自己的情绪和言行的意志品质。自制力强的人，能够驾驭自我，善于控制、支配和约束自己，善于抑制不良的欲望和情绪的干扰，克制与实现目标不一致的思想，排除外界的诱因和干扰，适时地制止自己的不良行为，使行为朝预定目标进行。所谓"富贵不能屈、贫贱不能移、威武不能屈"就是对具有自制品质的人的赞颂。自制力是意志的抑制功能，是坚强意志的重要标志。易冲动，意气用事，不能律己，知过不改等，都是缺乏自制力的不同表现。

与自制力相反的意志品质是任性和怯懦。任性是指对自己的行动不加约束，随心所欲，不能"律己"，放任自己的兴趣；怯懦指在行动中畏缩不前，遇到情况惊慌失措，不能自控。这些都是意志薄弱的表现。

以上四种意志品质相互联系、相互影响，其中任何一种品质的缺乏，都会使人在性格上产生某些缺陷。一个人的某些意志品质是稳定的，这些意志品质就反映了他的意志力的发展水平。每一个人的意志品质的发展水平是不一致的：有的人的某些意志品质（如自觉性、自制力）发展水平高些，而其他的意志品质（如坚定性、果断性）发展低些；有的人则可能相反或不同。这样，就呈现出人们在意志品质上的种种差异。

第四节　情感与意志在学习和教学中的运用

一、情绪与情感对学习的影响

情绪、情感对人的学习活动的作用表现在两个方面：既可能提高学习的积极性，促进和增强学习效果；也可能降低学习的积极性，削弱和减弱学习的效果。一般说来，高兴、愉快、喜悦、热情等积极情绪对学习有促进作用；痛苦、忧伤、愤怒、冷漠等消极情绪对学习起阻碍作用。当然，这也并不是绝对的、一成不变的，如果个体对学习有很高的热情，具有坚强的个性，善于调节和控制自己的情绪，变消极情绪为重新努力的动力，那这时对学习的作用就是有益的了。

（一）焦虑与学习

1. 什么是焦虑

所谓焦虑，是指对当前的或预计到的对自我有潜在威胁的任何情境产生的一种担忧的反应倾向。在影响学生学习的各种情绪中，焦虑具有特别重要的意义。对学生来说，学习焦虑尤其是考试焦虑是普遍存在的，其原因有主观和客观两个方面。引起学生焦虑的客观原因主要有社会舆论的压力、家长和教师的压力、作业过多、考试频繁、不能完成作业、考试分数低会挨骂受罚等；主观原因则是与个人的学习水平、抱负水平、个性特点有关。

焦虑对学习的影响是比较复杂的，因不同的个体、不同的情景而有所区别。一般来说，焦虑程度与学习效率之间是呈"倒 U 形曲线"（见图 7.7）的关系，即焦虑程度过高或过低都会降低学习效率，而中度的焦虑才能达到最高的学习效率。

焦虑对学习的影响还因学习者本身的能力水平而有所区别。心理学家做过这样的实验：将学生的学习能力由低到高分为五级，研究其在不同焦虑程度下的学习成绩，结果表明（见图7.8），学习能力属于第二、三、四级的学生，也就是大多数学习能力一般的学生，焦虑高，学习成绩下降；焦虑低，学习成绩反而较好。而学习成绩差的学生，或是由于学习能力低下，或是由于对学习抱无所谓的态度，压力大小、负担轻重对他们的学习成绩都影响不大。而优等生在高焦虑和低焦虑的条件下，其学习成绩都相差不大，这或许是由于优等生具有较高的学习能力。

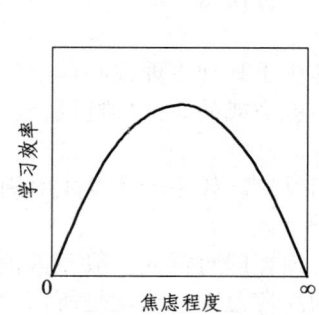

图7.7 焦虑程度与学习效率的关系

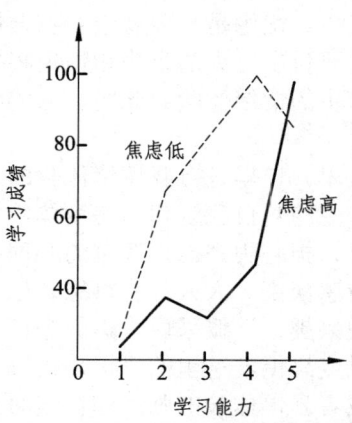

图7.8 焦虑程度与学习成绩的关系

一般而言，难度大的学习，则低焦虑的效果好，高焦虑的效果差；简易的学习，则高焦虑的效果好，低焦虑的效果差。短期焦虑对学习的不良影响不大，但长期焦虑不仅影响学习，而且影响身心健康。由此可见，处理好焦虑问题是学生学习中的一项重要事情，教师要能随时觉察学生的焦虑水平，认识到哪些学生需要引起适当的焦虑，哪些学生需要加以鼓励或降低其紧张程度，只有把焦虑控制在适当的水平，才能有利于学习。

2. 教学中焦虑水平的控制

让学生保持适度的焦虑水平，教师需要做好以下两方面的工作：

其一，应注意加强学生的思想道德修养，使他们对自己的行为有正确的导向。遇到困难时，要冷静对待，妥善处理；成功了，也不要过度兴奋，忘乎所以。

其二，要对学生做出正确的估计，以确立适合学生能力的学习目标。过高的要求或急于求成，都会对学生造成精神压力，导致他们的自我努力失败，强化其焦虑。具体来说，教师的教学内容的难度和进度、教师布置的作业和考试题的难度以及对学生的期望等，都应符合学生的实际发展水平。同时，教师也要善于帮助学生正确地评价自己，使他们有一个符合实际水平的抱负水平。如果学生的抱负水平太高，理想自我与现实自我的差距太大，那么学生不管怎样努力，都达不到目标，会感到自己是失败者，焦虑就会明显增强。同时，如果抱负水平太低，相应的焦虑水平太低，也不利于调动学生的上进心和学习积极性。

总之，教师应针对不同学生的具体情况来增加或减轻学生的学习压力，努力保持每个学生适当的焦虑水平。

（二）学生情绪、情感的调控和培养

1. 常见的情绪异常表现

在现实生活中，由于社会期望过高、心理压力大、工作学习负担重、竞争激烈，使人的情绪容易处于紧张状态。如果这种紧张状态得不到缓解，就会导致各种身心疾病。异常的情绪、情感困扰是指那些陷于某些不良情绪、情感体验中不能自拔，或者体验的强度和持续的时间都超过一般人，妨碍或严重妨碍学习和生活的情绪反应。日常生活中常见的异常情绪包括：

（1）抑郁。抑郁是一种感到无力应付外界压力时而产生的消极情绪，常常伴随着厌恶、痛苦、羞愧、自卑等情绪体验。它常使人处于一种消沉、沮丧、失望无助的状态之中，给人的生活带来极大的负面影响。

（2）忧虑。忧虑是一种复杂的综合性的负性情绪，是人们在社会生活环境中对于可能造成危险或需要付出努力的事物和情境将要来临，而又感到对此无法采取有效措施加以预防和解决时所产生的情绪体验。此时，人的心理会产生紧张的期待情绪，表现出不明原因的忧虑和不安。

（3）自卑。自卑是自我情绪体验的一种形式，是个体由于某种生理或心理上的缺陷或其他原因所产生的对自我认识的态度体验。表现为对自己的能力或品质评价过低，轻视自己或看不起自己，担心失去他人尊重的心理状态。

（4）情感淡漠。人人都有喜怒哀乐，这是正常的情绪反应。如果一个学生对周围的一切事物都丧失兴趣，一概采取漠然的态度，这就是情绪不正常。

（5）过度恐惧。这里的恐惧是指具有病理性特点的恐惧，即对常人一般不害怕的事物感到恐惧，或者恐惧体验的强度和持续时间远远超出常人的反应范围，这就是所谓的恐惧性神经官能症，也称恐惧症。它是随某一类特定的物体、活动或情境产生持续紧张的、难以克服的恐惧情绪，并伴随着各种焦虑反应以及逃避行为和植物性神经系统的变化。

2. 情商的概念与培养

1）什么是情商

现代心理学家普遍认为，情商水平的高低对一个人能否取得成功有着重大的影响，在智力水平达到中等的情况下，一个人的工作业绩、成就大小取决于情商的高低。甚至有的研究称，人生事业成功与否主要取决于情商，而不是智商。这也就是为什么许多智商高的人事业无成，而智力平庸的人却表现非凡的主要原因。

情商有广义和狭义之分。广义的情商等同于非智力因素，指的是对人的活动产生影响的智力因素以外的其他所有生理、心理因素，诸如正确而强烈的动机、广博的兴趣、坚强的意志、百折不挠的精神、战胜困难的勇气和决心、有效的自我管理等。狭义的情商又称为情绪智力，是近年来心理学家们提出的与智力和智商相对应的概念。

美国心理学家认为，情商包括以下几个方面的内容：

一是认识自身的情绪。因为个体只有准确地把握自己，才能主宰自己的生活。

二是能妥善管理自己的情绪。即能调控自己，使自己的情绪适度、适当。

三是自我激励、奋发向上，始终保持高度热忱、乐观的驱动力，它能够使人走出生命的低潮，重新出发。因此，能自我激励的人做事的成功率都比较高。

四是认知他人的情绪。会从细微处觉察与识别他人的情绪，善解人意。这种人特别具有同情心，这是实现与他人正常交往、顺利沟通的基础。

五是善于协调人际关系。具有这种能力的人会有好人缘，在复杂的群体中能与人和谐相处，被人推崇，被称为领导者。情绪的自我体验和控制能力都比较低的人，在工作和生活中会遇到许多麻烦，需要付出更多的代价。如无力克服职业倦怠、抑郁、人际紧张、事业失败、婚姻出现问题，甚至导致攻击行为、暴力犯罪等。

2) 情商的培养

（1）正确认识自己的情绪，形成正确的情绪观。一般说来，正常的情绪应该具备以下特点：① 各种情绪都有，以积极、愉快的情绪为主。② 情绪反应与刺激相适应。③ 情绪、情感内容丰富，范围宽广。④ 情绪、情感的表达应与年龄相适应、相吻合，这样的情绪、情感才是和谐的。有人说："儿童就应该有儿童的天真，少年就应该有少年的冲动，青年就应该有青年的血气方刚，中年就应该有中年的从容。"如果34岁的妇女表现得像个14岁的少女，5岁的幼儿有15岁少年的体验，就会让人感觉别扭。

（2）妥善管理自己的情绪。妥善管理自己的情绪应该注意形成良好的心境，有效控制激情，维持心理平衡。其主要的方法有：

① 澄清非理性认识。非理性认识指的是人会有一些不合乎逻辑、不合理的观念。这些观念使人心烦意乱，产生不愉快情绪。如因为一次恋爱失败，就认为自己是彻底没有希望了，全世界的人都不喜欢自己了。其实，用理性分析，就会发现这种观念是荒唐可笑的，是错误的。澄清了认识，情绪自然也就容易调节了。

② 培养健全的人格。健全的人格有利于良好心境的形成。如果人格发展出现了偏差，则不利于情绪、情感的适度体验与协调表达，更不利于情绪、情感的自我管理。

③ 注意形成良好的心境。当人们心情愉快时，往往思维敏捷，记忆清晰，观察细致，学习效率高，人际融洽，生活充满活力。而心情不好就会导致注意力分散，学习效率低下，心存烦恼。所以，我们要注意形成良好的心境，控制好自己的情绪。

④ 有效控制情绪，学会自我激励。人的生活中不可能全是鲜花，总会有困难和挫折，会有不如意的时候。对于伤心、悲哀、抑郁等不良情绪，不能光"堵"，这样太压抑，而且也堵不住，就像洪水一样，一旦崩溃，反而不可收拾。要学会让不良情绪通过合理的渠道排解出去，激励自己振作起来，继续努力。

（3）培养移情能力，认知他人的情绪，协调好人际关系。个体在人际交往中必须要有一定的移情能力，才能很好地体验别人的感受。因此，解除自我中心，培养同情心是认知他人情绪的基础。此外，还要有对他人的言语和非言语信息的接受能力，即俗话说的"察言观色"，善于从对方的表情判断其情绪。同时，处理问题时要注意照顾大家的感受，协调好人际关系。

3. 课堂上学生情绪的有效调控

学生在课堂上的情绪状态对教学效果有着直接影响。学生的情绪往往是很不稳定的，有时高涨，有时低落，有时突然由好变坏，有时又突然由坏变好。教师了解和把握学生的情绪状态，善于引导和驾驭学生的情绪，使他们经常在积极的、良好的心理状态下学习，这一点至关重要。为使学生在最佳的心理状态下学习，教学中教师应注意以下几个方面：

（1）保持高涨的情绪。教学活动是师生之间的一种双边交往活动，它不仅是知识的传递，而且是情绪、情感方面的交流和传递。师生之间情绪、情感的互相感染和影响在教学中起重要作用。教师通过一言一行、一举一动等表现出来的高涨的情绪，会对学生产生潜移默化的影响，起到沟通师生感情，使学生形成积极的心理状态，进而乐于接受教师的教诲的作用。如果教师呆立讲台，毫无表情，只一味干巴巴地讲授，学生则很容易产生厌烦情绪，从而影响教学效果。如果教师情绪不好，不断在课堂上训斥学生，则会严重影响学生的情绪，甚至使学生产生对抗情绪，拒绝学习。

（2）热爱学生。师生之间建立起良好的关系，互相尊重，让学生感受到教师的爱，是教学成功的重要条件。有些学生会为自己所喜爱的教师而学。学生对某位教师有好感，往往会由此产生对这位老师所教学科的兴趣，积极主动地学。只要这个教师一走进教室，学生就心情舒畅、情绪高涨；相反，如果学生不喜欢某位教师，就会对他所教的学科无兴趣，上课时情绪低落、无精打采。

（3）爱护学生的自尊心和自信心。在教学活动中，教师应充分发挥每一个学生的自尊心和自信心的作用，正面引导，善于启发。对于学生取得的成绩和进步，要及时给予表扬，充分肯定、信任，使他们增强信心，产生一种自我激励的心理状态；对于学生的缺点要进行批评，但是要适可而止，不要伤他们的自尊心。心理学研究表明，教师以温和、热情、赞扬的方式对待学生，比用指责、否定批评的效果要好得多。

（4）注意控制学生在课堂上的情绪。控制学生在课堂上的情绪，使学生在良好的情绪状态下学习，是教师的重要职责之一。教师的每一句话、布置的每一个任务、对学生的每一个评语，都直接影响着学生的心理及情绪状态。如果教师对学生采取命令、批评、教训的态度，是不利于学生的心理情绪处于最佳状态的，从而会极大地影响学生独立性、主动性和创造性能力的培养和发展。

4. 教师对学生良好情感品质的培养

引导和培养学生的良好情感品质，是教师的一个很重要的任务。培养学生良好的情绪情感品质，可从以下几个方面着手：

（1）树立正确的人生观，确立远大的志向。古语云："君子坦荡荡，小人常戚戚。"一个有正确人生观、胸怀大志、愿为崇高理想奋斗的"君子"，他们的情绪情感会指向于那些与社会意义有关的大事，而绝不会计较日常琐事、个人恩怨。相反，一个缺乏正确的人生观，没有理想、没有雄心壮志、只求个人利益的"小人"，必然目光短浅，胸襟狭隘，计较于一时一事的得失，因而容易发牢骚、生闷气，心情难保安宁。所以，引导学生加强思想品德修养，鼓励他们树立远大的志向，有助于学生健康情感的培养。

（2）组织学生参加各种活动，丰富其人生阅历。组织和鼓励学生积极参加各种社会活动，有助于学生客观、全面、深入地了解社会环境和社会需要，了解自己对社会的责任和义务等。这样对提高学生分析和解决问题的能力，使他们对各种客观事物产生深刻的情绪情感体验有极大的促进作用。

（3）教会学生调控情绪的方法。

① 努力从学习和个人成长中获得满足，增加愉快的情绪体验。

② 培养幽默感，养成积极的人生态度。幽默感不是天生的，而是后天培养的，善于发现事物的积极、光明的一面的人，才有可能去掌握幽默这种工具。

③ 理智引导，给情绪以合适的表现机会。面对各种使人痛苦、愤怒、烦恼的情境，要充分发挥理智的作用，让由此产生的消极的情绪得以减轻和消除。通常的方法有：其一，情感升华，比如歌德从失恋的悲痛、消沉中走出来，以满腔的热情倾注于文学创作之中，写出了举世闻名的优秀小说《少年维特之烦恼》，既获得了成功，又减轻和消除了自己消极的情绪；其二，自我暗示，例如，可用言语暗示自己"不要发愁""忧愁无济于事，还会损害身体健康""不要着急，冷静处理，一切会好起来的"等来安慰和鼓励自己；其三，请人疏导，俗话说："当局者迷，旁观者清"，别人点拨几句，常会使自己茅塞顿开；其四，自我宣泄，例如愤怒时猛击沙袋，高兴时手舞足蹈，悲伤时放声哭泣，抑郁时跳迪斯科舞等。只要情绪表现的方式、时机、场合适当，都是一种正常的情绪反应，都有助于情绪的调节。

总之，只要善于应用各种情绪调节技术，就有助于克服情绪不稳定的不足，并能使自己在适当的情绪情感体验中发挥自己的学习潜能,取得较好的学习效果。

【资料链接】

钉子与情绪

从前,有一个脾气很坏的男孩,他的爸爸给了他一袋钉子,告诉他,每次发脾气或者跟人吵架的时候,就在院子的篱笆上钉一个。第一天,男孩钉了37个钉子。后面的几天他学会了控制自己的脾气,每天钉的钉子也逐渐减少了。他发现,控制自己的脾气,实际上比钉钉子要容易得多。终有一天,他一个钉子都没有钉,他高兴地把这件事告诉了爸爸。

爸爸说:"从今以后,如果你一天都没有发脾气,就可以在这天拔掉一个钉子。"日子一天天过去,最后,钉子全被拔光了。爸爸带他来到篱笆边,对他说:"儿子,你做得很好,可是看看篱笆上的钉子洞,这些洞永远也不可能恢复了。就像你和一个人吵架,说了些难听的话,你就在他心里留下了一个伤口,像这个钉子洞一样。插了一把刀在一个人的身体里,再拔出来,伤口就难以愈合了。无论你怎么道歉,伤口总是在那儿。要知道,身体上的伤口和心灵上的伤口一样都难以愈合。你的朋友是你宝贵的财产,他们让你开怀,让你更勇敢,他们总是随时倾听你的忧伤,你需要他们的时候,他们会支持你,向你敞开心扉。"

二、学生的成长发展与意志品质的培养

(一)意志培养的意义

新一轮的课程改革有一个核心的教育理念就是教学的本质是交往、互动,学生作为鲜活的生命个体与教师进行平等的精神交流。新课改要求下的教学必定要注重学生的情感和意志。同时,随着主体性的凸显,学生的个人意志更成为影响学生成长发展的重要因素。

法国著名生物学家巴斯特有一段名言:"立志、工作、成功,是人类活动的三大要素。立志是事业的大门,工作是登堂入室的旅程,这个旅程的尽头就有个成功在等待着。"这说明意志在人的成才和事业成就中具有重要的意义。实践证明,坚强的意志品质并非与生俱有,而是后天的社会实践与教育中逐步锻炼和培养发展起来的。

意志培养,也称意志教育,指教育者针对学生身心发展的特点,为培养学生良好的意志品质而实施的有目的、有计划的指导和训练。古今中外的教育家都非常重视意志的培养。马卡连柯曾说:意志、勇敢和目的性培养,是具有头等意义的问题之一。现代社会中加强对学生意志的培养更加具有举足轻重的作用。首先,青少年学生的现状要求加强意志的培养。当今独生子女越来越多,生活条件越来越好,孩子们成了家庭的"中心轴"。这就不可避免地造成有些青少年儿童产生懒惰、任性、自私、缺乏克服困难的勇气和毅力等不良个性品质。其次,对现代社会的适应要求加强意志的培养。当今,竞争激烈的现代社会给每个人都敲响了警钟——适者生存、劣者淘汰。因此,培养青少年学生战胜困难的勇气和决心,树立顽强拼搏、开拓创新的精神是必然的趋势,是现代化发展的必然要求。

(二)教学过程中对学生意志的教育和培养

对学生意志的培养,教师在教学过程中可以从以下几个方面入手:

(1)加强对学生的科学世界观的教育,树立符合自己的理想和目标。世界观是人的认识活动的定向工具和行为的最高调节器,只有树立了科学的世界观,学生才能正确地制定行动的目标,并对一切个人的、团体的思想和行为作实事求是的正确的评价,明辨是非,具有高度的责任感,明确生活目的和追求崇高理想。

为此，教师应当注意教育学生把崇高的理想同眼前的学习、工作、生活结合起来，用理想和目标来指导自己。理想越崇高，意志就表现得越坚强，人的自觉性就越高。但是，理想和目标一定要符合自己的特点，切实可行。有些学生常常抱怨理想是梦想，无法实现，就是由于理想和目标定得太高，难以实现。例如，有的学生给自己订计划，每天学习到深夜12点，早上5点起床。结果坚持了几天，把自己累得身心疲惫，计划也没办法进行下去。与其这样，还不如分两步走，有了效果，再提高要求。学生如果只有长远的目标而无短暂的目标，行动就会缺乏直接的动力，还有可能成为一个眼高手低者。因此，教师要把重点放在指导学生制定切实可行的短暂目标之上，学生对这类目标越明确，就越能主动、积极地学习。另外，提高学生行为的自觉性，教师可根据不同基础、不同年级的实际情况，设法帮助学生克服受暗示性和防止独断性，不论是学习、作业还是劳动和工作，多启发他们自觉制订计划和独立完成，不要过多地对他们加以"督促"和"帮助"。

（2）引导学生在实践活动中与困难作斗争，增强其克服困难的毅力和能力。坚强的意志是在克服困难的实践活动中发展起来的。在组织学生活动时，教师向学生提出的活动任务要有一定的难度，同时又是他力所能的，这对于培养他们意志力的坚定性和自觉性很有好处。例如，要求他们坚持独立完成各种作业，坚持参加科技小组的活动，坚持各种体育锻炼，坚持为集体做好事等。

（3）根据学生意志品质上的差异，采取不同的锻炼措施。例如，对于容易盲从、轻率行事的学生，教师应当多启发他们的自觉性，培养他们对社会集体的荣誉感和责任感；对于怯懦的学生，则应多鼓励他们克服困难，并对克服困难的方法和技术给予指导；对于依赖性强的学生，则应多鼓励他们独立完成任务，不要越俎代庖；对于自制力差的学生，则要让他们学会善于调节和控制情绪的本领，要让学生逐步学会预料到挫折和失败带来的后果，使他们有足够的忍受挫折和失败的思想准备，从而减弱激情的反应。同时，鼓励他们的勇敢行为，克服冒险和蛮干的行为。

（4）充分发挥班集体和榜样的教育作用。学生对集体的义务感和荣誉感有助于其自制、刚毅、勇敢等意志品质的形成。在具有良好班风的集体里，学生们会严守纪律，坚决不做违反纪律的事，这本身就是最好的意志锻炼。因此，教师应当努力使自己的班级形成好的班风，充分发挥集体的作用，帮助学生养成良好的意志品质。

在培养学生良好道德品质的过程中，榜样始终有着特别重要的作用，教师除了用科学家、发明家、劳动模范、革命先烈以及文艺作品中的优秀人物来陶冶学生的意志外，还要善于从学生周围的生活中，从学生熟悉的任务中，特别是从他们的同龄人中选取典型，为他们树立坚强意志的榜样。在这样的榜样面前，因为心理距离小，学生感到亲切，所以容易接受。同时教师自身的榜样作用也很重要，教师如果只是要求学生有坚强的意志，而自己却经常优柔寡断，做事虎头虎尾，就难以保持意志教育的效果。

（5）引导学生加强意志的自我锻炼，增强自制力。在培养学生良好意志品质的过程中，周围人们的影响、集体的委派任务、榜样的影响等，都必须通过学生的自我锻炼才能真正起作用。研究表明，学生能够进行意志的自我锻炼。例如，他们在学习自觉性、坚持性方面的自我锻炼，通常有下列一些方法：第一，经常用名言、格言、榜样来对照自己、检查自己、督促自己；第二，经常同周围的一些比自己学习强的人比较，找出差距，奋力追赶，直到赶上或超过为止；第三，坚持制订学习计划，包括学期、月和周的计划及每天的安排；第四，严格执行计划，无论遇到什么情况都逼着自己去完成；第五，每天坚持记日记，检查每天的活动，发现缺点立即改正等。

（6）培养健康、丰富的情感。积极健康的情感能使人自信、自立、自强，做事也会坚决果断。处于青春期的学生，心理不太成熟，因此，他们的情绪不太稳定，情感波动也很大，时而高兴万分，时而愁眉苦脸。有些消极情绪还会阻碍中学生的意志行动。当他们心情烦躁、郁闷时，做事就会优柔寡断。因此，教师应经常对学生进行心理卫生教育，使他们保持愉快、乐观的情绪。

（7）加强挫折教育，正确看待成功和失败。所谓挫折教育，就是教师通过创设某种受挫教育，结合儿童、青少年的实际生活，指导他们采取适当的情绪控制行为，帮助他们运用克服困难、获取成功的正确手段，提高他们的耐挫力。意志品质主要是在困难的行动中表现和培养的。教师可以结合教学、劳动等向学生讲明意志训练的意义，然后组织一系列的活动，给学生创设一些困境，有意识地对学生进行意志训练。

孟子曾说："天将降大任于斯人也，必先苦其心志，劳其筋骨，饿其体肤……所以动心忍性，增益其所不能。"古今中外的历史名人有许多就是在困境、逆境中锻炼出他们坚强的意志品质。司马迁受宫刑之后写出了历史巨著《史记》；勾践卧薪尝胆终于打败了吴国；哥伦布几经艰险终于发现了新大陆等。现在有些学生养尊处优，家长唯恐孩子受委屈，对孩子唯命是从。久而久之，当孩子们面对困难与挫折时，就会无所适从。因此，从某种意义上说，人为地创设适度的困难，让孩子接受一定的挫折教育，可以培养他们的坚持性和忍耐力，并且能够训练他们的自控力。

有些学生因为害怕失败而不敢下决心去做事，总是犹豫不决。教师应引导学生正确看待失败，让他们明白任何选择都伴随着得失。只有敢于失去，才能真正得到。这样学生就不会因为怕失去什么而不敢选择，而且能够坚持到底。在人生的征途中，有欢乐也有眼泪，有顺境也有逆境，有荣誉也有痛苦。世界上没有只能赢不能输的人，能输才能赢。

总之，教师应当注意教育学生加强意志的自我锻炼，使他们养成自我检查、自我监督、自我鼓励的好习惯。

【资料链接】

哈佛女孩的故事

1999年，18岁的成都女孩刘亦婷被美国哈佛大学、哥伦比亚大学等四所世界一流高等学府录取，还获得全额奖学金。为了将刘亦婷培养成一个有出息的人，她的父亲从小就培养她强大的承受能力。在刘亦婷10岁时，父亲设计了一次奇特的"忍耐力训练"：捏冰15分钟。刘亦婷捏的是一块比一号电池还大的冰。她叙述说：第一分钟，感觉还可以。第二分钟，就觉得刺骨的疼痛，我急忙拿起一个药瓶看上面的说明，转移我的注意力。到了第三分钟，骨头疼得钻心，像有千万根冰在上面跳舞似的，我就用大声读说明的方法来克服。到了第四分钟，让我感到骨头都要被冰冻僵、冻裂了，这时我使劲咬住嘴唇，让痛感转移到嘴上，心里想着：忍住，忍住。第五分钟，我的手变青了，也不那么痛了。到了第六分钟，手只有一点儿痛了，而且稍微有点儿麻。第七分钟，手不痛了，只觉得冰冰的，有点麻木。第八分钟，我的手就完全麻木了……当爸爸跟我说"十五分钟了"的时候，我高兴地跳着欢呼起来："万岁，万岁，我赢了，我赢了！"可我的手却变成了紫红色，摸什么都觉得很烫。刘亦婷的爸爸设计的"忍耐力训练"实际上就是意志力锻炼，这种训练为刘亦婷的成功打下了坚实的基础。

思考讨论与实践探索

1. 人的需要都是一样的吗？为什么？什么样的需要有利于个人和社会的发展？
2. 什么是行为，动机与人的行为的关系如何？
3. 自我意识是什么？如何加强对学生良好自我意识的培养？

4. 什么是动机冲突？如何处理生活学习中的各种动机冲突？
5. 什么是情绪和情感？两者有何区别和联系？
6. 情绪有哪几种状态？高级情感有哪几种？如何促进学生情绪情感的健康发展？
7. 青少年学生应如何克服不良情绪，提高自我管理情绪的能力？
8. 什么是焦虑？焦虑对学习有何影响？如何培养学生适当的焦虑水平？
9. 试谈谈教师课堂问题行为的调控和矫正。
10. 试举例说明教师行为与学生行为之间的关系。
11. 试分析自己的意志品质特征。你打算如何针对自己意志品质的不足之处来培养自己良好的意志品质？
12. 案例分析：高一女生李某，在上高中前成绩一直名列前茅。进入高中后，对物理学习不太适应，第一次期中考试物理科竟然不及格，她既沮丧又害怕。从此一上物理科就焦虑，一到物理测验就紧张，越想学好就越学不好，以致后来她几乎无法上物理课。

请分析李某出现该问题的原因，试设计解决方案。

13. 问题讨论："一起特殊的作弊事件"。

"某中学举行了一次'有奖考试'，其中有一个班的不少学生包括一些班干部，为夺取这次难得的'荣誉'而作弊。经过班主任的教育指导，学生们终于认识到考试作弊的严重性，但担心把事情张扬出去影响了班集体的荣誉，建议班主任把这件事'盖住'，评奖照样参与，并保证今后绝不再犯类似的错误。班主任认为，虽然作弊行为仅发生在部分学生身上，但受影响的是整个班集体；尽管学生是为集体'荣誉'而作弊，有集体荣誉感是件好事，但做错了事情害怕讲出去是不敢正视错误的表现。班主任主张把作弊事件向全校公开，并决定在事实未了解清楚之前，全班同学一律不参加学校的评奖活动。"

如果你是该班班主任，你会怎样处理这一事件？并应用相关理论原理做相应的分析评论。

第八章 人格发展与教育教学

【学与教要求】
> 识记：性格、气质、气质类型、神经过程的基本特性等
> 理解：人格概念及主要理论，气质的类型及其特征，性格的结构及其特征
> 应用：气质与性格的个体差异，树立因材施教的教育教学观念，掌握培养学生健康人格的方法

第一节 人格发展概述

一、人格及其基本特性

（一）什么是人格

我们在日常生活中经常使用"人格"这个词，者如"某某有良好的人格""某某很虚伪，人格卑鄙""某某其貌不扬，但人格高尚"，这里所讲的人格，一般是指一个人的人品、品德，给人留下的印象等；在法律上也有"侵犯某某人格"的说法，这是将人格视为权利义务的主体：在商业领域，常可听到某产品"能增强人格魅力"，这里的人格是容貌、仪表、风度等等。这些都与心理学上所讲的人格的含义是不同的。那么，在心理学中"人格"的确切含义是什么呢？

人格是心理学中一个非常复杂且十分重要的主题，不同的研究者对人格的理解不同，单就人格所下的定义就有49种之多。人格定义的不同．既反映了心理学家们对人格研究的侧重点的不同以及他们所采用的研究方法的不同，也反映了人格的内涵的丰富性。

我国古代汉语中没有"人格"这个词，只有"人性""人品""品格"等相关的词。最早讲到人性的孔子曾说："性相近也，习相远也"，认为素质是基础，个体差异来自环境和教育。现代汉语"人格"一词则源自"Personality"的意译，而英文中的"Personality"一词源自拉丁文的"Persona"，其原意是指演员所戴的面具，即演员在表演时为表现剧中人物的身份、性格等特征而选用的面部化妆或脸谱。以后延伸指演员本人，意指在生活中具有某种特性的个体以及个体具有的独特的社会角色特征、个人品质，等等。

一般认为，人格是"具有一定倾向性的心理特征的总和"，是个体在社会化过程中形成的具有个人特色的身心系统的动力组织，表现为个体适应环境时在能力、气质、性格、需要、动机、信念、价值观和体质等方面的整合。

（二）人格的基本特性

一般认为，人格具有整体性、稳定性和可塑性、独特性和共同性、社会性和生物性这四个基本特征。

1. 人格的整体性

人格的整体性是指人格虽有多种成分和特质，如能力、气质、性格、意志、需要、动机、态度、价值观、行为习惯等。但是，在一个现实的个体身上，它们并不是孤立存在的，而是密切联系并整合成为一个有机组织。正常人的行动并不是某一特定成分（如能力或情感）运作的结果，而是各个成分密切联系、协调一致所进行的活动。而精神分裂症是整体性的丧失、精神的内部分裂，患者的感觉、记忆、思维和习惯这类心理机能虽然不至于丧失，但却是乱七八糟的。可见，心理的完整性是人格健康的表征。

在培养学生健全人格时，我们不应只抓他们的行为、认知或者情感的某一方面。在实际操作时，有时是先从行为习惯开始；有时是通过激发他们的情感，让他们产生一种愉快的情感体验，然后进行认知与行为培养；有时是从认识一个道理，了解概念入手。不管是从行为、情感、认知、价值观念等哪方面入手，人格都是一个不可分割的整体。

2. 人格的稳定性和可塑性

所谓人格稳定性，是指一个人经常表现出来的稳定的心理与行为特征，那些暂时的、偶尔表现出来的行为则不属于人格特征。人格的稳定性是历经婴儿期、童年期、青少年期、成人以至老年期而形成的。随着年龄的增长，儿童时期的人格特点往往变得日益巩固。正是因为人格具有稳定性，一个人与他人在心理面貌上才能有所区别，才能预测他在特定情境下的行为，才能了解人和管理人。

人格的稳定性并不意味着人格是一成不变的，人格还具有可塑性。而且，人格改变与行为改变是有区别的，行为改变往往是表面的变化，是由不同情境引起的，不一定都是人格改变的表现。人格的改变则是比行为更深层的内在特质的改变。一般来说，儿童的人格不很稳定，受环境的影响较大；成人的人格比较稳定，但通过自我教育、自我调节可部分改变其人格特征。人格是在主客观条件的相互作用下发展而来的，同时又在主客观条件的相互作用下发生改变。人格是稳定性和可塑性的统一。

3. 人格的独特性和共同性

人格的独特性是指人与人之间心理和行为等方面是各不相同的。在日常生活中，我们随时随地都可以观察到每个人的行动都异于他人，每个人都各有其需要、爱好、认知方式、情绪、意志和价值观等，这就是人格的独特性表现。正如德国哲学家莱布尼兹所说：世界上没有两片完全相同的绿叶。世界上也没有两个人格完全相同的人。即使在遗传上是完全相同的同卵双生子，其人格也是有差别的，因为人格是在遗传、环境、成熟和学习许多因素的影响下发展起来的，除遗传因素外，还有其他因素和这些因素的相互关系，这些都不可能是完全相同的。

在教育教学中，教育者应该知道学生是千差万别的。即使都是外向的人，表达方式也会有很大差别，如有人较为直率，有人较为婉转。我们不能抹杀学生的个性特点，在一定时候，要让他们充分展示其独特性。孔子很早就提出因材施教就是这个道理。

我们强调人格的独特性，并不排除人与人之间在心理和行为上的共同性。例如，由于受传统儒家文化的影响，世界各地的华人都有不少相同的人格特征。同一民族、阶级和群体的社会文化影响，使个体间具有某种相似的人格特征。这种统一文化陶冶出的共同的人格特征称为群体人格或社会人格，源于群体的基本的和共同的经验，是人格结构的核心部分之一。

4. 人格的社会性和生物性

人格的社会性是指人格是社会的人所特有的，强调人格是在社会化的过程中形成的。同时，人格又是在个体的遗传和生物基础上形成的，人格又受到个体的生物特性的制约，这就是人格的生物性。可以说，人格是个体的自然生物性和社会性的综合。每个人在生下来时只是一个生物实体，具有生物性特征。出生后，就进入社会活动中，和周围的人结成不同的人际关系。为了将来能很好地适应其所生活的社会、文化环境，人就要掌握这个社会的行为、道德规范、价值观念、信念体系、风俗习惯、风土人情。只有这样，个体才能够使自己的行为符合该社会的规范，才能够融入这个社会，跟他人友好地相处。在这个社会化的过程中，个体获得了社会性，变得更像社会中的大多数人。

其实，即使是人的生物性需要和本能，也是受人的社会性制约的。例如，人满足食物需要的内容和方式是受具体的社会历史条件制约的。所以，人格作为一个整体，作为一个系统主要是由社会条件所决定的。

二、人格的主要理论

人格理论（Personality Theory）是心理学家用来解释人格的一套假设系统或参考框架。由于人格问题的复杂性以及人格心理学家研究取向的不同，每一种研究取向的人格理论都能为我们提供观察人格的一条途径。我们应博采众长，加以综合，从而达到对人格有一种较完整的认识。下面是影响较大的几种人格理论。

（一）经典精神分析理论

奥地利精神学家弗洛伊德在20世纪初根据其多年对精神病人的诊断提出精神分析论。他认为，人内在的心理能量的运动以依恋、冲突和动机的方式进行，强调个体大脑中的无意识过程，认为成人的人格和不断出现的问题是由儿童的早期经验所决定的。这些经验产生了无意识的思想和情感，之后就会逐渐形成特有的习惯、冲突和自挫行为。弗洛伊德理论的核心包括两个方面：

一是人格结构。弗洛伊德理论将人格理解为由本我、自我和超我三个心理结构组成，人们所采取的任何行动或产生的问题都是由这三个系统间的相互作用和平衡程度引起的。本我（id）是从人出生就开始出现的，由生物本能和欲望组成。本我包括生的本能（或性本能）和死的本能（或攻击本能）。当能量在本我中不断积累时，会导致紧张，这种紧张可以通过反射活动、身体症状或不受控制的心像及自发的观念等形式体现出来。自我（ego）是新生儿与外部世界互动的头两年发展起来的，在本能需求和社会允许的形式下得到满足。在弗洛伊德看来，自我既是无意识的又是有意识的，它代表了"理智和良好的判断力"。超我（superego）是儿童长到5岁左右开始形成的。代表了社会要求，特别是来自父母的价值和标准。超我的一部分是良心，会告诉你做错了什么；另一部分是自我理想，是个人在幼年时受到父母赞扬和奖赏的那些行为。超我的一部分是有意识的，但大部分是无意识的。它是本我行为的评判者：当你做了好事，超我会产生自豪感和满足感；当你破坏了规则，超我会产生内疚感和羞愧感。

弗洛伊德主张，健全的人格应当是三个系统保持平衡，否则，就会出现一些人格上的问题。例如，主要受本我支配的人被冲动和欲望控制；主要受超我支配的人则会表现得僵化、爱说教及专横；自我比较脆弱的人不能在需要、愿望和社会责任、现实限制之间达到平衡。

【资料链接】

自我防御机制

弗洛伊德认为，当个体因其本我与社会规则发生冲突而感到焦虑或受到威胁时，自我便会设法释放紧张，于是发展出一套防御机制（Defense Mechanisms）的无意识策略，否认或歪曲事实。但它们可以防卫自己，减少因超我和本我冲突时产生的焦虑。只有当这些无意识策略导致自我挫败行为和情绪问题时，人才会变得不健康。下面是由弗洛伊德本人和后来的精神分析家定义的一些基本防御机制：

压抑（Repression），指阻止危险的观点、记忆或情绪进入无意识之中。例如，一个妇女有受惊吓的童年经验而自己却不记得，她便被认为是压抑了对这一经验的记忆。

否认（Denial），指人们心理上拒绝已发生的事实，包括一些不愉快的事情、自身有的问题，或不被允许的情绪等。例如，童年被虐待、长期酗酒；否认保护了一个人的形象。

投射（Projection），指将自己不为社会接纳的欲望、冲动归咎于别人。

合理化（Rationalization），指对自己不合理的行为给出合理的解释。如"酸葡萄心理"和"甜柠檬心理"。

转移（Displacement），指把情绪指向物品、动物或其他并非其情感真实目标的人。例如，一个男孩不能向他的父亲发火，他可能把气出在玩具或他的小妹妹身上。

反向作用（Reaction Formation），指把某种社会不允许的冲动、欲念潜意识地转化成强烈的相反形式。例如，害怕承认畏惧丈夫的女人可能会坚信自己非常爱丈夫；被色情形象唤醒的人可能会很生气地说色情画面令人恶心。

退化（Regression），指一个人因挫折返回到他心理发展的早先阶段。例如，一个8岁大的孩子由于担心他的父母会离婚而出现退化行为，如吮吸大拇指。

升华（Sublimation），指将不为社会允许的欲望转化为符合社会要求的行为方式表现出来，如将对母亲的性幻想转移到进行艺术创作和发明创造中。

防御机制都是潜意识的，大多数防御机制偏离社会现实甚至扭曲现实。如果过分使用防御机制，就会导致一些心理疾病。

二是人格发展。弗洛伊德认为，儿童从出生到成年要经历几个发展阶段，每个阶段都有一个特殊的区域，称为"力比多"的兴奋和满足中心。性驱力从身体的一个部分流到另一个部分，每一次转变都意味着进入了性心理发展的又一个新的阶段。表8.1简要地描述了性心理发展的几个阶段。

表8.1 弗洛伊德性心理理论发展的五个阶段

心理性欲阶段	年龄	描述
口腔期（Oral Stage）	0~1岁	性本能的主要区域集中在口腔，因为婴儿从吮吸、咀嚼、咬、吞咽等活动中得到快感，因此，喂食是很重要的。例如，婴儿突然断奶或断奶太早，后来可能纠缠配偶或者过分依赖配偶
肛门期（Anal Stage）	1~3岁	满足性本能的主要方式是自发排泄。大小便训练可能引起父母和儿童之间较大的冲突。父母创造的情绪氛围有持久的影响。例如，儿童如果由于上厕所时发生意外而受到处罚，就可能变得抑制、肮脏或浪费
性器官（Phallic Stage）	3~6岁	愉快来自性器官的刺激，儿童对异性父母有乱伦的愿望（恋父情结或恋母情结）。这种冲突引发的焦虑，会导致儿童内化性别角色的特征及其与之竞争的同性父母的道德标准

续表 8.1

心理性欲阶段	年　龄	描　　述
潜伏期（Latent Stage）	6～11岁	性器官的创伤导致性冲突的压抑。性冲动转移到学习或充满活力的游戏活动中。随着儿童在学校获得更多的问题解决能力和对社会价值的内化，自我和超我继续不停地发展
生殖器（Genital Stage）	12岁以后	青春期的到来唤醒了性冲动，青少年必须学会以社会接受的方式表达这种冲动。如果发展是健康的，婚姻和抚养孩子能够满足这种成熟的性本能

弗洛伊德认为，在这五个阶段，父母和儿童一样应保持一致。对性欲的过分满足或不满足，都可能引起儿童沉溺于受鼓励或不受鼓励的活动。此时儿童就固着（Fixation）在这个活动上，也许生命的整个过程都存在这种问题。如婴幼儿咬手指受到了严厉处罚，由此产生冲突，就有可能产生口腔固着，从而在成年时用吸烟或过度饮食等活动来代替这种冲突。弗洛伊德认为，童年的早期经验和冲突会持续影响成人的人格观点，有很重要的应用价值。

（二）荣格的人格理论

荣格人格理论的主要观点是对弗洛伊德理论的批评与修正。在荣格看来，人格结构由意识（自我）、个体潜意识（情结）和集体意识（原型）等三个层面构成。

自我是有意识的心智，是心灵中关于认知、感觉、思考以及记忆的那部分。荣格所指的自我与弗洛伊德的自我不同，不是从本我中分化出来的，也不是夹在本我和超我之间只发生中介作用的。荣格的自我有独立性、连续性与统合性，这三种特性在个体幼年的生活经验中逐渐发展形成。一个自我健康的人，也就是人格健康的人。

个体潜意识（Personal Unconscious）是和自我最相近、比其作用更大的潜意识的表层部分。它包括一切被遗忘的记忆、知觉和被压抑的经验，以及属于个体性质的梦和幻想等。无论属于何种情形，潜意识中不愉快的经验积压久了就会形成情结（Complex）如恋母情结、权利情结等。情结一旦形成，它就会脱离意识的控制，还会可以介入或影响意识。

集体潜意识（Collective Unconscious）是人类在种族演化中长期流传下来的一种普遍存在的原始心像和观念。荣格称这种心像和观念为原型（Archetype）。集体潜意识中有很多不同的原型。原型是怎样形成的呢？按荣格的解释，原型由种族长期流传的生活经验所形成。例如，人类有生而怕黑怕蜘蛛的倾向，这种倾向就可视为原型。这是因为，人类自古以来就有在黑暗中受到惊吓和遭受蜘蛛咬伤的痛苦经验。荣格认为，两个最重要的原型是关于男性和女性的原型。在两性中都有男性和女性的特质：阿尼玛（Anima）代表了男性身上的女性原型，阿尼玛斯（Animas）代表了女性身上的男性原型。然而，如果一个人试图压抑他或她内部的异性原型，就会出现人格问题。

（三）人格的特质论

特质论（Trait Theory）是现代西方人格构成的一种主要理论。认为人格由许多特质要素构成，强调人格的个体差异和整体功能。在心理学中，特质（Trait）常被看做是持久而稳定的行为倾向，可以用连续的尺度加以测量。由于可以对特质进行量化，人格特质测量得到了广泛的应用。

然而，个体的人格由哪些特质构成，特质论学家并未达成共识。奥尔波特认为，人格的特质分为共同特质（Common Traits）和个人特质（Central Traits）。前者是同一文化中许多个体共有的人格特质，但同一文化的成员间拥有的共同特质也有程度差异。例如，我们说德国人严谨踏实，但并不是所有德国人在任何时候都是严谨的。

个体人格的独特性主要是由个人特质决定的。个人特质又可分为首要特质、中心特质和次要特质。首要特质（Cardinal Traits）是足以代表个人最独特的个性特质；中心特质（Central Traits）是代表个人人格的几方面的特征，是构成人格特质的核心部分。一个人的中心特质为5~7个。平常评价一个人所用的"诚实""刻苦""真诚""乐观"等形容词，指的就是中心特质。次要特质（Secondary Traits）是个人只有在某种情境下才表现的特征。有些人虽然喜欢高谈阔论，但在陌生人面前却沉默寡言，如果只从陌生情境看他的人格特征，就只能说沉默寡言是他的次要特质。在一个人的生活中，首要特质的渗透性占明显优势。例如，一个具有强权欲望的人，无论在生活上还是事业上，凡事都争强斗胜，争取掌控权、控制权。中心特质的渗透性次之，如一个人在处理难题时表现出的机敏、果断和创造性等。次要特质的渗透性不明显，且抑制性和概括性较差，是个体适应于环境的暂时行为，如一个人对某种食物的偏好。

随着心理测验和统计理论的发展，卡特尔采用因素分析法发现了16个根源特质（见表8.2）。与之相对的是表面特质（Surface Traits），即一群看上去是关联的特征或行为。例如，一个人在街上与他人打招呼、微笑，向对方致意，从表面上看此人有友善的特质。

表8.2 卡特尔的16个根源特质

1. 服从性—支配性	9. 平静—忧虑
2. 保守性—试验性	10. 注重实际—富于想象
3. 情绪性—稳定性	11. 松弛—紧张
4. 权宜性—真诚性	12. 缄默—开朗
5. 直率—机灵	13. 胆小—冒险
6. 团体志向—自负	14. 清醒—听天由命
7. 谦恭—武断	15. 坚强—柔弱
8. 低智力—高智力	16. 信任—多疑

继卡特尔之后，心理学家继续用因素分析方法对人格特质进行研究。目前，最具影响力的特质理论是由佩斯等（Tupes & Christal，1961）提出的"大五"人格理论，即开放性（Openness）、责任心（Conscientiousness）、外倾性（Extraversion）、宜人性（Agreeableness）和神经质或情绪稳定性（Neuroticism）。"大五"模型在不同群体中均表现出较好的一致性，这其中包括了儿童、大学生、成年人以及使用不同语言的人群。此外，在加拿大、芬兰、波兰和菲律宾等不同国家所进行的跨文化研究也支持这一理论（Feldman，2001）。

（四）人格的学习论

行为主义认为，人格就是各种习得行为模式的集合。例如，小女孩看到妈妈用搅拌机打苹果馅，于是也用搅拌机来搅拌泥巴。妈妈教育女儿说："泥巴会把搅拌机弄坏的，你是一个大姑娘了，以后不用妈妈的搅拌机来玩泥巴，好吗？"女儿的人格就是在模仿母亲的行为和接受母亲的教育中逐渐形成的。

虽然行为主义解释的人格模型简单明了，但忽略了一个重要因素：思维。于是，新一代行为主义提出了社会学习理论（Social Learning Theory），对人的知觉、思维、期望和其他心理过程的作用进行了更为系统的整合，在对人格的解释中也更为全面地涉及了学习原则、榜样作用、人际以及社会关系效应等理论问题。社会学习理论家罗特强调心理情境、期望强化价值和自我强化在行为习得中的作用。

学习论代表人物多拉德和米勒用四个关键情境来解释人格发展的原因，认为这四个情境对人格发展有持续的"印刻"效应：

（1）喂养方式。喂养方式使婴儿形成了对外部世界的基本反应倾向。一些婴儿主动，一些婴儿被动，都与喂养方式有关。如果婴儿一哭，马上就喂奶，婴儿就会用哭来操纵父母；如果婴儿哭，一直不喂奶，婴儿就学会了被动地等待。

（2）性别训练。性别训练不但对儿童学习成为"男人"或"女人"有重要作用，而且对基本人格的形成有重要作用。从出生开始，父母确定了自己的孩子是男孩还是女孩后，就鼓励他们学习与其性别相适应的行为。根据社会学习理论，认同和模仿对于整个人格发展和特定性别训练有很大作用。

（3）排便训练。排便训练的方式对于建立父母和儿童之间的情感关系有特别重要的意义。当父母看到孩子乱拉小便时，有可能会对孩子进行处罚。孩子可能对父母的行为迷惑不解，感到害怕。儿童对许多事情的态度倾向都是在此阶段形成的，其中不仅包括对清洁和各种身体功能的态度，也包括对"顺从"的态度。

（4）愤怒及攻击的表达。儿童学会表达自己愤怒情绪或攻击行为的时间、地点和方式对其人格发展也很重要。与性别学习一样，儿童愤怒和攻击行为的早期学习经验也会在其人格上留下深刻印记。尤其重要的是，人成年后对权力的需求与其在儿童期形成的对自己的攻击行为和性行为的"放任度"有一定联系。在学校，老师可能无意中鼓励了女生的顺从、依赖和被动的行为，同时强化了男孩的攻击行为。

三、人格测量

人格测量既是基础理论研究必不可少的工作，也在人力资源管理、教育和心理治疗等实践领域有着广泛的应用意义。目前，主要的人格测量方法有自陈量表法、投射测验等。

（一）自陈量表法

自陈量表（Self-report Inventory）是一种要求被试自行报告，回答关于他们在各种情况下的行为或感受等问题的测量工具。在施测时，要求被试回答一系列关于思想、情感和行为的问题，从而获得在某一维度分布或不同特质上的得分。

在过去的半个世纪里，出现了数以百计的人格测验，其中明尼苏达多项人格问卷、卡特尔16种人格因素等问卷是得到广泛认可和应用的人格自陈量表。以下简要介绍其中常见的几种：

1. 明尼苏达多项人格问卷

美国明尼苏达大学的哈萨威（Starke Rosecrans Hathaway，1903—1984）和麦金利（John Charnley Mckinley，1891—1950）于20世纪40年代合作编制了明尼苏达多项人格问卷（Minnesota Multiphasic Personality Inventory，MMPI）。1989年进行了一次修订，这就是现在广泛使用的MMPI-2。MMPI最初用于诊断人们有无心理障碍，但后来发现它还能预测许多其他的行为，因而被广泛应用于评价那些与安全有关的职业申请者的人格、心理病理学特点和情绪稳定性。例如，俄罗斯的心理学家使用MMPI-2对宇航员和奥运会运动员进行选拔和测评（Friedman，2000）。经过几十年的不断应用和筛选，如今 MMPI-2 在临床和研究中应用越来越广。

　　MMPI 早期版本包括 566 个问题，所有的题目按性质可以分为 26 类，包含健康状况、情绪反应、社会态度、心身性症状、家庭婚姻问题等方面，可鉴别强迫症、偏执狂、精神分裂症、抑郁性精神病等。该问卷有 10 个临床量表，可以得到 10 个分数，代表 10 种人格特质。同时有 3 个与效度有关的量表（16-18），用来考察被试作答的态度。如果被试在这 3 个量表中得分特别高，则表明被试没有诚实地、认真地作答。在测验时，被试对每一个问题选择一个"是""否"或"不能回答"。测验时间一般为 45 分钟，最多 90 分钟；如果被试文化水平低可以超过 2 小时。以下是关于明尼苏达多项个性问卷的题目举例：

1. 我喜欢机械方面的杂志。
2. 我的胃口很好。
3. 我早上起来的时候，多半觉得睡眠充足，头脑清醒。
4. 我想我会喜欢图书管理员的工作。
5. 我很容易被声音吵醒。
6. 我喜欢看报纸上的犯罪新闻。
7. 我的手脚经常是暖和的。
8. 我的日常生活中充满着使我感兴趣的事情。
9. 我现在工作（学习）的能力和从前差不多。
10. 我的喉咙里总感觉有一块东西堵着似的。
11. 我认为一个人应该去了解自己的梦，并从中得到预兆和启示。
12. 我喜欢神话小说或侦探小说。
13. 我总是在精神紧张的情况下工作。
14. 我每个月至少一两次泻肚。
15. 偶尔我会想到一些坏得说不出口的事。
16. 我觉得世道对我太不公平。
17. 我的父亲是个好人。
18. 我很少有大小便不通的毛病。
19. 我的性生活是满意的。
20. 当我接受一件新的工作的时候，总喜欢先打听一下谁要继续我的工作。

　　所有题目均采用"是""否""不一定"来回答，答案没有对错之分，通过系统地施测于不同群体，研究者编制出了用于确定不同类型异常行为的各个分量表的常模。美国 MMPI 标准化委员会对 MMPI 进行了重大的修订。1989 年明尼苏达大学出版了《MMPI-2 施测与计分手册》，包括 567 个项目，其中没有重复项目。中国科学院心理研究所宋维真教授等从 1980 年尝试对该问卷进行修订，1992 年基本完成了对 MMPI-2 的中国版修订和常模制定。宋维真教授等还编制了简短式的 MMPI，叫心理健康调查表。该表有 168 个题目，更适合中国情况，具有较高的信度和效度。

2. 卡特尔 16 种人格因素问卷

　　1949 年，美国伊利诺斯州立大学卡特尔教授（R.B.Cattell）经过几十年的系统观察、科学实验以及因素分析，编制了卡特尔 16 种人格因素问卷（Sixteen Personality Factor Questionnaire，简称 16PF）。这 16 种人格特质分别是：乐群性（A）、聪慧性（B）、稳定性（C）、恃强性（E）、兴奋性（F）、有恒性（G）、敢为性（H）、敏感性（I）、怀疑性（L）、幻想性

(M)、世故性（N）、忧虑性（O）、实验性（Q1）、独立性（Q2）、自律性（Q3）、紧张性（Q4）。这16种个性因素各自独立，每个因素所包含的题目不等，少则13个，多则26个。每个题目有三个选项（如"是的""不是的"或"介于二者之间"），被试只能选择一个答案。如果答案与记分标准符合给2分，相反给0分，中间给1分。每一种因素与其他因素的相关度极小，整个问卷能综合了解被试的16种个性因素，从而全面地评价被试的个性。

16PF适用于16岁以上的青年和成人，它有A、B、C、D、E五种复本。A、B为齐全本，每卷各有187题。C、D为缩减本，每卷各有106题。E是专门为文化较低的被试编制的实验试本，有128题。16PF在德、法、意、日等国已有修订本。

16PF在国际上广为流行。我国的研究者先后在1970、1981年进行了两次修订，将原测验的A、B两种合并，在1970年发表了中文修订本（有187题，每个特质包括10～13题），由国内13所院校共同参与建立了16PF的中国常模。后来华东师范大学的戴忠恒教授和祝培里教授等进一步作了修订。

16PF不仅能明确描绘出一个人的16种个性因素，而且还可以推算出许多描绘个性的双重因素，如：适应—焦虑；内向—外向；感情用事—安详机警；怯懦—果断等。卡特尔还拟定了一些公式用于心理咨询和升学就业等。

以下为卡特尔16种个性因素问卷的题目举例：
……
3. 如果有机会的话，我愿意：（A）到一个繁华的城市去旅行；（B）介于（A）、（C）之间；（C）游览清静的山区。
4. 我有能力应付各种困难：（A）是的；（B）不一定；（C）不是的。
5. 即使是关在铁笼里的猛兽，我见了也会感到不安：（A）是的；（B）不一定；（C）不是的。
6. 我总是不敢大胆批评别人的言行：（A）是的；（B）有时如此；（C）不是的。
7. 我的思想似乎：（A）比较先进；（B）一般；（C）比较保守。
8. 我不擅长说笑话、讲有趣的事：（A）是的；（B）介于（A）、（C）之间；（C）不是的。
9. 当我看见亲友或邻居争吵时，我总是：（A）任其自己解决；（B）介于（A）、（B）之间；（C）予以劝解。
10. 在群众集会中，我（A）谈吐自如；（B）介于（A）、（B）之间；（C）保持沉默。

16PF适用于16岁以上的青年和成人，既可以个别施测，又可以团体施测，有高中以上阅读能力者应在45～60分钟内完成。测验按16种因素计分，将每种因素上的得分换算成标准分数，在剖析图上找到相应的16点，连成曲线，就可得到一个被试的人格剖析图(Personality Profile)。统计测验证明：16PF有信度、效度较高，编制比较科学，施测比较简便等优点。16PF广泛适用于教育辅导、企业管理和临床诊疗等多项领域。

3. 加州心理问卷

美国加州大学心理学教授高夫（H.G.Gough）设计了加州心理学量表（Galifornia Psychology Invntory 简称CPI)。该问卷1984年编制，并在1951年正式出版，1956年再版时，扩充至18个量表。该量表有一半题目来自于MMPI，另一半反映正常青少年和成人的个性：CPI与MMPI不同的是它更强调正常。

CPI问卷由480个"是否型"题目组成，可以个人施测，也可以团体施测。它适用于13岁以上的正常人。该问卷有男性常模和女性常模。该问卷包含了人际关系的重要方面，它除测量被试现在的性格特征外，还可以预测被试今后的学业成绩、犯罪倾向和职业成功的可能性。

如果被试几乎在所有分数方面都超过平均标准分数线，则它可能在社交和智力这两个方面发展较好，否则可能在人际关系适应上发生困难。此外，主试还应注意各组量表的相对高度。

1983年，中国科学院心理研究所宋维真教授将问卷译成中文，并作了初步修订，具有一定的信度和效度。

1993年杨坚和龚耀先教授完成了CPI的修订（CPI-RC），该问卷包含440题，具有较高的信度和效度。

4. YG性格问卷

YG问卷是由日本京都大学教授矢田部达郎等以美国心理学家吉尔福特的三种性格测验为基础，根据日本人的特点编制的。"Y"是矢田部达郎姓氏读音"YATABUTATROU"的第一个字母，"G"是美国心理学家吉尔福特姓氏的第一个字母。

该量表测定12个人格特质，每个特质有10个题目，共120题。

测验时，要求被试在与他的情况相符合的问题后面的"是"上画"○"；与他情况不相符合的问题后面的"否"上画"○"；不能确认的则在"？"上画"○"。记分时，大多数题目（有小部分题目的记分相反）被试答"是"记2分，答"否"记0分，答"？"记1分。

通过测验，不仅可以显示出被试的性格特征，而且还能进一步评定被试的性格类型。他们将性格类分为5类（见表8.3）。

表8.3上的"图形"是YG性格问卷剖面图的五种标准曲线图形。图8.1是一张简化后的YG性格问卷剖面图。

表8.3 典型性格类型的一般特征

类 型	情绪性 D、C、I、N	社会适应性 O、Co、Ag	向性 G、E、A、T、S	一般特征	图形
A （平均型）	一般	一般	一般	不引人注意的平均类型。主导性弱。在智力低的情况下，往往表现为平凡，没有精力	平均型
B （不稳定积极型）	不稳定	不适应	外向	在人际关系方面易产生问题，在智力低的情况下特别如此	偏右型
C （稳定消极型）	稳定	适应	内向	平稳、被动、如果是领导者，则缺乏对别人的吸引力	偏左型
D （稳定积极型）	稳定	适应或一般	外向	人际关系方面较少产生问题，行动积极，有领导者的性格	右下型
E （不稳定消极型）	不稳定	不适应或一般	内向	退缩、消极、孤独，但不少人充满了内在的修养和高雅兴趣	左下型

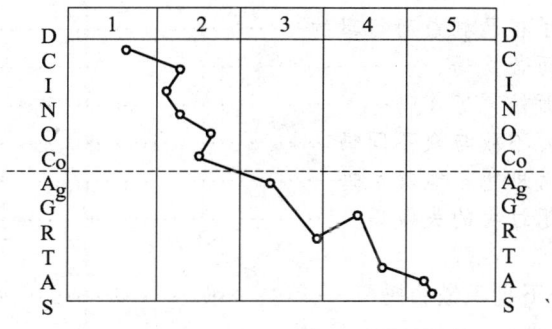

图 8.1 YG 性格问卷剖面图

当前,国际上所广泛流行的性格测验都是根据特质论编制的,虽然可以对各种特质进行测量,但是缺乏对个性从整体上进行概括和评定。YG 性格测验则兼顾了类型论和特质论两者的优点,突破了它们各自的局限。它的信度和效度都较高。YG 性格问卷的题目数量也比较适中,但它也存在一般问卷法的缺点,如由于被试的自我防卫或其他原因造成的虚假等。

YG 性格测验在日本被广泛应用,在我国,近年来有不少地方对它进行了应用研究。华东师范大学孔克勤教授等对该问卷进行了修订。孔克勤教授等使用 YG 性格问卷对华东师范大学 87-90 级本科全体新生约 5 000 人进行心理素质测量。结果表明,理想的性格类型 D 型较多(占 51.6%和 41.2%),E 型虽少,但仍有一定的数量(占 11.7%和 13.2%)。性格类型与心理健康有密切关系,D 型中心理健康者远多于其他类型,E 型中心理不健康者则远多于其他类型(均为 $p<0.05$)。

以下为 YG 性格问卷题目举例:

1. 以结识各种各样的人为乐事吗························是 ? 否
2. 在人群中总是退缩在后面吗··························是 ? 否
3. 欢喜思考困难的问题吗······························是 ? 否
4. 不喜欢老是做一种固定的工作吗······················是 ? 否
5. 和周围的人合得来吗································是 ? 否
6. 一刻也不能清闲,总是不干点什么就觉得不舒服吗······是 ? 否
7. 认为世界上的人都是不管别人的事情的吗··············是 ? 否
8. 常常无缘无故地有时高兴有时悲伤吗··················是 ? 否
9. 只要有人在旁边观看就不能工作下去吗················是 ? 否
10. 经常担心会不会失败吗·····························是 ? 否
11. 情绪经常流露在脸上吗·····························是 ? 否
12. 常常对什么都不感兴趣吗···························是 ? 否
……
61. 喜欢与人交往吗···································是 ? 否
62. 一到上级面前就感到紧张吗·························是 ? 否
63. 对什么事情都要好好想一想,否则就不放心吗···········是 ? 否
64. 经常和人一起欢闹吗·······························是 ? 否
65. 做事比别人快吗···································是 ? 否
66. 不愿意过平凡生活,想干一些不寻常的事情吗··········是 ? 否

67. 认为人都是为了自己利益而行事的吗 ………………………………………… 是 ? 否
68. 常为睡不着觉而苦恼吗 ……………………………………………………… 是 ? 否
69. 常因一点小事而妨碍工作吗 ………………………………………………… 是 ? 否
70. 常因怕难为情而不敢与众不同吗 …………………………………………… 是 ? 否
71. 常因精力分散而思想不能集中吗 …………………………………………… 是 ? 否
72. 经常详细地回想过去的失败吗 ……………………………………………… 是 ? 否
……
109. 在人多的场合下也不慌张吗 ………………………………………………… 是 ? 否
110. 怕在人前说话吗 ……………………………………………………………… 是 ? 否
111. 有深思问题的倾向吗 ………………………………………………………… 是 ? 否
112. 脾气直爽吗 …………………………………………………………………… 是 ? 否
113. 动作敏捷吗 …………………………………………………………………… 是 ? 否
114. 无聊时寻求强烈刺激吗 ……………………………………………………… 是 ? 否
115. 总是感到别人没有充分的认识自己，没有给自己足够的评价吗 ………… 是 ? 否
116. 心神不定，坐立不安吗 ……………………………………………………… 是 ? 否
117. 常将琐碎的小事放在心上吗 ………………………………………………… 是 ? 否
118. 能不受干扰而当机立断吗 …………………………………………………… 是 ? 否
119. 容易动感情吗 ………………………………………………………………… 是 ? 否
120. 经常感到精力不足吗 ………………………………………………………… 是 ? 否

5. 瑟斯顿气质量表

美国心理学家瑟斯顿等人在1953年编制了瑟斯顿气质量表。该量表被认为是最早建立在因素分析基础上的多变量气质量表。测量7种特质：活动性、健壮性、支配性、稳定性、社会性、深思性和冲动性。全量表共140题，每20题测量一个特质。被试用"是""否""?"三选一的方式来回答。

瑟斯顿气质量表题目举例如下：

2. 你通常都是工作迅速而且精力充沛吗？（活动性）
7. 你爱体育活动吗？（健壮性）
16. 开会时，你喜欢做主席吗？（支配性）
18. 你能在嘈杂的房间里轻松地休息吗？（稳定性）
21. 你常常称赞和鼓励你的朋友吗？（社会性）
26. 你常因专心思考某一个问题，以致忽略其他的问题吗？（深思性）
65. 你喜欢有竞争性的工作吗？（冲动性）

6. 艾森克个性问卷

此问卷由艾森克等人于1975年编制，包括4种量表：精神质量表（P）、内外向量表（E）、情绪稳定性量表（N）和效度量表（L），有成人和青少年两种形式。被试回答与规定的答案相符合记1分，否则记0分。该问卷P分高表示被试倔强固执、粗暴强横和铁石心肠，P分低表示被试具有温柔心肠；E分高表示外向，E分低表示内向；N分高表示情绪不稳定，N分低表示情绪稳定；L分高表示回答中有虚假或掩饰。该量表在我国有多种修订本，北方地区有陈忠庚教授等人的修订本，南方地区有龚耀先教授等人的修订本，都有较高的信度和效度。

艾森克个人问卷（成人）题目举例如下：

1. 你是否有广泛的爱好？（外内向）
14. 你是一位易激怒的人吗？（情绪性）
41. 慢腾腾开车的司机是否使你讨厌？（精神质）
48. 你饭前必定洗手吗？（测谎分）
53. 你喜欢紧张的工作吗？（内外向）
63. 一件使你为难的事过去之后，是否使你烦恼好久？（情绪性）
73. 你愿意让别人怕你吗？（精神质）
81. 在公园里或马路上，你是否总是把果皮或废纸扔到垃圾箱里？（测谎分）

7. 斯特里劳气质调查表

波兰心理学家斯特里劳研究了几种气质调查表，最有名的是斯特里劳气质调查表（简称STI）。该调查表分 E（兴奋过程强度）、I（抑制过程强度）、M（神经过程灵活性）三个分量表，神经过程平衡性（B）没有单独的项目。共134题，被试根据自己的情况回答"是""？""否"，然后统计得分。

斯特里劳气质调查表项目举例如下：

3. 短时间的休息就能消除你的工作疲劳吗？（兴奋强度）
5. 讨论时，你能控制无理的、情绪性的争论吗？（抑制强度）
11. 你能够十分容易恢复一项停止了几周或几个月的工作吗？（灵活性）
51. 噪声会干扰你的工作吗？（兴奋强度）
64. 你转换工作容易吗？（灵活性）
90. 如果某人工作很慢，你能适应他吗？（抑制强度）

8. 内向-外向测验

内外向被认为是气质的主要维度，对个体内外向的测定有助于培养人才和选择人才。内向-外向测验集中测量气质的一个维度，施测方便，并且已经广泛地运用到教育、管理和医学等领域。华东师范大学心理学系孔克勤教授修订了日本学者淡路的向性测验。下面是修订后的问题举例：

1. 能留心注意细微小事吗…………………………………………………… 是 ？ （否）
2. 能立刻就下决心吗………………………………………………………… （是） ？ 否
3. 对于麻烦的事情也肯花工夫去做吗……………………………………… 是 ？ （否）
4. 能在下了决心以后再加以改变吗………………………………………… （是） ？ 否
5. 遇事经常认为与其反复思考还不如赶快行动吗………………………… （是） ？ 否
6. 常常感到心情忧郁吗……………………………………………………… 是 ？ （否）
7. 经常在遭到失败以后就不再尝试了吗…………………………………… 是 ？ （否）
8. 总是无忧无虑的吗………………………………………………………… （是） ？ 否
31. 常有不满情绪吗…………………………………………………………… 是 ？ （否）
32. 经常分析和评价自己吗…………………………………………………… 是 ？ （否）
33. 爱评论别人吗……………………………………………………………… 是 ？ （否）
34. 常把自己的事托付给别人吗……………………………………………… （是） ？ 否
35. 不愿意听人的命令吗……………………………………………………… （是） ？ 否
36. 能领导别人吗……………………………………………………………… （是） ？ 否
37. 能坦率地听取别人的意见吗……………………………………………… （是） ？ 否
38. 一清闲下来就感到闷得慌吗……………………………………………… 是 ？ （否）

在测试时，要求被试根据自己的实际情况，对每一个问题进行回答。如果自己的实际情况与问题相符合，就在"是"上画一个"○"；如果不符合，就在"否"上面画一个"○"；如果不能确定"是"或"否"，就在"？"上画一个"○"。从题目中可以看出，凡带括号的代表外向，无括号的代表内向。例如，第1题，如果被试能够留心注意细微小事，属内向；如果不能够留心注意细微小事，则属外向。记分时，括号上画"○"的记0.5分。将分数相加，除以25，乘以100，即被试的向性商数。

评分公式如下：

$$向性商数 = (外向性反应总数 + 1/2 不能确定的总数)/25 \times 100$$

一般以向性商数100为中心，被试得分在100以上，可以认为外向性占优势；得分在100以下，可以认为内向性占优势。

对部分青年进行测试研究，结果如表8.4。

表8.4 对部分青年的向性测试

类型 \ 性别	男	女
外向Ⅱ型	143以上	136以上
外向Ⅰ型	122~142	115~135
中间型	100~121	95~114
内向Ⅰ型	78~99	75~94
内向Ⅱ型	77以下	74以下

9. 陈会昌的气质调查表

陈会昌研究员等根据四种气质类型编制了气质调查表，每种气质类型15题，共60题。测验方式是自陈式，计分采用数字等级制。记分时，很符合自己情况的记2分；比较符合的记1分；介于符合不符合之间的记0分；比较不符合的记负1分；完全不符合的记负2分。根据得分确定气质类型。该调查表简便易行，信度和效度均较高。

气质调查表举例如下：

1. 做事力求稳妥，不做无把握的事。
2. 遇到可气的事就怒不可遏，想把心里话全说出来才痛快。
3. 宁肯一个人干事，不愿很多人在一起。
4. 到一个新环境很快就能适应。

……

21. 对学习、工作、事业怀有很高的热情。
22. 能够长时间做枯燥、单调的工作。
23. 符合兴趣的事情干起来劲头十足，否则就不想干。
24. 一点小事就能引起情绪波动。

……

45. 认为墨守成规比冒风险强些。
46. 能够同时注意几件事物。
47. 当我烦闷的时候,别人很难使我高兴起来。
48. 爱看情节起伏跌宕,激动人心的小说。
……
57. 喜欢有条理而不甚麻烦的工作。
58. 兴奋的事常常使我失眠。
59. 老师讲新概念,常常听不懂,但是弄懂以后就很难忘记。
60. 假如工作枯燥无味,马上就会情绪低落。

10. 安菲莫夫检查表

安菲莫夫检查表由大量的俄文字母组成。在测试时,被试在表格上从左向右一行行看下去,凡看到规定的字母,如"H",便把它划去。第一个测试五分钟结束,休息一分钟;再进行第二个测试五分钟。后五分钟测试时,增加一个条件,除了把"H"划掉外,凡碰到"NH"在一起时,"H"不划掉。

根据被试的测试结果,分析其神经过程特性和神经类型。从划去的总字母数,可以反映被试的神经过程的强度:划去 1 400 个字母以下者为强型;划去 1 200~1 400 个字母为中等强度;划去 1 200 个字母以下者为较弱型。例如,曲线一直上升的,被试可能是强、平衡、灵活型;由错误的多少分析被试的分化抑制能力。凡错(漏)划字母在 5 个以上者为平衡性差;凡错(漏)划字母在 3~5 个者为中等平衡性;凡错(漏)划字母在 3 个以下者为平衡性好。

11. EAS 气质问卷

布斯和普洛明 1984 年编制了适合成人用的 EAS 气质问卷。按 5 级计分,他们把情绪划分为三部分:悲伤、恐惧和生气。把每一亚结构得分加起来,可以得到五个分数(活动性、交际性、悲伤、恐惧和生气)。全问卷共 20 题。

EAS 气质问卷题目举例如下:
1. 我喜欢跟人打交道。(交际性)
7. 我喜欢总是忙忙碌碌。(活动性)
9. 我经常有挫折感。(悲伤)
13. 许多事情让我心烦。(生气)
19. 比起同龄人来,我很少害怕。(恐惧)

总的说来,自陈量表式人格测验题目数量固定,内容明晰,施测程序清楚,使用简单易行。随着计算机的普及,大量的测验被网络化、数字化,使用也更加便捷。但是,测验容易受被试者的情绪、态度和各种反应偏向的影响。问卷一般也比较冗长,测验分数的评定变得复杂。比如,临床常用的 MMPI 有 339 个题项,而 16PF 也有 187 个题项。

(二)投射测验

投射测验(Personality Test Project Technique)是主试向被试提供一套标准化的模棱两可的无确定含义的刺激,要求其在不受限制的条件下进行自有反应,从而让被试在不知不觉中把自己的思想感情投射出来,以确定其人格特征。投射测验有利于主试对被试做整体性的解释、探讨潜意识。但是,投射测验记分困难,目前还缺乏方便、有效的信度和效度标准。

在人格评估中,常用的两种投射测验是罗夏墨迹测验和主题统觉测验。

1. 罗夏墨迹测验

罗夏墨迹测验（Rorschach Ink-Blot Test）是瑞士精神病学家罗夏（Hermann Rorschach, 1884—1922）经长期的试验和比较研究后，于 1921 年创立。罗夏开始用画片来测验病人，后来改用墨渍图。先用一张中间滴上墨汁，然后把纸对折，用力压下，便形成对称的但形状不定的图形。罗夏墨迹测验共有 10 张卡片，每张卡片上都印有一个双侧对称的墨渍图。其中五张为浓淡不同的黑白图，两张为红与黑的图，三张为几种颜色混合的图（见图 8.2）。

图 8.2　罗夏墨迹图

罗夏墨迹图的十张图片有一定的顺序，测验时，每次向被试出示一张，问："你看到了什么？""这可能是什么东西？"或问："这张图形使你想到什么？"允许被试转动图片，从不同的角度观察这一图形，并让被试确信答案没有对错之分。与此同时，主试记录下被试所说的内容和反应时间，要求其对先前的反应澄清或细化。

为了便于对不同的被试进行比较，研究者对被试的反应设计了一整套计分系统。测验的计分系统主要包括三个方面：定位，即被试关注图片的哪个部分，比如是注意整体还是注意细节；反应的内容，包括反应对象和活动的性质；决定因素，对卡片的哪个方面产生反应，是颜色，阴影还是其他方面，及其反应的原创性和独特性。

经过测验人员一系列复杂的鉴别过程，人被归为不同的人格类型。比如，根据罗夏定的标准，如果一个人在一幅墨迹图片中看到了一头熊，表明此人可能拥有极强的情绪控制能力。由于后人的发展和补充，罗夏墨迹测验存在不同的版本，它们在计分方法及其相应解释上都有所不同。

2. 主题统觉测验

主题统觉测验（Thematic Apperception Test 简称 TAT）由美国心理学家默瑞（Henry Alexander Murray, 1893—1988）和摩根（Christiana Drummond Morgan, 1897—1967）等人于 1935 年编制。全套测验包括黑白图片 30 张和 1 张空白卡片。有些图片比较明显，有些图片比较模糊。14 岁以上的被试，分为男孩组、女孩组。这些图片可以分为 9 类：公用图片、男孩专用图片、女孩专用图片、男孩女孩共用图片、男孩男子共用图片、女孩女子共用图片、男子专用图片、女子专用图片与男子女子共用图片。测验时，根据被试的年龄和性别把图片分成 4 组，每组选用 20 张图片（其中一张是白卡）。分两次实验，每次使用图片 10 张。每次呈现一张图片，要求被试根据图画内容的主题，通过想象活动，自由编一个故事。每张图片中至少有一个人物（见图8.3）。TAT既可用于个别测验，也可用于团体测验。

采用TAT进行人格测验的方式类似于看图讲故事，要求被试以图片的情境为主题编一个故事。故事的内容不受限制，但必须回答以下四个问题：图中发生了什么事情？为什么会出现这种情况？图中的人物正在想些什么？故事的结局会是怎样？

主题统觉测验的前提假设是：被试在面对图片情境时所编出的故事，会不自觉地把自己隐藏或压抑在内心的动机和欲望穿插在故事中，进而把内在的人格特点投射出来。

投射测验具有明显的隐藏性，可以较好地消除被试作答时的伪装或作假，可以测出被试隐藏在内心深处潜意识方面的特性。然而，投射测验缺乏客观的评分标准，对测验结果的解释很困难。同样的反应由于施测者的判断不同，解释很可能不一样。测验的信度、效度受到了不少人的质疑。投射测验的形式虽然简单，但原理深奥，如果不经过专门训练，使用起来很困难。

图8.3 主题统觉测验图片

【资料链接】

EAS成人气质量表

如果你想测量气质，可以用巴斯与普洛明（1984）所编制的EAS成人气质量表，对下列20个问题用5个等级对自己进行评分（见表8.5）。

1＝一点也不像我　2＝有一点不像我　3＝既像又不像　4＝有一点像我　5＝非常像我

表8.5

	1	2	3	4	5
1. 我喜欢和人们在一起。（S）					
2. 我似乎总是在赶时间。（Ac）					
3. 我很容易受惊吓。（F）					
4. 我经常感到苦恼。（D）					
5. 感到不愉快的时候，我会立刻让他人知道。（An）					
6. 我是个独来独往的人。（S）					
7. 我喜欢一天到晚都忙碌着。（Ac）					
8. 大家都知道，我的脾气不好而且性子急。（An）					
9. 我经常遭到挫折。（D）					
10. 我的生活步调很快。（Ac）					
11. 日常事务使我感到烦躁。（D）					
12. 我经常感到不安全。（F）					
13. 有很多事情都会惹火我。（An）					
14. 害怕时，我感到恐慌。（F）					
15. 我较喜欢和他人一起工作而非独自工作。（S）					
16. 我很容易情绪低落。（D）					
17. 我经常觉得精力充沛。（Ac）					
18. 很难使我焦虑不安。（An）					
19. 我比同龄人更少感到害怕。（F）					
20. 我觉得人比任何事物都刺激。（S）					

其中第 6、18、19 为反向题（计算分数时要反转，即 5=1，4=2，3=3，2=4，1=5）。然后根据括号内的字母将问题分类，将每个分量表加总后会得到五个分数（情绪维度分为三个部分）。为了能够更准确地了解这些分数的意义，请将你的分数与表 8.6 中巴斯与普洛明所搜集的成人分数加以比较。

表 8.6

	女性	男性
情绪性		
焦虑（An）	10.08	9.72
恐惧（F）	10.60	8.92
生气（D）	10.28	10.80
活动性（Ac）	13.40	12.80
社交性（S）	15.24	14.60

四、影响人格发展的因素

人格是遗传因素和环境因素相互作用的结果。其中遗传因素是人格发展的自然前提，在此基础上，环境因素尤其是家庭、学校和社会实践活动等，对人格的形成和发展起着决定性的作用。

（一）遗传对人格的影响

心理是人脑的机能，大脑的结构和先天机能特性由遗传因素决定，因而，不可否认遗传因素对人的心理活动的制约作用。遗传对人格的影响是很显然的，遗传的基本单元是基因（Genes）。研究发现，婴儿在刚出生后的几个星期，就会表现出一些最初的人格。有些小孩易怒、暴躁；有些小孩平静、温和；有些小孩被大人抱着时，安静地依偎在大人怀里；有些小孩则躁动不安——他们都以特定的方式来对环境作出反应，这种反应倾向被我们称为气质（Temperament）。气质是相当稳定的，并可能在日后成为构成其特定人格特质的基础（Mccare 等，2000；Rothbart，Ahadi，&Evans，2000）。

人的体貌特征对性格的形成也有影响。人的身高、体重、体型和外貌等生物上的特点，会因其是否符合文化价值而经常受人们的品评，进而影响性格的形成。有生理缺陷者容易被人们讥笑或怜悯，易形成内倾性格；长相俊美者容易被人称赞、欣赏而充满自信，易形成外倾性格。另外，生理成熟的早晚也会影响性格的形成。研究表明，早熟者社会化程度高，爱社交，关心并遵守社会常规和社会准则，给人以良好的印象，而晚熟者则不太遵守社会常规和社会准则，常常以自己的态度和情感言语行事，很少考虑社会准则。

大量行为遗传学研究结果表明，遗传因素对人的智力、气质、某些精神病和其他复杂品质有影响。被分开抚养的同卵孪生子在姿态、习惯和脾气方面非常相似；实际上，他们的人格也似乎与他们的身体姿态相似。如果同卵孪生子中一个倾向于乐观、忧郁或易激动，另一个可能也是如此（Braungert，1992；Plomin，2001）。明尼苏达大学的心理学家在 15 年中对成长在不同家庭里的同卵孪生子进行了研究。在大学里，那些重逢的同卵孪生子接受了大量的医学检查和心理测验。这些测验表明，即使同卵孪生子被分开抚养，他们之间的相似程度仍比异卵孪生子高，这些相似表现在外表、说话声音、面部表情和手部动作等方面。

我国心理学家林崇德教授曾对类似或相同环境中长大的 24 对同卵双生子和 24 对异卵双生子进行研究。结果表明，他们在气质类型上的相关与人们在遗传因素上的接近程度一致。无论是同卵双生子或异卵双生子，其平均相关系数均超过 0.50，相关显著（见表 8.7）。

表 8.7 各类双生子的气质问题的相关调查

相关测试		幼儿	小学生	中学生	平均总相关	差异的检验
同卵双生子		0.84	0.79	0.71	0.78	
异卵双生子	同性	0.74 0.81	0.60 0.69	0.44 0.48	0.59 0.66	$P<0.01$
	异性	0.64	0.50	1.39	0.52	

（二）环境对人格的影响

影响人格发展的环境（Environment）因素包括自然环境和社会环境两部分。

1. 自然环境

自然环境主要包括两个方面：一是胎内环境。如孕妇的营养、情绪、疾病以及接触的药物、放射线、烟酒等，不仅影响胎儿的生理健康，也影响胎儿今后人格的发展。纽约大学伯尼博士（Burney）等人经过长期研究表明，胎儿不仅有感知觉、记忆和思维活动，而且能与母亲进行情绪交流。所以，母亲的心理活动对胎儿发育有重大影响。二是地理环境和气候条件，如地中海沿岸的民族偏外向型，北欧民族偏内向型。当然，这些自然环境不是纯粹自然的，其中也渗透着社会文化的影响。

2. 社会环境

社会环境对人格形成与发展的影响主要体现在以下几个方面：

1) 父母和家庭

家庭是制造人类性格的工厂，父母是孩子的第一任教师。家庭教育是孩子最早期的教育，对一个人的人格形成和发展具有重要而深远的影响。培养学生的健全人格，必须从家庭教育开始：① 家长应更新人才观、教育观，走出只重智能培养的误区，关注孩子的人格健康成长；② 营造良好的家庭情绪气氛，培养孩子乐观、愉快等积极情绪；③ 改善教养方式，培养孩子独立自主、热情开朗等人格特征；④ 不断增强自身的心理素质，以健康的心态和良好的心理素质教育和影响孩子。

有研究表明，父母不同的教养方式将培养出不同人格特征的孩子。

（1）专断拒绝型的父母对孩子感情冷漠而态度严厉。这会导致两种结果：一个为孩子内心痛苦而萌生敌意，内在的愤怒使他们在思想和行动上易趋片面性和极端性，个性发展偏激而缺乏友善的人际关系；另一个为孩子的敌意不允许表达出来，孩子从而会产生忧郁或焦虑，怨恨自己，结果导致个性上的怯弱和缺乏自信。

（2）放任纵容型的父母满足孩子无限度的需要，代替他们"克服困难"。这样的孩子缺乏自律能力，没有坚持性、自觉性和勇气；还容易助长自私心理，在自我的圈子里打转，他们只要索取而不给予，不会考虑他人的利益，不会助人，独立能力和自主力差。

（3）规范教导型的父母是比较理想的父母。他们按孩子的年龄向他们提出必须遵守的规则，因而他们对孩子有约束力；但与此同时，在遵守规则限度内，对孩子的自主性给予尊重和鼓励。在事情面前，给孩子留有独立处理的余地，尊重他们的见解，鼓励他们的创造性。在这种环境下长大的孩子自我要求严格，因受到肯定而自尊，因屡见成功而自信。

这样的父母与子女间感情比较相通，也较能和善相处。由此培养了孩子以父母的准则待人，宽厚而热情。

（4）家庭气氛和结构等对儿童性格的形成也有重要影响。研究表明，家庭气氛宁静、愉快，孩子在家里有安全感，生活乐观、愉快、充满信心、待人和善，并能很好地完成学习任务。如果家庭气氛紧张或是有冲突，孩子在家中就会缺乏安全感，情绪不稳定，容易紧张和焦虑，长期忧心忡忡，害怕父母迁怒于自己而受严厉的惩罚，对人不信任，容易发生情感问题和行为问题。如果家庭结构不健全（如父母离异），则容易对孩子的性格发展带来不良影响，破裂家庭中的孩子常因幼小时候的情感缺失以及缺少合理的教育，容易在人格的发展上出现障碍。

此外，出生次序和独生子女也影响着双亲对孩子的教养态度和孩子在家庭中的地位，从而影响人格的发展。一般说来，体贴、温暖的家庭环境能促进儿童成熟、独立、友好、自控和自主等特征的发展。家庭气氛无形中从各种不同角度向儿童传递信息，对儿童的人格发展起着潜移默化的作用。

2）同　伴

同伴（Peers）是指行为复杂程度相似的两个或两个以上的个体，是儿童人格发展的重要影响因素。儿童从上幼儿园开始，大部分时间都和同伴在一起学习、玩耍，模仿他们的某些行为，同时也影响其他人。发展心理学家认为，随着儿童的成熟，同伴尤其是朋友，在儿童的发展中越来越重要。哈里斯（Harris，1998，2000）甚至认为，儿童的社会化主要受同伴的影响，即使他们生活在不同的家庭，有着不同的父母，他们也会成为同样的人。一般认为，在 2 至 12 岁之间，儿童与同伴在一起的时间随着年龄的增长而变长，与成人的交往则随着年龄的增长而变短。一项对不同年龄的同伴进行的跨文化研究表明，年幼儿童在场，有助于儿童的同情、关怀、亲社会倾向、坚持主见和领导技能的发展（Whiting&Edwards，1988）；同时，年幼儿童也会受益：学习寻求帮助、尊重他人或顺从有权力的同伴等各种新技能。

3）学校教育

学校不仅传授知识，进行政治思想教育，还促进和指导学生人格的发展。学校通过各种有组织的活动使儿童和教师、同学发生相互作用，从而促进儿童的人格发展。其中，教师的不同管教方式（专制型、民主型、放任型）对儿童的人格发展具有显著的影响作用。教师是学生学习的榜样，教师的言传身教对学生性格特征的发展起着潜移默化的作用。学生年纪越小，受教师的影响越大。正如有人说："教师是学生的镜子，学生是教师的影子。"

同时，学校的集体风气（校风、班风）和班级角色对学生性格的形成也具有重要意义。学生在集体中生活，良好的集体风气特点会不断感染置身其中的学生，是锻炼、完善学生性格的熔炉。比如，在一个班风或校风良好的集体中生活，学生会表现出有组织性、纪律性、合群、自制、勇敢、利他和意志坚强等优良的性格特征；同时也有利于学生克服自私、孤独等不良的性格特征。

4）社会文化因素

社会是青年人格形成发展的大环境。有人把社会视为一个"场"，就像电场一样，社会中的每个人就像带电颗粒，只要进入该电场，就会产生感应。社会这个"电场"的本质是该社会的道德状况、人文精神以及人的精神风貌等方面的综合作用。社会风气或风尚通过各种渠道影响学生的爱好、道德评价与行为习惯的形成。社会制度、文化背景、社会传媒和经济发展水平等，都对儿童人格发展产生深刻影响。其中最有影响的是电影、电视和各种读物，它们宣传和提供的内容若是健康的、积极向上的，则会激发学生丰富的情感和想象，引起其强烈的模仿意向并付诸行动，经反复行动实践就会巩固下来，成为学生人格的一个组成部分。如果宣传和提供的内容是不健康的、消极有害的，那么就可能使学生形成消极的思想情感和人格，甚至会诱导他们走上犯罪的道路。因此，社会应维护和建设好组成社会"电场"的各因素的品质，共同促进青少年学生的人格健全发展。

文化（Culture）是控制一个社区或社会成员行为的共同规则及社会多数成员共有的、代代相传的一整套价值和信念体系（Lonner，1995）。文化人类学家把每一种文化中人们共同具有的心理特征称为群体人格（Group Personality）或众数人格（Modal Personality）。群体人格体现出不同民族之间的差异性。毫无疑问，个体的人格受到文化根深蒂固的影响，但在同一文化中个体表现又是不同的。

（三）自我教育与社会实践的影响

社会实践影响只有为个体理解和接受，才能转化为个体的需要和动机，才能推动个体去行动。个体已有的心理发展水平对性格形成的作用，随着年龄增大而日益增强。个体已有的理想、信念和世界观等对其接受社会影响有决定作用。例如，守纪律、责任心等性格特征都是接受与领会外部的社会要求，逐渐将这一要求转变为对自己内部要求的过程。布特曼（Bultmann）说：每个人都是他自己性格的工程师。人是一个高度不断自我完善的调节系统，一切外来的影响都需要自我调节来起作用。从这个意义上说，每个人都在塑造自己的性格。因此，个体自我教育也是培养学生健全人格的重要途径。在人格教育中，可以引导学生自觉地对自己的人格特征进行自我分析、自我评价，拟定自我教育计划，对自己的行为进行自我监控，从而有意识地培养自己积极的人格特征。

劳动是人最基本的实践活动。学生接触社会的各种工作岗位后，各职业的要求对其人格发展也有重要作用。人长期从事某项特定的职业，社会要求他反复扮演某种角色，进行和自己职业相对应的活动，从而相应地形成不同的性格特征，影响人格的自我教育。例如，科学工作者实事求是，善于独立思考，一丝不苟；文艺工作者活泼开朗，富于想象，感情丰富；飞行员冷静、沉着，有高度的责任感，等等。

总之，人格发展过程中，各种制约因素并非静止、孤立、各自平行地发挥作用，而是各种制约因素交互作用的产物。

【资料链接】

电视对人格发展的影响

在儿童人格发展的过程中，我们越来越不能忽视电视的影响。有研究者（Cohen，1993，1994）做过保守的估计，学前儿童在醒着的时间里，超过1/3的时间在看电视，甚至9个月大的婴儿一天就有90分钟的时间在看电视。一些儿童看电视的时间要长于他们与父母或兄弟姐妹交谈的时间。实际上，到了18岁，一些孩子花在电视上的时间比他们上学和做作业的时间加在一起还要多出50%，只有睡觉的时间多于看电视的时间（Huston et al.，1990）。

儿童从电视上看到的和理解到的东西与成人相比，有相当大的差异。他们没有经验，对人物的动机和情感理解得非常少。但随着年龄的增长，他们变得对人物的动机更加敏感，对相关人物的行为暗示更加关注。电视在人格发展过程中到底起积极作用还是消极作用，还存在一些争论。普遍认为电视可能带来以下消极影响：电视暴力增加了攻击行为。

长期以来，人们认为儿童节目中以喜剧形式扮演的暴力行为不大可能影响孩子的行为。然而，数百项实验和相关调查表明了与之相反的结果。相对于很少看暴力事件的儿童而言，观看了许多电视暴力事件的儿童更具敌意和攻击性。即使儿童没有表现出攻击行为，观看暴力电视节目仍会有其他影响。如可能向他们灌输了世界是残酷的观念——认为世间充满暴力，生活于其中的人们主要采取攻击手段来解决人际问题。同样，长期观看暴力电视节目也能使一些孩子去敏感化，即他们对暴力行为不易产生情绪不安，更愿意容忍真实生活中的暴力行为。电视对儿童的另一个不利影响,是强化了各种各样潜在的不良社会刻板印象(Huston & Wright, 1998)。电视上的性别刻板印象很普遍。比起那些很少观看电视的同班同学,看了许多商业广告的儿童更可能对男性或女性持更传统的观点。然而,电视的影响也不全是负面的,有观点认为,经常观看亲社会节目的幼儿的亲社会行为会增加(Hearold, 1986)。这些亲社会行为包括友善、慷慨、合作、创造性、移情、种族包容以及其他方面。

如何提高电视的积极影响力呢?表 8.8 是专家(Slaby et al., 1995; Seppa, 1997)提出的有效策略。

表 8.8　控制儿童观看电视的有效策略

策　略	实　施
限制观看电视	制定明确的规则限制儿童观看电视的时间,不要把电视作为电子保姆或把限制看电视作为一种惩罚手段,这反而会增加它的吸引力
鼓励适当观看	鼓励儿童观看适合他们特点的信息性或亲社会节目
向儿童解释所看到的电视信息	与儿童一起观看,并指出他们忽略的节目的细微之处。例如,攻击者的反社会动机,攻击者实施暴力行为后遭受的不良后果。围绕暴力和电视上的消极社会偏见展开批判讨论,帮助儿童评价观看内容和理解那些节目并不是真的
树立好的观看榜样	父母的观看习惯会影响儿童,因此父母应避免过多观看电视,尤其是不适合儿童观看的节目
父母权威	温暖的、合情合理的限制可以使儿童对父母的控制更具反应性,包括限制看电视

第二节　气质、性格与教育教学

人格是一个含义非常丰富的概念,它包括气质、性格等稳定的心理特征。

一、气质及其类型特征

(一)什么是气质

人格中的气质(Temperament)是指个人生来就具有的、典型的、稳定的心理活动的动力特征。例如,生活中我们常发现,有的人脾气暴躁、行为粗鲁;有的人性情温顺、举止得体;有的人善于交往、随机应变;有的人沉默寡言,反应迟钝。这些就是气质的外在表现。气质这一概念与我们平时说的"脾气""秉性"或"性情"相近似。对于气质概念,我们可以从以下几个方面来进一步理解。

1. 气质反映的是人的心理活动的动力特征

所谓心理活动的动力特征主要是指心理过程的强度、速度、稳定性、灵活性和指向性方面的特点。具体表现在:人们情绪体验的强弱,意志力的大小,知觉、记忆或思维的快慢,注意力集中时间的长短，注意力转移的难易，以及心理活动是倾向于外部事物还是倾向于内心世界等方面。气质不是推动个体活动的心理原因，因而不是个性的内部动力因素，它不决定个体是否活动，也不决定个体活动的具体方向。气质表现在心理活动和行为中，是显露外在的动力特征。因此，我们在现实生活中很容易观察到人们在气质上的差异。比如：有的人脾气暴躁，容易冲动；有的人则沉着稳重，遇事冷静；有的人动作敏捷，活泼机灵；有的人则举止缓慢，刻板迟钝等等。心理动力特征的不同程度的不同组合就构成了个体独特的气质特点。

2. 气质具有生物遗传性

气质是个性心理特征中，受人体先天生物因素影响比较大的一个部分，它主要受个体神经活动过程的特征所制约，是一种在出生后即表现出来的、具有"天赋性"的个体特征。观察新生儿，我们会发现，婴儿刚出生时就表现出了明显的气质差异。有的婴儿爱哭、爱闹、好动、对外界刺激的反应迅速；有的婴儿则比较安静、较少哭闹行为、对外界刺激的反应缓慢。这些情况可以说明，个体的气质差异主要是由神经系统的遗传特性所决定，气质具有先天性。这些心理活动的特征在他们以后的运动、游戏、学习和人际交往中都会有所表现。

3. 气质具有独特性

每个人的气质都是独特的，即使是同父母的兄弟姐妹也是如此。从遗传学来说，一个独特的生物体是精子与卵子成功结合后形成的。双亲各给予受精卵23对染色体，在每一对染色体中均含有2万个基因，它们是决定个体特征的载体。染色体与染色体结合，基因与基因结合，总的可能组合数为16 777 216种不同形式。因此，两个人具有相同的气质就不大可能了。

气质的独特性仿佛使一个人的整个心理活动都涂上个人独特的色彩，决定了一个人的一般"风格与节奏"，影响其行为是温和的还是暴躁的。

4. 气质的稳定性与可塑性

气质的稳定性，一方面表现为在不同性质的活动中，同一个人会表现出相同性质的气质特点。例如，一个情绪爱激动的学生，在任何场合都难于控制自己的情绪，上课时经常抢答教师的提问，考试总是显得心神不定，参加体育比赛可能有些沉不住气等；另一方面表现为在人生的不同发展时期，气质具有一致性和相关性。

俗话说，"江山易改，禀性难移"。这说明气质比其他的个性心理特征更具稳定性，但是气质又不是一成不变的。在生活环境和教育条件影响下，气质也会发生缓慢的变化，比如，一个情绪易激动的人随着生活环境的变化，在一定的教育影响下，可能变得渐渐能克制自己；一个反应迟缓的人通过一定的训练可以变得敏捷起来；一个情感脆弱的人，经历生活的磨炼，可以变得坚强起来。可见气质既有稳定的一面，又有可塑性的一面，是稳定性和可塑性的统一。

（二）气质的学说

人类很早就注意到了气质差异的现象。早在公元前五世纪，古希腊的医学家恩培多克勒（Empedokles，约公元前495—公元前435）提出的"四根说"中，就已经有了气质学说的萌芽。我国战国秦汉间一部以医学为主的科学百科全书——《黄帝内经》，就在医学理论中融合了丰富的有关气质的论述和观点。下面介绍几个影响较大的气质学说。

1. 气质的体液说

古希腊医生希波克拉底（Hippocrates，公元前460—公元前377）将恩培多克勒的"四根说"发展成为"四液说"。他认为，人体内有四种体液，即血液、黏液、黄胆汁和黑胆汁。血液生于心脏（相当于火根），黄胆汁生于脑部（相当于空气根），黑胆汁生于胃部（相当于土根），黏液生于脑部（相当于水根）。不同的人体内占优势的体液不同，就形成不同的气质类型。后来古罗马医生盖仑（G. Galen，公元2世纪）用这种体液学说来解释气质，将人体内的体液的混合"比例"用拉丁语命名为"Temperamentum"，这便是近代"气质"（Temperament）概念的来源：认为某种占优势的体液决定一个人的气质。后人在这一理论的基础上，逐步形成了气质类型学说，即流行于今的多血质、胆汁质、黏液质和抑郁质。每一种气质类型的特点都是某种体液占优势的结果，并有特定的心理表现。

根据这一学说，每一种体液都具有热—寒、干—湿两种性质，不同的人体内占优势的体液不同，因而有四种气质类型：多血质（Sanguine Temperament），血液占优势，血液具有热而湿的性质，因而这种人像春天一般热情；胆汁质（Choleric Temperament），黄胆汁占优势，黄胆汁具有热而干的性质，因而这种人像夏天一般暴躁；抑郁质（Melancholic Temperament），黑胆汁占优势，黑胆汁具有寒而干的性质，因而这种人像秋天一般忧伤；黏液质（Phlegmatic Temperament），黏液占优势，黏液具有寒而湿的性质，因而这种人像冬天一般冷漠。

从现代的观点来看，用四种体液来解释气质类型是没有科学依据的。但四种气质类型的用语一直沿用至今，为学者们探索气质的本质提供了一个参照系。

2. 气质的体型说

这是德国精神病学家克瑞奇米尔（Kretschmer，1925）根据他对精神病患者的表现和体型分析提出的气质类型理论。他把人的体格类型分为三种：肌肉发达的强壮型，高而瘦长型和矮而胖的矮胖型。他认为，不同体型的人具有不同的气质。矮胖型的人，外向而容易动感情；瘦长型的人，内向而孤僻；强壮型的人则介于两者之间。

克瑞奇米尔认为，正常人与精神病患者只有量的差别，没有质的不同。他认为，不同体型的正常人在气质上也带有精神患者的某些特征。例如，矮胖型的人具有躁狂抑郁症的特征，瘦长型的人具有精神分裂症的特征，强壮型的人具有癫痫症的特征。因此，他将人的气质也分为分裂气质和黏着气质。体型与气质、行为倾向的关系见表8.9。

表8.9 体型与气质、行为倾向的关系

体 型	气 质	行为倾向
瘦长型	分裂气质	不善交际、沉静、孤僻、神经过敏
矮胖型	躁郁气质	善交际、活泼、乐观、感情丰富
强壮型	黏着气质	固执、认真、理解迟钝、情绪暴发性

美国心理学家谢尔顿（W.H.Sheldon，1942）受克瑞奇米尔的影响，对气质与体型的关系进行了更为深入的研究，根据胚胎发育把人的体型分为三种主要类型：内胚叶型（柔软、丰满、肥胖）、中胚叶型（肌肉骨骼发达、坚实、体态呈长方形）和外胚叶型（高大、细瘦、体质虚弱）。谢尔顿发现三种气质类型：内脏紧张型、身体紧张型和头脑紧张型，他还发现体型与气质之间有高达0.8左右的正相关。体型、气质类型和行为倾向之间的关系见表8.10。

表8.10 体型、气质类型和行为

体 型	气质类型	行为倾向
内胚叶型	内脏紧张型	动作缓慢、爱好社交、情感丰富、情绪舒畅、随和、有耐心
中胚叶型	身体紧张型	动作粗放、精力旺盛、喜欢运动、自信、富有进取性和冒险性
外胚叶型	头脑紧张型	动作生硬、善思考、不爱交际、情绪抑制、谨慎、神经过敏

克瑞奇米尔和谢尔顿指出了身体体征与气质相关，这对后人有一定的启发作用。气质与体型之间也许存在某种相关。但一些研究表明，这种相关并不像他们所讲的那样简单和直接。而且气质与体型相关并不能认为两者之间存在着因果关系。主要问题在于，当代科学家还不能清楚地揭示身体特征对气质究竟起什么作用。克瑞奇米尔又把一切人都归入精神病患者，这显然是不正确的。

3. 气质的血型说

血型说是日本学者古川竹二等人的观点。他们认为气质是由不同血型决定的，因此气质可分为 A 型、B 型、AB 型与 O 型四种。

A 型人精明、理智、内向、不善交际，沉思好静，情绪稳定，忍耐力强，具有独立性，易于守规，做事细心谨慎，但不果断，责任心强，固执，感情含蓄，注重仪表，但不新奇，是处理家务的能手。

B 型人感觉灵敏、聪明、活泼、敏捷，外向，善交际，兴趣广泛多变，精力分散；大事不犯小事不断，行动奔放，不受束缚；易感情冲动，热心工作，不怕劳累。缺乏细心和毅力，动作语调富于感情，易引起他人注意。

O 型人外向直爽，热情好动，富于精力，爱憎分明，见义勇为，有主见，有胆识，主观自信，自尊好强，霸道，喜欢指挥别人，有野心，易激发感情，说话易用教训人的口气，易得罪朋友；动作粗犷，不灵活，不易做耐心的工作。

AB 型气质的人，兼有 A 型和 B 型的特征。其特点是外表是 A 型。机智大方，办事干净利落，冷静、不浮夸，行动有计划，喜分担责任，情趣广泛。因倾向不同，有的人有领导能力，有的人则沉默寡言、满腹心事，待人接物缺乏经验、易吃亏。

许多学者认为，这种理论没有多少科学根据。因此，气质与血型关系问题是一个有争议和需要进一步研究的课题。

4. 气质的激素说

激素（Hormone）是由内分泌细胞的高效能化学物质，在血液中的浓度极低，但对生理活动有重大影响。在解释气质的生理机制上影响较大的有两个学派：一是以巴甫洛夫为代表的气质的高级神经活动类型理论；另一个是以伯曼（L.Berman）等人为代表的气质的激素理论。

伯曼认为，人的气质特点是由内分泌活动所决定的，他根据人的某种内分泌腺特别发达而把人划分为甲状腺型、垂体型、肾上腺型、性腺型、副甲状腺型和胸腺型。他认为，不同类型的人有不同的气质特点。

（1）甲状腺型。甲状腺分泌增多者精神饱满，不易疲劳，知觉敏锐，意志坚强，处事和观察迅速，容易动感情甚至感情迸发。甲状腺分泌减少者可能发生痴呆症。

（2）脑垂体型。脑垂体分泌增多者性情强硬、脑力发达、有自制力、喜欢思考、骨骼粗大、皮肤甚厚、早熟、生殖器发达。脑垂体分泌减少者身材矮小、脂肪多、肌肉萎缩、皮肤干燥、思想迟钝、行动懦弱、缺乏自制力。

（3）肾上腺型。肾上腺分泌过多者雄伟有力、精神健旺、皮肤深黑而干燥、毛发浓密、专横、好斗。肾上腺分泌少者体力衰弱、反应迟缓。

（4）副甲状腺型。副甲状腺分泌增多者安定、缺乏生活兴趣、肌肉无力。副甲状腺分泌减少者注意力不易集中、妄动、容易激动。

（5）胸腺型。胸腺位于胸腔内，幼年发育，青春期后停止生长，逐渐萎缩。如果成人胸腺不退化者，则单纯、幼稚、柔弱、不善于处理工作。

（6）性腺型。性腺分泌增多者常感不安、好色、具有攻击性。性腺分泌减少者则性的特征不显现，易同性恋，进攻行为少。

现代科学研究表明，激素对人的气质确有影响。激素激活或抑制着人体的不同机能，激素过多或过少对个体的行为都有一定影响。例如，肾上腺特别发达的人，会表现出情绪容易激动的气质特征。生物化学测定也表明，人在恐怖时，肾上腺素分泌增加；人在发怒时，去甲状腺素增加。但是，各个内分泌腺之间相互联系、相互制约共同组成内分泌系统，不能简单地强调一两个内分泌腺体的作用；也不能孤立地、片面地强调激素对气质的作用。因为神经系统直接或间接地控制着内分泌腺的活动，控制着激素的合成和分泌。激素也影响着神经系统的功能。人体内有两种调节机制：神经调节和体液调节。在中枢神经系统的主导作用下，通过这两种机制，影响气质的活动。

（三）气质的生理基础——高级神经活动类型

气质的生理基础是十分复杂的。研究表明，人的整个身体组织都影响着一个人的气质。一般认为，高级神经活动类型与气质的关系较为直接和密切，高级神经活动类型是气质主要的生理基础。

1. 神经过程的基本特征

巴甫洛夫认为，高级神经活动有两个基本过程：兴奋过程和抑制过程。这两个神经过程有三个基本特性：神经过程的强度、神经过程的平衡性和神经过程的灵活性。

（1）神经过程的强度。神经过程的强度是指个体的大脑皮层细胞经受强烈刺激或持久工作的能力。研究表明，在一定限度内，强刺激引起强兴奋，弱刺激引起弱兴奋。但是，刺激很强时，并不是所有的有机体都能以相应的兴奋对它发生反应。

（2）神经过程的平衡性。神经过程的平衡性是指个体的兴奋过程和抑制过程之间的强度是否相当。有的人这两种神经过程之间的强度是平衡的，而有的是不平衡的，在不平衡中又有哪一种神经过程占优势的问题。实验表明，不平衡的动物一般具有较强的兴奋过程和较弱的抑制过程，也有少数动物具有较强的抑制过程和较弱的兴奋过程。

（3）神经过程的灵活性。神经过程的灵活性是指个体对刺激的反应速度以及兴奋过程和抑制过程相互转换的速度。人与人之间在兴奋和抑制的灵活性上也存在差异，有人灵活性强，有人灵活性弱。

神经过程的三个基本特性是变化的。例如，兴奋过程强，而抑制过程弱的动物，经过训练有可能使抑制过程增强而与兴奋过程相平衡。神经过程的灵活性是个体发育容易变化的一种神经过程的基本特性。

2. 高级神经活动类型与气质

神经过程的三个基本特性的独特组合就形成了高级神经活动类型。1935年巴甫洛夫在其《人和动物的高级神经活动的一般类型》一文中根据神经过程的强度、均衡性和灵活性，把动物和人类的高级神经活动类型划分为四种：兴奋性、活泼型、安静型和抑制性。

高级神经活动的四种类型是：

（1）强而不平衡的类型（兴奋型）。这种类型的个体兴奋过程强于抑制过程，阳性条件反射比阴性条件反射容易形成，是一种容易兴奋、不受约束的类型，所以也称为不可遏制型。

（2）强而平衡、灵活的类型（活泼型）。这种类型的个体兴奋过程和抑制过程都较强，并且两者容易转化，以反应灵敏、活泼、能很快适应变化着的外界环境为特征。巴甫洛夫认为这是一种最完善的类型。

（3）强而平衡、不灵活的类型（安静型）。这种类型的个体兴奋过程和抑制过程都较强，但两者不易转化。比较易形成条件反射，但不易改造，以坚韧而行动迟缓为特征。

（4）弱型（抑制型）。这种类型的个体兴奋过程和抑制过程都很弱，阳性条件反射和阴性条件反射的形成都很慢，以在困难工作面前正常的高级神经活动容易受破坏而患神经症为特征。

神经过程的基本特性与高级神经活动类型的关系见表8.11。

表8.11 神经过程的基本特性与高级神经活动类型

神经过程的基本特性			高级神经活动类型
强度	平衡性	灵活性	
强	不平衡		兴奋型
强	平衡	灵活	活泼型
强	平衡	不灵活	安静型
弱			抑制型

进一步，巴甫洛夫认为，兴奋型相当于胆汁质，活泼型相当于多血质，安静型相当于黏液质，抑制型相当于抑郁质。高级神经活动类型、气质类型及其行为特征见表8.12。

表8.12 高级神经活动类型、气质类型及其行为特征比较

高级神经活动类型	气质类型	行为特性
兴奋型	胆汁质	急躁、直率、热情，情绪兴奋性高，容易冲动，心境变化剧烈，具有外向性
活泼型	多血质	活泼、好动、反应迅速、喜欢与人交往，注意力容易转移，兴趣容易变换，具有外向性
安静型	黏液质	稳重、安静、反应缓慢、沉默寡言、情绪不外露，注意稳定但不易转移、善于忍耐，具有内向性
抑郁型	抑郁质	行动迟缓而不强烈、孤僻，情绪体验深刻、感受性很高，善于观察别人不易观察的细节，具有内向性

巴甫洛夫曾把高级神经活动类型和气质类型看作同一个东西。他指出："显然，这些类型在人的身上就是我们称之为气质的东西。"在他的著作中有时把高级神经活动类型和气质两个名词交替使用。现在一般认为，气质和高级神经活动类型并不是同一个东西。气质是心理现象，高级神经活动类型是生理现象。高级神经活动是气质主要的生理基础。

（四）各种气质类型的基本特征

人们传统上把气质分为多血质、胆汁质、黏液质和抑郁质四种，每一种气质类型都具有独特的心理动力特征。

1. 多血质（Sanguine Temperament）

典型特质：感受性低，耐受性较高；不随意的反应性强；具有可塑性和外倾性；情绪兴

奋性高，外部表露明显，反应速度快且灵活。

生活中常见的表现：外向、活泼好动，轻松愉快、热情、可亲、开朗、豁达，好交际、健谈、机敏，适应能力强、善组织、工作有效率、富有朝气，表情丰富、情绪发生迅速多变；反应敏捷，对新事物敏感而不深刻；兴趣广泛而浮躁，易随波逐流；轻率不踏实、事不遂心则热情锐减；情感不易深沉，易见异思迁；缺乏耐力与毅力、易轻率做决定。《红楼梦》中的王熙凤属多血质的典型人物。

2. **胆汁质**（Choleric Temperament）

典型特质：感受性低，耐受性较高；不随意的反应性高；外倾性明显，情绪兴奋性高，抑制力差；反应速度快，但不灵活。

生活中常见的表现：外向而兴奋、精力充沛，情绪发生迅速、强烈、热情、乐观、率直、语言与行动迅速、雷厉风行，能克服困难埋头工作，果敢、坚持、冲动、莽撞，易怒而难以自制，刚愎、暴躁、倔强甚至挑衅，一旦精力耗尽则情绪低落、信心受挫、烦躁、粗心。《三国演义》中的张飞属胆汁质的典型人物。

3. **黏液质**（Phlegmatic Temperament）

典型特质：感受性低，耐受性较高；不随意的反应性和兴奋性均低；内倾性明显，外部表现少；反应速度慢，但稳定性较高。

生活中常见的表现：内向、沉静、谨慎、稳重，语言动作迟缓、不易暴露内心活动、性情平和、办事认真、细心、有韧性、严守秩序、有条理，不善言谈、交际、忍让、务实、可依赖；执拗、不灵活、适应能力差、迟钝、被动、冷淡，显得落落寡欢、有惰性、保守、萎靡不振。《水浒传》中的林冲属黏液质的典型人物。

4. **抑郁质**（Melancholic Temperament）

典型特质：感受性高，耐受性低；不随意的反应性低；严重内倾；情绪兴奋性高且体验性深，反应速度慢；具有刻板性，不灵活。

生活中常见的表现：特别内向、柔弱、敏感、腼腆，情绪发生慢而体验强烈，严肃、不怕困难，善于体察别人不易发现的问题；情绪脆弱、多愁善感，畏缩、顺从、胆小、忧心忡忡、落落寡合、冷漠、多疑、犹豫不决、缺乏自信，常为小事而动感情。《红楼梦》中的林黛玉属抑郁质的典型人物。

各种心理特性和气质类型的关系见表8.13。

表 8.13　心理特性和气质类型的关系

心理特性 气质类型	感受性	耐受性	反应的敏捷性	可塑性	情绪兴奋性	向性
胆汁质	−	+	+	−	+	+
多血质	−	+	+	+	+	+
黏液质	−	+	−	−	−	−
抑郁质	+	−	−	−	+	−

苏联心理学家达维多娃曾形象地描述了四种基本气质类型的人在同一情景中的不同行为表现。四个不同气质类型的人上剧院看戏，但都迟到了。胆汁质的人和检票员争吵，企图闯

入剧院。他分辩说,剧院里的钟快了,他进去看戏是不会影响别人的,并打算推开检票员进入剧院;多血质的人立刻明白,检票员是不会放他进剧场的,但是通过楼厅进场容易,就跑到楼上去了;黏液质的人看到检票员不让他进入正厅,就想"第一场总是不太精彩,我在小卖部等一会,幕间休息时再进去";抑郁质的人会说:"我老是不走运。偶尔来一次戏院,就这样倒霉。"接着就回家去了。

在现实生活中,单一气质的人并不多见,除了少数的人具有某些气质类型的典型特征外,大多数人属于中间型或混合型:各种气质类型的特征相互渗透,兼而有之。因此,判断某人气质时,不能说他(她)属于某种气质类型,而只能说他(她)符合某种气质类型。

一般说来,具有某一种气质类型典型特征者成为"典型型",近似其中某一种类型者称为"一般型",具有两种或两种以上类型者称为"中间型"或"混合型'。在全人口分布中,气质的一般型和两种类型的混合型的人占多数,典型型和两种以上类型混合型的人占少数。按照组合的规律,应该有15种气质类型。即多血质、胆汁质、黏液质、抑郁质、胆汁—多血质、胆汁—黏液质、胆汁—抑郁质、多血—黏液质、多血—抑郁质、黏液—抑郁质、胆汁—多血—黏液质、多血—黏液—抑郁质、胆汁—黏液—抑郁质、胆汁—多血—抑郁质、胆汁—多血—黏液—抑郁质。因此,在测定一个人的气质时不应该硬性地将他划入某种典型型。

在西方心理学中以传统的四种气质类型进行分类的是英国心理学家艾森克(H.J.Eysenck,1916—1997),他提出的由情绪稳定性和内外向两个基本维度所构成的四个象限与传统的四种气质完全吻合。具体说来是这样,以内性和外向为纬,以情绪稳定性为经,成为气质上的二维模型,得出四个组合类型:稳定外向型、稳定内向型、不稳定外向型和不稳定内向型,各包含8种特质(见图8.4)。每一个组合类型与传统的4种气质类型相对应:稳定的外向性属多血质,不稳定的外向性属胆汁质;不稳定的内向性属抑郁质,而稳定的内向性属黏液质(见表8.14)。

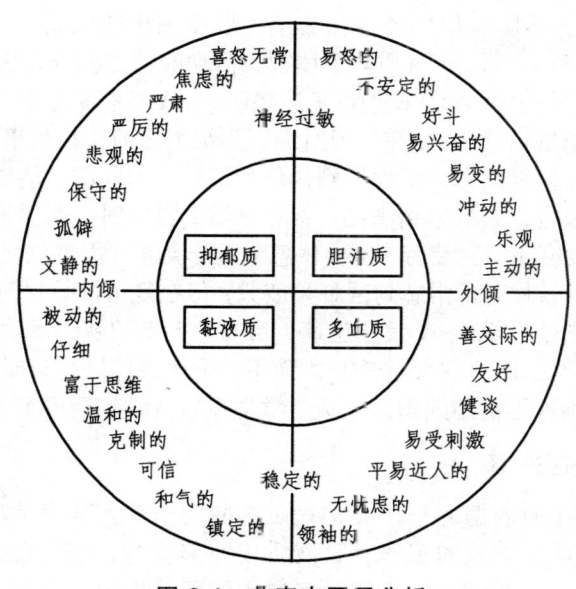

图 8.4 艾森克因子分析

表 8.14　组合类型与气质类型

组合类型	气质类型
稳定外向型	多血质
稳定内向型	黏液质
不稳定外向型	胆汁质
不稳定内向型	抑郁质

二、气质在实践活动中的作用

气质是个人心理活动的稳定的动力特征，它影响个体活动的一切方面，在个体的活动上打上一定的烙印。

（一）气质无好坏之分

每一种气质类型都既有积极方面，又有消极方面。例如，多血质的人反应灵敏，容易适应新环境；但兴趣容易转移，注意力不稳定。胆汁质的人热情开朗，精力旺盛，刚强；但任性，脾气暴躁，容易冲动。黏液质的人沉着、稳重、自制、冷静、踏实；但反应缓慢。抑郁质的人在工作中耐受能力差，容易疲劳；但感情细腻，审慎小心，观察力敏锐，善于觉察别人不易觉察到的细小事物。

（二）气质不能决定一个人的智力发展水平

智力水平高的人可能具有不同的气质，相同气质的人可能表现出不同的智力水平。著名的作家中 4 种气质的人都有。例如，郭沫若和赫尔岑具有多血质的特征，李白和普希金具有胆汁质的特征，茅盾和克雷洛夫具有黏液质的特征，杜甫和果戈理具有抑郁质的特征。他们在气质类型上的不同，并不影响他们各自在文学上取得杰出的成就。

气质虽不决定智力发展水平，但气质对个体智力活动的特点和方式是有一定影响的。苏联心理学家列伊捷斯对同班两位学生 A 和 B 进行了追踪研究。A 具有明显的多血质和胆汁质的特征，B 具有明显的抑郁质的特征。学生 A 在学习时表现为精力充沛，在从事紧张的学习和工作后，只需要短时间的休息就能恢复精力，很少见到他疲劳和有学习间歇；能够一下子关心很多事物，新教材使他精神焕发、兴奋，并且感到满足，但在复习旧教材时，明显地缺乏兴趣。学生 B 在经过一段时间学习后，很容易感到疲劳，需要休息或睡一会儿才能够恢复精力；对简单的作业都要沉思和准备，在学习新教材时常常感到困难和疲劳，但在复习旧教材时，表现出主动性，思维具有高度的准确性和明晰性。学生 A 反应迅速，容易转向新的智力活动，他似乎能立刻把他的潜能释放到最大限度。学生 B 则是缓慢地、犹豫不决地解决问题，有时会出现停顿，但他能够逐渐地明确、完整、正确地弄清楚问题。这两个学生在毕业时都获得了金质奖章。

（三）气质与职业选择

气质特征是职业选择的依据之一，某些气质特征为一个人从事某项工作提供了有利的条件。一般地说，要求持久、细致的工作对黏液质和抑郁质的人较为合适，对多血质和胆汁质的人不大合适；要求迅速灵活反应的工作对多血质和胆汁质的人较为合适，而黏液质和抑郁质的人则较难适应。

在一般实践活动中，由于气质的各种特征之间可以互相补偿，因此对活动的效率影响并不明显。中国科学院心理研究所的研究人员对先进纺织女工的研究表明，一些看管多台纺织机床的女工属于黏液质，她们注意的稳定性补偿了她们从一台机床到另一台机床转移的困难；另一些纺织女工属多血质，她们的注意转移容易和迅速补偿了注意容易分散的缺陷。

一些特殊职业，如飞行员、宇航员、潜水员、雷达观测员等，对人的气质特征有特定的要求，必须经过心理测定，进行严格的选择和训练，才能使他们胜任这类工作。1988年我国心理学工作者对空中战斗飞行员进行的调查发现，在战斗机飞行员中，多血质的人占45%左右，胆汁质的人占20%左右，胆汁质与多血质混合型的人占15%左右，而没有发现抑郁质的人。1979年德米特里耶娃等人对航空调度员的心理特征进行研究，发现从事这一职业活动的人应具备如下气质特征：语音要平静、精力要集中；在紧急情况下要保持镇定；长时间指挥飞行而不降低工作质量和进度等。神经系统的兴奋过程弱、反应迟缓的人是不宜从事这项职业的。

心理学家还研究了人的气质类型对群体协同活动的影响。罗索洛夫的研究表明，两个气质类型不同的人在协同活动中比气质类型相同的人配合所取得的成绩好。皮卡洛夫的研究表明，气质特征相反的两个人合作，不仅合作的效果好，而且还有利于团结。

气质对人的实践活动具有一定的作用，在考察人的实践活动时要关注气质这一因素。但是，人的行为是由社会生活条件和教育影响下所形成的理想、信念和态度所决定的。气质与理想、信念和态度相比，对人的行为的作用，毕竟只有从属的意义。

（四）气质对教育工作的意义

《论语》中记载着这样一则故事。子路问："听到一个很好的主张，要立即去做吗？"孔丘答："家有父兄，怎能自作主张？"冉求问："听到一个很好的主张，要立即去做吗？"孔丘答："当然应该立即去做。"公西华对此很不理解。孔丘说："冉求遇事畏缩不前，所以要鼓励他去做。子路遇事轻率，所以要加以抑制，使他谨慎。"这一事例表明当时的孔子就能区分学生不同的人格特点，有意识、有目的地进行因材施教。

气质对学生良好性格的形成以及学习方式、学习效率的影响是不容忽视的。在学校教育中，教师了解、掌握学生的气质特点，对于做好教育工作，"一把钥匙开一把锁"，从而提高教育质量、培养人才具有重要的意义。

（1）教师应克服气质偏见。教师应当认识到气质类型是没有好坏之分的，事实上，每一种气质类型都有其积极和消极的一面。有研究表明，各种气质类型的学生，都可以在学习知识、技能方面取得优良成绩，其主要原因是学生在学习中充分发挥了各自气质的积极特征，克服了消极特征的影响，从不同途径、以不同方式方法取得了好成绩。如不同气质类型学生的智力活动特点和方式不完全一样：多血质的学生能迅速理解新教材，但对复习缺乏兴趣；抑郁质的学生对新知识的接纳有一定困难，但在复习中却表现出惊人的思维力与记忆力；胆汁质的学生以其坚强的意志、高昂的学习热情，弥补了粗心与简化的学习方式的不足；黏液质的学生以踏实、认真、刻苦、自制力强的优点，弥补了较迟缓与不大灵活的缺点。

因此，教师对学生的气质不应存在任何偏见，对各种不同气质类型的学生要一视同仁，不能因个人好恶，喜欢或亲近某种气质类型的学生，厌恶或疏远另一种气质类型的学生。教师要相信任何一种气质类型的学生，只要克服自己气质的消极作用，发扬气质的积极特点，都会形成良好的个性品质，在学习和事业上取得一定的成就。要知道，教师教育的目的不是设法改变学生原有的气质，而是要克服这种和那种气质的缺点，发展他的优点，从而使学生在原有气质的基础上建立优良的人格品质。

不同气质类型的学生在形成某种优良个性品质的难易程度上是不同的。例如，性情大方的个性品质，多血质的人比抑郁质的人较容易形成；稳健坚毅的个性品质，黏液质的人比胆汁质的人较容易形成。

（2）根据学生的气质特征因材施教。相同的教育态度与策略对不同气质类型的学生所产生的实际效果是有很大差异的，教师在教学过程中要充分调动学生气质中的积极因素，在学习的方式和方法上给予个别指导，帮助他们克服气质中不利知识、技能学习的消极因素，真正做到因材施教，有的放矢。

教师的任务在于了解学生的气质特征，找到适合学生气质特点的最佳策略和方法。例如，对多血质的学生不能放松对他们的要求，不能使他们感到无事可做，要使他们在多种有意义的活动中培养踏实、专一和克服困难的精神；而且严厉的、具有强度的批评能使多血质的学生感到震动，可以有效促使其改正自己的缺点。

胆汁质的学生情绪容易激动，对他们的态度如果过于强硬，就会惹怒他们，产生不必要的对立。因而对胆汁质的学生要让他们学会抑制自己，耐心帮助他们养成自制、坚韧的习惯，平稳而镇定地工作。

对黏液质的学生不能因为他们安静、保守、不妨碍他人而忽视对其良好个性的培养。对他们要热情，允许他们有充分的时间考虑问题和作出反应，不能操之过急，要鼓励他们积极探索新问题，并且引导他们生动活泼、机敏地投入工作，发展他们的灵活性和积极性。

对抑郁质的学生不要在公开场合指责、批评他们，要尽量采取温和、委婉、关怀、鼓励的态度，对他们的要求不能过于苛刻或急于求成，要安排适当的工作激发和鼓舞他们自信的勇气，让他们有更多的机会参加集体活动，在活动中磨炼意志的坚忍性、情绪的稳定性。

尤其是胆汁质和抑郁质的学生，教师应该给予特别关注。艾森克认为，这两种气质类型都具有情绪不稳定的特征：胆汁质的人可能会出现进攻、好斗的行为问题；抑郁质的人可能会出现焦虑不安的人格问题。教师要使具有胆汁质特征的学生多得到工作与休息交替的机会，使具有抑郁质特征的学生在集体中获得友谊和生活乐趣。教师要培养具有这两种气质特征学生的情绪稳定性。

总之，根据学生的气质特点，在对学生的教育要求上应有所区别（见表8.15）。

表 8.15　各种气质类型中学生的特点

胆汁质中学生的特点	1. 在学习、工作和与人交往中热情高，做事带有强烈的情感色彩，高兴时什么都肯干，不高兴时拒绝一切 2. 精力旺盛，积极倡导并参加各种活动，喜欢热闹，但容易做出越轨的事 3. 好胜心强，上课反应快、理解快，但不心细，不求甚解。作业完成迅速，但缺乏耐心和计划性 4. 办事果断，有魄力，敢负责，但容易暴躁，控制不住自己的情绪
多血质中学生的特点	1. 对学习、工作和劳动较善于计划，有条理，不盲从，有效率 2. 精力充沛，积极参加各项活动，但思想感情不够深刻稳定，变化无常，办事不够沉着冷静 3. 上课活跃，注意力集中但坚持性差。发散思维能力强，思考问题灵活，但易动摇和受暗示 4. 善于交往，易与人成为好朋友

续表 8.15

黏液质中学生的特点	1. 在学习、工作和劳动中能善于思考和比较，以寻找最佳方案，比较听话 2. 吃苦耐劳，有恒心，有较强的自制力、组织纪律性，不逞强 3. 上课注意力集中，从不打扰别人，也不易于被别人打扰，喜欢对有把握的问题做出自己的回答，作业认真、不拖拉，但缺乏应变能力 4. 情感不外露，说话平缓
抑郁质中学生的特点	1. 在学习、工作、劳动中细心、规矩，不求速度只求质量，很有耐心 2. 很少表现自己，喜欢安静，较害羞，在生人面前常不知所措 3. 上课守纪律，肯动脑筋，喜欢默默思考但很少发言 4. 情感敏感而深刻，多愁善感，体验深而持久 5. 与人交往缺乏主动性，小心谨慎，不易流露内心情感

（3）指导学生自我分析、自我调控。教师要指导学生认识和分析自身气质的长处与不足，并了解气质的可塑性，根据学生的气质特点合理地分配角色，充分调动、发扬学生气质的积极方面，帮助他们有意识地克服气质中的消极方面。例如，让多血质和胆汁质的学生多做些宣传、组织、演讲与联络的工作，并提醒他们学会自制，不可轻率；让黏液质的学生做一些具体的，需要认真、细致的工作，还应当注意培养他们勇于创新的精神；对抑郁质的学生则可做一些需要精益求精而又要耐心的事情，要培养他们的胆量，学会与人合作，培养其自尊与自信的品质。

随着年龄的增长，青少年学生对自身气质的认识能力和控制能力都大大提高，教师在帮助学生对自己的气质进行分析的同时，要注意引导学生主动用自己坚强的意志力去克服气质的消极方面，或者发展气质的积极方面去抑制其消极方面，从而培养学生良好的气质品质。

（4）根据学生的气质特点进行职业指导。当前，以就业指导为重点的职业指导已成为学校教育的重要组成部分。现代职业指导强调"人—职匹配"，只有当个体的气质、性格、兴趣、需要适合工作的时候，其能力、主动性、创造性才能得到最大限度发挥，工作的效果和绩效才最佳。这就是常说的合适的人做合适的事。但学生的气质特征可能符合，也可能不符合某种职业活动的客观要求。因此，教师在教育工作中要根据学生的气质特征对学生进行升学和就业指导，这有助于学生今后的成长和发展。

如何指导学生正确认识自我、了解职业，选择适合自己发展的职业，对其一生都有着极其重要的价值和意义。教师指导的主要内容应包括：① 帮助学生认识和了解自我以及追求职业目标的完整过程；② 职业指导不仅要考虑个人的能力和能力倾向，也应该考虑个人的需要、价值和兴趣；③ 职业指导不应仅仅考虑个人现有的特征，也应考虑个人的发展和变化；④ 职业指导不应只是替学生做出职业决策，还应帮助学生让其自己做出决定。

最后，教师本人也要正确认识自己气质的优缺点，加强自身的行为修养，这对搞好教育教学工作至关重要。教育者必须先受教育，才不至于因自己流露出消极气质特征，而对学生产生不良的影响。

三、性格及其形成发展

（一）什么是性格

性格一词来源于希腊文，原为雕刻的意思，后来转意为印刻、标记、特性等。性格是指人在对现实稳定的态度和习惯化了的行为方式中所表现出来的个性心理特征。它是心理面貌和本质属性的独特结合，是人与人相互区别的主要方面。如诚实或虚伪、勇敢或怯懦、谦虚或骄傲、勤劳或懒惰、果断或优柔寡断，等等，都是人的性格特征。性格是具有核心意义的个性心理特征，最能表征一个人的个性差异。

对性格概念内涵的进一步解读可从以下三方面进行：

（1）人的性格表现在对现实的态度和行为方式中。人对现实的态度与之相对应的行为方式的结合，就构成了区别于他人的独特性格。恩格斯曾指出："人的性格不仅表现在他做什么，而且表现在他怎么做。""做什么"反映了人对现实的态度，表明追求什么，拒绝什么；"怎么做"反映了人的行为方式，表明如何去追求他所要得到的东西，如何去拒绝他所要回避的东西。一般说来，人对现实稳定的态度决定着他的行为方式，而人的习惯化了的行为方式又体现了他对现实的态度，这两个方面是统一的。

（2）性格是一个独特的稳定的心理特征。人的性格并不是一朝一夕形成的，一经形成就比较稳定，并且贯串于他的全部行动之中。例如，一些同学在各种场合总是表现出对人的热情诚实、与人为善，对自己谦虚谨慎、严于律己，遇事坚毅果断、深邃远虑。这种对人、对己、对事的稳定态度和习惯化行为方式所表现出来的心理特征就是性格。如果只是在某些情境下偶尔发生的行为表现，就不得视为该人的性格特征。性格是在主体与客体的相互作用过程中形成的，同时又在主体与客体的相互作用过程中发生缓慢变化。因此，人在生活中偶然表现出来的态度和行为方式，不能代表人的性格特征，只有当它们巩固下来，成为对现实稳定的态度和习惯化的行为方式时，才能成为人的性格特征。例如，一个学生因为偶然的原因撒谎，我们就不能认定他"不诚实"，但如果他经常撒谎，则可以认定这个学生具有"不诚实"的性格。

（3）性格是个性中具有核心意义的心理特征。一个人对现实的稳定态度和习惯化的行为方式，总是与他的价值观、人生观、世界观相联系，体现了人的本质属性，具有明显的社会道德评价意义。通常，我们把有利于社会、集体、他人的性格特征，有助于个人潜能的发挥、事业成功、心身健康的性格特征，称为优良的性格特征。如助人为乐、善良、勤奋、诚实、勇敢、坚毅、开朗、宽宏豁达等。把有损于社会、集体、他人的性格特征，有碍于个人潜能的发挥、事业成功、心身健康的性格特征，称为不良的性格特征。如损人利己、奸险、狡诈、懒惰、怯弱、粗暴、孤僻、忧郁等。因此，性格有好坏之分。

（二）性格与气质的关系

在日常生活中，性格和气质是一个经常被人们混淆的概念，有时人们把有些性格特点说成气质，如"老实稳重"的气质；有时又把气质说成性格特点，如"性格活泼""文静"等。其实，性格与气质都是人的个性心理特征，既有区别又有紧密联系。

1. 性格与气质的区别

（1）性格与气质的本质不同。性格反映的主要是人的社会性本质特征，具有明显的社会性，有好坏之分，它是衡量人的品质特征及社会关系中的价值和地位的主要指标；气质是人的高级神经活动类型特征在人的心理过程和行为中表现出来的动力特点，它反映的更多的是人自然的、先天本质的特征。

（2）性格与气质的形成机制不同。气质是以人的高级神经活动类型特点为生理基础的，有明显的天赋性，后天的环境因素很难改变人的气质；而性格是高级神经活动类型特点与后天暂时神经联系系统的"合金"。

（3）性格与气质的外部表现不同。气质的稳定性很强，可塑性较小，变化也慢，即使可能变化也不容易,它一般不需要培养;而性格只具有相对的稳定性,可塑性较大,变化较快,虽然具有一定的稳定性,但改变起来比气质容易。如在某种家庭环境影响下成长的儿童,养成怯弱、孤独的性格特点,在他进入学校后,经过集体的熏陶以及教师有意识的培养,可能使他原来的性格特点发生显著的变化。因此,良好的性格品质是需要特别培养的。

2. 性格与气质的联系

(1)气质会影响性格的形成和具体表现方式。一是气质对形成某些性格特征有重要影响。例如,胆汁质的人容易形成勇敢的性格特征,但较难形成细致、谨慎的性格特点;黏液质和抑郁质的人比多血质和胆汁质的人更容易形成自制力的性格特征。二是气质会影响性格的表现形式,使同一性格特征带上某种独特的色彩。例如,不同气质的人都能形成乐于助人的性格特点,但他们的性格的具体表现则会因气质的不同而不同:胆汁质的人表现为热情、豪爽、雷厉风行的助人方式;多血质的人在帮助别人时,往往动作敏捷,情感明显表露于外;黏液质的人则不动声色,脚踏实地地给予帮助;抑郁质的人则表现为从细微处发现别人的难处,给予细致的关心。

(2)性格对气质也有一定的制约作用。性格可以在一定程度上掩盖或改造气质,使之符合社会实践的要求。例如,从事精细操作的外科医生应该具有冷静沉着的性格特征,在职业训练过程中有可能掩盖或改造容易冲动和不可遏止的胆汁质的气质特征。

(3)具有不同气质类型的人可以形成同样的性格特征,具有同一气质类型的人可以形成不同的性格特征。

苏联心理学家列维托夫以40名高年级学生为被试,研究气质与性格特征之间的关系。这40名学生分别是四种气质类型的典型代表,每种气质类型都是10个,由班主任按照自制力和坚韧性这两种意志特征测定每一个学生。气质类型与性格特征的关系见表8.16。

表8.16　气质类型与性格特征

气质类型	学生人数			
	自制力强	自制力弱	坚韧性强	坚韧性弱
多血质	4	6	6	4
胆汁质	5	5	7	3
抑郁质	6	4	5	5
黏液质	8	2	6	4

总之,气质和性格是密切联系的。在日常生活中,甚至在心理学文献中,都很难把气质和性格这两类心理特征严格区分开来。这是因为人具有生物社会性,人的发展是生物因素和社会因素交互作用的结果。

(三)性格特征分析

性格是一个十分复杂的心理构成物,它由各种不同的性格特征所组成。性格特征就是指各个不同方面的特征,主要有四个方面。

1. 性格的态度特征

人对客观现实的影响总是以一定的态度给予反映。客观现实的对象和现象是多种多样的,因此,人对客观现实的态度的性格特征也是多种多样的。

性格的态度特征主要是指在处理各种社会关系方面的性格特征,主要有:

(1) 对社会、集体和他人的态度的特征。属于这方面的特征主要有：公而忘私或假公济私，忠心耿耿或三心二意，善于交际或行为孤僻，热爱集体或自私自利，礼貌待人或粗暴，正直或虚伪，富有同情心或冷酷无情，等等。

(2) 对工作和学习的态度的特征。属于这方面的特征主要有：勤劳或懒惰，认真或马虎，细致或粗心，创新或墨守成规，节俭或浪费，等等。

(3) 对自己态度的特征。属于这方面的特征主要有：谦虚或骄傲，自尊或自卑，严于律己或放任，等等。

2. 性格的意志特征

性格的意志特征是指人在对自己行为的自觉调节方式和水平方面的性格特征，主要有：

(1) 对行为目的明确程度的特征。属于这方面的特征主要有：目的性或盲目性，独立性或易受暗示性，纪律性或散漫性，等等。

(2) 对行为的自觉控制水平的特征。属于这方面的特点主要有：主动性或被动性，自制力或缺乏自制力、冲动性，等等。

(3) 在长期工作中表现出来的特征。属于这方面的特征主要有：恒心、坚韧性或见异思迁、虎头蛇尾，等等。

(4) 在紧急或困难情况下表现出来的特征。属于这方面的特征主要有：勇敢或怯懦，沉着镇定或惊慌失措，果断或优柔寡断，等等。

3. 性格的情绪特征

性格的情绪特征是指在情绪活动时在强度、稳定性、持续性和主导心境等方面表现出来的性格特征，主要有：

(1) 情绪强度特征。表现为个人受情绪影响程度和情绪受意志控制的程度。例如，有人情绪体验比较弱，容易用意志控制；有人情绪体验比较强烈，难以用意志控制。

(2) 情绪稳定性特征。表现为情绪起伏波动的程度。例如，有人不论是成功或是失败，情绪都比较平静，对情绪的控制也比较容易；有人成功时会沾沾自喜，失败时则会垂头丧气，对情绪的控制也比较困难。

(3) 情绪持久性特征。表现为个人受情绪影响时间久暂的程度。例如，有人遇到愉快的事，当时很高兴，事后很快恢复平静；有人愉快的情绪则会持续很久。

(4) 主导心境特征。表现为不同的主导心境在一个人身上表现的程度。例如，有人经常愉快，有人经常忧伤；有人受主导心境支配的时间长（主导心境稳定性大），有人受主导心境支配的时间短（主导心境的稳定性小）。

4. 性格的理智特征

性格的理智特征是指人在认知过程中的性格特征。人的认知水平的差异称为能力特征，人的认知活动特点与风格称为性格的理智特征。主要有：

(1) 感知方面的性格特征。人在感觉和知觉方面的个别差异可以区分出：主动观察型和被动观察型，记录型和解释型，罗列型和概括型，快速型和精确型，等等。

(2) 记忆方面的性格特征。人在记忆方面的个别差异可以区分出：主动记忆型和被动记忆型，直观形象记忆型和逻辑思维记忆型，在识记上有快慢之分，在保持上有长短之分，等等。

(3) 想象方面的性格特征。人在想象方面的个别差异可以区分出：主动想象型和被动想象型，幻想型和现实型，敢于想象型和想象受阻型，狭隘想象型和广阔想象型，等等。

(4) 思维方面的性格特征。人在思维方面的个别差异可以区分出：独立型和依赖型，分析型和综合型，等等。

在以上四个方面的性格特征中,最主要的是性格的态度特征和性格的意志特征,其中又以性格的态度特征更为重要。因为它直接体现了一个人对事物所持有的、稳定的倾向,也是一个人的本质属性和世界观的反映。

性格的上述各个方面的特征并不是孤立的,而是相互联系着的,在个体身上结合为独特的统一体,从而形成一个人不同于他人的性格。这正是性格一词的本来含义。

(四)性格的理论——类型论和特质论

性格的类型论和性格的特质论是两种主要的性格理论。类型论用人的一种或少数几种主要的特质来说明人的性格,是一种性格分类的理论;特质论同时用人的多种特质来说明人的性格,是一种性格分析的理论。下面简要介绍几种具有代表性的理论。

1. 斯普兰格的类型论

德国的斯普兰格等人将人的性格分为 6 种类型:理论型、经济型、审美型、社会型、权利型和宗教型。

(1)理论型的人。这种类型的人以追求真理为目的,认识成为精神生活的主要活动,情感退到次要地位。总是冷静而客观地观察事物,关心理论,力图把握事物的本质。对实用和功利缺乏兴趣,碰到实际问题时往往束手无策,缺乏生存竞争能力。理论家和哲学家属于这种类型。

(2)经济型的人。这种类型的人以经济观点看待一切事物,把经济价值提高到一切价值之上,以实际功利来评价事物的价值,重视人的能力和资力。从纯经济观点看待人类,把人类看为生产者、消费者和购物者,以获取财产和利益为其生活目的。实业家属于这种类型。

(3)审美型的人。这种类型的人以美为最高人生的意义,对实际生活不大关心,总是从美的角度来评价事物的价值。自我完善和自我欣赏是他们的目的。艺术家属于这种类型。

(4)社会型的人。这种类型的人重视爱,以爱他人为人生的最高价值,有献身精神,有志于增进他人或社会福利。社会型的最高和最普遍的形式是母爱。慈善、卫生和教育工作者都属于这种类型。

(5)权利型的人。这种类型的人重视权利,并努力去获得权利。凡是他所做的均由自己决定,有强烈的支配和命令他人的欲望。

(6)宗教型的人。这种类型的人坚信宗教,生活在信仰中,总感到上帝的拯救和恩惠。他们富有同情心,以慈善为怀,以爱人爱物为目的。宗教家属于这种类型。

斯普兰格从社会生活对人的影响,从社会文化价值的观点来划分人类的性格。这比一味强调人的生物学因素对人的影响是一个进步。但这种理论是根据西方社会生活的现象进行分类,有一定的局限性。

2. 霍兰德的类型论

美国职业指导专家霍兰德(J. L. Holland)提出性格—职业匹配理论。他认为,学生的性格类型、学习兴趣和将来的职业准备密切相关,把人类的性格划分为 6 种类型:社会型、理智型、现实型、文艺型、贸易型和传统型。每一个人可以主要划分为一种性格类型,每一种性格类型的人,对相应的职业感兴趣。

(1)社会型的人。这种性格类型的人具有爱好社交、活跃、友好、慷慨、乐于助人、易于合作和合群等性格特征,适合从事社会工作、教师、护士等工作。

(2)理智型的人。这种性格类型的人具有好奇、善于分析、精确、思维内向、富有理解力和聪明等性格特征,适合从事自然科学工作、电子学工作和计算机程序编制等工作。

（3）现实型的人。这种性格类型的人具有直率、随和、重实践、节俭、稳定、坚持和不爱社交等性格特征，适合从事农业、制图、采矿、机械操作等工作。

（4）文艺型的人。这种性格类型的人具有感情丰富、想象力强，富有创造性等性格特征，适合从事文学创作、艺术、雕刻、音乐、文艺评论等工作。

（5）贸易型的人。这种性格类型的人具有外向、乐观、爱社交、健谈、好冒风险、支配和喜欢领导他人等性格特征，适合从事董事长、经理、营业部主任、营业员、推销员等工作。

（6）传统型的人。这种性格类型的人具有务实、有条理、随和、友好、拘谨和保守等性格特征，适合从事办公室工作、秘书、会计、打字员和接线员等工作。

霍兰德认为，大多数人可以主要划为某一性格类型，每一种性格类型又都有两种相近的性格类型、两种中性关系的性格类型和一种相斥的性格类型（见表8.17）。

表 8.17 性格关系类型

关系 性格类型	相 近	中 性	相 斥
社会型	文艺型、贸易型	传统型、理智型	现实型
理智型	文艺型、现实型	传统型、社会型	贸易型
现实型	理智型、传统型	文艺型、贸易型	社会型
文艺型	理智型、社会型	贸易型、现实型	传统型
贸易型	社会型、传统型	现实型、文艺型	理智型
传统型	现实型、贸易型	社会型、理智型	文艺型

各种性格类型之间的相关可用六角型模型来表述（见图8.5）。

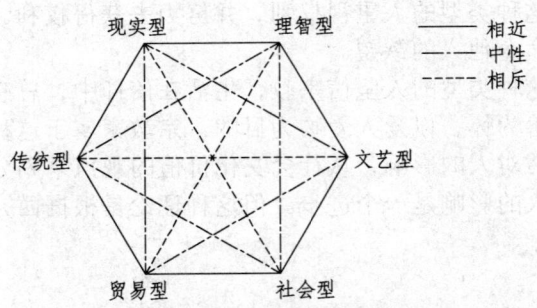

图 8.5 霍兰德的性格六角型模型

霍兰德经过长期研究，把6种性格类型与456种职业进行匹配。霍兰德认为，如果职业类型与性格类型相重合，个人会感兴趣和获得内在的满足，并能最大限度发挥自己的聪明才智；如果职业类型与性格类型相近，个人经过努力，也能适应并做好工作；如果职业类型与性格类型相斥，个人对职业毫无兴趣，不能胜任工作。

霍兰德是一位职业指导专家，他的性格—职业匹配理论，对职业指导具有重大意义。他十分重视兴趣与职业的关系，认为兴趣是工作的巨大动力，凡是符合自己兴趣的工作，就能提高人的积极性，使人积极愉快地从事这种工作。但心理学研究表明，一个人对某一种职业有兴趣,并不一定能把该项工作做好。对工作的兴趣是做好工作的重要条件,但不是唯一条件,影响职业的心理因素是多种多样的、复杂的。

3. 奥尔波特的特质论

美国心理学家奥尔波特是现代个性心理学的创始人之一,也是性格特质论的创始人。他首先把特质分为共同特质和个人特质。

(1) 共同特质(Common Trait)。共同特质是指同一文化形态下群体都具有的特质,它是在共同的生活方式下所形成的,并普遍地存在于每一个人的身上。共同特质被认为是一种概括化的性格倾向。

(2) 个人特质(Individual Trait)。个人特质为个人所独有,代表个人的性格倾向。奥尔波特认为,世界上没有两个人具有相同的个人特质,只有个人特质才能表现个人的真正特质。

奥尔波特进一步把个人特质按照它们对于个体性格影响和意义的不同,划分为3个重叠和交叉的层次:

(1) 首要特质(Cardinal Trait)。这是个人最重要的特质,它代表一个人的性格最独特之处,往往只有一个。它在性格结构中处于支配的地位,影响一个人的全部行为。例如,吝啬被认为是葛朗台的首要特质。

(2) 主要特质(Central Trait),又称为"重要特质"。这是性格的"构件",个体的性格是由几个彼此相互联系的主要特质所组成。主要特质虽不像首要特质那样对行为起支配作用,但也是行为的决定因素。

(3) 次要特质(Secondary Trait)。这是个人无足轻重的特质,只在特定场合下出现,它不是性格的决定因素。

4. 卡特尔的特质论

美国心理学家卡特尔进一步将奥尔波特所收集的一万多个形容性格特质的词归纳为171个,然后再将它合并为35个特质群,卡特尔称为表面特质(Surface Trait)。他又把这些表面特质进行因素分析,得到16个根源特质(Source Trait)。他认为,共同特质是用因素分析法得到的共同因素,个人特质是用因素分析法得到的独特因素。共同因素是人类所有社会成员所共同具有的特质,独特因素是指单个个体所具有的特质。

卡特尔认为,根源特质各自独立,相关极小,并且普遍地存在于各个不同年龄的人和不同社会环境的人身上。但是,各个根源特质在每个人身上的强度是不同的,这就决定了人与人之间在性格上的差异。卡特尔及同事经过长时期的研究,确定了16种根源特质,并据此编制了16种个性因素问卷,是国际上通用的个性问卷。

5. 吉尔福特的特质论

美国心理学家吉尔福特将人的性格分为12种特质:① 抑郁质(是否抑郁,容易悲伤);② 循环性(情绪是否容易变化,不稳定);③ 自卑感(自卑感的大小);④ 神经质(是否容易担心某种事情或易于烦躁);⑤ 主观性(是否容易空想,过敏而不能入睡);⑥ 非合作性(是否信任别人、与社会协调);⑦ 攻击性(是否不倾听别人的意见而自行其是,是否爱发脾气,有攻击性);⑧ 活动性(是否开朗,动作敏捷);⑨ 乐天性(开朗还是不开朗);⑩ 思维外向性(是否喜欢沉思,愿意反省);⑪ 支配性(是否能当群众的领袖);⑫ 社会外向性(是否善于交际)。在12种特质中,第1~4种特质是情绪稳定性的指标;第5~7种特质是社会适应性指标;第8~12种特质是向性指标。

吉尔福特指出,各个特质最后组成一个阶层式结构(Hierarchical Structure)。在这个结构中,最基层的特质叫做基倾。中间一层叫基本特质(Primary Trait),位于基倾之上。最高一层叫类型（Type），它位于基本特质之上。吉尔福特认为，在性格结构中，上层特质可以影响或决定下层特质。

第三节 学生健全人格的养成教育

长期以来，片面强调智能培养、忽视人格塑造和全面素质训练的现象是我国许多学校存在的"通病"，从而造成人才的"高智能、低素养"，与社会所需的人才错位、脱节。只有培养和造就大批会生活、会创造、能适应激烈的社会竞争、能经受困难与挫折的考验、心理健康、人格健全的高素质人才，未来社会的发展才有可靠的"基石"和保证。

【资料链接】

在不同的环境中长大

在批评中长大的孩子，他学会了责难
在敌意中长大的孩子，他学会了斗争
在虐待中长大的孩子，他学会了伤害别人
在支配中长大的孩子，他学会了依赖
在干涉中长大的孩子，他被动和胆怯
在娇宠中长大的孩子，他学会了任性
在否决中长大的孩子，他反对社会
在忽视中长大的孩子，他性情孤僻
在淫乱中长大的孩子，他会心理变态
在民主中长大的孩子，他领导力很强
在平等中长大的孩子，他抱有正义感
在宽容中长大的孩子，他学会了耐心
在赞赏中长大的孩子，他学会了喜欢自己
在爱之中长大的孩子，他会爱人如己

一、健全人格与学生健全人格的特征

（一）健全人格的内涵

要给健全人格定出统一的标准是较为困难的，美国学者坎布斯认为人格健全的人应有四种特质：

（1）积极的自我观念。能悦纳自己，也能为他人所悦纳；能体验到自己存在的价值，能面对并处理好日常生活中遇到的各种挑战；虽然有时也感觉不顺意，也并非总为他人所喜爱，但是，肯定的、积极的自我观念总是占优势。

（2）恰当地认同他人。能认可别人的存在和重要性，既能认同他人也不依赖或强求他人，能体验到自己在许多方面与大家是相同的、相通的，又能与别人分享爱与恨、乐与忧以及对未来美好的憧憬，并且不会因此而失去自我。

（3）面对和接受现实。能面对和接受现实，即使现实不符合自己的希望与信念，也能设身处地、实事求是地面对和接受现实的考验；能多方寻求信息，倾听不同意见，把握事实真相，相信自己的力量，随时接受挑战。

（4）主观经验丰富，可供取用。能对自己及周围的事物环境有较清楚的知觉，不会迷惑和彷徨。在自己的主观世界里，储存着各种可用的信息、知识和技能，并能随时提取使用，以解决所遇到的问题，从而增进自己行为的效率。

美国人本主义心理学家马斯洛提出，人格健全、自我实现者具有15个特征：对现实世界有敏锐的观察力；能接受自己、他人和现实；言行坦率、自然和纯真；不过分关注自己；时时常新的新鲜感；常常能体验到狂喜、惊异和崇高等所谓"高峰体验"；对人类充满深厚的爱；其亲密朋友不多，但感情深厚；具有民主的态度；具有较强的道德感；有幽默感；创造性；不盲从等。

我国学者也提出了许多关于健全人格的理解。高玉祥认为，健全人格是多重人格特征的完备结合。他还从内部心理和谐发展，能够正确处理人际关系、发展友谊，把自己的智慧和能力有效地运用到能获得成功的工作和事业上等三个方面概括了健全人格的特点。

以上各方论述都在一定程度上分析了健全人格的内涵。在确定健全人格的标准时，有两方面应该都是得到大家所认同的：一是人格结构中的各个方面得到充分、和谐的发展；二是能有效地适应变化着的社会生活环境。

（二）学生健全人格的特征

根据古今中外学者对健全人格标准的研究，结合时代发展对人才的新要求，当前学生健康、积极的人格应具有以下特征：

（1）智能结构健全、合理，具有学习能力。智能结构健全，没有认知障碍，各种认知能力有机结合并发挥其应有的作用，对新知识、新信息有较强的接受能力。

（2）认知客观、准确。能客观、准确地反映现实，对客观现实有正确的评价；有积极的自我意识，能正确认识自我，既欣赏自己的优点，又能悦纳自己的不足和欠缺。不追求非理性的完美，学会一分为二地看问题。

（3）具有一定的创造性和竞争意识。在发展日新月异、充满竞争的现代社会，勇于创新、敢于竞争已成为重要的积极人格特征。

（4）积极乐观的情绪和情感。乐观、开朗应成为生活、学习中的主导心境，对未来充满希望和信心；有强烈的正义感，诚信正直的精神，光明磊落的宽广胸怀。

（5）人际关系融洽，具有合作精神。与人交往主动、热情，不羞怯，不冷漠，不强求他人；与同学、老师、家长关系融洽，与人合作愉快。

（6）独立自主，善于选择。当代社会给予人们更多发展的机会和选择的机会，它必然要求个体具有较强的独立自主性和自我觉察能力。

（7）较强的心理承受力和自我控制能力。在迅速发展变化的社会中，发展机遇增多的同时也意味着更多的冒险和更多失败的可能性，人的思想观念和生活方式的变化更新，将使人们可能产生更多的不适应和不平衡，这都要求个体具有较强的心理承受力和自我调控能力。

【资料链接】

创造性人格特征

高智商并不能保证就具有创造性，也许人格特征更为重要，尤其以下三种人格特征（Helson, Roberts, &Agronick, 1995; Mackinnon, 1968; McCrae, 1987; Schank, 1988）：

1. 不墨守成规

富有创造性的个体不会过分考虑别人对他们的看法。他们甚至可能被奚落、嘲笑，提出一些最初可能被认为是不相关甚至愚蠢的想法。麦克林托克就是这样一个典型，他的研究被许多人忽视甚至贬低了将近30年，但他确信自己能够证明基因如何在遗传中传递和产生突变。直到1983年，他获得诺贝尔奖，他的研究才得到世人的公认。

2. 好奇心

具有创造性的人喜欢寻求新的体验，他们注意到事实与期望的冲突，并且他们对原因感到好奇。例如，伦琴在研究阴极射线时，在其中的一个屏幕上注意到一束奇怪的光。其他人也看到了这束光，但是由于跟他们理解的阴极射线无关而被忽略了。而伦琴被强烈的好奇心驱使，对这束光进行了研究，发现了X射线。

3. 坚持性

当想象的灯泡出现在你的头脑中后，你还要努力工作才能使它照明。正如爱迪生所言"天才是百分之一的灵感加上百分之九十九的汗水"，汗水就体现在坚持中。没有哪项成果或作品从一开始就涌现在人们的头脑中，在被证实前，都需要经过多次的修正。

二、个体人格发展阶段对教育的要求

要培养具有健全人格的高素质人才，教师必须了解人格的发展历程、人格发展不同时期的主要任务、人格品质发展的关键期，只有这样才能更有针对性地对学生进行培养。

心理学家埃里克森将人格的形成与发展分为8个相互联系的阶段。埃里克森认为，每一发展阶段都存在着一种危机，危机的解决标志着前一阶段向后一阶段的转化。危机的成功解决有助于人格力量的增强和对环境的适应；不成功则阻碍个体对环境的适应，长期不成功的解决将导致人格适应机能的丧失。

埃里克森人格发展的8个阶段为：

1. 婴儿期（出生至1.5岁）

婴儿对客观世界是无能为力的，所以需要别人特别是母亲的照料，在母婴相互作用中形成本阶段的发展危机：信任对不信任。如果母亲或照料者给予婴儿充足的爱抚和细心的呵护，婴儿将对母亲或照料者产生信任感，进而扩展为对周围人的信任；反之，如果得不到母亲或照料者的关心和照顾，婴儿会对他人、外界产生害怕与怀疑的心理，产生强烈的不信任感，从而影响下一阶段的顺利发展。

在这一阶段，婴儿同时产生信任感和不信任感，如果信任感居多，就成功地解决了发展危机。一定比率的不信任感更有利于人的健康发展，但是信任感应当超过不信任感。这一原则也适用于其他发展阶段。

2. 童年期（1.5~4岁）

童年期儿童开始有了独立的要求，反复用"我""我的"和"不"等词来表达自己的自主性，并开始探索周围的客观世界。而父母往往会按照社会的要求来训练、控制他们的行为。这一阶段的发展危机为：自主行动对羞怯怀疑。如果照料者比较开明，允许并鼓励他们独立地去做一些力所能及的事情，在任务完成后适当地给予肯定，儿童将获得一种自主感和自我控制的信心；相反，照料者过于爱护或过于严厉，将导致儿童产生自我怀疑与羞耻感。无论是成功或不成功的解决，其结果都将影响一个人的生活。

3. 学龄前期（4~6岁）

儿童对外部世界充满好奇，伴随着肌肉运动与语言能力的发展，儿童的活动范围扩展到家庭之外。在一定范围内，他们能主动确定目标、积极保持并达到目标，同时体验各种限制，确定什么是被允许或不被允许的。这一阶段的发展危机为：主动性对愧疚感。如果父母鼓励儿童的好奇心和探索行为，儿童的主动性会得到进一步的发展，表现出较强的积极性与进取心；如果父母否定或压制儿童的创造性和想象力，儿童会丧失自信心，产生愧疚感与失败感。

4. 学龄期（6~12岁）

此时儿童在学校学习各种必要的知识和技能，他们的智力不断得到发展，活动已扩展到学校以外的社会。这一阶段的发展危机为：勤奋感对自卑感。埃里克森认为，好教师在这一阶段对儿童的影响很大："不止一次，我观察到在那些独具天赋和富有灵感的儿童中，大多是教师燃起了一个未被发现的天才的内心火焰。"这个阶段儿童的逻辑思维能力迅速发展，能主动地去探索各种事物的奥秘，这种行为若能得到教师与家长的肯定、鼓励、帮助，儿童将产生勤奋感；反之，儿童将产生无能感与自卑感。

5. 青春期（12~18岁）

随着知识的积累与抽象思维能力的发展，青少年对周围世界有了新的认识，产生了新的思考方法。其注意力也从事物的表面特征转向事物的内在本质，他们常思考自己是一个怎样的人。这一阶段的发展危机为：同一性对角色混淆。

自我同一性的含义非常广泛，包括社会期望与个人的统合、个人的主体方面与客体方面的统合、对自己的历史任务的认识与个人理想的统合，等等。这种同一性可以帮助青少年了解自己，了解自己与各种人、事、物之间的关系，进而加以调整，以增强自身对纷繁复杂社会的适应能力。

青少年自我同一性的建立与前四个发展阶段所建立起来的信任感、自主感、勤奋感等有直接的关系，如果前期发展任务都能顺利完成，自我同一性就容易建立。若不能顺利地完成前期任务，就会产生角色混淆，不能很好地处理各种关系，造成角色定位混淆。

6. 成年早期（18~24岁）

这一阶段的主要任务是建立人与人之间的亲密关系，包括友谊与爱情，因此，其发展危机为：亲密对孤独。亲密感是在共同完成任务的过程中建立起来的，也只有当一个人确保自己的同一性时，才能真正达到与别人的共享。如果不能成功地解决发展危机，不能与他人分享快乐或痛苦，就会陷入孤独、寂寞的情感体验中。

7. 成年中期（25~65岁）

这一阶段人们的主要任务是生儿育女，关怀下一代的健康，其发展危机为：繁殖对停滞。这里的"繁殖"是广义的，不仅指关心下一代的幸福，而且指工作上的勇于创造、对事业成功的追求。成功解决危机的人能自觉关心他人的疾苦和需要，能给他人以温暖和爱。否则，则陷入"自我专注"中，所有行为都是为了自身的利益。

8. 老年期（65至死亡）

老年人要面临工作、健康、亲友、伴侣的丧失，所以他们必须做出身体和社会的适应。埃里克森把这种斗争称为自我整合对失望。前七个阶段都能成功渡过的人，具有完善和充实感，他们再回首往事时，自我是整合的；反之，不能成功渡过发展危机的人，往往体验到失望感。

三、学校人格教育与学生的发展

人格是具有可塑性的，良好的人格也是可以培养和塑造的。21世纪的综合素质的人才观对教育提出了许多新的要求，培养具有健全人格、适应时代发展的人才成为人们对未来教育的期待，人格教育已成为当前世界教育的主潮流。

（一）人格教育的特点

人格教育，是使受教育者形成完整统一、健全和谐的心理结构，适应现代社会生活为目的的教育。表现出如下特点：

（1）人格教育着眼于人格的健全和谐发展。人格教育强调，只有在健全的人格控制之下，个人的潜力才能充分地发挥出来。既把知识的获得、智力的发展、技能的形成看成是人格培养的组成部分，又充分认识到非智力因素对智力发展的影响。

（2）人格教育侧重于培养自我调节和控制的能力。人格教育十分强调受教育者的主体性在教育过程中的重要作用。

（3）人格教育有别于传统教育中的道德教育。人格教育强调道德认知、道德情感、道德行为的统一；强调帮助学生了解自己的内心世界，积极地接纳自我，客观、全面地认识客观环境，主动地适应和探索环境，发挥自己的潜能。

（二）新课程为人格教育提供了保障

我国学校教育的主要目的是"培养全面发展，适应社会发展的人才"。新课程的实施不仅在目标上实现了由应试教育向素质教育的转轨，而且在课程内容的设计、课程实施的方式以及课程评价体系的建构等方面，对学生的全面和谐发展即人格的健康给予了充分的关注和明确的强调，从而为促进学生人格发展提供了保障。具体表现在：

首先，从课程内容看。新课程强调，随着课程由"专制"走向民主，由封闭走向开放，由专家研制走向教师开发，由学科内容走向学生经验，课程就不只是文本课程，更是经验课程；不再只是特定学科知识的载体，还是较适合学生共同探求新知的过程；教师和学生应成为课程的创造者和课程的主体。教学过程因此已不仅仅是课程计划的实施，更是课程的创新与开发。教学过程成为课程内容持续生成与发展、课程意义不断建构与提升的过程。课程也因此变成一种动态的、生成性的"生态系统"和完整文化。

其次，从课程实施看。新课程强调，教学是教与学的交往、互动，师生双方互相交流、相互沟通、相互启发、相互补充。在这个过程中，教师与学生分享彼此的思考、经验和知识，交流彼此的情感、体验与观念，丰富教学内容，求得新的发现，从而达成共识、共享、共进，实现教学相长和共同发展。这种交往昭示着教学不是教师教、学生学的机械加工，传统的严格意义上的教师教和学生学，将不断让位于师生互教互学，彼此将形成一个真正的"学习共同体"。可以说，创设基于师生交往的互动、互惠的教学关系，是新课程改革的一个重要内容。

最后，从课程评价看。新一轮课程改革倡导"立足过程，促进发展"的课程评价理念，强调建立促进学生全面发展、教师不断发展和课程不断发展的评价体系。① 在评价指标方面，由过去过分关注学业成绩转向综合素质的考察，即在综合评价的基础上，更关注个体的进步和多方面的发展潜能，实现评价指标的多元化。② 在评价方法方面，从过去过分强调量化转向定性与定量相结合，倡导成长记录袋、学习日记、情景测验等质性的评价方法，实现评价方法的多样化。③ 在评价主体方面，一改以往以管理者为主的单一评价主体的现象，强调教育评价应当成为教师、家长、管理者，甚至包括专业研究人员共同参与的交互过程，实现评价主题的多元化。④ 在评价功能方面，由过去过分关注检查学生知识、技能的掌握情况，转向更为关注学生掌握知识、技能的过程与方法，以及与之相伴随的情感态度和价值观的形成，注重过程，重视发展，将终结性评价和形成性评价相结合，实现评价功能和重心的转移。

（三）学校教育在学生人格发展中的作用

学校是儿童家庭之外对其人格发展影响最大的正式机构。儿童除了在学校教育中学到大量的知识和学习技能以外，学校也通过各种途径教给儿童各种规则。学校是对学生进行有目的有计划教育的场所，要求学生与同学合作、尊重他人、对社会负责。学校也成为儿童文化和人格发展的重要阵地，为学生将来工作上的自立奠定基础。学校教育持续时间长，是贯穿人格发展的重要时期，许多重要的社会化课题，如培养勤奋精神、建立自我同一性、掌握重要的道德观念与法制观念、形成人生观、发展基本的社交能力等，都主要是学生在学校学习期间完成的。

1. 学校促进学生人格健全发展的途径

学校教育是学生健全人格培养的主渠道。具体来说，学校可以通过以下途径促进学生人格的健全发展：

1）课堂教育方面

（1）开设人格辅导课程。这是一种以培养学生良好人格品质或纠正学生不良人格特征为目标而专门设计的课程，一般由具有教育与心理科学专业知识与技能的教师来承担。新课程标准已将其列入课程计划中。

20世纪以来，西方学者对如何将学生心理素质培养与常规教育结合起来做了许多尝试，提出了一些有影响的人格教育的教学模式。最具代表性的有开放教师的教学模式、敏感性训练模式、成就动机训练模式和自我教育课程模式等。

（2）在学科教学中渗透人格教育。学科学习是学生的主导活动，在学科教学中渗透人格教育是培养学生健全人格的一条重要途径。在学科教学中，教师可以挖掘蕴含在教材中的人格教育因素，有意识地培养学生的人格。例如，语文课堂教学可以结合知识的传授，陶冶学生的性情、激发学生的热情、丰富学生的情感体验。体育课堂教学可以训练学生勇敢、坚强的人格特征。数理化等自然科学课程可以培养学生严谨求实的科学态度、灵活创新的思维方式。此外，教师还可以通过民主的课堂气氛、富有启发式的教学方式来培养学生独立、创造、合作等积极的人格特征。

2）在课外活动方面

（1）在班级、团队活动中渗透人格教育。在班级、团队活动的设计和实施过程中，有意识地将健全人格培养渗透进去，充分发挥各项活动的整体效应与人的能力。

（2）优化课外活动，促进学生人格健全发展。通过开展高品位、系列性的课外活动来培养学生的科学探究精神、团队合作精神、坚忍不拔的品质和人际交往能力。学生的课外活动包括：① 社会实践活动，如社会调查、报告会、参观、夏令营等；② 文学艺术活动，如学习书法、绘画、音乐、舞蹈等；③ 体育锻炼活动，如打球、长跑等；④ 义务劳动，如植树、校园美化等。

3）校园环境的营造

苏霍姆林斯基指出，只有创造一个教育人的环境，教育才能收到预期的效果。重视校园环境建设，改善学生所处的环境也是促进他们人格健全发展的一条重要途径。校园环境包括物质环境和心理环境。良好的物质环境能为学生创造一个有利于身心和谐发展的生活空间。良好的心理环境主要是指学校中和谐的人际关系，积极向上的班风、校风等。在学生人格教育中，良好的心理环境尤为重要。新课程在教学改革中强调平等和谐、互敬互爱、积极向上的班级气氛的营造，强调新型师生关系的建立，这是促进学生健全人格发展的重要方面。

（四）教师的健康人格与学生的发展

一个好教师不仅要上好课，而且要育好人。学校内的各种人际关系中，与学生心理健康最为密切的是师生关系。瑟普（Thrope）认为："师生关系的紧张是学生心理失调的第一步。"因此，他提出："为了更好地教育学生，教师必须具有健康的人格。心理失调的教师不但在学习上不能建设性地帮助学生学习好，而且对学生心理的不健康发展起着刺激作用。"

教师的人格健康有助于师生之间、学生之间建立良好的人际关系。人格不健全的教师在课堂上常有不恰当的行为，如责骂学生，出难题、偏题，不公正地对待学生，甚至体罚学生等。学生在这种教师的长期影响下，会出现各种不良的情绪、行为问题，如攻击性增强、敌视他人、神经过敏、焦虑、抑郁等。

教师是人类灵魂的工程师，也是学生人格的塑造者。许多事实都表明，教育者的人格是一种教育力量，对学生的人格形成和发展有着重要的影响。学生都喜欢和蔼可亲、温和、宽容、民主、合作、公平、幽默、关心、理解自己的教师，他们不仅愿意接受这些老师的知识传授与各种教育，而且会自然而然地学习和模仿老师的行为举止。相反，一个心理失调、人格不健全的老师，常常脾气暴躁，缺乏耐心，工作生硬，对学生偏激、不公正，甚至谩骂、体罚学生，不仅在学习上不能建设性地帮助学生，而且会影响学生身心正常发展。因此，充分发挥教师的人格魅力是培养学生健全人格十分重要而有效的途径。教师应重视自身的人格修养，努力地实现自身人格的提升，以高尚的人格去塑造学生健全的人格。

黄希庭等的研究表明，中学生所喜爱的教师人格特征为：言行符合教师的角色特征，能体现时代精神，具有自觉意识、原创能力、执著精神和奉献精神，拥有独立、稳定、整体完善的人格。由此可见，当代中学生喜爱的主流是积极的、正面的教师人格，从思想政治品质、心理品质、能力品质和道德品质等多维度上要求教师的人格，重视教师人格的独立性。其中，大多数学生喜爱具有创造性的教师人格。教师应以当代学生人格发展的需要为目标，以当代学生喜爱的教师人格特征为现实内容，完善自身人格，塑造自身的人格魅力。

学生健全人格的发展和培养是一项系统而复杂的工程，家庭、学校、社会和个人的自我教育都是促进学生人格健全发展不可或缺的重要方面。作为教师，在教育过程中应该注意以下几点：

（1）遵循人格发展规律，重视学生人格的整体发展。人格整体的各个特质成分的发展都有一定的顺序性，学校人格教育应该就学生所处年龄阶段的现有水平和发展任务，确立适当的教育目标，采用合适的教育方法。如童年期的关键任务是情感依恋的形成、友谊关系的确立和性别角色的获得；青年期的关键是人生价值观的形成和自我同一性的发展。每个阶段都要有针对性的教育措施，以适应这个时期的人格发展。同时，人格又是一个整体，教育不能只侧重发展社会所看重的一些人格品质，也不能只强调智力的发展。教师的两大职能是教书和育人，育人比教书更重要。每个人都应该在适当的条件下获得完整的发展。

（2）学校和学生之间的最佳组合。许多教育方法对某些学生是有效的，而对另一些学生则不然。有效教学的途径就是学习者和教育实践之间的最佳匹配。好的教育不是用同一种方法教育不同的学生，而是用不同的方法教育同一类学生。

（3）加强个别指导。每个学生性格的发展有共同的特点，也有个别差异，教师有针对性地进行个别施教是非常必要的。首先，帮助不同性格类型的学生抛弃不符合社会要求的性格品质，激发其符合社会要求的性格品质，如自制力、克服困难等品质。其次，根据学生的性格特征，采取灵活而有原则的方法进行个别施教。例如，对固执的学生，要使他们认识到执著与固执的区别，懂得在真理面前修正自己的错误并勇于改正错误，让其明白这是性格修养问题；对有自卑感的学生，教师要注意言辞的使用，及时鼓励他们的点滴进步，以增强其自信。

一个好教师能够深入了解学生的问题，熟知学生的各种不适行为，并能觉察和检测到学生不适行为的征兆，从而采取措施，帮助学生形成适应的习惯，培养学生具有完整健康的人格。

（4）注意家庭、学校和社会的密切配合。实行人格教育，必须把学校教育、家庭教育和社会教育统一起来。人格教育要密切关注婚姻家庭问题，必须与家庭合作，相互支持与配合，才能培养出真正具有善良人格的公民。人格教育需要把家庭的强大影响力考虑进去。学校教育要与家庭建立互通机制，彼此协助。因此，必须尽可能地优化育人环境，实现学校教育、家庭教育和社会教育三者的有效协调。

（5）提供社会实践锻炼的机会，利用环境潜移默化的影响作用。社会实践是培养学生接受正确的道德原则，并使之变成习惯化的行为方式的有效途径。组织学生参加适当的社会政治活动、社区服务活动、科技活动、各种形式的劳动等，可以塑造坚强、沉着、勇敢、有爱心、热爱科学、追求真理、不怕挫折、遵守纪律等优良的性格。

（6）重视学生自我修养的作用。"金无足赤，人无完人"，每个人都有某种性格上的缺点，但每个人都可以通过自我修养来塑造自己良好的性格。要不断强化自我修养的决心，良好性格的形成和不良性格的克服都不是一朝一夕之事，只有坚持不懈、持之以恒，才能奏效。而且，性格的自我塑造不可能是一帆风顺的，要改变自己已经形成的不良性格可能会遇到许多困难，其中最大的困难就是自己。要让学生明白，从小事做起，不断约束自己的言行，逐渐改造不良的性格。

四、学生健全人格养成的原则和措施

（一）学生健全人格培养的原则

1. 早期教育的原则

发展心理学的研究表明，早期教育不仅可以有力地促进儿童智力的发展，而且将对其人格的形成发展产生重大的影响。俗语"三岁看大，七岁看老"也说明儿童早期形成的人格特征将会影响其一生的发展。生活中的许多现象警示我们，忽视儿时的教育而使孩子产生人格缺陷，将会给孩子带来难以弥补的损失。因此，应强调在早期教育中关注孩子的人格特征，把健全人格的培养视为早期教育的重要内容。

2. 学校、家庭、社会协调教育的原则

在人格发展中，家庭、学校和社会环境各自扮演着不同的角色，因此，要培养学生的健全人格，必须把学校教育、家庭教育、社会教育协同起来，动员各种因素的积极方面，使各种因素的力量拧成一股绳，起到相互促进的合力作用。如果三方面教育标准不一致，则会使受教育者产生许多不必要的心理冲突，引起混乱，从而影响健全人格的形成和发展。

3. 自我教育的原则

自我在一个人的人格形成和发展中有着十分重要的作用。因此，在培养学生健全人格时，应当引导学生进行自我教育，通过学生的自我教育来控制和建构人格结构，把外控转化为内控，把学生引向自尊、自爱、自强、自我完善和自我实现。

4. 学校教育的全面渗透原则

学校教育是学生健全人格培养的主渠道，而学校的任何个人、任何一门课程都不能单独地实现学生健全人格培养的目标。我们应该把人格教育渗透到学校教育的各个方面和各个环节中，从人格教育的角度来重新审视和改变教育者、教育方式方法、教育环境等，让学校的每一个人、每一个教育环节都自觉地关注学生人格的健全发展。

5. 认知教育与行为训练相结合的原则

人格特征是个体内在心理组织及其相应的行为模式的统一体。要培养学生这种内在心理和外显行为表里一致的结构，不仅要通过认知教育调整学生内在的心理组织，而且要通过行为训练改变学生外在的行为方式。认知教育与行为训练的有机结合才能有效地促进学生健全人格特征的形成与发展。

（二）学生健全人格培养的方法

1. 榜样示范法

榜样示范法是通过榜样良好的人格特征来影响学生的教育方法。父母、老师、同龄人的榜样和示范作用，在塑造学生良好性格上作用巨大。父母、教师自身应有良好的性格修养，要以身作则，做学生的表率。同时，还可以寻找社会生活中有说服力的事例引导学生，如居里夫人、诺贝尔、爱迪生、洪战辉等人的事迹，促使学生形成正确的道德行为，优化其性格特征。此外，教育者还可以通过适当的反面事例教育学生，以防止、抑制学生消极人格特征的形成。

榜样教育法是否成功取决于内容、方式与当代青少年心理需求的融合程度。这就要求我们在采用榜样教育法时应密切关注学生各个层次的心理需要，多树立一些有助于丰富、完善学生人格的榜样，采取"润物细无声"的教育方式，注重反馈，合理、及时引导，使学生在民主、平等的互动教育方式中有所收益。

2. 说理教育法

说理教育法是教育者通过言语指导让学生认识人格健康的重要性，明确人格完善的具体目标的教育方法。说理教育法的使用应避免简单地"强加"或纯粹的"理性灌输"。随着青少年学生自我意识的发展，他们往往表现出强烈的独立意向，"成人感"突出，对被强调要求"做什么"或"怎么做"很抵触，甚至因为逆反心理做出相反的行为。因此，营造一种民主、平等的气氛，让孩子感觉到自己受尊重是有效地进行说理教育的前提条件。

3. 行为训练法

行为训练是个体某种行为表现不断得到巩固而形成习惯，从而转化为人格特征的方法。行为训练可以采用各种不同的方法，其中实施奖惩和提供行为训练机会是常见的有效方法。

实施奖惩是对行为习惯进行外部监督的基本形式，是行为训练法的重要形式。实施奖惩的理论依据是行为主义关于行为强化的学习理论。著名行为主义心理学家斯金纳指出，人们常常通过其行为后果学习，获得经验。例如，小孩由于玩火，手被烫着，下次就不敢玩火；为社会和他人做好事，受到社会的承认和赞扬而继续做好事。这种行为的减少或增强，是因为行为后果在起强化作用。此外，教育者与学生之间的关系也是影响奖惩效果的重要因素之一。

提供行为训练机会也是行为训练的重要形式。教育者可积极地利用和创设条件让学生获得各种有利于积极人格发展的训练机会，促使他们行为习惯化，形成良好的人格特征。教育者既可在学习活动中为学生提供自主性、创造性训练机会，也可在丰富多彩的课外活动中创设各种有利于学生人格发展的情境。如针对当前学生意志力较薄弱的现象，教育者可以有意识地组织一些耐挫训练、自我控制训练，帮助他们形成坚忍不拔的人格品质。

4. 环境熏陶法

环境熏陶法是自觉地利用环境资源（如良好的家庭气氛、校风、社会风气及教育者自身的人格特征等），对学生进行积极影响的人格教育方法。

环境熏陶法要求教育者重视教育环境建设，使学生在所处的良好的教育环境中耳濡目染、潜移默化地形成积极的人格特征。如宽松、和谐的家庭环境，有利于培养孩子乐观、愉快的情绪，敢于创新的精神；学校中民主、平等、互相尊重的师生关系，使学生敢想敢说，喜欢独立思考，有利于学生自主性、创造性等积极人格特征的形成。

以上四种方法虽有各自不同的侧重点，但它们之间有一定的交叉和包含关系。如说理教育时往往需要结合一定的榜样，通过摆事实、讲道理，才更有说服力。行为训练有时也需要通过说理来强调行为训练的重要性，以增强学生在实践活动中塑造良好人格特征的自觉性。因此，在学生健全人格的教育中，既应根据教育的特殊目标和教育对象的特点，选择最合适的人格塑造方法，又要把各种方法有机地结合起来，以达到最佳的教育效果。

思考讨论与实践探索

1. 试述气质的生理基础。
2. 试分析自己的气质特征。
3. 举例说明了解学生的气质特征对教育工作的意义。
4. 各影响因素在人格发展过程中是如何起作用的？
5. 在教育中应如何对待胆汁质和抑郁质的学生？
6. 为什么说性格是具有核心意义的个性心理特征？
7. 谈谈人格教育的重要性。
8. 对自己的人格特征作一鉴定，并谈谈如何通过自我教育塑造健全的人格。
9. 通过本章学习，你认为培养健全人格应该注意哪些问题？

第九章 智能发展与因材施教

【学与教要求】
> 识记：智力、能力、才能和天才、情绪智力、智力测验、智力落后、超常儿童等概念
> 理解：智力、能力的关系及其发展，智商及能力的测量，能力及其个别差异
> 应用：掌握开发智能的方法

第一节 智能的发展

【资料链接】

诗与词

　　明朝进士解缙五岁上学，七岁能吟诗。有一天，永乐皇帝要他在一把外国进贡的扇子上题写诗词。解缙看到扇子上的画意是唐朝诗人王之涣《凉州词》的意境，他就当场在扇子上写下了这首诗："黄河远上白云间，一片孤城万仞山。羌笛何须怨杨柳，春风不度玉门关。"可是，解缙一时疏忽，竟把诗中的"间"字写漏了。有个叫高煦的人发现此事，从中挑剔，启奏解缙犯了"欺君之罪"。永乐盛怒，准奏治罪欲斩解缙。解缙面临杀身之祸，哈哈大笑。皇帝问道："你笑什么？"解缙从容回答："我当为了何事，原来是有人听了谗言，闹出一场误会！"他说："圣上请息怒。这是我现作的一首《凉州词》，和唐朝诗人王焕之的《凉州词》仅有一字之别。王焕之的《凉州词》实为诗而不是词，所以有个'间'字，我做的这个《凉州词》，实为词而不是诗，当然没有'间'字。"解缙遵旨当殿念道："黄河远上，白云一片，孤城万仞山。羌笛何须怨，杨柳春风，不度玉门关。"君臣听后赞不绝口，高煦无可奈何。解缙凭着自己的聪明才智，化凶为吉，领赏而去。
　　看完这个故事，我们一定会赞叹解缙聪明、脑子反应快、思维敏捷。用心理学的术语说，就是智力高、能力强。

一、智力与智力结构理论

（一）智力及其相关概念

1. 智力的含义

　　智力（Intelligence）又称智能或智慧。我们通常所说的某人"很聪明"，而某人"比较笨"，这是对智力水平高低差异的描述。智力问题从来就是心理学界最关注的问题，但什么是智力目前还众说纷纭，没有一个比较一致的说法。例如，国外有人认为智力是个体学习的能力（B. R. Buckingham, V. A. C. Henmon 等）；也有人认为智力是个体适应环境的能力（W. Sterm, J. Piaget），智力是个体抽象思维的能力（A. Binet, L. M. Terman），还有人认为智力是用智力测验所测的能力（F. N. Friemam, E. R. Hilgard）。在我国，有人认为"智力就是能力"（林传鼎等）；也有人认为"智力是一种先天素质，特别是脑神经活动的结果"（吴天敏）；但大多数人认为智力是一种偏重于认识方面的能力。美国心理学家把对智力的理解归纳为五个方面：

一是推理和判断的高度思维能力；二是以抽象思维为核心的多种认识能力的综合；三是学习能力；四是对新环境认识的适应能力；五是智力测验所测的能力。

我国大多数心理学家都认为，智力就是使人能顺利地解决某种活动所必需的各种认知能力的有机结合，其中抽象逻辑思维能力是智力的核心。也就是说，智力是一种综合性的心理能力，是进行学习、处理抽象观念和新情况、解决问题、适应新环境的能力。在我们的日常用语中，注意力、感知力、观察力、记忆力、思维力、想象力和创造力等都和智力有关。

2. 智力与知识、技能

智力与知识、技能既有区别又有联系。

（1）知识是人类长期以来在改造世界的实践中获得认识和经验的结晶。信息加工心理学认为，知识是陈述性知识、程序性知识和策略性知识的总和。陈述性知识是回答"世界是什么"的问题，是指世界的事实知识。程序性知识是回答"怎么办"问题，是指关于如何去做的知识，是可以操作和实践的知识。策略性知识是关于如何学习、如何思维的知识。技能是指人们通过练习而获得的动作方式和动作系统，它们表现了一个人已经达到的成就水平。而智力则是掌握和运用知识、技能，使学习与工作顺利进行的人格心理特征。包括顺利掌握知识和技能的心理条件，它不仅包含了一个人现在已经达到的成就水平，而且还包含了一个人在活动中可能达到的成就水平。

（2）知识与技能都是后天获得的，发展速度较快，随着学习的深入和年龄的增长不断增多，其增加是无限的。而智力是先天素质和后天教育的"合金"，发展一般比较缓慢，它随年龄的增长有一个形成、发展和衰退的过程。一般认为，它的发展趋势呈抛物线形：人从出生到26岁是智力增长期，26～36岁达到发展的高峰，中年期处于平稳状态，以后逐渐下降，60岁以后急剧下降。所以，知识、技能与智力在发展速度上是有差异的。

（3）知识、技能和智力的差异还表现在发展的不同步。两个成绩同样优秀的学生，一个可能智力超常；另一个可能智力中等，但学习勤奋努力，刻苦训练，操作熟练。

美国心理学家珀斯金认为，智力等于神经系统的生理功能加陈述性知识、程序性知识和策略性知识。可见，智力与知识、技能的关系是密不可分的。没有知识，智力根本不能得到发展，特别是策略性知识，它是智力形成和发展最活跃的因素。当然，没有智力也根本谈不上知识的学习和技能的掌握。

3. 智力、能力与创造力

智力是能力的一个重要组成部分，创造力则是智力在创造活动中独特发展的结果。创造力能推动智力的进一步发展，所以说，能力、智力和创造力这三者有着密切相关的关系。但是，创造力与智力又不完全相同。心理学研究认为，一定的智力发展水平是创造力的必要条件，或者说，创造力是智力发展的结果，但智力高绝不等于创造力高。高智商的人可能具有高创造力，也可能具有一般性创造力甚至低创造力。而中等智商的人也可能具有高创造力。

吉尔福特对智商在70～140的中学生进行创造力测验，发现智商与创造力的关系如图9.1所示。

可见，高创造力的人其智商集中在110～

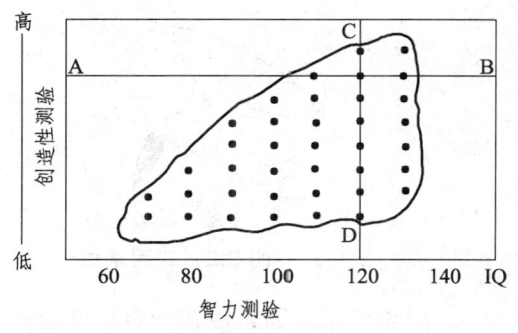

图9.1 创造力测验

130，低智商的人，创造力也低；智商在130以上者创造力很分散，这说明高智商者未必有高创造力。具有高创造力的人，他们除了具有良好的一般智力以外，还需要一些特殊的创造才能，如探索问题的能力、转移知识经验的能力、左右脑协同活动的能力、评价鉴别能力，等等。

（二）智力结构理论

智力不是单一的能力，而是一种综合的整体结构。我国心理学家朱智贤先生认为，智力是一种综合的认知方面的心理特征，主要包括：① 感知记忆能力，特别是观察力；② 抽象概括能力（包括想象力），这是智力的核心成分；③ 创造力，这是智力的高级表现。

关于智力的结构，在西方的学者中众说纷纭，莫衷一是。下面介绍一些影响较大的理论：

1. 斯皮尔曼的双因素说

20世纪初，英国心理学家斯皮尔曼首先提出能力的二因素（Two-factor Theory）结构。他认为，人的能力是由一般因素（G）和特殊因素（S）构成的，任何活动都是二者共同参与完成的。G因素贯穿于所有的智力活动中，S因素只体现在某一特殊活动中，二者是相互联系的。例如，完成算术作业需要$G+S_1$，完成言语作业需要$G+S_2$，完成第三种作业则需要$G+S_3$。可见，G因素在能力结构中是占第一位的重要因素，是能力结构的基础和关键，在人们的每一项活动中都能得到体现。S因素是个人完成各种特殊活动所必须具备的能力。每个人的一般因素有大小之分，而特殊因素既有大小之分，又有有无之别。特殊因素之间可能彼此独立，也可能相互重叠，但它们都含有一部分一般因素。各种智力测验就是通过广泛取样求出G因素（见图9.2）。

2. 塞斯顿的群因素说

20世纪30年代，美国心理学家L.L.塞斯顿提出"群因素论"。他认为能力是由一群彼此无关的特殊因素构成的。他从56种不同测验中概括出7种重要因素：① 计算（简称N），迅速且正确计算的能力；② 词的流畅（简称W），拼字正确、迅速和词义联想敏捷的能力；③ 归纳推理（简称R），根据经验能做出的归纳推理能力；④ 记忆（简称M），回忆刺激物的能力；⑤ 空间想象力（简称S），方位辨识及空间关系判断能力；⑥ 知觉速度（简称P），凭视觉迅速辨别事物异同的能力；⑦ 文字意义的理解（简称V），了解词的意义的能力。他为每种因素都设计了测验，叫"塞斯顿首要心理能力的测验"。但测验结果与他开始的设想相反，各能力因素之间存在一般因素C（见图9.3）。也就是说，各能力之间有一定的相关，它们并非是彼此独立的。

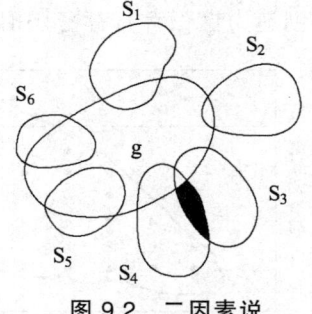

图9.2 二因素说　　　　图9.3 群因素说

二因素说和群因素说在一定程度上接触到了智力的本质，但都有片面性。这两种理论都把一般因素和特殊因素对立起来，没有认识到二者是共性与个性的辩证统一。

3. 吉尔福特的三维结构理论

美国心理学家吉尔福特 1959 年提出了智力三维结构说（Structure-of-intellect Theory）。他通过研究发现，所有智力活动都可分为操作、内容和结果三个方面，而每个方面又由一些有关因素组成。这三方面就如同长、宽、高三个维度构成的三维空间。这就是著名的智力三维结构说。吉尔福特提出的智力第一个方面（变项）是操作，即智力活动过程。它包括认知、记忆、求异思维、求同思维和评价五个因素；第二个方面（变项）是内容，即智力活动内容，包括视觉、听觉、符号、语义和行为五个因素；第三个方面（变项）是结果，也就是智力活动的产品，包括单元、类别、关系、系统、转换和蕴含六个因素。根据这个设想，智力因素就有 150 种（5×5×6）（见图 9.4）。

吉尔福特的智力三维结构理论是比较新的一种理论，对智力结构提出了一种动态的看法，同时考虑了信息加工的内容、操作和产物，不仅有助于智力测验研究的深入，也有助于发现个体的优势能力和非优势能力，进行因材施教。

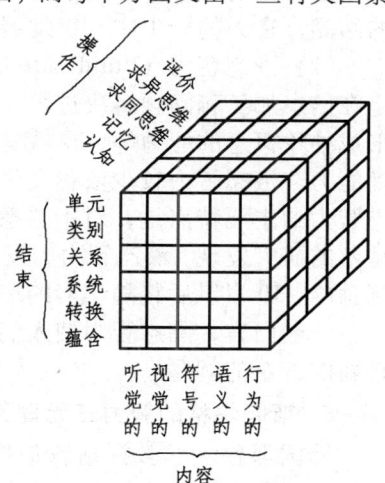

图 9.4 智力三维结构模型

4. 弗农的智力层次结构模型

英国心理学家弗农 1960 年提出了智力层次结构模型。他认为，智力结构不是立方体三维结构，而是按四个层次排列的结构（见图 9.5）。他把斯皮尔曼的一般因素 G 作为最高层次。第二层次分为两个因素群：言语与教育方面的因素群和操作与机械方面的因素群。第三层次是在第二层次两大因素群中又分出几个小因素群。第四层次是各种特殊因素。

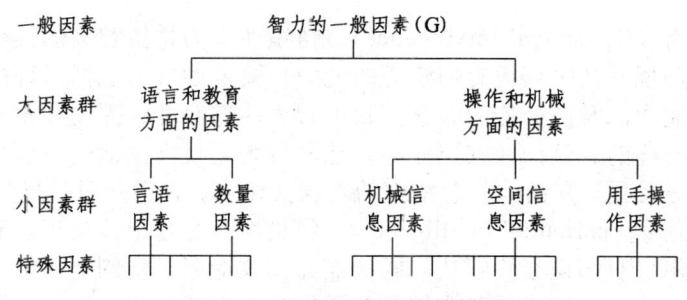

图 9.5 智力层次结构的模型

这一学说进一步剖析了各种因素在智力结构中所处的地位，揭示了一般能力与特殊能力以及特殊能力与特殊能力之间的关系，实际上是斯皮尔曼二因素说的深化。他把大因素群分为言语与教育因素、操作与机械因素，在一定程度上得到了近年来脑科学研究成果的支持，即左右两半球功能的分合。

5. 卡特尔的智力形态论

这是美国著名的因素分析专家卡特尔根据因素分析结果，按能力功能的差异将人类的智力分为两个相对独立的成分：晶态（或晶体）智力和液态（或流体）智力（见图 9.6）。

（1）晶态智力（Crystallized Intelligence）。晶态智力是指受

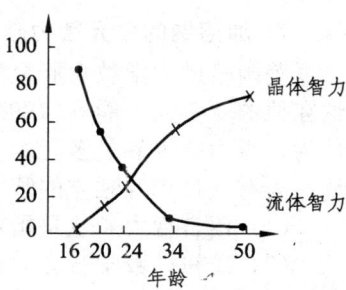

图 9.6 晶态智力和液态智力发展走势

后天经验影响较大的智力。这是一种以习得的经验为基础的，获得语言、数学知识的认知能力。它主要表现在运用已有知识和技能去吸收新知识和解决问题的能力上。显然，晶体智力取决于后天的学习，与社会文化有密切的关系，但与年龄的变化关系不大。晶态智力是经验的结晶，在人的一生中一直发展，25岁以后，发展速度渐趋平缓。

（2）液态智力（Fluid Intelligence）。液态智力是指受先天遗传因素影响较大的智力。这是在信息加工和问题解决过程中表现的能力，如对数字关系的认识、类比和演绎推理的能力，形成抽象概念的能力等，也就是与基本心理过程有关的能力，如知觉、记忆、运算速度和推理能力。液态智力较少依赖文化和知识的内容，多半不依赖学习，属于人类的基本能力。液态智力的主要特点是，对不熟悉的事物，能迅速准确地反应以判断其彼此间的关系。根据卡特尔的研究发现，液态智力的发展与年龄有关，一般人在20岁以后，液态智力的发展就已达到顶峰，30岁以后将随年龄的增长而下降。液态智力在个别差异上，受教育文化的影响较少。

一般而言，晶态智力使人们很好地面对自己的生活和具体问题，而液态智力帮助人们处理新的复杂的问题。

6. 斯滕伯格的智力三元理论

美国耶鲁大学教授斯腾伯格从信息加工的角度出发，提出了三元智力理论（Triarcchic Theory of Intelligence）。这个理论是受了认知心理学的信息加工理论的影响，试图从认知历程的观点来解释认知活动中所需要的能力。他认为智力由成分智力、情境智力和经验智力三部分构成。

（1）成分性智力（Componential Intelligence）。成分性智力是人们在计划和执行一项任务时的心理机制，即个体在解决问题过程中对信息的有效处理的能力。这是三元理论中最重要的部分。它又有三个层次：元认知能力、通过学习获取新知识的能力以及认知加工能力，也就是操作能力。

（2）情境性智力（Contextual Intelligence）。情境性智力是指智力的实际应用，这是个体有效地适应和改造环境并从中获得有用资源的能力。情境性智力包括三种能力：适应环境的能力、改造环境的能力以及选择能力。它反映出智力的相对性，因为在不同文化背景中，人们看重的内容是不一样的。例如，在巴厘岛，艺术行为是日常生活的重要部分，土著人对于随曲而舞的能力十分看重。在商业气息浓郁的美国文化中，人们则对"商业头脑"格外重视。

（3）经验性智力（Experiential Intelligence）。经验性智力是个体运用已有的知识和经验的能力，具体包括运用已有知识经验解决问题的能力和改造旧经验创造新经验的能力。经验智力高的人，善于运用以往的知识经验来解决新问题、适应新环境。"9·11"事件和东南亚海啸发生之后，人们发现那些曾经亲身经历过意外险境的人，面对突然而至的灾难时表现出非比寻常的自救能力，使自己能在千钧一发之际化险为夷。

7. 加德纳的多元智力理论

美国哈佛大学教育研究生院认知和教育学教授、世界著名的发展心理学家霍华德·加德纳在他的《多元智能》（1999）一书中提出多元智力理论（Multiple-intelligence Theory）。他认为，智力的内涵是多元的，每种智力都有其独特的解决问题的方法，都有其自身的符号系统。人有八种相互独立的智力，表现在：

（1）语言智力。这是指对语言文字的掌握能力，代表人物如诗人、新闻记者等。

（2）逻辑—数学智力。这是指数学和逻辑推理能力，代表人物如科学家、数学家等。

（3）空间智力。这是指人们利用三维空间进行思维的能力，代表人物如航海家、雕刻家等。

（4）身体—运动智力。这是指人能巧妙地控制身体运动和有灵活操控物体的能力，代表人物如舞蹈家、运动员等。

（5）音乐智力。这是指人敏锐地感知音调、旋律、节奏和音色等的能力，代表人物如作曲家、小提琴家等。

（6）人际关系智力。这是指能够有效地对他人的情绪、气质、动机、期望的辨别和恰当反应的能力，代表人物如心理治疗师、推销员等。

（7）自我认识智力。这是指能正确地认识自我的能力，并善于用这种知识计划和导引自己的人生，代表人物如哲学家等。

（8）自然观察者智力。这是指善于观察自然界中的各种形态，敏锐地与生物交往的能力，代表人物如生物学家、环保主义者等。

加德纳的多元智力理论给我国的课程改革提供了一个重要启示，现实中，智力在每个人身上的组合方式是多种多样的。有人可能在某一两个方面是天才，而其余方面却表现平平。而有人各种智力均一般，但它们巧妙地结合，在解决某些问题时显得更为出色。我们应把培养学生创造能力和实践能力放在重要的位置，重视智力的多种领域，让学生的智力得到全面发展。同时，每一个学生都有其优势智力的强项，要善于发现和培养学生的优势智力，注重特长的教育、平等的教育和创造的教育。

二、能力的发展及其个别差异

（一）什么是能力

1. 能力的概念

能力是直接影响活动效率，保证人顺利完成某种活动所必需的个性心理特征。它包含有两种含义：一是实际能力，就是个人在先天遗传基础上努力学习并在行动上表现出来的能力；另一种是潜能，它是指个人将来可能在行为上表现出来的能力。

对于能力概念，我们可进一步从以下几方面来理解：首先，能力与活动紧密相连。一方面，个人的能力总是在活动中形成、发展和表现出来。比如，教师的言语表达能力、教材组织能力和教学管理能力，总是在教学活动中培养起来，并在教学工作中表现出来的。另一方面，从事某种活动又必须以一定的能力为前提。例如，学生进行学习活动必须以注意力、记忆力、感知及抽象思维能力为前提，才能保证学习活动顺利完成。缺乏某种能力，相应的活动就不能顺利进行。

其次，能力是人格的一个组成部分，也就是我们通常所说的直接影响活动效率的个性心理特征。因此，有些因素虽然也影响活动的顺利进行，如体力、知识等，但它们不能称为能力，因为它们不是个体的心理特征，不属于人格的组成部分；有些虽然是人格心理特征，但不会直接影响活动效率，如谦虚、骄傲、活泼、沉稳等也不能称为能力。只有那些直接影响活动效率的，是顺利完成某种活动所必备的个性心理特征，才叫能力。比如，对一个合格的教师来说，较好的言语表达能力和教学组织能力是完成教学任务所必备的，缺乏这些能力则难以保证教学活动顺利完成。

再次，能力既指实际能力，又指潜在能力。实际能力是一个人已经具备并表现出来的能力，国外称之为"成就"。潜在能力是指个人将来可能发展并表现出来的能力，又称为"性向"。潜在能力是实际能力的基础和前提，而实际能力是潜在能力的展现。我们说某人在文学上很有天赋，是指他在文学上具备突出发展的潜能，如果潜能转化为实际能力，那么他有可能成为文学大师，但也有可能得不到发挥，无法转化为实际的能力，只能成为普通之人。

2. 能力与才能、天才

所谓才能，是完成某种活动任务所必需的多种能力的独特结合。人要顺利地、成功地完成任何一种活动，仅靠一种能力是不够的，必须要多种能力合成一个系统才可能实现。以教学为例，有人概括出优秀教师必须具备8种基本的心理能力：组织教材的能力、记忆力、逻辑思维能力、口头表达能力、观察力、注意分配能力、板书能力以及管理能力等。如果一个教师把这些能力很好地结合起来，出色地完成教学活动，我们就可以说这个教师具有从事这种教学活动的才能。

如果一个人完成某种活动所必备的各种能力得到最充分的发展和最完善的结合，并能独立地、创造性地、杰出地完成相应的活动，那么我们通常把这种人称为天才。天才是才能的高度的完善与创造性的发展。马克思和爱因斯坦都是天才人物。他们能够高效率地、创造性地解决前人未曾解决的问题。天才的能力结构中既有高度完善的一般能力，也有高度完善的特殊能力，无论是一般能力，还是特殊能力，都达到了创造性的高水平。有人对许多超常儿童的调查和追踪研究发现，天才在智力结构中表现出一些重要的智力品质，如敏锐和机警的观察力、良好的记忆力、独立的思维能力、创新能力等。但天才不代表一个人所有能力都超群，只是指在有限的领域中表现非凡。例如，贝多芬是音乐天才，但不表明他在其他领域也具有超人一等的才华。天才不是天生的，他是在先天健全的生理条件基础上，通过后天环境、教育的影响，加上个人的勤奋努力而发展起来的。

【资料链接】

"白痴学者"

有这样一类人，一方面，他们的总体智力水平十分低下，相当于白痴水平；另一方面，他们却有一种或几种高度发达的特殊才能，可与学者媲美。我们姑且称这类人为"白痴学者"。

常见的"白痴学者"的特殊才能有推算日期、拼音、对音高的判别、算术运算、机械记忆能力等。美国有一个代号为"L"的"白痴学者"，心理学家曾对他追踪研究了6年，发现他身体健康，躯体发育良好，没有神经系统障碍的症状，他的EEG（脑电图）是正常的。他的特殊才能表现在以下四个方面：① 能说出1880—1950年之间的任何一天是星期几。② 能正确地连加10到20个两位数，计算的速度和监考者一样快；③ 能把许多字顺着拼和逆着拼，并且正确无误，只告诉他某个字的音，他就能牢记不忘；④ 对音乐有特殊的听觉能力，尽管他的智商只有50。

"白痴学者"在我国也时有发现。华东师范大学心理研究所的研究人员曾介绍过一个代号为"M"的男性"白痴学者"。"M"的一般智能水平低下，但却具有超人的特殊才能——日期推算、心算和数学记忆。从20年的日历中，任意抽取一日期，"M"都能正确地由公历推算出农历，或由农历推算出公历，也可由公历或农历推算"星期几"或"节气"，尽管"M"的笔算能力很差，只会列竖式，但他的心算能力却相当惊人。他能心算3～4位的整数进位加法或退位减法，积在4位以内的两位数乘法，任何除数和商数为两位整数的除法及某些商为小数的除法。他还能心算316以内的任何数的平方，1位数的多次方，2位数的3、4次方，指数为负数的数的多次方，以及2～5位数的开平方。"M"在心算以上题目时从开始口述题目到给出答案，一般不超过5秒钟，反应迅速、正确。"M"除具有以上两种能力外，还有超人的数字记忆能力。例如，有一本叫《儿童谜语》的书中有261个谜语，"M"只翻看几分钟，就可说出每个谜语在第几页。

关于形成"白痴学者"的原因，至今还没有一种公认的说法。有些研究者强调遗传因素在形成"白痴学者"过程中的作用，也有人认为当一个儿童由于各种原因使一般智力受损，但某些特殊能力尚未受损时，他就有可能在一个非常狭窄的活动范围内反复练习，促使某一种或几种能力高度发达。这种观点认为，"白痴学者"是在特殊的智力结构基础上通过反复练习的结果。

（二）能力的种类

人的能力是多种多样的，根据不同的标准，可以对能力进行不同的分类。

1. 一般能力和特殊能力

这是根据能力发挥作用的领域不同来划分的。一般能力或普通能力，是指人们顺利完成各种活动所必须具备的能力。它主要由观察力、注意力、记忆力、想象力和思维能力等成分构成，其中思维能力是核心。一般能力多和认识活动紧密联系着，所以，一般能力通常又称为智力。

特殊能力是顺利完成某种专业活动所必备的能力，它又称为专门能力。如绘画能力、音乐能力、写作能力等都属于特殊能力。对专门能力结构的研究，有助于深入了解人的发展趋向，更有助于因材施教。

一般能力和特殊能力的有机结合是有效地完成某种活动的必要保证。一般能力的发展为特殊能力的发展与发挥创造了有利条件，而特殊能力的发展也会积极促进一般能力的进一步发展，二者很难截然分开。

2. 模仿能力和创造能力

这是根据能力的创新程度来划分的。模仿能力是指仿效他人的言行举止而引起的与之相类似的行为活动的能力。例如，儿童模仿父母的说话、表情，成年人学画习字时的临摹等。临摹得越像，表明模仿能力越强。模仿是动物和人类的一种重要的学习能力，学生在学习活动中经常表现出来的主要是模仿能力。

创造能力是指产生新思想、发现和创造新事物的能力。创造能力是成功完成某种创造性活动所必须具备的心理条件。作家在头脑中构思新的人物形象，创造新的作品；科学家提出新的理论模型，并进行实验验证等都是创造能力的具体表现。心理学家认为，创造能力的基本特征是独特性和有价值性。人们正是由于有了创造能力，才能在模仿的基础上有所突破，有所发展，社会才得以发展。

模仿能力和创造能力虽然是两种不同的能力，但二者又相互联系，彼此渗透。模仿能力一般都含有创造因素，而创造能力的发展又需要模仿能力。一般来说，人总是先模仿，然后再进行创造。模仿是创造的前提和基础，创造是模仿的发展。

3. 认识能力、元认知能力与社交能力

从认知对象的维度考虑，能力还可分为认识能力、元认知能力和社交能力。认识能力是指个体接受信息、加工信息和运用信息的能力，也就是获取和保存知识的能力。它包括观察能力、思维能力等，是完成各种活动所必备的最基本、最主要的心理条件。元认知能力是指个体对自己的认识过程进行认知和调控的能力、制作能力等，是人们适应或改变环境、协调自己动作、掌握和施展技能所必备的心理条件；社交能力是参加社会群体生活，与周围人们相互交往，保持协调所不可缺少的心理条件。

4. 情绪智力

所谓情绪智力（Emotional Intelligence），即现在通常所说的情商，就是准确认识自己和

他人情绪，清晰表达自己情绪和调节自己及他人情绪的能力。情绪智力是社会智力的一个重要组成部分，与传统的智力有很强的联系。高情商的人能够利用情绪来激发自己，激发创造性思维并能与别人心灵相通。其特点主要表现为：① 善于管理自己的情绪，不使严重的抑郁、焦虑或愤怒控制情绪；② 能够为了追求长远回报而延迟满足，不被即刻的冲动所支配；③ 同情心能使他们发现别人的情绪；④ 能够巧妙地应对别人的情绪，知道对一位伤心的朋友说什么话，如何鼓励同事，如何圆满地解决冲突。因此，他们在婚姻、子女教育、事业方面通常都能获得成功。而低情商的人经常不能确认自己的情绪。当某种关系结束时，他们坚持说自己并不沮丧，但同时他们却开始酗酒并变得易怒，不愿意再与朋友外出活动。他们用不恰当的方式表达情绪，当气愤或闷闷不乐时就走极端或任性。

（三）能力的个别差异

了解和掌握能力的个别差异，是教师掌握学生智力特点，因材施教的重要依据，也是量才用人、各尽所能的理论依据。

1. 能力类型差异

能力类型差异主要表现在个人的感知、记忆和思维过程中经常采取的习惯化的认知风格上。

首先，在感知方面，有分析型、综合型和分析综合型三种能力类型差异。① 分析型：有较强的分析能力，对细节感知清晰，但整体性不够；② 综合型：进行观察时具有较好的概括性和整体性能力，但分析能力较弱；③ 分析综合型：具有上述两种类型的特点。

其次，在记忆方面，有视觉记忆型、听觉记忆型、运动记忆型和混合型等能力类型。按以形象记忆为主或以逻辑记忆为主，还可以将能力分成形象记忆型与逻辑记忆型。

最后，在思维方面，能力有形象思维型、抽象思维型和中间型之分。

2. 能力发展水平的差异

（1）智力超常。智力超常是指智力发展突出优异，或具有某方面特殊才能。智力超常者的智力特点表现为：① 观察敏锐、全面、准确；② 记忆力强，记得快、记得多、记得久；③ 想象力丰富，有创造性；④ 思维广阔、深刻、灵活，善于理解事物的性质、意义、关系，善于发现问题、分析问题、解决问题；⑤ 语言能力强，发展较早较快；⑥ 注意力集中、稳定，善于合理分配；⑦ 善于考虑学习方法等。

智力超常者的性格特点：① 求知欲强烈，喜欢寻根究底，常常好问个"为什么"；② 兴趣广泛；③ 勤奋；④ 意志坚强，学习有毅力，办事有始有终；⑤ 富有自信心，能够轻松愉快地学习。

（2）智力落后。智力落后指智力明显低于同年龄平均水平并有适应行为障碍的人，其特征是学习能力低下和社会适应性差。现代心理学根据下列三个指标来确定低常儿童：① 智商明显低下。智商（IQ）低于 70 的儿童是低常儿童。低常儿童又可分为四类：轻微迟钝（IQ在 60～75），中度迟钝（IQ 在 35～60），严重迟钝（IQ 在 20～35）和极度迟钝（白痴，IQ低于 20）。② 社会适应不良。低常儿童不能适应社会环境，他们不能从事简单的劳动，对自己的生活不能自理，在学校里不能跟班学习，等等。③ 问题发生在早年，多发生在 1 岁至 16 岁或 18 岁以前的发育阶段。

因此，智力落后并不是一种心理过程的破坏，而是各种心理能力的低下，其明显的特征是智力低下和社会适应不良。

3. 能力表现早晚的差异

（1）人才早熟。有些人在童年时期就表现出智力某一方面的优势，俗称早慧。资料表明，早期成才的人以从事音乐、绘画、文学、体育、数学方面的人较多。历史上不少能力出众的人，在少年就已崭露头角。在我国，秦朝的甘罗 12 岁做上卿；唐朝的王勃 6 岁善于文辞，10 岁能赋，13 岁写出脍炙人口的《滕王阁序》。俄国诗人普希金 8 岁能用法文写诗。控制论创始人之一维纳，4 岁读专著，11 岁写出论文，14 岁大学毕业，18 岁获得哈佛大学哲学博士学位。这是一批早期就显露出天才的伟人。早慧是因为个体具有良好的遗传素质。比如，他们观察细致、领悟能力强、反应快等。早慧也与其早期的环境、家庭教育和个体自身的实践活动等有密切的联系。不过，纵然天资过人，若不经学习和教育，也可能一事无成，王安石笔下的方仲永就是很好的例子。

（2）中年成才。有人曾统计 1960 年前的 1 234 位科学家、发明家所作出的 1 911 项重大发明创造，画出了人才成功曲线。这个曲线说明科学发明的最佳年龄为 35 岁左右。中年人年富力强，知识基础坚实，实际经验丰富，想象力、创造力强，善于独立思考，善于分析批判，很少因循守旧（见图 9.7）。

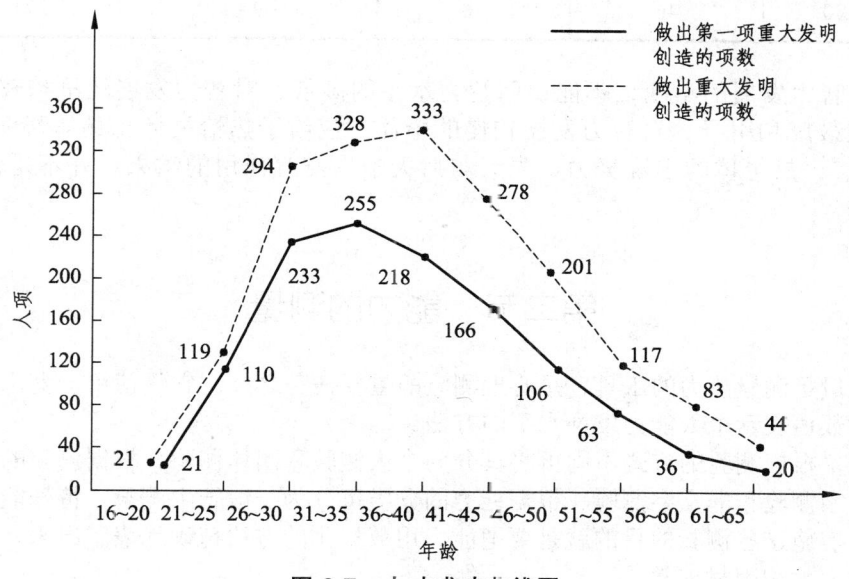

图 9.7　人才成功曲线图

（3）大器晚成。有些人的才能表现较晚，俗称大器晚成。例如，爱因斯坦 3 岁才开始学说话，被认为是一个傻头傻脑的孩子，他 26 岁发表《狭义相对论》，30 岁发表《广义相对论》；齐白石少年时期只读过半年书，当过牧童，做过 15 年木匠。后来，他投师学画，40 岁才表现出绘画才能，50 岁才成为著名画家；谢灵顿年轻时放荡不羁，后来幡然醒悟，立志向学，终于成为一代名家；达尔文经过 20 多年的努力研究，到 50 岁才写出《物种起源》；更有大器晚成者，李时珍在 61 岁时才写成《本草纲目》。

大器晚成的原因是多方面的。有的是由于个体所从事的工作任务难度大，短时间内难有突破；有的则可能是由于早期没有用功，幡然醒悟之后才崭露头角。值得重视的是，但凡多数"晚成者"总是在逆境或失败中奋发图强，想方设法挖掘自身的潜在能力，有的放矢地发展自己的特殊才能，坚持不懈，终成"大器"。这说明人的智力可以通过勤奋学习和艰苦劳动而获得高度发展。

个体各种能力的发展早晚也不尽相同，或成熟较早，或成熟较迟。到了老年，各种能力衰退速度也不一样。据研究，知觉能力发展较早，下降也较早。比较和判断能力在 80 岁开始急剧下降。动作反应速度在 18～29 岁发展到最高峰，在以后年龄阶段中，仍保持较高的水平。（见表 9.1）。

表 9.1 能力水平随年龄变化的趋势

年龄	知觉	记忆	比较与判断	动作与反应速度
10～17	100	95	72	88
18～20	95	100	100	100
30～49	93	92	100	97
50～59	76	83	87	92
70～80	46	46	69	71

总之，智力发展的早晚，不能说明智力水平的高低。对智力发展较早和较快的个体，应给予积极鼓励和引导；对智力发展较慢的个体，应给予热情关怀和具体帮助。"早慧"或者"晚成"，是个体的主观努力、先天与后天条件交互作用的结果，并不是任何一方面所能决定的。

第二节 能力的测量

能力测量是测量能力的工具，是心理测验的重要任务之一。它是使用一套比较系统的测量题目并用数值表示个人能力发展水平的方法。

能力测量根据测验的方式不同可将其分为个人测验和团体测验；根据测验的内容不同可将其分为文字测验和非文字测验；根据能力的分类可分为一般智力测验、特殊能力测验和创造力测验。实施这些测验的目的就是要把能力用数量化的方法精确地表示出来，以利于开发智力、选拔人才和因材施教。

自 1905 年第一个智力测验量表比纳-西蒙量表问世至今，能力测量已有 100 多年的历史。100 多年来，能力测量已有很大发展，在教育、人才选拔、心理健康等领域都发挥着重要的作用。下面我们介绍其中影响较大、比较常用的智力测验。

一、一般能力测验（又称智力测验）

（一）比纳智力测验

世界上第一个正式的智力量表是法国的心理学家比奈（A. Binet）和医生西蒙（T. Simon）于 1905 年共同编制的"比奈-西蒙智力量表"（Binet-Simon Intelligence Scale）。该量表包括由易到难的 30 个项目，每个项目的难度逐渐上升。根据儿童通过项目的多少，来评定 3～15 岁儿童的智力水平。1916 年，美国心理学家斯坦福大学教授推孟对比纳-西蒙量表作了修订。修订后的量表称为斯坦福-比纳量表（Stanford-Binet Intelligence Scale），随后经过 1937、1960、1972 和 1986 年的四次修订，同时也被英、德、意、中等国的心理学者翻译成本国文字，并结合本国的实际加以修订，使其成为当今很有影响力的智力测验。该量表包括了定义、语文类推、适应问题、算术问题、记忆、一般知识、画图补全、空间问题和理解等项目，可适用于 20 个年龄组的个别测验（见表 9.2）。

表 9.2　斯坦福-比奈量表题目举例（1960 年版）

年　龄	测验题目举例
5 岁组	1. 画一张缺腿人的画 2. 经测验者演示后，将一张方纸叠两层，成一个三角形 3. 给下列单词下定义：球、鞋子、炉子 4. 辨认两张图片的异同 5. 把两个三角形组成一个正方形。
8 岁组	1. 从一张标准词汇表上给八个单词下定义，如橘子、稻草、顶上等 2. 尽可能回忆一个简单故事的内容，找出故事表述上的荒唐、不合理。如一人得了两次感冒，第一次使他一命呜呼，第二次很快就好了 3. 分辨以下单词：飞机与风筝，海洋与河流 4. 列举一周内各天的名字

在斯坦福-比纳量表中，每个年龄组都有六个条目，每个条目代表两个月的智力。如果一个 4 岁儿童通过 4 岁组的全部条目，又通过 5 岁的三个条目，这个儿童的心理年龄是 4 岁半。比纳首次用心理年龄即智龄（MA）表示儿童智力水平。后来，德国心理学家斯腾和特曼提出智力商数（通称智商或 IQ）的概念，智力水平的高低由智商（Intelligence Quotient）来表示。智商是一个商数，是用一个人的心理年龄（或称智力年龄，MA）与生理年龄（CA）的比值来表示智力测验结果，称为比率智商（Ratio Intelligence）。其计算公式为：

$$IQ = MA（心理年龄）/CA（生理年龄）\times 100$$

又比如，一个生理年龄为 4 岁的儿童既通过了 4 岁组的全部项目，又通过了 5 岁组的三个项目，还通过了 6 岁组的两个项目和 7 岁组的一个项目，而 8 岁组的项目一个也没有通过。这个孩子的心理年龄就是 5 岁（计算方法见表 9.3）。那么，这个孩子的 IQ 分数：$(5/4) \times 100 = 125$。显然，儿童的心理年龄越大，智力发展水平越好。

表 9.3　心理年龄的计算

测验的水平		通过项目的数量	得　分	
			年	月
基础水平	4 岁组	全部	4	0
	5 岁组	3 项	0	6
	6 岁组	2 项	0	4
	7 岁组	1 项	0	2
心理年龄			4（岁）+12（月）=5 岁	

智商是心理年龄除以实足年龄的得数，所以智商为 100 者，其智力相当于他的同年龄人的一

一般水平,属于中等智力。智商高于100,表明智力较好;低于100,则表明智力较差。在一般人口中,智商呈正态分布(normal distribution),即中等水平的占多数,两极端的为少数(见表9.4)。

表9.4 智商的意义及其在全人口中的分布

智商(IQ)	级别	百分比/%
139以下	极优秀	1
120~139	优秀	11
110~119	中上	18
90~109	中等	46
80~89	中下	15
70~79	临界	6
70以下	智力落后	3

比率智商是以假定心理年龄同实际年龄平行增长为基础的,但实际情况却并非如此。首先,智力并非随年龄增长而上升;其次,用同一量表测量在不同环境和教育条件下成长的具有不同实践经验的儿童,不可能得出比较一致的结果,容易产生偏见;再次,单凭比率智商无法正确反映个体的智力水平。可见,比纳智力测验有很大的局限性。

(二)韦克斯勒智力测验

目前,应用最广的智力测验是韦克斯勒成人智力量表(Wechsler Adult Intelligence Scale,WAIS)。这是由美国著名心理学家韦克斯勒创制的新的智力测验量表。该量表分三种:韦氏学前儿童智力量表,适用于4~6岁半的儿童;韦氏儿童智力量表,适用于6~16岁儿童;韦氏成人智力量表,适用于16岁以上的成人。这是一套比较完整的、具有各年龄代表性的智力量表。

为了更真实地测量一个人的智力状况,韦氏量表分为言语和操作两个分量表,分别测量个体的言语能力和操作能力。言语分量表包括常识、理解、计算、相似、词汇和背数(又称数字广度)6个测验项目(见表9.5);操作分量表包括填图、图片排列、积木图案、拼图、译码和迷津6个测验。

表9.5 WAIS言语分量表举例

测验名称	测验内容	测验实例
常识	知识的广度	水蒸气是怎样产生的? 什么是胡椒?
理解	实际知识和理解能力	为什么电线常用铜制成? 为什么有人不给售货收据?
计算	算术推理能力	刷一间房子3个人用了9天,如果3天内要完成它需要多少人?
相似	抽象概括能力	圆和三角形有何相似? 蛋和种子有何相似?
词汇和数字广度	语词知识和数字记忆	什么是河马?"类似"是什么意思?以及注意力和机械记忆力测试等

韦氏量表不用智力年龄（MA）的概念，但保留智商的概念，不过，这个智商不是比率智商，而是以同年龄组被试的总体平均数为标准，经统计处理得出的智商，称离差智商（Deviation Intelligence Quotient）。离差智商假定同年龄组智商的总体平均数为100，呈正态分布。用个人的实得分数与总体平均数比较，就能确定他在同年龄组内所占的相对位置，以此判定他的智力水平。大量测验和统计处理发现，人们的智力差异情况是服从常态分布这一规律的。其计算公式为：

$$离差智商 = 100 + 15Z（其中，Z = X - x/S）$$

公式中的Z代表标准分，X代表被试测验得分，x代表团体的平均分数，S代表团体分数的标准差。

智商是否不随年龄变化而变化，也就是说智商是否有稳定性？研究结果发现，年幼时测得的智商预见性很低，但7岁以后测量的智商对将来的预见性逐渐提高。这就是说，7岁以后智力差异有相当大的稳定性。

离差智商克服了比率智商的不足，即不会由于一个人的智力年龄和生理年龄的不同步增长，而出现年龄越大智商越低的现象。但离差智商也易造成对智力绝对水平的误解。例如，一个人的离差智商在60岁时和在30岁时可能都是100，而智力的绝对水平并不相同，70岁时的智力应比30岁时的智力低一些。

二、特殊能力测量和创造力测量

（一）特殊能力测量

特殊能力测量是指对特殊职业活动能力的测量。特殊能力测量能预测人们在从事某种活动时的顺利性，是选拔人才的一种有效的方法。特殊能力测量种类很多，包括机械能力测量、音乐能力测量、绘画能力测量、飞行能力测量、管理能力测量等。如对音乐能力的测量有音高、音强、时间、节奏、记忆、和谐等六个项目。

要测定从事某种专业活动的特殊能力，首先要分析并找出这种活动所需要的能力结构有哪些，然后编制有针对性的测验，以此来测量人的特殊能力。特殊能力测量对职业定向指导、就职人员选拔和安置、早期诊断与培养具有特殊能力的儿童具有非常重要的意义。

（二）创造力测量

创造力测量是20世纪60年代初美国芝加哥大学首创的测验，主要测量被试的求异思维水平，了解被试思维的流畅性、变通性和独创性。在进行一般能力即智力测验时，人们相继发现，创造力并不等于智力。其表现为：低智商的人不可能有高创造力；高智商的人并不都有高创造力；创造力低的人智商有高有低；创造力高的人必须有中等以上的智力。因此，为测定人的创造能力，许多创造力测验量表应运而生。

创造力测量不同于一般的智力测验。智力测验的内容一般为常识性的、并有固定答案的问题，因而测量的结果主要反映个人的记忆、理解和一般的推理能力。创造力测量的内容不强调现成知识的记忆与理解，而强调思维的流畅性、变通性和独特性。通常由五个项目组成：词的联想，物品用途，隐藏图形，寓言，组成问题等。创造力测量答案不固定，一般要求回答得越多越好，并要有新颖性和创造性。例如，物体用途测验——"砖"的用途。甲回答：筑墙、铺路、盖房子。乙回答：除上述用途外，还可以抵门、做烟灰盒、蜡烛台，还可以用来打人。可以判断：乙比甲有创造性。然而，这种测验内容和评分方式是否能真正反映一个人的创造能力高低，还需要较长时间的追踪研究。

目前常用的创造力测量有吉尔福特的创造力测验和托兰斯的创造性思维测验以及美国芝加哥大学盖泽尔斯与杰克逊编制的创造力测验。

创造能力的发展相对滞后于智力的发展。研究发现，30~40岁是创造力发挥的最佳年龄，55岁是创造力的又一个高峰期。中学生的创造力还处于萌芽期，他们好奇心强，定式影响不大，因此，此时是培养其创造力的最佳时期。在学校教育教学过程中，教师必须善于判断学生能力的高低，因材施教，促进早出人才、出好人才。在学生的各项活动中，根据以下指标的总和通常可判断学生的能力：① 掌握相应智力活动的速度；② 智力活动的质的水平；③ 从事智力活动的兴趣、爱好的强烈性和稳定性等。

需要特别指出的是，能力的测量是一项十分严肃、复杂的工作，为了使测量结果可靠、有效，则测量的编制、施测、评分及对分数的解释，都必须遵循严格的程序，切忌乱编滥用，绝不能用它来判定学生的终生，以免产生不良的社会后果。

三、能力测量应具备的条件

能力测量是用来鉴别能力的科学工具，它必须精确、可靠、便于操纵。能力测量应当具备以下四个条件：

1. 标准化和常模

一个良好的能力测量在编制时必须经过标准化的过程。所谓标准化，就是指测量编制时要经过以下四个步骤：

（1）选定测量中所需的测量题。这要符合两个原则：一是要与所编制的测量在性质上相符；二是必须与测量对象的年龄相符。

（2）选定一群施测对象。选定的这些对象必须是将来普遍使用该测量的人群中的代表，也就是对象必须具有代表性。

（3）施测程序标准化。施测对象确定后，必须在同样的时限与同样的情境下，每个被试按同样的规定去从事测验作业。

（4）从施测结果中建立常模。所谓常模，就是根据对标准化样本施测结果，将所有被试的分数进行统计分析，整理出一个系统性分数分配表，按高低排列，所得平均数就称之为常模。概括地说，标准化测量后，标准化样本的平均数就是该测量的常模。

2. 信 度

信度是指可靠程度。一个测量的信度代表它的一致性。也就是说，重复测量的结果相当一致，或者说这个测量题在功能上具有相当的一致性。

3. 效 度

效度是指一个测量所得分数的正确度。效度有内容效度、效际关联效度以及结构效度等。

4. 实施程序和记分方法

实施程序首先必须在手册内详细而明确地说明指导语，规定施测者必须对被测者说什么，测验时施测者做什么等。记分也必须在手册内说明，如何计算测量的原始分，如何转换成其他分等。

第三节　学生智能的开发与培养

一、智力的形成与发展轨迹

（一）遗传、环境与教育实践的影响

1. 遗传素质

有研究发现，遗传关系越密切，个体之间的智力越相似。但是，遗传只为智力发展提供了可能性，要使智力发展的可能性变为现实，还需要社会、家庭与学校教育许多方面共同努力。任何一个儿童，若不参加社会活动，不接受家庭和学校教育，即使遗传条件较好，其智力也不能得到发展（见表9.6）。

表9.6　不同血缘关系者的智力相关

关　　系	相关系数
1. 无血缘关系又生活在不同环境者	0.00
2. 无血缘关系在同一环境长大者	0.20
3. 养父母与养子女	0.30
4. 亲生父母与亲生子女（生活在一起）	0.50
5. 同胞兄弟姐妹在不同环境长大者	0.35
6. 同胞兄弟姐妹在同一环境长大者	0.50
7. 不同性别的异卵双生子在同一环境长大者	0.50
8. 同性别的异卵双生子在同一环境长大者	0.60
9. 同卵双生子在不同环境长大者	0.75
10. 同卵双生子在同一环境长大者	0.88

2. 环　境

这里的环境包括胎内环境和胎外环境，尤其是出生前，母体的营养水平影响着儿童智力的发展。胎儿营养不良，会引起脑细胞数目低于正常数目，造成智力缺陷。婴儿期正是大脑迅速发育的时期。大脑的发育，特别需要蛋白质、矿物质、维生素等营养物质的供应。有人通过分析儿童头发中的铁、锌、铜、锰、铬、钛、硒、镍、锡、氟、碘等14种微量元素含量，来区别正常儿童和低能儿童，其准确度可达98%。比如缺锌，不仅会影响其骨骼生长和性发育，还会影响智能和学习。因此，加强孕期及婴儿期营养供给是智力开发不可忽视的因素之一。

同时，早期经验在儿童智力发展上起着重要作用。当儿童早期获得的社会性刺激水平高而又有变化时，儿童智商就高，并且将影响其将来发展。研究发现，家庭环境、生活方式、家庭气氛、家庭教养方式，以及家庭成员的职业、兴趣、爱好、才能，都对儿童的智力形成和发展具有极大影响。

3. 学校教育及实践

学校教育在人的智力开发中起主导作用。智力是在人的活动中形成和发展起来的，教师在传授知识的同时，应十分重视开发智力和培养各种能力。学校组织学生参加一系列健康、丰富的活动，有利于培养学生的广泛兴趣，发展观察力、思维力和想象力。根据学生的兴趣爱好、年龄特点，组织开展棋类、球类、文学艺术类、手工制作类等多种形式的活动，既可增长学生的知识技能，又可以将课堂学到的知识运用到实践中去，使学生思维敏捷、判断正确、反应灵活。这些活动还可以培养学生的团队协作能力和领导能力，帮助学生实现他们的生活目标。

总之，只有先天的遗传素质加上后天的良好条件和教育实践，才能达到最高的智能水平。

（二）青少年学生智力发展的一般特点

青少年学生的智力，包括观察力、记忆力、想象力和思维能力都发展到接近成人的水平，思维活动具有更高的组合作用，并在整个智力活动中占主导地位。

（1）从观察力的发展来看，观察的水平较儿童时期有了更高程度的发展。他们已经不再局限于眼前的日常琐事，观察视野更广泛地扩展到自然和社会。同时，观察的内容也更有深度，已不局限于事物的本来面目，能够较正确地认识各种事物的本质和各事物间的内在联系，较完善地反映事物的整体，表现更富有敏锐性、目的性、系统性、严谨性、全面性、准确性和深刻性。

（2）在记忆力方面，由于年龄的增长、生理机能的发展，其记忆也完全进入一个全盛的时期，突出地表现在：① 记忆的容量增大；② 有意记忆逐渐占据主导地位；③ 理解记忆的运用越来越多；④ 抽象记忆的水平也开始有所提高。

（3）青少年学生的想象力已能围绕问题进行连贯的构思，与儿童时期的想象相比，具有以下特点：① 想象的目的性更强，有意想象占主导地位；② 想象的创造性更突出，能够在一些形象、素材的基础上按照一定的方向进行综合与概括，创造出新的形象；③ 想象的现实性依据越来越多，而不切实际的荒诞离奇的成分逐渐减少；④ 想象的内容和范畴涉及更为广阔的领域。

（4）思维的组合性向辩证逻辑思维发展。青少年学生的命题思维具有更高的组合能力，他们的思维能够从一般原理、原则出发，运用理论来分析和综合事实材料，从事物的对立统一中进行合乎逻辑的推理。在高中阶段，这种理论思维已开始具有辩证逻辑思维的特点。同时青年初期学生已能够依据一定的标准判断是非、善恶，思维的独立性和批判性增强。他们善于独立地提出问题和解决问题，喜欢探讨问题发生的原因。他们不轻信权威的结论，喜欢怀疑、争论和评论。对自己的观点或意见，也常常经过反复思考去寻求比较充分的理由或论据。

人的智力是随着年龄的增长而变化的。美国心理学家贝利研究发现，智力的整体发展趋势呈一种负加速状态。13岁以前智力发展较快呈直线上升趋势，以后逐渐缓慢，到25岁时达到高峰，并一直保持到30岁左右，40岁开始下降，60岁以后下降更快。

总的说来，青少年学生的能力尤其是智力正处在发展时期，对他们的任何过早的判断都可能产生不利影响。岁月给青少年学生留下了许多难忘的好时光，一方面是自然规律给他们的生理带来变化；另一方面是他们对社会的认知和需要的日益清晰，使得他们的心理世界日益丰富，烙下了一个又一个新的深刻的痕迹。

二、学生能力的培养与因材施教

（一）充分重视早期教育

所谓早期教育（Early Education）是由成人对人生发展早期的儿童实施的针对性教育。人的早期教育非常重要，它对成年后的智力发展有非常关键的作用。0～7岁是儿童大脑发育最快的时期，如果这时能够丰富儿童的生活，针对儿童的年龄特点给予正确的教育，就能加速儿童智力的发展，为良好的行为习惯和个性品质的形成奠定基础。

心理学家们的研究，为早期发现和培养人才的主张提供了依据。瑞士心理学家皮亚杰提出，人的智力发展的关键期是从出生到四岁。所谓智力发展的关键时期，是指在某一个时期，对外界刺激特别敏感，容易接受特定刺激的影响而获得某种智力。这个时期就是智力发展的关键期或敏感期。

美国心理学家布鲁姆（B. S. Bloom）认为，如果把17岁达到的智力水平比作100%，那么50%是在4岁前获得的，80%是在8岁前获得的。研究证明，儿童从出生到五六岁是大脑发育的最迅速时期，因此要发展智力就要抓紧早期教育，不仅要对早慧儿童进行早期的精心培育，而且早期教育对于那些被认为"迟钝"的儿童也是必要的。在早期教育中，抓学习与游戏的结合，是开发智力的最基本也是最佳途径。不管是模仿性游戏，还是创造性游戏、建筑性游戏、活动性游戏以及教学游戏等，都应有成人的指导，才能在儿童智力的发展上起到激发作用。

智力发展有关键期，同时也有相对的稳定性。也就是说，人的智力发展是相对稳定的。许多研究发现，婴儿期智力不稳定，但4岁以后智力发展则表现出相对的稳定性，对以后的发展有较可靠的预见性。9～18岁智力发展的稳定性得到很大的提高，20岁智力基本上保持在一定的水平上，而60岁智力水平将逐渐下降。

（二）教学活动中学生能力的培养

随着对人类思维理解的不断加深，学校教育教学中的智力开发将会越来越普遍。能力是在学习、领会知识与掌握技能的过程中形成与发展起来的。教师既要向学生传授知识，训练各种技能，又要传授学习知识和训练技能的方法，促进学生能力的发展。

认知派心理学家杰罗姆·布鲁纳（J. S. Bruner）等提倡的"发现学习"是一种重要的新教学法，其特点是个人依靠自己的观察、经验、探索和思维进行学习，教师的指导或干预达到最小限度。促进能力的教学，既要发展共同思维，也要鼓励求异思维；既要传授知识，又要使学生学会自己去学习和运用知识；既不要轻视程序式的传统教学法，又要提倡"发现式教学"。比如，通过数学知识的学习，可以使学生的概括力、空间想象力、计算能力、判断和推理能力等得到发展。

在教学活动中，教师应根据不同的目的灵活运用教育手段与方法，以促进学生能力的发展，培养学生的多种能力与才能。首先，启发学生积极思维、鼓励学生的幻想和独创性活动。其次，激发学生动机是进行智力开发的一种有效方式。再次，加强对学生元认知能力的培养。元认知（Metacognition）是个体关于自己学习或如何学习的认识。元认知使学生在获取知识经验的过程中不仅知其然，而且还可知其所以然。为此，提高元认知策略有三种：一是计划策略，二是监控策略，三是元认知调节策略。最后，教师还要有意识地给学生提供机会练习自己的智力技能，以促进和帮助学生智力技能的发展。

（三）在社会实践活动中培养兴趣、促进能力发展

毫无疑问，良好的遗传素质和环境是智力发展的重要条件，但人的智力还必须通过积极

的社会实践活动才能得到发展。智力是在人的实践活动中形成和发展起来的。一个人的智力水平与他从事活动的积极性呈正相关。如要培养学生的音乐能力，就应该让学生去参加音乐实践活动；要培养学生的游泳能力，就应该让学生去游泳池里进行实践活动。同时，好动是青少年学生的特点，引导他们在实践活动中培养广泛的兴趣、发展能力、开阔眼界是十分重要的。有益的实践活动不仅可以调剂人的精神、增强体质、陶冶情操，更重要的是可以促进学生兴趣的养成和良好的观察、想象、思维能力的发展。

（四）注重个别差异，实行因材施教

1. 超常儿童的教育

超常儿童（Supernormal Children）是指智力发展或某种才能显著超过同龄儿童的平均水平，亦称天才。对超常儿童的教育俗称"天才教育"，目前已引起世界各国的重视。

因材施教首先应对超常儿童予以特殊形式的教育，以满足他们的学习和能力发展的需要。比如，美国正在实行一项专门发掘有数学天才学生的计划，让超常儿童在少年期就到大学和研究院攻读；我国科技大学及其他大学也开设了少年大学生班等。在学校的常规教学活动中，教师应注意以下几方面的问题：

（1）充分激发天才学生强烈的求知欲。教育在什么情况下最有效？答案是有求知欲的时候。通过"激发—满足—再激发—再满足"的循环，把学生的求知欲不断推向新的高度，这样学生的智力也就不断地获得深化和发展。

（2）积极帮助天才学生寻找需要解决的问题。给天才学生提供一些指导，使他们能够自己去找更多的资源，并且在他们不擅长和擅长的领域中帮助他们发现需要解决的问题。

（3）让天才学生不断面对新的挑战，促进其自学和时间管理能力的提高。一方面，教师要给天才学生创造机会，使他们尽可能多地去参加一些富有创意的活动和课程，通过与自己能力水平相同或者更高的学生一起学习，给天才学生提供更多的挑战机会和锻炼；另一方面，教育者要培养、锻炼孩子的自学能力，养成珍惜时间、有效地利用和管理时间的良好习惯，这是超常儿童获得持续超常发展的必要条件和关键因素。

（4）加强家校合作，强化自尊意识。教师要清楚地意识到，要发展儿童的潜力，必须通过多种途径求得学生家庭的配合，调动其积极性，给学生提供良好的环境强化、心理支持和挑战。同时，要保护和强化学生的自尊，通过帮助学生将自己当前和过去的成就进行比较来提高自尊，避免天才学生因为觉得自己跟别人不同而感到尴尬，或者因为自己的异常而受到嘲笑，等等。

（5）注重超常儿童品德、意志的锻炼与培养。一是要鼓励孩子学会忍耐，形成坚忍不拔的性格；二是要进行挫折教育，鼓励超常儿童在失败中成长，使孩子的能力在意志锻炼中实现从量变到质变的飞跃。

此外，学校在培养超常儿童中，还可以采取一些具体办法和措施，如允许超常儿童提前入小学、中学、大学，允许跳级，使之加速学习；制定针对性的内容丰富的教学大纲，在完成正常学业的基础上，允许其从事附加的学习任务；教师与天才学生相处时，应允许学生灵活安排时间，给他们提供发展的空间，真诚地分享他们获得成功的兴奋和喜悦。

【资料链接】

人造天才的悲哀

曾经扬名一时的美国神童赛达斯六个月会认英文字母，两岁能看懂中学课本，4岁已发表了三篇五百字的文章，在6岁生日晚会上又写成了一篇解剖学论文。在相当长的一段时间

里，他成了全美新闻机构大捧特捧的超级明星。赛达斯12岁破格进入哈佛大学，然而14岁那年却因患精神病入院，到21岁时，也只不过是一名普通的商店店员，薪金十分可怜。

赛达斯的父亲原为哈佛大学心理学的荣誉教授。他认为，人脑与肌肉一样，是可以训练与培养的。所以，还在小赛达斯出生以前，他就准备在儿子身上进行一系列"试验"。小赛达斯一出世，他就在小床的周围挂满了英文字母，并不断在他身旁发出字母的读音。接着他又用各类教科书取代儿童玩具。于是，赛达斯从小就被各种几何、地球和多种外国语言所包围。整个婴幼儿时期就成了他独自苦读书的过程。这样的训练结果，使得孩子过早成熟。尽管小赛达斯天资聪明，但过分加压使其神经系统开始失常，后来不得不被作为精神病患者送进了医院。虽然他在痊愈出院后，又以优异成绩从哈佛大学毕业，但他早已对父亲的"试验"与整个世界产生反感，热切渴望过正常人的普通生活。自此以后，他离家而去，更名换姓，在一家商店里当了普通店员。

2. 普通学生的教育

对普通学生的教育，也要针对他们的特点进行有的放矢的教育。教师只要坚持正确的观点，认识到每个学生都有潜在力量和独到之处，尽量挖掘学生身上最好的东西，就能促进每个学生能力的发展。

3. 智力落后儿童的教育

智力落后的人不能按照社会的期望使其保持个人的独立性和承担社会责任。根据智慧与适应两方面的缺失程度，教师的责任是尽早地让有社会适应和独立性缺失的学生得到诊断。智力落后的原因有很多，大多数智力落后者并非生理疾病所致，也未有过脑损伤的病史，而是缺乏良好的学习环境，或者在成长的过程中营养条件较差等环境因素所致。而比较严重的智力落后者多数是疾病、中毒、内分泌失调，以及母体疾病，如唐氏综合征、苯酮尿症等造成的。不管怎样，对生理或智力缺陷的学生，教育工作者应耐心、热情，不要歧视、厌弃，要坚持长期不懈地教育和训练，予以其特殊的照顾和教育，以促进他们能力的发展。

（1）轻度智力落后儿童（IQ：50~70）的教育。对轻度智力落后儿童不宜跟正常儿童区分开，尽管他们在学习上有许多困难，但只要教师耐心帮助，采用适合他们水平的教育措施，班级同学能给予谅解和认可，他们可以完成初中阶段的学习。如果给予适当的职业训练，他们便可以独立工作和成立家庭，并达到适应社会要求的水平。比如，可以采用诊断性补救教学，针对儿童缺陷的特点，缺什么教什么。在特殊班或学校的初期教育活动中，还应加强培养学生的自信心和自觉性，课业内容要适合他们的水平，不宜过难。教学方法要特别注意采用具体、形象、生动的直观教学方法。

（2）中度智力落后儿童（IQ：35~50）的教育。对中度智力落后儿童特别需要大量的教育援助，在高度结构化的环境支持和监督下，这些儿童成年后可以完成一些不需要技巧的或者是常规的半技能化的职业活动。

（3）重度智力障碍者（IQ：35以下）。对重度智力障碍者应送到专门治疗智力落后病人的医院去治疗，或在家里保护起来。他们只能接受非常有限的培训，如学习走路等。有关社会组织机构应加强对智力落后儿童的诊断、训练和治疗，以利于他们学业和智力的发展。

综上所述，在智力发展上，人与人之间存在明显的个别差异，有的人甚至存在个别能力的缺陷。能力差异和能力缺陷都可能靠其他能力的发展来补偿（或称代偿）。这种能力的补偿作用为学生的智力发展提供了广阔的可能性。教育工作者必须全面认识各类人才成长的各种情况，按照智力发展的规律和个别差异的特点，因材施教，及时发现人才，培养人才。

思考讨论与实践探索

1. 智力是动态的还是稳定的？人们能够提高自己的智力水平吗？
2. 教师怎样做才能使学生更加聪明？
3. 通过本章学习，你对智力有些什么看法？
4. 怎样理解智力与创造力的关系？
5. 中学生的智力发展的特点是什么？
6. 请结合自己的专业设计一个教案，并分析在教案中如何体现一般能力的培养。

第四编 学校心理（上）

第十章 品德心理与教育教学

【学与教要求】
➢ 识记：品德、道德、道德认识、道德情感、道德意志、道德行为等概念
➢ 理解：品德的心理结构，学生品德发展的影响因素等
➢ 应用：学会运用行为塑造和矫正原理培养学生的优良品德

培养学生良好的道德品质是学校教育工作的一个重要方面，是实施素质教育的一项极其重要的任务。学生良好的道德品质不是自发形成的，它的形成和发展要受一定的社会条件制约，有其自身发展的特点和规律，它是在外部因素和内部因素的相互作用下产生的。

第一节 品德概述

一、品德与道德

（一）什么是品德和道德

1. 品德的概念

品德是道德品质的简称，在我国又称为德行或品行、操行等。它是指人依据一定的社会道德准则和规范行为所表现出的稳定的心理特征或倾向，是个体个性中具有道德评价意义的核心部分。例如，某个学生一贯诚实友爱、热爱集体、乐于助人、勤奋学习、遵守纪律、热爱劳动，我们则认为这个学生具有良好的品德。与品德密切相关的是道德。

品德包括几个基本特征：① 品德必须以某种道德行为意识为基础。学生的行为是否是道德行为，将由道德意识和行为的统一来决定。所谓的不道德行为，是指在不正确的道德观念支配下产生的行为。② 品德与道德行为有密切联系，离开了道德行为就无所谓品德。人的品德最终要通过道德行为表现出来，人的道德行为与一般的行为习惯相比，它具有明显的自觉性、主动性和创造性。③ 道德具有稳定的倾向和特征。个人的品德不是表现为某时某事，而是体现于一系列行为中，甚至体现在他的一生中。

2. 道德的概念

道德泛指在社会生活中人们行为应当遵循的原则和规范。人们按照这些行为规范来支配和调节自己的言行，并以此来要求和评价他人的举止。在我国，很早以前就已经使用"道德"这两个字了，"道"是指一种原则，而"得"和"惪"意义相近。

道德是一种社会现象，在社会集体生活中，人们为了维护共同的利益，协调彼此的关系，便产生了人们共同生活的行为准则和规范。它规定着人们的义务，人与人之间以及人与社会之间的关系。遵守其中一些准则，会受舆论的赞许或感到心安理得，否则会受到舆论的谴责或者感到内疚。道德是一种分辨善恶的尺度，是一种评价人们行为的真假、善恶、美丑的意识形态。道德随社会的发展而发展，随社会基础的改变而改变。

品德和道德固然都受社会发展规律的制约，但两者不能等同，它们之间既有区别又有联系。

（二）品德与道德的关系

1. 品德与道德的区别

（1）道德是依赖于整个社会而存在的一种社会现象，而品德则是依赖于某一个体而存在的一种个体现象。

（2）道德的发生和发展服从于社会发展的规律，且不以个体的存在与否而转移，因而不同的社会有不同的道德标准，具有明显的阶级性和社会历史性。品德的形成和发展不仅受社会性的影响，还受个体生理、心理等内部因素的影响。

（3）道德是伦理学和社会学研究的对象，品德是教育心理学研究的对象。

2. 品德和道德的联系

（1）社会道德制约着个人品德，离开社会道德也就谈不上个人品德，个人品德的内容是社会道德在个体身上的具体表现。

（2）个人品德和社会道德都受社会发展规律的制约。

（3）个人品德对社会道德风气能够产生一定的反作用，尤其是一些优秀人物的品德，作为一种道德品质的典范，往往对整个道德风气产生十分深远的影响。

总之，品德和道德是相辅相成、辩证统一的关系。心理学、教育学研究个体品德，伦理学、社会学研究社会道德。心理学、教育学在研究个体品德时不能脱离一定的道德环境和规范，心理学对个体品德的研究成果反过来又丰富了社会道德的内容，促进了社会道德的发展。

二、品德的心理结构

品德的心理结构非常复杂，它是多种心理因素交互作用的综合结果，是多层次、多水平的有机统一整体。迄今为止，人们在对品德心理成分的划分上意见并不一致。品德究竟由哪些成分组成，比较有代表性的几个观点如下：

（1）二因素说。认为品德由道德认识和道德意向组成。

（2）三因素说。认为品德由道德认识、道德情感和道德行为组成，简称品德由"知、情、意"三因素组成。

（3）四因素说。认为品德由道德认识、道德情感、道德意志、道德行为组成，简称品德由"知、情、意、行"四因素组成。

（4）五因素说。认为品德由道德认识、道德情感、道德信念、道德意志、道德行为组成，简称品德由"知、情、信、意、行"五因素组成。

以上几种说法，都有一定事实根据和道理。目前影响较大的是"四因素说"，它将品德分为道德认识、道德情感、道德意志和道德行为四个部分。

1. 道德认识

道德认识是人们对社会道德现象、道德规范及其履行意义的认识，也就是对客观存在的道德关系及处理这些关系的原则、规范的认识。如学生对爱祖国、爱人民、爱劳动、爱公物和爱社会主义的重要意义都有了较好的了解和理解，就表明他们的道德认识达到了一定的水平。道德认识包括道德观念（即道德表象）、道德概念、道德信念、道德评价等方面。其中，道德概念的掌握、道德信念的形成和道德评价能力的发展是衡量青少年学生道德认识形成和发展的主要标志。

2. 道德情感

道德情感是指人的道德需要是否得到满足而引起的一种内在体验。道德情感总是伴随着道德认识和道德评价出现的，对符合道德规范的行为予以称赞，对与道德观念相背离的行为表现谴责或者厌恶。例如，我们对英雄模范人物产生敬佩之情，对损人利己的人产生厌恶的情感；对自己舍己为人的行为感到欣慰，对自己的过失言行感到羞愧等。可见，道德情感是一种自我意志监督的力量，它能使人悔过自新，保持良好的行为。

道德情感可以从内容和形式两个方面进行分类。从内容上分，道德情感是极其多样的，而且与道德认识交织在一起。有什么样的道德认识，就有什么样的道德情感。由于时代不同，道德标准也不一样，因此，道德情感也就不同。如荣誉感、羞耻感、责任感、义务感、友谊感、公正感、革命人道主义情感、集体主义情感、爱国主义情感和国际主义情感等，如果学生没有义务感、责任感，就无所谓个人品德的发展。

从形式上分析，道德情感的表现形式一般有三种：

（1）直觉的道德情感。直觉的道德情感是对某种情境的直接感知所引起的情感，情感的出现迅速而突然，因而对这个过程的道德准则的意识往往不明显。例如，由于某种情境而引起一种突如其来的羞耻感，抑制了自己不正当的需要与行为；或在万分危急的情况下采取见义勇为的行为。这种道德情感的特点是：由具体的情境引起，产生迅速突然，对道德行为有着迅速定向的作用，在它的影响下，人可能做出高尚的道德行为，也可能做出卑劣的不道德的行为。这种道德情感看上去似乎缺乏明显的自觉性，但实质上，它是已有的道德认识和道德经验的直接反映，与人们过去在道德实践中受到舆论的影响及取得行为成败的经验有关。

（2）想象的道德情感。想象的道德情感是通过对某种道德形象的想象而发生的情感体验。如雷锋能激起学生的集体主义情感，成为导向其道德行为的推动力；英雄人物的高大形象及其光辉事迹，成为引发其道德行为的动力。同时，这些具体生动的形象又体现了社会道德标准的典范，引起人们情感上的共鸣，使人们能够更加具体地领会道德要求及其社会意义。

（3）伦理的道德情感。伦理的道德情感是以清楚的道德意识观念、道德理论为中介的情感体验，具有较大的自觉性和概括性。它的形成是一个渐进的过程，一般到青年期才能形成这种情感水平。伦理性的道德情感一旦形成，就比较稳定。它是一种深厚、坚定有力的高级形态的道德情感。

3. 道德意志

道德意志是人们自觉地确定道德行为目的，支配自己的道德行为，克服各种困难，以实现既定目的的心理过程。它体现为实现道德目标过程中的支持与控制行为的力量。道德意志还能使人抵御现实中的各种诱惑，不以外界环境为转移，始终坚持道德行为。道德意志的作用就在于发动与既定目的相符合的行动，制止与既定目的相悖的行动。道德意志的形成过程一般要经历下决心、树信心、立恒心三个阶段。

道德意志是道德意识向道德实践转化的过程，是主观见之于客观，观念付诸行动、实践的过程。这一过程集中地体现了人的心理主观能动性的特点。在品德形成的过程中，道德意志主要表现在以下几个方面。首先，自觉地确定道德行为的目的；其次，排除或抑制不道德的欲求；再次，调节与控制消极的情绪；最后，克服道德行为中的困难。人在进行道德活动的过程中，往往会遇到内部和外部、主观和客观的各种干扰和困难，具有坚强道德意志的人，敢于排除干扰，克服各种困难，坚持达到道德目标。

4. 道德行为

道德行为是个人在一定的道德认识指引和道德情感激励下所表现出来的对他人或社会所履行的具有道德意义的行为。它是主观见之于客观的关键环节，是个人品德心理功能转化为社会、效果、现实社会意义的唯一的客观标志。美国雷斯特（J. Rest）认为，道德行为的产生经历了解释个人面临的道德情境，作出道德判断，进行道德抉择和履行道德行为等一系列复杂的过程。

道德行为包括道德行为技能和道德行为习惯，它们与一般的技能、习惯并无本质的区别，只是在完成一定的道德任务时，它们便具有了道德的性质。掌握道德行为技能有助于实现道德目的，它将指导道德行为做出对他人和社会具有道德意义的事情，不至于好心办坏事。道德意志调节和控制着人的道德行为，使其贯彻始终，经过多次反复和实践，便形成道德行为习惯。道德行为习惯的形成是品德形成的客观标志。因此，只有学生具有良好的道德行为习惯，学校的品德教育才具有社会价值。

第二节　学生品德的发展

一、品德形成过程分析

（一）品德的形成过程

品德的形成实质上是学生社会化的过程，主要通过社会学习来完成。20世纪60年代，美国斯坦福大学的班杜拉（Albert Ban-dura）提出了著名的社会学习理论（又称观察学习理论），认为个体是通过观察和模仿进行学习的。

班杜拉是一位行为主义心理学家。他的学习理论认为，行为的形成可以通过反应的结果进行学习，也可以通过榜样的示范进行学习。班杜拉认为，对榜样的模仿包括四种类型：第一种是直接模仿，学生通过榜样的行为直接学习到一定的态度；第二种是象征模仿，学生通过大众传播媒介和小说等文学作品所展示出来的榜样来学习；第三种是创造模仿，学生将所学的各种榜样的特征综合成全新的行为方式来模仿；第四种是延迟模仿，学习观察榜样一段时间后，才出现模仿。

班杜拉的理论注意到三种强化因素对学习的影响，即外部强化、替代强化和自我强化。在人类的观察学习中，班杜拉尤为重视替代强化和自我强化的作用。替代强化是指个体因观察他人的某种行为受到强化而增强该种行为的出现频率或者强度；自我强化是指个体的道德行为达到自己设置的目标而自我肯定或自我否定。

（二）品德的改变过程

美国学者凯尔曼（H.C.Kelmen）的研究发现，品德的改变要经历三个阶段：顺从、认同和内化。

第一阶段,顺从。顺从是表面接受他人的意见和观点,在外显行为方面与他人相一致,而在认识和情感上与他人不一致可以得到奖赏;相反,则可能受到惩罚。一旦情势发生变化,学生的行为也会发生变化。

第二阶段,认同。认同是在思想、情感和态度上主动接受他人的影响,比顺从深入一层。认同是主动接受他人的影响,而不是迫于压力。如学生自愿申请加入某一组织,表明他对该组织的价值的内化程度已经达到认同的水平。

第三阶段,内化。内化指在思想观点上与他人的思想观点一致,将自己所认同的思想和自己原有的观点、信念融为一体,构成一个完整的体系。由于在内化过程中解决了各种价值的矛盾冲突,各种价值观念有机结合在一起,因此成为指导学生行为的行为规则。当个人按照自己内化了的价值行为时,就会感到愉悦;反之,则会感到内疚和痛苦。到此,学生的品德便形成了。

二、学生品德发展的影响因素

学生品德发展是个体与环境相互作用的产物。个体内部需要及其与环境之间相互作用是品德发展的基本动力。

(一)遗传素质的影响

遗传素质主要是指那些与生俱来的解剖生理特点,如神经系统、感觉器官和运动器官的特征,其中脑的特性尤其重要。因此,遗传素质不仅是品德发展的物质基础或自然前提,而且也是品德发展的潜在因素。这就是说,人的品德的发展是建立在遗传素质这种物质条件基础上的。但是,遗传素质不是品德本身,它不能决定品德的内容和发展水平,只具有品德形成与发展的一般可能性。就拿智力来说,它并不能保证个体有较高的道德意识和道德行为。犯罪心理学家对青少年犯罪问题的研究结果发现,犯罪者和非犯罪者在智力上并无显著差异。生活中也常常有一些智力水平高的人铤而走险,走上犯罪道路的事例。可见,智力仅仅是道德发展的一个必要条件,而不是充足条件。

心理学研究表明,智力水平与品德的关系是复杂的。有人对500名有法庭记录的少年犯进行研究,发现其智商分布相似,但他们的平均智商低8~10分。而且,在他们当中,相对而言,智商低的较多,智商高的较少。国外的一些研究已发现那些智力测验和道德发展测验得分都很高的人,他们的行为最为始终如一;而道德的发展测验得分高、智力测验得分低的人,言行最不一致,而且在他们当中,智商低的较多,智商高的较少。许多研究比较一致地发现,考试作弊与学生的智商成负相关。

(二)影响学生品德学习和发展的客观条件

环境是指客观现实,即人的生活条件和社会条件。它包括家庭与学校的教育状况、人际交往、社会思潮的影响等,它是学生品德发展的外部条件,对学生品德的发展起着催化作用。

1. 家庭教育的影响

社会环境对学生发展的影响首先是通过家庭发生作用的。它主要是通过三个方面来影响儿童的品德发展:① 家庭气氛。良好的家庭气氛(如和睦温馨的环境)有助于儿童形成良好的品德;父母的表率作用以一种潜移默化的形式影响着儿童品德的形成。② 父母的教养态度和方式。如父母希望孩子成为什么样的人,获得什么样的道德观念和行为,以及采用什么样的方式来促进他们成长,对儿童的品德形成有很大的影响。一些心理学研究表明,对孩子采用说理诱导的方式效果最好;过于严厉的家长作风以及对孩子施行体罚容易使他们产生逆反心理和反抗行为。③家长的职业类型与文化程度对子女的品德发展也有一定的影响。

20世纪60年代前后,美国心理学家皮克(R.P.Peck)、海韦格斯特(R.J.Havoghurst)采用测验法、评定法对青少年品德进行大规模研究发现,学生的品德特征与家庭的教育方式关系密切(见表10.1)。

表 10.1 儿童品德与家庭教育的关系

家庭教育方式	儿童的品德				
	意志坚强	情绪稳定	自发努力	友好态度	敌对行为
信任	0.74	0.64	0.27	0.44	-0.40
民主	0.43	0.16	0.36	0.33	-0.40
容忍	0.56	0.53	0.53	0.19	-0.10
严厉	-0.16	-0.08	-0.38	-0.38	-0.40

从表10.1可以看出,儿童的优良品德与信任、民主、容忍的相关系数都比较高;敌对行为与严厉的态度相关系数比较高;意志坚强与家长信任的相关系数最高(0.74),与家长的严厉态度则成负相关;情绪稳定性、自发努力和友好态度也与家长的严厉态度成负相关。

沙门兹(P. M. Symond)设想在父母和孩子关系的表现上有支配、服从、保护、拒绝这四种因子,由此而导出四种类型的教育态度(见图10.1),从支配—服从因子看,那种受父母支配的孩子,和父母顺从孩子的心愿的孩子相比,具有彬彬有礼、自我意识强、正直和羞怯的特征。而由保护—拒绝因子看时,受父母保护的孩子,比起遭受父母拒绝的孩子,社会性的愿望较多,而且情绪也比较稳定。

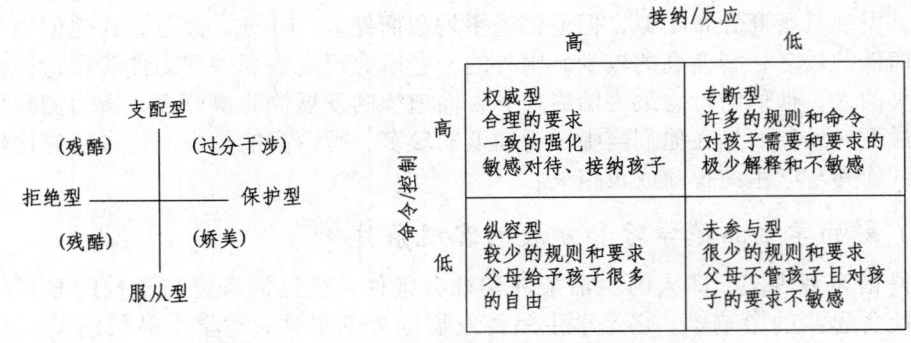

图 10.1 父母养育态度的类型

在鲍姆瑞德(Diana Baumriand,1991)的进一步研究中发现,权威型教养方式下的孩子发展最好;专断型教养方式下的孩子智力和社会技能都处于一般或一般以下水平;而纵容型教养方式下的孩子在各方面的表现都比较差,而且容易产生吸毒和其他问题行为,如表10.2所示。

表 10.2 教养方式和儿童中期及青少年时期发展结果的关系

儿童的教养方式	结　果	
	儿童时期	青少年时期
权威教养方式	较高的认知和社会能力	较高的自尊,非常好的社会技能,较强的道德、亲社会关注和较高的学业成就
专断教养方式	一般的认知和社会能力	一般的学业表现和社会技能,比纵容型教养方式下的青少年更为顺从
纵容教养方式	较低的认知和社会能力	较低的自我控制能力和学业成就,比权威型和专断型教养方式下的青少年更容易吸毒

父母是孩子的第一任教师。社会信仰、规范和价值观等首先提供父母的"筛选"而传给子女,父母的一言一行都潜移默化地影响着孩子品德的发展。

目前,独生子女的品德发展问题是广大教师和家长关注的问题。现在我国学校的学生大多数是独生子女,如何教育他们、促进他们的健康发展,已引起广大教育工作者的极大重视。国外早期的一些研究认为,独生子女在品德发展上存在缺点,后来许多研究否定了这种看法。近年来关于独生子女问题的一项著名研究是由美国学者福尔博(T.Falbo)等人做的,该研究回顾了 1925—1984 年的 200 余篇有关独生子女的研究报告,并对其中 115 篇报告的结论用统计方法进行再次分析。结果表明,在成就、智力、品德等方面,独生子女或者优于非独生子女,或者没有显著差异。我国心理学工作者也对独生子女的发展问题进行了广泛研究,发现独生子女和非独生子女之间没有显著差异。这些研究否定了独生子女是"问题儿童"的观点和独生子女"自然优越"的观点。但是,独生子女的发展确实也存在一些问题,这应起广大教育工作者的高度重视。

2. 学校教育的影响

学校教育对学生品德的发展具有重要作用。学校是对学生进行有目的有计划教育的场所。学生在学校中不仅学习、掌握系统的文化科学知识,而且发展智力,也接受一定的政治观点和掌握一定的道德标准,学会为人处世的方法,形成自己的人格。

学校教育主要通过三个方面影响学生品德的发展。

(1)校风和班风的影响。校风和班风是指在群体成员中占优势的言行倾向和作风。好的校风一经形成,不仅有助于学生抵制社会上的不良风气,而且会把学校里的好风尚带到社会上,推动时代前进。

学校的基本组织形式是班集体。班集体、少先队、共青团组织对学生品德的形成有重要意义。班风对学生品德的形成有着更直接的影响。班集体的凝聚力越强,班集体的力量也就越显著。集体舆论会对班集体成员的思想观念和行为方式产生很大的影响。学生参加集体活动,习惯于系统地、明确地工作,体验集体生活的乐趣,并得到克服困难的锻炼。集体生活有利于培养学生的组织性、纪律性、合群、自制、勇敢、利他和意志坚强等优良品格。

长岛真夫等人研究了关于班级指导对角色加工的意义。实验是在小学 5 年级有 47 名学生的一个班上进行的。挑选在班级中地位不突出的 8 名学生,任命他们为班级委员,在他们完成工作任务的过程中给予适当的指导,追踪研究这些孩子所处地位的变化和他们行为方式的变化情况。一个学期之后进行测定,发现他们在班级中的地位有显著的变化,他们从前一直不被人重视,而当他们在教师指导下担任 6 个月的班级委员之后,在第二期选举时,这 8 名学生有 6 名被选为班级委员。另外还观察到,这 6 名委员在其他各方面的变化,如自尊心、安定感、统率性、诚实感和责任心等方面有显著的改善。

（2）师生关系的影响。学生的学习是在师生交往活动中产生的，教师是学生的榜样，其言行对学生的发展产生潜移默化的影响。从教师对学生的关系来说，教师有一定的权威性，学生常常以教师的行为、品质作为衡量自己的标准。尤其对低年级学生，他们倾向于把教师的行为方式、思想方式和待人接物的态度理想化，并作为自己的行为典范，从而，教师无形中影响着学生的智慧、情感和意志品质的发展，影响着他们的生活及其道德品质的发展。到了中、高年级，随着学生年龄的增长，他们的独立性也在增强，但教师依然对学生的品德发展有着重要的影响。一般来说，学生年龄越小，受教师的影响越大。

教师的态度对学生的行为有着广泛的影响。因为它能影响课堂的心理气氛，以及学生对待指定的学习材料的态度。同时，我们也知道，如果教师不喜欢一个学生，那么学生的发展就会受到阻碍。但是，一个教师的影响有多大呢？罗森塔尔和雅克布松（Robert Rosenthal and Lenore Jacoobson）在他们的成果《课堂中的皮格玛利翁》一书中揭示了著名的"皮格玛利翁效应"，学生从教师身上得到的是积极的情绪体验，久而久之，学生的行为也向着教师期望的方向发生变化。

教师的管教方式影响着学生品德的发展。在勒温（K. Lewin）的指导下，怀特（R. K. White）和里皮特（R. Lippitt）进行了关于教师的领导方式对学生行为影响的研究。勒温等人把教师管教学生的方式分为民主的、专制的和放任的三种类型。结果表明，在专制方式的领导下，学生作业效率上升很快，对领导的依赖性很强，缺乏自主的行动，带有不满的情绪，冷漠和具有攻击性，教师不在时秩序混乱，缺乏自制性。在民主方式的领导下，完成作业的目标是一贯的，行动是积极主动的，态度友好，也很少表现出不平不满的情绪。在放任方式的领导下，有很多任性的行为出现，无团体目标，无组织、无纪律和放任，作业效率低，经常出现失败和挫折。

（3）素质教育与课堂教学的影响：① 适合学生心理发展特点的素质教育与德育课程，有利于学生品德的形成与发展。学生通过课堂教育接受系统的科学知识，同时形成科学的世界观。学习是艰苦的劳动，通过学习可锻炼学生顽强的意志品格。② 将素质教育与德育贯穿渗透于各科的教学活动之中，必然会对学生品德的发展产生更大的影响。如在文科教育教学过程中可贯穿爱国主义和历史唯物主义的教育，在理科教育教学过程中可开展辩证唯物主义和科学精神的教育等。③ 开展各种活动，为学生提供理论联系实践的机会，这是品德发展的直接基础。如开展一些社会服务、社会调查、公益劳动，请英雄模范人物作报告，围绕某个德育主题进行演讲、讨论等。学生通过这些活动不但可以联系实际，而且还能加深对理论知识的理解，同时也检验了自己思想行为的正确性。此外，还可以结合学生的年龄特点开展一些课外活动、校外活动、文艺演出、体育竞技等活动。这些活动不但能增强学生的集体主义意识，同时还能培养学生的集体荣誉感和义务感，锻炼他们的意志，提高其克服困难的自觉性，增进其道德行为。所以说，实践活动是品德形成和发展的基础。

3. 社会风气的影响

随着儿童年龄的增长，社会对他们的影响越来越大。社会风气是由社会舆论、大众媒介传播的信息，成年人的榜样作用等构成的。学校青少年的道德观念、人生观、价值观都要受到社会风气的影响。据美国帕克（Park）等人的研究，在其他生活条件相似的情况下，观看暴力电影的学生表现出比其他学生更多的攻击性行为。

青少年学生正处在社会化的过程中，其人格尚处在发展中，还没有定型，在他们学会适应环境和形成人格的过程中，他们对社会生活、社会信息有着特殊的敏感，对新事物接受得很快。因此，社会环境、各种信息对青少年人格的形成、品德的发展有一定的影响。这主要涉及三个方面的因素：① 国家的招生、录用及人士任免制度，方方面面的人才选拔标准及执行的情况，直接影响着青少年的价值取向。② 社会名流、权威人士的传闻轶事，媒体宣传报道英雄人物的力度等，会引起青少年的模仿意向；社会文化、文艺的情趣、情节、思想主题，会影响青少年品德的形成与发展。③ 青少年所在社区的社会风气、人与人之间的关系、他们的所见所闻等都对其品德的形成有着更大的影响。

【资料链接】

成长环境亟待净化

新华社 2004 年 4 月 16 日报道，湖南华容县一名曾经是"学习标兵"的初三学生，因沉迷网络游戏无法自拔，留下两份遗书后服毒身亡。3 月 31 日，重庆市回龙坝镇中学两名初一男生因连续通宵上网后疲惫不堪，坐在铁轨上熟睡时，被疾速而过的火车撞死。3 月中旬，江西修水县山口镇一名姓邱的 13 岁少年在偷家里的钱上网遭到父母打骂后，上吊自杀身亡。

近年来，不法网吧不仅在城市对青少年造成不良影响，而且向农村地区扩散，一些农村学生因迷恋上网导致学习成绩下降甚至主动辍学，农村学校正常的教学秩序正遭受冲击。不良文化已成为我国未成年人犯罪的直接诱因，各种充满淫秽、暴力内容的音像制品及电子游戏厅、黑网吧等娱乐场所对青少年的侵蚀作用不容忽视。全国政协委员、北京市海淀区人民法院审判员尚秀云说："据统计，1999 年以来，未成年人犯抢劫罪的已代替犯盗窃罪的上升为第一位，他们的暴力倾向明显。"尚秀云介绍，2003 年 9 月，海淀区法院少年法庭随机调查的 100 名在押未成年犯中，犯抢劫罪的占 71%，经常看含暴力内容的音像制品并受其影响的占 75%。此外，这 100 名未成年犯中，经常进入电子游戏厅的占 66%，经常进入网吧的占 30%，经常看色情书刊、音像制品的占 61%。

4. 朋辈集体的影响

学生的道德行为在很大程度上是由他们的同辈集体的行为准则和风气决定的。同辈集体是由于年龄和社会地位接近而形成的非正式群体。这种群体存在于社会生活中的各个层面，对个人的社会化过程起着重要作用。同辈集体以友谊关系为基础，成员之间能够同心协力，相互忍让，具有较强的内聚力。莫尔顿等对课堂内同辈集体对其成员学习行为的影响进行了研究，在班级中，如果出现同辈集体的强烈对抗，会导致全班同学成绩下降，同学之间不能友好协作，破坏纪律；相反，在学生互相支持的群体中，其成员相互吸引，而且合作良好，目标一致，其学习成绩提高。青少年随着年龄的增长，逐渐与父母疏远，他们喜欢和同学交往，希望得到同辈小集体的认可和接纳。倘若父母疏远，他们宁愿冒犯教师和父母，而不愿得罪"朋友"。

（三）影响学生品德学习和发展的主观条件

1. 道德认知水平

皮亚杰采用对偶故事法研究儿童道德判断的发展，提出著名的认知发展理论。目前在美国沿着皮亚杰的路线进行研究，且有所发展的代表人物是心理学家劳伦斯·科尔伯格（L.Kohlberg）。科尔伯格设计了九道难题，这些问题反映了服从法律、规则或者权威的要求与人的主观需要和利益相矛盾。他对 75 个从少年阶段（10～16 岁）到成年初期（22～28 岁）的男性被试进行了长达 16 年的追踪实验研究。这些虚构的道德两难问题的主要特征是想帮助一个十分需要帮助的人，但要违反法律才能办到。要求被试只能作出一个决定：要么违反法律和道德准则，帮助这个人；要么不违反法律和道德准则，不帮助这个人。他试图通过这类问题了解人道德判断背后的思维结构。

下面是科尔伯格两难问题中典型的一个：

【资料链接】

海恩茨偷药

在欧洲，一个妇女患癌症快死了。有一种药可能救治她，这是本地的一个药剂师最近发明的一种镭锭。药剂师索要2 000元，这价格是他制药成本的10倍。病妇的丈夫向他认识的每一个人借钱，可是他只能借到药价的一半。他告诉药剂师他的妻子要死了，恳求药剂师廉价把药卖给他，或者允许他以后偿还。但是药剂师说："不能。"丈夫绝望了，于是闯进店内，为了他的妻子去偷药。丈夫应该这样做吗？为什么？

表10.3 科尔伯格的道德发展的六个阶段

前习俗水平 　标准是由外部的要求组成，动机是为了保护自己不受惩罚，获得奖励	儿童对海恩茨偷药可能的反应
第一阶段：服从与惩罚定向； 　　　　　尊重有权威的人，仅仅是因为怕惩罚自己	赞成：若妻子死了，他会因不花钱救她而受到谴责 反对：偷药会受到惩罚
第二阶段：朴素的利己主义倾向，满足自己的需要是正当的	赞成：妻子需要药，他要同妻子共同生活 反对：若妻子死了，他不会难过，因为她患癌症不是他的错
习俗水平 　依据是维护社会秩序，满足他人愿望	儿童对海恩茨偷药可能的反应
第三阶段：好孩子定向； 　　　　　注意维护良好关系，有赞同和助人倾向	赞成：他只不过是做了好丈夫应做的事 反对：若偷药，会给家庭和自己带来耻辱
第四阶段：尊重权威和维护社会秩序的定向把履行义务、尊重权威看成是自己的义务	赞成：不这样做，他要为妻子的死负责 反对：偷药是犯法的事
后习俗水平 　根据个人自愿选择的标准进行道德判断	儿童对海恩茨偷药可能的反应
第五阶段：社会契约定向； 　　　　　道德法则是一种社会契约，可以改变，不能以不变的规则去衡量人	赞成：法律没有考虑到这种情况 反对：无论情况多么危险，却不能用偷的手段
第六阶段：普遍的伦理原则定向 以个人正确的内部理想来控制自己的道德行为	赞成：尊重生命、保存生命的原则高于一切 反对：若偷了，会因违反良好和正直的标准而内疚

科尔伯格就海恩茨偷药的行为提出了一系列问题供被试讨论，用以观察他们的发展阶段。如：第一，海恩茨该不该偷药？为什么该？为什么不该？第二，为了搭救一个人的生命，人们究竟该不该不择手段？为什么？等等问题。根据许多儿童对大量难题所作的反应，科尔伯格把道德思想分为三种水平阶段：前习俗道德水平、习俗道德水平和后习俗道德水平。

前习俗水平的儿童常常行为良好，对好或坏的评语敏感。而所谓好或坏，则仅仅根据他们有形的结果（处罚、奖赏、受到宠爱），或者根据规则制定者的威力来解释。所以在前习俗水平并未有真正的道德标准；习俗水平的特点是顺从现有的社会秩序，而且有维护这种秩序的内在愿望。依照科尔伯格的标准，大多数美国人是处于道德的习俗水平。最后，后习俗水平是由普遍的道德标准所支配的，因而不依赖于拥护这些准则的集体权威。

科尔伯格指出，在三个水平中，每个水平又可以分为两个可辨的阶段，共形成了表 10.3 所示的六个阶段的完整内容。

科尔伯格认为，无论哪个国家、哪个年龄阶段的人都不能排除在这六个道德发展阶段之外。科尔伯格通过广泛的调查，认为儿童道德发展的总趋势是从前习俗水平到习俗水平，而后进入后习俗水平，是有阶段性的，但每个儿童的进展有快有慢。在美国，10 岁前的儿童大多处于第一水平，占 94%。13 岁左右时第一种水平约占 66%，第二种水平约占 32%，第三种水平占 1%~2%。到 16 岁第一种水平就降到 20%，第二种水平占 44%，而第三种水平升到 35% 左右。所以，0~9 岁的儿童，大致属于前习俗水平，9~15 岁属于习俗水平，16 岁以后就有一部分人向后习俗水平发展，但到达的人数不多。

道德品质是随着智慧阶段的发展而逐渐地向高一级水平发展到第五、第六级水平。智慧发展是道德发展的一个必要条件，但不是充分条件。道德行为是有原则的行为，有原则的行为是复杂的，它包括智力、社交的友好关系、情感作用、自我控制、自我尊重、榜样的认同作用等许多方面。这种以阶段论为依据而引导道德发展的教育方式，与传统的告诉学生较高水平的解决方法的道德教育方式，对学生更有启迪作用，教育效果也好很多。根据科尔伯格的研究，我们对学生讲"理"，即传递社会认可的道德价值时，不能脱离儿童和青少年的接受能力。若不顾学生的道德发展水平，一味向他们灌输属于发展的更高水平的大道理，学生可以死记住这些东西，但是，不能被学生的认知结构同化，自然也不能成为一种内在的道德价值而使其付诸行动。

2. 个体自身的影响

个体自身的因素是青少年学生品德发展的内在的重要条件，在一定的社会条件下，它既可以起到积极的促进作用，又可以起到消极的延缓作用。可以看到，在大体相同的环境和教育条件下，学生品德发展的水平和速度是由个人的主观努力的程度决定的。

综上所述，遗传素质是青少年学生品德发展的自然前提或物质基础，它提供了品德发展的内在可能性；环境教育是使这种可能性逐步变为现实的桥梁；人的主观能动性是个人品德发展水平和速度的决定因素。

第三节 学生不良品德的矫正与优良品德的培养

对学生品行不良的转化与矫正是一项艰苦细致的工作，教师要注意根据他们的心理特点和犯错误的原因，有的放矢地进行教育和引导；同时需要家庭、学校和社会紧密结合，协调一致，共同努力，这样才能取得理想的教育效果。

一、学生品行不良及其表现

（一）品行不良的概念

学生品行不良是指经常违反道德准则或犯有较严重的道德规范过错，但尚未达到犯罪的地步。如不遵守纪律、小偷小摸、好打架、考试作弊、损坏公物等。这些过错行为虽然在其严重性上还没有达到违法的程度，但是如不及时地加以矫正，就会沉积为严重的道德过错，从而形成不良品德。这种学生虽然在集体中只占极少数，但是影响大，如果不及时地给予教育和帮助，他们就有可能走上违法犯罪的道路，同时还会影响到其他学生道德品质的健康发展。

（二）学生常见品行不良的表现

1. 攻 击

攻击是个体故意对他人、群体或事物作出侵犯、争夺或破坏的伤害性行为反应。儿童间尤其是中小学生之间经常发生的一种特殊类型的攻击就是欺负。欺负对受欺负者的身心健康具有很大的伤害。经常受欺负会导致儿童情绪低落、注意力分散、孤独、逃学、学习成绩下降；而对欺负者来说，可能会造成以后暴力犯罪和行为失调。

2. 逃 学

逃学又指旷课，是指学生没有正当理由而拒绝上学。生活中常见的逃学或旷课有两种：一种是偶尔为之；一种是反复长期地逃学。中学生逃学除了直接影响学习外，还会形成不良的品德。这往往会成为学生走向违法犯罪道路的一个危险信号，必须引起教育工作者的高度重视。

3. 迷恋游戏

电子游戏作为一种智力游戏，在一定程度上对开发青少年的各种能力有一定的促进作用。但是，如果个体玩游戏超过限度，达到迷恋程度，进而影响身体健康、正常学习和品行发展，就属于一种不正常状态了。

4. 赌 博

青少年赌博不但会引起打架和偷窃事件，而且严重的会酿成伤害、凶杀等犯罪案件。所以，犯罪学家常常把青少年赌博看做是青少年违法犯罪的一个重要诱发因素。

二、学生品行不良的原因分析

造成学生品德不良的原因是错综复杂的，对品德不良的原因进行准确分析，有助于不良品德的矫正。学生品行不良的原因可从客观和主观两大方面来分析。

（一）学生品行不良的客观原因

1. 家庭方面的原因

家庭是学生接受品德教育的启蒙学校。家庭环境中的某些不当教育及其他不良因素，是形成学生品行不良的一个重要原因。相关调查显示，具有不良品德行为的学生，常有下列情况：① 家庭结构欠完整，缺乏正常的生活秩序。如单亲家庭，父母分居两地，对孩子关心教育不够。也有的家庭几代同堂，长辈之间对孩子的要求很难统一，对孩子的发展造成了不良影响。② 父母教育不力，缺乏科学的教育方法。家长对孩子的教育方式简单、粗暴，或者放任不管，任其发展，即养而不教，一些家长对孩子自己的事大包大揽，使孩子得不到应有的锻炼。③ 家庭气氛紧张，孩子经常处于应激之中。父母关系不好，经常打架、吵闹，孩子得不到关心，甚至成为父母的出气筒。

2. 学校方面的原因

学生的品德主要是通过学校教育来培养的，如果教育者思想不端正，教育措施不力，教育方法不当，就可能影响学生良好品德的形成，从而造成学生品行不良的蔓延和恶化。这表明，学校生活和学校教育中的一些不良因素是产生学生品德问题的直接原因。

学校教育工作的缺陷表现在：第一，教育观念陈旧落后，教师的教育观念没有随着时代的发展而改变，如死守"形式训练"的教条，片面理解人的发展，害怕社会的不良影响，进行所谓的"封闭式教育",等等。只重视少部分有升学潜力的学生,对学生不能一视同仁,对学习成绩不好或者有缺点、错误的学生教育方法简单粗暴,或对他们冷淡、歧视,伤害了他们的自尊心和自信心,这些学生往往容易蜕变成品德不良者。第二,重智轻德,一些学校大搞应试教育,只重视学生的学业成绩,不管学生的品德,没有真正把德育放在首位。第三,教育方式简单、粗暴,缺乏时代性和针对性。第四,轻视法制教育,不能很好地理解法制课在学生品德发展中的地位,仅为考试而教。

3. 社会环境的不良影响

学生都在特定的社会环境中生活,从思想认识到行为习惯无一不是社会环境的反映。随着学生年龄的增长,社会对他们的影响也越来越大。调查表明,学校周围的环境对学生的品德不良行为影响很大。居住在拥挤的、人口密度大的街道的学生和紧邻集贸市区的学校,学生品德不良的人数较多。其他的如各种不法分子的欺骗、威胁和教唆以及黄色书刊和不良文艺作品的毒害也是形成学生不良品德的主要原因。

由于青少年对环境缺乏全面深刻的分析能力,因此社会各方面力量应联合起来,注意防范,对其进行正面引导,避免他们受到各种腐朽思想的侵蚀和不正之风的影响。

(二)学生品行不良的主观原因

学生不良品行的形成,有的是从认识开始的,有的是从情感、意志开始的,有的则是从行动开始的。

1. 缺乏正确的道德观念,被强烈的个人愿望所驱使

人的活动是由需要引起的,一些学生不顾国家、集体利益,片面强调自己的需要,往往做出损人利己的事。也有的学生的不良行为是由于道德上的无知,分不清什么是善与恶,什么是美与丑,甚至以是为非、以非为是,头脑里缺乏正确的道德观念所致。还有的学生在利己主义、拜金主义、享乐主义人生观的支配下,在发生错误行动之后,也不能产生忏悔与改正的意向,而在道德堕落的斜坡上越滑越远。

2. 缺乏道德情感或情感异常

品行不良的学生缺乏道德情感,他们往往是爱憎不分、好恶颠倒。例如,他们认为给自己一点便宜的人是"好人",认为严格要求管束自己的人可恶。他们同教师、父母和其他一些关心他们的人情感对立、存戒心,而与他们的"伙伴"却情感相投。这些品行不良的学生,不少都是在被打骂、批评、斥责、讽刺中长大的,他们常常遭到各方面的冷遇,因而产生了一种本能的戒备心理。在某些特殊的情境下,他们可能激情冲动,什么都不顾,失去理智,爆发出不良的行为,造成严重的后果。

3. 明显的意志薄弱与畸形的意志发展

有的学生意志薄弱,自控力差,在道德观念与个人欲望发生矛盾时,不能运用正确的道德观念去战胜强烈的个人欲望,也会产生不道德的行为。例如,有的学生明知打架、偷窃等行为是错误的,但是由于意志薄弱,经受不住不良诱因的影响,使正确的认识不能见诸行动,所以"明知故犯"。有的学生行为盲目,缺乏自觉性;有的是好奇心强,越是神秘的东西越想试探一下;有的喜欢模仿,特别是盲目模仿消极的东西;有的是缺乏主见为他人行为所左右;有的学生企图追求一种畸形的独立,一意孤行,不听从正确的劝告,顽固、执拗地坚持自己的错误行为,这些都可能导致不道德行为的发生。

4. 不良行为的习惯作用

道德品质是一种稳定的特征,因此它总和人相应的行为习惯联系在一起。所谓不良习惯,

是用不合道德要求的行为方式来满足个人的欲望，并在多次侥幸得逞的情况下形成的。这种坏习惯一经形成，常常使学生不知不觉地采取类似的行动，仿佛不那样做就感到不自然，甚至产生不愉快的情绪体验，于是不良的行为习惯就成了产生品行不良的内部因素。

【资料链接】

"哥们儿义气"是心中永远的痛

2002年4月3日中午，某职业技术学院与市某中学近三十余名学生上演了一幕群殴争斗事件。打斗中，技校某学生被某中学学生杨某用匕首刺中伤心、肺等要害部位，经抢救无效死亡。技校另有一名学生被刺成重伤、两名轻伤。

"4·3"事件受到社会各界普遍关注，人们纷纷呼吁全社会进一步关注校园及周边治安环境，加强对青少年的法制教育，净化青少年生存、成长的环境。然而，人们也意识到，单纯的"打击"并非治本之策，关键在于如何从源头上尽可能杜绝品行不良青少年的产生。据了解，现在的一些品行不良青少年，年龄一般在14岁至17岁之间，多半家庭条件较差，文化素质、法律意识都极低，追求"哥们儿义气"。"4·3"事件就是一个突出的例子。在询问技校的一个学生为什么要去打架时，他回答：我们班是最团结的，只要有一个人被欺负，我们全班都要上，只要有一个老乡被欺负，我们全校的老乡都要帮忙。当公安人员将他们送进看守所，宣布刑事拘留决定的时候，他们每个人都露出了惊讶的目光。其中一位同学道出了悲剧的根源："哥们儿义气"是我心中永远的痛。

三、学生品行不良的转化与矫正

对不良学生的转化与矫正是一项艰巨、复杂的工作，不能期望一蹴而就，需要我们耐心细致地做好工作。一方面要像对待其他学生一样关心、帮助他们；另一方面要细致地考虑他们特殊的心理状态，采取有效的教育措施。

（一）学生品行不良的转化与矫正阶段

品行不良学生的转化要经历一个由量变到质变的过程。这个转化过程大体可以分为醒悟、转变与自新三个阶段。

（1）醒悟阶段。这是指品行不良的学生开始认识到自己的错误，从而产生改过自新的意向。品行不良的学生难以听进大道理，这是由他们的道德认识水平还不高造成的。因此，提高他们的认识必须从其原有认识水平出发，逐步加深其对继续坚持错误的危害性的认识。

（2）转变阶段。这是指品德不良的学生在有了改过自新的意向之后，行为上发生一定的转变。这是一种可喜的进步，但必须清醒地看到这仅仅是开始，在整个转变阶段必然要经过不断的矛盾运动，有时还会出现反复，即重犯以前的过错。

（3）自新阶段。指品行不良的学生经过较长时期的转变之后，不再出现反复，而进入一个新的时期。在这个阶段，对那些已经转变的青少年要倍加关心和爱护，充分地信任，热情地鼓励，不断引导他们前进，任何歧视与翻旧账的言行都是极为有害的。

（二）培养学生优良品德的措施

学生的品德不良行为是在社会因素的影响下，经过青少年长期的错误认识、体验、实践形成的。他们无论是在道德观念、道德、情感、道德行为习惯，还是同周围人的社会关系上都发生了深刻的变化。因此，品德不良的青少年不太可能出现有朝一日恍然大悟、自己纠正错误的情况。同时，我们必须认识到品德不良的学生并非不可救药，他们的问题只是其发展过程中出现的挫折。青少年学生具有很大的可塑性，我们必须满怀热情地关心他们、挽救他们，按照学生身心发展的特点和品德形成的规律采取教育措施予以有效矫正，从而培养其优良的道德品质。

1. 消除恐惧心理，融洽师生关系

品德不良的学生由于自己的不道德行为而危害他人，因而经常受到批评、训斥甚至严厉的惩罚。这种学生往往比较"心虚""敏感""有戒心""有敌意"，常常主观地认为教师在蔑视自己、厌弃自己，甚至于"迫害"自己，把学校和教师的教育措施当成"吹毛求疵"，有意"为难"他们。在这种对抗的情况下，教师是无法做思想工作的，他们会曲解教师的意识，甚至恶化师生关系。

为此，要消除品德不良学生的疑惧心理和对立情绪，教师可以采用下列措施：第一，重新认识、评价品德不良学生，尽可能看到他们的"闪光点"。第二，巧妙地向学生表达教师的善意，让学生理解教师是真心爱护他们的。第三，肯定他们的点滴进步，增强他们战胜困难的信心。只有师生关系得到改善，互相信任，才能有效地矫正学生的不良行为。这是矫正学生品德不良问题的基础。

2. 提高道德意识

所谓是非观念，就是知道行为的好坏、善恶以及行为对社会的影响。品德不良学生常见的一种心理特点就是是非观念与是非感的欠缺，辨别是非能力差。比如，把破坏纪律说成是"有斗争精神"，把斗殴当做"勇敢"，把同流合污说成是"讲哥们儿义气"。因此，学生道德认识水平的状况对其品德的形成和发展具有重要作用，只有认识深刻，情感体验才会丰富强烈，才能知道为何行动、怎样行动，并把道德行为坚持下去。因此，道德认识始终贯穿于品德形成的各个方面。要教育好品德不良的学生，首先要提高他们的道德意识，其中教育方法尤为重要。① 严格要求，使学生认识到自己行为的优缺点，形成自我分析的能力；② 组织舆论，使学生的行为随时得到提醒和督促，从而提高行为的评价能力；③ 赏罚分明，使学生由于正确的行为而获得精神上的满足，由于错误的行为而产生情感上的内疚，从而形成是非感与是非观念。

3. 保护学生的自尊心，培养其集体荣誉感

学生的自尊心是一种要求受到社会、集体尊重的情感，它是学生积极向上努力克服缺点的内部动力。但是，如果片面强调学生的自尊，就可能导致学生只顾个人荣誉而不考虑集体利益。因此，必须引导学生在个人自尊心的基础上培养起集体荣誉感。自尊的另一种表现形式是自卑感，这种自卑感恰恰是自尊心受到摧残后的心理状态。教师在教育过程中一定要尊重他们，并努力通过发掘他们身上存在的哪怕是极小的积极因素，多采取赞许、表扬和奖励，给予信任和委托等措施激发他们的自尊心，鼓励他们发扬优点。为了培养学生的集体荣誉感，教师要为学生提供创造集体荣誉的条件，使他们认识到个人的努力与集体的关系，体验到活动结果带给集体的荣誉，从而珍惜集体荣誉。

4. 注重个别差异，科学运用教育手段

学生的错误行为和不良品德，由于年龄、个性以及事情的性质与严重程度的不同，其行动的表现方式也是多种多样的。为了有效地解决具体对象的具体问题，应采取灵活多样的教育措施，科学运用教育手段，力戒千篇一律和形式主义。

5. 锻炼学生与诱因做斗争的道德意志力，巩固良好的行为习惯

学生常有明知故犯、管不住自己的现象。这是因为，他们在外界一些条件的诱惑下会产生一些不符合道德要求的行为，如违反纪律、考试作弊、拾物归己等。这种错误行为一方面

受到内部错误观念的支持，另一方面也是由一定的外部诱因引起的。为了改变这种状况，必须关注学生内部观念的改变，培养学生和诱因作斗争的意志力。如改变学生生活的环境，提供机会锻炼学生的抗诱惑力。培养学生的道德意志品质，可采取以下措施：

（1）让学生获得道德意志的观念和榜样，激发其意志锻炼的自觉性。教师应经常向学生介绍一些英雄模范人物的事迹，科学家的成长经历，跨世纪人才的故事，或请优秀学生谈他们锻炼道德意志的体会。通过这些生动的范例来强化学生对锻炼道德意志意义的认识，并模仿榜样，在学习和生活中自觉地锻炼道德意志。

（2）有意识地指导学生在实践活动中锻炼道德意志。意志是在克服困难的过程中发展起来的，教师应该有意识地为学生创设一些困难情境，给他们提供某些克服困难的条件，引起学生的动机斗争和意志行动上的努力。例如，给学生布置一项不能立即引起兴趣但必须完成的任务，并适当地创设一些外部困难，在这个过程中，教师可适当地给予某些帮助和支持，如期望、信任、鼓励、方法指导、暗示后果等，激发他们克服困难的决心，使他们通过主观努力获得成功，从而获得意志锻炼的直接经验。

（3）注重学生道德行为习惯的训练。道德行为习惯是指稳定的、经常的、在一定情境下自然而然出现的道德行为方式。养成良好的道德行为习惯，能加强个体道德行为的自觉性、概括性和稳定性，这是一个由不经常的道德行为转化为稳定的道德品质的重要一步。中小学阶段是学生形成道德行为习惯的重要时期。在训练的时候值得注意这样几点：① 使学生了解有关行为的社会意义，产生自愿练习的愿望。② 创设重复良好行为的情境，避免重复不良行为的机会。③ 提供道德行为练习与实践的榜样，让学生进行模仿。④ 通过活动使学生明确练习的目的和要求，让学生获得成功的体验，同时了解自己存在的不足。⑤ 注意矫正不良的行为习惯。要让学生知道坏习惯的害处，增强克服坏习惯的信心。同时可以通过合理的奖惩来巩固学生的好习惯，抑制坏习惯等。

思考讨论与实践探索

1. 什么是品德？试述品德的基本心理结构及其相互关系。
2. 针对几种常见的学生品行不良表现，可以采取哪些措施进行矫正？
3. 谈谈如何充分利用各方面积极因素培养青少年学生的良好品德。
4. 不良品德的转化要经历哪几个阶段？每个阶段应注意哪些问题？
5. 结合影响青少年品德发展的因素，谈谈如何营造良好的环境氛围以促进他们的品德健康发展。

第十一章 学习心理与课堂教学心理

【学与教要求】
- 识记：学习、学习种类、学习动机、学习迁移、学习策略、教学、教学设计及教学策略等概念
- 理解：学习动机的心理结构，学习迁移的理论，课堂教学模式，不同课型的教学设计等原理
- 应用：学习动机的激发和培养，学习策略、知识、技能的掌握与教学指导，教学策略的选择与设计

学校教育对学生发展的促进作用主要是通过教学活动实现的。所谓教学，是指由教师的教和学生的学所组成的一种教育活动。教育的作用就在于帮助学生有效地进行学习，教会学生学习。因此，教与学的目的是一致的，教与学的任务是在教学（师生）双方相互作用和相互影响的过程中完成的，教学相长说的就是这个道理。这也是本章把学习心理和教学心理放在一起讨论的出发点。

第一节 学习心理

学习问题历来是教育心理学中最重要的问题。人不仅需要学习，而且要善于学习。善于学习，就得自觉地遵循学习规律，运用科学的学习方法。动物的生长、人的个体发展成长的过程，就是一个学习的过程，是一个解决内部、外部环境变化带来的冲突、不平衡的过程。人的一生都在不断地解决冲突与制衡，因此，人终身都在发展、学习。

一、学习及其种类

（一）什么是学习

学习是一个含义很广的概念，有广义与狭义之分。

1. 广义的学习

广义的学习是动物和人类生活中普遍存在的现象，是指人和动物在生活中获得个体经验及行为持久变化的过程。如动物学会某种习惯行为，成人掌握某种生产技术，儿童学会走路或说话，以及学生在学校里学习知识技能，形成道德品质，等等，都属于广义学习的范畴。

正确理解广义学习必须把握三个要点：其一，个体改变行为（心理及其外显行为）以适应新环境的过程就是学习；其二，学习的标志是行为的持久变化，即人和动物经过学习会产生新的行为；其三，引起行为变化的原因是经验的获得。因此，生理成熟、疲劳、病痛、药物影响等所引起的个体行为的变化则不属于学习。

2. 狭义的学习

狭义的学习是指人类的学习，是指人在社会实践中，在同他人的交往中，以语言为中介，

自觉地掌握社会和个体的经验的过程。人与动物的学习是两种本质不同的学习，与动物的学习相比较，人的学习具有以下特点：① 人的学习是以掌握人类社会历史经验为主要内容的活动。② 人的学习是个体在同其他人的交往中发生并通过语言的中介作用掌握人类社会历史经验的过程。③ 人的学习是一种自觉的、积极主动的活动。

【资料链接】

"试误说"和"顿悟说"

美国著名的教育心理学家桑代克（E.L.Thorndike）于1898年曾做过让饿猫逃出"问题箱"的经典实验，用以解释学习的实质与机制。

桑代克在用木条钉成的箱子里安装了一个能打开门的脚踏板，当门开启后，猫即可逃出箱子，并能得到箱子外的奖赏——鱼。

试验开始后，饿猫进入箱子只是漫无目的地乱咬、乱撞，后来偶然碰上了脚踏板，饿猫打开箱门，逃出箱子，得到了食物。

接着第二次，桑代克再把饿猫关在箱子中，如此多次重复，最后，猫一进入箱中便能打开箱门。

桑代克据此认为，学习的实质就是有机体形成"刺激"（S）与"反应"（R）之间的联结。他明确地指出："学习即联结，心即是一个人的联结系统。"同时，他还认为学习的过程是一种渐进尝试错误的过程。在这个过程中，无关的错误的反应逐渐减少，正确的反应最终形成。根据他的这一理论，人们称他的关于学习的论述为"试误说"。

德国格式塔学派的代表人物苛勒（W.kohler）于1917年报告了他对黑猩猩的实验研究。把饥饿的黑猩猩关在笼中，笼外放置了水果和两根长短不等的木棒。黑猩猩不能直接够到水果，只能够着短棒，但短棒也不足以够到水果。只有用短棒先够到长棒，然后才能用长棒够到水果。苛勒发现黑猩猩并不是通过一次次的尝试去解决问题的。当它用"手"够水果失败后，就不在盲目行动，而是停下来若有所思。当它看到长棒时，突然一跃而起，先用短棒够到长棒，再用长棒够到水果。由此苛勒提出，动物对问题解决的过程并不如桑代克所说，是通过盲目而冲动地尝试，直至成功，而是通过知觉经验的重新组织，形成对问题情境的认知，是突然的"顿悟"。因此，他们的学习理论又称"顿悟说"。

（二）学生学习的特点

学生的学习主要是指学生在学校中的学习，它是人类学习的一种特殊形式，是学生在教师的组织指导下，有目的、有计划地获得知识，形成技能，发展智力、体力和思想品德的过程。学生的学习与人类的学习虽有共同之处，但它与人们日常生活或工作中的学习又是不同的，有其自身的特点，具体表现为六性。

（1）接受性。学生通过学习主要是接受人类已有的知识经验，使之成为自己的精神财富。其学习以掌握现成知识经验为主，这些知识以教学计划、教学大纲、教科书等形式存在。

（2）间接性。学生在学校学习主要是学习书本知识，掌握间接经验。间接经验是人们在长期的社会实践中积累起来的科学文化知识、技能和社会生活行为规范。学生学习的主要任务就是掌握这些间接经验，并将其转化为自己的知识和技能，从而发展智力与能力，提高道德品质。虽然有时也要求学生参加一些实践活动以取得直接经验，但这服从于一定的学习目的，其实践活动和工人、农民通过自己的实践活动去获得直接经验不一样。

（3）有效性。学生要在短短时间内掌握尽可能多的前人累积的知识经验，进一步认识和改造世界打下基础。学生要完成这一任务，只有在经过专门训练、懂得学生心理活动规律，并且掌握了教育艺术的教师的指导和传授之下才能办到。

（4）协调统一性。要使学生能够健康地成长为国家建设的栋梁，学校和教师不仅要求学生掌握一定的科学技术知识和技能，还要注意培养学生良好的道德品质、科学的世界观和人生观，要使学生在德、智、体、美、劳等方面协调、统一、全面地发展。

学生的学习是德、智、体、美、劳等方面的全面发展，脑力和体力、智力和非智力因素的协调发展。所以，学生学习知识、形成技能的过程也是他们科学世界观、良好道德品质、良好个性形成、发展的过程。

（5）计划组织性。由于学生学习的内容主要是人类在社会生活实践中总结出来的间接经验，因此学生在掌握这些经验时，既无必要、也不可能去重复前人创造这种经验时的实践，只能采取一定的间接经验的学习形式。此外，因为学生必须在学校规定的有限的学习时间内完成相应的学习任务，所以学生必须在教师的指导下系统、高效地学习书本知识，不需要事事躬亲、逐一验证。

（6）年龄差异性。处在不同年龄阶段的学生具有不同的认识水平和学习能力。教学的内容、方法应适应学生的年龄特点，教学目的、要求应从学生学习的实际情况出发，注意年龄的差异性。

（三）学习的种类

学习是一种极其复杂的现象，涉及学习对象、内容、形式和水平，可以从不同角度对学习进行分类。

1. 我国心理学家的分类

我国心理学家从教学实际出发，根据学习内容和结果的不同，将学习分为如下四类：

（1）知识的学习。这是学生学习中一种主要而特殊的学习，即通过一系列的心智活动来接受和占有知识，从而在头脑中建立起相应的认知结构。它解决的是知与不知、知深与知浅的问题。

（2）技能的学习。这是通过联系而形成有规则的行为方式的学习，包括心智技能和操作技能的学习。技能学习要解决的是会不会做、熟练与不熟练的问题。

（3）能力的学习。这是通过一系列的心智活动和实践锻炼来促进人的一般能力、特殊能力和创造能力发展的学习活动。它所要解决的是做得好与不好、能否创造性地做的问题。

（4）行为规范的学习。这是把外界的行为要求转化为主体内在行为需要的内化过程，是品德的形成过程。

这种分类比较符合教育工作的实际，能帮助教师按照不同类型学习的特点和规律去指导学生学习，在研究工作中也便于探讨不同类型学习的特点和规律，我国习惯于这种分类方法。

2. 奥苏伯尔的分类

（1）接受学习和发现学习。奥苏伯尔（D. P. Ausubet）是美国著名的认知教育心理学家，他根据学习方式的不同，将学习分为接受学习和发现学习。接受学习是指传授者将别人的经验或学习内容，以某种定论或约定俗成的形式传授给学习者的学习方式。学习者不需要自己去独立发现，而是将传授者呈现的材料通过记忆、内化和组织，使之与自己已有的认知结构结合起来，以便在必要时利用和再现。发现学习的首要任务是发现。奥苏贝尔认为，发现学习的学习内容没有以定论的形式呈现给学生，而需要学生通过某些心理活动，如组织、排列、转换等去独立发现、创造经验，然后再将其内容加以内化并适当应用。

接受学习和发现学习是人类学习的两种方式，在不同的学习环境下，各自发挥的作用不尽相同。事实证明，许多重大的科学发现和创造都是接受学习和发现学习共同努力的结果，二者在学习活动中具有相互促进的关系。

(2) 机械学习和有意义学习。从学习内容是否与原有认知结构发生联系，即根据学习理解程度的不同，奥苏贝尔又将学习分为机械学习和有意义学习。机械学习是指在缺乏某种经验或先行经验与现有学习之间没有建立起有效联系的情况下，新的知识难以纳入学习者原有的认知结构，为了建立起一定的联系，学习者依靠死记硬背来进行的学习。有意义学习是指学习者利用原有经验，使新的知识与学习者认知结构中的有关观念建立起实质性和非人为性的联系，通过理解来进行的学习。

机械学习和有意义学习也是人类学习活动中不可缺少的两个方面，一般说来，机械学习在外文单词、电话号码、人名、地名、历史年代之类的材料学习中是必要的，同时它也是个体早期学习的重要手段。而有意义学习则强调对新旧知识联系的理解，对个体认知结构的建立有着非常重要的作用，也是衡量个体认知结构发展成熟的重要标志。

奥苏伯尔认为，接受学习不一定是机械的，发现学习也不一定是有意义的。无论是接受学习还是发现学习，都有可能是机械的，也都有可能是有意义的。

（四）学习的意义

(1) 学习是适应环境与环境保持动态平和的重要手段。无论是动物还是人类，学习对于个体的有效生存都起着一定的作用。当然，由于物种进化水平不同，学习在其中的作用也不同。具体可用（见图11.1）表示。

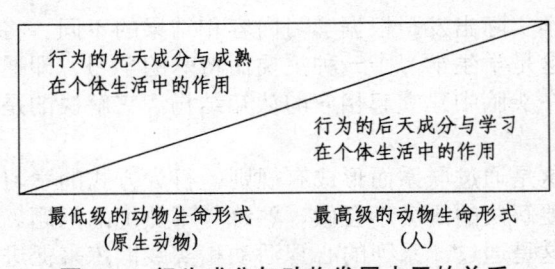

图11.1 行为成分与动物发展水平的关系

学习在低级动物生活中的作用较小，许多动物在一出生就具有一生中所必需的大部分行为的能力，行为的先天成分与后天的自然成熟起主要作用，其学习能力较低。随着物种进化水平的提高，学习能力及其学习在生活中的作用也在不断提高，而本能行为的作用相对减弱。

(2) 学习可以促进个体的身心发展。个体的生理发展受"用进废退"的自然法则来支配，"用"意味着后天的学习，学习可以促进个体的生理发展，动物与人类的学习实验证明了这一点。同样，个体一生的心理发展无疑都是在不断的学习过程中得以实现的。从一个近乎无能的生物个体发展到一个具有某种能力和健康个性的社会适应良好的社会成员，这一切都不是自发、自然形成的，而是通过不断的学习实现的。

(3) 学习可以促进人类社会的进步。学习是人类进步的助听器，人类有史以来就离不开学习，而人类将来的发展、演化更需要学习。人类的发展史从某种意义上讲也是人类的学习史，学习与人类生存、与社会发展是同步的，学习是人类个体和人类社会发展的重要条件。

二、学习动机及其培养

(一) 动机和学习动机

1. 什么是动机

动机是由某种需要所引起的,为达到一定目标的行为动力,是直接推动一个人进行活动的内部原因,激励并引导个体的活动朝着一定对象或目标前进。人的任何活动,无论是游戏活动、体育活动,还是生产活动、科研活动、社交活动等,没有动力或没有足够强度的动力,都是不能发动起来并维持下去的,这种内部的、心理上的原因就是学习动机。

2. 什么是学习动机

学习动机是直接推动学生学习的内部原因。它表现为学习的意愿、兴趣、信念和理想等,是决定学习成功的决定性因素,对学习起着推动作用。它的实质是学习需要,这种需要是社会、学校、家庭对学习的要求或影响在学生头脑中的反映。

从动机表现的特点来看,中学生的学习动机可分为四类:一类学习动机不太明确。例如,学习是为了应付家长、老师的"任务",学习是为了"当一天和尚撞一天钟"等。二类学习只是为了履行社会义务。例如,学习是为班集体或团组织的荣誉、学习是为了入团、学习是为了不受人欺负等。三类学习是为了个人前途。例如,学习是为了上大学或成名、成家等。四类学习是为了国家和集体的利益。例如,学习是为了更好地掌握知识,为国家多作贡献;学习是为了提高整个中华民族的文化水平等。

3. 学习动机和学习目的、学习效果的关系

(1) 学习动机和学习目的的关系。学习动机和学习目的既有联系又有区别。学习目的是学习活动要达到的结果,学习动机是学习活动的原因。在学习动机推动下,人的学习活动要达到某一目的。有时人的学习目的相同,但学习动机不同,如有的中学生以考入名牌大学为学习目的,而学习动机可能是报答父母,也可能是证明自身实力,也可能是为了学到更多知识,还有可能是被某大学的校园文化所吸引。还有就是学习动机一样,而学习目的不一样,如许多人以自我实现为学习动机,而其学习目的可能是做个好老师,也可能是做个好医生,也可能是做个优秀商人,等等。

(2) 学习动机和学习效果的关系。学习动机不仅对学习行为起着启动、定向、维持的作用,还直接关系到学习的效果。

一般情况下,学习动机与学习效果是一致的,表现为学习动机可以促进学习,提高学习成就。

学习动机可以当做一种学习的结果,使学习者变得更需要学习,更乐于学习。可见,动机并非绝对是学习的先决条件,它与学习之间存在着显而易见的互为因果关系。美国教育心理学家奥苏伯尔明确指出,动机与学习之间的关系是典型的相辅相成的关系,绝非一种单向性的关系。对于那些尚无学习动机,尤其是年龄较小的学生,最好的教学方法是:用各种方式使他们掌握有关的知识,并让他们有机会运用这些知识,从中获得成功的体验。学生们尝到了学习的乐趣,就有可能产生要学习的动机。

尽管动机对学习的促进作用是无可置疑的,但值得注意的是,学习动机与学习效果的关系并不一定成正比。这是因为:①学习动机的强弱对学习的效果有不同的影响。过弱的动机当然无助于学习,过强的动机则会造成过度紧张,抑制大脑相应部位的活动,从而影响学习的效果。②影响学习的因素除了一般智力、动机外,还有学生的知识基础、学习方法、人格特征、身体及情绪状况等。因此,在重视动机作用的同时,也要注意全面提高学生的学习技能和其他心理素质。

（二）学习动机的结构及其影响

学生的学习动机是以一定的学习需要为基础的，而学习需要是多种多样的，所以学习动机的构成也是十分复杂的。一般认为，学习动机的结构主要包括以下五个心理成分。

1. 学习目的

学习目的是学生进行学习所要达到的结果或要实现的目标。学习动机作为促进学生达到学习目的的动因，总是以某种学习目的为出发点的。只有当学生确立了明确的学习目标，才能产生强烈的学习动机，从而保持高度的自觉性。因此，学习目的是学习动机的重要成分。教师应该教育学生认识学习的个人意义和社会意义，在学习目的上将个人利益与社会利益结合起来，把国家和社会的要求转化为自己的要求，从而产生学习的责任感，推动自己自觉地努力学习。

2. 学习的自觉性

学习的自觉性是学习动机的重要成分，它是指由于学生对学习意义、目的和社会价值有一定的明确清楚的认识，而产生积极的学习态度和学习行为。学习自觉性高的学生，学习目标明确，能把当前目标和长远目标、个人目标与集体目标联系起来，并由此产生对学习的巨大热情和坚韧毅力，产生高度的社会责任感和事业心。

3. 学习兴趣

兴趣是人们力求认识某种事物或参与某种活动的积极倾向。人们对某件事产生兴趣时，就会注意它、接近它、研究它。学习兴趣是学习动机的重要成分，它是学生渴求获得知识与深入认识世界的积极倾向，通常也称为求知欲。学生的学习兴趣是在求知需要的基础上，经过学习活动体验到成功的欢乐而逐渐形成。当学生获得自己认知结构中没有的新奇信息或产生不和谐的信息时，就会产生要弄清楚的认知动机和行为。而新认识的获得与不和谐的消除会使学生产生轻松愉快的体验，从而促进其产生继续学习以求进一步满足的欲望。可见，学习兴趣是推动学习的有效动力，是学习动机中最现实、最活跃的因素。

4. 成就动机

成就动机是个人渴望成功的需要。每个学生都希望在学习生活中取得成功、避免失败，这是学习动机的重要组成部分。成就动机的强弱与志向水平的高低密切相关。志向水平即抱负水平，指学生在心理上向自己提出的学习方面可能达到的标准。成就动机强的学生，志向水平较高，他们经常向自己提出较高的标准，以发挥自己的努力，取得更好的成绩。他们关心如何获得成功，不怕失败，宁愿选择困难的课题。成就动机弱的学生，志向水平较低，他们愿意选择较低的目标，而不去冒风险，他们不求有功，但求无过，在低标准上安于现状，稍遇挫折就放弃原有成就目标，进一步削弱成就动机。

5. 交往动机

交往动机是人的一种基本的社会动机，表现为愿意与他人发生各种形式的交往，沟通信息，交流感情，协调生活。有些学生为了获得他人（如家长、教师、同学）的赞许、认可和亲近而学习，这就是交往动机。交往动机的产生源于每个人都有的获得他人肯定和接受的心理需要。在集体中，个人的行为、业绩若不符合集体的要求，得不到他人的肯定和接受，他就会感到孤独或焦虑。为避免这种不愉快的境遇，他会努力向集体靠拢，按集体的标准要求自己，这就产生交往的需要和动机。

在教学情境中，学生的交往动机主要表现为主动参与讨论，参加小组学习活动，喜欢与其他同学交流学习问题等。交往动机可增强学生的归属感和荣誉感，不但能促进学生学习，还有利于其自信心、自尊心的发展。研究表明，在学习成绩方面，交往动机高的学生优于交往动机低的学生。教师对学生的态度以及课堂上交往的机会，影响着学生交往动机的形成。教师对学生的态度与学生的交往需要是相互作用的，它影响着学生的学习效果。

交往动机的产生与教师对学生的态度、班集体的友爱气氛有密切关系。教师热爱学生，公平对待学生，是其交往动机赖以形成的重要感情基础。许多学生（特别是年龄较小的学生）之所以喜爱学习，常常是因为喜爱他们的老师；反之亦然。因此，教师应在情感上与学生建立起良好的关系，并鼓励同学间的相互友爱和帮助，以此促进他们的学习。

交往动机、成就动机虽然对学习有不可低估的激励作用，但过分强调它们（尤其是成就动机）会助长功利主义的倾向。学生的学习如果只着眼于取得外来利益，他们就会满足于一定的学业成绩而很少考虑学科知识本身的价值，在学习结束后不会产生持久而深入的学习愿望。因此，应注意培养学生求知的需要，加强求知动机的推动力量，提高学习的自觉性和坚持性。

（三）学习动机的分类

1. 内部学习动机和外部学习动机

按个体的内外部因素划分，可以把学习动机分为内部学习动机和外部学习动机。

（1）内部学习动机。内部学习动机是指由学习活动本身作为学习的目标而产生的学习动力，即良好的自身学习状态成为学生的学习目标，学生在学习过程中获得满足，表现出强烈的求知欲并感受到学习的乐趣。因为内部学习动机是学习者对学习活动本身感兴趣，学习本身就能使学习者获得满足，所以无需用外力推动就能自愿学习。美国心理学家布鲁纳特别强调内部动机，认为内部学习动机效应强且持久，外在动机效应弱且短暂。

（2）外部学习动机。外部学习动机是指由学习结果或学习活动以外的因素作为学习目标而产生的学习动力，即学习的目标由学习的结果显现，学习知识是达到目标的手段。由外部诱因激发的竞赛、奖赏都属于外在动机，这类动机与学习者的周围环境相联系。例如，学生要同他人交往，有得到他人的评价和赞扬的需要，有使自己在所处的社会关系体系中有一定地位的需要等。

2. 近景性学习动机和远景性学习动机

从学习动机与学习活动的关系及其作用时间的长短来分，可以分为直接的近景性学习动机和间接的远景性学习动机。

（1）近景性学习动机。直接的近景性学习动机是指与学习活动直接联系的动机，是由对学习的直接兴趣、对学习活动的直接结果的追求所引起的。例如，一个儿童由于绘画受到了表扬，很可能会产生学习绘画的强烈动机。直接的近景性学习动机比较具体，且有实际效果，但作用较为短暂而不稳定，容易受当时的具体条件和一些偶然情景的影响。

（2）远景性学习动机。间接的远景性学习动机是指与学习的间接结果相联系的动机，是社会要求在学生学习上的反映。这类动机反映了社会和家庭的要求，又与学生对学习意义的认识、有没有远大志向以及他们的世界观相联系。间接的远景性学习动机一旦形成，就具有较大的稳定性和持久性，不易被情景中的偶然因素所改变，能在较长时间里起作用。

3. 主导性学习动机和辅助性学习动机

按学习动机作用的大小不同，学习动机可划分为主导性学习动机与从属性学习动机。

（1）主导性学习动机。主导性学习动机是指在学生的学习活动中居于支配地位、发挥主导作用的学习动机。一般来讲，在同一时间内，主导性学习动机只有一个，因为与其他学习动机相比，主导性学习动机对学习活动的影响最为强烈和稳定。

（2）辅助性学习动机。辅助性（或从属性）学习动机是指在学生的学习活动处于从属地位、发挥辅助作用的学习动机。相对于主导性学习动机来讲，它对学习活动的影响是比较微弱和不大稳定的。在同一时间内，辅助性学习动机可能有几个，其强度和稳定性也各不相同。例如，学习计算机应用技能，主导动机可能是为了找工作，辅助动机可能是为了娱乐、学习、交流等，总之必有一个起主导作用的动机，但是可能同时有几种起辅助作用的学习动机。

4. 普遍型学习动机和偏重型学习动机

根据学生表现出的学习动机差异，可将动机分为普遍型学习动机和偏重型学习动机。

（1）普遍型学习动机。普遍型学习动机是指学生对所有学习活动都有的学习动机。有些学生对所有的学科活动都能积极参与，其学习行为背后的学习动机便是普遍性学习动机。

（2）偏重型学习动机是指学生只对某些学科具有的学习动机。有些学生只对某些学科有学习动机，对其他学科不予注意，他们所表现出来的学习动机即偏重型学习动机。如平时我们所说的"偏科"。

（四）影响学习动机形成的因素

1. 内部因素

（1）自身需要与目标结构。如果目标是明确的、中等难度的、近期便可达到的，便会加强学生的动机和完成目标任务时的持久性，这是由于具体目标提供了判断行为的标准，中等难度的目标提供了一种挑战，近期可达到的目标不会被日常事务所干扰。

（2）年龄及个性特点。生理成熟和年龄特点影响着个体身心的各个方面，在人生的不同阶段，个体的学习动机是不断变化的。例如，幼年的孩子对于社会的影响、家长的过高要求常常是不予理睬；而青春期的少年情窦初开，就会产生学习和异性交往的动机。同时，学生的人格特征、感知水平、意志品质、兴趣爱好等方面都影响着学习动机的形成。

（3）志向水平和价值观。学习动机与理想是紧密联系的，因此，学生的人生观、世界观、价值观所直接反映的理想情况或志向水平，影响着学习动机和目标的形成。

（4）焦虑程度。焦虑指个体因担心不能成功地完成任务而产生的不舒适、紧张、担忧的感觉。大量的调查表明，焦虑程度过高或过低都会对学习产生不良影响，而中等程度的焦虑对学习是有益的。

2. 外部因素

（1）家庭环境与社会舆论。家庭环境对个体学习动机的形成具有重要影响。家庭中有良好的学习氛围，就容易使学生产生普遍性的学习动机，且容易长久保持；反之，学生的学习动机就可能会处于较低的水平。

社会舆论也影响着学生学习动机的形成。所谓"书中自有黄金屋，书中自有颜如玉"等言论，影响着人们追求功名富贵的学习动机；曾经的"学好数理化，走遍天下都不怕"的舆论影响，使得许多人学习理工科知识的强烈动机占上风。

（2）教师的榜样作用。教师在学生学习过程中一直是非常重要的榜样，特别是幼儿对教师有一种天然的向师性，几乎一切以老师为榜样。教师本人对学习的态度、动机、习惯都会影响到学生的学习动机。

教师的期望也会对学生的动机和行为产生不同的影响。教师对不同学生有不同的期望，对待学生的方式也不同，这种不同影响着学生的自我概念、成就动机水平和抱负水平。长此以往，高期望的学生便产生了高水平的动机，经过不懈的努力，取得了高水平的行为；低期望的学生则恰恰相反。

（五）学习动机的激发和培养

在教学中，培养学生的学习动机对于提高教学质量、提高学生学习成绩都是必需的。激发和培养学生的学习动机通常可采取下列措施。

1. 进行学习目的教育，增强学生的自觉性

学习目的教育旨在使学生明确学习的社会意义和个人意义，变社会教育要求为自己的学习需要，增强学生的学习责任感；让学生明确学习对其自身的重要意义，确保他们能够知道自己将从学习中学到什么（具体目标），并教会学生达到目标的方法，提出具体建议。例如，教师在讲课之前使学生清楚地了解学习的具体目的、任务和要求，说明教学内容在实践中的具体意义和在整个知识体系中所占的位置，这对唤起学生对学习的期待、调动其积极性是有帮助的。学生一旦清楚地认识到学习的近期目的与长远目标，知道为什么学习，他们的学习行动就会变得主动而自觉。如果学生有过失败的经历，那么应该让他们从小的、容易的、力所能及的目标着手，同时让学生自己记录自己每一步的成功，教师再对其进步给予奖励，增强学生的信心。

学习目的还包括揭示各门学科、各种学习活动的地位、作用，使学生把当前学习与未来理想、学习与运用联系起来。学生的学习目标越明确，越能引起学习的积极性。

2. 运用新颖生动、富于启发性的教学方法，激发学生的学习兴趣

新颖的教学内容、灵活多样的教学方法，可以引起学生对新颖激发的不断研究反应。教师可运用各种直观教学手段和现代教育艺术，增强教学的形象性、生动性、趣味性，使学生对学习本身产生兴趣。教师在教学过程中要创设问题情境，引起学生的认知冲突，使之产生解决"不确定性"的需要，同时又能激发其学习活动本身的内部动机。实践也证明，在正式讲授教学内容之前，突出与课文有关的一些问题，以引起学生的好奇与思考，是激发学生认识兴趣和求知欲的有效方法和手段。

3. 设置中等难度的学习目标，让学生体验成功

中等难度的学习目标是指学生通过努力可以实现的目标。很容易就能实现的目标不能引起学生的成就感；困难太大很难实现的目标，学生不敢问津。中等难度学习目标的实现可以让学生得到战胜困难、实现目标后的理智感的满足，体验获得成功的喜悦，从而产生学习兴趣的。研究表明，新的学习任务与学生已有的知识经验既相互适应，又不相适应；既有一定差距，差距又不太大时，对激发学生的学习动机最有利。

4. 利用学习结果的反馈作用

知道自己的学习结果会产生相当大的激励作用，看到自己的成功、进步，会增强信心，提高学习兴趣；知道自己的缺点和错误，可以及时改正，并激起加倍努力、迎头赶上的决心。很多实验研究表明，知道学习结果与不知道学习结果相比，前者在学习上的效果有显著作用；每日的及时反馈与每周的延缓反馈相比，前者对学习效果的提高更佳。这是由于良好的学习成绩能产生愉快的情绪，能增强自我激励的作用，并为下次能考得更好做出努力；同样，知道自己成绩不佳，为避免今后继续失败而付出更大的代价，也能激起奋发学习的上进心。

教师还要做到正确地评价和适当地表扬与批评学生，这是利用反馈的另一方面。一般说来，表扬比批评、奖励比惩罚能更好地激起学生的学习动机。因为前者能使学生产生成就感，具有积极的强化作用，能使学生产生再接再厉、积极向上的力量；后者则会挫伤学生的自尊

心和自信心。然而，无论表扬还是批评、奖励还是惩罚，都必须客观和公正。教师在评价学生时，应具有针对性、启发性和教育性，从而使学生受到鼓舞和激励。

5. 让学生自我激励，培养其独立进取的个性

学习动机与独立进取个性的培养是相辅相成的，个性是独立进取还是被动退缩与动机水平关系密切。因此，在培养、激发学习动机时，教师应该培养学生积极的进取心，应特别考虑到学生的个别差异，努力做到：以每个学生动机中独有的优点补偿其弱点；帮助每个学生确定个人的具体学习目标；教学工作要用足够的变式和不同的进度，使每个学生都有机会成功；针对学生本人对其学业成败的归因，采取帮助措施，其中特别要注意，教师对学生学习的归因要科学客观。

另外，在学习活动中，开展适当的竞赛也可激发学生的成就动机，提高其学习积极性。由于在公平的、适合个体水平的竞赛过程中，学生的好胜心动机和求成的需要会更加强烈，学习兴趣和克服困难的毅力会大大增强，所以多数人在竞赛情况下学习效率会有很大的提高。学习竞赛过程能使学生的成就动机更强烈，并提高学习兴趣，增强克服困难的毅力，表现出更高的学习积极性。

学校中的竞赛有多种方式，如集体竞赛、个人之间的竞赛、对照过去与现在的自我竞赛等。不同的竞赛方式对动机都有或多或少的激励作用，但若运用不当，也会产生一定的副作用。例如，竞赛过多或过难会失去激励作用，加重学生的身心负担，损害其健康。因此，竞赛中应尽可能地做到以下三点：一是按能力分组；二是按项目分组，使具有不同特长的学生有施展才华的机会；三是鼓励学生自己和自己竞赛。

总之，培养学习动机要因人而异，因事而异，具体的操作还要根据学习动机的相关理论，在实践中灵活运用。

【资料链接】

反馈的作用

在罗西和亨利（C. C. Ross & L. K. Henry）的一个实验中，他们把一个班级的学生分成三组，每天学习以后接受测验。主试对第一组每天告诉其学习结果，对第二组每周告知其学习结果，而对第三组则不告知一切学习结果。如此进行八周后，改换条件，除第二组仍旧每周告知其学习结果外，第一组与第三组的情况对调，即对第一组不再告诉他们学习结果，对第三组则每天学习和测验后就告知其学习成绩。这样再进行八周，结果发现在第八周后除第二组显示出稳定的进步以外，第一组与第三组的情况发生了很大的变化，即第一组的成绩逐步下降，而第三组的成绩则突然上升（见图11.2）。

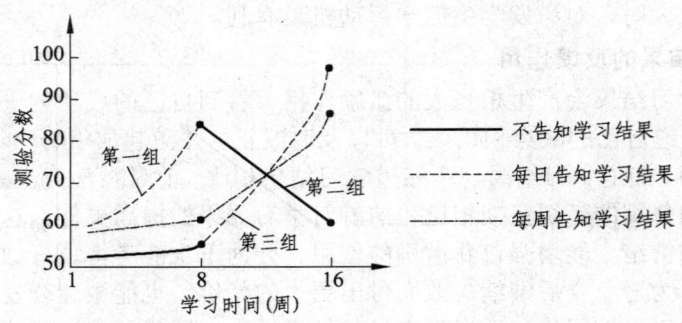

图 11.2 反馈的效应

从图 11.2 可以看出，反馈在学习上的效果是很显著的，尤其每天及时反馈，较之每周的

反馈效率更高；不知自己的学习结果，缺少学习的激励，则很少进步。

三、学习迁移及其促进

（一）什么是学习迁移

学习迁移也叫"训练的转移"或"学习的转移"，一般是指一种学习对另一种学习的影响。实践和研究表明，学习迁移现象是普遍存在的。它可以表现在知识的学习、技能的形成方面，也可以表现在学习方法、学习态度等方面。例如，学习汉语与英语之间的相互影响，这是知识学习的迁移；骑自行车和骑摩托车两种技能的相互影响，这是技能学习的迁移；学习教育的方法影响了后来对物理的学习方法，这是方法之间的迁移；因平时喜欢饲养小动物，进而热爱生物课，这是态度之间的迁移等。

学习迁移现象的表现是复杂的。一种学习对另一种学习产生积极的影响叫正迁移，就是两种学习之间相互促进；相反，一种学习对另一种学习产生消极的影响叫负迁移，也就是两种学习之间相互干扰。先前的学习对后继学习的影响是顺向迁移，后继学习对先前学习的影响是逆向影响，称为垂直迁移。难易相同的两种学习之间的相互影响是水平迁移。

分析不同种类的学习迁移的特点、表现和作用，有助于我们在教育工作中促使或避免它们的发生，以提高学习效率。

（二）学习迁移的主要理论

为什么一种学习会影响另一种学习？不同学说对这个问题提出了不同的解释。

1. 形式训练说

这一学说认为迁移的产生经历了一个"形式的训练"过程。也就是说，迁移是在训练的基础上，通过提高各种能力后实现的。他们强调注意力、记忆力、想象力、推理能力以及其他方面都可以经过训练来提高，并能在日后的各种活动中发挥效用。形式训练说把训练和改进心理的各种功能作为教学的重要目标，并认为学习的内容不甚重要，重要的是所学习的材料的难度和训练活动的心理形式。

这种理论在西方盛行了200年，至今仍有一定的影响。但它把迁移设想成不需要其他条件，只要通过能力训练就能自动产生，以及强调训练形式而忽视学习内容的解释，都是对迁移实质的曲解。

2. 共同成分说

共同成分说是桑代克提出来的学习迁移理论。该学说认为，只有当学习情境和测验情境存在共同成分时，一种学习才能影响到另一种学习，即产生学习迁移。例如，在活动A12345和活动B45678之间，由于有共同成分4和5，所以这两种活动之间才会有学习迁移出现。

共同成分说揭示了共同成分在学习迁移中的重要作用是具有积极意义的，但桑代克对共同成分说的解释却是联结主义的，因而就其理论基础而言是不科学的。

3. 概括化理论

概括化理论是由贾德（C.H.Judd）提出来的学习迁移理论。该理论认为，在先期学习A中所获得的东西，之所以能够迁移到后期的学习B中，是因为在学习A时获得了一般原理，这种原理可以部分或全部运用于AB之中。因此，两种学习活动之间存在共同要素只是产生学习迁移的前提条件，学习者获得适用于两种学习活动的共同原理才是产生学习迁移的关键。而原理的获得是通过概括这种思维机制实现的，所以贾德的学习迁移理论被称为概括化理论。

这一理论揭示了原理在学习迁移中的作用，这是有积极意义的，但是原理只是影响迁移的一个因素，用它来解释所有的学习迁移是有局限性的。

4. 关系理论

格式塔心理学家认为，学习迁移不是由于两个学习情境具有共同成分、原理或原则而自动产生的，而是由于学习者突然发现两种学习之间存在关系的结果。所迁移的是顿悟的关系——两个情境突然被联系起来的意识。

关系理论揭示了理解两种事物和现象之间的关系，在现象迁移中的作用是有积极意义的；但是关系理论实际上只是经验类化说的一个方面，因此它不可能对学习迁移现象作出全面的解释。上述各种原理各自强调了一个侧面，"共同成分""概括化""关系"等对学习的迁移无疑各有其一定的作用，现在研究的重点已经转移到怎样处理迁移的问题上。

（三）学习迁移的促进

1. 合理安排课程，科学组织教学

教学内容安排必须保证新的学习建立在先前学习的基础上，要注意不同学科之间知识的联系，课程设置先后顺序要合理，后开设的课程要以先开设的课程为基础，要突出新旧学习材料之间的相同要素和互相关系。

教材体系必须以具有较高抽象性、概括性的基本概念和原理为中心，因为这些基本概念和原理应用范围广，能在较广泛的知识领域内产生学习迁移。

教材组织要尽可能做到从一般到个别，不断分化。在内容的安排次序上，要做到由浅到深，由易到难，特别是要由已知到未知。前面的内容要为后面学习的内容提供基础，后面的内容必须以前面的内容为出发点。

2. 强调理解，重视概括

学生学习基本概念和原理，并不意味着实现学习迁移，只有在学生理解知识的基础上，才能产生迁移作用。大量研究表明，学生理解知识的概括水平越高，对该知识适用性的认识就越广，学习上举一反三、触类旁通的迁移量也越大。把一类事物或现象的共同本质属性概括成一般的原理和方法，有利于迁移的产生，对新知识的掌握和新技能的形成具有重要意义。

3. 提供学习方法指导

要使学习迁移产生积极的效果，还必须重视正确的学习指导。研究者对一部分学生作阅读方法训练，要他们自己提要点、作图解、加评价。结果表明，受训练的学生与未受训练的学生相比，阅读课与其他学科的学习速度与效率都大有增进。

4. 培养良好的心理状态

学生在学习活动中所具有的心理状态是影响学习迁移效果的重要因素。培养学生良好的心理状态，主要是要使学生在学习活动中充满自信，情绪稳定，斗志旺盛，注意集中。为此，教师应在日常工作中注意培养学生具有明确的学习目的、正确的学习动机、端正的学习态度和良好的学习兴趣。

四、学习策略的掌握与教学指导

著名教育家苏霍姆林斯基强调，一定要让学生"学会如何学习"；俗话说"方法大于气力"，这一切都说明了学习策略和方法的重要作用。对一个未来的教师来说，不仅要自己善于学习，

而且要善于对学生进行学习策略与方法的指导。

（一）什么是学习策略

1. 学习策略的含义

学习策略是指提高学习效果的方法、手段及其活动。它既涉及学习的信息加工过程，也包括对学习活动各阶段的调控等，这些促进学习的方法、手段及其活动，称为学习策略。

2. 学习策略与学习方法的关系

首先，学习方法是指学习者在某一具体的学习活动中，为达到一定的学习目的而采用的手段和措施。这是具体的学习方法与具体的学习任务相联系，有较强的情境性；而学习策略既与具体任务相联系，又与一般学习过程相联系。

其次，学习方法经学习者反复运用、熟练掌握后，学习者在具体情境中往往凭习惯加以运用，而学习策略则是学习者经过对学习任务、学习者自身特点等各方面，进行分析、反复考虑之后才产生的方案。

再次，具体的学习方法可以用来达到一定的学习目的，完成学习任务，但不考虑最佳效益；而学习策略则是以追求最佳效益为基本点的。

学习方法与学习策略虽有区别，但两者又不能截然分开。一方面，学习策略虽不同于具体方法，但它又不能脱离具体方法，学习策略的策划最终要落实到学习方法上，借助学习方法表现出来；另一方面，只有那些经过学习者整体策划之后启用的方法才会获得策略的性质，成为学习策略系统不可分割的一部分。

（二）运用学习策略能力的培养

1. 学习策略的类型

（1）简单重复策略。指学生重复诵读同一内容、摘抄学过的一定材料或注意材料中关键的部分内容。

（2）精心阐述策略。指学生通过言语阐述、形成表象等方式，将自身已有的知识与经验与新材料发生联系，以构建已知和未知间的桥梁，使新知识获得意义。

（3）理解监控策略。要求学生设立学习目标，根据学习过程中学习目标的达成程度，不断监控学习进程，使其指向预定的学习目标。

（4）情感调节策略。旨在为学生创设维持合适的学习状态，包括通过放松和自我暗示来降低学习的焦虑，有效安排和使用学习时间，集中注意，排除不良情绪对学习的干扰等。

2. 运用学习策略能力的培养

目前，运用学习策略能力的培养，较多地从以下几方面入手：

（1）阅读理解训练。让学生学会阅读理解和监控，是阅读理解训练的目标。其具体做法是：① 使学生明确阅读任务和要求；② 激起学习者自身已有的与阅读有关的背景知识；③ 区分主要内容和次要内容，注意主要内容而不纠缠细节；④ 理解材料外显和内隐的意义；⑤ 监控阅读理解；⑥ 检验目标达成程度；⑦ 自我提问、自我解答；⑧ 阅读中断后，能顺利恢复思路，继续对课文的阅读和理解。

（2）学习方法训练。掌握和运用有效的学习方法是提高学习效果的根本保证。目前，较为流行的一种方法是SQ3R法。SQ3R是由五个英文单词的第一个字母合并组成：S代表浏览（Survey），指首先阅读材料的大致内容以获得初步印象；Q代表提问（Question），确定学生所需要的信息或从课文中希望得到的信息；阅读（Read），通过阅读理解课文段落大意和主要观点；背诵（Recite），在理解的基础上用自己的话复述文章主要内容，而不是逐字逐句背诵；复习（Review），为长久保持必须复习，特别关注难度较大的材料。

除了 SQ3R 法外，PQRST 也是一种较为有效的学习方法。这五个字母分别代表预习、提问、阅读、概要和测查五个学习环节。若学生能按此步骤进行，必将提高理解和保持的效果。

（3）做笔记训练。在这里，做笔记是个广义的概念，既包括学生在自己的笔记本上摘录、叙述有关内容，也包括在课本上做记号，使有关内容清晰呈现。做笔记主要有以下几种方法：① 摘要，将学习内容中的重点、难点摘录下来，并对主要内容做出扼要概述；② 画内容框架图，在理解学习材料的基础上，对其中有关内容及其相关关系用符号框架图表示出来，使其简洁、直观；③ 在书上做记号，用不同颜色和不同符号对书中的不同内容进行标记或系统编码，使有关内容一目了然；④ 眉批，包括向作者提问、难点解释、由课文而引起的联想或启发等。

（三）教师对学生的学习指导

学习指导是指教师通过一定的途径使学生掌握并灵活运用适合自己的科学学习方法，又称学习方法指导。简单地说，学习指导即教学生学会学习。教师采取各种方式，让学生做学习的主人，积极地动口、动手、动脑，主动地学习和探讨，从而使学生掌握科学的学习方法并灵活运用于学习之中，逐步形成较强的学习能力。

1. 学习指导的具体环节

学习指导过程，实际上是师生之间学习方法、信息的交换过程，它包括以下几个环节。

（1）了解学生的学习方法，写好指导方案。要了解学生的学习情况，可以运用多种方法，如调查问卷、检查作业、考试、平时观察、让学生叙述自己的学习方法和学习过程等。然后，教师根据实际情况选择学习指导的方法、时机，明确指导的目标和方法，写好指导方案等。

（2）教师示范，展示学习方法。教师通过教学中的示范性指导，让学生从教学中感知学习方法，领悟学习方法。这就要求教师的示范过程必须做到两点：一是教师的讲解应做到条理明确，层次清楚，便于学生发现和领悟学习方法；二是教师的讲解应做到难易适度，便于学生尝试和运用学习方法。

（3）回顾总结，归纳学习方法。当学生对学习方法的感性认识达到一定程度时，教师要及时引导他们对第一部分的学习过程进行简要回顾，学生可以把回顾中发现和领悟到的学习方法归纳出来，以使自己对学习方法的认识更加清晰和深刻。

（4）自学实践，运用学习方法。领悟和归纳学习方法并不是学习方法指导的最终目标，而只是一个起始。在此基础上，教师还应给学生自学实践的机会，让学生尝试运用学习方法，把学习方法转化为自己的东西，进而形成自己的能力。

（5）检查结果，巩固学习方法。在学生自学后，教师应采取一定的方法检查学生的自学效果，了解学生的自学情况。在检查过程中，教师要允许学生发表不同意见，并善于用"不同"的方法促使他们独立思考、评议、争论和相互启发。

2. 学习方法指导的内容

学习方法指导的内容非常广泛，作为教师，应该通过系统讲授、专题讲座、个别辅导等多种方式，对学生进行指导，并结合具体课程对学生进行学习方法指导。这主要包括以下几个方面：

（1）指导学生制订学习计划。制订学习计划是学生成为学习主人的前提条件，每一个学生都应明白计划对于学习的意义。计划的内容，包括目标与任务、完成目标的具体措施、时间安排与力量分配等。在学习上，既要有长期规划，又要有近期安排。长期规划是从整体上根据主客观情况确定阶段学习的目标和重点，一般以一个学期为宜。近期安排要具体到每周每日的学习，这一周要完成什么任务，学习多少小时，以什么为重点，都要有详细明确的安排。每天晚上睡觉前要对当天所做的事情做一个简要的回顾，看是否完成了既定目标。同时，对第二天要做的事做好安排，即先做什么后做什么、复习什么科目、看什么等。如果每天花十分钟做这项工作，长期坚持下去，定会获益匪浅。

合理的计划应该做到：一是明确具体。只有具体的计划才会对学习产生指导意义，制定学习目标及安排时间，要力求具体。二是切合实际。不切实际的计划只能是一纸空文，反而造成学习的无力感。因此学习计划一定要切合实际、循序渐进。三是及时调整。学习、生活中总存在一些不可控因素，影响计划的执行，因此，计划要留有余地，根据变化了的实际情况，及时调整，使计划切实可行。

（2）指导学生科学地利用时间。科学地利用时间学习是学习方法的重要组成部分，面对相同的时间，善于运用的人，会有更多的收获。

首先，指导学生善于抓住学习的最佳时机。同样的时间，由于心理状态不同，学习效果也不一样。心境平和的时候，学习效率高；情绪波动时，学习效率低。另外，在一天的周期内，人体的生理机制会发生一系列的变化，并相应地影响人的各种能力。如果我们按这种规律合理安排学习生活，就可以高效率地利用时间。早晨用于背诵外语，下午学习轻松一点的科目，晚上用来攻克难题，往往会取得较好的效果。另外，每个人的生物节律不同，要把握自己的生物节律，合理利用。

其次，要指导学生充分利用闲暇时间。"时间就像海绵中的水，只要愿挤，还是有的。"挤时间的秘诀就是尽量把时间单位缩小到最小，充分利用间隙时间学习。教师可以让学生做个时间统计表，每天把做各项事情的时间加以记录。学生就会惊异的发现，有许多时间消耗在无所事事之中，既没有学习，也没有娱乐，甚至没有休息。

（3）指导学生学会阅读。阅读是获得书本知识的基本方法，指导学生学习，特别要重视阅读方法的指导。如指导学生制订阅读计划，明确阅读目的、要求、范围、时间、步骤、方法；根据阅读计划选择阅读书目，做好阅读批注；提供一些阅读材料，让学生根据自己的实际合理地选用。

（4）指导学生学会观察。科学的观察方法是人们在自然条件下有目的、有计划地对自然现象或社会现象进行考察的一种方法，它是直接用自己的眼睛、耳朵等各种感官或借助相应的仪器去感知观察对象。学生通过观察增加感性认识，获得直接经验。

（5）指导学生学会记忆。学生获得的科学文化知识、道德观念，只有靠记忆才能在头脑中得到巩固、保持。教师可根据学生已学的记忆规律，加强对学生记忆力的培养锻炼。

（6）指导学生学会独立思考。笛卡儿说："我思故我在。"独立的思考是学习不可缺少的，只有经过独立思考学习的知识与技能，才能真正转化为学习者的内在所有。

（7）指导学生建立科学的学习程序。学习中的预习、听课、复习、作业等环节，需要合理衔接，行之有序。教师应指导学生掌握三种科学的学习步骤：一是先预习后听课，这样学习目标明确，思维活动有较好的"准备性"。二是先复习后作业，实现知识在理解基础上的应用，达到有效地巩固和转化。三是先思考后发问，使思维进入"愤""悱"境界，有利于知识的深化。

（8）指导学生创造积极的学习环境。指导学生创造有利的学习环境，如在墙上贴学习计划或鼓励自己发奋学习的格言、诗句等。清理书桌上干扰注意力的东西，如杂志、偶像照片、收音机、随身听、零食等。一般情况下不能躺在床上学习，应尽量到图书馆和教室学习。这些地方的学习气氛比较浓，比较安静，有利于学生快速进入学习状态和认真思考问题。

以上所述是最常用的和最基本的学习方法。学生应该在教师的指导下，自觉地把学到的方法应用到学习实践中去，有意识地加强训练，从而使自己拥有一把成功开启学业之门的金钥匙。

第二节　课堂教学心理

教学心理是当代教育心理学的一个重要分支学科和最具活力的研究领域，反映了当代心理学研究与教学实际问题紧密结合的需要。教学由教与学两方面组成，其中，学既包括学生在教师的直接教授下的学习，也包括学生为配合教师上课而进行的预习、复习与独立完成作业等自学活动；而教的目的就是要不断提高学生的自学能力，达到能独立自主地学习。课堂教学是学校教育的一种基本形式，是学校实施智育的主要途径。

【资料链接】

神奇的"皮格马利翁效应"

1968年，美国心理学家罗森塔尔和雅可布森等人根据研究结果，发表了"课堂里的皮格马利翁"的报告，引起了整个教育界和心理学界的广泛兴趣。

皮格马利翁是远古时代塞浦路斯的一个王子，他特别喜爱雕塑。他对自己精心雕刻的一尊少女塑像异常钟爱，每天都以含情脉脉的目光凝视着她，寄托了无限的期望与深情。突然，有一天奇迹发生了，这件王子倾注无限爱心的作品有了灵性，美女活了。

20世纪60年代，罗森塔尔受这个神话的启发，让皮格马利翁走进了课堂。他们在一所小学里，从一至六年级各抽出三个班级进行心理发展测验，然后给任课班级的有关教师提供了一份名单，并告诉老师名单上的孩子具有巨大的发展潜能。为了让这些孩子正常发展，请老师为之保密。8个月后，罗森塔尔又来到该校对学生进行复试，结果发现，他们所提供的名单上的学生的学习成绩比其他学生增长显著，而且他们的情感个性也发生了明显的积极变化，这些学生具有"求知欲旺盛""更有魄力""更有适应力""与教师情谊更深"等倾向，显得活泼开朗，朝气蓬勃。而那些未列入名单的学生，其测量结果与上次的则没有什么变化。

事实上，罗森塔尔所提供的那份名单完全是随机抽取的。但这些学生又何以能如此显著地进步呢？原因就是罗森塔尔等人权威性的"谎言"暗示了教师，从而使这些教师的课堂教学态度、情感和行为发生了改变，这些改变了的积极态度、情感和行为又传染了那些学生，这样教师的期待和关怀就像春雨滋润幼苗一样使学生健康成长起来，产生了"皮格马利翁效应"。

一、教学及课堂教学模式

（一）什么是教学

教学是在教师有计划、有步骤的引导下，学生主动地掌握系统的科学文化知识和技能，发展智力、体力，形成良好品德与个性的教育活动。从本质上讲，教学是一种特殊的认识过程，是在教师引导下学生自主构建意义的过程。

教学活动是师生双方的互动过程。教师、学生以及教师与学生之间的互动是教学活动的三个基本要素。一个完整的教学活动过程包括六个环节：

（1）明确教学目标。确定每节课、每一单元、每一学科的教学目标。运用心理学的方法，教师可以把教学目标转化为行为目标。

（2）分析任务。根据教学目标，分析达到这些目标所需的从属概念、基本技能和主要策略。为此，教师要运用心理学知识将所要达到的教学目标中的心理成分一一加以分解并显示出来，以保证教学目标的实现。

（3）确定学生原有水平。运用心理学的各种测量工具，评定学生受教育前的知识、技能、能力和非智力因素等的水平，这是达到既定教学目标的出发点。

（4）设计教案。选择适当的教材和教法，以便教授在任务分析中所确定的知识、技能和道德规范。教育心理学中关于学习规律和教学规律的研究，能帮助教师完成这一步骤。

（5）实施教学。教师的教和学生的学构成了教学。教师要运用教学规律对学生进行有计划性的传授活动。

（6）教学评价。按照教学目标来确定教与学的效果。

（二）课堂教学模式

课堂教学通常是指学校的教学活动。课堂教学模式是根据一定的教学目的、教学内容、教学对象、学习过程与学习结果而采用的一种教学形式。教学模式多种多样，每一种教学模式都具有一种比较稳定的教学程序、实施步骤与方法策略。学术界提出的教学模式很多，其中影响较大、比较具有代表性的主要有以下几种。

1. 德赛克的基本教学模式

德赛克（J. P. Dececco）根据教学的基本过程及特点，提出了"基本教学模式"。基本教学模式是将教学过程看做一个封闭式的回路系统，将其分成相互联系的五个环节，并按教学目标—入门行为—教学方法—教学实施—成绩评价的先后顺序进行[见图 11.3（a）（b）]。

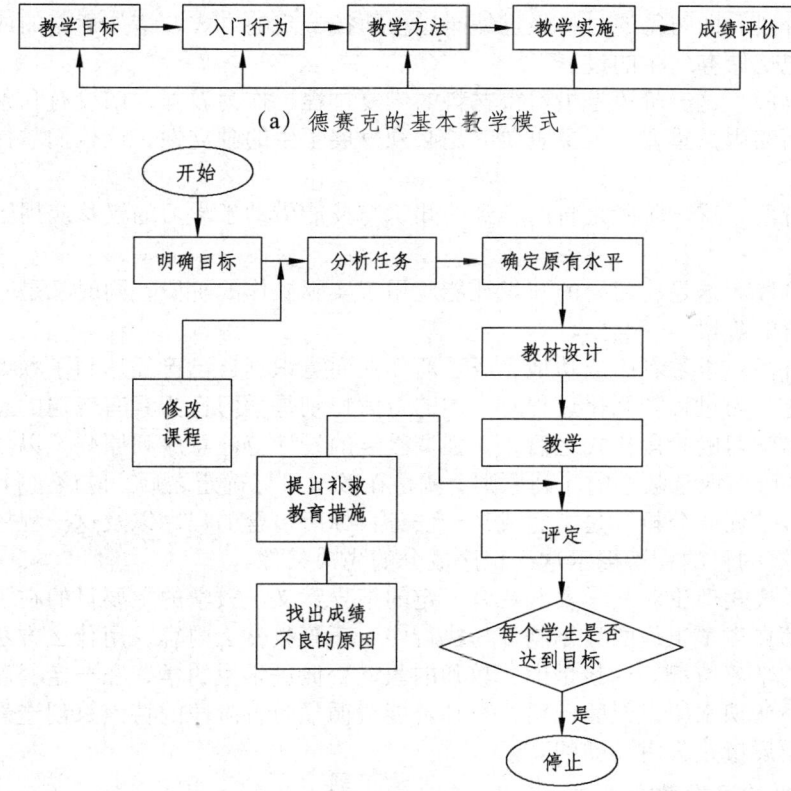

(a) 德赛克的基本教学模式

(b) 完整的教学过程流程

图 11.3

在现代教学工艺学的影响下，德赛克的基本教学模式得以完善和发展[见图11.3（b）]。其中，教学目标是指学生在每一个学科的每个单元或每节课终结时应达到的目标；入门行为是指要了解学生的原有水平及其对学习的准备状态；教学方法是指在教学目标及入门行为确定以后，教师所选择的教学方式、方法以及确定的教学活动；教学实施是指根据确定的教学方法所进行的教学活动；成绩评价主要是通过学习成绩测验了解学生在学习的各个阶段是否达到了预定目标，了解他们对知识、技能的掌握程度。

2. 布卢姆的"掌握学习"模式

"掌握学习"是布卢姆（B. S. Bloom）在卡罗尔（J. B. Carroll）在"学校学习模式"的基础上提出的一种有关教与学的乐观主义论。其要点是教师首先应建立排除竞争的对学科的掌握标准，通过适当的努力，在班级教学的基础上，辅之以每个学生所需要的系统的反馈——矫正程序，以使班级中绝大多数学生（90%以上）达到掌握的标准，并具有进一步学习的高动机。

3. 加涅的课堂教学序列模式

加涅（R. M. Gagné）根据学习进行的过程，把课堂上学生的学习行为分为八个阶段：

（1）引起动机阶段。这是学习过程的始动阶段，为随后的学习指明方向或途径。

（2）了解阶段。这一阶段是指具有学习动力的学生必须注意选择与其学习目标有关的刺激。

（3）获得阶段。指新接受的知识经过了短时记忆之后，随即进一步转化成长时记忆，即知识由外部经验转化为内部经验。

（4）保持阶段。即习得的材料经过编码过程而按一定的方式，诸如形象的或概念的，到达长时记忆的记忆储存之中的过程。

（5）回忆阶段。这一阶段是指习得材料的恢复过程。作为教师，创设有利条件从外部激发学生的检索活动固然重要，但更重要的是必须发展学生的独立性，让他们掌握独立工作的策略。

（6）概括阶段。这一阶段是将所学到的知识与技能借助于学习的迁移应用于各种新的情境之中的过程。

（7）作业阶段。这是将习得的知识技能应用于实际操作的阶段，同时又是对学生所学知识技能进行评价的阶段。

（8）反馈阶段。学习者因成功地完成了新作业而意识到自己已经达到了预期目标。这种信息反馈会强化学习过程。强化过程对人类的行为特别是学习行为具有普遍的意义。

加涅在指出学习的阶段模式之后，又强调教学的设计应注意序列原则，以便引导学生循序渐进地学习。所谓课堂教学的序列原则，就是在教学目标确定之后，应该进行"任务分析"和"学习分析"。"任务分析"是指完成某一任务目标所包含的程序以及这一程序所包含的步骤，"学习分析"的目的在于揭示这一程序成分的先决条件。

加涅的教学模式理论对教学实践具有一定的指导意义。教学的主要目的在于促进学生的学习，因而教师在教学工作的计划制订与执行中，不管教什么内容，用什么方法和手段，都需要了解学生的学习情况。这就是说，教师的教能否促进学生的学，在一定程度上取决于教师对学习过程的认识水平。经验证明，教师若能遵循学习各阶段的特点来创造最佳的外部条件，对提高教学质量是大有助益的。

4. 建构主义的课堂教学模式

建构主义（Constructivism）是从认知主义进一步发展而来的，它的学习观强调以学生为中心，强调学生对知识的主动探索、主动发现和对所学知识意义的主动建构。基于建构主义的教学模式具有如下特征：① 强调创设情境并使学生进入情境；② 强调为学生提供多种语言和文字进行表述；③ 强调学生进行意义建构，基于建构主义资源，让学生自主学习和进行问题的探究；④ 强调组织学生之间进行协商学习活动；⑤ 强调组织学生运用的新型教学模式与传统的教学模式之间的本质区别。

目前，在建构主义理论影响下形成的比较成熟的教学模式主要有三种：随机通达教学、情境性教学或抛锚式教学和支架式教学。

二、知识的掌握与教学指导

（一）知识及知识掌握的种类

1. 什么是知识

知识是人对客观现实的认识结果，是事物的属性、联系与关系的反映，是客观世界在人脑中的直观印象。知识对于个体的活动具有十分重要的意义，它不仅是个体活动的定向工具，而且还对活动的过程有重大影响。

知识有两种存在形式，即心理形式的知识和物化形式的知识。心理形式的知识是指以经验或理论的形式存在于人类个体头脑中的知识，它有时表现为关于事物的感觉和知觉，有时表现为关于事物的表现和观念。物化形式的知识是指储存于书本或其他人造物之中的知识，它通常用语言文字或其他符号来表示。知识教学的目的就是将教材中物化形式的知识转化为学生头脑中的心理形式的知识。

2. 知识掌握的种类

奥苏伯尔根据知识掌握的复杂程度，将有意义学习分为代表性学习、概念学习和命题学习三种类型，亦即知识掌握的三种类型。代表性学习是指学习单个符号或一组符号的意义即它们代表什么类型的学习。代表性学习的主要内容是词汇学习，即学习词语代表什么事物。概念学习是指以掌握同类事物的共同的本质属性为内容的学习。概念是由词语来表示的，所以概念学习比代表性学习复杂，因而必须以一定的学习为基础。命题学习主要是指以掌握若干事物或性质之间的关系为内容的学习。命题是用由词语联合组成的句子来表示的，所以在命题学习中包含着代表性学习。构成命题的词语一般代表概念，因此在命题学习中也包含着概念学习，必须以概念学习为前提。

（二）知识掌握的基本环节

知识掌握或称知识学习，即知识的占有。它意味着占有前人的知识成果，把前人的认识和知识经验变为自己的精神财富，用以分析和解决现实生活中的各种问题的过程。所谓学生掌握知识，就是他们占有教师所传授的知识。学习者对知识的占有意味着知识已经成为学习者的精神财富，意味着知识已经转化为心理形式存在于学习者的头脑中，同时也意味着这些知识能够在学习者的现实生活中负担起定向工具的作用，并且能够被用来解决有关的问题。

掌握系统的科学文化知识是课堂教学的重要任务之一。学生对知识的掌握是通过理解、巩固与迁移、应用三个基本环节来实现的。知识理解是知识学习的第一步，是知识巩固与应用的前提，知识的巩固使知识的理解和知识应用的成果得以保存，而知识的应用又可以使知识的理解和知识的巩固得到体验并获得新的发展。知识掌握的三个基本环节有着各具特色的心理活动，教师一定要按照各个环节的特殊规律来组织教学活动，否则将难以取得良好的教学效果。

1. 知识的理解与教学指导

知识的理解是指利用已有的知识、经验对新的事物、现象或情景做新的解释。通过理解学习，新的知识或是纳入已掌握的知识经验体系（认知结构），或是与已有的知识经验相融合，使已有的知识经验获得扩大或更新。

（1）知识理解的概念。理解是个体运用已有的知识经验去认识事物的种种关系，直至认识其本规律的一种逐步深入的思维活动。例如，明确一个词语的含义，弄清一个科学概念的意义，了解一篇文章的词句、段落大意和全文的中心思想，弄清某个公式、定理和法规的由来和用途，等等，都可以称之为理解。总之，无论是初步的、不完全地或比较完全地认识事物的联系和关系，还是在本质规律的水平上认识事物的联系和关系，只有不限于单纯通过感知觉或记忆的直接认识，而是通过思维活动来进行的，一般都可以称为理解。但并非一切思维活动都称为理解，只有依据已有知识经验对事物进行思考并获得新认识的思维活动才是理解。

（2）知识理解的种类。根据学习中所要认识的事物的联系和关系的不同，可以把知识的理解分为以下几种：① 对言语的理解。这是指听懂别人的口头言语或读懂书面的文字表述，即懂得这些言语所表达的意思，甚至包括言外之意。学生学习知识要通过教师的语言传授和阅读教材，所以对言语的理解是学生理解知识的前提。② 对事物内部结构的理解。这是指弄清事物内部成分、结构、各部分性质、作用及其相互之间的关系。③ 对事物类属的理解。这是指弄清事物的类属关系，即将某事物归入某一类事物之中，归入相应的概念中。④ 对因果关系的理解。这是指弄清一种现象为什么会发生，以及怎样发展和变化，或者弄清一种情况在某些条件下可能会发生什么样的后果。⑤ 对逻辑关系的理解。这是指弄清楚事物之间的内在逻辑关系、相互依存或类比的关系等。⑥ 对事物意义的理解。这是指从不同的角度去揭露事物的性质及它对各方面的作用和影响。

（3）知识理解的水平。在学习过程中，学生对知识的理解是一个由低级到高级的发展过程：① 低级水平的理解，指达到能够辨认与识别对象，并且能对对象命名，知道它是什么；② 中级水平的理解，即在知觉水平理解的基础上，对事物的本质与内在联系的揭露，表现为能够理解概念、原理与法则的内涵；③ 高级水平的理解，即在概念理解的基础上，进一步达到系统化与具体化，调整或重新建构认知结构，以达到知识的融会贯通，并使知识得到广泛的迁移。

（4）知识理解的主要特征。学生对知识的理解是知识的保持与应用的基础，是掌握知识的核心环节。理解具有以下两个主要特征：① 理解是通过思维实现的。理解是思维的过程，也是思维的结果。以学习九九乘法表为例，只有学生明确了乘法与求几个相同加数的和的关系与倍数的关系，并能充分利用乘法交换律，灵活而正确地使用九九表时才能叫理解。② 理解与发现事物的功能相联系。人们获得关于某物功能方面的信息，也就获得了对此物的理解。如学生理解了词汇的意义、语法法则，就可以正确造句；理解了概念、公式、法则的意义，就可以用来解决相应的问题。

（5）课堂教学中促进知识理解的途径。在教学活动中，可通过以下途径帮助学生更好地理解知识：

① 运用直观教学，丰富有关的感性材料。人对知识的理解是通过思维活动实现的，但人只有在具备丰富的、典型的、正确的感性材料的基础上才能更好地进行思维活动。因此，为了提高学生理解知识的效果，教师在教学活动中必须向他们提供有关的感性材料。各种形式的直观教学是向学生提供丰富的感性材料的有效途径。在实际教学中，普遍运用的直观教学

形式有实物直观、模像直观和言语直观三种。实物直观是以感知实际事物为特点的，如组织学生观察各种实物标本、演示各种实验、实地测量、参观访问、社会调查、教学见习等，都属于实物直观。模像直观是以感知模拟实物为特点的，如组织学生观看图片、图标、模型、幻灯、录像、电影等，都属于模像直观。言语直观是通过生动的言语描述，唤起学生头脑中已有的有关事物的表象来达到实际事物产生直观效果的直观形式。

②正确运用变式，突出本质特征。变式是指给学生提供各种直观材料或事例时不断变换呈现的形式，以使其中的本质特征恒在，而非本质特征则不常出现。在教学活动中正确运用变式，能够突出事物的本质特征，有利于学生识别和掌握它们，可以防止学生不恰当地扩大或缩小概念的外延或内涵。例如，数学课讲垂直线时，不仅应用一般常见图示来说明，还必须运用其他图式来说明。物理老师讲热胀冷缩原理时，既要用固体来说明，也要用气体和液体来说明。只有这样，才能保证学生对所学的概念和原理有真正、准确的理解。

③注意新旧知识的联系。在课堂上，学生往往从已有知识出发去认识、解释当前的事物。如小学生学习乘法时总是从同数相加入手，因为有关加法的知识是学习乘法的基础。注意新旧知识的联系，能有力地促进学生对新知识的理解。

④充分进行比较，揭示知识异同。比较是在思想上把对象或现象之间的个别部分、个别方面或个别特征加以对比，以确定被比较对象的共同点、不同点及其关系。在教学活动中，充分运用比较，能够消除学生中普遍存在的对相似概念和类似原理的混淆现象，从而加深对这些知识的理解。

⑤运用归类列表法，力求知识系统化。各种学科的知识都是由一定的概念、原理、规则所组成的知识系统，当个别概念、原理同其他概念、原理联系起来，并根据一定的关系或规律组成一个系统时，就形成了某种知识体系。学生在掌握概念或原理时，只有将这一概念或原理纳入一定知识体系之中，对这个系统或原理才会有深刻的理解。而知识体系是通过系统化这种思维活动方式形成的，因此，教师应当要求或指导学生运用编提纲、列提纲、绘图标等方法，将所学知识加以系统整理，以实现知识的系统化。

⑥创设问题情境，激发学生积极思维。这是促进知识理解的一项基本措施。问题情境是指一种对学生来说既具有一定困难，但又是力所能及的学习情境或学习任务，对于这种任务，学生不能单纯利用已有的知识和习惯的方法去解决，而需要积极开动脑筋、克服困难才能解决。在教学中，教师可以自己提出问题，也可以激发学生提出问题。问题出现后不必急于解答，应设法将其转换成众人关心的问题，让它互相传递，并展开讨论。这样去引导学生探索，学生就会积极思考，从而高质量地理解知识。

2. 知识的巩固与迁移

知识巩固指的是对所学知识的持久记忆。学生在理解的基础上，按照记忆的规律，用及时复习、练习、知识系统化等方法使知识保持下来。知识巩固的重要意义不仅在于保持理解学习的结果，也为知识的应用提供知识上的准备。

（1）知识的巩固。知识的巩固是通过记忆实现的。学生知识巩固的基本途径主要有：①复习。复习是知识巩固最基本的途径。②提高学习材料的加工水平。教师要指导学生对学习材料进行深层次加工，如对学习材料进行分类、系统化，或者对材料进行分段、概括段意、编写材料提纲、对材料提出问题等，都可以增进学生对材料的理解。③过度学习。指超过刚能背诵程度之后的附加学习，例如，背书，过度学习的效果总是优于刚刚能够背诵就停止学习的效果。

（2）知识的迁移。如前所述，一种学习对另一种学习的影响称之为迁移。在课堂教学过程中，知识迁移的产生是有条件的、有规律的。其主要条件及影响因素有：①对学习材料的概括和理解水平。在教学过程中，学生对有关知识或原理若是在理解之后再去记忆，就会产生广泛的迁移效应。学生理解的东西概括水平越高，迁移的范围就越大。② 材料组织的结构。学生所掌握的知识体系是从教材的知识结构转化而来的。好的教材结构可以简化知识，由此而使学生获得新的知识，有利于知识的迁移。③ 定式的影响。定式是由先前的心理活动所形成的一种准备状态，它决定着同类后继心理活动的趋势。在学习过程中，定式可能促进学习迁移，也可能干扰学习产生负迁移。

（3）为迁移而教。在通常情况下，教师的教学是为学生将所学的知识运用于当前的作业或测验而设计的。如果教师在教授各个科目时能考虑到某些知识可运用到各种情况中，并做这样的设计，那么学生从这些学科中所学到的东西就有可能得到广泛的迁移。

3. 知识的应用与教学指导

知识的应用是指学生在理解的基础上，用所学得的知识解决练习课题和实践课题的过程。知识的应用有助于学生检验知识理解的程度，进一步加深对知识的理解和巩固，是学生学习过程中不可缺少的重要环节。

（1）知识应用的意义与形式。学生知识应用是指学生在理解教材的基础上，将获得的新知识用来解决练习性的课题或实际课程。这既是检验学生对知识的理解和巩固的一种手段，又是使学生加深理解和巩固知识的方式。在教学中，学生应用知识的形式是多种多样的，其基本形式主要有书面解答课题、实际操作和二者相结合三种形式。为了充分发挥知识应用的积极作用，在教学中教师应指导学生根据学习情况去选择适当的应用形式。

（2）应用知识的一般过程。学生应用知识的过程实质上也是解决问题的过程，一般要经过以下几个阶段：

① 审题与课题印象的形成。审题就是分析、了解题意，查明课题中已知与未知、条件与要求之间的关系，弄清课题的基本结构，找出解答课题的关键，从而在头脑中建立起清晰的课题印象的智力活动。通过审题，才能确切理解题意，形成有关课题的印象，确定思维的方向，正确应用知识，解决课题。这是知识应用的首要环节。

学生在审题时常常会出现种种错误和困难，为此，教师在教学中要注意：① 教育学生重视审题，培养良好的智力活动习惯，以防方向、路线错误而前功尽弃。② 帮助学生掌握一定的解题方法，提高解题的效率，消除其畏难心理。③ 指导学生注意课题中比较隐藏但又重要的条件，学会创造性地应用知识。

② 课题类化与有关知识重现。课题类化也叫课题归类，是指学生把当前所要解答的课题纳入相应的知识系统中去，以便理解课题的类型和从已有的知识系统中找到解答课题的途径与方法的智力活动方式。这是在审题的基础上，以课题的要求为线索，将课题与所学过的有关例题加以比较，从而作出课题类型的判断。此后，学生通过联想重现与此题相关的知识。一般说来，导致学生重现有关知识产生困难的主要原因有旧知识的干扰、学生的生理和心理状态等。

③ 做出课题判断与实施课题解答。做出课题判断是指学生对解答课题的具体方法和步骤做出判断和确定的智力活动，学生理解判断的正确性取决于他们进行课题类型、重视有关知识的正确性和对该类课题的解决技能的掌握所达到的熟练程度。学生在做出解决判断后，便运用一定的方法，根据一定的步骤具体解答课题。

④ 验证解题答案与巩固知识技能。这是指学生在对课题实施解答、获得答案之后，要对答案的正确性加以检验，同时起到巩固知识技能的作用。学生验证答案的具体方法主要有验算法、变更课题法和验读法三种。

⑤ 保证知识应用效果的主要教学措施：其一，进行审题指导和训练。培养学生良好的审题习惯，掌握审题的技能技巧，提供审题的质量，就要对学生进行审题的指导和训练。首先要教给学生正确的审题程序："初读"即了解生读题，要准确了解课题大意；"复读"要弄清题中难懂和易混淆的词语，分析隐蔽因素，抓住关键和主要矛盾；"重读"即认真核对，以防遗漏。其次要培养学生思考问题的灵活性，提高改造课题的能力。如把抽象复杂的课题形象化、简约化；省略题中的无关和次要情节，突出关键部分；用减缩的语言符号解释课题等。其二，课题要切合学生水平。研究表明，课题的性质是影响课题难易程度的重要因素，因此，教师在选择和拟定课题时，一定要根据学生的认知发展水平来确定课题的性质，否则就会不必要地增加课题解答的难度。一般来说，那些问题情景比较具体，易于理解其间关系，不带多少实际生活情节，与例题比较接近，而又只需要语言文字来回答的课题，解答起来比较容易；反之，则比较困难。其三，组织练习要科学。学生应用知识的主要途径是解答教师以布置作业的方式所规定的课题，教师在组织学生练习时，首先要根据练习目的精选典型课题，因为只有解答那些具有典型性的课题，才能最有效地实现练习目的；其次要按照由简单到复杂的原则安排练习性课题，过早组织学生解答复杂课题的做法是不科学的。最后要注意课题解答练习的量，过量的练习不仅会加重学生的练习负担，而且也不利于他们对知识的掌握。

三、技能的形成及其教学指导

（一）什么是技能

1. 技能的含义

技能是指运用已有的知识经验，通过练习而形成的、自动化了的动作和智力的活动方式或系统。技能总是与知识经验相互联系的，一定的知识经验是形成某种技能的必要条件。例如，要形成计算技能，就必须掌握数的概念及其运算法则和定理、定律等知识。学生掌握的基本知识越是巩固，就越有助于技能的形成。技能一经形成又会促进知识的掌握，因此，学生学习各科知识不应当只停留在领会的水平上，而应当把它转化为相应的技能。

技能是通过练习形成的。良好的遗传素质和一定的生理成熟水平有助于技能的形成，但技能不是遗传的结果，它是在后天通过练习而形成的。知识的掌握不等同于技能的形成，所学知识必须在相应的活动中经过反复练习才能形成技能。例如，懂得了四则运算的法则和步骤，需要经过反复多次的解题练习，才能形成相应的运算技能。技能形成之后，经过反复练习或应用，可以达到非常熟练的程度，通常将这种技能称为技巧。

2. 掌握技能的意义

首先，掌握技能有利于知识的理解。技能的形成以领会知识为前提，但在形成中又促进对有关知识的理解。如掌握分数、小数互化的运算技能，必先学习分数、小数的有关知识，并以它们作为形成运算技能的基础。而在形成运算技能的练习过程中，又会加深对所学的分数、小数知识的进一步理解。

其次，掌握技能是进行学习的必要手段。如不具备必要的读、写、算等基本技能，要想进行有效的学习是不可能的。基本技能的训练与掌握，是教学的重要目的之一。

最后，掌握技能有助于学生智能的发展。智能的发展是以有关技能为基础的。学生掌握了技能，就能熟练地按合理的方式完成某种动作或认知活动，而这是培养和造就人才、开发学生智力、培养学生能力不可缺少的因素。

（二）动作技能及其教学指导

1. 动作技能的含义

动作技能又称为操作技能，如写字、行走、骑自行车、游泳、体操等，它是由一系列实际动作以合理、完善的程序构成的操作活动方式。动作技能按其连贯与否，可以划分为连贯的动作技能与非连贯的动作技能；按其进行过程中情境是否变化，可分为封闭式的动作技能和开放的动作技能；根据完成动作时是否使用工具或某种装置，可以将动作技能分为工具性动作技能与非工具性动作技能等。

2. 动作技能形成的过程

动作技能的形成需要经历一个过程，弄清这一过程的各个阶段及其特点，对帮助学生掌握、形成动作技能大有裨益。学生通过有目的、有计划的练习形成某一动作技能，一般需经过三个阶段。

首先，掌握局部动作阶段，又称动作认知和定向阶段。其主要特点是：对要掌握的动作系统形成初步认识，在头脑中形成动作表象，并以此来调节活动，掌握一个接一个的分解动作。动作定向是形成技能的一个重要环节，这一环节能直接影响技能形成的效果。

其次，初步掌握完整动作阶段。这是指通过练习使个别动作联系起来，构成一个完整的动作系统的过程。这是技能学习由掌握局部动作向动作协调、完整发展的过渡阶段。学生通过模仿，先从掌握单个的、局部的动作开始，经过多次重复练习，使单个动作联合起来成为一个整体，而后逐步练习和巩固，成为"动力定型"。

最后，动作协调和完善化阶段。在这一阶段，各个动作相互协调，能按照一定的程序自动地进行连锁反应。它是动作技能形成的高级阶段。熟能生巧，绘画大师随心所欲地挥笔作画，钢琴家双手协调的精彩表演，舞蹈家自由自在地翩翩起舞，都是动作高度协调和完善的表现。

3. 动作技能形成的条件与教学指导

（1）激发学习动作技能的动机。学习动作技能的动机是学生在学习动作技能的需要的基础上形成的内力，是学生积极学习动作技能的内在原因。如果学生对学习某种动作技能产生了意愿和兴趣，形成了强烈的学习动机，那么就自然会热情地接触它，认真地研究它，力求尽快地掌握它。同时，要使学生懂得掌握基本技能的重要性，形成其基本技能的优势需要。因为只有当某种动作技能成为优势需要时，才能形成强烈的学习动机。

（2）教师正确的示范和模仿。教师配合得当，伴随有明确的言语解释的示范动作，或教师通过电影或电视为学生的动作提供范例，在学生动作技能形成中具有导向的功能，能引导学生进行规范性的动作。示范动作或范例要少而精，富有魅力和启发性，能使学生理解动作要领，以取得良好的模仿效果。

（3）学生动作概念的掌握。动作技能的形成，通常需要经历三个环节：动作概念—动作表象—具体动作。正确地掌握动作概念是动作技能形成的关键。

（4）强化练习。练习是动作技能赖以形成的基本条件，在练习时要考虑许多条件的作用和影响因素。

首先是练习曲线。练习曲线又称学习曲线，它是把历次练习的进程及其效果用统计方法进行处理，然后绘制成曲线，用以描绘练习进程的进步状况。练习曲线的共同趋势有：① 练习成绩的逐步提高。练习成绩的提高，其快慢、先后并不都是一致的，其表现形式有练习进步先快后慢、练习进步先慢后快、练习进步先后比较一致等三种情形（见图 11.4）。② 练习中的高原现象。在技能形成过程中，练习中期往往会出现进步的暂时停顿现象，这就是练习曲线上的所谓"高原期"。其表现为曲线保持一定的水平而不上升，甚至有些下降。但在高原期之后，又可以看到练习曲线上升（见图11.5）。高原现象出现的原因是由于动作改组，在新旧动作交替之间止步不前所致。如学生的学习兴趣下降，或对学习产生厌倦情绪或身体疲劳，都足以导致练习成绩处于停顿状态的高原现象。③ 练习中的起伏现象。动作技能的形成不是一帆风顺的，练习的成绩时而上升、时而下降，有峰有谷，呈现明显的波浪起伏现象。这既可能是由于学习环境、练习条件、教师指导方法等客观条件的变化而导致的，也可能是由于学习动机和兴趣的变化、注意状态和情绪状态以及努力程度等主观状态的变化引起的。

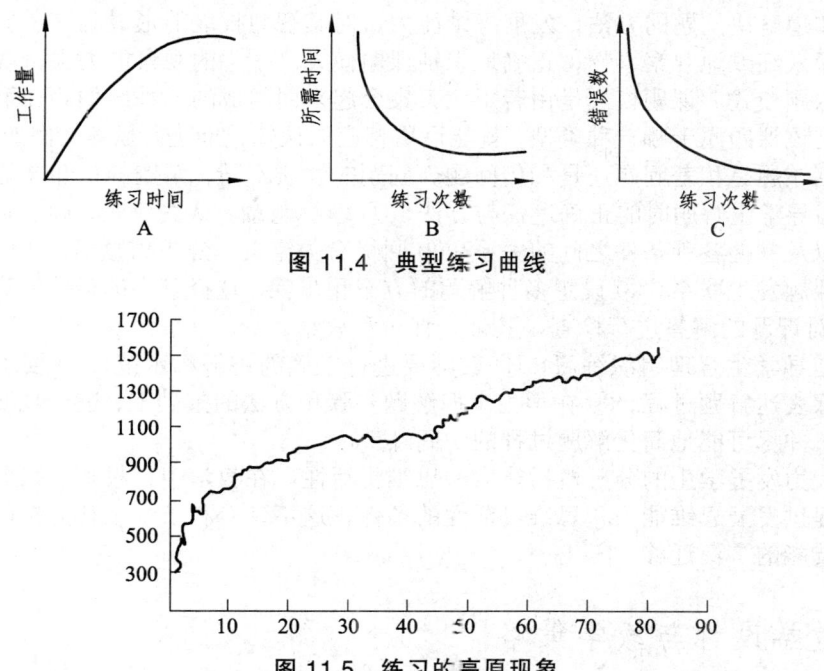

图11.4 典型练习曲线

图11.5 练习的高原现象

其次是练习的有效条件。要提高练习的效果，应力求做到：明确练习的目的和要求；掌握正确的练习方法；合理分配练习的时间，每次练习的时间长短和间隔的时间多少应根据练习的性质、内容、技能的难易程度和学生的年龄特点而定。

（5）及时而有效地反馈。这是形成动作技能的一个重要条件。在练习过程中，只有通过反馈，学生才能知道自己的动作是否合乎规范。及时有效的反馈能使学生辨别出自己动作的正误，有意去强化合乎规范的动作，矫正非规范性的动作。

（6）让学生形成良好的动作习惯。在练习过程中，动作技能越来越向着一定的标准化动作系统趋近、完善，而动作习惯则往往能保持和强化原来动作的组织体系。一旦完善、协调的动作技能转化为良好的动作习惯，就能提高其自动化程度。

（三）智力技能及其教学指导

1. 智力技能的含义

智力技能又称为认知技能或心智技能，如阅读、写作、解题、运算等，它是借助于内部言语在头脑中进行的认知活动方式，其成分包括感知、记忆、想象和思维等心理活动，其中以抽象思维为主要成分。当心理活动以合理的完善的方式认识事物和解决问题，并达到自动化的程度时，就形成相应的智力技能。

智力技能是学生学习中必须形成的一种重要技能，它没有明显的外部动作，而主要是在头脑中进行的一种认知活动方式。这种认知活动借助于内部言语，按合理的、完善的程序组织起来，并且一环扣一环，仿佛自动化地进行着。

2. 智力技能形成的条件与教学指导

智力技能与动作技能一样，都是经过练习而形成的动作方式。因此，形成动作技能的一些条件也适合于形成智力技能。但由于智力技能的练习主要是在解决各种教学性课题和实践任务中进行的，又由于智力技能的形成与思维发展密切相关，因此，在教学中创设各种活动机会让学生知道解决问题的方法，发展思维能力，对其智力技能的形成具有重要意义。

首先，深入细致地观察事物，正确地识别课题模式。学生的观察能力强，观察细致，才能正确识别课题模式。课题模式是由若干元素集合起来而组成的一种结构。在解答课题时，学生若能识别该课题属于哪一种类型，就能运用相应的认知技能进行解答。例如，解应用题，首先在于识别该题是和差问题还是和倍问题，问题的性质不同，解题的认知技能也不相同。

其次，指导学生解题时的正确途径与方法：① 理解题意，认真审题，即认真、全面分析课题的条件以及掌握各种条件之间的关系；② 回忆有关定义、公式和原理，使已经掌握的知识与当前的课题发生联系；③ 设想多种解题的方案和步骤，选择其中的最佳方案，力争一举成功；④ 要对课题的解答进行检查、验证、评价和总结。

再次，指导学生合理组织练习：① 教师要进行正确的讲解和示范；② 要求学生严格按照规定的步骤表达解题过程；③ 在学生掌握解题步骤和方法的基础上，进一步要求他们熟练迅速地解题，并尽可能地简化解题过程的中间环节。

最后，大力发展学生的分析概括能力和思维灵活性。在教学中，教师应采取多种练习形式，为学生提供发展思维能力和思维灵活性的条件，这不仅有利于学生智力技能的形成，也有利于产生技能的广泛迁移。

四、教学设计与教学策略

（一）教学设计及其原则

1. 教学设计的含义

所谓教学设计（Instructional Design）是指在教学结束之前对教学过程中的一切，预先筹划，安排教学情境，以期达到教学目标的系统性设计。教学设计是对教学活动的预先分析与决策，是一个制订教学计划的过程，并不是实际的教学活动，但它是教师进行教学活动的依据。

教学设计是教学理论向教学实践转化的桥梁。其一，教学设计是依据一定的教学理论，在对教学的本质、功能和规律理解的基础上进行的。通过周密的教学设计，抽象的教学理论就转化为具体的教学方法和技术；其二，教学设计活动始终是围绕具体的教学内容而进行的，其任务就是寻找可以用来直接调节教学活动的具体教学方法和技术。因此，教学设计与具体的教学实践活动也是密不可分的。教学设计是教学理论向教学实践转化的必不可少的中间环节。

2. 教学设计的类型

（1）教学的宏观设计（Macro-design）。这是从宏观上确定教学活动的目标体系，制定教学活动计划，确定教学活动的根本方法的教学活动。教学的宏观设计包括四项内容：首先是制订教学计划。制订教学计划就是从人才培养的总目标出发，依据教学规律，选择适当数量的课程，确定学生学习的方式，分配和安排教学时间。其次是制定各门课程的教学大纲。依据本学科在人才培养中的地位和作用，确定本学科的教学目标与具体大纲，规定教学内容、教学进度。再次是编选教材。根据教学大纲的目标要求，编写或选择适当的教材。教师所使用的课本、教学参考书、讲义、辅导材料等都是教材。最后是制定教学成效考核方法。教学成效考核的目的，在于了解学生的学业成绩，了解教学目标的实现状态，并对今后的教学活动进行调整。

（2）教学的微观设计（Micro-design）。这是针对较为短期的教学活动，确定其教学目标，制定教学方案，选择教学方法的教学活动。教师所进行的主要是微观的课堂设计。其任务主要包括几项工作：第一，确定教学目标，即确定教学结束时所要达到的结果。第二，了解学生的准备状态，即了解学生原有知识状况、认知水平、认知风格和动机状态。第三，制订教学程序计划，包括安排教学步骤、内容，确定教学的组织形式，选择教学的方式方法及传递信息的媒体等。第四，进行教学活动，即执行教学程序计划。第五，确定教学成效考核的内容及方式，以利于确切了解教学的实际效果。对教学成效作出确切的评价，并对教学是否需要继续作出判断。

3. 教学设计的基本原则

教学过程的设计既要服从实现当前教学目标的要求，又要符合实现更高层次目标的要求。为此，教学设计应遵循以下基本原则：

（1）准备性原则。教学设计的出发点是学生，教学目标的设计既要考虑教学过程的要求，又要考虑学生已有的准备状态，力求所设计的教学从最恰当、最有利的位置起步。

（2）适当性原则。教学模式、教学方法和教学媒介的选择与设计，既要针对不同的学习类型和教学目的，又要考虑学生不同的性格特点。没有任何一种教学方法或教学媒体是教学成功的灵丹妙药。

（3）反馈性原则。教学成效考评只能依据教学过程前后的变化以及对学生作业的科学测量，而绝不能靠"猜测"和"估计"。测评教学效果的目的也不只是为了排定名次等，而是为了获取反馈信息去修正、完善原有的教学计划。

（4）系统分析原则。如果教学效果不理想或出了问题，不能只从教与学两方面去寻找原因，更不能一味责怪学生，而应该从教学设计的各个环节和组成成分去考察。

（二）不同课型的教学设计

不同的教学内容、不同的教学目的，需要不同的课型。就课型而言，有新授课、讨论课、复习课、视听课、诊断测评课等，其中前三类是主要的课型。

1. 新授课的教学设计

新授课是各类课型中的主要课型，也是传授新知识的一种重要课型。通常，新授课的教学设计应包括以下七个步骤。

（1）向学生说明本节课的教学目标。教学目标的揭示主要是使学生产生明确的心理定向，知道学什么和学习要达到的结果。

（2）激发学生的学习动机，使学生产生学习的需要。激发动机的方法多种多样，可通过设置悬念或提出思考性问题等方式引起学生的直接动机，也可通过简要说明学习该内容的意义与目的来激发学生的间接动机。

（3）回忆从前学过的有关内容，为学习新知识铺路搭桥，减小学习坡度。

（4）引出新内容。引出新内容时要自然，顺理成章。

（5）揭示新内容的关键点和难点。该环节是新授课的主要环节。教学设计时要找准教学的重点和难点。通常情况下，那些大多数人难以接受的新知识便是教学的难点；那些与前面知识紧密联系，对后面所要学习的知识具有重大影响的内容，便是教学中的重点。

（6）应用新知识。应用新知识主要是通过练习来实现的。练习的安排要遵循循序渐进的原则，即先易后难，先依样画葫芦再变式练习，先单项后综合，先具体再抽象。

（7）对学生的学习情况作出反馈与评价。反馈越及时、越具体、越多次，效果越好。反馈要全面，不仅要有认知反馈，还应辅以情意反馈。教学实验证明，通过认知与情意叠加起来的双通道反馈，其效果好于仅进行认知反馈。

上述七环节并不一定严格按照上述顺序出现。如在教学实践中，揭示教学目标环节有的作为小结出现。若教学对象是小学低年级学生，或者教学目标难以理解，则以在教学最后一个环节揭示教学目标为好。

2. 讨论课的教学设计

讨论课是在教师的指导下，由全班或小组成员围绕某一中心问题发表自己的看法，从而进行相互学习的一种方法。讨论课可以加深学生对理论知识的理解，有助于启发学生独立思考，培养学生独立分析问题、解决问题的能力，训练学生的口头表达能力。讨论课的教学设计可以根据讨论进行的时间顺序，划分为课堂讨论的准备、课堂讨论的过程、课堂讨论的总结三个环节。

课堂讨论准备的设计应注意：① 拟定课堂讨论的题目；② 在学生独立钻研、独立思考的基础上进行；③ 有便于讨论的组织模式。

课堂讨论过程的设计，要考虑在讨论开始时对讨论的目的、要解决的问题、要掌握的重点进行说明，以便学生能围绕中心进行发言。

课堂讨论的总结不是把上课讲的内容重复一遍，而是针对学生讨论中存在的问题进行讲解，把学生理解不深刻、不正确的问题给予补充、纠正与深化，起到画龙点睛的作用。

3. 复习课的教学设计

复习课是巩固知识的一种重要课型。复习课设计应遵循的基本原则是：新中有旧，旧中有新。即① 同一材料合理地用不同形式呈现，用不同例子讲解，以使学生产生新异感，并有利于学生从各个不同的方面去仔细研究某一现象，便于全面理解。② 复习不是面面俱到，平均使用力量，而应着重在重点、难点、学生易错处下工夫，提高复习的针对性。③ 复习不是原地踏步，做同一水平的循环，而应对知识进行系统的梳理、整理，使零散、孤立的知识形成网络，使学生产生新的认识与理解。④ 复习不应只是就事论事，而应引申、深化、综合贯通，重点提高应用能力与迁移水平。

（三）教学策略的选择与设计

1. 教学策略的含义

所谓教学策略（Teaching Strategy），是指教师教学时旨在优化教学效果的教学操作指南。对于一个复杂的教学活动，由于它往往是由多种教学任务组成，因此，它不是单一的教学策略能够完成的，需要多种教学策略的协同作用。

教学策略具有如下几方面的特征：① 教学策略具有程序性和观念性。教学策略不是单一的教学操作，而是由一系列教学操作依据一定的教学理论组成的教学程序。教学策略对教师的教学行为具有调节作用，但它并不是教学行为。② 教学策略具有针对性和迁移性。每种教学策略都只适用于特定的教学任务，是针对某种教学任务而设计的。任何教学策略都不能普遍适用于任何教学任务，但在一定范围内可以适用于类似的教学情境，具有迁移作用。③ 教学策略具有稳定性和灵活性。每一种教学程序对教学操作的安排都是相对稳定的。同时，教师在运用教学策略时可以依据自己的特点或特定的教学情境，灵活多变地选择自己喜欢的教学程序。

2. 两种基本的教学策略——讲授教学法和发现教学法

（1）讲授教学法。讲授教学法（Expository Method）是教师在教学过程中最常用的一种传统教学方法。它是指通过教师的讲解、演示等方式将教学内容呈现给学生的方法。讲授教学法遵循人们从一般到个别的认识顺序，学生进行的是接受学习。

其优点主要有：教师能够很经济地同时向许多人传授知识，能用学生易懂的形式有效地概括学科的内容。其不足之处在于：在教学过程中，学生的注意力会逐渐下降。教师很难使学生的注意力在整个教学过程中一直保持相当高的水平，容易导致学生机械的、被动的、"填鸭式"的学习。

（2）发现教学法。发现教学法（Discovery Method）是指给学生提供有关的学习材料，让学生通过探索、操作和思考，自行发现知识，理解概念和原理的教学方法。发现教学法遵循人们从个别到一般的认识顺序，学生进行的是发现学习。教师的主要任务在于引导学生去发现以及培养学生的发现技巧和方法，而不是直接去教给学生解决问题的方法。

发现教学法的基本步骤可概括为：① 指出和明确使学生感兴趣的问题；② 让学生对问题体验到某种程度的不确定性，以激发其探究的兴趣；③ 提供解决问题的各种材料和线索；④ 协助学生分析材料和证据；⑤ 协助、引导学生审查假设得出的结论。

以上两种教学方法各有利弊。一般认为，发现教学法更适合低年级和理科教学，其缺点是太费时，课堂难以掌握。讲授教学法使用面比较广，特别适合基础内容的教学，省时、有助于近迁移，但在远迁移能力的培养方面不及发现教学法。因此，在实际教学工作中，教师应根据不同的教学对象、教材内容选取不同的方法。比较一致的看法是，课堂教学应以奥苏伯尔提倡的讲授教学法为主，以布鲁纳倡导的发现教学法为辅。

3. 教学策略的设计

所谓教学策略的设计，就是从当前特定的教学任务出发，根据相关教学理论和教学经验，编制教学程序的活动。当教师面临新的教学任务，又没有现存的教学策略可以使用时，教师必须主动地设计相关教学策略。教师在设计教学策略时要注意如下几个方面：

（1）教学策略的适合性。所谓适合性，就是指教学策略对完成相应的教学任务的情境的适合性。其主要表现在：① 对教学主体的适合性，包括对学生和教师的适合性。② 对教学目标的适合性，不同性质的教学目标需要不同的教学策略，例如，认知性教学目标要求教学策略能够促进学生积极的认知活动，并实现由起始能力的转化；动作技能性目标要求教学策略不仅要能使学生了解动作的结构与目标，而且能将相关知识转化为熟练的动作方式。③ 对教学环境的适合性。教学环境既包括教学的物理环境如设备、器材、资料等，也包括教学的人际环境，如师生关系、生生关系等。

（2）教学策略的合理性。教学策略结构的合理性主要包括：① 教学策略的结构要完整，缺少任何一个教学操作都不能实现教学策略的功能。② 教学策略的结构要具有简约性，很少有多余的教学操作，否则会降低教学策略的效率。③ 教学策略的结构要具有协调性，所涉及的各教学操作之间要相互协调，连接流畅。④ 教学策略还必须具有必要的反馈机制，以随时掌握教学进展情况并作出适当调整。

（3）教学策略的可操作性。教学策略虽对某种具体教学行为具有指导性，但更偏重于实用性和操作性，是教学活动具体化、行为化的基本依据。

(4) 教学策略的灵活性。其主要表现在：① 将最适宜的教学方法、媒体和教学组织形式组合起来，保证教学活动的进行，以便实现特定的教学目标，完成特定的教学任务。② 在运用教学策略解决教学问题时，应随着教学情境的变化而做相应的改变。总之，教师运用教学策略应依据实际状况灵活掌握，以保证发挥教学策略的最佳作用。

五、课堂教学的心理气氛

课堂教学是学校教育的基本形式。课堂心理气氛是教师与学生集体相互作用所构成的一种心理环境，影响着课堂上师生的思想和行为、教学效果和学生个性的发展。

（一）什么是课堂心理气氛

心理气氛是指集体中多数人的态度与情感的综合表现。课堂心理气氛是师生在课堂教学过程中的情感状态的综合表现。课堂心理气氛有两种基本类型：积极、健康、生动活泼的课堂心理气氛和消极、冷漠、沉闷的课堂心理气氛。

积极的课堂心理气氛的特征是：课堂情境符合学生的求知欲和心理特点，师生、同学之间的关系和谐，学生产生了满意、愉快、羡慕、互谅、互助等积极的态度和体验。消极的课堂气氛的特征是：课堂情境不能满足学生的学习需要，背离了学生的心理特点，师生之间不融洽，同学之间不友好，学生往往产生不满意、烦闷、厌恶、恐惧、紧张等消极的态度和体验。

一般说来，凡是师生一致认可并符合学生群体中比较一致的观点与共同需要的事物，大多能引起积极的、舒畅的课堂心理气氛；相反，则容易产生消极的、沉闷的课堂心理气氛。研究表明，不仅不同的班级或课堂存在不同心理气氛与风气，而且同一课堂也存在着不同教师的"心理气氛区"。比如，有的教师上课时学生可能会烦躁乱动、坐立不安；而另一位教师上课时则课堂气氛热烈、学生热心用功；有的教师一进教室就会出现一触即发的对立而紧张的气氛，而另一些教师（尤其是班主任教师）上课时，又会出现一切都符合规矩的和顺局面等。这些情况表明，课堂上的心理气氛在一定程度上是学生集体与教师之间某些关系的反映。

（二）课堂心理气氛的作用

(1) 课堂心理气氛影响学习效率。积极愉快的课堂心理气氛使师生的大脑皮层处于兴奋状态，易受到"社会助长作用"的影响，提高教学效率；反之，压抑或紧张的课堂心理气氛会降低师生的大脑皮层的兴奋性，降低教学效率。研究表明，在教学内容、方法基本相同的情况下，课堂心理气氛愉快的班级当堂测验成绩显著高于课堂心理气氛不愉快的班级。

(2) 课堂心理气氛具有信号功能。课堂心理气氛是师生以情感体验方式表达对课堂教学与人际关系的态度的评价标志，是表明课堂教学情况的一种信号。积极的课堂气氛表明师生对课堂教学、师生关系的满意和肯定，消极的课堂心理气氛表明学生对教师及其教学活动的否定和不满。

(3) 课堂心理气氛影响教学的教育性。研究表明，在积极的课堂气氛中，学生更多地表现出良好的行为，克制不良行为；而在消极的课堂气氛中，学生容易表现出多的不良行为。课堂心理气氛对学生思想品德的影响是潜移默化的。长期生活在消极的课堂心理气氛中，会妨碍学生思想品德，身心健康的正常发展。

(4) 课堂心理气氛影响学生的创造性。研究表明，让分别是积极型课堂心理气氛与消极型课堂心理气氛的两个小学五年级的班级进行创作活动,结果发现,在创造性方面,积极的课堂心理气氛下的学生要比消极的课堂心理气氛下的学生强得多。

(三)良好的课堂心理气氛的形成与影响因素

教师是课堂教学的组织者和领导者,其威信和人格魅力是巨大的精神力量,具有很强的教育作用,是影响学生的情感体验、制约课堂心理气氛的重要因素。因此,教师在课堂教学中要处处严格要求自己,以身作则,为人师表,用自己良好的威信影响全班,给学生以积极的情感体验。

(1)教师的教学活动要富有情趣。热烈的情趣与浓厚的兴趣,既是产生良好心理气氛的原因,也是衡量课堂心理气氛的基础。教师自身的情感及表达方式会感染学生,使其产生共鸣和受到潜移默化的影响,从而形成某种心理气氛。

教师在教学中始终起主导作用,教师业务水平的高低、教学能力的强弱与教学方法的优劣直接影响课堂心理气氛。教师对教材有深刻的理解,能充分掌握学生的学习水平及个别差异,讲课准确、清楚、新颖、生动,就能促进学生积极思考,吸引学生的注意,激发学生对学习的兴趣,使学生的心理状态处于最佳水平;相反,教师的教学照本宣科、枯燥无味、废话连篇、拖泥带水、矫揉造作,就会使学生的学习兴趣下降,产生厌烦情绪,降低学习动机,必然造成消极的或对抗的课堂心理气氛。

因此,教师要善于从学生的心理特点出发,运用新颖、多样的教学方法,激发学生的求知欲,唤起学生的学习兴趣,形成生动的课堂心理气氛。

(2)课堂的领导方式。课堂的领导方式对课堂心理气氛也有直接的影响。权威式的领导方式表现为对学生要求严苛,上课只许端坐、用耳朵听、用眼睛看,不许动口、动手,学生稍有违背就采用训斥与压服的办法。这种领导方式只能使课堂呆板,保持课堂的消极稳定,学生易产生压抑或反抗情绪。放纵式的领导方式对学生无所要求,以致造成学生纪律松懈、互相干扰,妨碍学习。民主式的领导方式表现出师生间的相互尊重,教师鼓励学生积极主动地学习,易形成师生间相互信任与支持的积极心理气氛。

研究表明,在民主化的课堂上,师生关系和谐,学习情绪紧张,心情愉快,学习有兴趣;在专制或放任的课堂上,学生或是冷漠,不满情绪严重,或是放任自由,十分喧嚣。

(3)建立良好的师生人际关系与班级人际关系。良好的师生人际关系可以激发学生的学习动机以及自觉为班集体贡献力量的愿望与行动,有利于积极的课堂心理气氛的形成。在师生人际关系中,教师是较为主动的一方,良好的师生人际关系在很大程度上取决于教师的学生观。特别是教师能否对全体学生表现出热情与爱,能否客观公正地对待每个学生,这是影响师生人际关系的重要方向。教师本人的行为和人格对学生的吸引力,也是影响师生人际关系的重要因素。

课堂人际关系还受班级人际关系的制约。要形成良好的课堂气氛,需不断地改善班级人际关系。为此,教师除了要热爱学生、关心学生、尊重学生,建立良好的师生关系外,还要注意让学生之间发扬团结、互助、友爱、合作的精神,使班级的人际关系健康和谐地发展。

(4)教学的内容要难易适度。要使课堂学习气氛好,教师在教的学中所教的内容和所提出的问题要难易适度。当学生经过积极努力,克服了困难,取得了学习上的成功时,就会感到自己智慧和毅力的力量,体验到一种刻苦努力取得成功的幸福和喜悦。

(5)班级规模。班级过大、成员过多,师生间与学生彼此之间相互沟通的次数就会减少,情绪联系也会减弱,教师也难以照顾到每一个学生,这样就会使少数学生感到被教师与集体冷落,产生消极的情绪。班级过大、人数过多,学生的个别差异明显,不同的需求易导致心理冲突，影响班级的团结，从而导致消极的课堂心理气氛。

（6）校风与班风建设。良好的校风与班风可以为课堂教学提供稳定的背景。群体的规范可以使学生将其视为个人行为的准则予以认同，从而自觉地约束自己的行为。良好的校风与班风能使学生感到行为有所遵循，在情绪上产生安全感，减少焦虑情绪，从而促进积极的课堂心理气氛的形成。

（7）课堂教学的评价体系。这是构成积极的课堂心理气氛的间接成分。促进积极的心理课堂气氛的评价体系必须具备下列特点：① 鼓励创新，激发自我实现动机，针对学生不同的强化要求充分，调动其学习的积极性。② 鼓励合作式的竞争，特别强调群体成员积极的相互支持和积极承担共同任务中的个人责任。③ 鼓励自我评价和纵向比较，使课堂上每一位学生的潜能都能得到开发，更多地关注不同目标与进度下每位学生的进步与成长。④ 评价的形式与程度符合学生的水平与要求，适宜、适合、适度，重点在评价的结果而不是形式。

思考讨论与实践探索

1. 学习有哪些种类？你是怎样理解学习过程的？
2. 学习动机与学习效率之间有什么关系？
3. 影响学习迁移的条件有哪些？在教学中如何促进学习迁移？
4. 什么是学习策略和学习方法？二者有什么关系？
5. 如何对学生进行学习方法指导？
6. 加涅的教学模式有何特点？请联系实际对其进行评价。
7. 动作技能的形成受哪些因素影响？
8. 举例说明智力技能的形成过程。
9. 如何培养课堂教学良好的心理气氛？
10. 讲授教学法和发现教学法分别有哪些优缺点？在采用这两种方法进行教学时应如何避免其弊端？
11. 谈谈如何根据不同的知识类型和课型进行不同的教学设计。
12. 试分析一下自己学习心理学的动机，哪个在起主导作用？有没有从属动机？是什么？作用一样吗？

第五编 学校心理（下）

第十二章 学校群体心理

【学与教要求】

- 识记：群体和群体心理、群体压力、人际关系、人际吸引、人际沟通、人际冲突等概念
- 理解：学校群体对个体的影响，学生班级与班集体，学生非正式群体，学校人际关系的特点等
- 应用：学校管理中群体凝聚力的提高，学校中的人际关系与教学交往原则的掌握和应用等

一个人从出生的第一天起，就不是一个孤立的存在物，他总会和他人结成各种各样的关系，成为某些群体的一员，其心理与行为将受到他人和群体的极大制约和影响，青少年学生的社会化，更离不开家庭、同辈群体和学校班级的影响。所以，教育工作者不仅需要掌握个体心理的特征和规律，而且了解一些群体心理知识也是非常必要的。

第一节 群体心理概述

一、群体和群体心理

人总是首先归属于一定的社会的，人也是通过群体生活参与社会活动的。可以说群体是个体与社会联结起来的中介环节。

（一）群体及其特征

1. 什么是群体和群体心理

群体是指人们为了实现某种特定的目标，通过交往和活动而结合起来的共同体。对群体这个概念，我们应该有这样几点明确的认识：其一，一个人不能成为群体，群体必须是两个以上的人的集合；其二，群体不是个人的简单结合，而是按照某些特征结合起来的共同体；其三，群体也不是个人的偶然结合，而是有共同利益或目标的结合。因此，并非任何人群都可称之为群体。如在同一站牌下等车的旅客，或同一电影院的观众、围观的人群等，不能称之为群体。

群体由个体组成，没有个体心理就不会有群体心理。同时，群体心理制约和影响着个体心理。但是，群体心理并不是个体心理的简单叠加。个体心理是个体对客观世界的能动反映，

可以说，个体置身于群体这一事实本身，就导致个体心理是表现为受群体制约的共同心理和行为倾向，它是出于群体中的个体对群体内人与人的关系、要求、时间、结果的反映。如舆论、士气、凝聚力、规范、从众行为、社会助长等。

2. 群体的特征

一个正常的群体通常具备哪些特征呢？对此，心理学家们有不同的观点。这里，我们根据一些代表性的研究结果，将群体的基本特征概括为以下四点：① 群体内的成员有共同的社会需求或目标，不管他们是否意识到这一点；② 有一定的角色结构、沟通结构和人际关系，从而能保证经常地相互接触与完成共同任务；③ 群体内有共同的行为规范与心理倾向，并对其成员产生影响和作用；④ 群体成员间要表现出指向群体目标的共同活动或一致行为。

（二）群体的分类

人们在共同的学习、生活、工作和交往中，形成了多种多样的群体。根据不同的标准可以划分出群体的不同种类。

1. 假设群体与现实群体

这种划分方式的根据是群体是否实际存在。这类的假设群体并不实际存在，只是为了研究的需要而"划分"的群体，也称为统计群体。知识分子群体、中学生群体、"欧洲足球最佳阵容"等都属于群体，在这类群体的内部，成员间并无实际接触；而现实群体则是实际存在的群体。

2. 参照群体（标准群体、榜样群体）与一般群体

这种划分方式的根据是群体在人们心中的形象。参照群体也叫标准群体、榜样群体，其目标、行为规范和群体的其他特点会成为人们或其他群体仿效的榜样。一般群体则是指那些普通群体。

3. 松散群体与联合群体

这是根据群体成员相互关系的密切程度和发展水平进行划分的。松散群体是最低水平的人群结合体，成员间还缺乏深刻的交往；联合群体是中等水平的人群结合体，群体成员有共同的活动目的，也初步形成了一些共同的规章制度。

4. 正式群体与非正式的群体、集体

这是根据群体构成的原则和方式或按群体组成的社会规定性进行划分的。

（1）正式群体。正式群体是按照正式的社会规定或行政命令而组成的群体。其特点是成员有明确的角色分工，承担并享受某种责任、义务和权利，有基本固定的编制等。如学校班级、少先队、共青团、工厂车间班组等。要成为一个正式群体的成员，需要经过一定的正规程序。正式群体的成员之间经常接触，彼此熟悉，能在一定程度上满足成员的归属需要。

（2）非正式群体。非正式群体是由于一些个体之间在某些方面的一致性和其他原因而自发形成的成员结合体。其特点是：内聚力和排他性强，信息沟通灵活而快速，有不成文的群体规范，有自然产生的核心人物。因此，健康的非正式群体对正式群体的功能能起到有益的补充作用。

在学校里，学生的非正式群体多为同辈群体，其成员一般在家庭背景、年龄、特点、爱好等方面都比较接近。他们时常聚在一起，彼此之间有着很大的影响。据统计，美国学生与同辈群体在一起度过的时间，大约是与父母在一起的时间的两倍，一个人可以同时是几个同辈群体的成员。如张三既可以是班上喜欢足球的同辈群体的成员之一，又可以是他所住街区的同辈群体的一员，加入某一同辈群体是自愿和自由的。在同辈群体中，成员之间的关系是平等的，这有别于亲子关系和师生关系。

同辈群体的规范是不成文的，成员间心照不宣，但其约束力极强，对于不遵守规范的成员，群体采取孤立、心理排斥等方式进行惩罚。所以，成员宁愿不遵守正式规范，也不愿违背他所处的非正式群体的规范。

同辈群体根据自己的兴趣选择和组织活动。通过这些活动，他们组织学习和写作，服从纪律和规则，学习如何处理自己和群体及他人的关系，学习如何表达、沟通和交往等。

同辈群体可以形成自己的亚文化，其成员通过交往获取信息，特别是突破成人社会的禁忌，了解从学校、教师和家长那儿得不到的知识。如初中生对影视歌星的崇拜，对自己喜爱的服饰、发型的追求等，都有他们自己的价值和审美评判标准。

同辈群体的成员还可以相互提供一种感情上的心理支持。他们往往具有很强的凝聚力和排外性，相互团结、关心和评价、承认和赞许，对个人自我形象的塑造起着很大的作用。因此可以说，同辈群体的存在是必然的、也是必要的，教育工作者的任务是通过引导，使其目标、规范和活动有利于达成班集体的正式目标，维护和补充正式群体的功能。

（3）集体。集体是为实现有社会意义的共同目标而组织起来的有纪律、有共同心理倾向、有领导的结构化群体。它是群体发展的高级形式。并不是任何群体都是集体。作为集体，应具备如下社会心理特征：① 形成具有社会意义的共同目标以及集体成员对于目标社会价值的共同认识。② 集体成员为达成目标而协同合作，在协同活动和交往中形成伙伴式关系。③ 有坚强的领导核心。集体的领导即制度化的权威又为集体成员所认同，从而形成合理的组织结构。④ 有一套为成员认同的规范，成员的行为具有必要的纪律性。

二、群体动力

群体动力的概念和理论最早是由美国德裔心理学家勒温于20世纪40年代提出的。这一理论的宗旨是寻找和揭示群体行为和群体中个体行为的动力源的问题。勒温认为，个体采取某种行动是由于受到来自所属群体内各种力量的共同作用。这就是群体动力。群体动力主要包括群体规范、群体内聚力、群体压力、群体士气等多种因素。

（一）群体规范

1. 群体规范的含义

群体规范是指群体所确定的每个成员必须遵守的各种行为准则。这些行为准则是与群体成员间已经确立的共同观念、价值标准等相联系的，是由一系列成文的和不成文的必须遵循的规范组成。群体规范对其成员的行为有约束和指导作用。这种作用常常通过自律和他律这两条途径来实现。正是借助群体规范的这种作用，群体成员的言行才趋于一致，从而保证目标的实现。另一方面，群体规范也可能产生压制个性、阻滞个人潜能发挥的消极影响。

2. 群体规范对学校管理的意义

（1）促进积极的群体规范的形成。不同的群体有不同的群体管理规范，管理者要真正了解群体内成文与不成文的行为规范的内容，分析这些行为规范对成员行为的影响和作用，通过一些必要的手段，促进有利于群体的目标的实现。

（2）引导群体规范的改革。由于群体规范既可能产生积极作用也可能产生消极影响，因此，群体规范就不能一成不变。随着各种条件的变化，有的群体规范可能变得不合时宜，甚至可能阻碍群体健康的发展，这就要求学校管理者要引导师生员工认真分析和重新认识各种成文的和不成文的群体规范的性质，对一些影响群体的改革和发展、与现代观念格格不入的规范进行适当的调整、修改，从而更好地发挥群体的管理作用。

（二）群体内聚力

1. 群体内聚力的含义

群体内聚力是一种使成员在群体内部积极活动并拒绝离开群体的吸引力。这种吸引力既包括群体对成员的吸引，也包括成员间的相互吸引。群体内聚力是群体成员间相互关系的反映。一般说来，较强的内聚力可以加强群体的团结，并使成员具有更高的认同感、满意感，更自觉地遵守群体规范。但内聚力并不总是产生积极影响，在一些特殊情况下（如群体目标与组织目标不一致）也会带来消极作用。

2. 学校管理中群体内聚力的提高

（1）重视内聚力的提高。一般来说，内聚力的积极作用是基本的、主要的，学校管理者应该重视提高群体内聚力，不能因其有消极影响而不重视其对组织的重要作用。

（2）正确诱导群体目标，使群体目标与组织目标相一致。内聚力的作用主要取决于群体目标的方向，只有当群体目标与组织目标相一致时，群体内聚力才有助于组织目标的实现。

（3）慎重使用一些外部制约因素。内聚力的大小除受一系列群体自身因素的制约外，也受来自外部诸因素的影响。外来的挑战或威胁往往可以增强成员之间的相互合作意识，从而提高内聚力。因此，在学校管理中，使师生员工产生忧患意识是保持组织活力的重要方式。

（三）群体压力

1. 群体压力的含义

群体压力是当一个人在群体中与多数人的意见、行为不一致时，主观上想象受到一种心理压力。这种压力往往是在个体产生某种意见和行为前就已经产生，从而使该个体自动放弃自己的意见，而尊重集体的意见，因此群体压力通常不会使当事人有受强制、受逼迫的难堪。而且群体压力的作用还很强大，它改变个体的意见和行动的力量有时比权威命令还大，使个体在心理上难以违抗。

2. 群体压力与个体行为

在群体压力的作用下，个体行为可能有多种反映：

（1）从众与顺从。由于群体压力或其他因素的影响，个体在思想上和行动上不由自主地趋向与大多素人相一致的现象，就是从众或顺从。

（2）反从众。这是一种故意和所在群体对立的情绪性执拗行为。反从众现象的产生可能是由于个体对群体的认同感突然降低，或者在心理上尚未真正认同并属于该群体，也可能是个体对"独立性"的片面理解造成的。

（3）独立性。这是一种比较理智的，经过一定思考表现出来的独立自主行为。独立性与反从众都是在群体压力下的个体抵制现象。

（4）集体主义自决。这是一种以集体正义观点为指导，从组织目标及社会价值出发，对所在群体的群体意见进行独立分析后所做出的行为反映。通过分析，如果认为群体意见正确，则予以支持；如果认为意见错误，但属于非原则性错误，则会从保持群体团结的大局出发表现从众行为；如果认为群体意见是原则性错误，则不惜与群体意见相抗衡，与群体行为相抵制。集体主义自决是一种高度成熟、正确态度的行为表现。

3. 群体压力对学校管理的意义

（1）发挥群体压力下从众行为的积极作用，防止其消极作用，避免由于群体意见的错误导致群体压力下的盲目从众。

（2）正确分析对待群体压力下的个体抵制。对于反从众和独立性的表现，不能一概视为消极的行为，因为任何有创造性的见解常常都以其独创而构成反从众行为。

（3）引导和培养集体主义自决的态度。这也是对师生员工进行集体主义教育，培养集体主义的重要内容。

第二节　学校群体心理对个体的影响

一、群体对个人活动的影响

个人置身于群体，其心理与行为将因受到群体的影响而有别于他个人独处时的表现。那么，群体对个人活动有哪些影响呢？

（一）社会促进与社会干扰

个人在进行某项活动时，有他人在场或他人共做同样的活动，其活动效率提高的现象叫社会促进；与此相反，其活动效率降低的现象叫社会干扰。

最早对社会促进作用进行试验的是心理学家特里普莱特。他让40个儿童绕线圈，发现共做比单独做效率更高。但后继的研究发现，并非在所有的共做情境中都出现社会促进作用。奥尔波特在哈佛大学领导了一系列研究，结果表明，是出现社会促进作用还是社会干扰作用，与任务的复杂程度有关。当被试从事简单的工作，如删去新闻专栏中的所有元音字母，进行简单的乘法运算等，室内有五个人工作比一个人独自工作时效果更好。但是如果让被试写出反驳某些逻辑论点的文章，共做时的质量（如立论和陈述的合理性）低于独做。皮森也发现，他人在场将降低被试记忆无意义音节的效率。

他人在场为什么会对个人活动的效果产生影响呢？合理的解释是他人在场唤起了被试被评论的意识，而不管在场者是否真的在对被试的活动进行评价。这种被评价的意识提高了被试的动机强度。当被试从事的是简单、熟练的活动时，产生社会促进；当被试从事的是复杂的、还不熟练的活动时，由于正确的反应方式还没有在被试反应中占优势，高动机强度反而会加剧被试的错误反应，从而产生社会干扰。

学生在学习活动中需要经常面临解决问题的情境，而问题的解决需要复杂的智力操作。在这些情境中，教师应如何组织学生的活动，才能产生社会促进作用呢？林格伦以大学生为被试，以需要发散思维的问题为材料的实验发现，在实验组先采用"脑力激励法"进行小组活动，即鼓励小组成员尽可能多地提出解决问题的办法，而不展开讨论和批评，然后让每个成员独立思考和提出创新意见。由于小组活动的气氛、激励起到了"预热作用"，个人对本来不太关心的问题发生兴趣，并将群体的创造行为当做社会规范迫使自己去思考，从而起到了推动创造性思维的准备作用。所以，实验组所提创意，其质量和数量都显著优于只进行独立思考的控制组。

可见，在问题解决中教师对学生活动的组织，教师引导学生活动的方法，对是否产生社会促进作用有着重要的意义。

（二）从　众

从众，也叫遵从，是指个人由于真实或臆想的群体压力，而改变自己的态度，在认知或行为上与多数人趋于一致的现象。影响从众的因素有以下几方面：

1. 情境因素

实验表明，从众的强弱随多数人一致性的规模增长而增长。在一定限度内，群体规模增长给个人施加了更大的压力，从而使从众增加；群体一致的判断，产生最多的从众。当群体意见分歧时，哪怕只有一个持异议者，不管其意见正确与否，都将大幅度降低从众的比率。凝聚力涉及群体成员的心理相容性和情感支持，群众凝聚力越强，表明群体成员越喜欢群体，个人越看重其成员身份，因而越容易从众。

2. 人格因素

个人意识到自己比其他人能力强，或在某方面更具专长，则在相应方面更多地保持独立而不从众。自信心与问题的难度密切相关，对一个容易的问题，个人更有正确的信心，因而较不容易从众；反之则易从众。早期的研究发现，女性比男性更容易从众。但后来研究指出，在从众上并不存在稳定的性别差异模式。更准确的结论是，女性在更适合男性的项目上比男性在更适合女性的项目上更容易从众（如烹调、香水、抚养孩子），在中性项目上不存在明显的性别差异。

3. 社会态度和价值观

重视权威和秩序，注重群体和睦的价值观，更容易导致从众。在某种特定的情境下，一些人比另一些人更容易从众。那么，对群体的目标和价值而言，是从众好些还是不从众好些呢？迄今为止，心理学家还没有发现一种"从众者"和"非从众者"的连贯性的人格综合特征。在某种情境中，非从众者可能有助于群体的决策更谨慎、更合理，而在另一种情况下，他又可能是一个固执己见的偏离者，从而降低群体的士气和凝聚力。而从众者既可能是没有主见的随声附和的人，也有可能是一个顾全大局者。所以，对于个人认知及行为方式中的从众的意义，应当具体分析。

（三）去个性化

所谓去个性化，是指个人淹没于群体中而失去个体感和个人意识。去个性化小组的成员，更可能作出他单独时或个性化条件下不会作出的违规行为。在金巴尔多的研究中，他将由女学生组成的四个一组的被试分别置于两种条件下：第一种条件，女学生穿上宽大的实验室工作服，用头巾包住面孔，相互之间不做介绍，实验人员在向他们揭示研究程序时也不称呼他们的名字，实验在半黑暗中进行。这种环境叫做"去个性化环境"。另一种条件是，小组成员都穿上他们平日的服装，并戴上写着自己名字的标签。实验人员在作解释时，礼貌地称呼他们的名字，实验在明亮的房间内进行，小组成员相互看得很清楚。显然这是一种"个性化环境"。

实验者告诉被试，他们正参加一项人类移情作用的实验。实验要求他们对隔壁房间内的一个女生实施电击。结果发现，去个性化条件下的一组成员对受害者施行电击的时间，几乎是个性化小组成员施行电击时间的两倍（当然，其实受害者并未真的受到电击）。

在对上述结果进行分析时，金巴尔多指出，去个性化有两个主要特征：一是群体成员的匿名性，即当个体仅仅作为群体成员而行动时，他们觉得自己是匿名者，因此肆意破坏群体规范，作出违规行为；二是责任分散，即去个性化的群体成员觉得，群体是作为一个整体而行动的，行为后果的责任分散在每个成员的身上，成员个人不必为行为后果承担所有责任因此，成员个人的行为更冒险、更不负责任。在学校教育中，这也正是差班（或混乱中）违纪行为特别多的原因之一。

二、班集体的社会心理现象

并非所有的班级都已形成了班集体。由于班集体可以更好地促进其成员德、智、体等方面全面健康地发展,所以了解和掌握班集体的社会心理现象和规律,有助于教师更好地完成教育教学任务。

(一)集体目标的形成

集体目标是指为集体成员接受并共同追求的、具有社会价值的目的。是否形成集体目标,是衡量一个班级是否建设成班集体的标志之一。

集体目标有远景性目标和近景性目标之分。远景性目标是集体为之奋斗的具有较大社会价值的长远目标,它需要通过集体成员长期坚持不懈的努力才能达到。由于远景性目标具有较大的难度,需要长期的努力,在一个短时期内并不能立即体现出成员努力的成绩,所以,教师应善于指导学生将远景性目标分为较小的、较具体的近景性目标。近景性目标的达成,使学生能体验到成功的喜悦,从而增强达成远景性目标的动力和信心。近景性目标犹如一架梯子,使学生较容易地、一级一级地达到最终的远景性目标。

远景性目标和近景性目标的关系是辩证统一的。远景性目标是近景性目标的建构方向,离开了这一方向,近景性目标就成了分散的、缺乏统一目标的零碎物,从而难以具备较大的价值;而远景性目标也不能离开近景性目标,否则便成了无法达到的空中楼阁。

在一个班级中,每个学生都是一个活生生的、有着独特个性和经历的个体。由于个性和经验的不同,个体对于事物有着自己的态度、情感和认识,对于学习与生活也有着自己的目标。那么,教师如何进行指导才能更有效地形成集体的共同目标呢?

首先,要使集体成员对目标的社会意义及目标对个体发展的价值有深刻的理解和认识。只有这样,才能将外在的目标转化为个体的需要,为集体成员所认同和接受。

其次,经常开展符合学生需要的集体活动。如布置教室,举行联欢会、体育比赛、主题班会,参加公益劳动等。让学生在活动中体会到集体协作的必要性与乐趣,增强集体荣誉感和自豪感。

最后,将远景性目标与近景性目标相结合,集体目标与个人目标相协调,使学生既有长期的努力方向,又有近期的具体任务;既有为达成集体目标努力的与自身需要和特点相符的联系,又意识到自己的努力和成长与集体的进步是分不开的。

(二)规范和舆论

规范是群体成员在相互作用过程中产生的关于认识和行为的标准。舆论则是群体内对某一普遍关心的、存在争议的事件占优势的言论和意见。

群体规范规定了成员的行为方式、角色地位、权利义务及成员间的相互关系等。而舆论往往又和规范联系在一起,对符合规范的行为予以肯定,对不符合规范的行为予以否定。舆论以这种评价方式形成群体压力,促使成员遵守规范,因而对群体的维系和发展是极为重要的。

群体规范可以分为正式规范和非正式规范。正式规范是由群体明文规定的,要求其成员遵守的规范。如学生不能迟到、早退、旷课、考试不能作弊等。群体成员在交往中约定俗成,而被成员认可的潜在的规范,叫非正式规范。如讲义气、不打小报告等,它在无形中制约着成员的行为。

青少年学生有一种成人感,希望摆脱成人社会的控制而追求独立,因此特别看重自己在同学群体中的形象。同辈群体中的非正式规范对他们常常具有比正式规范更大的约束力。有研究发现，关于是否报告同学在考试中的作弊行为，服从讲义气、不当告密者的非正式规范而选择不报告的人数比率，从初一到大学三年级呈稳步增长的趋势。初中阶段平均为39%，高二为72%，到大学三年级则增加到87%。从总的情况看，年纪越小的学生受正式规范的制约越大，年纪越大的学生受非正式规范的制约越大；制约作用大小的交叉期则在初三与高一之间。

要在班上形成良好的规范和舆论，需要教师正确的指导。① 要重视正面培养和引导，通过说理、讨论、实践等方式，将学校和班级的正式规范转化为学生自觉的内在需要，取得学生的认同。② 对于同学中存在的不正确的非正式规范，应当选择恰当的时机（如当它带来不良后果，引起多数群体成员的不满时），组织学生考察、分析不正确规范的不合理性以及它所造成的危害，从而对其加以否定或改造。③ 充分利用舆论工具的作用。由于群体成员既是舆论的主体，又是舆论的客体，而舆论总是针对有争议的、大家普遍关心的问题，因此，健康舆论对正确行为的褒奖和肯定，对错误行为的谴责和否定，既是对行为者的强化和抑制，又对群体成员起到普遍的制约和教育作用。所以，教师对班级内的舆论应经常进行分析和引导，摆事实，讲道理，使学生明白应该支持什么、反对什么，从而形成健康的集体舆论。

（三）群体凝聚力的影响因素

如前所述，群体凝聚力是指群体对其成员的吸引力，也叫内聚力。一个具有凝聚力的群体，成员相互吸引、支持，具有"我们"感。他们经常互动，并接受群体的规范，愿为达成群体的共同目标而努力，成员在群体中能获得归属感，从而对群体忠诚。一个缺乏凝聚力的群体，纪律松弛、士气涣散、意见分歧，成员之间缺少心理相容和情感支持，对群体难于认同。所以，也可以说，凝聚力是促使成员留在群体中而不是离开群体的吸引力。

影响群体凝聚力的因素主要有以下两个：

（1）竞争与合作。在竞争的情境中，个体目标的实现与群体成员目标的实现呈负相关。即某一成员实现了自己的目标，其他成员就不能实现自己的目标。这样，个人目标的实现就与其他成员的竞争相联系。如体育比赛中运动员对冠军的争夺，就反映了这一关系。而在合作的情境下，个体的目标与群体成员的目标相一致，个体目标的实现取决于其他成员目标的实现，它与群体成员的合作相联系。所以，群体成员之间的合作使成员之间的交往更多、彼此承认和接纳。他们帮助别人，也愿意接受别人的帮助，从而提高了活动成效并相互喜欢、吸引，增强群体凝聚力。

群体内的竞争使成员更多地关注自己目标的实现，从而减少了成员之间的关心、帮助和接纳，不利于群体凝聚力的增强。当一个群体和另外的群体处于竞争关系时，这个群体为了获胜，其成员会自觉地一致行动，共同对外，接受群体的目标和规范，从而提高凝聚力。但同时也易于滋长狭隘的小团体主义，对其他群体采取敌对的态度。所以，学校中开展竞赛应当适当，不可太多，并应提出不同群体的共同目标，增进合作与沟通，从而形成群体间的和谐关系，以便组成更大规模的有凝聚力的群体。

（2）沟通。群体内的沟通渠道畅通，一个成员可以和其他任何人探讨和评述个人或群体的事情，使个人获得更多的信息，有利于自己目标的实现。同时，沟通也使成员有机会参与群体决策和事务，增强群体成员的认同感和归属感，带给成员更多的心理满足。而且，沟通也给成员更多表达意见和情感的机会，能增进群体成员的相互理解，使成员以更灵活、更宽容的态度对待他人的缺点，从而达到心理相容，提高群体凝聚力。因此，教师应为班级中的学生创造更多表达和沟通的机会，努力形成一种自由、民主、平等的沟通局面。

需要指出的是，群体凝聚力并不总是和积极的后果联系在一起的。首先，群体凝聚力的一个后果便是去个性化。实验证明，群体凝聚力与群体成员认同与群体规范、标准及期望的程度成正比。群体凝聚力越强，群体成员之间的依恋性、意见的一致性及对群体规范的顺从也越强，这样，成员便易失去个性和个人责任心。其次，群体的高度一致使其在问题解决中容易忽视、排斥和压制不同的意见，从而影响群体创造性的发挥，甚至导致群体决策的失误。最后，较高的凝聚力并不必然意味着较高的工作和学习效率。只有在群体规范是鼓励工作和学习时，凝聚力才提高其效率。

（四）心理气氛

心理气氛是被多数群体成员感受到的群体在态度和情感方面无形的倾向性。不论是家庭、学校班级，还是车间班组，凡群体都存在心理气氛。这种气氛可能是轻松、和谐、乐观开朗、积极向上的，也可能是紧张、压抑、沮丧、烦闷、拖沓消极的。心理气氛作为群体成员行为的社会条件之一，有极大的作用，因而值得教师高度重视。

制约群体心理气氛的因素很多。包括：群体成员对群体目标的认同，群体规范的内化，群体成员之间的关系和沟通，群体成员的挫折容忍度，群体领导的工作方式等。

在学校班级中，由于教师能力、知识、人格特征、对学生的要求、教学风格等的不同，同一个班对不同教师的教学会产生心理气氛的变化，表现出每个教师不同的气氛区。一方面，当个体处于不同的群体心理气氛之中时，其言行会发生显著的变化；另一方面，教师作为班级的领导者，角色地位赋予了他权威。但这种制度化权威并不一定能保证他领导的班级形成良好的心理气氛。教师应以民主、平等的方式开展工作，关心学生，客观公正地处理问题。只有这样，才能有利于班级良好心理气氛的形成，同时，处于这种气氛中的学生个体才能获得更为健康的发展。

三、研究学校群体心理的意义

学生个体的存在和发展离不开群体，同时，教师面对的也不仅仅是学生个体，还包括各具特色的学生群体。教师教育教学的效果，不仅受到学生个性特征、知识基础的影响，也受学生群体特点的制约。所以，教师了解学校的群体心理现象具有重要意义。

（1）有助于教师理解学生在群体中特有的行为表现和心理状态。不论是在学生中还是在活动中，个人处于群体中都会有别于其独处时的表现。比如，有的学生独自学习时效果更好，而有的学生则更喜欢和同伴一起学习，且效果更好。在集体气氛不同的班级，同一个学生可能会有不同的表现。这些现象，都需要教师从群体心理的角度去分析、把握和处理，才会取得更好的教育教学效果。

（2）有助于教师进行班集体建设。班集体建设是班主任的中心工作，各科任教师应协助班主任做好这项工作。因此，如何形成班集体的共同目标、规范和健康的舆论，如何鼓舞班集体的士气、形成良好的心理气氛，如何处理好班集体与同辈群体的关系等，都有依赖于教师对群体心理的特点和规律的了解。否则，真正的班集体是难于建立起来的。

（3）有助于教师更好地处理人际关系。这里的人际关系包括师生关系和同事关系。首先，教师作为班集体的组织者和领导者，以什么样的方式工作效果更好？学生对教师有什么样的角色期待以及如何去了解这种期待？当互动中发现彼此不相适应的方面时，如何调整自己的行为或改变学生的期待，以适应彼此角色的关系？其次，教师也是教师群体中的一员，教师群体的心理气氛、目标结构、规范体系、教师领导的工作方式，怎样与其他教师形成和谐的同事关系等，都需要利用群体心理的规律去理解、把握，以使自己的工作心境更愉快，效果更佳。

第三节 学校中的人际关系与教学交往

一、人际关系概述

人际关系是人与人之间在一定社会生活条件下，通过交往建立起来的比较稳定的心理联系。在日常生活中，每个人都在与他人不断地沟通和交流。在这些沟通和交流的过程中，人们之间会形成各种各样的联系，建立起各种各样的关系，如师生关系、同学关系、朋友关系、同事关系、上下级关系等。人际关系是人的全部社会关系的一个心理侧面，反映了人与人之间的心理距离，是构成社会心理环境的核心因素。与组织内人际关系相联系并对其产生重要影响的因素主要有人际吸引、人际沟通和人际冲突。

（一）人际吸引

1. 用人际吸引的含义

人际吸引是指在人际交往中促使双方产生接近倾向的心理观点。人际吸引反映了人与人在感情上的亲疏和远近，这种亲疏和远近就是人与人之间的心理距离。一般来说，心理距离越近，人与人之间的吸引力越强；心理距离越远，人与人之间的吸引力越弱。因此，人际吸引是建立良好人际关系的重要条件。

2. 影响人际吸引的因素

影响人际吸引的因素很多，有的因素可能会增进人际吸引，有的因素可能会阻碍人际吸引。

（1）增进人际吸引的因素。人与人之间能产生并增进人际吸引，首先是由于一些外部因素的影响，如空间接近、交往频繁、仪表端庄等；其次是由于一些内部因素的影响，如人与人之间人格特征的相似性、心理特点的互补性以及突出的个人品质等。上述因素在增进人际吸引中的作用是变化的。在交往初期，人际吸引主要受外部因素的影响，随着交往的加深，内部因素的作用会逐渐增大，而外部因素则退居次要地位。

（2）阻碍人际吸引的因素。在人际交往中可能会阻碍人际吸引的因素首先来自各种"偏见"：第一印象（首因效应）、月晕效应、近因效应、定型作用等都可能成为阻碍人际吸引的因素；其次，消极的归因（将交往对象的行为归结为错误的、卑劣的、不可取的）也会削弱人际吸引；再次，交往双方的个性缺陷（如自我中心、虚伪、过分苛求、固执等）也会阻碍人际吸引和良好人际关系的建立。

（二）人际沟通

1. 人际沟通的含义及其特点

人际沟通是指人与人之间通过信息的交流而发生相互影响的过程。显然，建立人际沟通的过程，是一个人与人之间相互影响的过程。人们在活动中通过信息的交流促进相互了解，而在相互传递或接受信息时，双方都会对对方的信息作出反应，从而产生相互影响。因此，人际沟通的性质或水平也对人际关系产生重要影响。

人际沟通是人与人之间直接的信息交流。这个过程有以下特点：第一，沟通的媒介有语言和非语言方式，而且非语言方式在沟通中起着十分重要的作用。第二，沟通的内容除认知信息外，尚有大量的情感信息。而且，情感交流在沟通中占有特别突出的地位。第三，人际沟通的效果不仅受沟通手段的影响，而且受沟通双方多种心理因素的影响。第四，沟通的类型多种多样，不同类型的沟通其作用各有不同。

2. 人际沟通的障碍

在人际沟通过程中常常会出现信息失真不畅，究其原因，是由于在沟通过程中存在各种障碍。

（1）表达障碍。这是指信息发出过程中出现的障碍，包括口头语言障碍和书面语言障碍。如口音、方言、语病、标点、用词不当等都可能造成表达障碍。

（2）传递障碍。这是指在信息传递过程中出现的障碍，通常与传递层次过多有关。在多层传递中，难以避免信息减损和误差叠加，从而带来传递过程中的障碍，导致信息失真。

（3）接受障碍。这是指在信息接受的过程中出现的障碍。其中既可能是物理的和生理的原因，如空间距离过远，干扰过大，感受性过低或感觉器官过疲劳等导致的接受障碍；也可能是心理的原因，如认知水平不同，兴趣、态度、价值观各异而导致理解误差和对信息有选择性地接收，从而形成信息接收的障碍。

3. 加强人际沟通的要求

加强人际沟通是建立良好人际关系的重要条件。加强人际沟通必须注意以下几方面：

首先，充分发挥正式渠道的作用。正式沟通在人际交往中起着主导性作用。在管理中要充分发挥正式沟通渠道的作用，重视通过各种会议、文件等方式发挥正式沟通渠道的作用，贯彻上级意图，听取群众意见。在这个过程中还应注意尽量以平行沟通和斜向沟通来弥补上下沟通的不足。

其次，重视非正式沟通的作用。非正式沟通主要指各种私下的思想、观点和情感的交流。这种非正式沟通对良好的人际关系的形成有十分重要的意义。由于非正式沟通不拘形式、开放自由、内容广泛而丰富，常常可以获得许多正式沟通中难以了解的员工真实的态度、情感、需要等信息。这些信息对于管理者的决策是至关重要的。

再次，选择适当的沟通类型和方式。人际沟通有多种类型和方式，一般来说，双向沟通优于单项沟通，语言沟通与书面沟通相结合的效果优于单独使用一种方式的沟通。但是选择什么沟通类型和方式要根据沟通的目的、要求和特点而定。

最后，注意降低人际沟通中的信息损耗。要降低沟通中的信息损耗，一是要尽可能提高信息传送者的表达能力和接收者的接收能力。二是要尽可能保持沟通渠道的持续畅通。三是尽量减少沟通的中转环节。中转环节越少，沟通信息越可靠。

此外，在沟通中进行平等的交谈，虚心地聆听以及进行适度的自我暴露都是提高沟通效果的有效方式。

（三）人际冲突

1. 冲突的含义及其作用

冲突是指群体或个人出现两种或两种以上观点互不相容、相互对立或相互排斥的社会心理现象。从表面看，冲突似乎只具有消极的一面，但辩证地进一步分析，冲突还有积极的一面。从这种冲突观出发，有人把冲突分为破坏性冲突和建设性冲突。

破坏性冲突是指双方目标不一致造成的冲突，其结果常常导致冲突双方的受伤；建设性冲突是指双方目标一致而在方法和认识上不同导致的冲突。这种冲突的结果往往带来冲突者的变革与发展。

2. 产生冲突的原因

产生冲突的原因极为复杂，概括起来主要包括以下四个方面：

（1）个人心理特点。个人的一些不良心理特征往往是导致冲突的因素之一，如自我中心、自卑、自傲、过于刻板、过于轻信等特点就可能引起人际交往中出现冲突。

（2）双方的认识差异。双方认识上的差异也可能是引发冲突的重要原因。例如，由于双方看问题的角度不同，信息来源不同，理解水平不同以及知识经验的不同导致冲突也较为常见。

（3）双方价值观差异。冲突双方价值观念的不同也会导致人际冲突。

（4）资源不足。在大多数情况下，冲突的出现还是由于双方从各自利益出发对有限的沟通资源的争夺。

3. 冲突的预防与处置

作为组织者和管理者，面对各种各样的冲突要理智冷静，采取切实可行的方法和措施，一般而言，可以从以下几个方面去考虑：

（1）消除产生冲突的原因。这是一种较为积极的方法。管理者要认识到可能导致冲突的一般原因，并注意努力消除这些原因，使冲突得到有效的预防。其具体措施多种多样，如合理分配资源、加强相互沟通、培养团体认识，必要时甚至进行人事调整，这些措施都是预防冲突的有效方式。

（2）妥善处理人际冲突。在冲突的处置中，管理者必须坚持这样一个基本态度，既要勇于承担责任，又要主动把冲突双方的矛头引向自己，从而初步消除冲突双方情感上的对立。在此基础上，引导冲突双方冷静、客观地对冲突进行分析、描述，提出解决方案，最后解决冲突。在这个过程中，可以引导冲突双方进行协商，也可以由第三方进行调停，在必要时还可请领导进行仲裁，做出利益分割。

（3）鼓励建设性冲突。对于可能带来组织的更新和发展的建设性冲突，管理者应加以鼓励，从方式上讲，既可以公开鼓励，也可以沉默鼓励，或通过话语拖延时间，使其明朗化。当然，即使是建设性冲突，也要充分估计到可能带来的破坏，做好相应的准备和弥补措施。

二、学校中的人际交往关系

学校中的个体不是孤立存在的，他们总是通过多种方式进行交往，并形成各种各样的人际交往关系。个体的认知、态度、情感、个性和行为都会受到这些关系的制约和影响。学校中的基本人际关系主要有师生关系和同学关系两种。了解学校中这两种人际交往和人际关系形成的规律，既有助于教师开展个别教育工作，也有助于班集体的建设和良好发展。

（一）什么是人际交往

人际交往是指个人为了交流思想、情感或表达意见，运用语言符号与他人进行的互动，是人们互相交流信息的过程。人际关系是在人际交往的过程中产生和发展的，人们只有通过互动才能接触、了解对方。

有的人际关系是因为群体目的、任务的需要而以行政命令的方式加以规定的正式关系，如师生关系；但更多的人际关系是在交往中形成的非正式关系，如伙伴关系。如果交往双方在交往中能彼此满足对方的心理、社会需要，就会逐步形成积极、融洽的人际关系；否则关系会淡漠、疏远。

班级内积极、融洽的人际关系有利于增强同学之间的团结和相互支持，提高群体的凝聚力和士气,学生在正常的交往中学会交往和表达的技巧,共同愉快地达成个人和群体的各种目标。

(二)师生关系

学校中的师生关系是学校中最重要的人际关系,许多方面已由双方的社会角色以行政命令的方式作了规定。但这种规定并不一定能够确保教育实效,真正和谐而相容的师生关系,直接影响着教学活动的进行、教学目标的达成及教育理念的实现。

1. 师生交往类型

师生之间的交往既存在于课堂上以传授知识,发展学生智力、能力、体力的活动中,也存在于课外对学生的各种指导和影响中。可以说,没有师生之间的交往,就不可能进行任何教育活动。那么,哪种类型的交往效果最好呢?

林格伦提出了学校领域内师生交往的四种模式,表明了各种类型的师生交往的效果(见图12.1)。

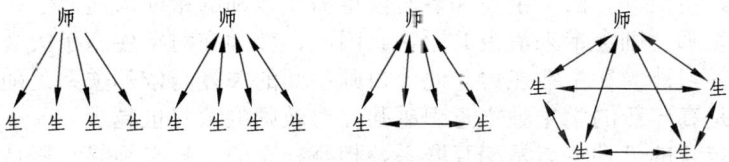

图 12.1 师生交往类型及其效果

(1)教师与学生保持单向交往,效果较差。
(2)教师与学生保持双向交往,效果较好。
(3)教师与学生保持双向交往,但也让学生之间保持交往,效果较好。
(4)教师成为相互交往的中心,并且促进所有成员双向交往,效果最好。

社会心理学研究发现,当群体解决某一问题时,成员讲话越自由,他们就越满意。能够与所有人交谈的人最满意,而表达机会最少的人则最不满意。所以,在单方交往中,教师仅仅作为权威者向学生发布指示,传递信息,而不重视学生的态度、情感和需要,也不了解学生的感受、理解和掌握情况。这样教师也不能根据学生的反馈调整自己的活动,学生亦感到压抑、被动,从而出现焦虑、不安和挫折感等不良情绪反应,从而影响教育效果。其实,每个人都有交往、表现自我、表达自己的情感、评价和要求的需要。所以,教师既应重视与学生的相互沟通,也应鼓励和指导学生之间进行有效的人际交往,以形成一种良好的多向交往的沟通模式。

2. 师生人际关系的特点

教师和学生所扮演的特殊社会角色使他们的人际关系具有鲜明的特点。

(1)领导与服从。在师生交往的活动中,教师往往处于主导地位,如教师吩咐学生应该学习哪些内容、如何学习,以及如何解决问题等。在这些过程中,教师所扮演的是权威和领导角色,学生则处于服从的地位。但随着年级的增长,这种领导与服从的关系是不断变化的,如小学生常唯老师的话是从;而中学生和老师间这种领导与服从的关系则逐渐变弱,学生和教师间的冲突会越来越多,这就需要教师根据学生的不同特点采取不同的方式来进行沟通和教学。在不同情境里,师生的领导与服从关系也会有不同表现,如在课堂上学生对教师的服从更多,而在聚餐或体育活动中师生关系则显得更为随和。

研究表明,与一般的常识相反,中学生心目中的好教师形象,首先是对待学生的态度方面的品质。如理解学生、尊重学生的人格、对学生一视同仁、和蔼可亲、平易近人；其次才是教学能力、态度、事业心等。教师的智力水平、知识水平与学生的学习成绩并无显著相关，而教师的热情和同情心，富于激励和想象力的倾向性，对教学效果有显著的影响。鉴于此，教师作为领导者，应特别注重形成亲切和睦的师生关系。

（2）民主与合作。对于班集体，教师要成为一个卓有成就的领导者，应当采取民主的领导方式。民主的领导方式有利于形成学生之间相互合作关系的人际关系和良好的社会心理气氛，在这种气氛中，学生能更愉快地学习和生活。

在实际教学活动中，那些平易近人、善于与学生打成一片的教师往往更受学生欢迎，而处于以这种关系为基础的教学模式中的学生自主性也更高，独立性更强。不过，要注意，民主与合作并非放任学生。学生的心智发育尚未成熟，社会化也尚未完成，许多时候他们还需要教师的引导才能健康地成长。

（3）关爱与依赖。在学校里，教师不仅起着教育者的作用，在一定程度上也扮演着家长的角色，因此教师和学生之间还存在着关爱与依赖的关系。教师不仅要关心学生学习，也要关注他们的情感、生活等，而学生在许多时候也需要教师的帮助来适应学校生活。但是，学生如果过分依赖教师，则会带来消极的影响。因此，教师在对学生施予关爱的同时，应注意培养学生的独立学习能力和生活能力。此外，师生间的关爱与依赖关系是随着年级的增加而逐渐减弱的，越是高年级的学生独立意识越强，对教师的依赖也越少。

师生关系所包含的三种特点是相互联系、相互补充的，只有领导与服从、民主与合作、关爱与依赖三者的有机结合，才是建立和谐师生关系的基础。

3. 师生的教学交往

教与学是通过师生人际交往才结合成一个统一的教学活动的。教学交往是指在教学情境中师生相互交流信息、思想、感情和共享信息的人际沟通活动。通过教学交往，师生彼此了解、交互作用，并形成共同的观点和思想，达到师生间的人际沟通，进而协调认知和教学活动，保证教学目的和任务的完成。

（1）教学交往的特点。教学交往不但具有一般交往的共性，而且具有其特殊性。① 教学交往具有正式交往的性质。教学交往具有鲜明的目的性、计划性、组织性和规则性。教学交往一般在课堂中进行，它是在教师的领导下按照教学计划进行的，师生双方都要遵守教学交往的规则，掌握相应的交往技能。教师还要帮助学生消除交往中的拘束和紧张，创设积极健康、自由和谐的交往情境。② 教学交往是一种特殊的代际交往。教学交往是师生交往，教师代表社会中成年人一代，学生处在发展之中，是未成年一代。而不同代际的人在知识、经验、语言、认知方式、需要、心理特点等方面都有明显的差异。教学交往既不是成人式的社会交往，也不是缺乏目的性的"儿童式"的交往，而是教师代表"成人社会"对未成熟一代施加有目的有影响的交往。在这种特殊的交往中，教师既要考虑学生的年龄特征，又要引导他们日趋符合成人交往的规范。③ 教学交往是教师个体对学生群体的交往。教学交往主要是在一定的班级教学活动中进行的，这种交往一般是一名教师对几十名学生，教师在交往中起主导作用。这需要教师具有较高的适应教学交往特点的交际技能，否则容易导致远距离交往和纯知识上的交往，而忽视师生之间的直接交流和心理上的交流。

（2）教学交往的原则。教学交往的原则一般包括以下几方面：① 相互尊重原则。在教学交往中，教师要尊重学生的人格，体谅学生的情感和要求；学生要尊重教师，理解教师的要求，尊重教师的劳动。在教学交往中贯彻相互尊重原则的关键是师生之间的相互理解。研究表明，师生双方交往的效果取决于彼此理解的诚意与水平。② 和谐互动原则。积极、有效的教学往往应该在和谐的气氛中进行。因为只有在融洽、愉快的气氛中交往，师生的心理才能产生互动作用，呈现出师生的多向交往。教师既是信息的发送者，也是接受者；学生既是信息的接受者，也是发送者。因此，师生之间的交往应当是平等互动、相互促进、相互作用、相互影响的。③ 适度调控原则。教学交往中的适度调控包括教师的调控、教师自我调控和学生自我调控。在教学交往中，既不应以教师为中心，控制过死过严，也不应放任自流；既应该给学生适度的自由，又要根据教学目标进行适度控制。教师在交往中不仅应该经常保持其角色意识，进行自我分析、自我评价、自我克制、自我调节，还应该培养学生自我调控的能力，引导学生客观分析评价自己，培养其克服困难的勇气和自制力。④ 合理交往原则。合理交往主要是指师生交往双方以合作的精神、平等的态度、民主的意识、求知的兴趣进行的自由自主的交往。在教学中，只要遵循合理交往原则，师生就会处于一种融洽的关系中，大家都有畅所欲言的自由。这样，学生的学习就会变得轻松愉快，而不感到有什么压力，在自然和谐的气氛中接受并转换信息。

（三）学生间的人际接纳和排斥

是否被同伴所接纳，能否与他人建立起友谊关系，对学生的学业成绩、学校生活适应有很大影响。教育者必须了解学生人际接纳和排斥的特点和原因，才能很好地对待和处理这些问题。

首先，学生的人际交往水平会因年级的不同而变化。出现这种现象的原因，一方面，由于低年级初中生处于成熟和发展的初期，对自我关注较多；而随着年级的增长，他们开始学会尊重别人，从别人的角度来看问题，因此人际交往水平先降后升；而高中生的心理发展日趋成熟，人际交往水平也因此可以保持较高水平。另一方面，中学生心理和生理的逐渐成熟，使其要求别人把他们当成人来对待，而教师和家长常常来不及转变思想，因此他们必须从其他人那里得到认同。这使得中学生与成人的交往水平往往不如与同伴的交往水平高。

其次，学生的行为习惯也是影响人际接纳和排斥的重要因素。有的学生常表现出一些攻击性行为，如骂人、打人等，这类学生往往是不受大家欢迎的。但他们的人际交往状况对自己甚至周围其他同学的发展都有很大影响，需要引起教育者的高度重视。

最后，同伴接纳和友谊是既存在联系又互有区别的。从总体上说，被同伴接纳程度高的学生拥有的朋友数量更多，友谊的质量也更高。究其原因，同伴接纳是一和一对多的单向人际活动，学生主要通过自身的特点和与他人交往的行为方式影响其他人对他的态度，以及树立在同学中的地位；建立友谊则是一种一对一的双向交往，需要另外的交往技能来建立双方的深厚感情。相对于被同伴接纳来说，友谊更能帮助学生消除孤独感；而同伴接纳又可以为学生提供归属感，这对学生获得群体的认同、提高自尊心有重要影响。

（四）了解学生人际关系的方法

任何一个班级都存在一定的人际关系结构，其中，既有以行政方式结成的正式关系，也有学生之间交往而结成的非正式关系。正式关系常常是显而易见的，但非正式关系具有一定的隐蔽性。如班上谁喜欢谁，谁不喜欢谁；谁在班上最受欢迎、谁在班上最孤立；哪些同学由于经常交往，心理相容而结成了非正式小群体，其领袖是谁等，这些方面的交往关系则需要经过专门的了解才能把握。

了解学生人际关系的方法，除一般的观察法、谈话法、活动产品分析法外，还有一些专门的方法。

1. 社会测量法

社会测量法也称社交测量法，是用来评定一个团体中人际吸引或拒斥关系及其模式的方法。最早由美国心理学家莫雷诺提出，后经许多研究者进一步发展运用。社会测量法是一种团体测量，通过对特定团体的测量，可以知道其中是否有人具备领导该团体的条件，以及这个人是谁；也可以经由测量来了解团体内人际关系的状况，如是否保持良好的凝聚性或对团体成员的吸引力，以及团体整体结构是否良好。

社会测量法的实施通常是先以问卷的形式向全班学生提出一些内容强度不同的肯定或否定题目。如"你愿意（不愿意）跟谁一起去郊游"（弱标准）、"你最喜欢（不喜欢）和谁在同一课外活动小组"（中标准）、"你最赞成（不赞成）谁当班长"（强标准），让学生根据自己喜欢或不喜欢的程度依次写上同学的姓名（研究者通常采取3~5个问题，为统计方便起见，一般将被选对象限定为3名）。然后，根据答卷绘制人际关系靶型图（见图12.2）。

通过对图形的分析便可了解到，谁是班上在某一方面最受欢迎的"人缘儿"；谁是班上在某一方面最不受欢迎的"嫌弃儿"（即分别为在肯定题和否定题中被选次数最多者，如图12.2中的38号、18号和9号）；班上哪些人属于一个非正式小群体（在肯定题中的互选者）；哪些人之间存在矛盾的拒斥关系（在否定题中的互选者）。

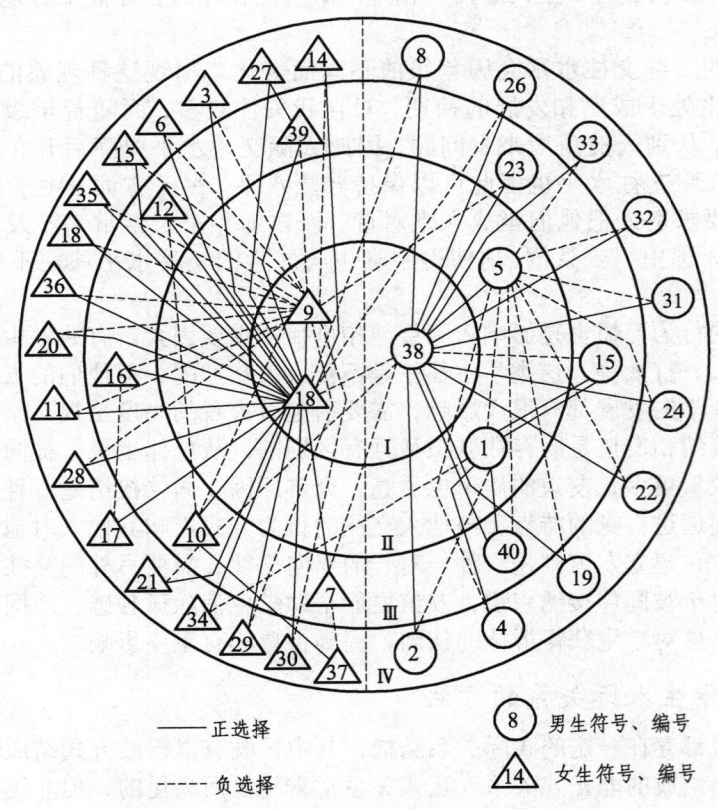

图12.2 人际关系靶型图

测量的结果可以用人际关系图来表示（见图12.3）。在运用社会测量法的时候，应注意结果的保密性。因为当人们知道不被某人接受时，很可能造成对这个人作出消极的评价，有时甚至酿成消极的人际冲突。所以，应在测量开始前申明测量的保密原则。

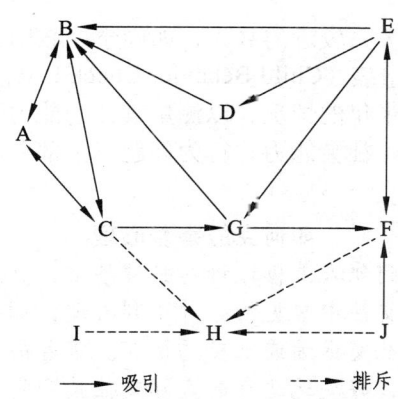

图 12.3　群体成员人际关系示意图

社会测量法的优点是：① 直观。它能形象地标明群体内人际关系的主要特点，掌握这些特点，有利于教师更有针对性地开展工作。② 数量化。它能用数字表明人们心理距离的远近、关系的亲疏。③ 快捷省时。如用观察法、谈话法全面了解班级内的人际关系状况，常常需要较长的时间。

社会测量法也有它的局限性：① 这种方法的信度和效度有时较低，如果被试对问题不能认真如实地回答，就会严重影响测量的可信性和有效性。② 难于了解到被试做出选择的真实原因。因此，应将这种方法与观察法、访谈法结合运用，以获取更全面的资料。③ 否定题容易引起学生的紧张和焦虑，特别是答案的扩散，容易扩大人际矛盾甚至引起纠纷，产生消极的后果，因此应慎用。

2. 参照测量法

参照测量法是一种采用间接方式揭示群体内谁最具影响力和权威的方法。它由苏联心理学家彼得洛夫斯基提出。他认为，采取直接询问的方式，难以了解人们作出选择的真实动机。同时，在群体内最受欢迎的人并不一定就是最具影响力的人，而通过参照测量法能将其揭示出来。

参照测量法的实施步骤是：① 研究者要求群体成员用某些品质（如诚实、热情、孤僻等）进行相互评价。② 将其他成员对某一成员的评价集中装入一个大信封内。③ 允许每个成员知道别人对自己的评价，但只允许选看一部分的评价（通常限制为 5~8 个人）。

这样，研究者通过成员的选择，可以发现哪些人在群体中最受信赖和重视。那些被集中提名的人，便是群体中最具有影响力的人，同时，成员的相互评价也能揭示个人的某些品质。

由于参照测量法隐蔽了测量的真实意图，使被试在不知不觉中反映出自己的真实选择和动机，能获得可靠的结果，从而弥补了社会测量法的不足。但是，如果群体成员很多，这种方法就会相当费时费力。

3. 量表测量法

使用经过严格程序编制的心理量表来评价学生或教师的人际关系状况，具有简便、快捷的优点。心理量表有自评和他评两种，前者是指被测者自己对量表中各个题目作选择或记录，而后者则是由他人来评价被测者的人际关系状况。

自评量表的使用受一些条件的限制，如由于年级较低的学生的认知能力有限，他们对题目的理解以及对自身人际关系的认识水平不高；再加上自评量表有时会受被测者主观性的影响，他们可能做出不符合实际情况的选择或评价，而他评量表正好可以弥补这方面的不足。

他评量表要求由与被测者关系较近的数人，如同学、教师、家长等，对其人际关系状况的各方面进行评价。儿童行为量表（Child Behavior Check List，CBCL）是一种常用的他评量表，由教师或家长评价学生近半年的情况，以测量其社会能力和行为问题，适用于4~16岁的学生。该量表包括一般情况、社会能力、行为问题三个部分。

【资料链接】

如何克服害羞心理

害羞是指在交往过程中受到他人消极评价的一种恐惧，且对不熟悉的人或情境采取回避或退缩的一种现象。它是社会交往中常见的一种不利心理，如果不能克服，长期下去可能造成严重的社交焦虑，甚至形成社交退缩或社交恐惧症。害羞的人往往对自己、他人，以及人际交往活动存有不正确的认识，并缺乏适宜的人际交往技巧和应对人际交往中出现不利状况的能力。要克服害羞心理，需要从认知和行为两方面共同入手。

在认知方面，必须认识到每个人都有优点和缺点，因此没有必要因为可能暴露自己的缺点而回避交往。害羞的人常对不熟悉的人或情境有一种莫名的焦虑和害怕，从而在交往活动中表现得十分紧张。这种焦虑和紧张一般都是源自担心自己在交往中表现不佳，小时候在严厉的管教下成长，或有过失败的人际活动经历的人身上表现得更为明显。对于这样的学生，教师应多鼓励，让他们多关注自己的优点，建立起自信心，使其在交往活动中尽量表现出自己优秀的一面。克服焦虑和害怕情绪的一种有效方法是，经常向别人展露自己，在不断熟悉各种交往情境的过程中逐渐降低情境与消极情绪间的刺激——反应联结。教师还可以根据不同的条件为害羞的学生制造一些展露自我的机会，如在课堂上鼓励他们提问和回答问题，让他们参加一些集体活动（如体育活动、郊游、聚会等），让他们做一些成为群体注意焦点的任务（如讲演、文艺表演等），使其在此过程中得到锻炼，减轻并最终消除焦虑或害怕心理。

在行为方面，害羞者需要学习人际交往的技巧，指导、模仿、角色扮演是常用的社交技能训练方法：①指导是指向学生传授关于人际交往的知识，如一些人际交往中的礼仪规则、谈话技巧，如何处理交往中的不愉快事件，以及关于人际交往的心理学知识等。指导是一种简便的社交技能训练方法，实现容易但见效缓慢。②模仿则是通过阅读相关书籍、观看录像、现场表演等方式向学生展示人际交往的过程，让学生模仿其中的交往技巧。模仿是一种效果较好且简便易行的训练方法。③角色扮演是指创建一些社交情境，让学生扮演其中的角色，通过这种模拟的人际交往活动让学生体验人际交往的过程，并习得相应的社交技能。

这三种方法都需要学生在现实生活中实践所习得的技能，才能真正提高社交能力。最后，社交技能训练还可以通过学生之间的相互帮助来实现，如让社交能力强的学生与害羞的学生经常接触，并有意识地帮助害羞者学习适宜的社交行为。

思考讨论与实践探索

1. 在班集体建设中如何正确对待非正式群体？
2. 请用日常生活中的事实说明从众和去个性化现象。
3. 教师怎样运用班集体中的社会心理现象的规律来进行班集体建设？
4. 人际关系的心理学本质是什么？影响人际吸引的因素主要有哪些？
5. 学校中的人际关系主要有哪些形式？它们分别有何特点？
6. 导致人际冲突的原因主要有哪些方面？如何理解冲突对人际关系的影响？
7. 如何把管理和引导冲突的方法运用到实际教学和生活中去？
8. 怎样才能正确处理好师生关系？

第十三章 学校心理健康教育

【学与教要求】
> 识记：健康与心理健康、心理健康教育、心理健康的标准、学校心理健康教育的原则等
> 理解：学校心理健康教育的意义，影响心理健康的因素，青少年学生的身心冲突与困扰等问题
> 应用：心理健康教育的途径和方法，学生心理健康问题与心理辅导，教师的心理健康与调适等

心理健康问题已日益引起大家的重视。心理健康教育的目的在于培养受教育者良好的心理素质，提高心理机能，充分发挥心理潜能，进而促进整体素质的提高和个性的全面发展。了解心理健康的内容、标准和特征，学会使用适当的心理调适方法则是开展学校心理健康教育的必要条件。

第一节 学校心理健康教育概述

一、健康与心理健康

（一）健康概念的演变

健康对于个人来说，乃是事业成功之本，生活幸福之源。在现代社会，人们越来越认识到健康的重要性。但是，人们对健康概念及健康标准的理解还缺乏科学的认识。因此，有必要对健康概念做一个科学的诠释。

1. 传统的健康观

在传统的健康观里，人们对健康的理解就是身体没病，不吃药、不打针、不感到身体不舒服。事实上，健康是一个综合的、历史性的概念。在不同的历史发展阶段，人们对健康概念的理解是不同的。人类对健康的认识和要求，与物质生产、科学技术、社会结构等变化密切相关。

在人类社会发展的早期，由于生产力发展水平低下，人们在与大自然的搏斗过程中，一旦失去健康就无法生存，此时的健康等同于生命。随着生产力的不断发展和物质日渐丰富，人类才有可能考虑抵御和消除疾病和伤痛，改善生活质量，以求得更长的生存期。在以后很长的一段历史时期里，人们往往仅在患病时才寻医问药，并认为只要不得病、不吃药、不看医生就是健康，即衡量一个人是否健康是以其是否患病及患病的严重程度为尺度的。

2. 现代健康观的发展

到了20世纪中叶以后，由于现代科技与社会文化的迅猛发展，现代社会生活中的人们普遍面临着激烈的竞争、频繁的应激、快速的节奏，前所未有的巨大心理压力使人们不堪重负，这对人类的健康产生了严重的影响。同时，科学技术的迅猛发展及新兴边缘学科的出现，为

人类认识自身提供了多种手段和方法,使人类对健康的认识和要求不断地扩展和更新,并赋予健康概念更丰富的内涵。人们逐渐认识到心理、社会因素在健康与疾病及其相互转化中的不容忽视的重要作用,因而逐渐确立了心身统一的健康观,即健康的全面观。

(1) 现代心理卫生运动的兴起。心理健康真正纳入现代科学的范畴,得益于20世纪初的心理卫生运动。心理健康运动是从如何正确认识精神病和给精神病患者以人道的待遇开始的。1792年,法国精神科医生比奈尔(P. Pinel)首先提出废除对精神病人的约束。在比奈尔时代,精神病人一直受着非人的待遇。在精神病医院里不仅受到火烤、鞭挞,且行动也受到锁链的束缚。比奈尔医生在他工作过的两所医院里,以大无畏的勇气和改革的气魄,毅然给住院精神病人解除了束缚他们躯体的锁链,并且努力为他们提供清洁的房间、良好的食物和仁慈的护理。这一创举引起了社会的强烈反响并引起了法国政府的关注。在法国政府的干预下,法国精神病医院的治疗环境得以改善。比奈尔的名声也因此传遍欧洲,他被公认为心理卫生的倡导者。

另一个对现代心理卫生运动的兴起作出贡献的是美国人比尔斯(C. W. Beers)。比尔斯的哥哥患有癫痫病,比尔斯担心这种病会遗传到自己身上,于是,终日惶恐不安。24岁时,比尔斯因精神失常从四楼跳下,自杀未遂,结果被送入精神病院。在精神病院里,比尔斯亲眼目睹和亲身体验了医护人员对病人的冷漠和虐待,对此,他深恶痛绝。病愈出院后,比尔斯立志为改善精神病患者的待遇而努力。1908年3月,他根据自己的亲身经历出版了一本自转体著作——《一颗自我发现的心》(A Mind That James),历数当时精神病医院的冷酷和落后,详细记述了自己的病情、治疗和康复经过,并向世人发出改善精神病患者条件的强烈呼声。比尔斯得到各方面的赞助后,于1908年5月成立了"康涅狄格州心理卫生协会",这便是世界上第一个心理卫生组织。1909年他创办了心理卫生杂志,采用多种形式宣传普及心理卫生知识,使心理卫生在美国逐步推广开来。

(2) 当代心理卫生运动的发展。当代心理卫生运动的发展大致经历了三个阶段:第一阶段,从改善精神病人的待遇到注意精神疾病的预防。心理卫生运动的重点也更多地放在精神病患者身上及其家属方面。该阶段从20世纪20年代到第二次世界大战结束。第二阶段,从第二次世界大战后到20世纪60年代。该阶段随着临床领域生物学模式向生物—心理—社会医学模式的逐步转变,心理卫生工作的重点也从关心身心因素对精神健康的制约逐步转向关注社会因素对精神健康的影响方面发展。第三阶段,从20世纪70年代初开始,目前仍在发展之中。该阶段从努力提高个人的适应能力向力图全面提高人的心理素质转变。全面提高人的心理素质,充分发挥人的潜能和创造性,塑造美好的心灵与个性,成为当今世界心理卫生运动的新目标和发展方向。

(二) 健康与心理健康的含义

早在20世纪30年代美国健康专家鲍尔和霍尔(Bauer.W.W.£H.G.)等就指出:"健康就是人们身体、心情和精神方面都自觉良好,活力充沛的状态。"1947年世界卫生组织(WHO)在其宪章中指出:"健康不仅仅是免于疾病和虚弱,而且是保持身体上、精神上和社会适应方面的完美状态。"这一概念改变了以往健康仅指无生理功能异常,免于疾病的单一概念,明确、概括地指出人们生命活动过程中生理、心理、社会行为等方面的要求,并在1978年初级卫生保健大会所发表的《阿拉木图宣言》中加以重申:"健康不仅是疾病与体弱的匿迹,而且是身心健康、社会幸福的完美状态。"该《宣言》进一步提出:"健康是基本人权,达到尽可能的健康水平,是世界范围内的一项最重要的社会性目标。"1989年,世界卫生组织给"健康"下了这样的定义:"身体无疾病不虚弱,心理无障碍,良好的人际关系和社会适应能力,只有这三方面的状态都达到良好时，才是完全意义上的健康。"由此可见，心理健康有生理、心理及社会行为三方面的意义。

（1）生理方面。一个心理健康的人，其身体状况尤其是中枢神经系统应无疾病，其功能都在正常范围，并无不健康的体质遗传。健康的心理必须以健康的身体为先决条件，有了健康的身体，个人在情感、意识、认知和行为上才能运作正常。所以说："健康的心理基于健康的身体。"

（2）心理方面。一个心理健康的人，其必对自我持肯定的态度，能自我认知，明确认识自己的潜能、长处和缺点，并发展自我；认知系统和环境适应系统能保持正常而有效率；在自我发展上与人际和谐方面均能兼顾；在本能、自我与超越自我之间能平衡发展，且能面对问题，积极调适，而不依赖消极的心理防卫。

（3）社会行为方面。一个心理健康的人，在社会环境中能有效地适应，并能妥善地处理人际关系，其行为符合生活环境中文化的常规模式而不离奇怪异，角色扮演符合社会要求，与社会保持良好的接触，且能为社会作贡献。

在世界卫生组织的推动下，上述健康的新概念在全球得到了传播并日益为人们所接受，并公认为健康是社会进步的重要标志和潜在的动力。

（三）评估心理健康的标准

关于衡量心理健康的标准，不同的学者有不同的观点，衡量的标准也不尽相同。我国学者许又新（1988）提出了衡量心理健康的三类标准，即体验标准、操作标准、发展标准。他同时指出，不能孤立地只考虑某一类标准，要把三类标准联合起来综合地加以考察和衡量。

（1）体验标准，是指以个人的主观体验和内心世界的状况为标准，主要包括是否有良好的心情和恰当的自我评价等。

（2）操作标准，是指通过观察、实验和测验等方法考察心理活动的过程和效应，其核心是效率，主要包括个人心理活动的效率和个人的社会效率或社会功能。如工作及学习效率的高低，人际关系和谐与否，等等。

（3）发展的标准，即着重对人的个体心理发展状况进行纵向考察和分析。

衡量心理健康是要把这三种标准联系起来综合考察。

（四）影响心理健康的因素

人的心理健康受生理、心理和环境因素的复杂影响和交互作用，其中生理因素是能否实现心理健康的自然基础或条件；环境因素，主要是指家庭和所生活、工作的具体环境，其在维护人的心理健康方面起着重要作用；个体的心理素质及其成熟水平等内部因素则是影响心理健康的主导成分。三种因素交互作用，影响着个体的心理健康。

1. 生理因素对心理健康的影响

生理因素对心理健康的影响主要表现在遗传、发育和疾病等方面。心理卫生学的研究表明，人的某些心理障碍或疾病与遗传因素有关。例如，父母的染色体形态异常所导致的后代先天智力发展障碍（唐氏综合征），目前还没有治疗的办法。还有精神分裂症、抑郁症等精神障碍都与遗传因素有着密切的关系。

在个体从胎儿到出生再到成熟的发育过程中，发育是否正常对个体心理健康的影响也是十分显著的。大量的研究表明，母亲在怀孕期间身体不健康、情绪不好或营养不良，可直接或间接地损害胎儿的生理发育，进而影响其心理功能的正常发展。出生后的生理发育迟缓也会导致心理的不健全。例如，语言、动作发育迟缓的儿童，入学后都会表现出不同程度的心理问题。

许多躯体性疾病尤其是神经系统的器质性病变或损害，可直接导致心理异常。例如，脑肿瘤、脑炎等脑部疾病以及物理、化学性伤害所造成的神经系统损伤，将会直接引起意识错乱、妄想、严重遗忘、人格异常等心理障碍。

由此可见，要培养和维护健康的心理，首先应具有健康的身体，身体健康是心理健康的重要基础和保证。

2. 心理因素对心理健康的影响

心理因素对心理健康的影响主要表现在人的心理活动状态对心理健康的影响，心理活动处于正常状态，人的心理才会健康。人的心理包括心理过程（认识过程、情感过程、意志过程）和个性（个性倾向性和个性心理特征），心理过程中的知、情、意三者之间，心理过程与个性之间应是和谐统一的，构成完整统一的心理结构系统，只有这样才能发挥心理活动的整体功能。我们说心理健康的重要标志就是心理活动机能的正常发挥，从而达到对环境的良好适应。如果人的各种心理活动的功能调节和发展不好，就会影响人的心理健康。我们仅从几个方面来说明这个问题。

在人的心理活动中，认识过程是人的心理活动的基础，如果没有对客观事物全面、客观的认识，就会导致情绪过程和意志过程失衡，人格也会出现问题。例如，有的人思维片面、狭隘，在情绪方面往往就会表现出偏激、缺乏理智，意志活动表现为自觉性差、容易受暗示、冲动性较强。

情绪对人心理健康的影响更为显著，而且会贯穿人的一生。例如，婴幼儿时期的依恋情感如果得不到适当的满足，就会使婴幼儿形成情感伤害甚至使其社会性发展出现障碍；学龄儿童在学校学习和其他社会生活中遇到较多的情绪困扰和情感挫折，容易导致焦虑、抑郁、惧怕等不良的情绪体验；青少年处于人生发展过程中的特殊时期，情绪波动很大，青春期萌动带来的情爱扰乱、人际交往困扰造成的感情伤害、各种需要得不到满足带来的情感压抑等会使这一年龄阶段的个体出现心理困扰和心理障碍；成年后学习、工作、家庭等多方面的挫折，往往是导致成人心理问题的主要原因。

人的意志品质发展得如何，对心理健康影响也很大。意志品质健全的人行动自觉，果断坚韧，具有良好的自制能力。与此相反，意志品质不健全的人则有可能在困难和挫折面前一蹶不振，形成意志薄弱或意志增强等心理缺陷。意志薄弱的人遇事缺乏信心和主见，易受他人暗示，自我控制力较差。如果进一步发展就可能导致意志消沉、意志缺乏等心理障碍。意志消沉的人情绪低落、悲观沮丧、行为被动、对一切事物都缺乏兴趣。而意志增强是与意志薄弱相反的心理缺陷，这种人常常表现出信心和努力程度超出常人的举动，但是这种努力是无意义的，是建立在主观妄想的基础之上的。严重者可能出现被害妄想、疑病妄想等病态人格。

在个性结构中，性格是具有核心意义的心理特征，它是在人的后天实践活动中逐渐形成发展起来的。性格有好坏和优劣之分。优良的性格特征，如宽容、开朗、合作、乐群、热情、自信、谦虚等既是心理健康形成的基础，也是心理健康的重要标志；而狭隘、自私、嫉妒、敌对、虚伪、固执、怯懦、冷漠、偏激等则是各种人格障碍和心身疾病产生的潜在基础。研究发现，具有偏激、固执、多疑、嫉妒等性格缺陷的人容易发展成偏执型人格障碍；自卑、孤僻、独立性差的人容易形成依赖型人格障碍等。

上述研究和分析的结果说明，要维护人的心理健康，提高人的心理品质，应从小培养其良好的素质。

3. 环境因素对心理健康的影响

人的生活环境包括家庭、学校、工作、社会及自然、物质环境，生活环境的优劣对人的心理健康有着重要的影响。

家庭是社会的细胞，每个人都生活在一定的家庭环境中，家庭的自然结构、家庭成员的关系、家庭的文化经济背景等对家庭成员的健康都会产生一定的影响。例如，研究表明，夫妻关系紧张、婆媳关系不和睦、亲子关系隔阂、经常发生冲突等，会造成家庭气氛紧张，影响家庭成员的心理健康。

学校教育对人的心理健康的影响是十分明显的。一个人在学校接受的教育如何，教育的内容、方法是否科学，等等，都影响着人的心理健康。研究表明，良好的师生交往关系和友好的伙伴关系，可以使学生产生接纳、温暖、安全的感觉，形成愉悦、平和、自信和互助等积极的情绪体验和人格特质；不良的师生关系和被同辈群体拒绝，易使学生滋生排斥、冷落、危险的感觉，并可引起并强化忧郁、恐慌、自卑、敌对等消极的情绪体验和人格特征。

人的工作环境对人的身心健康有着直接的影响。人在工作中压力和强度如何、是否具备保健措施、物质需要能否得到满足、人际关系是否和谐、人的成就动机能否得到实现，等等，都对人的情绪产生直接的影响，进而影响人的身心健康。调查表明，当今中小学教师工作时间长、压力大、工资收入低及缺乏必要的身心保健措施是造成教师职业倦怠的主要原因。

社会环境包括社会的政治经济、上层建筑、意识形态、社会风气和社区环境。社会环境的优劣对人的心理健康的影响也十分重要。在社会环境中，意识形态对人的心理健康的影响最为明显。社会意识形态对心理健康的影响主要来源于大众传播媒介。正反两方面的经验教训告诉我们，健康的意识形态有助于人的情感陶冶，人格完善，心灵升华，素质提高；腐朽没落的意识形态则会污染精神环境，腐蚀人的灵魂，消磨人的意志，并在一定条件下诱使一些人走向犯罪的深渊。心理卫生学的科学研究也证明了这一点。

例如，唐纳斯坦（Tonnerstein）等人的研究证实，色情书刊和色情片不但使女性的自尊和人格普遍降低，而且助长了男性以暴力对待女性的倾向，因此色情文化对人类特别是青少年身心的摧残是极其严重的。又如，社区环境对人心理健康的影响也十分明显，社区环境包括自然物理环境和人工生态环境。有关研究表明，城市的自然物理环境和人工生态环境均明显地劣于农村，其中噪声、"三废"和城市拥挤对人的健康影响极为不利。噪声还可以使人的感知能力、记忆能力、思维能力和注意能力减退，干扰人的情绪。工业生产产生的废水、废渣也会造成环境的污染，严重威胁人类的身心健康。总之，环境对人的身心健康有着重要的影响，优化环境是促进人类健康的重要途径。

（五）增进心理健康的一般途径

心理卫生学的研究表明，增进大众心理健康的有效途径一般有下列四种模式：

1. 社会学模式

该模式认为个人的心理健康状态受生活环境的影响，因此增进大众的心理健康需从社会文化层面加以注意与改善（如贫富不均问题、失学问题、就业问题、升迁不公问题、差别待遇问题），而社会变迁导致的社会问题（如家庭丧失功能或改组、代际差距、价值观念冲突或迷乱等）及其处理和防范，宜借助于健全的社会福利、教育、行政措施来促使整个生态环境的效能化，以利于增进和发展大众的心理健康。

2. 心理学模式

该模式强调个人生活适应功能，以期能面对并解决问题，有效处理情绪挫折与生活危机所带来的生活压力，以使不良影响降到最低限度。宜加强心理健康教育，以增进对健康人格发展的认知，培养良好习惯，消除不良反应。

3. 精神学医模式

该模式认为可分为三级预防措施：① 预防心理不健康的产生；② 已发病患的早期发现、诊断与治疗；③ 以临床精神医学的专业服务从事积极追踪与康复服务，以防止其形成慢性精神病。

4. 教育学模式

该模式认为，从纵向方面而言，尽力办好各阶段教育，且早期阶段的教育比后期重要。为解除各阶段的危机调适，宜做好心理健康的辅导工作。从横向方面而言，校内的行政、教学、师生关系、同辈关系与气氛以及校外的家庭教育与社会教育的配合教育同等重要。要研究如何经由教育的影响使人养成良好的习惯，形成正确的价值判断，学习为人处世之道及适应环境的技能，从而保持身心健康，享受幸福美满的人生。

【资料链接】

身心健康自我评估的七大标准

1. 快食：吃饭不挑食，津津有味。
2. 快眠："较快入睡，睡眠质量好，精神饱满。
3. 快便：快速通畅地排泄，感觉轻自如。
4. 快语：说话流利，头脑清醒，思维轻松敏捷。
5. 快行：行动自如协调，迈步轻松有力，动作流畅。
6. 良好的个性：性格柔和，适应环境，为人处世好。
7. 良好的人际关系：与人相处自然融洽，朋友多。

请记住这"五快""两良好"，你就随时可以评价自己的整体健康状况。

二、学校心理健康教育的意义、原则和方法

（一）青少年学生的心理健康现状

近年来，国内的心理学和教育工作者对青少年学生的心理健康状况做了大量调查研究，发现当前我国青少年学生的心理健康状况不容乐观，存在相当普遍的问题。由于家庭与学校教育不得当、教育体制的弊端，加上社会大背景的种种不良影响，青少年学生的心理素质方面存在着较普遍的问题。其中较为突出的表现有以下几方面：

1. 过度焦虑

这是中小学生情感发展中较常见的一种问题，其主要表现为过分敏感、多虑、易受暗示，经常为一些小事而烦躁不安、焦虑担忧。最常见、最典型的现象是考试焦虑症，有些学生面临考试，过分紧张，心理压力大，在考试时不易进入最佳状态，并出现焦虑不安、心跳加快、手心出汗，甚至出现"晕场"或"怯场"，从而影响临场发挥。

2. 孤独感倾向较重

孤独感如一个潜在的杀手，已悄悄走进尚未警觉的中国家庭，据《中国妇女报》曾组织的一个有关教育问题的社会调查表明，我国青少年学生有八大烦恼，其中"家长不理解我"和"我没有知心朋友"分别为烦恼之首和烦恼之六。调查结果表明，17.6%的孩子"常感到孤独"，14.8%的孩子自述"我没有什么知心朋友"。众所周知，没有伙伴，对孩子成长的负面影响很大，因为这使他们无法获得社会规则的学习，体验不到交往的快乐，难以形成健全的人格。

3. 厌学

有些学生一遇到与学习有关的事情就心烦，甚至旷课、逃学、厌学，有的表现在某一学科上，有些表现在各学科上，个别学生在强迫学习时还会出现许多身体反应，如食欲缺乏、睡眠障碍及恶心、呕吐、腹泻、头痛等症状。

4. 自卑感

自卑感是青少年学生常见的一种心理缺陷，它是一种觉得自己不如他人并因此而苦恼的感情。有这种心理状态的学生，常常对自己的能力、品质等做出偏低的评价，总认为自己比别人差而悲观失望、丧失信心。在班级里表现出小心内向、孤独、偏见、完美主义等，所以易被同学和老师忽视。

5. 依赖性强，独立性差

当今的青少年学生在父母"只要你把学习搞好，别的什么都不用你管"的片面教育下，其整体素质出现了明显的缺陷，突出表现在生存意识、实践能力及意志品质等方面。为此，团中央前书记袁纯清曾发出过郑重呼吁，他在呼吁中提到，据天津对1 500名中小学生的一项调查，51.9%的学生长期由家长整理生活用品和学习用品，74.4%的学生在学习上离开父母就束手无策……

6. 承受挫折的能力较差

在当今众多的家庭中，孩子是"小皇帝""小公主"，缺乏必要的竞争和家务劳动锻炼，怕吃苦和娇气的孩子数量显著增多，稍遇挫折就表现出退缩焦虑、情绪低落、丧失信心乃至走上绝路。据某儿童医院统计，1983年至1987年4月间，该院抢救自杀中小学生11起，而仅1995年一年，该院抢救自杀中小学生就达11起。面对这组数据，我们不能不问："我们的孩子的心灵为何这般脆弱？"

（二）开展心理健康教育的重要意义

1. 什么是心理健康教育

良好的心理素质是人的素质的重要组成部分，培养和造就高素质的创造性人才，是以心理健康为前提条件的。心理健康作为提高心理素质的教育，不仅是素质教育的有机组成部分，而且也是学校教育本身的内涵。中共中央在《关于进一步加强和改进学校德育工作的若干意见》中明确要求："学校要通过多种方式对不同年龄层次的学生进行心理健康教育，帮助学生提高心理素质，健全人格，强调承受挫折适应环境的能力。"

那么，什么是心理健康教育呢？心理健康教育是指教育者运用心理学、教育学、社会学乃至精神医学等多种学科的理论和技术，通过多种途径和方法，培养学生良好的心理素质，提高其心理机能，充分发挥其心理潜能，从而促使学生整体素质全面提高和个性和谐发展的教育。

2. 开展心理健康教育的意义

（1）社会和时代发展的需要。随着社会竞争的日趋激烈，人们普遍承受着各种心理压力，心理障碍和心理疾病的出现也比较频繁，并呈现不断增长的态势。中小学生正处于身心发展的重要时期，且相当一部分是独生子女，竞争的日益加剧加上独生子女这种特殊的家庭结构，使其很容易在学习、生活、人际交往和自我意识等方面产生各种心理行为问题。

国内外专家在讨论21世纪人才应当具备的素质时所提出的素质大部分属于心理素质的范畴，如进取意识、自主精神、社会适应能力、高度的责任感、自信心、良好的道德品质、对科学和真理的执著追求、善于学习、合作精神、多样化的个性特长和专长等。这说明良好的心理素质是未来人才的基本要求。在这种情形下，对中小学生开展心理健康教育，帮助他们掌握调控自我、发展自我的方法和能力，全面提高他们的心理素质，实现可持续发展，已成为社会和时代发展的需要。

（2）学生全面发展的需要。心理健康是中小学生德、智、体、美诸方面全面发展的基础和保证。没有健康的心理，特别是在性格方面存在缺陷的学生，很难形成良好的品德。青少年学生由于正处于身心发展的急剧变化时期，身心发育尚未成熟，社会阅历欠缺，心理承受能力较差，导致他们不善处理生活、学习中所发生的各种心理冲突。因而心理和行为容易失常。再加上紧张的学习负担和家长盼子成龙的压力，他们的各种心理困惑、心理失衡，甚至心理疾病得不到及时排解、消除和矫正。这就使得部分中小学生存在心理健康问题，如厌学、单相思、出走等。因此，要排解消除学生的心理障碍，使学生在认知能力、人格特征、情感意志和社会适应能力方面得到健康发展，就必须在青少年学生中开展心理健康教育。

心理健康还是提高学生审美素质的基础和条件，对他们来说，心理健康本身就是一种美，没有健康的心理，也谈不上外在美和内在美。心理健康教育还有助于劳动观点与劳动习惯的培养，而有心理行为问题的学生往往会在劳动中采取逃避的态度。因此，对中小学生进行心理健康教育是其全面发展的需要，也是为其日后有效从事社会实践活动开展的一项基础工作。

（3）实施素质教育的需要。在我国，由于历史和现实的原因，在基础教育阶段，多年来以培养"应试教育"为己任，并形成了与之相适应的一整套学校教育观念、教育工作结构和教育教学程序。其基本特征是以追求升学率为目标，以文化知识的灌输为核心，以定指标、排名次为杠杆，以"题海战术"和频繁的统考为手段。这实际上弱化了教育向素质教育的转轨，必须进行教育，将心理素质教育放在一个十分重要的位置上。

近40年来，世界教育改革的浪潮此起彼伏，涉及学校教育的方方面面——教育目标、教育内容、教育途径、教育手段、教育思想等。可以说，突出心理素质教育，培养具有现代心理素质的现代人，已经成为当今世界教育改革不可逆转的潮流和趋势。

中小学心理健康教育是素质教育的具体实践。以中小学新课程改革为例，强调课程改革要促进每个学生的身心健康发展，培养良好品德，培养终身学习的愿望和能力；加强课程结构的综合性、均衡性与选择性；加强课程内容与现代社会、科技发展及学生生活之间的联系；倡导学生主动参与、探究发现、交流合作、改进学习方式，使学生真正成为学习的主人。上述等等做法都需要从心理健康教育入手。

（三）学校心理健康教育的原则

当前，在青少年学生中开展心理健康教育应遵循以下一些原则。

1. 面向全体、重视个别的原则

心理健康教育既要面向全体同学，强调以发展性心理教育为主，又要兼顾个别学生心理问题的疏导和矫治。这是因为青少年学生在成长的过程中都存在着如何认识自己、认识环境、调整自己、适应环境的问题。因此，每一个学生在校期间都必须接受心理健康教育，而且应该是越早越好。学校心理健康教育应当无偏颇、无成见、无条件地面向全体学生，以全体学生为服务对象，一切心理健康教育的设施、计划、组织活动都要顾及全体学生。

在面向全体学生的基础上，又要注意每个学生的个体性和特殊性，既不能使个别差异消失在全体之中，也不能只注意个别而放弃全体。因此，学校、班级既要有面向全体学生的辅

导计划，又要使每个学生有自己的行动计划；在收集资料时，既要有统一的学生心理档案，又要根据每个学生的不同情况作出记录；在开展活动时，既要吸引全体学生参加，又要分别对每个学生提出不同的要求，尽量做到班级辅导和个别辅导相结合，全体参与与个别化对待相结合。

2. 情感性原则

情感性原则是指教育者要热爱学生，尊重学生，遵循人的生理、心理发展规律，满腔热情地去关心和帮助他们的健康成长，这是进行心理健康教育的最基本的要求。教育者只有热爱学生，才能热心去做关怀学生心灵的工作，这是教育者的一种美好而崇高的职业感情。爱可以使学生心理健康发展，爱可以化解学生心头疑惑，爱可以增强学生生活的信心和勇气。教育者尊重学生，才能和学生建立起信任、合作的关系，学生才愿意敞开心扉，教育者才能有效地实施教育计划。相反，教育者如果不尊重学生人格、讥笑、歧视有心理问题的学生，就不可能扫除学生的心理障碍，甚至还有可能使学生的心理障碍更加严重，伤害学生成长的心灵。

3. 疏导性原则

疏导性原则就是指教育者要循循善诱，疏通学生的心理障碍。对于出现心理问题的学生，教育者要认真分析产生的原因，利用各种机会因势利导，将他们沉郁在心中的种种不愉快的感受宣泄出来。一个人内心极度的不良情绪，如悲痛、愤怒、忧郁等，就如同健康人体内的毒素，不及时宣泄、疏通，就会抑郁成病。如果教育者用简单粗暴的方式对待有心理问题的学生，学生极易产生对抗情绪，压抑在心头的不良情绪越积越多，无法得到疏通，往往会以扭曲的方式宣泄出来，如攻击他人、损坏东西等，这会使本来就有的心理问题更加严重，这样的结果与心理健康教育的目的是相悖的。

4. 预防性和发展性原则

心理健康教育应重在预防，通过优化学生的心理品质促使他们的心理健康发展，尽量避免或减少心理问题的发生。心理治疗的效果再好，也只是补救性的。心理健康教育最根本的还在于防患于未然，全面提高学生的心理素质，增强其心理自我调适能力、防御能力、承受能力。当然，我们不能把预防误解为阻止问题的发生，学生心理问题得到发生受多种因素的影响，我们无从预料也无法阻止。关键是要通过优化学生心理品质的教育提高其心理素质水平，尽量避免或减少心理问题的发生。学生如果出现心理问题，由于其具有良好的心理素质，就有自我调适能力和承受能力，就能自我调控。所以预防和发展是同步的，都是提高学生心理素质应遵循的原则。

（四）学校心理健康教育的途径和方法

学校心理健康教育是有目标、有计划地对学生的心理品质进行全面的培养和提高，主动地预防心理问题的发生，而时代的进步和素质教育的纵深推进在不断呼唤着有效的心理健康教育。为此，从当前实际出发，可采取以下一些有效途径和方法开展学校心理健康教育。

1. 加强师资培训，转变教育观念

在当前普遍开展心理健康教育的过程中，培养一支自身心理健康，懂得心理学专业知识、掌握心理辅导技巧和具有心理训练能力的教师队伍至关重要。这是因为教师本身的素质水平直接影响到学生的素质水平，教师不健康的心理状态必然导致不良的教育行为。有时教师很随便的一句话，就有可能造成对学生的伤害。这是因为在成年人看来很小的问题,在孩子心理却能产生放大的感觉,如果成年人不引起注意,就有可能发展成为各种心理疾患。

因此,作为教师必须学习和掌握现代心理学和教育学的基本理论和知识,转变教育观念,规范自己的教育教学行为。一方面,可以利用所学的理论知识来调适自身的心理问题,保持健康的心理状态,使自己始终处于一种积极、乐观、向上、平和、稳定的健康状态,以旺盛的精力、丰富的情感、健康的情绪投入教育教学工作;另一方面,又可以在日常的教育教学活动中关注学生的心理健康,反思自己的教育教学行为是否恰当性,分析自己的教育行为对学生产生的影响是否积极,注意与学生交往的方式,用科学方法去处理和解决教育教学过程的各种问题,努力提高教育水平,促进学生的心理健康良性发展。

2. 开设心理健康教育课程和讲座

心理健康教育是一种情绪调节和情感体验,是心灵的沟通、理念的认同。心理健康教育课程要以学生心理发展的规律和心理发展需要为前提,针对学生的心理问题予以辅导和训练。为此,开设的心理健康教育课程应不同于一般课程的知识和技能的传授和培养,而应着眼于心理素质的培养和人格的全面发展。课程的目标不应是单纯地掌握心理学知识,而应是针对学生的实际,通过具体事例使学生懂得认识自我和发展自我的道理,培养自信、自省、自我认识、自我调节的能力,实现优化心理品质的目的。

心理健康教育课的内容应包括学习心理教育、情感教育、青春期教育、人际关系指导、健全人格的培养、抗挫折能力的培养和学生自我心理修养等。以课程形式进行教学时,必须遵循教学与活动并重的原则,充分突出学生的主体地位。除此之外,还应当遵循超前的社会适应原则、发展性原则和可操作性原则。比如,在课堂上可以采取心理剧表演或角色扮演、价值澄清、两难推理等训练方式,寓知识教育于活动中,使学生的不良情绪得到控制,不良心理得到矫治,进一步完善和提高学生的心理素质。

3. 开展多种形式的心理咨询

当前,青少年学生的自我保健意识日趋增强,有了各种不适应性和心理问题后,常常主动寻求心理辅导教师的帮助。据上海青少年门诊部反映,近年来,高中生独自来找心理医生已经很常见,这类就诊者已达20%,这说明中学生对心理咨询有着强烈的需求。因此,开展多种形式的心理咨询便显得十分必要。具体形式有面谈咨询、信函咨询、热线咨询等。其主要任务是一方面帮助学生解决一些特别的心理问题,度过一些特殊的心路历程,如早恋、升学、就业等,有针对性地对各种心理障碍和心理疾病进行治疗和辅导;另一方面为学生的发展提供某些建设性的指导和帮助。

4. 学科教学中渗透心理健康教育

学校以教学为主,对学生进行心理健康教育的最佳方式就是将它渗透到各科教学中。这就要求教师要根据学生的心理规律来进行教学,在各科教学中有意识地普及心理卫生知识,尤其是学习心理方面的常识,帮助学生掌握学习效果,这种方式可以在潜移默化中使学生的心理素质得到提高。

5. 建立学校、家庭、社会协同的整体的教育网络

心理健康教育是一个学校教育、家庭教育和社会教育组成的一个庞大的系统工程。它应该以学校教育为主,家庭和社会共同参与,这是因为学生的时间一半以上是在学校以外度过的,他们不少的心理问题都来源于家庭和社会。

大量的研究表明,如果家庭气氛宁静愉快,孩子在家里便感到有安全感、愉快、生活乐观,信心十足,待人和善,易于形成良好的性格;相反,如果家庭气氛紧张、冲突不断,家

庭中的孩子就会缺乏安全感，出现情绪不稳定，紧张、焦虑，长期忧心忡忡，对人不信任，易发生情绪问题。因此，家长必须参与到心理健康教育的过程中来。

另外，社会的各种传媒要向青少年学生宣传心理卫生知识，在社区中设立心理健康关心委员会，举办短期培训班，向家长宣传心理学和教育学知识，等等。只有这样，才能保障学生心理健康发展的良好的社会环境和家庭环境。

三、学校心理健康教育的发展趋势

（1）心理健康教育的队伍建设日趋专业化。目前，我国大多数中小学都在积极开展从事心理健康教育教师队伍的专业培训，把对心理健康教育教师的培训列入当地和学校师资培训、继续教育的计划中。通过培训，使从事心理健康教育的教师熟练掌握进行心理健康教育所必备的专业知识和能力。另外，通过培训取得证书的教师，还要有获得从事专职心理咨询（辅导）教师的资格认证。今后的方向是学校逐步建立在专家和校长的领导下，以思想品德课和思想政治课教师、班主任和团、队（专职共青团、少先队）干部为主体，专兼职心理辅导教师为骨干，全体教师共同参与的心理健康教育工作体制。要创设和构建一个心理健康教育的良好环境，学校的每一位教师都应成为学生的心理保健医生。这样，中小学心理健康教育教师骨干是主体，班主任是基本队伍，是具体实践者。对班主任进行心理健康教育培训将是今后相当一段时间内的重要工作。培训内容包括心理健康的知识、指导思想和方法等，同时有望与师德教育结合起来。今后学校进行心理健康教育的发展趋势应该是：既有专职的心理健康教育教师，其他所有的教师又都能在日常的各项教育教学工作中全面贯彻和渗透心理健康教育，而班主任则成为上述两者紧密联系的桥梁。

（2）心理健康教育的模式逐渐科学化。要有效地开展对中小学学生的心理健康教育，实现全员、全程、全方位的具体操作，必须建立一套学校心理健康教育的运行模式。其中学校是开展心理健康教育的主渠道。根据学生的不同年龄特点，小学的心理健康教育可以游戏和活动为主，初中可以活动和体验为主，高中可以体验和调适兼顾，但要始终贯穿一条活动主线，突出实践性和活动性；同时强调与学校外部的心理健康教育环境相结合，做到学校家庭和社会齐抓共管。

目前应强调心理健康教育的三个主体：学生是主体，教师是主体，家长也是主体。一方面，面向全体学生的心理健康教育模式可以采取开设心理健康讲座、建立心理档案、在学科教学中渗透（即利用学科知识点、涉及点、接触点、联系点等）、在各种集体活动和社会实践活动中渗透等形式；另一方面，面向个别学生的心理健康教育模式可以采取个别心理咨询、心理辅导、网络指导、行为矫正等方式。

（3）心理健康教育的途径和方法不断具体化。今后开展中小学心理健康教育的三条途径：一是全面渗透在学校教育过程中，这是主要途径；二是开展心理健康教育活动；三是设立心理咨询中心或心理辅导室。

从微观和具体操作来看，可以从众多方法中选择适合学校特点的方法。如进行心理健康知识的普及教育，但不是心理学知识的普及，更不是按学科教学的思路进行心理健康教育，而是运用心理健康知识解决学生在学习和生活中碰到的实际问题，以增强学生的自我心理修养，提高自我评价能力；为学生建立心理档案，使老师和家长更好地了解学生，使学生正确地认识自己；开展心理咨询和辅导，进行团体咨询或个别咨询，帮助学生扫除成长中的障碍和烦恼；开展丰富多彩的学校、班级、团队活动，使学生在活动中磨炼意志，养成良好的习惯，锻炼能力，促进良好个性的发展；调动家庭和社会的各种力量，创设符合中小学生健康成长的环境等。

第二节　青少年学生的心理健康

青少年学生正处在青春发育期，也是个体经历童年走向成熟的过渡时期。在这一时期，学生无论是在身体形态、机能、脑和神经系统的发育上，还是在肌肉力量和运动能力上，都发生了一系列急剧变化，同时也经历着心理发展的种种困惑、矛盾和挑战。

一、少年期生理的发展变化与心理冲突

少年期又称青春发育期，具体是指以第二性征出现为起点，身心各方面发生重大变化的时期。在生理上以性发育为主要标志，在心理上以意识到自己不再是孩子为主要标志，而这两者恰恰是同时出现的。在我国，少年期一般定在十一二岁至十四五岁，相当于初中教育阶段。此时的个体既要经历生理变化尤其是性方面的成熟，又要经历两次重要的学校环境的改变，即从小学到初中、从初中到高中的变化，因而少年期是个体认知、情感、意志、人格发生质的变化与转折的阶段。如果能顺利适应这些变化，身心就能顺利地成长，为将来进一步的发展打下良好的基础。

（一）少年期的生理变化

个体从十一二岁起，进入身体生长发育的第二个高峰期。身体外形迅速地改变着儿童时所具有的特点，身体内部机能明显增强，而性的成熟标志着他们从生理上已逐渐成为成人。

1. 身体外形的剧变

首先是身高的增长。身体发育增长是少年期最明显的特征。据统计，个体在青春发育之前平均每年增高3~5厘米。而进入青春发育期之后，每年平均增长量为6.38厘米。其中女生出现"发育加速期"，9岁时女生已进入快速增长阶段，12岁达高峰，比男孩早两年左右。这时的女孩比男孩平均高出2.35厘米，而后生长速度逐渐下降。男生的身高13岁左右进入快速增长，14岁达到高峰，这时比女孩平均高出8.01厘米，到15岁左右增长速度又逐渐回到以前。13~15岁的少年特别是男生，由于下肢骨和脊椎骨的增长速度加快，肌肉的支撑力相对减弱，很容易出现脊柱弯曲或脊柱异常等现象。因而成人应注意让青少年养成端正的坐姿及良好的体态动作，指导他们加强胸、腹肌的锻炼。

与身高的迅速生长一致，体重的增长速度也明显加快。我国儿童9岁以前男女体重相差无几，9岁以后女生进入快速增长期；11~14岁时体重增加最快，平均每年增长4.4千克；14岁后增长速度下降。12岁的女生比同龄男生重约1.64千克，最大差异达到了2.30千克。男生13~15岁时体重增长最快，年均增长约5.5千克，有的甚至高达8~10千克；男生在13岁前后超过女生，平均比女生重3.40千克；男女学生身高、体重发育曲线如图13.1、13.2所示。

少年期体重的增加具有特殊的意义，反映出个体脂肪的沉积、肌肉的发达、内脏的增长以及骨骼的增长与增粗的程度。同时，15岁之前的少年，其脑围、肩宽、骨盆宽、坐高等外形特征也处于急速增长阶段。进入少年期后，个体的头、面部特征也变化很大，以前较低的额部发际逐渐向头顶部及两鬓后移，嘴巴变宽，嘴唇变厚。

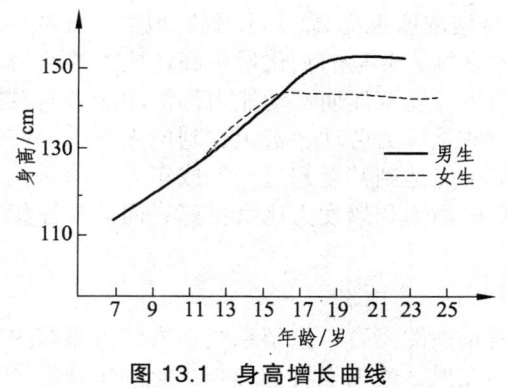

图 13.1 身高增长曲线

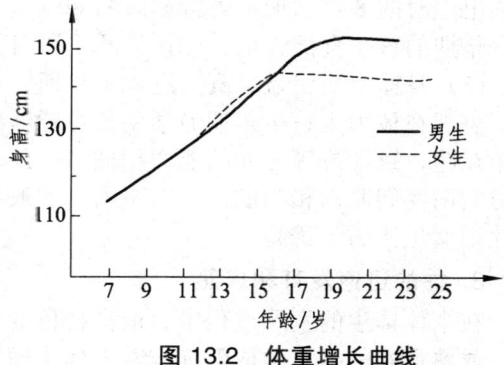

图 13.2 体重增长曲线

2. 身体机能的增强

人体内的器官和组织各有各的机能，到了少年期，它们迅速增强，并趋于成熟。

(1) 神经系统日益完善。神经系统在个体的生长发育中一直处于领先地位，10 岁时个体的脑重和脑容量均已达到成人的 95%，12 岁时均已接近成人。

青春期大脑发育的重点主要表现在机能方面。这首先反映在脑电波的频率变化上。有关脑电波的研究发现，随着年龄的增长，脑电频率逐渐加快。到 10 岁以后，出现明显的α波（频率为 8～13 HZ/S）。十三四岁之后大脑发育基本成熟，脑电波主要表现为α波。β波（频率为 14～30 HZ/S）是大脑皮层处于特殊紧张活动状态时的主要脑电活动。这时脑电波的发展会表现出第二次飞跃的现象（第一次飞跃出现在 5～6 岁），反映出脑皮层细胞在机能上进一步成熟，而且这种成熟主要是负责意识性、计划性等高级心理机能的顶叶、额叶发展的结果。

同时，少年期大脑的兴奋与抑制过程逐步平衡，特别是内抑制机能逐步发育完善，第二信号逐步占据优势地位，其概括和调节作用也显著增强。脑和神经系统的日益完善为少年期心理尤其是抽象逻辑思维的进一步发展提供了保证。

(2) 内脏机能逐步健全。首先是心血管系统的发展。心脏是人体的重要器官。个体进入青春期，心脏迅速生长，重量可达出生时的 10～12 倍。心肌也不断加厚，心脏功能明显提高。随着心脏的发育，心率逐渐放慢，十一二岁时为 80 次/分左右（刚出生时约为 140 次/分），在青春期以后逐渐接近成人水平。

血压方面，由于动脉、静脉与心脏的发育并不一致，在青春期前（9～10 岁），动脉与静脉血管就已基本成熟，超过心脏的发育，心脏排出的血量少，而血管内径大，血液流动阻力小，所以血压较低。到了 14～15 岁时，支配心脏活动的神经纤维已发育健全，能有效地调节心脏的活动。由于心脏收缩力增强以及内分泌系统变化的影响，每次心搏所排出的血量增多，加上此时血管的发育又落后于心脏的发育，血管的口径相对血流量来说过于狭窄，阻力增大，使处于青春末期的个体血压易出现增高的现象，甚至导致青少年时尤其是运动后会感到头晕。

其次是呼吸系统的发展。自青春期开始，肺生长旺盛，12 岁时肺的重量大约是新生儿的 9 倍。与之相应的呼吸功能也随之增强，10 岁时，个体的肺活量只有 1 400 毫升左右，到十四五岁就增加到 2 000～3 000 毫升。但男女生的肺活量存在明显的差异。由于 14 岁以后是青少年呼吸系统发育的重要阶段，所以，应重视加强对青少年的体育锻炼与指导，促进其呼吸肌发达，肺活量增加，胸围增大等，使其呼吸系统的功能全面增强。

同时，少年期的消化系统还随着生理的发展快速成长。由于生理机能的改变需要吸收更多的食物以维持机体所需的热量，因此，进入少年期，个体胃的形状变得又长又宽，胃的重量从出生时的 8 克增加到青春期时的 80 克,而且胃酸浓度也提高,以便更好地消化食物。因而少年期的孩子食欲大增,能接受几乎所有类型的食物,食物的消化量可高达成人的两倍。

(3) 身体素质明显提高。进入少年期,身体的生长发育促使运动能力和活动能力明显提高,表现在体力上,少年期的学生已经能够参加一些重体力劳动,甚至达到成人水平。许多少年在跑、跳、投等方面的能力和成绩以及耐力都可能达到甚至超过一般成年人。同时,由于男女两性间肌肉和脂肪比例的不同,一般男少年的耐力和爆发力比女生好,而柔软性和平衡性则女生比男生优越。

3. 性的迅速发育和成熟

在个体毕生的发展过程中,最富特色的现象就是性的发育。生殖系统在人体各系统中是发育成熟最晚的,它的成熟标志着人体生理发育的完成。性的发育成熟是少年期生理发展的一大特征,包括第一性征即性器官、性机能的发育成熟和第二性征即性的体形、体态的突现。

(1) 第一性征的成熟。第一性征的发展指所有直接与生殖有关的生殖器官中发生的成熟性变化。如女性的卵巢、子宫、阴道和男性的阴茎、阴囊和睾丸的成熟变化。

男性的第一性征一般在 13 岁开始出现显著的变化,到 15 岁左右发育成熟,接近成人。这时睾丸开始发育,产生精子,前列腺和精囊腺一同产生精浆,与精子组成精液。精液达到一定量就排出体外,产生遗精。目前我国男子首次遗精的平均年龄一般为 14.46 岁,标准差为 2.01 岁(刘达临,1990)。女生的生殖器官的发育一般从 11~12 岁开始,先是外生殖器的改变,继而阴道、子宫、卵巢快速发育。月经初潮标志着性发育即将成熟。我国女性月经初潮的年龄为 13.04 岁,标准差为 1.16 岁(刘达临,1990)。

(2) 第二性征的发育。第二性征是指从外部观察到的身体的体征变化,它们是性成熟的外部信号。如乳房的发育、阴毛和腋毛的出现,嗓音的变化,皮下脂肪的增厚,等等。

第二性征是男女少年身体外形变化的重要标志,其发育过程前后需要四年左右的时间。具体变化及其顺序如表 13.1 所示。少年正是从这些身体的变化中觉察到并最终确定自己已经步入青春期了。

表 13.1 男女第一、第二性征发育顺序

年龄	男	女
8 岁		骨盆变宽,臀部变圆
9 岁		皮脂腺分泌增多
10~11 岁	睾丸及阴茎开始增长	乳房开始发育
12 岁	声带变长,声音开始变低	阴毛长出,生殖器官增大
13 岁	睾丸增大,阴茎进一步增长,阴毛长出	阴道分泌物从碱性变为酸性
14 岁	声音变粗,低沉	月经来潮,腋毛长出
15 岁	阴囊色素增加,腋毛长出,开始有须,睾丸增长完成,首次射精	骨盆明显变化,显著增宽
16~17 岁	面部及身体长毛,阴毛成男子型,出现精子,痤疮	月经已有规则,并开始排卵,骨骼生长开始停止,痤疮

近年来的大量研究表明,少年期生理发育与性的成熟表现出相当明显的提前趋势。这主要与卫生医疗发展和个体营养条件的不断改善有关,从而极大地促进了少年期生理的发育与成熟。

（二）少年期的身心冲突与困扰

少年期生理的发育成熟来得快而突然，前所未有，对少年心理上的冲击很大，出现了身、心发展的不平衡，也使少年面临众多的心理冲突与行为困扰。

1. 身体变化引起的心理失衡与冲突

由于身体的加速生长，第二性征的出现，男女少年对自己的身体变化有时会感到陌生。他们不断地重建对身体的自我形象，更加关注自己身体的各个方面，包括自己的身高、胖瘦、长相以及是否像个男子汉或苗条少女等等。爱美之心日益增强，往往因身体的健壮、容貌的端庄而心满意足，而对自己身体的某些缺陷或弱点十分敏感，并容易由此引起自卑、羞怯、敏感、忧虑等消极心理。

同时，身体的发育成熟使青少年有了"成人感"，但由于心理成熟延后，许多需要无法得到满足，从而易产生紧张感和一些过激行为。与此同时，青少年的心理成熟又因环境的影响表现出相反的趋势，加大了生理成熟与心理成熟的距离，从而使青少年身心失衡与冲突的现象随之加剧。其主要表现在以下两方面：

（1）反抗与依赖的冲突。青少年"成人感"的产生，使他们在心理和社会地位上希望能尽快进入成人的角色，摆脱成人的束缚。他们开始反抗童年时代同成人形成的依附关系，甚至有时只是为了反抗而反抗，没有理由，表现出不服从权威，不愿意轻易接受成人的意志或意见，常处于一种与成人相抵触的情绪状态。

但同时，在少年的内心并不能完全摆脱对父母成人的依赖与屈从，只是依赖的方式和程度与过去相比有所改变。童年时对父母的依赖更多的是情感和生活上，少年时则更希望从父母那里得到精神上的理解和支持，在遭遇挫折时仍需要成人的帮助和指导。只是少年期望得到成人式的信任和尊重的心态常受到成人的忽视和压抑，使他们表现出强烈的反抗心理。

（2）闭锁与开放的矛盾。进入少年期，个体也不再像儿时那样外露与直爽。一方面性的成熟使他们感到既神秘又难为情，因而不愿意向别人吐露心声，而智力水平的提高使他们对事情有了自己的判断力，不肯轻易地表露自己的情感和思想。同时自我发现又使他们的心理活动更多地指向内心世界和关注内心体验。由于独立自主的愿望经常得不到成人的理解和支持，他们经常会感到孤独，满腹的心里话不知找谁倾诉，于是便通过写日记来"自我沟通"。这就是发展心理学家指出的"闭锁性"特点。

其实，与少年期这种心理闭锁相伴的，还有一种突出的开放性心理。青少年由于对许多问题还不能依靠自己的力量和能力去解决，常感到非常孤独寂寞，非常希望有人能关心和理解自己。为此，他们不断地寻找能推心置腹倾诉心声的知己，渴望向知己敞开心扉，如果在生活中找到了尊重、理解自己又值得自己尊重、理解的知己朋友或同龄人，他们就会毫无保留地向其倾吐自己内心的秘密，并希望得到对方的同情、理解、支持和帮助。

总之，少年期学生在认知能力、思维方式、人格特点和社会经验等方面的不够成熟，引起心理上多方面的矛盾和冲突，表现出既依赖又逆反，既封闭又开放，既勇敢又怯懦，既自卑又自尊，既渴望独立又难以独立，既否定童年又眷恋童年的独特面貌。

2. 性的成熟带来的心理冲击与困惑

性的成熟与性征变化对少年心理的几乎所有方面都将产生极大的震动。

（1）月经带给少女的心理困扰。月经初潮是女孩月经周期的开始，会对女性的身体与情绪产生一定影响。在月经来潮前几天，乳房会胀痛，腰酸疲倦，腹部有痉挛与下坠等感觉，有些女性还会表现出烦躁、不安、易怒、焦虑等情绪变化。这在医学上称之为"月经前症候群"。不过，这有极大的个别差异。女孩子们往往对突如其来的月经初潮惊慌失措，不知怎么办，引起强烈的心理冲突，尤其是对早熟毫无心理准备、没有青春期卫生常识的女孩，影响就更为明显。女生对于月经初潮的主要心理体验依次表现为害羞、恐慌、好奇、无所谓等，这说明月经初潮给女生带来了一定的心理压力。在这一段时间里，不少女孩存在着紧张、焦虑、抑郁心理，以为自己患了什么病，有些不正常，从而造成不必要的心理负担。

青春期少女较常见的月经困扰就是痛经，未生产的少女由于子宫颈较小，难以将血液排出，从而引起子宫、下腹部与背部的疼痛现象，约有 1/3 的少女会有痛经体验。此外，无月经也是压力过重的少女可能遭遇的困扰。

（2）遗精对少年造成的心理焦虑。进入青春期的少年常会出现一觉醒来精液溢出的现象，这是在非性交状态下出现的射精，称为遗精。这是青春期男子常见的一种正常的生理现象。首次遗精最早发生在 12 岁左右。男生首次遗精的心理体验依次为害羞、新奇、恐慌、不安、无所谓等。其主要原因是：① 少年对遗精几乎一无所知，毫无心理准备而恐慌；② 经常带有与性有关的体验，一旦发生遗精感到新奇而又害羞，产生内疚或负罪感；③ 错误地把遗精现象看得很严重，认为遗精会伤"元气"，"一滴精，十滴血"影响体质等，从而造成精神紧张，忧心忡忡，焦虑不安。其实，对精液成分的化学分析表明，精液中 90%是水分，仅含少量的蛋白质、脂肪。自然的遗精是人体正常代谢的表现。

如果遗精过频，也会引起少年的心理焦虑，其主要原因是缺乏对性的正确认识，或受不良书刊、影视片的影响而引起大脑性兴奋过强，此外，生殖器官局部不良刺激，如衣裤太紧，包皮过长或包茎等均会使阴茎受刺激而引起遗精。

（3）性冲动与自慰行为的困扰。伴随性兴奋的不断积累，在一定的外界因素刺激下，青春期少年产生了准备行动的一种心理状态，会不时体验到性的欲望和冲动。据国内近年的调查，十四五岁的少男少女中，有 36%的男生和 12%的女生报告身体内部出现过从未有过的兴奋和激动。一般来说，在青春期，随着年龄的增加，性冲动的比率会越高。少年期性冲动产生的原因是生理成熟、性别、个体差异、外界因素相互作用的结果。在外界因素中影响少年产生性冲动的因素依次是：看有关性描写的书刊、有关性爱内容的影视片、偶然与异性身体接触、看见异性裸体等。而影响少女产生性冲动的最主要的外界因素依次为：看有关性爱内容的影视片、看有关性描写的书刊、偶然与男性身体接触、谈论有关性的问题等。由于少年期激发阈低，即使一些较弱的性刺激，也会引起较强的冲动，使他们躁动不安。因此，少年期会经常受到性冲动的困扰。

为释放自己的性冲动，青春期少年可能采取各种代偿行为——自慰。自慰行为是指在没有异性参与的情况下所进行的满足自己性欲的性活动。一般有三种形式：性幻想、性梦和手淫。其中手淫在青春期少年中发生率较高。

手淫（Masturbation）是指通过自我玩弄或刺激性器而产生性兴奋或性高潮的一种自慰行为。这是一种伴随着性发育而产生的性冲动，应该是性生理发育和性意识增强的正常行为表现。由于传统观念及社会舆论的影响，许多人视手淫为罪恶、下流，认为会伤身体，导致性功能障碍等。实际上，手淫的害处并不在于手淫本身，而是手淫带来的心理危害。处于青春期的少年往往形成对手淫的心理依赖，再加上手淫后的负罪感，造成心理上的紧张和困扰，从而出现一系列生理心理反应，如乏力、头晕、失眠、注意力不集中等。

虽然目前的许多研究都认为手淫是无碍生理健康的，也是无罪的。但过多地、长期频繁地手淫，却会引起大脑高级神经活动功能和性神经反射的紊乱，从而影响人的身心健康。这也是产生青春期少年心理困扰的一个原因，需要进行引导教育，加强自我调节。

事实上，进入青春期的少男少女，从性意识开始觉醒的那一天起，青春的骚动就使他们陷入无限的迷惘与困扰之中。尽管他们向往异性，却羞于接近；渴望了解异性的一切，却一直似懂非懂。有关性的问题对他们来说，都散发着迷人的诱惑力，透着一种神秘的色彩，让少男少女心醉神驰，心猿意马。另一方面，性知识的不普及和性教育的贫乏，也导致少男少女们在性方面面临诸多困惑和烦恼，并试图寻求一种畸形的满足。

可见，青春期性教育是个体身心发展的必然，帮助青春期少年性心理得到正常健康地发展是大势所趋。

二、青少年学生心理变化的主要特点与矛盾

（一）青少年学生心理变化的主要特点

在青少年时期，个体的心理发展经历了两次最大的转折：第一次发生在童年期与少年期的交替关头，第二次出现在少年期与青年期的交替关头。

第一次转折出现在儿童期向青年初期（少年期）过渡的急剧变化时期，这个阶段的初中生具有半成熟、半幼稚、半懂事、半不懂事的特点。这个时期的初中生的心理特征与小学生相比，主要表现在：

（1）认知方面。首先，表现在初中生的感知觉和有目的的观察能力有了明显的提高，具体表现在观察的自觉性、稳定性以及观察的精确性和概括性上。他们已能根据教学要求去观察某种对象和现象，并能稳定地长时间地去进行有目的观察。

其次，在记忆方面，表现出意义识记占优势，初一年级以上的学生逐渐能使自己的记忆服从于识记的任务和教材的性质，并通过理解来掌握教材内容和各部分教材之间的内在联系。

最后，在思维方面，抽象逻辑思维开始占有相对的优势。在这一阶段，初中生的思维尽管仍然需要具体形象思维的支持，但同小学生相比，已由具体形象为主要思想形式向以抽象逻辑思维为主要思维形式过渡。但是初中生的知识经验仍然很有限，考虑问题时还带有片面性和表现性。

（2）情绪情感方面。情感内容已日渐丰富，但仍然表现得较为肤浅。具体表现在初中生的道德感有了更大的自觉性，集体主义情感也大大增强，义务感、责任感、荣誉感、自尊感和友谊感也有了明显的提高；他们的理智感更加深刻，美感体验和评价能力也提高到新的水平。然而，由于生理因素和心理发展水平的制约，初中生的情绪问题仍然比较多，如情绪不稳定、好激动、易消沉等。

（3）意志行动方面。一方面，初中生由于意志行动的独立性尚未成熟，易受暗示，再加上他们的思维的独立性品质较强，因此，他们喜欢模仿和善于模仿；另一方面，由于兴趣缺乏稳定性，他们的动机表现出多变性的特征，这也说明了他们的意志行动发展仍不成熟。

（4）个性和社会交往方面。初中生的自我意识正由童年期的模糊、不大自觉和被动状态，转向比较清晰、更加自觉和主动关心个人发展的状态；他们的"成人感"突出，喜欢模仿成人的外表，求知欲、认识、兴趣、志向和道德、意识等，都比童年期有了明显的提高。与童年期儿童相比，少年的交往范围明显扩大，他们与同龄人交往注重友情和"义气"，同成年人交往要求平等和信任，和异性交往则产生一种貌似分离、实则倾慕的微妙感觉。

第二次转折出现在从青年初期（少年期）向青年中期和成年前期过渡的时期。这是人的

一生中最充满生机、具有蓬勃向上发展趋势的时期。无论是在生理上还是在心理上都逐渐趋于成熟，这个时期的高中生与初中生的心理特征相比，主要表现在：

（1）认知方面。首先，表现在感知方面，高中生的感知能力已得到全面提高，更能主动而有目的性地观察自然现象和社会现象，观察细节的感受性逐步提高，对比事物的正确率逐步增加，理解所观察事物的本质特征的抽象程度也逐步深化。另外，高中生的感知更带有规律性、深刻性和逻辑性。

其次，表现在想象能力的加速发展上，高中生随着对平面几何和立体几何的学习，空间想象越来越丰富、生动和复杂。他们的想象大都是有意识、有目的的，想象中的创造性成分也逐步增加，创造性想象在其想象活动中越来越占优势。

最后，表现在思维方面，高中生的抽象思维有了新的发展，主要表现在：① 由"经验型"向"理论型"过渡；② 由形式逻辑思维向辩证逻辑思维过渡。高中生喜欢进行比较系统的理论论证，在思考中追求一定的理论深度，对事物因果规律的探讨越来越感兴趣，思维的独立性、批判性、灵活性、敏捷性进一步增强。思维水平逐步提高，但识别能力尚不够高，他们在观察事物、分析问题时，主观、片面、固执、过于自信等现象还时有发生。这些问题都是需要适当引导和教育的。

（2）情感方面。高中生的情感，其社会性越来越深刻，他们的道德感、理智感、美感的发展均已成熟。其情绪的显著特点是动荡、热情而富有体验，但高中生依然存在着遇事好激动、忽冷忽热的现象。

（3）个性和社会交往方面。高中生的自我意识和自我教育能力都有了进一步的发展，他们更加关注"自我"的形象，独立感、自尊心和自信心十分强烈，自我分析、自我评价、自我调控能力等都有了较大的提高。在社会交往方面，其视野更加开阔，内涵更加丰富，交际能力也显著提高。但在交际方面，他们一方面存在着代沟问题，另一方面又存在着自我要求的恰当满足与引导等问题。

（二）青少年学生心理变化的主要矛盾

青少年学生正处于青春发育期，也是其心理冲突和心理困扰最多的时期，具体表现在以下几个方面：

1. 性发育迅速成熟和性心理相对幼稚的矛盾

如前所述，这是青少年学生在青春发育期中所表现出来的最突出的矛盾。一方面，性器官和性机能在这一时期迅速发育成熟；另一方面，由于受到其认识能力和个性发展的限制，尤其在教育的引导不及时、不得力时，性心理发展速度跟不上性生理的发展速度，性心理的发展表现出相对的幼稚性。例如，中学生中常常出现的"纸条恋爱"与朦胧状态下的"狂热恋爱"，便是性心理发展幼稚性的一种表现。尽管处于这种状态的中学生往往会认为自己是认真的，不是"闹着玩的"，但实际上，他们对什么是爱情以及爱情所包含的社会责任不是一无所知，便是知少甚多。他们的"恋爱"往往是好奇和模仿成分居多，所以，青少年学生中的盲目早恋和冲动性的异性交往行为恰好是他们心理发展不成熟的一种标志。

2. 情感激荡要求释放与外部表露趋向内隐的矛盾

处于青春期的青少年学生，由于生理上的剧烈变化，必然引起其情感上的动荡，而情感上的动荡又必然需要得到适当的释放才能达到平衡。但是由于青少年个性的发展和控制能力的增强，他们内在情感的激荡、释放被压抑起来，于是便出现了情感激荡要求释放和外部表露趋向内隐的矛盾。例如，他们的内心激动、高兴或有苦恼时，表面看起来却显得十分平静；

他们有话想找别人倾吐、述说，可碰到长辈或其他熟悉的人又迟迟不肯开口。

3. 自我意识迅猛增长和社会成熟相对迟缓的矛盾

进入青春期的青少年学生，他们的自我意识迅猛增长，成人感越来越强，他们从少年时代就开始感到自己已经长大成人了，要求得到与成人相等的待遇；他们渴求自治，期待个人的见解能够得到社会的承认与尊重，并试图在平等的基础上重新建立和父母或其他成年人的关系。与青少年这种自我意识迅猛增长的情况相比，他们的社会成熟便显得相对迟缓些。这是因为青少年学生涉世不深，人生观和世界观尚处在初步形成时期。所以，青少年学生自我意识迅猛的增长和社会成熟相对迟缓的矛盾，给他们带来了许多适应上的问题。例如，他们不想依赖成人，但自己又不具备或不完全具备自立的经济基础和物质条件；他们想切中时弊，能够提出对社会改革有重大价值的见解，但他们的思维发展和认识能力还远远达不到这种程度；他们敢想敢干，力图干一番惊天动地的事业，然而在行动中又难以摆脱冲动、偏激、摇摆和脆弱的束缚。

4. 要求他人尊重与自己尊重他人的矛盾

由于自我意识的不断增强，青少年学生的自尊心和自信心也越来越强烈。例如，他们渴望自己的聪明才智受到社会的重视和关心，不希望别人指手画脚、横加指责，或者继续把他们当未成年人看待。然而，这种强烈的自尊心和自信心，如果引导得当，可以成为一种前进的动力；否则，会导致其自卑和缺乏自信。

三、青少年学生常见的心理健康问题与心理辅导

中小学阶段正是青少年学生求知识长身体的关键时期，也是他们逐渐开始面对社会，心理日趋成熟的重要时期，此时若能根据他们身心的基本规律加以正确引导，无疑会为形成其健全的人格起着积极的作用。

（一）学习方面的问题及其辅导

1. 考试焦虑及其辅导

如前所述，处于青春期的初、高中学生，经常受到考试的困扰。具体表现为考前情绪紧张、失眠、食欲缺乏、生病，考中紧张甚至休克等。对处于高度焦虑和恐惧状态之中的考生，可以采取以下一些方法和策略进行引导：

首先，调整期待水平，切忌给学生造成过高的心理压力。对考试焦虑学生的实际调查和实验研究证明，教师和父母的期待水平过高，是加剧应试者考试焦虑的重要原因。如有的父母一心想让自己的孩子考上重点中学和重点大学，而不顾孩子的心理能力和其他心理素质是否具备这种条件；有的教师总认为学生还有很大的潜力，于是想方设法给他们升温加压，这些做法都会助长应试学生的考试焦虑。因此，对考生的期待水平一定要适当，过高或过低的期待水平都不利于考生正常发挥和激励学生进行有效的学习。

其次，平时要养成认真学习的良好习惯。考试是对平时学习活动的检查，如果考生自己能一直勤奋努力的学习，就会胸有成竹，不怕考试，相信自己不可能考得一塌糊涂。

再次，增强信心，排除干扰。在中考、高考等重大考试前，总有家长、亲朋等对考生进行安慰，如不要紧张，要吃好、睡好、考好等。但这种好心的安慰却起了一种不良的暗示作用，即考生有可能紧张、吃不好、睡不好等。因此，对考生切忌进行消极的自我暗示。同时，考生本人必须对自己充满信心，要相信自己能够发挥出自己的真实水平，尽量排除其他因素对考生的干扰。

最后,"死马当做活马医"。每次重大的考试,总有人平时考试成绩优异,大考的成绩则不尽如人意;而有的人平时成绩一般,大考时却考出高分,可见临场发挥是很重要的。因此,考生在考试来临时应抱着平静的态度,顺其自然,考试迫近,已经避免不了,就把"死马当做活马医吧",能考出什么成绩就算什么成绩;熟悉考试环境:考前熟悉考场,了解临考情况及考试规则等有助于减轻焦虑;若考试时出现紧张,可做肌肉放松操或深呼吸,以缓解紧张或焦虑情绪。

2. 厌学及其心理辅导

有些学生由于心理发展比别人迟缓,成绩不良,对学习丧失信心;有些则由于从小未养成良好的学习习惯,过分贪玩,学习兴趣淡薄,学习动机缺乏,使学生产生厌烦的情绪,从而产生厌学等心理。针对这部分具有厌学情绪的学生,在辅导的过程中,首先应该分析清楚这些学生产生厌学情绪的原因,有针对性地让学生在学习过程中获得成功的体验,从而树立起学生在学习上的自信心。

3. 学校恐怖症及其辅导

学校恐怖症是指学生在学校学习、生活活动中多次未达到预期的结果,遇到挫折以后,对所处的学校那种特有的环境产生不安、惊慌的消极情绪状态。患有学校恐怖症的学生在行为举止上会有过分的自我防卫,遇到与以前曾经失败过的类似情景即会产生血液循环加速、心跳加快、呼吸急促、动作失态等现象。严重的学校恐怖症还可导致神经功能的紊乱和内分泌功能的失调,使学生的身心健康受到伤害。对患有学校恐怖症的患者可以采用系统脱敏的方法予以训练和辅导。

(二)自我意识和自我控制方面的问题及其辅导

1. 自我意识混乱

进入青少年期后,自我意识是心理发展的一个关键问题。青少年学生必须正确回答许多问题,如我是怎样的人(总的来说,是好是坏)?我长相怎样?我智力如何?我现在怎么样?我将来成为怎样的一个人?我将来从事什么职业?等等。如果这些问题解决不了,或不能作出稳定、连续的回答,他们的自我意识就会产生混乱,导致一系列的心理和行为问题,如严重缺乏自信、自卑等。这类青少年学生往往看不到自己的长处和优势,处处觉得低人一等或无所作为,悲观失望,甚至对稍加努力即可完成的任务也自叹无能而轻易放弃。对有自卑感和缺乏自信的同学,可采取以下辅导策略:

首先,应尽力设法消除环境中的不良刺激,努力为这类青少年学生创造温暖、向上的良好气氛,尤其应尽量给他们创造获得成功的机会,使他们能够获得成功的体验。

其次,要引导具有自卑感的青少年学生正确认识自己的优点和不足,树立"勤能补拙"的信念,并且学会"扬长避短"的策略。

最后,要引导自卑的青少年在遇到挫折的时候合理地利用心理防御机制,以促进自己情绪的稳定和心态的平衡。

2. 自我控制的问题

由于遗传、神经过程的轻度障碍和长期的习惯和行为养成的动力定型等,有少部分同学存在自我控制失调的现象。具体表现为上课不守纪律、说话、做小动作,教师招呼也不听。这部分同学往往不能胜任学习,而有些教师又不能正确对待他们,一概地将其归入"品德不良"之列,显然是不正确的。关于对这类学生的心理辅导,应以强化其与不良行为相对立的良好行为的塑造为主,来抵制其不良行为的出现。切忌当众体罚、羞辱和批评,因为这往往容易伤害孩子的自尊心，而且惩罚也不是减少问题行为的有效方法。

（三）人际关系的问题及其辅导

众所周知，人际关系障碍已经成为影响青少年学生心理健康的一个重要原因。这部分学生往往敏感、孤独、忧郁、和群性差，不愿面对现实，也不愿参加集体活动。他们往往缺乏交往技能，在同伴中没有亲密朋友，不善于和成人打交道，不能取得老师和同学的支持。消极的同伴交往经历使有些学生产生社交恐怖症，害怕和同学交往，在众人面前不敢说话，老师叫起来回答问题时满脸通红，额头冒汗。对这类同学的心理辅导措施应以克服自卑、增强自信为主，同时应教会他们掌握适当的社交技能，并鼓励他们多参加集体活动，从活动中去体验到人际交往的乐趣。

（四）情绪和情感问题及其辅导

健全的情绪和情感有助于个体行为的适应。积极良好的情绪和情感是人体中最有助于身心健康的力量，它不仅能提高人的大脑及整个神经系统的紧张度，充分发挥有机体的潜能，提高脑力和体力劳动的效率和耐力，而且还能通过脑垂体使内分泌保持平衡，使人感到轻松愉快。

青少年学生中常见的不良情绪：一是焦虑，是指一种内心紧张，预感到即将发生不幸的一种含糊不清的情绪状态，如对自己能力的怀疑和将失败过分夸大等；二是忧郁，这是日常生活中常见的一种情绪体验，是一种心理综合征。研究表明，青春期的到来使抑郁情感和失调的发生率提高，且这种高发生率从男孩逐渐向女孩转移。在这一时期，自杀成为各种心理失调的主要表现，严重的情感失调可转化为抑郁症。三是嫉妒，这是一种忧虑、愤怒和怨恨他人优于自己的一种复杂情绪。嫉妒的重要特征是指把他人在才能、地位、境遇或相貌等方面的优越之处视为对自己上升的威胁，因而感到忧虑、愤怒和怨恨，于是往往采用贬低甚至诽谤他人的手段来维护自己的自尊心和虚荣心。

对于青少年学生中常常出现的一些不良情绪和情感的辅导策略：首先是帮助青少年学生树立正确的世界观和人生观；其次是要帮助他们学会控制情绪，以缓解神经的过分紧张，促进其内分泌系统的平衡。这里的控制并非禁抑，而是要青少年学生有适当的表现，并控制不适宜的情绪，使他们不轻易地表露出痛苦、焦虑、害怕和责难等，不怨天尤人；再次是要帮助青少年学生找到情绪不健康的原因；

最后是要培养他们具有多方面的情绪和爱好。

（五）个性发展过程中的心理问题及其辅导

青少年时期是个性形成的关键时期。在这一时期，青少年的性格即将定型，人生观和世界观也在逐步形成和发展。因此，抓住这一时期，积极促使青少年的个性品质向着健全的方面发展，努力防止或克服各种不良的个性倾向，对于维护青少年的心理健康至关重要。青少年学生中常见的不良个性倾向如下：

1. 偏　执

偏执是青少年学生中常见的一种不良倾向。具体表现如下：在认识上，看问题绝对、片面，要么全好，要么全坏；在情绪上，按照个人的好恶和一时的心血来潮去论人论事，缺乏理性的态度和客观的标准；在行动上，则是莽撞从事，不顾后果。

针对偏执的辅导措施：由于偏执的产生与青少年学生的知识经验欠缺，辩证思维有待发展和青春期的生理发育有关，因此，重要的是要加强他们的意志力锻炼，力求通过社会实践来增强青少年的认识能力和自控能力。

2. 狭隘

青少年学生中的狭隘倾向主要表现在两大方面：一是指遇到一点委屈或碰到一点很小的得失就斤斤计较、耿耿于怀；二是在人际交往上有很大的局限性，如追求少数朋友之间的哥们儿义气。狭隘的产生一方面同家庭和社会的不良因素有关，另一方面同青少年的认知发展水平有关。

针对狭隘的辅导措施：一是加强人生观教育，使青少年从狭窄的个人圈子里跳出来；二是培养集体主义的精神和高尚的情感，指导青少年进行正当的人际交往；三是丰富青少年的业余文化生活，拓展他们的兴趣，陶冶他们的情操，使他们在健康向上的文化氛围中增强精神寄托，消除精神压力。

3. 敌对

敌对是在个人遭受较大挫折引起强烈不满时表现出来的一种反抗态度，是危害性最为明显的一种消极个性品质。有敌对倾向的人常常把他人的善意批评或好意相劝看成是恶意的举动，他们轻则置若罔闻，重则寻求打击报复，经常挑起一些带有恶作剧色彩的事端，有的甚至以戏弄或殴打他人为乐。敌对的产生同不良的家庭、学校乃至整个社会教育工作的失误及青少年自身的不成熟有关。

对具有敌对倾向的青少年的辅导措施：首先应关心和爱护具有敌对倾向的青少年。因为这类青少年虽然外表满不在乎，但他们的内心却充满了痛苦和不安。因此，对他们给予关怀和体贴，有助于他们敌对情绪的缓和以及对立双方心理上的沟通。其次要注意以理服人，分清是非，使敌对的青少年在平和的状态下看到自己的缺点和不足。除此之外，环境调整，正面鼓励，对于化解敌对倾向有所帮助和益处。

4. 依赖

依赖主要表现为对个人的自理能力缺乏信心，遇事企求他人帮助，生活上寻求父母的保护和照顾。依赖的产生大多与父母的过度保护和照顾有关。其辅导措施是：要多为具有依赖倾向的青少年提供独立生活的机会，鼓励他们向独立性强的学生学习。在家庭中，家长切忌事事包办，要积极引导独生子女提高生活自理能力；更重要的是要引导他们树立自立、自强的人生观和时代观，这是摆脱依赖倾向最根本的动力。

5. 孤僻

孤僻的主要表现是不合群，对周围的人怀有戒备心理或厌烦情绪，做事喜欢独来独往，疑心较重，神经过敏，其形成可能与幼年时期的创伤经验和人际交往中的挫折有关。

对具有孤僻倾向的青少年的辅导措施是：首先应帮助他们认识到孤僻的危害，敞开闭锁的心扉，追求人生的乐趣；其次是帮助他们树立辩证的观点和求实的态度，努力缩小人际交往中的知觉误差和心理距离，增加交往的灵活性、适应性；再次是积极改善家庭氛围和集体环境，尽量使孤僻的青少年体验到家庭的温暖和集体的关心，这对纠正青少年学生的孤僻倾向有不可低估的作用。

6. 怯弱

怯弱是以胆怯和懦弱为特征的一种不良个性倾向。其表现为胆小怕事，进取精神差，遇事好退缩，人际关系冷漠。怯弱的成因一方面与家庭的娇惯有关，另一方面与缺乏实践锻炼和意志力有关。

对具有怯弱倾向的青少年的辅导措施是：重在意志品质的增强和生活实践的锻炼，鼓励他们向困难宣战，越是困难的工作越要勇敢去承担；其次是进行榜样示范学习；再次是给予适当帮助，使他们不断地体验到成功的欢乐和奋斗的乐趣。

7. 神经质

神经质通常具有易紧张、好激动、多愁善感、敏感疑虑等特点，并伴有睡眠不好。神经质的形成一方面与高级神经活动的类型有关；另一方面与家庭的教养态度有关，如不讲民主、专横武断等。

对具有神经质倾向的青少年的辅导措施是：一方面要注意意志品质的锻炼，努力提高这类青少年对情绪的控制能力；另一方面也可采用暗示和放松训练的方法指导这类青少年通过自我调整来达到稳定情绪的目的。

（六）常见心理调适的方法

个体在成长过程中由于受到各种内、外因素的影响，遭受挫折和失败是难免的。而且，挫折和失败又不可避免地会使自我受到威胁、伤害和痛苦等，从而失去心理平衡，损害心理健康。为了摆脱痛苦，减轻不安，消除疑虑，个体必须使用一定的心理调试方法，以达到心理平衡，恢复和维持个体心理健康。

1. 情绪的合理宣泄

当个体需要受挫、目标受阻时，常常会引起否定性的情绪反应。如沮丧、焦虑、悲伤、愤怒等。如果这些否定性的情绪过于强烈，不仅使人十分痛苦，而且还可能引起打架斗殴、行凶报复、自责、自杀等，重者则还可能诱发或加重高血压、心脏病、胃溃疡等，因此，必须把强烈的情绪合理地宣泄出去。

宣泄分为直接宣泄和间接宣泄两种，直接宣泄是针对引发情绪的刺激物，以激烈的形式表现出来。如我国民间的老中医，曾用激怒方式为人治病。当愤怒和其他强烈的情绪得到宣泄后，血压和心跳就能迅速恢复到原有的水平，心理便重新获得平衡。但直接宣泄也并非任何时候都适用，它要分时间、场合，要讲究方式，最好是用积极情绪来缓和尴尬。当直接宣泄受到阻碍时，可转向间接宣泄，如找组织或朋友进行倾诉，有条件的可以参加心理咨询。常见的不合理的间接宣泄是找替罪羊，如高年级的学生受了委屈拿低年级的学生出气，这种方式只能暂时缓解其情绪，事后往往追悔莫及，引起新的情绪冲突。

2. 需要和目标的升华和代偿

（1）升华。当需要和目标受到阻碍或压抑，不能直接实现或不为社会容许时，可用另一个能实现的或为道德法律所允许的目标去代替。通过代替性满足，目标能实现，紧张情绪得到缓解，精神境界得到进一步升华。如将性欲冲动升华为美好的爱情追求，将青春期的精力过剩引向体育、文娱、劳动等方面去。

（2）代偿。如果一个人有某种缺陷，如貌丑、身矮、残疾等，可以通过其他方面的发展加以弥补，这就是代偿作用。通过代偿，可以减轻自卑感给自己造成的压力。例如，一个自感体貌不佳的人，可能会在学问修养上下工夫而得到别人的尊敬；有的人将个人生活上的不幸升华为诗歌、音乐、绘画、文学创作的欲望，为社会创造财富。

3. 适当运用其他调试方法

（1）合理化。合理化又叫文饰作用、理由化、"酸葡萄"机制，是指个人的行为不符合社会的价值标准，或未达到所追求的目标时，为减少或免除因挫折而产生焦虑，保持自尊，而对自己的不合理行为表现称为合理化。

合理化有多种情形，但以"酸葡萄"和"甜柠檬"心理最为典型。即个体在追求某一目标而失败时，为了冲淡自己内心的不安，常将目标贬低，认为"不值得追求"，用以安慰自己。

吃不到的葡萄是酸的，得不到的东西是坏的，认为达不到目标是本来就没想达到。这种心理现象常被称为"酸葡萄心理"。而与此相反，有的人得不到葡萄，而自己只有柠檬，就说柠檬是甜的。例如，有的孩子天资差，父母就说"傻人有傻福"；钱被人偷了，就说"财去人安"，这种不说自己得不到的东西不好，却百般强调凡是自己有的东西都是好的，借此减轻内心的失望与痛苦的心理，称为"甜柠檬"心理。

（2）退缩。退缩是常见的心理防卫形式。它表现为遇到挫折时，用简单退出挫折情景的办法来解决，如躲避、拖延等。俗话说："一朝被蛇咬，十年怕井绳"，说的就是害怕再被牵连而产生的一种退缩行为。如有的青少年学生因害怕成绩不及格而尽量拖延交作业的时间，以避免失败可能引起的烦恼和焦虑，以"保护"自己的心灵不受创伤。尽管青少年的这种行为是一种幼稚和不成熟的表现，但是只要这种退缩行为使用得不是太过分，也是无可非议的。因为它一方面可以在一定程度上避免心理继续受到刺激和损伤，另一方面又有助于情绪的调节和人际关系的调整。但是如果退缩行为使用得过多，会降低当事人的自尊心和削弱其竞争力，甚至造成人格的畸形发展。

（3）抵消。抵消是指以象征性的比喻来抵消已经发生了的不愉快的事情，补救其心理上的不安。如我国有一种旧习俗：人生病后，就将煎药后的药渣倒在路上，借此来祈求安康；有些人认为在祈求神灵保佑后就可免除罪孽，得到解脱；阿Q受到欺侮无法反抗时就说"儿子打老子"，这些都也是抵消作用的表现。

（4）幽默。当一个人处境困难或尴尬时，可以使用幽默来对付困难的情景，在无伤大雅的情形下，表达意见，处理问题。一般说来，人格较为成熟的人，常懂得在适当的场合使用合适的幽默，较成功地改变窘境。例如，大哲学家苏格拉底在与客人谈话时，脾气暴躁的太太忽然跑进来，大骂苏格拉底一阵后，拿了一桶水往苏格拉底头上泼，把他全身都弄湿了。苏格拉底笑了笑，对客人说："我早知道，打雷之后接着一定会下雨。"这本是很难堪的场面，由于苏格拉底的幽默也就一笑而过了。

四、大学生如何克服"亚健康状态"

在长期的探索与实践中，人们逐步认识到健康并非非此即彼的特征，而是一个动态的、相对的、连续变化的过程，"亚健康状态"，即介于健康与非健康之间的中间状态，是机体在内外环境不良刺激下引起心理、生理发生异常变化，但尚未达到明显病理性反应的程度。从生理学角度来讲，就是人体各器官功能稳定性失调，但尚未引起器质性损伤。

"亚健康状态"主要表现为：各项身体指标无异常，但与健康人相比，生活质量低、学习工作效率低、注意力分散、生活缺乏动力、学习没有目标、有些茫然不知所措、感觉生活没劲。躯体反应为睡眠质量不高，容易疲劳，身体乏力，食欲缺乏。尽管亚健康状态并非严重的心理问题，如果不引起高度重视，也极易引发相应的心理问题。

【资料链接】

就业、考研、爱情——大学生心头的三支伤心箭

就业市场上的艰难、考研道路中的迷惘以及遭遇分离考验的爱情，是毕业生最大的三个心病。就读于重庆某大学、即将毕业的小张，已经参加了4场招聘会，都没有找到合适的工作，心情极度沮丧的他对得意之人充满了一股莫名的仇恨。现在社会竞争十分激烈，学生十年寒窗，渴望一毕业就有一份好工作，但往往不如意，心理落差很大，很容易产生颓废、暴躁或抑郁的心理，这是他们人生中最大的困难之一。

参加考研的学生多用"煎熬"一词形容自己当时的心理处境，"每一天都在希望与失望中

痛苦不堪"。社会对学历的要求驱使不少本科生考研，而未确定结果前还得找工作，遇到满意的单位签也不是，不签也不是，这种两难境地深深地折磨着许多毕业生。大学生活中的爱情也许是甜蜜的，但毕业时面临的分分合合却是现实和残酷的。

一项对大学生的调查结果显示，大学生的亚健康状态主要表现为：人生目标茫然，学习目标不明确，学习动力缺失，生活目标随波逐流，常有无意义感伴随，自卑与自负两极振荡，懒散与退缩，恐惧失败等。事实上，一个处于亚健康状态的大学生，对黄金年华、美丽大学生活的感受力下降，对自我发展的心理预期也会变得不确定，人际吸引力降低而且自我满足感不高，内在潜能不能够充分发掘。

导致大学生亚健康状态的原因很多，除由于过度疲劳造成的精力、体力透支，人体生物周期中的低潮时期，身体疾病等因素外，心理疾病也是一个非常重要的原因。人体若处于亚健康状态，容易患病，身心感到不适，对学习、生活和身心健康造成不良影响，不能很好发挥体力和心理上的潜力。因此，应重视大学生的亚健康状态，采取有效的措施使有缺陷或障碍的身心功能得到改善、增强或补偿，使其从亚健康状态转归到健康状态。为预防与消除亚健康状态，大学生应做好以下几方面的调适：

（1）适度运动。"生命在于运动"，大学生应坚持适宜的活动内容和活动方式，或者选择参加各项能延缓人体各器官的衰退老化的健身运动，如游泳等。

（2）全面均衡适量的营养。人体对各种物质的需求都有一个度，过量摄入将会适得其反，长期过量进食高糖、高盐、高脂肪食物，尤其是摄入饱和脂肪酸会导致亚健康状态。因此均衡适量的营养是维护健康的基本手段之一。

（3）保持心理健康。长期的精神刺激和压力以及长期压抑愤怒等负性情绪，也是导致亚健康的一个因素。保持良好的心态、乐观豁达、奋发进取的精神，是防治亚健康的精神基础。大学生可适当培养业余爱好，如读书、听音乐、练字画等有益于身心健康的活动。

（4）提高自我保健意识。日常生活中戒除不良习惯和嗜好如吸烟、酗酒、偏食等，做到饮食有节，起居有常，不过度劳累，提高自我保健意识，自觉构筑控制亚健康发生的第一道防线。克服不良生活方式是防治亚健康的身体基础。

（5）适时干预。采取药物预防、保健品调理、体育锻炼相结合的干预措施，对失眠多梦、口腔溃疡、消化不良和躯体疼痛等症状，可适当采取药物或理疗或心理治疗等方式，使机体转归健康。

【资料链接】

心理健康小常识
——心理不健康的类型

一般来说，心理不健康有三种类型：

第一种类型：心理问题，是指由现实因素激发，持续时间较短，情绪反应能在理智控制之下，不严重破坏社会功能，情绪反应尚未泛化的心理不健康状态。具体表现为：

（1）由于现实生活、工作压力、处世失误等因素而产生内心冲突，并因此而体验到不良情绪（如厌烦、后悔、自责等）。

（2）不良情绪不间断地持续一个月，或不良情绪断断续续地持续两个月仍不能自行化解。

（3）不良情绪反应仍在相当程度的理智控制之下，始终能保持行为不失常态，基本维持正常生活、学习、社会交往，但效率有所下降。

解决"心理问题"并不难，求助心理咨询就可以解决这类问题。

第二种类型：严重心理问题，是指由相对强烈的现实因素激发，初始情绪反应剧烈，持续时间较长，内容充分泛化的心理不健康状态，有时伴有某一典型的人格障碍。具体表现为：

（1）引起"严重心理问题"的原因，是较为强烈的、对个体威胁较大的现实刺激，不同原因引起的心理障碍，分别体验不同的痛苦情绪（如悔恨、冤屈、失落、恼怒、悲哀，等等）。

（2）从产生痛苦情绪开始，痛苦情绪不断或不间断地维持时间在两个月以上，半年以下。

（3）遭受的刺激强度越大，反应越强烈，对生活、工作和社会交往有一定程度的影响。

（4）痛苦情绪不但能被最初的刺激引起，而且与最初刺激相类似、相关的刺激，也可能引起此类痛苦，即反应对象被泛化。

"严重的心理问题"依靠"非专业的干预"是无法解脱的，需要求助于专业的心理咨询和治疗机构进行诊断和治疗。

第三种类型：神经症型的心理问题，即"可疑神经症"，是指已接近神经衰弱或神经症早期阶段。有时也把有严重心理问题但没有严重人格缺陷者（如均衡性较差的人格）列入这一类，如焦虑症等。

第三节 教师的心理健康与调适

当我们越来越重视学生的心理健康时，我们是否注意过教师的心理健康状况？现实的情况并不让人乐观。有调查结论显示，约68.1%的教师认为压力越来越沉重，只有5.2%的教师认为没有压力或压力很小。教师职业已属于压力很大的职业之一，职业压力已对教师的身心健康、教师的行为、教学质量以及教师队伍的稳定产生了影响，并对教学和教师的发展造成了一定的负面影响。

北京一所学校曾请心理专家测试一个年级3个班的学生心理状况，结果有一个班的学生，其情绪等指标与另两个班有明显的差异。经了解，发现该班主任自身心理健康状况不良。西安市某小学二年级有12名学生因没有完成作业，年轻的班主任勒令他们脱了裤子在教室里转一圈，同时派两名班干部强行脱去不听话学生的裤子，当时有许多其他年级的学生趴在窗子上观望。一位小学三年级的老师因被校长批评了几句，几次恶狠狠地把性格内向、学习很好的科代表送来的作业扔到地上，吓得科代表晚上做噩梦、说胡话，第二天说啥也不去上学……以上事例说明教师心理健康是不容忽视的问题。

近年来，许多专家学者呼吁加强中小学生心理健康教育。然而，做好这项工作的先决条件是教师必须是心理健康者。诸多教育实践证明，教师心理健康水平与学生心理健康水平成正相关，教师不良心理现象的存在将对教育环境产生污染。教师的日常行为带有很强的示范性，是一种强有力的教育因素，而且是别的因素所无法取代的。只传授知识，而不能在情感上给学生以积极满足和影响的教师是不称职的教师。因此，高等院校教师教育专业的学生有必要明白一个简单的道理：教师更要心理健康。

一、教师心理健康的标准

教师职业的特殊性决定了教师心理健康的标准还有别于一般人群心理健康的标准。教师的心理健康标准除了要符合一般人的标准以外，教师的心理健康还要符合其所从事的职业。

（1）对教师角色的认同。热爱教育工作，勤于教育工作，能积极投入到工作中去，将自身的才能在教育工作中表现出来并由此获得成就感和满足感，并免除不必要的忧虑。

（2）有良好和谐的人际关系。具体表现在：① 了解交往双方彼此的权利和义务，将相互之间的关系建立在互惠的基础上，个人的思想、目标、行为能力与社会要求相互协调。② 能客观地了解和评价别人，不以貌取人，也不以偏概全。③ 与人相处时，尊重、信任、赞美、喜悦等正面态度多于仇恨、疑惧、妒忌、厌恶等反面态度。④ 积极与他人真诚沟通。教师良好的人际关系在师生互动中表现为师生关系融洽，教师能建立自己的威信，善于领导学生，能够理解并乐于帮助学生，不满、惩戒、犹豫行为较少。

（3）正确地了解自我、体验自我和控制自我。对现实环境有正确的感知，能平衡自我与现实、理想与现实的关系。在教育活动中主要表现为：① 能根据自身的实际情况确定工作目标和个人抱负。② 具有较高的个人教育效能感。③ 能在教学活动中进行自我监控，并据此调整自己的教育观念，完善自己的知识结构，做出更适当的教学行为。④ 能通过他人认识自己，学生的评价与自我评价较为一致。⑤ 具有自我控制、自我调适的能力。

（4）具有教育独创性。在教学活动中不断学习、不断进步、不断创造，能根据学生的生理、心理和社会性特点富有创造性地理解教材，选择教学方法，设计教学环节，使用教学语言，布置作业等。

（5）能恰如其分地控制情绪。由于教师劳动和服务的对象是人，因此情绪健康对于教师而言尤为重要。作为一个教师，应经常保持一种稳定、积极的情绪。一个情绪稳定的教师，一般是平易近人、和蔼可亲的。教师在工作中和谐愉快的情绪、期待信任的眼神，都会使学生受到鼓励，使他们产生愉悦的情感体验，从而提高学习积极性和学习效率。

每个教师都希望把工作做好，但毕竟不可能完全准确估计到教育过程中出现的问题，一些新的、意外的情况随时都可能发生，需要及时采取措施。教师的家庭生活、社会环境也会产生矛盾，影响教师的情绪。因此，教师必须要善于控制自己的情绪，让自己展现在学生面前的应是有利于教学的精神状态。

一个演员来到舞台，他应把个人的一切不愉快和痛苦留在舞台下，因为在舞台上，他整个人就属于艺术。教师也是这样，来到学校走进课堂，他就属于学生，属于教育。教师要善于控制自己的消极情绪。如果一个教师的情绪天天都在发生变化，不仅会影响工作效率，而且也会使学生的心情起伏不定，失去一种安全感。情绪直接影响教育效果，如果教师在怒气冲天或疾风骤雨式的状态下对学生批评、指责，学生虽然嘴上不说，但心中的逆反情绪强烈，那么这时教师的"忠言"也只能被当做"耳边风"了。一个心理健康的教师，在平静、坦然的心态下，就能较为全面、敏锐地发现学生的问题，把握教育的"度"，师生之间相互尊重、相互信任的气氛就容易形成。其具体表现在：① 工作中能保持积极乐观的心态。② 不会将生活中不愉快的情绪带入课堂。③ 能冷静地处理课堂情境中的不良事件。④ 能克制偏爱情绪，一视同仁地对待学生。⑤ 不会将工作中的不良情绪带入家庭。

由此可见，教师心理健康的标准要高于一般普通人的标准，这是由教师的职业特点所决定的。同时，从事教师工作必须要有良好的心理品质。

【资料链接】

生命列车咏叹调

生活犹如乘火车旅行，旅途中人们上上下下。在旅途中，不时有意外出现——有时会使人们感到意外的惊喜，有时则给人们带来深深的伤害。

来到人间，我们登上生命列车，与一些人结伴而行。

原以为父母会永远陪伴着我们。遗憾的是，事实并非如此。他们在中途的某个车站下车，使我们成为失去爱抚、成为无人陪伴的孤儿。

然而，还会有一些在我们的一生中占据非常特殊地位的人上来——我们的兄弟姐妹、亲朋好友和亲密爱人会登上列车。在乘坐列车的人中，有些人仅仅在车上作短暂的停留，有人会在旅途中遭遇悲伤，还有人则永远准备为需要的人提供帮助。

有人会在下车时给我们留下永久的怀念，有的则会悄然离去，以至于我们都没有察觉到他是何时离开座位的。

当发现非常亲密的人竟然坐在另外的车厢时，我们会感到极其惊讶。我们被迫与他们分开，当然，这并不能阻碍我们在旅途中艰难地穿过我们的车厢与他们会合……但遗憾的是，我们不能坐在他们的旁边，因为其他人已占据了座位。

尽管旅途中充满挑战、梦想、幻觉、等待和别离，但我们绝不回头。

让我们尽可能使旅行决不回头。

让我们尽可能使旅途变得美好，设法同所有旅客建立良好关系，努力发现每个人的优点。

我们经常会回忆起旅途中的某个时刻，和我们结伴而行的人可能会徘徊不定，而我们必须要理解他们，因为我们也经常会犹豫不决和需要别人的理解。

最后，巨大的秘密是我们永远不知道在哪一站下车，更不清楚我们的伙伴——即使他们是此刻坐在我们的身边的人——在哪里离去。

我陷入沉思，当我下车离开时是否会抱有怀恋之情……

我想会的，与旅途中结识的一些朋友别离将是很痛苦的，但是回想一下旅途的经历，我们会感到欣慰：想到某个时刻列车到达主要车站，伙伴们陆续上车，当时我们是多么激动；想到我们曾经帮助他们并使其旅途变得更加愉快，我们会由衷地感到幸福。

我们应该使这次很有意义的旅途变得平静安稳。这样做是为了当到了我们下车的时候，我们的位置空了出来，但仍能给继续乘车旅行的人留下美好的回忆。

二、教师常见的心理问题及表现

教师心理问题的出现，既有与其他职业群体的共同之处，也有教师职业的特殊性。一般来说，教师的心理问题及表现主要有如下几个方面：

（一）职业适应不良

适应与发展是人生的两大任务。适应是个人与环境之间的互动关系，即个人与环境方面的要求取得协调一致所表现出的状态与过程。而适应不良也就是个人与环境不能取得协调一致。因此，只有适应良好的个体才能顺利成长与发展；反之，就会出现各种各样的问题。

教师适应不良的原因：一是源于现实生活中的错误经验，二是自身的某些生活行为准则和信条。这些准则和信条可能是不现实的，或者是过分的，因而容易产生不良的行为习惯。教师适应不良的具体表现有：

（1）理想与现实之间的差距。教师职业是崇高而神圣的，而且教师也满腔热情地投入其中，但是现实总是不那么令人满意。

（2）外界对教育的影响与冲击很大，有些甚至违背教育规律，但是教师们还是要无奈地接受。

（3）人际关系紧张，情绪波动大。

（4）学科知识不足，缺乏进修提高机会。

（二）职业行为偏执

教师的不健康心理在职业活动中的表现主要有这样几方面：一是逐渐对学生失去爱心和耐心。备课不认真甚至不备课，教学活动缺乏创造性，并过多运用权力关系（主要是奖、惩的方式）来影响学生，而不是以动之以情、晓之以理的心理引导方式帮助学生，时常将教学中遇到的正常阻力扩大化、严重化，情绪反应过度，如将一个小小的课堂问题看成是严重的冒犯，处理方法简单粗暴，甚至采用体罚等手段。二是在教学过程中遇到挫折时，拒绝领导和其他人的帮助和建议，将他们的关心看做是一种侵犯，或者认为他们的建议和要求是不现实的或幼稚的。三是对学生和家长的期望降低，认为学生是"孺子不可教也"，家长也不懂得如何教育孩子和配合教师，从而放弃努力，不再关心孩子是否进步。四是对教学完全失去热情，甚至开始厌恶、恐惧教育工作，试图离开教育岗位，另觅职业。

一般把教师的职业行为问题分为五类：① 怨职型。此类教师把教师职业作为不得已而为之的事，终日怨天尤人。在具体教学过程中抱怨学生条件差、班级的人数多、待遇低、压力大等。对教学不能全力投入，常责怪上级无能，人际关系紧张、斤斤计较、工作马虎。② 自我型。此类教师以自我为中心，自私自利。好自夸与自己相关的人或事，目中无人，虚荣心强，钩心斗角，人际关系恶劣。③ 异常型。此类教师由于长期以自我为中心，久而久之会导致情绪极端不稳定，心理异常。表现为独来独往，不能控制自己的喜怒哀乐，性格反复无常，管教方式不一，令学生无所适从。④ 暴戾型。此类教师很难相处，稍有不如意就争吵、责骂，甚至破坏公物并对学生施以体罚，傲慢之极，唯我独尊，盛气凌人。⑤ 不良型。此类教师生活方式和行为不检点，挑拨是非、恶意中伤，在学生中行为放荡、粗俗，有损教师形象。

（三）人际交往障碍

教师心理不健康的身心症状不仅限于个人的主观体验，而且会渗透到教师的人际关系网络中，影响到教师与家人、朋友、学生的关系。人际交往是良好人际关系的基础，良好的人际关系是心理发展、个性保持健康和生活具有幸福感的重要条件之一。然而，教师交往中常出现一些问题，显得人际关系淡薄，影响工作和生活。如与他人交流时沉溺于倾诉自己的不满，没有耐心听取他人的劝告和建议，拒绝从另一个角度去看问题；表现出攻击性行为，无法用一种理智的、没有伤害性的、对后果负责的方式表达自己或对他人做出反应，如对家人发脾气、打骂孩子、出口伤人等。另一类行为则是指向内部的，如交往退缩，避免与他人接触，对家庭事务缺少热情等。

有调查发现，教师在校内除工作关系外，经常与他人交往的只有 16.99%，在校外经常与他人交往的只有 11.49%。教师人际关系障碍主要表现在以下几个方面：① 对交往的重要性认识不清，很少与人交往和沟通。② 缺乏必要的交往技巧和手段，交往容易受阻。③ 缺乏必要的交往特征也阻碍正常的交往，如自负、自闭、自我评价过高、怀疑心理、苛刻等。

（四）人格障碍与人格缺陷

人格障碍又称病态人格，指明显偏离正常人格并与他人和社会相悖的一种持久和牢固的适应不良情绪和行为反应方式，其一般特征有：

(1) 有紊乱不定的心理特点和与人难以相处的人际关系。

(2) 把自己遇到的一切困难都归咎于命运的不公和别人的错误，把社会和外界对自己不利的条件都看做是不应该的，而对自己的缺点却无所觉察，也不改正。

（3）认为自己对别人不负任何责任，对不道德的行为没有罪恶感，对伤害别人的行为不后悔，对自己的一切行为都执意地偏袒和辩护。

（4）在任何环境中都表现出猜疑、仇视和偏见的看法。人格障碍一般始于童年或青少年，而持续到成年或终生。人格障碍的主要类型有：悖德型或反社会型、偏执型、分裂型、循环型、强迫型、爆发型、癔症型、衰弱型。

教师的人格障碍比较严重的实际很少。一些研究表明，教师的人格障碍在强迫型与偏执型方面较为突出一些，更多地属于人格缺陷。

人格缺陷是介于正常人格与人格障碍之间的一种人格状态，是人格发展的不良倾向。人格障碍与人格缺陷两者之间既有量的差异，又有质的不同，质的区别是量引起的结果。人格缺陷发展到经常的、严重的程度就是人格障碍。教师的常见人格缺陷有：自卑、抑郁、孤僻、敌对、多疑、焦虑等。

（五）心身疾病

心身疾病又叫心理生理疾病。它是指与心理社会因素关系密切的躯体疾病。生物—心理—社会学模式认为，人体是心理和生理两大功能统一的完整的生命体。机体通过心理和生理的统一活动，与外界自然和社会环境不断进行着物质、能量和信息的交换，以适应环境的变化，保持人体的健康。可以看出，影响人体健康的因素有自然、社会、心理和生理四个。在外界刺激（自然因素和社会因素）作用下，机体的某一方面（生理或心理）的功能发生变化能引起另一方面（生理或心理）功能的改变。所以，心理因素和生理因素又是互为因果、互相作用的。

（六）神经症

神经症是一种由心理因素造成的常见病。一般没有任何可以查明的器质性病变，但又确实有心理异常的表现，甚至可以表现得非常严重。它是一组非器质性的轻型大脑功能失调的心理疾病的总合。不过病人对自己的病有充分的知觉能力，并能主动求医，有生活自理能力、社会适应能力和工作能力，基本没有缺损。

神经症的一般特征是持久性、心理冲突、精神痛苦及以没有器质性病变为基础。神经症的一般类型有：神经衰弱、强迫症、焦虑症、疑病症、恐怖症、抑郁症、癔症等。

神经症在社会群体中广泛存在，教师表现也较多。主要表现为：强迫症、焦虑症、神经衰弱及恐怖症。其中抑郁与焦虑最为突出。

教师抑郁与焦虑的具体表现为：对自己和自己所从事的工作不安、担心、恐慌、害怕、痛苦、绝望等。近几年来，部分教师在知识更新、现代教学手段的运用上进步较慢，面对素质教育的呼声，害怕自己不能适应形势，迟早会被淘汰，精神整天处于高度的紧张状态之中。害怕参加活动，害怕承担教育科研课题，甚至害怕讲公开课，对学校内外组织的各种活动能回避就回避，自我封闭，不愿交流。更有甚者，个别教师由于教育方法陈旧，教学形式单一，面对思维灵活、接受知识快的学生，显得束手无策，有的甚至害怕和学生交流，害怕和学生正面接触。随着教育体制改革的不断深入，尤其是以校长负责制、教师聘任制、结构工资制、岗位责任制为核心的教育体制改革的全面推行，部分教师的心理压力更大，在情绪上表现出来的抑郁、焦虑也越来越明显和强烈。

对教师而言，心理问题的出现，往往会使他们对学生缺乏爱心，在缺乏积极进取和负责任精神的情况下，心理出现问题的教师会开始厌恶本职工作，用消极的态度从事教育职业，这种情况一旦普遍存在，将对学校教师群体整体的教风产生不良影响。

三、中小学教师心理健康问题的原因分析

（一）教育改革大趋势带来的压力

在新的历史时期，社会的发展对教师提出的高要求是前所未有的，如对人才的要求是全方位、多层次的，这就要求教师既要有良好的心理品质，健全的身体素质，高尚的道德情操，又要有敏捷的思维能力，符合时代要求的实践创新能力等。教师必须面对来自各方面的压力，除了应对社会环境、家庭结构、学生群体等的变化所带来的教育新问题外，还要应对经济改革对教育的更高要求，如现代教育技术、多媒体、网络等的运用。经济的发展、社会的进步都要求提高全民族的科学文化素质，教师理应成为承担这一任务的主体。

无论是从自身的生存还是国家利益着眼，教师都必须为自己的学历层次、知识水平、能力结构等的提升而努力，否则就会被社会所淘汰，这些均是造成教师心理问题的直接原因。

（二）教师的多重角色带来的心理冲突

在传统教育教学工作中，教师的角色就是传道、授业、解惑。随着教育改革的不断深入，教师工作的性质决定了教师要扮演多重角色。他们是知识的传授者和学生活动的管理者，对学生负有教育管理的责任；他们是学生家长的代理人，在一定时间内要负责照顾学生；他们是学生的朋友，是学生的心理治疗者，需要与学生平等地交流思想和感情；他们又是处理人际关系的能手，需要与其他教师、学生家长、学校领导打交道。同时，他们还要在学校之外、家庭之中充当各种角色，为人父，为人母，为人子，要处理自己家庭生活中的各种人际关系。多方位的角色转换容易造成教师的心理冲突，进而容易造成教师的心理健康问题。有的教师由于不能很好地转换角色，不能处理各多种关系，因此加重了心理负担。

（三）心理问题排解、疏导渠道缺乏

以往，谈到心理健康，人们首先会想到学生的心理健康，却很少会想到教师也有心理健康问题。人们往往只重视教师的教育教学质量，只强调教师的奉献精神与责任感，而忽视了对他们的心理健康的维护。教师心理服务机构的空白，教师心理健康知识的缺乏，使教师的心理问题得不到及时的发现和治疗，教师的教育教学行为也因此出现偏差。

四、教师心理健康对教育教学工作的影响

教师不仅要面对社会快速发展带来的压力，还要面对教师这一职业本身的压力。教师的教育对象是人，尤其是中小学教师，他们的教育对象是未成年人。教师不仅要承担教书育人的重任，在学校还要扮演学生的"监护人""心理健康咨询员"等角色。教师所扮演的角色决定了教师的心理健康更重要。

1. 教师心理健康是顺利进行教育教学工作的基本保证

教师的劳动是一项繁重的脑力劳动，需要有健康的体魄，而心理健康是教师身体健康的重要条件之一，二者互相影响、相互促进。一方面，一个人的生理健康水平会影响其心理健康水平。人的躯体性疾病、忧愁、烦恼、抑郁等不良情绪，会影响人的情感、意志、性格，乃至人际关系的和谐；另一方面，人的心理健康水平也影响其生理健康水平。只有健康的心理才能培养健康的身体。例如，乐观、愉快、自信、平和的心态有助于提高人的免疫能力，使人有效地抵抗疾病的侵袭，从而促进身体健康。而心理上的不健康，如长期过度焦虑、忧虑、烦恼、抑郁、愤怒，会导致生理上的异常或病变，引发身心疾病。心身疾病是心理因素

在疾病起因中占较大成分的疾病,那些与情绪联系密切、由植物神经系统支配的器官系统更易患这种疾病。可见,教师的身心健康与教学工作的关系极为密切。

2. 教师心理健康能提高工作效率

教师的心理健康水平较高会使其在智力、情感、意志等方面的机能都得到正常的发挥,从而有助于提高工作效率。心理健康的人能客观地评价、自如地应对客观环境,其心理倾向和行为与社会现实的要求之间的关系基本上协调。个体与环境能取得积极的平衡,就能以正确的态度和方法来对待矛盾和处理问题,也能以平和的心态对待生活中的挫折,一般不会因偶尔的失败而丧失信心,其工作和学习效率必然优于心理不健康的人。

3. 教师心理健康对学生心理有直接的影响

研究与实践证明,教师的心理健康与学生的心理健康之间存在着密切的关系,在许多情况下,教师的心理健康水平直接决定着学生的心理健康水平。具体表现如下:

(1) 教师不健康的心态,尤其是喜怒无常的情绪状态和暴躁乖戾的性格,常常是造成学生心理障碍的直接原因。据有关方面统计,90%的学生恐惧症是由于教师的非常教学引起的。一些教师在与学生交往中表现得过于情绪化,对学生的态度与评价倾向过于极端,带给学生的不仅是一时的伤害,有时很可能会影响他们长期的甚至是一生的发展。国外一些发达国家对教师的心理健康都予以高度的重视,对那些情绪经常失控的教师也有严厉的行政制裁措施。例如,美国全国教育联合会在一份《各级学校的健康问题报告》里专门指出:"由于情绪不稳定的教师对于儿童的决定性影响,就不应该让他们留在学校里面。一个有不能自制的脾气、严重的忧郁、极度的偏见、凶恶、不能容人、讽刺刻毒或习惯性谩骂的教师,其对于儿童心理健康的威胁,犹如肺结核或其他危险传染病对儿童身体健康的威胁一样严重。"

(2) 教师不健康的心态会影响正常的师生关系。师生关系是影响学生心理状态的一个重要因素。如果讲道理,恐怕每个老师都会说学生和老师应该是平等的合作关系,但实际上,并不是全部的老师都能够让学生产生这种感受。在一项关于初中师生关系的调查中,让学生按照"老师与学生的关系好比是—与—的关系"的句式来自由填写,结果有 34.7%的学生的感受是消极的,他们中许多人的答案把师生关系比做猫与老鼠、统治者与被统治者、警察与小偷、老虎与屠夫、法官与罪犯、暴君与复仇者、监狱长与囚犯、留作业的工具与做作业的工具、棍子与懒驴等。这一数字使我们想到,在另一项调查中所反映出来的有近半数学生对部分老师感到害怕的比例,足以说明一些老师在师生关系上存在的问题。有的教师以能让学生害怕为荣,以能把学生管老实为能。为达到这一目的,有的教师会采取训斥、责骂、讽刺、挖苦、罚站、罚值日、打耳光、打脖溜、拧耳朵、掐嘴巴等各种体罚或变相体罚手段。

(3) 教师不健康的心态会影响学生的学习态度和生活态度。应该指出,有些教师虽然在心理健康方面没有明显问题,但由于观念上的偏差对学生因是否成绩好而态度上有很大差别:成绩好的学生一般都是班里的干部,成绩不好的学生很少有这种机会;成绩好的学生能经常看到老师的笑脸,成绩不好的学生经常看到的是老师的苦瓜脸;成绩好的学生能经常得到老师的鼓励,成绩不好的学生则经常受到老师的训斥;成绩好的学生犯了错误常常得到老师的谅解,成绩不好的学生不犯错误也经常会为别人背黑锅……这种感情上的马太效应给学生的健康发展造成了许多不应有的消极影响。在占学生总数 20%左右的学习困难学生中,有相当一部分学生的成绩不良与教师消极的态度有关。显然,造成这种现象的原因主要是教师错误的观念。

由此可见,教师的心理健康水平是影响心理健康教育效果的一个关键因素。因此,采取各种有效措施,维护和提高教师的心理健康水平,是开展心理健康教育的一项重要的任务。

【资料链接】

高峰体验与心理健康

"高峰体验"是指在日常生活、学习、工作、文艺欣赏或投身于大自然时,感受到一种奇妙、着迷、忘我并与外部世界融为一体的美好感觉。这种使人情绪饱满、高涨的"高峰体验"往往难名其状。马斯洛认为,那些心理健康的成功者几乎都有这种"高峰体验",而且他们的心理更健康。

大学生活是美好的,每个大学生都应该有一个积极、热情、健康向上的生活态度。具备了这样的态度,每当你办成一件成功有益的事情之后,就会享受到一次奇妙无比的"高峰体验",就会与外部世界融为一体并产生一种情绪饱满、难名其状的振奋心情。心情愉悦了,精神振奋了,心灵的创伤便会痊愈。在生活口,不妨对日常琐事"糊涂"一点,对国家大事关心一点,对人生态度潇洒一点,"高峰体验"才会更多一点。这样,抑郁、烦恼就会更少一点,你的心身会因此更加健康,生活也会变得更加幸福。

五、中小学教师人格的自我完善与塑造

(一)做一个受学生欢迎的教师

人格是人的社会性的集中体现,它带有职业的烙印,不同的职业有不同的人格特质要求。作为"人类灵魂的工程师",教师的人格模式要求应该是全社会的表率。那么,如何才能成为一个受学生欢迎的教师呢?

(1)活泼开朗而不轻浮。教师富有朝气,活泼开朗的性格能给人以生机勃勃、坦率而豁达的良好印象。应该精力充沛、意志顽强、生动活泼、反应迅速灵活,同时还要沉着冷静,且不呆板轻浮。这样才能具有文静潇洒、质朴开朗、彬彬有礼、刚毅果断、稳重沉着的风度美。

(2)热情大方而不做作。热情是融化师生隔阂的阳光。教师如果总是一味地严肃地板着面孔,动辄训斥,就未免使人望而生畏,收不到预期的教育效果。教师的言谈、举止、态度、作风,应该热情大方,而不矫揉造作。还要善于掌握分寸,杜绝一些不拘小节的亲昵态度和轻浮行为。只有这样,才能得到学生的尊重。

(3)善良和蔼而不凶悍。有一个中学生用笔画了一个站在讲台前的教师,全身长满了刺,像个刺猬,眼睛圆睁,手里拿着一根教鞭。他用画笔展示了他眼中的教师和课堂。当有人问他为什么把老师画成这个样子时,学生回答说,因为老师特别凶,常常对我们发脾气,刺得我们掉眼泪。这说明学生喜欢善良和蔼而不凶悍的教师。当然,善良和蔼并不是绝对的感情用事,求稳怕乱。胆小软弱,实则是不负责任。

(4)谦逊文雅而不庸俗。教师的主要教学手段是语言。谦虚文雅、高尚优美的言谈,反映出教师美好的思想品质、趣味、情操和文化修养。教师和气、文雅、谦逊、温和而有礼貌,不讲粗话脏话、不强词夺理、恶语伤人,谈吐不鄙陋野俗,学生就自然感到亲切亲近,正所谓"亲其师,信其道";反之,纵然讲的内容充实、健康,如果表达俗不可耐,也会影响教育教学效果。

(二)中小学教师心理健康问题的自我调节

提高教师心理健康水平,关键要从挖掘其内部潜能入手,提高其自我调节能力。

1. 确立正确的人生观,培养积极的工作态度

通过有效的教育思想工作,帮助教师确立正确的人生观、价值观,这是提高教师心理健

康水平的重要基础。教师有了崇高的理想追求会感到生活充实，有幸福感，从而表现出积极的工作态度。工作态度不同，心境也会有很大的不同。态度积极者即使工作紧张也觉得是一种享受；工作态度消极，就会把自己变成"教书匠"，必然会感觉枯燥无味，工作成了一种负担，心境常处于消极状态。为此，在工作实践中，教师可以通过培养工作兴趣、增强自我效能感、使工作内容丰富化、充分认识工作的意义与价值等途径，使自己的工作态度变得更加积极起来。

2. 改变不合理的思维方式

正确、合理的思维方式是心理健康发展的前提。人一旦陷入思维的误区，就很容易造成认知偏差，从而导致挫折与困扰。常见的不合理的思维方式主要包括以下几点：

（1）不合理的比较方式。以自己的价值尺度和行为准则为标准与他人做比较，如总是与所得多余自己的人比较，以己之短比彼之长等。这样比较的结果，越比越不平衡，越比越烦恼和气愤。

（2）情绪恶性循环的思维模式："情绪不好—往坏处想—情绪更坏"。习惯于这种思维模式的人，大多心眼较小，遇事过于敏感，把简单的问题看得复杂，把小问题看得很大，把个别问题看成普遍问题，甚至心存畏忌，无端猜疑。当陷入这种思维模式不能解脱的时候，就会整日生活在恶劣的心情之中。

（3）钻牛角尖。爱钻牛角尖的人，不是和别人较劲就是和自己较劲，因而常常处于不良情绪状态之中，人际关系也不可能好。其思维特点是：单向、封闭、形而上学、绝对化。

（4）完美主义。对什么事情都要追求尽善尽美，不允许有任何瑕疵与疏漏，稍有不足，便感到无法接受。这是一种不切实际的"理想主义"，这种思维方式的人永远也不会感到满足，永远也没有快乐。

对上述种种不正确的思维方式，都需要在日常工作中帮助教师做出调整，使之走出思维的误区，避免种种不必要的烦恼。

3. 提高教师对挫折的耐受能力

作为一个现代人，必须能够承受各种压力与挫折，做到坚忍不拔、百折不挠，同时又要善于运用各种合理的自我调节方式来减轻自己的心理压力，保持自己的心理健康。

（1）正视现实，合理发泄。许多因为生活或工作上的不如意而感到烦恼的人，常常会有一种共同的心态，即不能接受某些既成的现实。他们总是用最好的可能来作参照，总在幻想：要是……该多好。按照这个思路想下去，只会使自己陷在恼怒和痛苦的泥潭里不能自拔，这些人的问题在于不能正视和接受这些不可否认的现实。如果我们能够实事求是地看待这些事，用顺其自然的态度来看待这些事，那么心理感受就会有所不同。

面对压力或遇到挫折时，心中淤积的消极情绪会对身心造成极大的伤害，如能采取合理的发泄方式将其释放出去，是一种自我保健的有效措施。合理的宣泄方式通常有：倾诉、自我宣泄、音乐调节、运动调节等。

（2）学会放弃，自我放松。古人说得好："君子有所为有所不为。"人生的历程就是不断做出选择的过程，有选择就要有所取舍，选择与放弃是同时存在的。当你发现某个目标实现的概率很小时，就应该毫不犹豫地放弃，做到"该放手时就放手"。一旦真的放弃了那些根本就不能实现的目标，人们常常会有一种一身轻松的感觉，这实际上是一种自我解脱。

自我放松的方式方法很多，适合教师选用的主要有：聊天、购物、看电影、听音乐、小型聚会、外出旅游、体育锻炼等，此外，像钓鱼、养鱼、养花、下棋、打牌等休闲活动和娱乐活动，也能起到心理按摩的作用，使高度紧张的精神得到很好的放松。

上述各种调节方式，如能很好地加以利用，就能使自己的精神状态得到有效的控制，就会使自己经常保持轻松愉快的心境，进一步增强心理适应能力。

（三）中小学教师人格素质的养成与塑造

教师的人格是教育工作中的一切。崇高的教师人格对于学生的心灵来说，是任何东西都不能代替的有益于学生成长发展的雨露阳光。

（1）树立教师先进榜样，认同教师人格楷模。伟大的教育家孔子是最早把率先垂范、为人师表作为教师人格的人。孔子说："君子耻其言而过其行。"又说："为人师以正，孰敢不正？"因此他指出："其身正，不令而行；其身不正，虽令不从。"他甚至还主张"无言"之教。孔子不但大力倡导教师要为人师表，而且还要注重躬行实践，用自己的实际行动来教育学生。孔子主张教师要加强德行修养，他自己就身体力行，努力使自己的言行合于"礼"而不逾"矩"，因而后人称颂他为"万世师表"。在深入进行教育改革的今天，我们身边涌现出许多优秀教师，他们同样是我们学习教师人格的榜样，认同教师人格的楷模。

（2）加强教师自身修养，发挥教师人格力量。教师的言、行、情、态等渗透着人格精神，是最直接、最经常地影响着学生的人格教育因素。教师人格的评价标准是非常高的。一是"真诚"。教育学生不是演戏，决不能搞"两重人格"。只有真正发自内心、表里一致、言行统一的美好品德，才能在学生身上产生潜移默化的作用，使他们受到教育、感染和熏陶，引起他们的共鸣和仿效。二是"严格"。学生对教师特有的期望和依赖，往往使他们感到无比的欣喜，教师的一点小小瑕疵，则会使他们产生莫大的失望。教师人格是一种健康、美好、完整、和谐的整体性人格。

（3）丰富教师文化底蕴，强化教师人格根基。教师高尚的人格素质依托于丰厚的文化知识底蕴，没有广博精深的学识水平，没有不断更新探索新知识的能力就会影响良好的人格素质的形成。

随着社会经济的发展，知识经济时代、高科技带来的高速度发展，使知识更新的速度每年都在快速增长。只有不断地学习，才能跟上时代发展的步伐。这就给每一位教师提出了更高的要求，要把有用的、作为新知识的生长点的知识传授给学生，就要求教师要不断地在实践中边教边学。

（4）开展教师实践活动，促进教师人格升华。教师人格是在教育实践中不断形成、深化的。教师人格的形成不仅在于教师个人意识与社会意识的相互渗透和影响，还在于现实生活中社会和教育实践不断地给予教师各种刺激，使教师不断受到社会的制约，久而久之，发展成为比较稳定的习惯，从而形成并深化为教师人格。

（5）培育教师健康的心灵，完善教师人格品质。① 解剖自我，了解自我，承认自己的不足与缺陷；② 以"平常心"对待一切事物，"不以物喜，不以己悲"，用"知足者常乐"自勉，是有助于保持心理平衡的；③ 接纳他人，以诚待人，建立良好的人际关系；④ 扬长避短，培养自己良好的个性；⑤ 热爱教育工作，为提高工作质量不断提升自己；⑥ 发掘与善用各种有用资源，丰富自己的学识，提高自己的处事能力和应变能力；⑦ 期望适度，步步落实目标；⑧ 培养多种兴趣与爱好，陶冶情操；⑨ 生活作息合理安排，劳逸结合、有张有弛；⑩ 营造和谐的家庭生活，使生活既平凡又充实。

教育维系着国家的命运，教师承担着面向未来培养新一代的重任。时代对教师心理素质的要求远远高出其他职业者。教师要完成历史的使命，就必须不断地调整自己，加强个性修养，保持健康的心理状态，才能达到完善自我、塑造自我、塑造良好人格的目的。

【资料链接】

心理健康小测验
—— 你的心理健康吗？

下面是一个简单的心理健康状态的简便自查量表，你可以尝试回答一下表13.2中的问题，对自己的心理健康状况做一个检测。

表13.2 心理健康状态的简便自查量表

1. 每当考试被提问时，是否会紧张得出汗	是□	否□
2. 看见不熟悉的人时，是否会手足无措	是□	否□
3. 看见不熟悉的人时，工作是否会不能进行下去	是□	否□
4. 紧张时，头脑是否会不清醒	是□	否□
5. 心理紧张时，是否会出差错	是□	否□
6. 是否经常把别人交办的事情搞错	是□	否□
7. 是否会无缘无故地挂念不熟悉的人	是□	否□
8. 没有熟人在身边时，是否会感到恐惧不安	是□	否□
9. 是否常犹豫不决，下不了决心	是□	否□
10. 是否总是希望有人和自己闲谈	是□	否□
11. 是否被人认为不机灵	是□	否□
12. 在别人家里吃饭，是否会感到别扭和不愉快	是□	否□
13. 和别人见面，是否会有孤独感	是□	否□
14. 是否会因不愉快的事缠身，一直忧忧郁郁，解脱不开	是□	否□
15. 是否经常哭泣	是□	否□
16. 是否会因处境艰难而沮丧气馁	是□	否□
17. 是否感到厌世	是□	否□
18. 是否有生不如死之感	是□	否□
19. 是否总是愁眉不展	是□	否□
20. 家庭中是否有愁眉不展的人	是□	否□
21. 遇事是否会无所适从	是□	否□
22. 别人是否会认为你有神经病	是□	否□
23. 是否有神经官能症	是□	否□
24. 家庭成员中是否有神经病患者	是□	否□
25. 是否进过精神病院	是□	否□
26. 家庭成员中是否有人进过精神病院	是□	否□
27. 是否神经过敏	是□	否□
28. 家庭成员中有无神经过敏的人	是□	否□
29. 感情是否容易冲动	是□	否□

续表 13.2

30. 一受到别人批评,是否就会心慌意乱	是□	否□
31. 是否被人认为是个好挑剔的人	是□	否□
32. 是否总是被人误解	是□	否□
33. 是否一点也不能宽容别人,甚至自己的朋友也是这样	是□	否□
34. 是否会一门心思想某件事或做某件事,而不听从别人的劝告	是□	否□
35. 脾气是否暴躁、焦急	是□	否□
36. 做任何事是否都是松松垮垮、没有条理	是□	否□
37. 是否稍被冒犯就会火冒三丈	是□	否□
38. 是否被人批评就会暴跳如雷	是□	否□
39. 是否稍不如意就会怒气冲冲	是□	否□
40. 是否别人请求帮助就会不耐烦	是□	否□
41. 是否会因一点小事怒发冲冠	是□	否□
42. 是否会常发抖	是□	否□
43. 是否会经常感到坐立不安、情绪紧张	是□	否□
44. 是否会因突然的声响而跳起来,全身发抖	是□	否□
45. 别人做错了事,自己是否也会感到不安	是□	否□
46. 半夜里是否经常听到声响	是□	否□
47. 是否经常做噩梦	是□	否□
48. 是否经常有恐怖的情景浮现在眼前	是□	否□
49. 是否经常会感到胆怯和害怕	是□	否□
50. 是否经常出汗	是□	否□

记分方法:答"是"记 1 分,答"否"不记分。

判断标准:将得分全部加和后,如果超过 15 分,说明在某些方面可能有一定的心理问题存在,应该去咨询心理医生。

思考讨论与实践探索

1. 什么是心理健康?心理健康对人有什么影响?
2. 影响心理健康的因素有哪些?
3. 什么是心理健康教育?开展心理健康教育的意义是什么?
4. 学校心理健康教育的原则是什么?
5. 试述学校心理健康教育的途径和方法。
6. 试述少年期生理的发展变化与心理冲突。
7. 青少年学生常见的心理健康问题有哪些?如何加强心理辅导?
8. 简述教师心理健康的标准。
9. 谈谈教师常见的心理问题及表现。
10. 论述教师人格的自我完善与塑造。

参考文献

[1] 彭聃龄. 普通心理学. 北京：北京师范大学出版社，2005.
[2] 张春兴. 现代心理学. 上海：上海人民出版社，1994.
[3] 黄希庭. 心理学导论. 北京：人民教育出版社，1997.
[4] 崔丽娟. 心理学是什么. 北京：北京大学出版社，2003.
[5] 黄希庭等. 心理学研究方法. 北京：高等教育出版社，2005.
[6] 张春兴. 心理学思想的流变：心理学名人传. 上海：上海教育出版社，2002.
[7] 王玢等. 人体及动物生理学. 北京：高等教育出版社，2001.
[8] 邵效. 生理心理学. 北京：人民教育出版社，1987.
[9] 董奇等. 脑与行为. 北京：北京师范大学出版社，2000.
[10] 刘金花. 儿童发展心理学. 上海：华东师范大学出版社，2001.
[11] 林崇德. 学习与发展. 北京：北京师范大学出版社，1999.
[12] 桑标. 当代儿童发展心理学. 上海：上海教育出版社，2003.
[13] 王建国等. 青少年与非智力因素培养新概念. 拉萨：西藏人民出版社，2001.
[14] 许远理. 情绪智力魔方——情绪智力的9要素理论. 北京：北京广播学院出版社，2000.
[15] 燕国材等. 非智力因素与学习. 武汉：湖北教育出版社，1987.
[16] 邱张乐等. 中学生心态调节. 合肥：安徽教育出版社，1990.
[17] 叶一舵. 心理学教程. 厦门：厦门大学出版社，1995.
[18] 王建国等. 学生意志品质培养新概念. 拉萨：西藏人民出版社，2001.
[19] 孟昭兰. 情绪心理学. 北京：北京大学出版社，2005.
[20] 乔建中. 情绪研究的理论与方法. 南京：南京师范大学出版社，2003.
[21] 黄希庭. 人格心理学. 杭州：浙江教育出版社，2002.
[22] 郭永玉. 人格心理学导论. 武汉：武汉大学出版社，2007.
[23] 施良方. 学习论. 北京：人民教育出版社，1994.
[24] 皮连生. 智育心理学. 北京：人民教育出版社，1996.
[25] 皮连生. 学与教的心理学（修订版）. 上海：华东师范大学出版社，2000.
[26] 张奇. 学习理论. 武汉：湖北教育出版社，1999.
[27] 蒯超英. 学习策略. 武汉：湖北教育出版社，1999.
[28] 刘电芝. 学习策略研究. 北京：人民教育出版社，1999.
[29] 窦胜功. 智商与情商. 沈阳：辽宁人民出版社，2001.
[30] 卢家楣. 情感教育心理学. 上海：上海教育出版社，2000.
[31] 本书编写委员会. 中小学心理健康教育理论与实践. 北京：开明出版社，2002.
[32] 贾晓波. 中小学心理健康教育概论. 天津：天津教育出版社，1996.
[33] 曾文星. 青年人的心理与治疗. 北京：北京大学医学出版社，2004.
[34] 张明. 学会人际交往的技巧：人际关系心理. 北京：科学出版社，2006.
[35] 郑全全，俞国良. 人际关系心理学. 北京：人民教育出版社，1999.
[36] 陈家麟. 学校心理健康——原理与操作. 北京：教育科学出版社，2002.
[37] 张大均. 教育心理学. 北京：人民教育出版社，1999.

[38] 姚本先. 心理学. 北京：高等教育出版社，2005.
[39] 郑雪. 心理学. 北京：高等教育出版社，2006.
[40] 蔡笑岳. 心理学. 北京：高等教育出版社，2007.
[41] 叶一舵. 新课程背景下的公共心理学教程. 北京：高等教育出版社，2004.
[42] 赵冰洁等. 心理学. 重庆：重庆大学出版社，1994.
[43] 章志光. 心理学. 北京：人民教育出版社，2002.
[44] 梁宁建. 基础心理学. 北京：高等教育出版社，2004.
[45] 叶奕乾等. 普通心理学. 上海：华东师范大学出版社，2004.
[46] 韩永昌. 心理学. 上海：华东师范大学出版社，2005.
[47] 黄希庭. 心理学基础. 上海：华东师范大学出版社，2008.
[48] 刘晓明. 关注教师的心理成长：教师问题行为的心理预防. 长春：东北师范大学出版社，2006.
[49] 曹成刚. 毕生发展心理学纲要. 北京：中国文史出版社，2005.
[50] 曹成刚. 大学生心理健康教育. 北京：中国农业出版社，2009.
[51] 朱德全. 现代教育理论. 重庆：西南师范大学出版社. 1999.
[52] 阳红等. 心理学新编. 武汉：华中师范大学出版社，2007.
[53] 郭瞻予. 教师心理健康与自我调适. 西安：陕西师范大学出版社，2005.
[54] A. 鲁利亚. 神经心理学. 北京：科学出版社，1983.
[55] S. M. 索里，C. W. 特尔福德. 教育心理学. 北京：人民教育出版社，1983.
[56] 雷蒙德. M. 纳卡穆拉. 健康课堂管理：激发、交流和纪律. 王建平，等，译. 北京：中国轻工业出版社，2002.
[57] 罗伯特. J. 斯滕伯格，温迪. M. 威廉姆斯. 教育心理学. 张厚粲，译. 北京：中国轻工业出版社，2003.
[58] G. M. 盖兹达等. 教师人际关系培养——教育者指南. 第七版. 吴艳茏，等，译. 北京：中国轻工业出版社，2006.
[59] 欧文斯. 教育组织行为学：适应型领导与学校改革. 第八版. 窦卫霖，等，译. 北京：人民大学出版社，2007.
[60] L. A. 珀文. 人格科学. 黄希庭审校，周榕，等，译. 上海：华东师范大学出版社，2001.
[61] K. T. 斯托曼. 情绪心理学. 张燕云，译. 沈阳：辽宁人民出版社，1986.
[62] D. 戈尔曼. 情感智商. 上海：上海科技出版社，1997.
[63] 能见正比古. 血型与性格. 陶栗娴，等，译. 北京：北方文艺出版社，1988.
[64] William. Calvin. 大脑如何思维. 杨雄里，梁培基，译. 上海：上海科学技术出版社，1996.
[65] 迈尔斯. 心理学. 黄希庭，等，译. 北京：人民邮电出版社，2004.
[66] Coon. 心理学导论——思想与行为的认识之路. 郑钢，等，译. 北京：中国轻工业出版社，2004.
[67] 格里格. 心理学与生活. 津巴多，王垒，等，译. 北京：人民邮电出版社，2004.
[68] Stanovich. 与"众"不同的心理学：如何正视心理学. 范照，等，译. 北京：中国轻工业出版社，2005.
[69] 达阿尼. P. 舒尔兹. 心理学应用. 李德伟，等，译. 南宁：广西人民出版社，1987.
[70] 理查德·格里格，菲利普·津巴多. 心理学与生活. 王垒，等，译. 北京：人民邮电出版社，2003.
[71] 赞科夫. 教学与发展. 北京：文化教育出版社，1983.
[72] 杰罗姆. S. 布鲁纳. 教育过程. 上海：上海人民出版社，1973.